CENGİZ ÖZAKINCI

Türkiye'nin Siyasi İntiharı
'YENİ-OSMANLI' TUZAĞI

Osmanlı'dan Günümüze Din Üzerinden Emperyalist Oyunlar

10. basım / Mart 2007

otopsi

CENGİZ ÖZAKINCI

Türkiye'nin Siyasi İntiharı
'YENİ-OSMANLI' TUZAĞI

Osmanlı'dan Günümüze Din Üzerinden Emperyalist Oyunlar

Baskı ve Cilt: Kayhan / 0212 6123185
ISBN-975-8410-71-7
1. basım / Nisan 2005

otopsi yayınları
Nuhungemisi Kültür ve Sanat Ürünleri,
Yayıncılık, Reklamcılık, Film San. Tic. Ltd. Şti'nin
Kitap Yayın Markasıdır.
Salkım Söğüt Sok. No: 8, Keskinler İş Mrk. D: 604-605
Cağaloğlu- İstanbul
Tel: (0212) 5196848 Faks: (0212) 5196849

CENGİZ ÖZAKINCI'NIN YAPITLARI:
Araştırma-İnceleme
- **İletişim Çağında Aydın Kirlenmesi** (Bellek y.) (Tükendi)
- **Dünden Bugüne Türklerde DİL ve DİN** (Otopsi y.)
- **United States Of İRTİCA** (Otopsi y.) (Tükendi)
- **İslam'da Bilimin Yükselişi ve Çöküşü** (Otopsi y.)
- **Bir Kadın Bir Erkek: Düet ve Düello** (Filika y.)
- **Dolmakalem Savaşları** (Otopsi y.) (Tükendi)
- **Euro-Dolar Savaşı** (Otopsi y.)
- **Türkiye'nin Siyasi İntiharı: Yeni-Osmanlı Tuzağı** (Otopsi y.)
- **İblisin Kıblesi** (Otopsi y.)
- **Kalemin Namusu** (Otopsi y.)
- **Kuvayı Sirtaki** (Otopsi y.)

Edebiyat
- **Neveser** – (Filika y.)
- **Münevver-** (Filika y.)
- **Siyon-Türk Zelda- Bayan Pipo** (Filika y.)
- **Derin Şubat** (Filika y.)

e-posta: cengizozakinci @ hotmail.com

İÇİNDEKİLER

BİRİNCİ BÖLÜM: 1830-1914 ARASI
DİN ÜZERİNDEN EMPERYALİST OYUNLAR

Kurt Kocayınca...
Halife Sultan Abdülaziz; Hıristiyan Garter Şövalyesi
Son Osmanlı: Almanya'nın Paralı Askeri
"İslam'ın Dostu ve Koruyucusu" II. Wilhelm

İKİNCİ BÖLÜM: 1914-1918 ARASI
I. DÜNYA SAVAŞINDA
DİN ÜZERİNDEN EMPERYALİST OYUNLAR

Hıristiyan Almanya'nın 5.000.000 Altın Vererek İlan Ettirdiği Büyük Cihad
Hıristiyan Parasıyla İslam Cihadı
"Hacı" Wilhelm
Alman Güdümlü İslam Birliği ve Cihad
Alman Malı Cihad = Sarıkamış Faciası
Osmanlı'nın Genelkurmay Başkanı Bir Hıristiyan Alman: Bonsart Von Schellendorf
Mehmet Akif Ersoy Alman Hayranı
Mustafa Kemal Alman Altınlarını Reddediyor
Alman Malı Osmanlı "Cihad"ına Karşı, İngiliz Damgalı Arap "Cihad"ı
Arap-Türk Etnik Ayırımı ve Vahhabi-Sünni Mezhep Ayırımı
İngilizlerce Kullanılıyor
Almancı Said-i Kürdi (Nursi) Rusya'dan Almanya'ya Kaçıyor
Çanakkale ve Filistin'de Osmanlı'ya Karşı Savaşan Siyonist Yahudi Birlikleri

ÜÇÜNCÜ BÖLÜM: 1930-1945 ARASI
DİN ÜZERİNDEN EMPERYALİST OYUNLAR
VE İKİNCİ DÜNYA SAVAŞI

Katolik Kilisesi Komünizm'e Karşı Hitler'i Destekliyor
Evangelistler Komünizm'e Karşı Hitler'i Destekliyor
Hitler'i Destekleyen Evangelistler "Dinler Arası Diyalog"la "Din Birliği" Peşinde
Evangelist Rahip Frank Buchman ve Kudüs Müftüsü Hüseyni
Kudüs Müftüsü Hüseyni, Komünizm'e ve Yahudilere Karşı Hitler'in Yanında
"Ortadoğu'nun Hitleri" Cevat Rıfat Atilhan
Hitler de II. Wilhelm Gibi İslamcılığı Kullanıyor
Kudüs Müftüsü Avrupa'daki Müslümanları Hitler Ordusuna Asker Yazıyor
Hitler, Haydar Adıyla Müslüman Olmuş;
Mussolini Musa Nili Adında Bir Müslümanmış
Hitler İslam'ın Güneşiymiş
Hitler'den Türkiye'deki Almancılara 5 Milyon Altın

DÖRDÜNCÜ BÖLÜM: 1945-1990 ARASI
SOĞUK SAVAŞ DÖNEMİNDE
DİN ÜZERİNDEN EMPERYALİST OYUNLAR

Amerika Dinleri Komünizme Karşı Örgütleme Stratejisini Hitler'den Devralıyor
İsmet İnönü ve Amerikancılık

Soğuk Savaş, ABD ve Yeniden Osmanlılaştırma
Dine Dayalı Soğuk Savaş'ın Kuramcısı: William Christian Bullitt
Soğuk Savaş ve Tek Dünya Devleti
Federal Dünya Hükümeti
Avrupa, Ortadoğu ve Asya'da Dine Dayalı Bölgesel Federasyonlar
Avrupa Federasyonu
Federal Dünya Devleti
Ulusal Egemenlik ve Dünya Devleti
Sovyetler'i Yıkmak İçin Din Silahı
Amerika Tüm Dinlerin Komutanı
Eski Hitlerci Evangelistler ve Katolikler Amerikan Komutası Altında
Fener Patrikhanesi ve Ortodokslar Amerikan Komutası Altında
Sovyetler'de Din'e Dönüş
Sovyetler'e Amerikan Yardımı Din Koşuluna Dayalı
ABD'nin Fener Patrikhanesi'ne Verdiği Görev:
Tüm Ortodoksları Komünizm'e Karşı Örgütlemek
Fener'de CIA Güdümlü Patrik: Athenagoras
Evangelist-Ortodoks Birliği
Evangelistlerin Vatikan'ı: İsviçre, Caux ve Dinler Arası Diyalog
Türkiye'de Soğuk Savaş Karşı Devrimi ve Din
İnönü, Amerikan Yarı-Sömürgesi Olduğumuzu Açıklıyor
Evangelist Güdümlü İslamcı Tarikat: Ömer Fevzi Mardin ve Arusi Tarikatı
Dinler Arası Diyalog'un Türkiye Ayağı Şeyh Mardin ve Arusi Tarikatı
Roosevelt Müslüman ve Arusi Müridi İlan Ediliyor
Roosevelt Gizlice Müslüman Olmuş!
Şeyh Mardin'in Atağı: Evangelist Komutasında Dinler Birliği
Şeyh Mardin, Amerika'yı İslam'ın Önderi ve Mesih İlan Ediyor
Şeyh Mardin Kemalizm'den Dönme Şair Enis Behiç Koryürek'i
Peygamber İlan Ediyor
Şeyh Mardin'in Peygamberi: Enis Behiç Koryürek,
Kutsal Kitabı: Varidat-ı Süleyman
Şeyh Mardin'e Göre Mesih = Amerika
CIA Güdümlü Evangelist Şato'nun Türkiye Uzantısı:
Manevi Cihazlanma ve Masonlar
Manevi Cihazlanma Kurucularının Amacı: Tek Dünya Devleti
Evangelist Şato, Komünizmle Mücadele Dernekleri Örgütlüyor
Komünizme Karşı Milliyetçi Örgütlenme: Komünizmle Mücadele Cemiyeti
Komünizmle Mücadele Cemiyeti, Üyelerine Sağlık Sigortası Sağlıyor
Komünizme Karşı Dinci Örgütlenme:
Scientology Tarikatı'nın Adaşı İlim Yayma Cemiyeti
İlim Yayma Cemiyeti'nin Asker Kökenli Üyeleri
Komünizme Karşı Türk-İslam Sentezci Örgütlenme; Aydınlar Ocağı
Komünizme Karşı MHP, Alparslan Türkeş ve Arusi Tarikatı
Tarih ve Tekerrür
Eski Almancı Said-i Kürdi (Nursi), Soğuk Savaş'ta Amerikancı
Eski Almancı Cevat Rıfat Atilhan, Soğuk Savaş'ta Said-i Kürdi Yandaşı
İslamcıları Örgütleyen ABD Kürt Ayrımcılığının Tohumlarını Atıyor

Amerika Kemalizm'e Karşı 1930'ların Alman Politikasını Devralıyor
ABD ve Nato Belgelerinde Türkiye'nin Doğusu
Savaşta Sovyetler'e Terkedilecek Bölge
Güneydoğu ABD İçin "Fulda Boşluğu"
1945'ten Sonra Güneydoğu'yu Geri Bıraktıran; ABD ve NATO
Cemal Kutay, CIA'nın Amerikan Malı Cihad Görüşünü Savunuyor
CIA'nın Cihad Stratejisi 1914 Alman Malı Cihad'ın Benzeri
1946: Sosyalistler de İslamcıllaşıyor
Atatürk'ün Partisinde Amerikan Buyruğuyla İslamcılık
Amerika Eski Almancı Teskilat-ı Mahsusa'ya El Atıyor
Said-i Kürdi (Nursi) ve Amerikan Malı Cihad
Ortadoğu İslam Birliği ve Yeniden Osmanlılaştırma; NATO Buyruğu
NATO'nun Türkiye'ye Verdiği Görev; Ortadoğu İslam Federasyonu Kurmak
1952: Mehter Diriltiliyor
Atatürkçü Necip Fazıl Kısakürek, Amerikan Güdümünde İslamcı Kesiliyor
Bir Gün Atatürk Dirilecektir!
Amerika, Dünya ve Biz
Amerika Tüm Dünyada Din Devletleri İstiyor
Amerika Hariciye Vekili J. F. Dulles'ın Beyanatı
Menderes Türkiye'de Din Devleti İstiyor
Türkiye Amerika Tarafından Yeniden Osmanlılaştırılıyor
Said-i Kürdi (Nursi) Isparta Tugay Camisinin Temelini Atıyor
Türkiye İslam Ülkelerini Kendi Önderliği Altında Birleştiremiyor
CIA Görevlisi Stoddard'ın, Cemal Kutay ve Kuşçubaşı Eşref'le Görüşmeleri
ABD, Türkiye Önderliğinde İslam Birliği Kurulamayacağını Anlıyor
ABD'nin Osmanlıcılığında Çelişkiler, Kuşkular
Örnek: Kıbrıs Bunalımı
Osmanlıcı Türkiye ABD'nin Ortadoğu'daki Mayın Eşeği
1964'te Türk Ordusunun Kıbrıs'a Çıkışını Önleyen Amerika
1965'te "Türk-Kürt Federasyonu" İstiyor
ABD: "Türk-Kürt Federasyonu Kuracaksınız."
Hem Tavandan, Hem Tabandan
1965: Sosyalistler de İslam Kartıyla Oynuyor
Amerikan Çıkarlarına Uygun Osmanlı Tarihi
1960'larda Tarkan ve Karaoğlan Rüzgarları
ABD'nin Yeniden-Osmanlılaştırma Çabaları Etnik Bölücülüğü ve Sevr'i Diriltiyor.
Orgeneral Turgut Sunalp Uyarıyor: "Dostlarımız Sevr İstiyor"
1970 Milli Nizam Partisi: Tabandan Yeniden Osmanlılaştırma
Mehdi Erbakan
Amerikancı Osmanlı-İslam Savunucusu: Mehmet Şevket Eygi
Hıristiyan Misyoner Örgütü American Board,
Türk Halkını İslam'a Çağıran Kitaplar Yayımlıyor
Protestan Misyoner Örgütü Amerikan Board, Nurcularla Elele
"Işık Evi" Deyimi, İlk Kez Amerikan Board Yayınında Yer Alıyor
1970'li Yıllar; Cadı Kazanı Kaynıyor
12 Eylül'e Doğru İslamcılık ve Osmanlılaştırma
Suudiler ve Museviler 12 Eylül'e Kutlama Telgrafları Çekiyor

12 Eylül Yönetiminin Osmanlı İslamcılığı
12 Eylül'ün "Derin" Misyonu: Federasyon
Genelkurmay'a Sunulan "12 Eylül 1980 Sonrası Tedbirleri
ve Türkiyemizin Yakın Geleceği Üzerine" Bir Rapor Denemesi
12 Eylül: Merkezi Yönetim Karşıtı, Yerinden Yönetim Yandaşı: 67 İl, 67 Eyalet
12 Eylül ve Eyaletçilik
12 Eylül Dönemi'nin "Hilafetçi Osmanlıcı Marksizmi"
ATASE Başkanı Tümgeneral'den "Türkiye - Osmanlı Savaşı"
12 Eylül, Aydınlar Ocağı, Türk-İslam Sentezi
Osmanlı-İslam Sekülerizmi ve 12 Eylül'ün Devlet Politikası
Hilafetçi Marksizm, Türk-İslam Sentezi ve Siyonist Osmanlıcılık
1980'lerde İsrail İçin Strateji: Osmanlıcı Siyonizm
Osmanlıcı Siyonistler Etnik Araştırmalara Başlıyor
PKK, İslam'a ve Osmanlıcılığa El Atıyor
Osmanlıcı Yunanlı Kitzikis'ten Türk-Yunan Federasyonu
Osmanlıcı Özal'dan Türk-Yunan Federasyonu ve Helleno-Türkizm

BEŞİNCİ BÖLÜM: 1990 SONRASI
TEK KUTUPLU DÜNYADA
DİN ÜZERİNDEN EMPERYALİST OYUNLAR
VE YENİ OSMANLICILIK
SF. 233 - 304
"Nereden Çıktı Bu Laiklik!"
Dincilerin Hüzünlü Çelişkisi
Osmanlı Geliyor! Ecdat Geliyor!
ABD, PKK'ya İslamcılık Öneriyor
PKK, ABD'nin İslamcılık Önerisine Sarılıyor
ABD, Kuzey Kıbrıs'ta İslam Üniversitesi Kurduruyor
ABD, Körfez Savaşı'yla Kürdistanı Kurdurmaya Başlıyor
ABD, Ermeni Soykırımını Kongre'ye Getiriyor
Tek Kutuplu Dünyada Küreselleştirme ve Osmanlılaştırma
Laiklik Atağı'nın Sonu ve 'Yeniden-Osmanlılaştırma'ya Dönüş
Osmanlıcılığı, İslam Birliğini Körükleyen ABD, Yahudi-Hıristiyan Birliği'nin Başı
Özal Öldükten Sonra Osmanlılaştırma Bayrağı Yeniden Erbakan'da
Refah Partisi Kurmayı Dilipak'tan Küreselleşme,
ABD ve Siyonizm'e Uygun İnanç Federasyonu
Türkiye Federal Cumhuriyeti, İstanbul Federe Devleti,
200 Yerine 2000 Devletli Dünya
Son Entelektüel Ütopya: Yeni-Osmanlıcılık
İstanbul Başkentli Yakındoğu Federasyonu
Eski Osmanlı Coğrafyasında ABD-İsrail Patentli Yakın Doğu Federasyonu
Demirel'e 30 Yıl Arayla İkinci ABD Dayatması: Yeniden Türk-Kürt Federasyonu
Demirel'in Yanıtı: "Batı Sevr İstiyor"
Siyonist Kissinger, Üsküdar'da Tekke Açıyor
Samuel Huntington: "Türkiye İslam'ın Lideri Olmalı"
CIA Ajanı Paul Henze: "Atatürkçülük Öldü: Nakşiler, Nurcular İlericidir"
CIA Ajanı Graham Fuller:

"Kemalizm'e Son; Osmanlı'yla Övünün, Fethullahçı Olun"
"Marksist"(!) Aytunç Altındal'ın Önerileri
CIA Stratejistlerinin Önerileriyle Örtüşüyor
Yeni-Osmanlıcılık'ta Hilafetçilik ve Ekümeniklik Bir Arada
Patriği Ekümenik Sayan Clinton İslam'a da Halife İstiyor
Osmanlıcı Abdurrahman Dilipak:
"Hilafet Kaldırılmamıştır. Osmanlı Milletler Topluluğu Kurulmalı."
Ertuğrul Özkök: "Patrik Ekümenik"
Tansu Çiller; Ekümenik Ünvanını 1993'te Onayladı
Hüseyin Hatemi: Patriğe Ekümenik Denir
Patrik: Bize "Ekümenik" Ünvanını Osmanlı Verdi
İslam Üzerinde İngiliz Oyunları
Tony Blair "Hafız-ı Kur'an"
Prens Charles: Sünnet Olup Hüseyin Charles Adıyla Müslüman Olmuş
İngiliz İstihbarat Teşkilatının Maaşa Bağladığı Bir Nakşibendi Şeyhi
Nakşi Şeyhi: "Osmanlı'ya Dönün, Laikliği Kaldırın,
Federe Kürt İslam Devleti Kurun."
Nakşibendi Şeyhi Kıbrısı ve Ay'da Cami Yapma Projesi: Moon Temple Project
Küresel Bölücülük Müslüman Türklere Osmanlıcılık-İslamcılık
Adıyla Benimsetiliyor
Demirel 'Eyalet' Sistemi Önerdi
İsmail Cem ve Osmanlıcılık
Mecburi İstikamet Osmanlı Mirası
Toktamış Ateş, "Mozaik", ve "Osmanlı" Eyalet Düzeni
Osmanlıcılık, Küreselci Güçlerin Türkiye'de Ulus Devleti
Yıkma Amaçlı Psikolojik Savaş Silahı
ABD, İşgal Ettiği Irak'a Osmanlı Düzeni Getirecek
Irak'a Osmanlı Modeli
Avrupa Birliği Türkiye'yi Osmanlı'ya Döndürme Çabasında ABD'yle Kol Kola
Avrupa Birliği'ne Göre Kemalizm Türkiye'nin Yolunu Tıkıyor
AB'nin Büyük Atatürk Gafı!
Osmanlıcılık: Türk Ordusunun ABD'nin İstediği Yerlere Gidip ABD İçin Savaşması
Genelkurmay Eski Başkanı Doğan Güreş'in Açıklamaları
Yeni-Osmanlı = Amerikan Yeniçerisi
Türkiye: Satın Alınmış "Yeni Osmanlı"
ALTINCI BÖLÜM:
TÜRKİYE'NİN SİYASİ İNTİHARI
Osmanlı Tahtı'nın Varisleri Amerika'dan Türkiye'ye Dönüyor
Türkiye Cumhuriyeti Osmanlı Geçmişiyle Barıştı
Son Osmanlı'ya Türk Pasaportu Verildi
Osmanlı İle Barışma
Türkiye'ye Dönen Osmanlı Taht Varisleri Yönetime Geçmek İstiyor
Prenses Zeynep: Siyasete Evet
Tayyip Erdoğan- Şeyh Kabbani Görüşmesi
Nakşi Şeyhin Destek Sözü: İslam Konferansı'na Türk Başkan
Amerikalı Müslümanlardan Türkiye'ye 'Model' Övgüsü
Greates, The Best; En Büyük, Mükemmel

Nakşi Şeyhini ABD Önermiş
İsrail'in Açtığı Sergi: "Osmanlı İdaresi Altında"
Amerikan Eğitim Bakanlığı'yla Harvard'ın Türkiye'de Açtığı
"Yoğun Osmanlıca Yaz Okulu"
Milli Eğitim'den Osmanlıca Atağı: Osmanlıca Yeniden Keşfediliyor
Basına Yeni Osmanlıcılık Brifingi
ABD Başkonsolosluğu'nda 10 Gazeteciye Verilen Osmanlı Dersi
Emin Şirin: "İstinye'dekiMeçhul Toplantı"
Abdullah Öcalan: "Çözüm Osmanlı Eyalet Modeli"
Özgür Politika: Çözüm Osmanlı Düzeni
Eski CIA Ajanı Bin Ladin'in Osmanlı Özlemi
Halife Sabetaycı mı Olacak?
"Atatürk'ün Gizlenen Vasiyetini Açıklayın!"
Edelman'ın Görüşmeleri, 'Ilımlı İslam', Hizb-üt Tahrir Toplantısı
Yeni Osmanlıcılık mı, Sahih İslam mı?
Osmanlı Modeli
Küresel Bölücülüğün Ortadoğu'daki Adı: Yeni Osmanlıcılık
81 İl'e 81 Devlet
Eyalet Sistemi Hazırlıkları
Türkiye'yi Bölme Projesi
60 Yıllık Osmanlıcılığın Sonu: "Hasta Adam Türkiye"
Avrupa'nın Yeniden Hasta Adamı
Olaylar İkiyüzlü Amerikan Osmanlıcığının Maskesini Düşürüyor

YEDİNCİ BÖLÜM:
HANGİ OSMANLI?
Başlıca Müttefik Devletler Konseyi'nce
23 Haziran 1919'da Uygun Bulunan Metin
Atatürk'ün Yanıtı:
Atatürk'ün Türkiye İktisat Kongresi'ndeki
Konuşması'nda Osmanlı Tarihi
Atatürk'ün Yazdırdığı Osmanlı Tarihi
Osmanlı 1700'lere Dek Batı'dan Üstündü
Luther Ve Osmanlı
Çıkrıklar Durunca
Osmanlı-Türk Dokumacılığının Sırlarını Çalmakla Görevli İngiliz Ajanları
Ankara'nın Taşına Bak...
"Gavura damızlık vermek uğursuzluktur"
Ankara Keçisine İngiliz Damgası

SONNOTLAR

Yaradan'a sığınarak

'biz'e

Ey Tanrı'yla Antlaşanlar. Yahudileri ve Hıristiyanları *'veli'* edinmeyin. Onlar birbirlerinin *'veli'*sidirler. Sizlerden her kim onları *'veli'* edinirse o da onlardan olur. Kuşkusuz Tanrı gerçekleri karartan toplumları doğru yola eriştirmez.

Kur'an, Maide Suresi, 51. ayet

....

["**Veli**" sözcüğü pek çok Kur'an "meal"inde '**dost**', '**arkadaş**' olarak anlamlandırılmıştır. Kur'an dönemi Arap dili ve yazısı üzerinde yıllar süren çalışmalarım sırasında bu anlamlandırmanın **yanlış** olduğunu, "**veli**"nin Kur'an'da "**sığınılacak yasal dayanca**", "**sığınılacak yasal savunucu**", "**sığınılacak yasal koruyucu**" anlamlarına geldiğini saptadım. "**Veli**" sözcüğünden türeyen "**mevla**" sözcüğü de Kur'an dönemi Arapları arasında, kabile yasalarında; '*bir kabileye sığınan ve sığındığı andan başlayarak o kabilenin yasalarına bağlanması karşılığında, kabilenin üyesi olarak görülüp hakları o kabile tarafından korunan, savunulan yabancı*'ların konumunu belirtmek için kullanılan bir deyimdir. Kur'an'da, pek çok ayette, **Müslümanların Tanrı'dan başka "veli"sinin olamayacağı** vurgulanmaktadır. - *Cengiz Özakıncı*]

1866'da Fransa'da Fuat Paşa'ya Girit'le birlikte Yenişehir ve Turhale sancaklarının da Yunanistan'a bırakılması gerektiği, aksi takdirde tüm Avrupa'nın Osmanlı'ya karşı ayağa kalkmasının kaçınılmaz olduğu tehdidini savurdular.. Fuat Paşa Fransızlara şu yanıtı verdi:
"**Siz bizi öldürebilirsiniz, fakat intihara zorlayamazsınız.**"

David Urquhart
The Diplomatik Review
1876

....

General Pershing'in kurmay başkanı olan general Harbord Sivas'ta Mustafa Kemal'le görüşürken der ki;
- Türk tarihini okudum. Ulusunuz büyük komutanlar yetiştirmiş, büyük ordular hazırlamıştır. Bunları yapan bir ulus elbette bir uygarlık sahibi olmalıdır. Takdir ederim. Ama bugünkü duruma bakalım. Başta Almanya müttefikinizle dört yıl harp ettiniz, yenildiniz, dördünüz bir arada yapamadığınız şeyi, bu durumda tek başınıza yapmayı nasıl düşünebiliyorsunuz? **Kişilerin intihar ettikleri zaman zaman görülür. Bir ulusun intihar ettiğini mi göreceğiz?**
Mustafa Kemal generale " teşekkür ederim dedi. Tarihimizi okumuş, bizi öğrenmişsiniz. Fakat, şunu bilmenizi isterdim ki **biz emperyalist pençesine düşen bir kuş gibi yavaş yavaş aşağılık bir ölüme mahkum olmaktansa babalarımızın oğulları olarak vuruşa vuruşa ölmeyi tercih ediyoruz.**"
General ve arkadaşları sessizce ayağa kalktılar.
- Bizde olsa böyle yapardık!

F.Rıfkı Atay
Çankaya

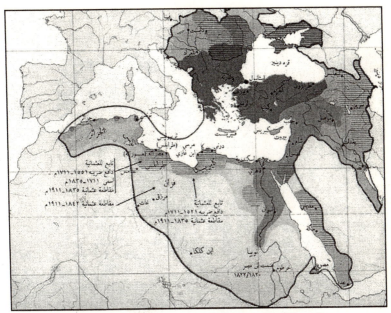

Osmanlı İmparatorluğu'nun 1683'e dek genişlediği sınırlar

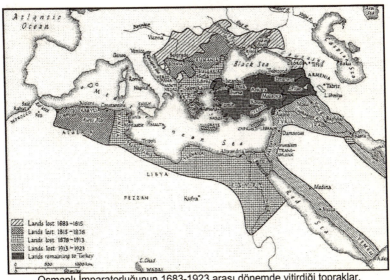

Osmanlı İmparatorluğunun 1683-1923 arası dönemde yitirdiği topraklar.
Ira M. Lapidus: *A History of Islamic Societies*. Cambridge [u.a.], 1988. S. 594

17

BİRİNCİ BÖLÜM

1830-1914 ARASI
DİN ÜZERİNDEN EMPERYALİST OYUNLAR

Kurt Kocayınca...

Müslüman-Türk'ün erdem ve onur anıtı olarak doğan Osmanlı İmparatorluğu, her imparatorluk gibi, doğuş, yükseliş, duraklama ve çöküş evrelerinden geçerek, seksen yılı aşkın bir süre önce ortadan kalkmış bulunuyor.

Osmanlı İmparatorluğu'nun çöküşüyle bugün Türkiye Cumhuriyeti'nin yaşadığı sorunlar çok büyük bir benzerlik göstermektedir. Osmanlı İmparatorluğu 1830'da Amerika ile bir "Ticaret ve Seyrüsefer Antlaşması"[1] imzaladıktan sonra, İngilizlerle Gümrük Birliği benzeri 1838 Balta Limanı Antlaşması'nı imzalayarak yarı-sömürgeleşme sürecine girmiş; Avrupa Uyum Yasaları benzeri 1839 Tanzimat Fermanı'yla çürüme hızlanmış, 1854'te yabancı devletlerden borç almaya başlayan Osmanlı, kısa sürede yabancı güdümünde bir *yarı-sömürge* devlet konumuna düşmüştü.[2] Günümüz Türkiyesi'ni çok andıran bu çözülüş ve çöküş sürecini daha iyi kavrayabilmek için, Fransız Devrimi'nden sonra Avrupa ve Rusya'da olup bitenleri Osmanlıyla ilişkisi içerisinde değerlendirmemiz gerekiyor.

Başlangıçta Osmanlı İmparatorluğu Fransa'nın cumhuriyetçi düşünceler yayarak krallıkları devirmeye, Avrupa'ya ve dünyaya egemen olmaya kalkışmasını umursamamıştı.[3] Dönemin Dışişleri Bakanı (Reisülküttap) Ahmet Atıf Efendi, Fransız Devrimi ve Cumhuriyetçilik üzerine 1798 baharında yazdığı *"Politika Dengesi"* başlıklı raporunda, şöyle diyordu:

Osmanlı, Fransız Cumhuriyeti'ne başlangıçta dostluk göstermiştir. Devrim günlerinde yiyecek sıkıntısı ve kitlesel açlık baş gösterdiğinde, Osmanlı ülkesi bol bol yiyecek göndererek Fransızları açlıktan ölmekten kurtarmıştır. Buna karşılık Fransa Cumhuriyeti ve Fransız Generalleri, Osmanlı'nın Hıristiyan uyruklarını ayartmaya çalışmaktan geri durmadılar. Fransa "dinsizliği yayan", "halkı hayvan düzeyine indirgeyen", "İnsan Hakları diye bir başıbozukluk bildirisi yayınlayıp bütün dillere çevirterek yeryüzündeki bütün halkları uyruğu oldukları hükümdarlara karşı ayaklandırmaya kışkırtan" bir ülke olup çıktı. **Osmanlı devleti öteki devletlerin karşı karşıya bulundukları tehlikenin içinde midir,** değil midir, sorusu düşünülmeye değer. **Bütün devletlerin Fransa'ya karşı birleşmeleri** gerçekleşirse, bu **ittifakın** asıl amacı, **Fransa devletini savaştan önceki durumuna getirmek** ve **zorla aldığı bütün toprakları eski sahibi olan devletlere geri vermek** ve böylece **devletler arası dengeyi sağlamak** olmalıdır. **Osmanlı Devleti, Fransız Devrimi ve onu izleyen benzeri hareketlerin ezilmesine var gücüyle çalışmalıdır."**[4]

Osmanlı, işte bu düşüncelerle Napolyon döneminde Fransa'yla savaşıyordu.

Fransız ordusu Mısır'da Osmanlı ordusuyla savaşta (Anne-Louis Girodet)

Napolyon önderliğinde tüm krallıkları devirip Avrupa'yı kendi yönetimi altında birleştirerek dünyaya egemen olmak üzere atağa kalkan Fransa, Avrupa'yı kan ve ateşe boğmuş; Avrupa devletleri Fransa'yı ancak birleşerek durdurabilmişlerdi. İngiltere, Avusturya, Prusya ve Rusya, 1814'te Fransa yüzünden bozulan Avrupa dengesini yeniden kurabilmek üzere *Viyana Kongresi* düzenlemişler ve burada *European Concert* (Avrupa Korosu) adını verdikleri bir birlik oluşturmuşlardı.[5]

1815'te toplanan Viyana Kongresi (Jean-Baptiste Isabey, Louvre Müzesi, Paris).

Gelgelelim, Fransız cumhuriyetçiliğine ve yayılmacılığına karşı Viyana Kongresi'nde birleşen İngiltere, Avusturya, Prusya ve Rusya, dünkü düşmanları Fransa'yı bile sonradan Kongre'ye çağırmalarına karşın, Osmanlı Devleti'ni Avrupa Korosu'na almamışlardı. *Congress System* olarak da anılan bu Avrupa Devletler Birliği, *güvenlik örgütü*, Rusya'yı içeriyor, fakat Osmanlı'yı dışlıyordu.[6] Osmanlı, kendisinin bu birlikten dışlanmasını anlamlandırmakta gecikmedi. Osmanlı İmparatorluğu, ölüm döşeğinde bir bir devlet olarak görüldüğü içindir ki Avrupa Birliği'ne çağırılmamıştı.

Le Concert Européen

O yıllarda Avrupa basınında yayımlanan –ve Türkiye Avrupa Birliği ilişkilerinin bugününü çağrıştıran- bir karikatürde (üstte), 1815'lerde örgütlenen ve Fransızca adı *"Le Concert Eupopeen"* Türkçesi *"Avrupalılar Dinletisi, Konseri"* olan bu ilk Avrupa Birliği'nde; Osmanlı kör, topal, sakat bir zavallı olarak ortaya alınmış, Avrupalı devletlerse onu çevresinde davul trompet gayda çalarak oynatıyor ve çocukların eğlencesi olarak gösteriyorlardı.[7] Gerek Fransa, gerekse Rusya, şunun şurasında çok değil daha 15 yıl önce 1800 yılında Osmanlı'yı aralarında paylaşmak üzere gizli yazışmalar yapıyordu. Napolyon, Mayıs 1800'de Dışişleri Bakanı *Topal Şeytan* Talleyrand'a yazdığı mektupta: *"Osmanlı İmparatorluğu uzun süre yaşamayacaktır. Rus Çarı I. Pol'ün dikkatini bu yöne çekiniz, Osmanlı'yı paylaşılmakta ortak çıkarlarımız vardır,"* diyordu.

Napolyon, Avusturya'nın da katılımıyla bir takım tasarılar hazırlamıştı. Üzerinde karara varılan proje şöyleydi:

General Masena komutasında bir Fransız ordusu Ruslara katıldıktan sonra Orenburg'dan Buhara'ya kadar olan bölgeyi işgal edecek, sonra **Afganistan ve İran'ı alarak Hind'e kadar uzanacak ve İngilizleri oradan kovarak Rus Çarı'na bir Büyük Doğu İmparatorluğu kazandıracak, buna karşılık Çar, Fransızların Akdeniz'le Mısır'a kalıcı olarak yerleşmelerine ses çıkartmayacaktı.**[8]

Fransa ve Rusya'nın Osmanlı'yı kendi aralarında paylaşma tasarıları İstanbul'un ve Boğazlar'ın kimin payına düşeceği konusunda düğümleniyordu.

Napolyon ile Çar Alexandr 12 Ekim 1808'de Rusya'nın Osmanlı İmparatorluğu üzerindeki isteklerini görüşmek üzere Erfurt'ta yeniden bir araya gelmişlerdi. Bu görüşmede Napolyon, Eflak-Boğdan konusundaki görüşlerini yineledikten sonra, Boğazlar ve İstanbul'u Rusya'ya bırakamayacağını bildirdi. Gerçekten de daha sonra 1817'de Sainte Helene'de Napolyon şunları söyleyecekti:

Rusya ile Osmanlı İmparatorluğu'nu paylaşabilirdim. Bu konu bir kaç kez Alexandr ile aramımda söz konusu olmuştu. **Ama İstanbul her zaman Türkiye'yi kurtarmıştır. Bu başkent büyük bir engeldi. Onu Rusar istiyordu. Oysa bu çok değerli bir anahtardır. Tek başına bir imparatorluğa bedeldir. Ona sahip olan dünyaya egemen olabilir.**[9]

Görüleceği üzere 1814 yılında toplanan Viyana Kongresi'ne katılarak Avrupa Devletler Konseyi'ni oluşturan devletlerden en az ikisi, Fransa ve Rusya, en az 15 yıldır Osmanlı İmparatorluğu'nu kendi aralarında paylaşma görüşmeleri yürütüyordu. Osmanlı Devleti'nin bu kongreye çağırılmamasının nedeni, Avrupa Devletler Konyesi'ne katılan tüm devletlerin Osmanlı'yı bölüp paylaşma amacını güdüyor olmaları olabilirdi. Osmanlı'nın toprak bütünlüğünü savunur görünen İngiltere ile onu parçalamaktan yana olan Fransa ve Rusya'nın bir Avrupa Federasyonu çatısı altında birleşmeleri gerçekleştiğinde Osmanlı'nın varlığını ve toprak bütünlüğünü koruması olanaksızlaşacaktı. Nitekim, 1814'te bir yandan Avrupa Birliği'ni kurmak üzere Osmanlı'nın dışarıda bırakıldığı bu Viyana Kongresi toplanırken, öte yandan aynı yıl ayrılıkçı Yunan *Filiki Eterya* örgütü kurularak, Osmanlı'yı bölme çalışmalarına başlamış; İngiliz, Fransız ve Rus aydınları Yunanistan'ın Osmanlı İmparatorluğu'ndan ayrılması için yayınlar yapıyordu. Osmanlı'yı dışarıda bırakan bir Avrupa Birliği, Osmanlı İmparatorluğu'nun bu birliği oluşturan ülkelerce parçalanması anlamına geliyordu.

Asılacaksan İngiliz sicimiyle asıl!

Gelgelelim Fransa'nın ve Rusya'nın Osmanlı'yı parçalama tasarıları İngiltere'nin o anki çıkarlarına ters düşüyordu. Rusya'nın ele geçirmeyi düşlediği Afganistan, İran ve Hindistan İngiliz egemenliği altındaydı ve İngiltere buraları Rusya'ya bırakamazdı. Fransa'nın ele geçirmeyi düşlediği Akdeniz, Mısır ve Süveyş ise İngiltere'nin Fransa'ya bırakamayacağı, yaşamsal çıkarları olan bölgelerdi. Fransa, İngiltere ile savaşmaksızın buralarda egemenlik kuramazdı. İstanbul ise Konsey üyelerinin hepsinin göz koyduğu, hiç birinin diğerine bırakmayı düşünmeyeceği değerdeydi. Rusya ile Fransa'nın Osmanlı'yı paylaşım tasarıları İngiltere'nin çıkarlarına taban tabana aykırı düştüğünden, Osmanlı'nın devlet olarak varlığını ve toprak olarak bütünlüğünü sürdürebilmesi için yapabileceği tek şey İngiltere'nin bir dediğini ikiletmeyerek onun desteğiyle Avrupa Devletler Konseyi'ne girmekti. Avrupa Devletler Konseyi'ne girmek, bölünüp paylaşılacak ülke konumundan çıkmak demekti. Öyleyse Osmanlı ne yapıp etmeli, İngiltere'yle işbirliğini, İngiltere tarafından Avrupa Devletler Konseyi'ne üye edileceği düzeye çıkartmalıydı. İşte Avrupa Devletleri ve Rusya'nın 1814'te *Viyana Kongresi*'nde bir araya gelip bir *Avrupa Federasyonu* kurmaya yöneldikleri II. Mahmud döneminde, Osmanlı Devleti'ne egemen olan anlayış, buydu: Asılacaksan İngiliz sicimiyle asıl!

Bölüneceksen İngiliz bıçağıyla bölün!

Rusya, Yunanistan'ı Osmanlı İmparatorluğu'ndan kopartmak üzere 1814'te Odessa'da kurulan *Filiki Eterya* örgütünün başına Rus Çarı'nın İmparatorluk Muhafızı General Alexandr Ypsilanti'yi getirerek 1821'de ayrılıkçı Yunan ayaklanmasını başlatınca, Osmanlı yöneticileri, çıkarları Rusya ile uyuşmaz olan İngiltere'nin buna kesinlikle engel olacağını düşünüyordu. Ancak böyle olmadı. George Finlay 1861'de yayımlanan *Yunan Ayaklanmasının Tarihi* adlı kitabında 1821 ayaklanmasını şöyle anlatacaktı:

> 1821 Nisanı'nda, 20000'e yakın bir Müslüman nüfus, Yunanistan'da dağınık olarak yaşıyor ve tarımda çalışıyordu. [A-

yaklanma çıkmasının üzerinden] Daha iki ay geçmeden bunların çoğu kıyımdan geçirildiler; adamlar, kadınlar, çocuklar, hiç acımadan ve sonra da pişmanlık duyulmadan öldürüldüler. Yaşlılar hâlâ, taş yığınlarını parmakla gösterip, gezginlere, "İşte şurada Ali Ağa'nın *pyrgos'u, kulesi, vardı; burada hem onu, hem eşlerini ve hizmetkârlarını öldürdük*" diye anlatırlar.[10]

1821 ayrılıkçı Yunan Ayaklanması'nda Müslüman Osmanlılar Yunanlılarca öldürülmüş olmasına karşın, Avrupalılar bir örneği yukarıda görülen gravürlerle olay ters yüz ederek yansıtıyor ve Batı kamuoyunu Osmanlı'ya karşı Yunanlıların yanında yer almaya çağırıyorlardı.

Rusya'nın salt kendi gücünü Akdeniz'e yaymak için Yunanistan'ı Osmanlı'dan ayırıp kendi güdümünde bir uydu devlet yapmak istediğini; Yunanlıları bu nedenle ayaklandırdığını; Osmanlı'dan kopup Rusya'nın güdümüne girecek bir Yunanistan'ın Rusya'yı Akdeniz'e çıkartmaktan başka bir işe yaramayacağını; bunun da İngiltere'nin Akdeniz'deki egemenliğini sarsacağını; bu nedenle İngiltere'nin Rus güdümlü Yunan ayrılıkçılığına engel olması gerektiğini söyleyen Osmanlı yöneticileri, İngiltere'den şu yanıtı alacaklardı: *Yunan Ayrılıkçılığının ardında Rusya'nın olduğunu biliyoruz. Rusların amacının Yunanistan üzerinden Akdeniz'e açılmak ve Akdeniz'deki İngiliz etkisini kır-*

mak olduğunu da biliyoruz. Gelgelelim bu ayrılıkçı hareketi bastırmaya çalışıp Yunanlıların düşmanlığını kazanmak yerine onu Ruslardan daha çok destekleyerek, kurulacak olan Yunanistan'ı Rus güdümünden kurtarıp İngiliz güdümüne alacağız. Böyle olunca Yunanistan bir Rus uydu devleti değil, bir İngiliz uydu devleti olacak ve Rusya'nın Akdeniz'e açılmasına engel olacaktır. Siz de kurulacak olan Yunanistan'da Rusya'nın egemenliği yerine İngiltere'nin egemenliği olmasını destekleyin ki Rusya Osmanlı topraklarında daha çok yayılamasın...

Filiki Eterya ayrılıkçı Yunan örgütüne komuta eden Rus Çarı'nın İmparatorluk Muhafızı General Alexandr Ypsilanti

Gerçekte Osmanlı ordusu Yunan Ayaklanması'nı ezecek güçteydi. 1827 yılında Mısır Valisi Mehmet Ali Paşa'nın oğlu İbrahim Paşa askerleriyle Mora'ya çıkarak ayaklanmayı bastırmışken Avrupa Devletler Konseyi işe karışacak, İngiltere, Fransa ve Rusya, Yunanistan'a bağımsızlık verilmesini isteyeceklerdi. Osmanlı, tam ayrılıkçı ayaklanmayı bastırmışken Yunanistan'a bağımsızlık vermeye yanaşmayacaktı kuşkusuz. Mora'da Osmanlı egemenliği yeniden kurulmuşken, Osmanlı askerlerinin derhal Mora'dan çıkmasını istemek yakışık almaz bir tutumdu. Osmanlı, askerini Mora'dan çekmedi. Bunun üzerine İngiltere Osmanlı devletine bir ültimatom vererek ayrılıkçılara karşı yürüttüğü harekatı durdurmasını ve Mora'dan çıkmasını isteyecekti. Ayaklanmayı çıkartan ve Yunanistan'ı Osmanlı'dan koparıp uydulaştırmak isteyen, *düşmanımız* Rusya'ydı, ayaklanmanın bastırılmasına karşı çıkan ise *dostumuz* İngiltere!.. Osmanlı bu ültimatomu da reddedince, İngiliz, Fransız ve Rus savaş gemileri, Mora açıklarında bulunan Osmanlı-Mısır donanmasını ani bir baskınla yok edecekti.

Navarin Savaşı (1827). Carneray'ın yağlı boya tablosu

İngiliz amiral Codrington kumandasındaki Fransız, İngiliz, Rus birleşik donanması, Navarin limanında demirli Osmanlı-Mısır gemilerini *"amacımız savaşmak değil"* diye diye kuşatmış ve Amiral Codrington'un Osmanlı ve Mısır askerlerinin Yunanistan'dan çekilmesi isteği reddedilince, donanmamız top ateşine tutularak 57 gemimiz batırılmış, 6000 askerimiz şehit olmuştu.

Osmanlı Devleti, varlığını ve birliğini İngiliz desteğine bağladığı için İngiltere'nin 'harekatı durdurun, Mora'yı terkedin" buyruğuna Navarin'den sonra boyun eğerek askerlerini geri çekmiş ve bu olay İngiltere'yi ayrılıkçı Yunan ayaklanmacıların bir numaralı sevgilisi konumuna yükseltmişti.

İngiltere'nin bu davranışı, 1822'den sonra izlediği politikayla ilgiliydi. O tarihte işbaşına geçen Başbakan Cannig'e göre, Yunanlılar er-geç bağımsız olacaklardı. Bağımsız bir Yunanistan ise Rusya'nın değil, İngiltere'nin etkisi altına girmeliydi. Böylece Rusya'nın güneye inmesine engel olunur, Osmanlı devletinin toprak bütünlüğü de korunmuş olurdu. Öyleyse Yunanistan'ın bağımsız olmasına Rusya'nın değil de İngiltere'nin yardım etmesi, aynı zamanda İngiltere'nin Osmanlı devletine de bir yardımı olmuş oluyordu. [11]

Dikkatli bir okuyucu, Osmanlı İmparatorluğu'nda baş gösteren *Filiki Eterya* önderliğindeki *ilk* ayrılıkçı Yunan ayaklanmasında olup bitenlerle, Türkiye Cumhuriyeti'nde baş gösteren *PKK* önderliğindeki *son* ayrılıkçı Kürt ayaklanmasında olup bitenlerin ne denli birbirine benzediğini hemen göreceği için, burada uzun uzun karşılaştırmalara girmeyeceğim.

1827 Navarin baskınından sonra Rus saldırısına uğrayan Osmanlı 1829'da Yunanistan'a özerklik vermek zorunda bırakılmış; özerklikten çok değil 5 ay sonra İngiltere, Fransa ve Rusya yeni bir "Londra Protokolü" imzalayarak bağımsız Yunanistan Devleti'nin kurulduğunu ilan etmişler; Osmanlı Devleti de 24 Nisan 1830'da Yunanistan'ın bağımsızlığını kabul etmek zorunda kalmıştı. İlk Yunan Kralı Otto, bir Yunanlı değil Bavyera Kralı Ludwing I'in oğluydu ve Bavyera Prensi'ydi. 18 yaşındaki Bavyera Prensi, Avrupa Devletler Konseyi tarafından Yunanlıların başına Kral olarak atanacaktı.

İlk Yunan Kralı Bavyera Prensi Otto

Özetle, 1814'te toplanıp 1815'te sonuçlanan Viyana Kongresi'nde oluşturulan Avrupa Devletler Konseyi, onbeş yıllık bir çalışma sonunda Yunanistan'ı Osmanlı'dan koparmayı başarmıştı. Osmanlı'nın tek avuntusu, Yunanistan'ın "düşman" Rusya'nın güdümüne bırakılmayıp, "dost"(!) İngiltere'nin güdümünde olmasıydı. İngiltere dostumuzdu, çünkü o Rusya'nın yayılmasını durdurmak için Osmanlı'nın devlet olarak varlığını sürdürmesine gereksinim duyan toprak bütünlüğünü –Yunanistan'ı kopartmasına karşın(!)– savunan biricik ülkeydi. Osmanlı topraklarında ayrılıkçılığı kışkırtmıyordu İngiltere; fakat Rusya'nın ya da Fransa'nın kışkırttığı bir ayrılıkçılık baş gösterdiğinde, ayrılıkçıları hemen kendi güdümüne alarak Osmanlı'dan kopacak parçanın Rusya'nın ya da Fransa'nın uydusu olmasını önlüyordu. Eh, bu da Osmanlı için *kötünün iyisi*'ydi. Asılacaksan İngiliz sicimiyle asılacak, bölüneceksen İngiliz bıçağıyla bölüneceksin. İngiltere'nin her dediğini yaparak Avrupa Devletler Konseyi'ne girmek, böylece bölünmekten kurtulmak gibi bir umudumuz da vardı üstelik.. II. Mahmud bu umutla yaşamış, bu umutla ölmüştü.

Sultan II. Mahmud[12]

Bu anlayışla 16 Ağustos 1838'de *Balta Limanı Antlaşması* ile gümrük egemenliğini bile İngiltere'ye terkeden Sultan II. Mahmud, 1 Temmuz 1839'da ölünce, 17 yaşındaki oğlu Abdülmecid tahta çıkmış, babasının sağlığında Avrupa devletlerinin dayatmasıyla hazırlattığı *Hatt-ı Şerif*'i 3 Kasım 1939'da onaylayıp Gülhane'de *Tanzimat Fermanı* olarak ilan etmişti.

SULTAN ABDUL-MEDJID-KHAN.
Abdülmecid (25 Nisan 1823 – 25 Haziran 1861)

Abdülmecid'in başta İngiltere olmak üzere Avrupa devletlerinin tüm isteklerini 1839'da bir *Tanzimat Fermanı*'yla anayasalaştırırken güttüğü amaç, Osmanlı İmparatorluğu'nu İngiltere'nin kanatları altına sığınarak o dönemin *Avrupa Birliği* olan *Avrupa Devletler Konseyi*'ne sokmak ve böylelikle İmparatorluğu'nun varlığını ve toprak bütünlüğünü güvence altına almaktı. Avrupa tarafından onaylanmak, Avrupa tarafından benimsenmek, Avrupa tarafından değerli bulunmak Abdülmecid döneminin en önemli ayırdedici yönüydü. Öyle ki, Abdülmecid, 1839 Tanzimat Fermanı anısına 1850'de Avrupalılara dağıtacağı anı madalyasını bile Osmanlıca değil, o dönemin Avrupasında diplomatik dil olarak benimsenen Fransızca olarak bastıracaktı.

Abdülmecid tarafından 1850'de Fransızca olarak bastırılan ve Avrupalılara dağıtılan Tanzimat Fermanı anı madalyası. Ortada: "RÉGÉNÉRATION DE L'EMPIRE D'OSMAN PAR ABDUL-MEDJID" (Osmanlı İmparatorluğunun Yenileşmesi") "Justice égale pour tous" (- "Protection aux faibles" - "La dignité de l'Empire relevée" – "Les droits de l'hospitalité maintenus" – "Les Arts de la paix encouragés" - "L'instruction répandue" [13]

1838 Balta Limanı Anlaşması ile İngiliz sanayi ürünlerinin Osmanlı pazarlarında neredeyse gümrüksüz olarak satılması ayrıcalığını elde eden ve bundan büyük kazanç sağlayan

İngiltere, Osmanlı'nın devlet olarak varlığını sürdürmesi ister ve topraklarının daha fazla bölünmesine karşı çıkarken, Rusya, Osmanlı pastasından pay alamıyor olmanın sıkıntısıyla kıvranıyor, Fransızlarla birlik olup paylaşamadığı Osmanlı'yı parçalamak için İngiltere'yle anlaşmaktan başka bir yol olmadığını kavramıştı.

Avrupa'nın Hasta Adamı

9 Ocak 1853 günü İngiltere'nin Rusya'daki Büyükelçisi Sir G. H. Seymour ile konuşan Rus Çarı I. Nikola, bu düşüncesini açıklarken şöyle diyordu:

> İngiltere için beslediğim duyguları bilirsiniz. Bence iki hükümetin, yani İngiliz hükümeti ile hükümetimin anlaşması esastır. Biz anlaştıktan sonra diğer Avrupa devletleri umurumda değil. Ne düşünürlerse düşünsünler. Türkiye'ye gelince: Kollarımızda hasta, hem de çok hasta bir adam var, size açıkça söyleyeyim ki, eğer gerekli bütün önlemleri almadan bir gün ölürse, bu büyük bir felaket olur.

> İngiliz Büyükelçisinin yanıtı kısaydı: "Güçlü ve alicenap bir adama, zayıf ve hasta bir adamı korumak düşer."[14]

İngiliz Büyükelçisinin Rus Çarı'na verdiği yanıt *"Osmanlı bizim sağmal ineğimizdir; o, yerli sanayisini öldürmek pahasına gümrük duvarlarını İngiltere için indirdi; İngiliz mallarından neredeyse gümrük bile almıyor; Osmanlı toprakları İngiliz sanayi ürünleri için açık pazardır; üstelik Osmanlı Rusya'nın bizim pazarlarımıza el atmasını önleyen bir asker deposudur, Osmanlı sizin için hasta adam olabilir ama bizim için altın yumurtlayan bir tavuktur, niçin onu kesip sizinle paylaşalım?"* biçiminde olsaydı çok daha gerçekçi olurdu. İngiliz Büyükelçisi Seymour, Çar'ın "Osmanlı'yı birlikte paylaşalım" önerisini İngiltere'ye bildirmiş, Lord John Russell, Avam Kamarası'nda yaptığı konuşmada Çar'ın bu teklifini tartışmaya açarken; *"Bırakalım yok olsun Türk! İyi ama, onun ölümünden sonra korkunç bir anarşi baş göstermeyecek midir? Bundan emin olabilirsiniz"* demişti.[15] Lord J. Russell, özetle; *"Eğer Türk öldüğünde tüm mirası İngiltere'ye kalacak olsaydı onu kendi ellerimle boğardım, fakat Rusya ve Fransa leş kargası gibi üşüşüp mirastan pay kapacaklardır, bunu istemediğimiz için Türk'ü yarı-sömürgemiz olarak serumlarımızla yaşatacağız,"* demek istiyordu.

İngiltere'yi Osmanlı'yı birlikte öldürüp mirasını birlikte paylaşmaya ikna edemeyen Rus Çarı I. Nikola, sonunda bu işi tek başına yapmaya davranacaktı. Çar'ın *Kutsal Yerler* kunusunu görüşmek üzere gönderdiği Mençikof, İstanbul'a savaş gemisi ve bir alay yüksek rütbeli subayla gelmiş, Kutsal Yerler konusu dışına çıkarak çok ağır siyasi tekliflerde bulunmuş, bu teklifleri kabul edilmeyince "Buraya tekrar muzaffer bir komutan olarak geleceğim!" diye bağırarak İstanbul'u terketmiş, ertesi gün de İstanbul'daki Rus Büyükelçisi geri çekilmiş, ardından Çar, Mençikof'un sözlerini onayladığını bildirmiş, sonra da savaş ilanıda gerek duymaksızın Rus orduları Boğdan'a girmişti.

Avrupa Devletler Konseyi'nin üyesi olan Rusya'nın Osmanlı'ya yönelik bu saldırısı Konsey'de çatlağa yol açmış, İngiliz etkisi altında Rusya'ya karşı çıkan Konsey ülkeleri, Konsey üyesi olmayan Osmanlı Devleti'ni destekleme kararı alarak savaş gemilerini Marmara önlerine göndermişlerdi. Çünkü Avrupa Birliği üyesi Rusya bu kez çizmeyi aşmış, Sırbistan ve Bulgaristan'ı ele geçirdikten hemen sonra İstanbul'u işgal etmeye davranmıştı. Rus elçisi Mençikof'un Çar tarafından da onaylanan "İstanbul'a tekrar muzaffer bir komutan olarak geleceğim!" sözleri, bu anlama geliyordu ve Avrupa Devletler Konseyi'nin diğer üyelerinin kendi aralarında bile paylaşamadıkları İstanbul'u Rusya'ya yedirmeye niyetleri yoktu.

Avrupa Devletler Konseyi'nde ortaya çıkan bu derin çatlaktan yararlanması gerekiyordu Osmanlı'nın. İngiltere ve Fransa'nın çıkarlarına aykırı biçimde yayılmaya kalkan Rusya'ya savaş açmak, Rusya'nın Avrupa Birliği'nden atılmasına ve Osmanlı'nın Avrupa Birliği'ne alınmasına yol açabilirdi. Osmanlı'nın devlet olarak varlığını ve toprak bütünlüğünü ancak İngiltere tarafından Avrupa Devletler Konseyi'ne alınmakla koruyabileceğine inanan Abdülmecid, Rus yayılmasından rahatsızlık duyan İngiltere ve Fransa'ya dostluk gösterisi yaparak, Kasım 1853'te Rusya'ya savaş açtı.

Savaşın ilk günlerinde Batum'a yardım götüren Osmanlı donanması 30 Kasım 1853'te Rus donanması tarafından Sinop açıklarında kıstırılıp batırılmış; 2700 denizcimiz şehit olmuş, Ruslar tarafından top ateşine tutulan Sinop'ta binlerce sivilimiz de yaşamını yitirmişti.

Rus ressam İvan Ayvazovski'nin Sinop deniz savaşını canlandıran tablosu[16]

"Şanlı Bahriye: Türk Bahriyesinin İkiyüz Yıllık Tarihçesi-1773-1973"[17] adlı kitabında Nejat Gülen bu olayı şöyle anlatır:

Rusların Osmanlı devleti üzerindeki emelleri, yapılan baskıları, hristiyan tabaayı tahrikleri sonucunda bir savaşın başlayacağı belli idi. Rus çarı Osmanlıya *"Hasta Adam"* ismini takmıştı. Osmanlı Devleti batacak kendisi de büyük pay alacaktı, bu hayaller içinde yaşıyor bu konuda İngilizlerle, Fransızlarla açık açık konuşuyordu. (...) Padişah 26 Eylül 1853'de olağanüstü bir meclis toplayıp Rusya'ya savaş açılması kararını verdi, **İngiliz ve Fransız gemileri de Çanakkale'yi geçip Beykoz önlerine geldiler, demirlediler. Bu durumda artık Rus donan-**

ması Karadeniz'e çıkmaya cesaret edemez deniyordu. Savaş fiilen 4 Ekim 1853'de başladı. (...) Karadeniz'e çıkartılan filo ikiye bölündü. Filonun biri Batum'a cephane ve gerekli diğer savaş malzemesini götürmek üzere hareket etti. Sinop limanına geldi. Rus filosu, 30 Kasım 1853 günü iki kolona halinde Sinop limanına girdi. O gün cuma idi. Osman Paşa bir kısım askeri cuma namazı için şehre yollamıştı. Ruslar kıyı boyunca tek sıra demirlemiş olan Osman Paşanın gemilerine paralel olarak geldiler ve derhal ateşe başladılar. (...) Bu baskın savaşında Ruslar hem tüm Osmanlı savaş gemilerini yaktılar, batırdılar, hem de Sinop şehrini topa tuttular, şehirde büyük yangınlar çıktı. Rus amirali gemileri batan, denizde yüzen askerlerin üzerine de ateş açtırdı, yaralıları da acımasızca öldürttü. (...) Osmanlı donanmasının 4.200 kişilik mürettebatının 2.700 ü şehit oldu, 556'sı ağır yaralandı, Osman Paşa, iki firkateyn Kaptanı ve 150 asker yaralı olarak esir düştü. (...) Bu olay sırasında limanda bulunan bir İngiliz iki Türk ticaret gemisi de battı. İstanbul'da Sinop felaketinin öğrenilmesi üzerine İngiliz donanmasından Retrebution, Fransız donanmasından Magodan isimli vapurlar Sinop'a gelip Türk ve yabancı yaralıları aldılar, İstanbul'a götürdüler.

Bu olay İngiltere'de kamuoyunu harp için hazırlayan, tahrik eden, iyi bir fırsat oldu. O yıllarda da İngiltere'de kamuoyunun çok önemi vardı. Savaşa girmek, hele uzak diyarlara asker göndermek kolay değildi. İngiliz ve Fransız basının Rusların Sinop'ta yaptığı vahşeti mübalağalı bir şekilde yazması Batı kamuoyunu kolayca Rusya aleyhine döndürdü, İngiltere'de *"Sinop'un intikamı alınmalıdır"* diye gösteriler bile yapıldı. 12 Mart 1854'de Osmanlı Devleti, İngiltere ve Fransa arasında bir anlaşma yapıldı ve İngiliz ve Fransa parlamentoları 27 Mart 1854'de Rusya'ya savaş ilan ettiler.

"Senin İçin Öldük, Avrupa!.."

Abdülmecid, Rusların Sinop baskınında şehit olan askerlerimizin anısına *"Avrupa, senin için öldüler"* tümcesini yazdırdığı bir madalya bastırarak *Avrupa Devletler Konseyi* üyelerine, İngiliz, Fransız devlet yöneticilerine dağıtmıştı.[18]

Abdülmecid'in Hollandalı L. J. Hart'a sipariş edip Hollanda'da bastırdığı bu bronz madalyanın yukarıda gördüğünüz ön yüzünde, göbekte Abdülmecid'in bir kabartma portresi basılı, çevresinde *"Osmanlıların İmparatoru Abdül Mecid Han"* yazılıydı.[19] Altta üç tane yıldız vardı. Bu üç yıldız büyük olasılıkla Osmanlı İmparatorluğu, İngiltere ve Fransayı simgelemekteydi.

Madalyanın arka yüzü, ön yüzünden çok daha ilginçti. Çünkü burada *"Osmanlıların İmparatoru Abdül Mecid Han"* Avrupalılara sesleniyor ve Sinop'ta Rus donanmasının baskınında şehit olan asker-sivil Osmanlı-Türk Müslümanların Avrupa çıkarlarını korumak uğruna öldüklerini vurgulamak üzere: *"Onlar senin için öldüler Avrupa! Sinop - 1853"* yazısı yer alıyordu.[20]

Rusya'yla savaşa giren Abdülmecid'in 1853'te Rus donanmasınca Sinop'ta ani bir baskınla şehit edilen asker denizcilerimiz ve sivillerimiz anısına bastırdığı madalyanın arka yüzünde; üstte Fransızca **'EUROPE ILS SONT MORTS POUR TOI.'** (Senin için öldüler Avrupa!) ve altta yine Fransızca **'SINOPE 1853.'** yazıları bulunuyor.

Gerçekten de Osmanlı'nın Rusya'ya savaş açarak güneye doğru yayılmasını engellemesi, İngiltere ve Fransa'nın çıkarınaydı. 9 Ocak 1853'te Rus Çarı'nın İngiltere'ye Osmanlı'yı bölüp paylaşmaktan sözetmesi, ardından 19 Mayıs 1853'te Rus elçisi Mençikof'un *"Yakında İstanbul'a Rus işgal güçleri komutanı olarak döneceğim!"* diye haykırarak İstanbul'u terketmesi, İngiliz-Fransızları Rusya'yla karşı karşıya getirmiş, Avrupa'lı komünistler bile Rusya'ya karşı İngiliz-Fransız emperyalistlerinin destekçisi kesilip Rusya'ya karşı tavır almışlardı. Komünist önderler Karl Marks ve Friedrich Engels, günlük gazetelere yazılar yazarak Osmanlı'nın Rusya tarafından yutulmasını önlemenin İngiliz-Fransız emperyalistlerinin çıkarına olduğu denli komünizmin de çıkarına olduğu düşüncesini yayıyorlardı yandaşlarına. Friedrich Engels 12 Nisan 1853 günü yayımlanan *Türkiye Konusunda Gerçek Sorun* başlıklı yazısında şöyle diyordu örneğin:

> Gerçekte Avrupa kıtasında iki kuvvet var: 1)- Rusya ve Mutlakiyetçilik, 2)- Devrim ve Demokrasi. (...) Rusya'nın Türkiye'ye sahip olmasına izin verilirse ve gücü böylece hemen hemen yarı yarıya artarsa, Avrupa'nın tüm geri kalan kesiminden üstün duruma gelecektir. Böyle bir gelişme, devrim davası için anlatılmaz bir felaket olabilir. Türkiye'nin bağımsızlığının korunması ya da **Osmanlı İmparatorluğu'nun olası çözülüşü durumunda, Rusya'nın bu toprakları kendine katma tasarısının önlenmesi**, en önemli sorundur. Böyle bir durumda, **devrimci demokrasi ile İngiltere'nin çıkarları aynı doğrultudadır**. Çarın, İstanbul'u başkentlerinden biri **yapmasına, ne devrimci demokrasi, ne de İngiltere izin verebilir**. Köşeye sıkıştığı zaman (gerek Komünistlerin gerekse İngiltere'nin) her birinin en az öteki kadar Çar'a karşı direndiğini göreceğiz. [21]

Marks da Londra'da 29 Temmuz 1853 ve New-York Daily Tribune'de 12 Ağustos 1853 günü yayımlanan *Rusya'nın Geleneksel Politikası* başlıklı yazısında şöyle diyordu:

> Rusya daha 1774 yılında Kaynarca'yı imzalarken, Avusturya'nın İstanbul'daki geçici elçisi Baron Thugut, kendi hükümdarına şunları yazmaktaydı: *"Bugünden itibaren Rusya, uygun bir fırsat yakaladığı her seferinde, herhangi bir hazırlığa bile gerek görmeksizin, sadece Karadeniz üzerindeki limanlarından hareket ederek İstanbul üzerine yürüyebilecektir. Bu durumda hiç şüpheniz olmasın ki, Rum kilisesinin şefleriyle birlikte uzun süreden beri yeraltından hazırlanmakta olan bir ayaklanma patlayacak ve Sultan'a sarayını terkedip Asya'nın içlerine çekilerek Avrupa Türkiyesi'nin tahtını daha tecrübeli birine terketmekten başka çare kalmayacaktır. Ve başkent İstanbul bir kez fethedilir edilmez, bir yandan terör, öte yandan Rum Hıristiyanların sadık desteği sayesinde ve büyük bir zahmete katlanmaksızın Rusya, hem Ege adalarını, hem Küçük Asya kıyılarını, hem de Adriyatik'e kadar bütün*

Yunanistan'ı kesin hakimiyeti altına alabilecektir. Dünyanın başka hiç bir bölgesinin zenginlik ve verimlilik bakımından yarışamayacağı, tabiatın gerçekten lütfuna uğramış olan bu ülkelere tasarruf etmekse, Rusya'ya eski çağlar tarihinin bize anlattığı bütün o masal beldelerinin yanında sönük kalacağı bir egemenlik sağlamış olacaktır." Politikacılar, hem Rusya'nın bu geleneksel politikasını, hem de İstanbul hakkındaki özel niyetlerini temellendirmek istedikleri vakit daima Rus Çarı *I. Petro'nun Vasiyetnamesi*'ne başvurmuşlardır. Ölümsüz şehirdir İstanbul; *Şark'ın Roması*'dır. (...) İstanbul, Batı ile Doğu arasına kurulmuş altın bir köprüdür. Ve dünyayı fethe çıkmış olan Batı medeniyeti, tıpkı güneş gibi, bu köprünün üzerinden geçmeksizin edemez. Bu köprüyü ise Rusya'yla savaşa girmeksizin aşmak mümkün değildir. Sultan'ın ellerindeki İstanbul, devrimin bir teminatıdır.[22]

Osmanlı, İstanbul'un ve boğazların Rusya'nın eline geçmesini önleyip Rus yayılmasına karşı direnmekle, Avrupa'nın çıkarlarını da korumuş oluyordu. Osmanlı askerleri *Kırım Savaşı* denilen bu savaşta; **Avrupa'nın çıkarlarını korumak ve bunun karşılığında Osmanlı devletinin Avrupa Devletler Konseyi'ne üye yapılmasını sağlamak; böylelikle varlığını, bütünlüğünü Avrupa devletlerinin güvencesi altında sürdürmek** için *"Allah! Allah!"* diye haykırarak ölüme koşuyordu. Abdülmecid'in bastırdığı *"Senin için öldük Avrupa!Sinop-1853"* madalyası İngiltere ve Fransa'yı Rusya'ya karşı harekete geçirirken, işin içinde başka işler olduğunu düşünenler de vardı. Örneğin İngiltere'nin eski İstanbul Büyükelçilerinden David Urquhart, olup bitenleri bambaşka bir gözle değerlendirirken şunları söylüyordu:

> 1853'te Rusya Osmanlı devletinin sıkı duran tavrını hesaba katmadığı gibi, Osmanlı ordusunun Rusya'dan üstün olduğunu da hesaba katmamıştı. Rusya, Osmanlı devletiyle askeri ittifak yapan İngiltere ve Fransa'nın yumuşak başlılığından emin olunca cesaret buldu. O Osmanlı müttefiki İngiltere Fransa ki, düşman Rusya'nın savaş ilan etmeksizin giriştiği işgali Osmanlı devletine kabul ettirmek için bütün güçlerini kullandılar. Aynı güçler "müttefik" görüntüsü altında Osmanlı topraklarına kendi askerlerini yerleştirdiler. Fakat ger-

çekte onların Osmanlı topraklarındaki askeri varlığı, Osmanlı devletinin Rusya'ya karşı zaferini engellemek içindi... İngiltere Savaş Bakanı Lord Herber dedi ki: **"Biz müttefik olduğumuz Osmanlı ile değil, düşmanımız Rusya ile anlaşma halindeyiz."** Uzun süredir İstanbul'da İngiliz elçisi olan Lord Ponsoby de dedi ki: **"İngiliz Fransız savaş gemileri Karadeniz'e Türkiye'yi korumak için değil, Rusya'yı korumak için girdi."** [23]

(...)

Kırım Savaşı'nın başlangıcında Rus donanması küçük bir Türk filosunu Sinop'ta gafil avladı. Ancak Rusya bu avantajı **Türk donanmasının Karadeniz'e çıkmasını engelleyen İngiliz elçisinin dolaylı yardımlarıyla** elde etti.[24]

(...)

İngiliz Fransız savaş gemilerinin Karadeniz'deki varlığı, Türklerin Sinop Limanı'ndaki gemilerini kendi gücüne dayanarak korumasına engel olunca (Rus donanması Sinop baskınını gerçekleştirdi.) İngiltere'nin o zamanki İstanbul Büyükelçisi Lord Startford Redcliffe Osmanlı devletinin karşı karşıya bulunduğu tehlikeyi ortaya koyarken, sözkonusu tehlikenin Rusya'nın gücünden değil, **Osmanlı devletinin müttefiki görünen İngiliz Fransızların Türk halkının enerjisini sulandırmak ve onun kara ve deniz kuvvetlerini kullanmasına engel olmak için takındıkları tavırdan** kaynaklandığını ortaya koydu.[25]

Evet, Sinop Baskını'ndan sonra İngiltere ve Fransa Mart 1854'te aralarında bir ittifak kurup Osmanlı'nın yanında savaşa girmek üzere harekete geçmişlerdi, fakat bunun "göstermelik" ve *"Ruslarla danışıklı dövüş"* olduğu yönünde bir takım belirtiler de vardı. Dışarıdan bakılınca, bu savaşta Rusya'nın amacı İstanbul'u alıp dünyaya egemen olmak, İngiliz-Fransızların *görünürdeki* amacıysa İstanbul'u Rusya'ya kaptırmayıp kendi kuklaları olan Osmanlı devletinin elinde bırakarak Rus yayılmasını Osmanlı askeriyle önlemek olarak algılanıyordu. Ruslar, Balkanlardaki ve Yunanistandaki Ortodoks mezhepdaşlarını da kışkırtıp Osmanlı'ya karşı savaşa sürmek üzere: *"Rus Çarlığı İstanbul'u Yunanlılara kazandırmak için Balkanlar'a ordu göndermiştir; Rusya salt İstanbul'u Yunanlılara vermek için Osmanlı-*

İngiliz-Fransız birleşik ordularıyla savaşmaktadır," savını işliyordu. Rusların İstanbul'u ele geçirmek amacıyla Balkanlara yayılması İngiltere ve Fransa'yı *görünüşte* Rusya'ya karşı çıkmaya iten biricik etkendi. 12 Mart 1854'te, Rus yayılmasını durdurmak üzere Osmanlı-İngiliz-Fransız ittifakı kurulmuştu. Rusya ***belki de İngiliz-Fransızların Osmanlı'yla askeri ittifakının yalnızca görünüşte olduğunu bildiği için*** bunu önemsememiş ve 15 Mayıs 1854'te Bulgaristan'ın kuzeyinde Tuna kıyısında bulunan Silistre'yi kuşatmıştı. Tüm savaş uzmanları, Silistre'de kuşatılan 10.000 kişilik Osmanlı ordusunun 80.000 kişilik Rus ordusuna direnemeyeceğini, Silistre'nin kısa sürede Rusların eline geçeceğini söylüyordu. İngiliz-Fransız birlikleri "sözde" Silistre'ye yardıma gitmek üzere Gelibolu'ya çıkartılmış, buradan da 24 Mayıs 1854'te Varna'ya doğru yürüyüşe geçmişlerdi. Silistre'yi ele geçireceğine kesin gözüyle baktıkları Rusların İstanbul'a doğru ilerlemesini durdurmaktı *görünüşteki* amaçları. Gelgelelim Musa Hulusi Paşa komutasındaki Osmanlı-Türk askerleri, Silistre'yi Rus ordularına kaptırmamış, dünyanın bütün savaş uzmanlarını şaşkınlığa düşürecek bir direniş örneği sergileyerek Rusları "geldikleri gibi gitmek" zorunda bırakmışlardı. Ruslar Silistre'de karşılaştıkları Türk direnişini kıramayınca 25 Haziran 1854 günü kuşatmayı kaldırıp çekildiler.

"Senin İçin Savaştık, Senin İçin Yendik Avrupa!"

Karl Marx'ın yoldaşı Friedrich Engels, Temmuz 1854 günlü *New-York Daily Tribune*'de yayımlanan yazısında Osmanlı'nın Silistre Direnişi'ni şöyle anlatıyordu:

> Savaşın başından bu yana cereyan eden askerî olaylar arasında en önemlisi, kuşku yok ki, *Silistre Kuşatması*'dır... Biz kuşatmanın ileri aşamasında Türklerin *Arap Tabyası*'nı savunmaktan vazgeçmek zorunda kalabileceklerini düşünmüştük. (...) Tam tersine Türkler, düşman üzerine 4 bin süvari çıkarttılar... *Arap Tabyası*'nın Hasan Paşa komutasındaki 4 taburla 500 başıbozuktan oluşan savunma güçlerinin tutumu, en yüksek övgüye hak kazanmış bulunuyor. Savaş tarihinde *Arap Tabyası* gibi bir dış tabyanın böylesine dayandığı bir başka olay bilmiyoruz.

Osmanlı'nın 10.000 kişilik bir güçle 80.000 kişilik Rus ordusunu yendiği Silistre Savunması 15 Mayıs – 25 Haziran 1854 arası 40 gün sürmüş olmasına karşın, Mart 1854'te Osmanlı'yla askeri ittifak antlaşması imzalamış bulunan İngiliz – Fransız orduları niçin bu süre boyunca Gelibolu'dan Silistre'ye ulaşamamışlardı? Az önce Ruslar'ın Sinop Baskını konusundaki görüşlerini aktardığımız İngiltere'nin eski İstanbul Büyükelçisi David Urquhart'ın bu konudaki değerlendirmesi şöyleydi:

> İngilizler, Fransızlarla birlikte 1854 Mart'ında Osmanlı ile askeri ittifak yaparak Rusya'ya karşı savaş ilan etti. İyi ama 1853 Temmuz'unda **Ruslar Avrupalı hükümetlerin desteğiyle Prut'u geçmişlerdi.** Bu olayda Rus kuvvetlerine karşı harekete geçen **Türk kuvvetlerinin geri dönmesini sağlayan da İstanbul'daki İngiliz Büyükelçiliğiydi,** ki böylelikle Ruslara korkusuzca Türk topraklarına girme fırsatını verdi... Bu Rus harekatının sebebi, Mençikof'un notasında belirtilen *Osmanlı İmparatorluğu'nun her yerindeki Hıristiyanları korumak* iddiası idi. Bu iddia aynı zamanda *Hıristiyanları isyana teşvik* etmekti. İngiliz Fransızlar aylarca süren boş bir bekleyişten sonra Viyana'da toplanıp, Türkiye ile Rusya arasında arabuluculuk yapacaklarını bildirdiler. Gelgelelim İngiliz Fransızların bu aracılığı Rusya'nın haksız isteklerinden vazgeçmesiyle ilgilenmiyordu. Tersine "arabulucu"(!) İngiliz-Fransızlar, Mençikof'un notasını kabul ettiklerini duyurarak, böylelikle Hıristiyanların kendilerine güvenip Osmanlı'ya karşı ayaklanmalarını bekliyorlardı. Gelgelelim Osmanlı topraklarında çıkmasını umdukları bir Hıristiyan ayaklanmasını çıkartamayınca Türklerin bu Rus işgalini kabullenmesini de sağlayamadılar ve Türkiye Rusya'ya savaş ilan etti. İngiliz Fransızlar buna karşı Türklerin savaş ilanına göre hareket etmemesini istediler. Türk kuvvetleri Tuna'yı aşarak kendilerine yol açtılar ve nerede Rus kuvvetleriyle karşılaştılarsa, -Ruslar sayıca fazla oldukları halde- onları mağlup ettiler. Sonra **İngiliz Fransızlar donanmalarını Çanakkale boğazına göndererek Rusları Türklerin denizden yapacakları bir harekata karşı korudular.** Ancak bu dalaverelerin hiç bir işe yaramadığını gördükten sonradır ki, İngiliz Fransızlar Osmanlı'nın yanında Rusya'ya karşı savaş ilan etmişlerdir. Türklerin Şumnu üze-

rinden giderek **Silistre**'yi kurtarmaları askeri ittifak yaptıkları İngiliz Fransızlar tarafından engellenmiştir. **İngiliz-Fransızlar askeri ittifak yaptıkları Osmanlı'nın savaş alanlarında Rusya karşısında yok olacağına kendilerini o kertede inandırdılar ki,** *sıkıntıyı paylaşma* konusunu ortaya attılar. Gelgelelim **İngiliz-Fransızların beklentilerinin tersine Rus birlikleri Silistre'de Türkler tarafından bozguna uğratıldı.** İngiliz-Fransızlar yenilen Rus kuvvetlerinin Sivastopol'e dönmeleri için gerekli süreyi Ruslara sağladılar ve ardından kendileri Kırım tuzağına düştüler.[26]

Öyle ya da böyle, 1853 Sinop Baskını anısına *"Senin için öldük Avrupa"* yazılı madalya bastıran Abdülmecid, Silistre'yi Rus kuşatmasından kurtarır kurtarmaz yeniden madalya üreticisi L. J. Hart'a başvurmuş ve üzerine *"Senin için yendik Avrupa-Silistre-1854"* yazdırdığı madalyayı Avrupa devletlerine dağıtmaya başlamıştı.

Yukarıda, sözkonusu madalyanın ön yüzünde (solda), üç sıra defne çelengi içerisinde Abdülmecid'in bir portresi ve çevresinde *"Abdul - Medjid Khan - Empereur Des Ottomans"* Türkçesi *"Abdülmecid Han, Osmanlıların Padişahı"* yazıyordu. Arka yüzdeyse (sağda), kalenin önünde bir elinde kama, bir elinde gürz tutan bir kadın, sol yanında bir cami ve çevresinde *"Europe Ils Ont Vaıncu Pour Toi – Silistrie- 1854"* Türkçesi: (Rusları Silistre'de) *"Senin İçin Yendik Avrupa – Silistre – 1854"* yazıları yer alıyordu.[27]

Vatan Yahut Silistre

Namık Kemal, olaydan yaklaşık 20 yıl sonra yazacağı *"Vatan Yahut Silistre"* adlı yapıtında ne denli "vatan için ölmek" konusunu işleyecek olsa da, Abdülmecid çıkardığı bu madalyayla Silistre'de *Avrupa için* Ruslara karşı savaştığımızı ve Silistre'yi *Avrupa için* Rusların eline düşmekten kurtardığımızı haykırıyordu bütün dünyaya. Madalyada geçen *Avrupa için* deyimi çifte anlamlıydı. 1)- Avrupa'nın çıkarları öyle gerektirdiği için, 2)- Ödül olarak Avrupa Devletler Konseyi'ne üye olabilmek için...

George Soros, Mart 2002'de *"Türkiye'nin en iyi ihracat ürünü ordusudur"* demişti.[28] Emekli Orgeneral Çevik Bir de 29 Kasım 1999'da bir toplantıda Türkiye'nin görevini *"Batı için güvenlik üretmek"* bağlamında tanımlamıştı.[29] Anlaşılan o ki, *"Batı için savaşmak; Batı'nın çıkarlarını korumak için onun istediği yerlerde onun gösterdiği düşmanlara karşı savaşmak ve böylelikle Batı tarafından yok edilmekten kurtulmak"* düşüncesi, kökleri 1830'lara, 1850'lere, Abdülmecid'lere dayanan bir *Çöküş Dönemi Osmanlı Düşüncesi*'dir.

1815'te Osmanlı'yı paylaşmak amacıyla kurulan Avrupa Devletler Konseyi'nin üyesi olan Rusya, aç gözlülük edip İstanbul'u tek başına ele geçirmeye davranınca, Konsey'in diğer üyeleri, İngiltere, Fransa, *görünüşte* İstanbul'u Ruslara kaptırmamak üzere ayağa fırlamış ve Abdülmecid, Osmanlı devletinin varlığını korumak için Rusya'ya karşı Avrupa Devletler

Konseyi'nin askerliğini yapmaktan daha parlak bir kurtuluş yolu olmadığı düşüncesine sarılmıştı. Rus donanmasının 1853 Sinop baskınını *"Senin için öldük Avrupa!"*, Rus kuşatmasına karşı Silistre direnişimizi *"Rusları senin için yendik Avrupa!"* yazılı madalyalarla İngilizlerin Fransızların gözüne sokan Abdülmecid, sonunda dileğine kavuşmuş, Rusya'ya karşı kurulan İngiliz-Fransız Askeri İttifakı'nda yerini almıştı.

Ruslar Silistre'de bozguna uğrayıp büyük kayıplarla geri çekildiklerine göre, İstanbul'u ele geçirme amacında başarısızlığa uğramış ve bu savaş da burada sona ermiş olmalıydı. Gelgelelim öyle olmadı. Osmanlı devleti ile Rusya arasında barış görüşmeleri yacpılması gerekirken, İngiliz Fransızlar –her nedense?- Sivastopol'ü kuşatmaya giriştiler. Osmanlı, İngiliz, Fransız ve Sardinya askerleri, Sivastopol'de savaş alanlarında Rus ordusuna karşı omuz omuza dövüşecekti.

Sivastopol'de İngiliz birlikleri 1854-55

Abdülmecid için İngiliz ve Fransızların Rus yayılmacılığını durdurmak için Osmanlı'yla askeri ittifak yapmış olması, bundan böyle Osmanlı'nın *Avrupa Devletler Konseyi*'ne alınması ve toprak bütünlüğünün Avrupalı devletlerin güvencesi altında korunması için yeterli bir nedendi. Bu yüzden, "Biz Rusları

Silistre'de yendik, savaş bitti. Sivastopol Kuşatması da nereden çıktı?" demeyecekti.

Osmanlı, İngiliz ve Fransız orduları Sivastopol önlerinde[30]

Sivastopol'de savaşan Osmanlı askerlerinin Abdülmecid'in bu gibi düşünceleriyle ilgisi yoktu. O, yurdunu *Moskof* saldırısından korumak uğruna savaştığını düşünüyor ve yurdu uğruna şehit olacağı günü bekliyordu. Rıfat Bey'in bestelediği *Sivastopol Marşı*'nın sözleri bunun en açık göstergesiydi:

> Sivastopol önünde yatan gemiler - Atar nizam topunu, yer gök iniler - Yardımcıdır bize kırklar, yediler - Aman padişahım izin ver bize-Zafer haberini verelim size.
>
> Sivastopol önünde sıra sıra söğütler - Oturmuş binbaşı asker öğütler - Askere gidiyor babayiğitler - Aman padişahım izin ver bize - Zafer haberini verelim size.
>
> Sivastopol önünde bir dolu testi - Testinin üstünde sam yeli esti - Analar babalar umudun kesti - Aman padişahım izin ver bize - Zafer haberini verelim size.

İngiliz-Fransız kamuoyu Osmanlı-Rus Kırım Savaşı'nda Rusya'ya düşman olunca, İngiliz sağlıkçı Florence Nightingale, 4 Kasım 1854'te, 38 hemşireyle birlikte Üsküdar'daki hastahaneye gelmiş, savaşta yaralananları iyileştirmeye çalışıyordu. Bu gibi olaylar Osmanlı halkında bir İngiliz-Fransız sevgisi oluşturmuştu.

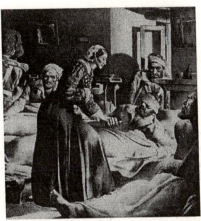

Florence Nightingale, Üsküdar'da hastahanede görev başında
Kırım Savaşı'nda yaralanan askerlere - 1855

Osmanlı, İngiliz ve Fransız subayları cephelerde yan yana aynı karavanaya kaşık sallıyor, ortak düşman Ruslara karşı omuz omuza birlikte savaşıyor ve birlikte ölüyorlardı. Abdülmecid'in Osmanlı'yı Avrupa Devletler Konseyi'ne sokmak amacını gerçekleştirmesi için önemli olaylardı bunlar?[31]

Kırım Savaşı'nda Osmanlı İngiliz Fransız subayları bir arada (British Museum)

İngiliz-Fransız ordularıyla Osmanlı ordularının aynı cephede birlikte savaşmaları Rus saldırısına uğrayacak Kars'ta da gerçekleşecekti. Osmanlı'nın bir karış toprağını Ruslara vermemek için savaşan İngilizler Fransızlar, Osmanlı'nın toprak bütünlüğüne karşı olabilirler miydi? Osmanlı'nın toprak bütünlüğünü savunuyor olmasalar ne işleri olacaktı İngiliz Fransız ordularının Kars'ta, Erzurum'da? Bu sorunun yanıtını Komünist kuramcı Karl Marks'ın 5 Nisan 1856 günlü *The Peoples Paper*'da yayımlanan *Kars'ın Düşüşü* başlıklı yazısında buluyoruz:

> Eğer **Kars Erzurum'un anahtarıysa**, Anadolu'nun stratejik ve ticari yollarının merkez noktası ve **İstanbul'un anahtarı da Erzurum**'dur. **Kars ile Erzurum, bir kez Rusların eline geçti mi, İngiltere'nin İran'la Trabzon üzerinden yaptığı ticaret kesilir.** Bu durumun bilincinde olan **İngiliz hükümeti** serinkanlılıkla, Babıaliyi, **Asya'da evinin anahtarlarını teslime** çağırıyor.[32]

Demek ki, başlarında "Sir"ler, "Lord"lar "Baron"lar bulunan İngiliz-Fransızlar Kars'a, Erzurum'a Trabzon'a "Türkleri çok sevdiklerinden" (!) değil, kendi ürünlerini dünyaya satmak için bu yöreleri ellerinde tutmak ve Ruslara kaptırmamak zorunda oldukları için gelmişlerdi.

Kars'ın Rus Saldırılarına karşı savunulmasında Osmanlı ile birlikte savaşan İngiliz Fransız güçleri[33]

Sir William[34] 1855'te bir bölük askerle Rus saldırısına uğrayan Kars'a gelmişti.[35]

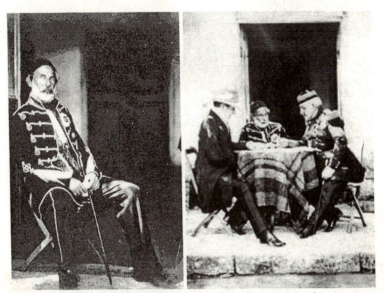

Kırım Savaşı'nda Türk güçlerine komuta eden Ömer Paşa (solda), İngiliz güçlerine komuta eden Mareşal Lord Raglan ve Fransız Mareşal General Pelissier'le birlikte (Fotoğraf: Roger Fenton, Kırım, 1855)

Rusya'ya karşı girişilen bu savaşta, Batı kaynakları 17.500 İngiliz, 90.000 Fransız, 35.000 Osmanlı-Türk, 2.050 Sardinyalı askerin öldüğünü yazıyordu. Gelgelelim öldüğü savlanan 90.000 Fransız askerinin tümüne yakını Cezayir'li Zouaves Berberi kabilelerinden Müslüman savaşçılardı.

Kırım Savaşı'nda Fra. ız üniforması altında savaşan Müslüman Berberi Cezayirli askerler.

Fransız ordusunu oluşturan Müslüman Berberi askerleri Kırım Savaşı'nda-1854

Sultan Abdülmecid, Sinop'ta Rusların batırdığı donanmamızda şehit düşen askerlerimizin anısına "Avrupa, Senin için öldüler" madalyası bastırıp dağıttığında, İngilizlerin Fransızların gözünde Osmanlı-Türk askerlerini Fransız ordusunda savaşan Müslüman Zouaves kabilesi savaşçıları konumuna düşürdüğünün ayırdında mıydı, bilinmez; fakat onun, İngiltere ve Fransa'ya istedikleri her ödünü verir, onların çıkarları doğrultusunda Rusya'yla savaşa tutuşurken, karşılığında ödül olarak Osmanlı İmparatorluğu'nu dönemin *Avrupa Birliği* demek olan *Avrupa Devletler Konseyi*'ne sokmayı düşlediği ve bir kez *Avrupa Devletler Konseyi*'ne alındıktan sonra artık Osmanlı'nın toprak bütünlüğüne yönelik saldırıların son bulacağını umduğu kesindir. Kırım Savaşı sürerken çıkardığı bir başka madalyada Osmanlı bayrağını İngiliz ve Fransız bayrakları arasına yerleştiren Abdülmecid, *Avrupa Devletler Konseyi'ne alınmak uğruna* Rusya'ya savaş açtığını bir kez daha vurguluyordu.

Abdülmecid'in Kırım Savaşı anısına 1855'te bastırdığı madalya

Gelgelelim Abdülmecid'in bu çabaları İngiliz Fransızlardan beklediği karşılığı görmüyor; Avrupa, Kırım Savaşı'nda Osmanlı'nın adını anmaktan özenle kaçınarak, bu savaş sanki İngiliz-Fransız Birliği ile Ruslar arasında geçiyormuş gibi davranıyor; çıkardıkları madalyalarda Osmanlı'nın adı bile anılmıyor, yalnızca İngiliz-Fransız bayrakları ve İngiliz Fransız askerleri yer alıyordu.

1854'te İngiltere'nin Kırım Savaşı anısına çıkardığı madalyanın solda gördüğünüz ön yüzünde bir İngiliz askeriyle bir fransız askeri ülkelerinin bayrakları önünde dostça dikiliyor, her iki askerin sağında ve solunda hem İngilizce hem Fransızca olarak *Kutsal İttifak (The Holy Alliance – La Sainte Alliance)* sözcükleri yer alıyor. Osmanlı yok sayılıyor... Sağda gördüğünüz arka yüzünde ise *"Hakarete uğrayan Avrupa'nın öcünü almak ve onu zulme karşı savunmak üzere birleşen İngiltere ve Fransa"* (*"England and France united to defend the oppressed and to avenge insulated Europe"*) yazısı bulunuyor. Daha önce *"Avrupa, Senin için Öldüler"* yazılı madalya bastıran Osmanlı'dan ise tek sözcükle bile söz edilmiyor.

Yine Kırım Savaşı sırasında çıkartılan bir başka madalyada, ön yüzünde cami, hilal simgelerine yer verilse de müttefik olarak Osmanlıdan hiç söz edilmiyor. Ön Yüzü (solda) 1854'- A LA GLORIE DES ARMÉES ALLIÉES . ALMA 2O SEPT .BALAKLAVA 25 OCT . INKERMANN 5 NOV.' (Birleşik ordular onuruna: 20 Eylül Alma, 25 Ekim Balaklava, 5 Kasım Inkermann). Arka Yüzü (sağda): LA FRANCE ET L'ANGLETERRE UNIÉS POUR LA DÉFENSE DU DROITFransa ve İngiltere hakkı savunmak için birleşti) Piramidin üzerinde: 'VICTOIRE NAPOLÉON 1854 LA MERE NOIRE ET LE DANUBE SERONT LIBRES.' (Napolyon zaferi: 1854- Karadeniz ve Tuna özgür olacak) Altta: 'DIEU LE VEUT.'(Tanrı'nın Buyruğu) yazılıdır. [National Maritime Museum's Picture Library - 'Medal commemorating the Black Sea freed, 1854; Repro ID E2492-1]

İngiliz Fransızlar'ın Kırım Savaşı sürerken her çarpışmadan sonra çıkardıkları bu gibi madalyalarda savaş alanlarının gerçek galibi Osmanlı ordusundan hiç söz etmeyince, Abdülmecid hemen aynı konuda bir madalya bastırarak Osmanlı varlığını perçinlemeye çalışıyordu. Bunlardan biri aşağıdaki "Tuna ve Bahri Siyah (Karadeniz) Madalyası"ydı.

Abdülmecid'in Osmanlı'yı Avrupa Devletler Konseyi'ne sokma çabalarında önemli yeri olan bu madalyanın ön yüzünde *"Abdul Medjid Khan Empereur des Ottomans"* (Osmanlı İmparatoru Abdulmecid Han) ve süslü bölümler içinde: OMER (Kırım Savaşında Osmanlı kuvvetlerine komuta eden Ömer Paşa) RIZA (Serasker Müşir Rıza Paşa) CAMBRIDGE (Cambridge Dükü, Alma Savaşı'da İngiliz Ordusu 1. Bölük komutanı) BARAGUEY (Baltık Denizi'ndeki orduya komuta eden Fransız Mareşalı Achille Baraguey d'Hilliers.) DUNDAS (Amiral Sir James Dundas, İngiltere'nin Kırım Savaşı'nda Karadeniz'e gönderdiği filonun komutanı) HAMELIN (Kırım Savaşında Karadeniz'de Ruslarla çarpışan Fransız Amirali Francois Alphonso Hamelin.) REGHID (Kırım Savaşı günlerinde sadrazamlık yapan Mustafa Reşit Paşa.) KEBRESLI (Kırım Savaşı yıllarında sadrazamlık yapan Kıbrıslı Mehmet Emin Ali Paşa) ST. ARNAUD (Kırım Savaşı'na katılan Fransız Mareşali Jacques Leroy de Saint Arnaud.) RAGLAN (Alma Savaşı'nda İngiliz ordusuna komuta eden General 'Earl of' Raglan) REDCLIFFE (Stratford de Redcliffe, İngiliz Büyükelçisi) NAPOLEON (Fransa İmparatoru III. Napolyon) yazıları yer alıyordu.[36] Bu madalyanın arka yüzü az önce gördüğümüz Avrupa devletlerince bastırılmış madalyanın tıpkısıydı.[37]

Madalya üzerindeki yazıların Türkçesi: "NAPOLYON. ZAFER. 1854. KARADENİZ VE TUNA ÖZGÜR OLACAKTIR. FRANSA VE İNGİLTERE HAKLARI SAVUNMAK İÇİN BİRLEŞTİ. BU TANRI'NIN BUYRUĞUDUR."

Abdülmecid'in bastırdığı bu madalya, İngiliz Fransızların bastırdığı madalyaya bir kaç Osmanlı kanraman adı ekleyip ön yüzüne kendi resmini koydurmakla oluşmuştu. Amacı Kırım Savaşı'nda Osmanlı varlığının müttefik İngiliz Fransızlarca yok sayılmasını önlemekti. Gelgelelim İngiliz-Fransızlar Osmanlı müttefikliğini yalnızca madalyalarda yok saymakla yetinmiyor, savaşla ilgili yayınlarda da bu tutumlarını gerçeği ters yüz etmek pahasına sürdürüyorlardı. Örneğin İngiltere, Balaklava Savaşı'nda 600 İngiliz askerinin salt *Osmanlı askerlerinin beceriksizliği yüzünden öldüğü* söylentisini yayıyordu. Oysa tümüyle yalandı bu. Gerçekte ölen 600 askerin hepsi Osmanlıydı ve askerlerimiz savaş alanında uyuyakalan İngilizlerin yaşamını kurtarmak üzere Ruslarla çarpışarak ölmüşlerdi.[38] Avrupa basınının Kırım Savaşı'ndaki Osmanlı başarılarını yok saymasının nedeni, savaş sonunda Avrupa Devletler Konseyi'nde üye olarak yer almak istediğini her davranışında gösteren Osmanlı'ya Avrupa Devletler Konseyi'nde istediği yeri ve konumu vermemekti.

"Senin İçin Borçlandık Avrupa!"

Derler ki: Avrupa'yı Rus yayılmasından kurtarmak amacıyla girişilen *Kırım Savaşı* yüzünden Osmanlı bütçesi tamtakır kalmış, devlet kendi memurlarının aylıklarını bile ödeyemez duruma düşmüştür ve Osmanlı İmparatorluğu, *bu yüzden*, tarihinde ilk kez 1854'te Mısır'ın gelirlerini İngiltere ve Fransa'ya ipotek ederek Yahudi bankerlerden borç almıştır... Gelin Osmanlı'nın ilk kez dış borç almasının öyküsünü bir de İngiltere'nin eski İstanbul Büyükelçisi David Urquhart'tan dinleyelim:

> Bugünkü vahim durumu kavramak için, geçmişte yapılan borçlanmaların tarihini ve mevcut borçlanma sistemini doğuran durumları hatırlamalısınız. Rusya 1829 Edirne Muahedesi ile Türkiye'ye 6 milyon tazminat yükledi. Rusya'nın bu yükü Osmanlı devletine yıkmasındaki amacı ile ilgili elimizde bizzat Rus devlet adamlarının açıklamaları var. Söz konusu açıklama Kont Nesselrod'un Granddük Constantene'ye Çarlığın bu konudaki politikasını açıklamak için yazdığı mektuplardır.

Bu mektupla anlaşılıyor ki, Rusya'nın is ediği Türkiye'ye bu parayı **ödetmek değil**, tersine **ödeyememesine çalışmak**, Türkiye'ye *ödeyemeyeceği derecede borç* yüklemekti. Bunun kanıtı şudur ki, Rusya, bu tazminattan doğan alacağını garantiye almak için rehin olarak Eflak ve Boğdan'ı (günümüzde Romanya ve Moldovya) on yıl için işgal etmesi olanaklı iken bunu salt borç ödenmiş olmasın diye yapmadığına dair şurada aktaramayacağım kadar çok delil var. Rusya diyordu ki: *"Rehin yerine geçebilecek işgaller, Osmanlı devletine onu çöküşe götürecek denli büyük bir yük yüklemiyor, ama bize Türkiye'nin jeopolitik durumunun anahtarını verecek ki, bu sayede her an onu kontrol altında tutmak kolay olacaktır. Borçlar sayesinde Türkiye, Rusya'ya karşı gerçek durumuna yıllarca gelemez, Rusya'ya karşı harekete geçmesi kendi harabiyetiyle sonuçlanır."* (Bkz: Resent Events, The Ransom, sf. 205-206) Gelgelelim Türkiye borcunun 3 milyonunu iç kaynaklardan toplayıp ödeyince, Rusların bu planı suya düştü. Bu para yurt dışından borç alınarak değil yalnızca yurt içinde gönüllü Müslüman nüfus tarafından toplanarak ödendi. Müslümanların bu gayreti ve yükselen ruh halleri yüzünden Rusya, borcun geri kalan bölümünü bağışlama tereddüdüne düştü. Müslümanlar, bu 3 milyon parayı kendi aralarında toplama işine, Padişahları İngiliz tefecilerinin teklif ettiği 3,5 milyonluk borcu reddettikten sonra coşarak giriştiler. İngiliz tefecilerinin sundukları borcu İstanbul'a götüren bizzat ben (David Urquhart) idim. Gerçekten de 1836 yılında bu parayı yanıma alarak İstanbul'a gittim. Ben kendimce Büyük Türk'e iyilik ettiğimi sanıyordum. Tabii bu İslami sistemin üzerinde oturduğu gerçek gücü anlamadığımdan kaynaklanıyordu. Reis **Akif Efendi**, bunu reddetti ve bana dedi ki: *"Eğer sıkıntı içerisinde olan bir dostunuz varsa ona borç al mı dersiniz, yoksa gayret ve fedakarlık yaparak sözkonusu zorluktan kurtulmasını mı önerirsiniz? Ben Müslüman bir Türkiye'nin bir Bakanı olarak sunduğunuz borcu kabul edemem. Bunu kabul etmem için benim Müslüman olmamam gerekirdi. Zira bizim dinimiz gelecek nesillere borç yoluyla ağır yük yüklemeyi yasaklar. Ayrıca ben bunu kabul edersem, benden sonra gelecekler beni lanetler. Zira biliyorum ki, halefim olacak kimse bunu reddedecektir."* Bu tavrın sonucu olarak Türkiye kendisi için ölüm-kalım tarihi olan 1854 tarihine kadar borçsuz geldi...

Osmanlı devletinin borçlanmasının 1853'te (Osmanlı tek başına Rusya ile savaşırken) değil de 1854'te Fransa ve İngiltere'nin ona yardım ediyormuş gibi öne çıkmasından sonra başladığınıza dikkatinizi çekerim. 1853'te Osmanlı devleti kendisine saldıran Rusya'ya savaş ilan etti. Bu onun (tek başına) Rusya'ya karşı açmış olduğu bir savaştı. Savaşa nasıl devam edileceğine *Divan* üyeleri karar verdiler. ***Divan*'ın başkalarından para bulmak için bir başvurusu olmadı. Kendi iç kaynaklarından, dostlarından para temin yoluna gittiler.** 1854 ve 1855 yıllarında dışarıdan alınan garantili borçların nasıl alındığını biliyorsunuz: Bu para **güya Kars'a yardım amacıyla Osmanlı devletine baskı ile kabul ettirildi.** Ve şunu da biliyorsunuz ki, gerçekte bu paranın veriliş amacı Kars'a yardım olmadığı bir yana, **İngiliz hükümeti Kars'a asker gönderilmesine engel oldu.** Ayrıca para **Kars'ın gerçekten yardıma ihtiyacı olduğu zamanda verilmedi. Para Ağustos başından 26 Kasım 1855 tarihine kadar İngiliz hükümetinin elindeydi.** Bütün mesele yalnızca Türkiye'yi borç yükü altına sokmak da değildi. **Rusya'nın düşman olarak yaptığını İngiltere dost görünerek fazlasıyla yaptı.** İngiltere Osmanlı'yı dost görünerek yalnızca israf ve yolsuzluk batağına itebilirdi ve de -onu borca sokarak- bunu yaptı. **İngiltere ve Fransa'nın öldürücü sahte dostluğu** *"Kalkınma ve Kaynakları Kullanılır Hale Getirmek Yoluyla Servet Arttırma"* adı altında Türkiye'yi borç almaya devam etmesi konusunda ikna etti.. Böylelikle Osmanlı devleti *"Avrupa Sistemi"*nin bir üyesi haline getirildi. Avrupalı hükümetleri taklit etmeye zorlanan Osmanlı devleti, **borsalarda krediler açmaya** mecbur edildi. Bu durum Türkiye'yi gördüğümüz duruma getirdi. (...) Öncelikle üzerinde düşüneceğimiz ve açıklığa kavuşturacağımız şey, Osmanlı devleti ile Rusya arasındaki savaş için (1853) para gerekmediği meselesidir. *Divan*'ın 1853'te istediği para **kısa sürede bitirilecek, uzatılmayacak** gerçek bir savaş içindi. Türkler Tuna boyunca Ruslar'la savaşırken bile Rus malları rahatlıkla İstanbul boğazına kadar taşınıyordu, çünkü boğazları kapatmayı yasaklayan *Paris Antlaşması* yürürlükte olduğu için, daha önce her savaşta boğazları kapatan Osmanlı bu kez boğazları kapatamıyordu. **İngiliz ve Fransız donanmaları, ittifak halinde bulundukları Osmanlı'ya Boğazları kapattırtmamakla, Rusya'ya büyük hizmet ettiler.** Ancak ne var ki bu konu bugüne dek konuşulamadı bile... Kırım Savaşı, Eflak ve Boğdan'dan çekilen Rusya'nın Osmanlı tarafından kesin olarak yenilmesiyle sonuçlanmışken; Osmanlı'yla askeri ittifak halinde bulunan İngiliz-Fransızlar tutup Sivastopol'u kuşatarak savaşı uzattılar. **Eğer İngiliz-Fransızlarla ittifak yapmış olmasaydı, Osmanlı bir kuruş dahi borç almaksızın kazandığı bu askeri zaferinden en iyi biçimde yararlanacaktı.** Ne var ki, İngiliz Fransızlar tam da Ruslar Silistre'de Türkler tarafından kesin olarak yenilgiye uğratılmışken **hiç gerekmediği halde Sivastopol'ü kuşatmaya girişerek gerçekte Silistre'de Osmanlı zaferi ile sonuçlanmış olan savaşı Rusya'nın lehine, dolayısıyla Osmanlı devletinin aleyhine döndürdüler.** [39]

Urquhart'a göre, özetle: Osmanlı 1853'te İstanbul'u ele geçirmeye kalkışan Rusya'ya savaş açtığında, bu savaşı 1)- Boğazları kapatıp denizden saldırıyı olanaksız kılarak ve 2)- Balkanlar'dan akarak İstanbul'a yürümekten başka yolu kalmayan Rus ordularını da Tuna boylarında karşılayıp durdurarak kısa sürede kazanacağını saptamıştı. Daha önce pek çok kez böyle yapılmış ve Ruslar'ın İstanbul'u ele geçirmesi hep böyle önlenmişti. Bunun için dış borç almaya gerek yoktu. Nitekim Osmanlı ordusu Rusya'nın karadan Balkanlar'dan İstanbul'a doğru akışını Silistre'de durdurmuş ve geri çekilmeye zorlamıştı. Denizden İstanbul'u kuşatmasını ise Boğazları kapatarak önleyebilirdi. Gelgelelim İngiliz-Fransızlar Osmanlı'yla ittifak yaptıktan sonra, Boğazların kapatılmasını önlemiş, savaş Silitre'de kazanılmış ve bitmiş olmasına karşın salt savaşı uzatmak kastıyla Sivastopol kuşatmasına kalkışmışlardır. Bu da savaşın Kars'a dek yayılmasına yol açmış ve İngilizler *"Kars'ı Rus işgalinden korumak için oraya birliklerimizi göndereceğiz, bunların gideri şu kadar tutuyor, bu gideri hesabınıza borç olarak yazdık"* diyerek Osmanlı'yı bir oldu bitti ile borçlandırmışlardır.

Urquhart, İngiltere'nin ve Fransa'nın Osmanlı'ya dost görünüm altında düşmanlık ettiği kanısındadır:

Daha önce 1828'de de Rusya ordusunun yarısını kaybederken, 1829'da **Türkiye'nin sahte dostları İngiliz-Fransızlar, Rusya'yı Türkler karşısında kesin bir yenilgiden kurtarmışlardı.**[40] (...) İngiltere'nin yakın geçmişte Rusya ile birlikte Yunanistan'ın Osmanlı devletinden ayrılması çalışmalarına katıldığını ve kendisini Yunanistan krallığının kurulması için bir koşul olarak dayattığını biliyoruz. **İngiltere Yunanistan'ın bağımsızlığı konusunda Rusya'nın entrikalarını elaltından desteklemiş ve Rusya'yı uyaracağı yerde Türkiye'yi dizginlemişti.** [41] (...) Foreign Affairs Committee'lerin temsilcileri, Lord Stanley'e, Lord Ponsoby'nin **Kırım Savaşı'nın Türkiye'yi değil Rusya'yı korumak için yapıldığını** dile getiren sözlerini anımsatınca ve savaşın sonuçlarının Lord Ponsoby'i doğruladığını söyleyince, eğer kendisinin karşıt bir yargısı ya da savı olsaydı, söylenenleri çürütmese de, karşı çıkarak yanıt vermeliydi. Durumu yadsıyacak ya da çürütecek tek sözü yok, kendisi durumun böyle olduğunu kabul ediyor. Lord Stanley böylece aynı zamanda **İngiltere ve Fransa'nın 1854'te görünüşte Rusya'ya karşı, gerçekteyse Türkiye'ye karşı birleştiklerini kabul ediyor.** (...) Rus diplomat Baron M. Bronnow'un Lord Stanley'e, **Kırım Savaşı'nda Osmanlı'nın müttefiki imiş gibi görünerek Rusya'ya yardım ettiklerinden dolayı,** Parlamento'da yaptığı **kayıtlara geçmiş teşekkürü** ortadadır.[42]

Burada Osmanlı yandaşı tutumundan dolayı İngiltere'de adı haine çıkartılan İngiltere'nin eski İstanbul Büyükelçisi Urquhart'ın Avrupa'nın Osmanlı'ya karşı –bugün Türkiye'ye karşı yaptıklarının neredeyse tıpkısı olan- ikiyüzlü tutumu ve Osmanlı'nın ilk dış borçlanmasıyla ilgili değerlendirmelerini aktarmakla yetiniyoruz. Öyle ya da böyle, sonuçta Osmanlı'yı dış borç almaya iten, *varlığını ve toprak bütünlüğünü ancak ve yalnız Avrupa Devletler Konseyi güvencesi altında sürdürebileceği saplantısıyla Avrupa Devletler Konseyi'ne üye olma* çabasıdır.

"İstediğin Her Şeyi Yaparız Avrupa!"

"Avrupa, senin için öldük" yazılı madalyalar dağıttığımız bu savaş 1856'da bitmiş, barış görüşmeleri Paris'te sürerken,

Abdülmecid, Paris'te imzalanacak barış antlaşmasına *"Osmanlı İmparatorluğu Avrupa Devletler Konseyi'nin üyesidir"* maddesini yazdırarak *Osmanlı toprak bütünlüğünün Avrupa ülkeleri tarafından güvence altına alınması* düşünü gerçekleştirmek istiyordu. Tıpkı günümüzde Türkiye Cumhuriyeti Devleti de **varlığını ve toprak bütünlüğünü ancak ve yalnız Avrupa Birliği güvencesi altında sürdürebileceği saplantısıyla Avrupa Birliği'ne üye olmak**tan başka bir yol bulamadığı gibi...

Bugün Avrupa'yla ilişkilerinde Türkiye'nin başına gelen her şey, 150 yıl önce tıpkısıyla Osmanlı'nın başından geçmişti. 25 Şubat 1856 günü Paris'te bir araya gelen İngiltere ve Fransa, Osmanlı'yı Avrupa Devletler Konseyi'ne almak için Osmanlı askerlerinin Avrupa için savaşıp ölmüş olmasını yeterli bulmuyor; **Gayrı-müslimlere ayrıcalıklar tanıyan, yabancılara toprak satışına izin veren**, anayasa yerine geçecek türden bir fermanın çabucak çıkartılmasını istiyorlardı.

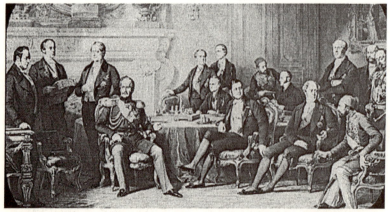

Sadrâzam Ali Paşa ve Mustafa Reşid Paşanın oğlu Paris büyükelçisi Mehmed Cemil Bey, başlarında fesleriyle Paris Barış görüşmelerinde (Versay Şatosu).[43]

25 Şubat 1856'da başlayan Paris barış görüşmeleri sürmekteyken, İstanbul'da İngiliz Fransız büyükelçilerinin yazdırdıkları -anayasa yerine geçecek- *Islahat Fermanı*, 28 Şubat 1856 günü yüksek düzeyde devlet görevlileriyle, şeyhülislam, hahambaşı ve patrikler huzurunda okunarak dünyaya duyurulacaktı.[44]

Abdülmecid tıpkı daha önce Tanzimat Fermanı için Fransızca bir anı madalyası bastırdığı gibi, yine üzeri Fransızca yazılı bir Islahat Fermanı anı madalyası bastırarak Avrupa devlet yetkililerine dağıtacaktı.

Islahat Fermanı anı madalyasının "Abdul-Medjid – Khan Empereur Des Ottomans" yazılı ön yüzü (solda) ve "Unite – Reconciliation-Securite-Progres" "18 Fevrier 1856- Hatt-ı-Humaioun" yazılı arka yüzü (sağda).[45]

Islahat Fermanı'nda gayrımüslimlere pek çok ayrıcalıklar tanındığı gibi yabancılara toprak satışına da izin veriliyordu. Böylece İngilizlerin Fransızların tüm istekleri anayasal düzeyde yerine getirilmiş ve artık *Paris Barış Antlaşması*'nın metnine *'Osmanlı Devleti Avrupa Devletler Konseyi'nin bir üyesidir ve toprak bütünlüğü Avrupa Birliği'nin güvencesi altındadır'* diye yazdırmanın önünde hiç bir engel kalmamıştı. Islahat Fermanı, Paris'te barış görüşmelerini sürdürmekte olan devletlere çabucak ulaştırıldı.[46]

Sultan Abdülmecid'in Mehmet Emin Ali Paşa'yı Antlaşmayı imzalamak üzere tam yetkiyle görevlendirildiğini bildiren fermanı (solda)[47] ve Mehmet Emin Ali Paşa (sağda)[48]

Osmanlı Devleti'ni *toprak bütünlüğü Avrupa Devletleri tarafından korunacak bir Avrupa Devletler Konseyi üyesi* olarak tanımlayan Paris Barış Antlaşması, 30 Mart 1856'da imzalanmış ve böylelikle Abdülmecid, Osmanlı devletinin varlık ve birliğini bundan böyle Avrupa Devletleri'nin güvencesi altında sürdüreceği inancıyla mutlu olmuştu.

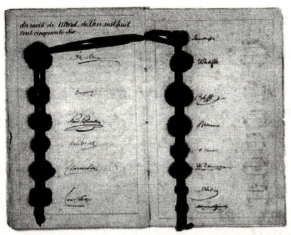

25 Şubat – 30 Mart 1856 tarihleri arasında yapılan barış görüşmelerinin sonunda imzalanan ve Osmanlı Devleti Avrupa Devletler Konseyi'nin bir üyesi olarak tanıyan Paris Barış Antlaşması'nın İngiltere, Fransa, Rusya, Sardinya ve Osmanlı devletinin imzalarını taşıyan 30 Mart 1856 tarihli son sayfası. (Paris, 30 mart 1856.)

Paris'te devlet temsilcilerinin imzaladığı antlaşma, devlet başkanlarının onayına sunulmuş, Abdülmecid Osmanlı Devleti'ni Avrupa Devletler Konseyi Üyesi yapan bu anlaşmayı jet hızıyla onaylamıştı.

Osmanlı Devleti'ni Avrupa Birliği Üyeliğine kabul eden 1856 Paris Barış Antlaşması'nın Osmanlı Padişahı Abdülmecid tarafından onanma belgesi[49]

Osmanlı'yı Avrupa Devletler Konseyi'ne üye yapan Paris Barış Antlaşması ilgili ülkelerin devlet başkanları tarafından onaylandıktan sonra yürürlüğe girmiş ve Konsey üyelerini bir arada gösteren resimler her yere yayılmıştı. Bu resimlerden birinde ortada Abdülmecid sağ elini masanın üzerinde duran anlaşma üzerine koymuş, yanında oturan İngiliz Kraliçesi Viktorya parmağıyla Abdülmecid'i gösteriyordu.

III. Napolyon, Belçika Kralı Leopold, İngiliz Kraliçesi Victoria, Rus Çarı Alexander, Osmanlı Sultanı Abdülmecid.[50]

"Senin Uğruna Hıristiyan Bile Oluruz Avrupa!"

Osmanlı'yı Avrupa Devletler Konseyi üyesi yapan bu anlaşma, Osmanlı topraklarında yaşayan Gayrımüslimlere verilen ayrıcalıklarla doluydu. Bu yetmezmiş gibi Fransa Osmanlı Sultanlarının tarih boyunca hiç bir yabancı devletin nişanını kabul etmemiş olduğunu bile bile, Abdülmecid'e *Legion d'Honeur* nişanı takacak, hemen ardından İngiltere aynı zamanda İslam Halifesi olan Osmanlı Sultanı Abdülmecid'i Saint George Hıristiyan Tarikatı'na mürid olarak girmesini isteyecekti. O güne dek Avrupa Devletler Konseyi'ne alınmak için didinmiş olan Halife Sultan Abdülmecid, Konsey'e alındıktan sonra bu kez de *Konsey'den atılmamak için* didinmek zorunda kalacak ve Osmanlı Devleti'nin Avrupa Devletler Konseyi üyeliğini sürdürebilmek uğruna Hıristiyan tarikatlara mürit olarak girmeye bile hayır diyemeyecekti.[51]

Abdülmecid'e Fransa tarafından verilen Legion d'honneur Büyük Kordon nişanı, tam ortasındaki yuvarlak içerisinde çapraz iki Fransız bayrağı ve bayrakların altında Fransızca olarak Vatanın Namusu (Honeur et Patrie) yazısı yer alıyor. Burada sözü edilen "vatan", Fransa'dır.

Avrupalı Sayılma Kavgamız
Avni Özgürel
Radikal 14.11.2004

Kırım Savaşı sonrasında Fransa İmparatoru 3. Napolyon harekete geçti ve Sultan Abdülmecid'e **Legion d'honneur** nişanının **Büyük Haç**'ını gönderdi. O zamana kadar Osmanlı padişahlarının yabancı bir ülkeden gelen nişanı kabul ettikleri görülmemişti; ama .. Abdülmecid Legion d'honneur 'u **-hem de dillere destan bir merasim ve şaşaayla-** kabul etti.. Abanoz kutu içindeki nişanın takdim töreninde Fransa'nın İstanbul'daki elçisi **M. Thouvenel** şunları söylüyordu:

> "Gururla takdimine tavassut ettiğim bu nişan, ... günümüz siyasi şartlarında ayrı bir önem kazanmaktadır. Bu nişan artık Osmanlı İmparatorluğu'nun .. bütün halklarının **geleceğini Avrupa hukukunun sağlayacağı** ... emsalsiz ittifak anlaşmasının bir göstergesidir..."

Abdülmecid mutluydu. Coşkusu konuşmasından anlaşılıyordu:

> "Bu, kabul ettiğimiz **ilk yabancı nişandır**. İçtenlikle inanıyorum ki, tebaamın refah ve mutluluğu için sarf ettiğim gayret, arzu ettiğim sonucu doğuracaktır. **Ve artık büyük Avrupa ailesine dahil olan imparatorluğum dünyanın medeni memleketleri arasında yer almayı hak ettiğini kanıtlayacaktır. Türkiye asil müttefiklerinin bu hayırlı neticenin elde edilmesinde gösterdikleri fedakârlıkları asla unutmayacaktır.** Şahsi teşekkürlerimi majesteleri imparatora iletmek için bizzat mektup yazacağım..."

Padişah bundan sonra da kendisine İngiltere Kraliçesi'nin sunduğu *'Diz Bağı'* nişanı için merasim düzenledi. Şövalyelik unvanını içeren bu itibarlı nişanın 717. sahibiydi Abdülmecid ve Padişah'ın arması **Windsor Şatosu**'ndaki **St. George Kilisesi'nin duvarına** diğer şövalyelerin yanına takılacaktı. Padişahın **halife sıfatıyla bağdaşmayan** bir durumdu bu kuşkusuz. Ne var ki tercümanı **Kostaki**

Musurus Efendi Abdülmecid'e, *"Armanız Windsor Şatosu'nda bir salona asılacak..."* diyerek geçiştirdi.

Böylece Halife Sultan Abdülmecid salt Osmanlı'yı Avrupa Birliği'ne sokup toprak bütünlüğünü koruyabilmek uğruna kendisinden önce hiç bir Osmanlı Padişahı'nın yapmadığı İslam Halifesi konumuna yakışmayan şeyler yapıyor, bir İslam Halifesi Osmanlı Padişahı, Saint George Hıristiyan Tarikatı'nın müritleri arasına adını yazdırıp Hıristiyanlığı yüceltmekle yükümlü bir Garter Haçlı Şövalyesi oluyordu.

Avrupa Devletler Birliği'ne Girmek Uğruna Haçlı Şövalyesi Olan Halife-Padişah Abdülmecid

İngiliz Büyükelçiliği'nin piskoposu Halife Padişah Abdülmecid'in Hıristiyan tarikatına giriş töreninde ona Garter Haçlı Şövalyesi diz bağını takarken; *"Siz, bundan sonra, İsa yolunda çalışacak, onun için her türlü özveriyi yapacak bir şövalyesiniz,"* demiş,[52] İslam Halifesi Osmanlı Padişahı Abdülmecid de buna *"Evet"* demişti. Çünkü Osmanlı Padişahı Abdülmecid, İmparatorluğu'nun toprak bütünlüğünü korumak için o dönemin *Avrupa Birliği* demek olan *Avrupa Devletler Konseyi*'nde üyeliğini sürdürmekten başka herhangi bir kurtuluş yolu görmüyordu. Ona göre Avrupa ülkeleri bir kez Osmanlı'yı Avrupa Devletler Konseyi'ne aldıktan sonra artık onu kendilerinden sayıp parçalamaktan vazgeçecekler, dahası parçalamaya kalkışan olursa Osmanlı İmparatorluğu ile birlik olup ona karşı savaşacaklardı. Tek amaç: Osmanlı'nın toprak bütünlüğünü korumaktı. Bu amaca ulaşmak için tek yol: Osmanlı'nın Avrupa Birliği'ne girmesiydi. Osmanlı topraklarında yaşayan gayrımüslimlere istedikleri her ödünü vererek, Rusya'ya savaş açarak, yabancılara toprak satın alma izni vererek Osmanlı'yı Avrupa Devletler Konseyi'ne sokmayı başarmıştı Abdülmecid; fakat buradaki üyeliğini sürdürebilmek için İslam Halifesi konumunu bir yana bırakıp İngiltere'nin önerdiği Hıristiyan Tarikatı'na mürit olması gerekiyordu Padişahın... Osmanlı'nın varlığını ve toprak bütünlüğünü Avrupa Devletler Konseyi'nin güvencesi altında korumak öylesine önemliydi ki, salt bu düş gerçek olsun diye tarihte ilk kez bir İslam Halifesi Osmanlı Padişahı, Saint George Hıristiyan Tarikatına mürid yazılıp Haçlı Garter Şovalyesi olmayı bile kabul ediyordu.

Abdülmecid'in Osmanlı Devleti'ni Avrupa Birliği'ne sokmak uğruna girdiği Hıristiyan Tarikatı Garter Şövalyeleri'nin amblemi ve logoları yukarıda.. Haçın çevresine dolanan eski Fransızca *Honi soit qui mal y pense* sözcükleri İngilizce *"shame upon him who thinks evil of it"*, Türkçe "Onun (Haçın, Hı-

ristiyanlığın) kötülüğünü düşünene lanet olsun" anlamına geliyordu.

Avrupa Devletler Konseyi'ne girmek uğruna Hıristiyan Saint George Tarikatı'na adını yazdırıp Garter Haçlı Şovalyesi olan Abdülmecid, Osmanoğulları'nın bayrağını yukarıda görülen İngiltere'de Windsor Kalesi'nde Saint George Kilisesi Chapel'inde dalgalanan Haçlı hizmetkarlarının bayrakları arasına astırmış, Hıristiyan Tarikata girerken verdiği "Hıristiyanlığa Hizmet" sözünü yalnızca çıkardığı Hıristiyanlığa Hizmet yasalarıyla değil, onlara topraklar bağışlayarak ve kiliseler kurdurarak da tutmuştu. Abdülmecid'-in 1859'da, Hıristiyanlığı yaymak, Doğu ve Batı Kiliselerini birleştirmek amacıyla etkinlik gösteren Fransız Katolik Kilisesi'ne ve Vatikan'a bağlı *Assomption Tarikatı*'na *(Congre-gation des Augustins de l'Assomption)* şimdiki Fenerbahçe Burnu'nda kilise yapmaları için toprak vermesi, bu bağlamda anlamlı bir olaydı.[53]

Gelgelelim, İngilizlerin, Fransızların Osmanlı'dan istemleri yalnızca kiliseler, okullar kurmak değildi. Onlar dileyen her yabancı uyruklu bireyin de Osmanlı İmparatorluğu sınırları içerisinde dilediği yerden toprak satın alabilmesini ve bu toprağı kendi adına tapulayabilmesini istiyorlardı. Oysa Abdülmecid, 1856 *Islahat Fermanı*'nda, "*Osmanlı devletinin yasalarına ve belediye yönetmeliklerine uymak ve yerli halkın verdiği vergileri vermek koşuluyla ve yabancı devletlerle Osmanlı devleti arasında yapılacak düzenlemelerden sonra* **yabancılara taşınmaz mal kullanma hakkı** *verileceği*"ni duyurmuştu. Bir taşınmazın tapusuna sahip olmaksızın **kullanma hakkı** ile o taşınmaza **tapusuyla sahip olma hakkı** bir değildi. Islahat Fermanı'nda yabancıların **taşınmaz mala tapusuyla sahip olma hakkı**ndan değil, **taşınmazı kullanma (tasarruf-u emlak) hakkı**ndan sözediliyor ve bunun bile uygulanabilmesi için toprak satın alacak olan yabancı uyruklu kişinin anlaşmazlık durumunda Osmanlı yasalarına göre yargılanıp Osmanlı devletine vergi vermeyi kabul etmesi gerekiyordu[54] ve bu dahi ancak Osmanlı devleti ile Osmanlı devletinde toprak alacak yabancının uyruğu olduğu devlet arasında özel düzenlemeler yapıldıktan sonra gerçekleşebilecekti; çünkü bir yabancı uyruklunun Osmanlı mahkemelerinde yargılanması, yürürlükte olan adli Kapitülasyonlara ters düşüyordu.

Abdülmecid 1856 *Paris Barış Antlaşması*'nda yabancılara taşınmaz mal edinme hakkı tanıyacağına ilişkin söz vermiş olmasına karşın,[55] toprak satın alacak olan yabancı uyrukluların adli kapitülasyonların kendilerine tanıdığı yargısal ayrıcalıkları yitirerek Osmanlı yasalarına ve Osmanlı yargısına bağlanma zorunluluğu, yabancıları toprak satın almaktan uzaklaştırıyordu. Çünkü yabancılar;

- hem Osmanlı ülkesinde toprak satın almak,

- hem bağlı bulundukları yabancı devlet uyrukluğunu sürdürmek,

- hem de hukuksal bir anlaşmazlık durumunda adli kapitülasyonlarla verilmiş ayrıcalıklarını sürdürüp, Osmanlı yasalarına göre Osmanlı mahkemelerinde değil, kendi ülkelerinin yasalarına göre kendi konsolosluk mahkemelerinde yargılanmak istiyorlardı.

Bu durumda Osmanlı ülkesinde yabancı uyruklu birine satılan her karış toprak, Osmanlı egemenliğinden çıkarak, o yabancının bağlı bulunduğu devletin toprağına dönüşmüş olacaktı. Bunu önlemek için, *'Osmanlı toprağı satın alan yabancı uyruklu kişiler kendilerine adli kapitülasyonlarla tanınmış hukuki ayrıcalıklarını yitirirek Osmanlı yasalarına göre Osmanlı mahkemelerinde yargılanırlar'* biçiminde bir düzenleme yapmak gerekiyor, fakat Avrupa devletleri, yapılması öngörülen bu düzenlemeyi sürekli savsaklayarak, yabancılara böylesi düzenlemeler yapılmaksızın toprak satılmasını bekliyordu.[56] Oysa böyle bir toprak yasası hiç bir Avrupa ülkesinde yoktu. Osmanlı yabancılara toprak satışı konusunda o yıllarda bütün Avrupa ülkelerinde yürürlükte olan koşulları öne sürüyor, özel bir koşul dayatmıyor; buna karşılık Avrupa ülkeleri kendilerinde yürürlükte olan toprak satış koşulların bir eşinin Osmanlı toprak yasasında da yer almasına şiddetle karşı çıkıyorlardı.

Aradan iki yıl geçmesine karşın bu konuda bir ilerleme görülmeyince, Abdülmecid, yabancılara *tapu hakkı vermeksizin* taşınmaz *kullanma hakkı* tanıyan "Toprak Yasası"nı 6 Haziran 1858 (Hicri 23 Şevval 1274 Pazar) günü "Arazi Kanunnamesi" adıyla çıkardı.[57]

İngiltere ve Fransa, adli kapitülasyonlarda hiç bir düzenleme yapılmaksızın yabancı uyruklulara toprak tapusu verilmesini sağlamak için, bir yandan Osmanlı'nın borç almak üzere kapılarını bir kez daha çalacağı günü bekliyor, bir yandan da *'Abdülmecid Islahat Fermanı'nda ve 1856 Paris Barış Antlaşması'nda verdiği sözleri tutmadı'* diye suçlamalar yağdırıyordu. Oysa yabancılar Osmanlı ülkesinde toprak sahibi olmanın yollarını dayatılan yasal düzenlemeler çıkmadan önce bile bulmuşlardı:

> Kendi devletlerinin uyrukluğunu yitirmeksizin Osmanlı ülkesinde toprak satın alabilmek için [bir tür "çifte vatandaş" olarak-eb] Osmanlı devleti uyrukluğuna yazılmanın bir kolayını bulan yabancılar, kimi durumlarda da satın aldıkları toprakları tapu dairesinde Osmanlı uyruklu birinin üzerine yazdırmakla taşınmaz mülk edinebiliyorlardı.[58]

Yabancıların daha 1858'lerde Osmanlı ülkesinde toprak satın almak için kullandıkları yöntem yalnızca bu değildi. Osmanlı yasalarındaki bir açığı yakalayan yabancı uyruklu erkekler, yine kendileri gibi yabancı uyruklu olan kadınlarının, eşlerinin, annelerinin, kızkardeşlerinin adına toprak satın alıp onların adına tapulayabilmekteydiler. Çünkü Osmanlı yasalarına göre kadınlar, yabancı uyruklu ve gayrı-müslim olsalar bile Osmanlı toprağında bulundukları sürece reaya konumunda kabul ediliyor; başka bir deyişle Osmanlı uyruğu sayılıyordu. Bu yüzden Osmanlı ülkesinde yaşayan yabancı uyruklu kadınların kendi adlarına taşınmaz mallar edinmesi ve kendi adlarına tapuya kaydettirmeleri Osmanlı yasalarına uygundu.[59] Bu yüzden yabancı uyruklu erkekler Osmanlı ülkesinde toprak satın almak istediklerinde, Osmanlı yasalarına göre "Osmanlı uyruğu reaya" konumunda görülen eşlerinin, annelerinin, kızkardeşlerinin adına tapu alabiliyorlardı. Gelgelelim bu yetmiyordu Avrupa devletlerine... İstedikleri şey uyruklarının satın aldıkları toprakları karılarının ya da Osmanlı uyruğundan üçüncü kişilerin adına tapulatma zorunluluğundan kurtulmak, doğrudan kendi adlarına tapulatabilmek ve hiçbir biçimde Osmanlı yasalarına bağlı olmayarak, adli kapitülasyonlara göre kendi ülkelerinin yasalarına bağlı kalmaktı. Kapitülasyonlara göre, *"Her ulusun üyesi, Osmanlı yasaları dikkate alınmaksızın, kendi büyükelçiliği ya da konsolosluğu tarafından yöneti-*

*lir,"*di. Osmanlı ülkesinde kendi adına toprak tapulatmak isteyen yabancı uyruklular bunun zorunlu sonucu olarak Osmanlı yasalarına bağlanma koşulunu kabul etmiyor, bir anlaşmazlık çıktığında, Osmanlı mahkemelerinde Osmanlı yasaları uyarınca değil, kendi konsolosluk mahkemelerinde kendi ülkelerinin yasaları uyarınca yargılanmak istiyordu. Buysa yabancı uyrukluya satılan toprağın o yabancı devletin yasalarının uygulandığı bir toprağa dönüşmesi demekti. Abdülmecid, Osmanlı devletinin varlığını ve toprak bütünlüğünü Avrupa devletlerinin güvencesi altında korumak amacıyla Avrupa Devletler Konseyi'ne katılmak için Tanzimat Fermanı yayımlamış, Kırım Savaşı'na girmiş, Islahat Fermanı yayımlamış, Saint George Hıristiyan Tarikatı'na üye yazılmış, Hıristiyanlığı koruyacağına ilişkin and içmiş, Garter Haçlı Şövalyesi bile olmuşken; Avrupa Devletleri *"Osmanlı'nın toprak bütünlüğünü koruruz, ancak bizim uyruğumuzdaki kişilere Osmanlı ülkesinde Osmanlı yasalarına bağlı olmaksızın toprak satılması koşuluyla,"* diyerek; verdikleri toprak bütünlüğünü koruma güvencesini geçersiz kılacak ve kendi uyruklarına Osmanlı ülkesinde devlet içinde devlet oluşturacak bir istemi dayatıyorlardı.

"Emperyalizmin Türkiye'ye Girişi" kitabında Orhan Kurmuş, daha yabancılara toprak satışı için gerekli devletler arası düzenlemeler yapılmadan önce, Ege bölgesinin neredeyse İngiliz sömürgesine dönüştüğünü belgelendirmişti. Buna göre İngilizler İzmir'in Frenk mahallesinde, Bornova'da, Buca'da kendi özel okullarını kurmuş, futbol sahası, bisiklet pisti, vs. yaptırmış; Kraliçe Viktorya'nın doğum günü İzmir'de neredeyse resmi tatille her yana İngiliz bayrakları asılarak törenlerle kutlanıyordu. Yerli Rum ve Ermeni'lerle ticari ağ kuran İngilizler Ege'ye yerleşmiş, örneğin Whitall'ler tarım, sanayi ve madencilikteki egemenliklerini İzmir'den Mersin'e dek yaymışlardı Öyle ki Sir James Whitall, *"İlk adım demiryolları yapmak olmalı. Bu demiryolları İngilizler tarafından yapılacak, İngilizler tarafından işletilecek, İngilizlerin malı olacak. Çok karlı olacaklar ve şimdiye kadar tarıma açılmamış bölgeleri çok verimli yapacaklar. Demiryolu şirketleri küçük muhtar cumhu-*

riyetler şeklinde gelişecek," diyordu. İngilizlerin kurduğu Aydın Demiryolu şirketi yöneticileri **Osmanlı mahkemelerinin yargılama yetkisini kabul etmeyerek, davalarına İzmir konsolosluk mahkemelerinin bakması hakkını** elde etmişler ve Ege bölgesinde çok sayıda taşınmaz ve tarım arazisi satın almışlardı. İngiliz büyükelçisi Lord Stratford, 16 Kasım 1858 günlü Times gazetesinde yayımlanan demecinde; *"Bu demiryolunun, sanayi ürünlerimizin Türkiye'ye girişini kolaylaştıracak bir sermaye yatırımı olacağını umuyoruz. Türkiye'nin yeniden canlandırılmasında Avrupa'nın her zamankinden daha çok çıkarı var.* **Batı uygarlığı Levant kapılarına geldi dayandı.** *Bu kapılar ardına kadar açılmazsa, kendi çıkarlarımız doğrultusunda zor kullanarak açacak ve isteklerimizi kabul ettirecek güce sahip olduğumuzu herkesin bilmesini isterim,"* diyordu.[60]

1858-1860'larda durum böyle olmasına karşın, 1860'ta bütçesi 250 milyon frank açık veren Osmanlı, borç almak üzere İngiltere'ye başvurmuş ve İngiliz Konsolsu, Büyükelçi Sir Henry Bulwer'e gönderdiği raporda: *"Bölgenin genel durumu gün geçtikçe iyileşmekte... Ancak bu iyileşmeden yararlananlar Türkler değil, onları soyup soğana çeviren Hıristiyanlar... Gülhane Hattı Şerifi'nin öngördüğü reformlarla beraber Hıristiyanlar tarımla ilgilenmeye başladı ve yeni gelenlerle birlikte sayıları her geçen gün daha da arttı. Askerden dönen Türkler köylerini, kentlerini tanıyamayacak kadar değişmiş buldular. Her yerde Türklerin yerini Hıristiyanlar alıyordu. Eskiden olduğu gibi tarlalarını işlemek isteyen* **Türkler, anında Hıristiyan bir tefecinin pençesine düşüyor ve eninde sonunda toprağını satmak zorunda bırakılıyor.** *Talihlerini başka yerde denemek isteyenlerin* **toprakları ise gene Ermeniler, Rumlar veya Frenkler** *tarafından yok pahasına satın alınıyor. Bu yolla* **toprak sahibi olan yabancılar arasında, içerlerde büyük çiftlikler satın almış yedi İngiliz vatandaşı daha var.** *İzmir yakınlarındaki* **bütün topraklar yabancıların eline geçtiği** *gibi daha uzaklardaki köylerde de* **Türkler topraklarını yabancılara satıyorlar,"** diyordu.[61]

İngiliz konsolosu, Osmanlı İmparatorluğu'nun bir İngiliz yarı-sömürgesi olmaktan öte, tam-sömürge olmaya doğru gidişini 1860 tarihli bu raporunda açık seçik anlatmasına karşın,

İngiltere, borç almak için kapısını çalan Osmanlı devletini, yabancılara toprak satışı konusunda **1856 *Paris Barış Anlaşması*** sırasında verilen *"hakk-ı tapu"* **(yabancıya toprak tapusu) sözünü tam olarak yerine getirmediğini** öne sürerek reddetmiş ve bunun üzerine Abdülmecid, 1860'da İngiltere devletinden değil Paris'li bir özel bankerden, tefeci Mires'ten 400 bin franklık borç almıştı.

Abdülmecid bu olaydan bir yıl sonra 1861'de, **Osmanlı devletinin varlığını ve toprak bütünlüğünü Avrupa devletlerinin güvencesi altında korumak amacıyla Osmanlı devletini Avrupa Devletler Konseyi'ne sokmayı başarmış; fakat bunun sonucu olarak Osmanlı devletini Avrupa'nın yarı-sömürgesi haline getirmiş,** kendisi de bu uğurda Hıristiyan Tarikatı'na yazılıp Haçlı Şövalyesi olmuş bir Halife-Padişah olarak öldü.

Abdülaziz Dönemi'nde Topraklar Satılıyor

Yerine geçen Sultan Abdülaziz de Abdülmecid'in yolundan yürüyecek, Osmanlı'nın devlet politikası değişmeyecekti. Düşünce şuydu: *Uzak Doğu, Ortadoğu ve Akdeniz bölgesine egemen olan İngiliz ve Fransızlar, Rusya'nın bu bölgelere yayılmasını istemiyorlar. Öyleyse İngiliz ve Fransızların Rusya'nın buralara yayılmasını önlemek için Osmanlı devletini ayakta tutup güçlendirmeleri gerekir. Bu durumda Osmanlı ancak İngilizlerin Fransızların her istediklerini yerine getiren bir devlet olursa parçalanmayacak ve ayakta kalacaktır. Yaşamasını sürdürmek için gereksindiği her şeyi İngilizlerden Fransızlardan isteyecektir.* Abdülaziz'in Abdülmecid'ten devraldığı bu devlet politikası, yabancılardan borç almak ve bunun karşılığında yabancılara toprak satışında bulunmak noktasında düğümleniyordu. Abdülaziz, tıpkı Abdülmecid gibi yabancılara toprak satışını, toprak alan yabancıların Osmanlı yasalarına bağlanması koşuluna bağlamak istiyor, Avrupa devletleriyse Osmanlı ülkesinde toprak alacak yabancıların Osmanlı yasalarına değil, adli kapitülasyonlar gereği uyruğu oldukları yabancı ülkelerin yasalarına bağlı olmalarını dayatıyordu. Beş büyük devlet, İngiltere, Fransa, Rusya, Avusturya ve Prusya, 15 Şubat 1862 günü bir nota vererek Abdülaziz'i Osmanlı ülkesinde, çeşitli yollarla taşınmaz sahibi olmuş uyruklarının konumunu görüşmeye çağırmış, Osmanlı devletiyse 3 Ekim 1862 günlü yanıtında, *"yabancılara arazi edinme hakkı tanımak istediğini, ancak bunun bir takım koşullar çerçevesinde kabul edileceğini"* bildirmişti.[62] Abdülmecid, Osmanlı ülkesinde toprak alacak yabancıların yalnızca tapu anlaşmazlıkları konusunda değil her konuda Osmanlı yasalarıyla yargılanmasını istiyor, Avrupa bu koşulu reddediyordu. Abdülaziz ise işin kolayını bularak, Osmanlı ülkesinde toprak alacak yabancı uyrukluların her konuda değil, yalnızca taşınmaz mal konusunda çıkabilecek uzlaşmazlıklarla sınırlı kalmak üzere Osmanlı yasalarına bağlı olması koşulunu önerdi. Buna göre Osmanlı ülkesinde toprak alacak yabancılar toprak anlaşmazlıkları dışında kalan konularda kendi ülkelerinin yasalarına bağlı olacak, kendi konsolosluk mahkemelerinde kendi ülkelerinin yasalarına göre yargılanacak, yalnızca toprak uyuşmazlıkları konusunda Osmanlı yasalarına göre Osmanlı mahkemelerinde yargılanacaklardı. Avrupa devletleri buna onay verince Abdülaziz 1867'de *"7 Safer Kanunu"* olarak bilinen ünlü Yabancılara toprak satışı yasasını çıkarttı.

Abdülaziz'in çıkarttığı 10 Haziran 1867, (Hicri 7 Safer 1284) günlü[63] *"7 Safer Kanunu"*, *"Tebaayı Ecnebiyenin Emlâke Mutasarrıf Olmaları Hakkındaki Kanun"*[64] (Yabancı Uyrukluların Taşınmaz Kullanımı Konulu Yasa) ve *"Teba-i Ecnabiyenin Emlak İstimlakine Dair Nizamname"* ile yabancı uyruklulara Osmanlı ülkesinde toprak satınalma hakkı bu kez **Avrupa devletlerinin istediği çerçevede** tanınmıştı.[65]

Abdülaziz'in çıkardığı bu yasa ve yönetmeliklerle yabancı uyruklulara toprak satışında bir patlama görülmüş, Orhan Kurmuş'un belgelediği üzere salt İngiliz uyruklulardan 1857-1892 arası A. D. Clarke, Kuşadası'nda 72. 000 dönüm - G. Meredith, Aydın'da 12. 000 dönüm - J. H. Hutchinson Tire'de 1. 556 dönüm - W. G. Maltass 122. 592 dönüm - F. Whitall Tire'de 18. 868 dönüm - G. Minardo 8. 800 dönüm - R. Wilkin 130. 228

dönüm - A. S. Perkins Bornova'da 16. 360 dönüm - D. Baltazzi 247. 000 dönüm - M. Wolff 16. 000 dönüm - A. Edwart Buca'da 80. 000 dönüm - H. Abbott 75. 472 dönüm - Smynra Vineyars and Brandy Distil Şirketi 25. 200 dönüm - E. Purser Aziziye'de 2. 000 dönüm - Asia Minor Cotton Şirketi Nazilli'de 36. 800 dönüm - J. B. Paterson 47. 800 dönüm - A. Castor 6. 000 dönüm - J. Rees 30. 000 dönüm - J. Aldrich Aydın'da 6. 000 dönüm - C. Gregoriades Ayaslug'da 5. 160 dönüm - E. Lee 3. 040 İzmir'de dönüm - S. J. Hadkinson 2. 040 dönüm - Baltazzi Bergama'da 82. 000 dönüm toprak satın almış; J. J. Werry ve J. T. Smith iki çiftlik - R. Wilkin üç çiftlik, iki bağ - F. G. Wedova ve C. F. Tebbit iki çiftlik - J. H. Hutchinson Torbalı yakınlarında bir çiftlik sahibi olmuştu. İngilizlerin salt Batı Anadolu'da satın aldığı topraklar bile 3 milyon dönüme yaklaşıyordu. Bu sayılara İngilizlerin dışında diğer yabancılar katılınca, yabancıların satın aldığı topraklar 5-6 milyon dönüme ulaşıyordu.[66] Müslümanlar İzmir'e bu yüzden *"Gavur İzmir"* demeye başlamışlardı.

Abdülaziz döneminde İzmir, yabancı şirketlerin binalarınya dolup taşıyor, tıpkı bugün olduğu gibi yabancı dilden tabelalardan geçilmiyordu.

Günümüz Türkiyesi'nde Avrupa Birliği'ne girmek uğruna yabancılara toprak satıldığını gördükçe, 140 yıl önce Osmanlı'nın *Avrupa Devletler Konseyi'ne girmek* uğruna düştüğü tuzağa, 140 yıl sonra Cumhuriyet Türkiyesi'nin de düşürüldüğünü söylemeden geçemiyoruz.

Abdülaziz *"7 Safer Kanunu"*nu çıkarır çıkarmaz Yahudiler Filistin'de toprak satın almaya başlamış; İsrail Devleti'nin temelleri, Sultan Abdülaziz döneminde çıkartılan bu yasayla atılmıştı,⁶⁷ tıpkı günümüzde İsrailliler GAP yöresinde toprak satın aldıkları gibi..

Abdülaziz ⁶⁸

Abdülaziz, yabancılara kapitülasyonlarla ellerinde tuttukları ayrıcalıkları yitirmeksizin toprak satın alma hakkı tanıyan bu yasayı çıkarttıktan 10 gün sonra, 21 Haziran 1867'de Avrupa gezisine başladı. Yanına kendisinden sonra Padişah olacak yeğeni V. Murat ve II. Abdülhamid'i de almıştı. Tarihte ilk kez bir Osmanlı padişahı, yanında kendisinden sonra taht'a oturacak şehzadelerle birlikte Avrupa'lı kralların, kraliçelerin ayağına gidiyor; borç alabilmek için ülkesinin topraklarını yabancılara satmayı kabul eden bu Osmanlı, uğradığı bütün ülkelerde alkış ve övgülerle ağırlanıyor, götürüldüğü operalarda, konserlerde, Yahudi bestecilerden Sinyor Arditi'nin Rum müzisyen Zafiraki Efendi'nin sözlerinden bestelediği marşla karşılanıyordu.[69]

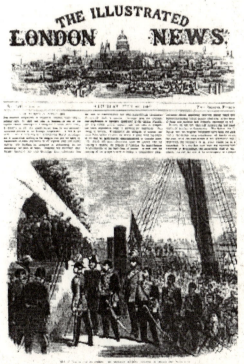

Sultan Abdülaziz'in gezisi The Illustrated London News'te...

**Halife Sultan Abdülaziz de
Tıpkı Abdülmecid gibi
Hıristiyan Tarikata giriyor
Hıristiyan Şövalyesi oluyor**

Osmanlı Devleti'nin kasası tamtakırdı. Devlet memurlarının, askerlerinin, subaylarının aylıklarını bile veremez olmuştu. 1867'de yeni borç arayışıyla Avrupa'da kapı kapı dolaşan Abdülaziz'e, çıkardığı yabancılara toprak satış yasası onuruna, İngiltere Kraliçesi Viktorya, bir diz bağı nişanı takarak onu Hıristiyanlığa hizmet eden Garter Şövalyesi ilan ediyordu.

> Abdülaziz, Portsmouth'daki donanmayı Kraliçe Viktorya ile teftişe gitmişti. İki tatbikata katılan yaklaşık yüz gemi arasında Trafalgar Savaşı'nın ünlü amiral gemisi Victory de vardı. İngiliz Kraliyet yatı *Victoria and Albert*'in güvertesinden deniz tatbikatı seyredildikten sonra Kraliçe Viktorya, Osmanlı Sultanı'na **dizbağı nişanı** takarak onu Garter şövalyesi ilan etti. (Abdülmecid'ten sonra-eb) **Bir Halife'ye** (daha-eb) **Hıristiyanlığı korumakla yükümlü bir şövalyelik sınıfının üyeliği veriliyordu.** Windsor Kalesi'nin St. George Kilisesi'nde başrahibin huzurunda gerçekleşmesi gereken bu tören belki de bu hassas sebepten dolayı bir gemi güvertesine alınmıştı.[70]

İngiltere Kraliçesi Victoria, Sultan Abdülaziz'e taktığı bu dizbağı nişanıyla onu Hıristiyanlığa hizmetle yükümlü Garter Şövalyeleri örgütüne katmıştı.

Kraliçe Padişahı *Windsor Kalesi*'nde özel bir öğle yemeği ile karşıladı ve ardından fırtınalı bir günde *Victoria and Albert* yatının güvertesinde ona İngilizler'in meşhur **Order of the Garter**, yani dizbağı nişanını taktı. Viktorya daha sonra büyük kızı Prusya Veliaht Prensesi'ne yazdığı bir mektupta Sultan Abdülaziz'den *"doğulu kardeşim"* olarak bahsetmiş ve şöyle demişti:

> Bütün gemi Türklerle kaynıyordu! [...] Nişanı ben kendi ellerimle taktım – o da **gülümsedi ve güldü, biraz kızardı, ama çok memnun oldu**" (Your Dear Letter: Private Correspondence [...] 1865-1871, Londra, 1971, s 145).

Londra belediyesi de bu ziyaretin anısına iki sene gecikmeyle de olsa bir hatıra madalyonu bastırmıştı. Ön yüzünde Sultan Abdülaziz'in profilden portresinin işlendiği madalyonun arka yüzünde de zarif bir dostluk mizanseni resmedilmişti. Bir tarafta arkasına St. Paul Katedrali'ni almış başında tacı ile Londra'yı temsil eden mitolojik bir kadın figürü ile karşısında da başında hilal, arkasında Sultanahmet Camii'ni gösteren bir Türk kadını görülmekteydi. İngiliz Türk'ün elini kavuşturmuş, arka plana da İngilizce olarak, büyük harflerle WELCOME, yani hoşgeldiniz yazılmıştı. (*Emre Aracı, Temmuz 2005*)

Avrupa Basınını yakından izleyen gayrımüslim Osmanlı uyrukları Padişah Abdülaziz'in de tıpkı Abdülmecid gibi Paris'te Fransızlardan Legion d'Honeur nişanı alıp, İngiltere'de Saint George Hıristiyan Tarikatı'na mürid yazıldığını ve Garter Haçlı Şovalyesi yapıldığını çabucak öğrendiklerinden, dönüşünde onu coşku ve sevinçle karşılamışlar, her gayrımüslim cemaat İslam Halifesi iken Haçlı Şovalyeliğine geçen bu Osmanlı Sultanı'na mühürlü imzalı şükran ve bağlılık yazılarını sunmuştu.

Nisan 1941 tarihinde **Başbakanlık Osmanlı Arşivi**'ne Millî Emlâk Müdürlüğü'nden 36 adet arşiv malzemesi intikal etmiştir. İntikal eden belgelerin 13 adedi defter, 23 adedi ise vesikadır. Bu belgeler H. 1156-1288 /M. 1743-1871 tarihleri arasındadır. Bu belge ve defterler analitik envanter sisteme göre tasnif edilmiş olup, fona ait **döküm cetveli aşağıda** verilmiştir.

13	Avrupa seyahatinden avdeti dolayısıyla arz-ı sadâkat ve sitâyişten bahis olarak İstanbul **Rum Patriği Gregorius** ve **Patrikhâne Sinod heyetini** teşkil eden **Metropolitler** mühürleriyle **Rum cemaati namına** Sultan Abdülaziz'e sunulan teşekkür ve şükran arîzası	Şükran arîzası	1284	1867
17	Avrupa seyahatinden avdeti vesilesiyle **Yahudilerin sevinç ve şükranlarına** dair **Hahambaşı Kaymakamı** ve **Musevi cemaatinin mûteberlerinin** mühür ve imzalarıyla Abdülaziz'e sunulan teşekkürnâme	Teşekküm âme	1284	1867
31	Fransa İmparatoru III. Napolyon tarafından Abdülaziz'e tevcîh olunan **Legion d'Honneur** nişanının **büyük kordon rütbesi**nin gönderilmesi vesilesiyle dostâne temenniyat izhârını mutazammın nâme	Nâme		1862

Müslüman Türk Osmanlıların ise ne Halife Padişah'ın bir Hıristiyan Tarikatına girdiğinden ne de Haçlı Garter Şovalyesi olduğundan haberleri yoktu.

Batı basını, Osmanlı borçlarını ödeyebilmek için yabancılara toprak satınalma hakkı tanıyan Sultan Abdülaziz'i, kadınlarla eğlenip nargile fokurdatırken kapana kıstırılmış olarak gösteriyordu. Gerçekten kapana kısılmıştı Osmanlı.

Prof. Dr. Cihan Dura, *"Dış Borç Demek, Ödün Demek, Ölüm Demek; Osmanlı'nın Dramı"* başlıklı yazısında durumu çarpıcı biçimde gözler önüne seriyordu:

> Mâli bunalım Ekim 1875'te doruğa çıkınca, Sadrazam Mahmut Nedim Paşa moratoryum ilân etti. Faiz ve anapara taksitleri, beş yıl süreyle yarıya indirildi. **1876 Nisan'ında ise tüm ödemeler durduruldu. Devlet tam anlamıyla iflas durumuna düşmüştü.** Bunun üzerine Avrupa'da, İngiltere, Fransa ve Almanya'da tepkiler başladı. Gazeteler **"Türkler bizi dolandırdı; altınlarımızı sefahat âlemlerinde harcadılar"** diye başlıklar attı. Tahvil sahipleri, hükümetlerin seçecekleri üyeler aracılığıyla **uluslararası bir komisyon oluşturulmasını, Osmanlı maliyesi yönetiminin bu kuruluşa verilmesini** istediler. Bir süre sonra İngiltere Avam Kamarası'ndan M.H. Hammond Osmanlı Devleti'ne bir rapor sundu. Bu raporda **borçların tasfiyesi için, uluslararası bir komisyon** öneriliyordu. Hükümet bu öneriyi reddetti. Ancak, gittikçe yoksullaşan, kaynakları gittikçe daralan bir ülke; gittikçe zenginleşen, geleceğin sanayi devleri karşısında daha ne kadar dayanabilirdi?

1872'de Mısır Hidivi'ne merkezden bağımsız olarak dış borç alma yetkisi bile tanıyan Osmanlı'da ekonomik çöküntü, her alanda yenilgi ve bozgunlara neden oluyordu. Abdülaziz padişah olduğunda yaklaşık 25 milyon altın lira dolayında olan dış borçlar, Abdülaziz'in padişahlığı döneminde on kat artarak yaklaşık 250 milyon altın liraya fırlamıştı. Devlet, dışarıdan borç bulamadığı sürece memur aylıklarını ödeyemez durumdaydı. Abdülaziz Avrupa'dan aldığı borçların faizini bile ödeyemez duruma düşünce, iflas gerçekleşmiş, Avrupa iflasını açıklayan Abdülaziz'e borç vermeyi kesince, Abdülaziz de Rus Büyükelçisi İgnatiev ile işbirliği yapan Rus uşağı Mahmut Nedim Paşa'yı Sadrazam yaparak, borç almak için Rusya'nın kapısını çaldırmıştı.

27 Mayıs 1960'tan 84 Yıl Önce
Abdülaziz = Menderes

Menderes *"Amerikan İşbirlikçisi"* olarak bilinir. Doğrusu o İngiliz sömürgelerinin II. Dünya Savaşı'ndan sonra birer birer

Amerika'nın eline geçtiği dönemde, Amerika ile İngiltere arasında dostluk örtüsü altında gizlenen çekişmeyi doğru okuyamamış, İngiltere'nin her dediğini yaparsa Amerika'yı da mutlu edeceği; Amerika'nın her dediğini yaparsa bundan İngiltere'nin de mutlu olacağı sanısıyla, ikisini birden mutlu edebileceği yanılgısına kapılmış bir Türkiye Cumhuriyeti Devleti'nin Başbakanıydı. Sovyet Rusya'ya karşıt bir politika izlediği sürece ABD ve Avrupa'nın kendisine her istediğini vereceklerini sanıyordu. 1955'lerden sonra gereksindiği büyüklükte dış borcu ABD ve Avrupa'dan bulamayınca sinirlenmiş; Sovyet Rusya'dan borç almaya kalkmış; 11 Nisan 1960'da Moskova'ya gideceğini duyurup Kruşçov'u da Türkiye'ye çağırarak Sovyet Rusya ile yakınlaşmaya davranmış; Gazeteciler Cemiyeti'nde *"Çin ve Rusya, ABD'yi geçecek. Zira ABD tüketimci, ötekiler yatırımcı. Yüzde 30 yatırım yapıyorlar."* biçiminde konuşarak ABD'ye karşı Sovyetler'e yanaşan bir tavır geliştirmeye başlamış; bunun üzerine 8 Mayıs 1960 günlü New York Times'da; *"Menderes (Sovyet Rusya ile yakınlaşma) politikasını değiştirmediği takdirde olayların nasıl gelişeceği bilinmez"* biçiminde eleştiriler yayımlanmış; 19 gün sonra da Menderes 27 Mayıs vurgunu ile tutuklanıp yönetimden uzaklaştırılmış ve sonra da yargılanıp asılmıştı.[71]

İşte 1876'da Abdülaziz'in başına gelen de buna benzer bir durumdu. Abdülaziz de tıpkı Menderes gibi yazgısını Batı'ya bağlamış, tıpkı Menderes gibi Batı'nın her istediğini yapmış, tıpkı Menderes gibi Batı'dan istediği borcu alamayınca yüzünü Batı'nın düşman saydığı Rusya'ya dönmüş, bu dönüş tıpkı Menderes gibi Abdülaziz'in tahttan indirilip öldürülmesiyle sonuçlanmıştı.

Abdülaziz'in "Avrasya"sı

1874'e gelindiğinde Osmanlı devletinin dış borcu 16.541.000 lirası Abdülmecid döneminde, 214.932.000 lirası Abdülaziz döneminde alınmış toplam 231.473.000 Osmanlı lirasını buluyordu.[72] 1875 yılında ödenmesi gereken dış borç taksidi 30.000.000 lira olmasına karşın, devletin o yılki tüm geliri ancak

25.104.928 lirayı buluyor; bu durumda devletin yıllık geliri, dış borcun yıllık taksidini ödemeye bile yetmiyordu. Osmanlı devleti eski borçlarının taksitini ödeyebilmek için bile borç almak zorundaydı; fakat kimse yıllık geliri borcunun taksitini ödemeye yetmeyen bir devlete borç vermezdi. Avrupa'dan yeni borç bulmak olanaksız olunca, Abdülaziz yüzünü Rusya'ya dönecekti. 26 Ağustos 1875 günü Rus yandaşı olarak ünlenen ve Rus büyükelçisi İgnatiyef'in işbirlikçisi olan Mahmut Nedim Paşa'yı sadrazamlığa getiren Abdülaziz, o andan başlayarak Avrupa'dan uzaklaşıp Rusya'ya yanaşıyordu. Mahmut Nedim Paşa'nın Rusya ile yaptığı borç anlaşmasına, Rusya'dan alınacak dış borcun 1 milyon altın lirasını devletin kasasına sokmayıp rüşvet olarak Abdülaziz'in cebine indiren gizli bir madde koydurması, kulaktan kulağa bir söylenti olarak yayılmıştı.[73] İngilizler Abdülaziz'in Rusya'yla yakınlaşmasını önlemek üzere kolları sıvamış, İngiliz büyükelçisi Sir Henry Elliot, Lord Derby'e *borçlarda yarı yarıya indirime gidilerek ödeme kolaylığı sağlanmayacak olursa, Osmanlı'nın Rusya'ya yanaşmasının önlenemeyeceğini* bildirmişti.[74] Bundan bir ay kadar sonra Mahmut Nedim Paşa, 6 Ekim 1875 günü yabancı elçiliklere sunduğu kararnameyle *"iflas ettik, borçlarınızı ödeyemeyeceğiz"* bildiriminde bulunmuş; *"bütçe açığının 5 milyon lirayı aştığı,* **yeniden borçlanmaya gitmenin bütçe açığını büyütmekten ve güveni sarsmaktan başka işe yaramayacağı,** *iç ve dış borçların faiz ve itfa bedellerinin 5 yıllık süre içinde sadece yarısının ödeneceği"*ni duyurmuştu. Duyurulan bu önlemler 30 Ekim 1875 günü Abdülaziz'in onayıyla *'Ramazan Kararnamesi'* adıyla yasalaştı. İngiliz Fransız bankerleri borcunu ödemeyen Osmanlı devletine ateş püskürüyordu. İngiltere'nin eski Osmanlı büyükelçisi David Urquhart, Abdülaziz'in devletin iflası sonucu Rusya'ya yönelişiyle ortaya çıkan durumu şöyle özetliyordu:

> Ülkenin yönetimi şimdiden yarı yarıya Rusya'nın elinde sayılır. Osmanlı devletinin ekonomik sıkıntısından dolayı Rusya, daha önce zorla yaptığı bazı şeyleri şimdi Banka ile yapacaktır. Bu yolla Osmanlı devletinin gelirinin yönetimini eline almayı tasarlayan Rusya, sözkonusu banka ile harcamaların her

kalemini tartışacaktır. Bu demektir ki, ne diplomasisinin ne de çıkarttığı isyanların açamadığı İstanbul'daki duruma egemen olma ve kendince himaye etme yolu, artık Rusya'ya açılmıştır. ... Eğer Rusya Osmanlı devletine olan bazı taahhütlerini ekonomik maskeler altında gerçekleştirebilirse, Osmanlı devletinin içişlerini kontrol etmesine izin verilen Osmanlı Bankası kanalıyla bir yığın sahte bankacılık kombinezonu ile meseleyi eline alacaktır. 17 Kasım 1875 günlü Le Monde'un Londra'da yayımlanan Daily News gazetesinden alıntı yaptığı İstanbul kaynaklı telgrafa göre, Rus büyükelçisi General İgnatyef, Sultan Abdülaziz'e Rusya'nın kefaletiyle yeni bir borç arzetmiştir.[75]

İflas eden Osmanlı'nın Avrupa yörüngesinden çıkıp Rusya'yla yönelerek Avrupa'dan aldığı borçları ödemeyecek oluşu, Osmanlı'dan alacaklı durumda olan İngilizlerle Fransızlarda çok büyük bir tepki uyandırdığı gibi, çıkarlarını Avrupa'ya bağlamış Osmanlı seçkinleri arasında da büyük bir şaşkınlık ve kargaşa doğurmuştu.

Nisan 1876'da tüm dış borç ödemelerini durduran Abdülaziz'i, çok güvendiği Avrupa'ya sırt çevirip baş düşman saydığı Rusya'ya yönelten, yalnızca dış borçları ödeyemez duruma düşmek değildi. Avrupa'nın "dostluk" örtüsü altına gizlenmiş siyasi düşmanlığını kavramış, 1875'te patlak veren Bosna-Hersek ayaklanmasında Avrupa'nın çirkin yüzünü bir kez daha ve tüm çıplaklığıyla görmüştü. Avrupa devletlerinin Osmanlı devletiyle ilgili politikası ne denli Rusya'nın Osmanlı'yı parçalama politikasına aykırıymış ve başta İngiltere olmak üzere Avrupa devletleri *Rusya'ya karşı Osmanlı devletini koruyormuş* gibi görünüyorsa da, gerçekte aralarında Osmanlı'yı yok etmeyi amaçlayan bir işbölümü olduğu anlaşılıyordu. Bu işbölümünde Rusya'nın işi Osmanlı devletinde ayrılıkçı ayaklanmalar çıkartmaktı. Başta İngiltere olmak üzere Avrupa devletlerinin işi ise; Rusların örgütleyip kışkırttığı ayaklanmaları bastırmaya davranan Osmanlı'yı *"askeri çözüm"* yerine *"siyasi çözüm"*e sürükleyerek –yoksa dış borç musluklarınızı kapatırız diye gözdağı vererek– anlaşma masasına oturtup, ayrılıkçıların istemlerini Osmanlı'ya –yine, *böyle yapmazsanız borç istediğinizde vermeyiz*, diyerek- kabul ettirmek ve böylelikle, o ana dek Rus yanlısı olan ayrılıkçıları kendi yandaşlarına dönüştürmekti. Çocuk eğlendirenler bir elin beş parmağını uzatıp her parmağın görevini tek tek tanımlarken, baş parmağa *"bu, tutmuş"*; işaret parmağına *"bu, kesmiş"*; orta parmağa *"bu, pişirmiş"*; yüzük parmağına *"bu, yemiş"*; serçe parmağa *"bu da; 'hani bana mamacık, mamacık, mamacık!' diye ağlamış"* diyerek çocuğu güldürürler. İşte Avrupa devletleri ve Rusya, tıpkı bir elin beş parmağı gibi, kimi Osmanlı'yı *tutmak*, kimi *kesmek*, kimi *pişirmek*, kimi de *yemek* görevini üstlenerek aralarında bir işbölümü yapmışlardı. Yüzlerce yıldır süregelen ve Rus yayılmacılığından kaynaklanan Osmanlı-Rus düşmanlığı, Avrupa devletlerinin Rusya'yı bu işbölümünde Osmanlı'yı tutup kesecek bir gönüllü kasap olarak kullanılmasını olanaklı kılmıştı. Osmanlı Rusya tarafından yakalanıp kesilerek bölünüyor, pişirilen parçalar Avrupa tarafından yeniliyordu. Hem yaşanan olaylar, hem de İngiltere'nin eski büyükelçilerinden David Urquhart'ın kendisine İngiltere'den gönderdiği mektuplar, Abdülaziz'e bu gerçeği tüm çıplaklığıyla gösterdi.

Şöyle diyordu Abdülaziz'e gönderdiği mektuplarda David Urquhart:

> 1853 yılında Rusya'nın Osmanlı devletine saldırdığı ve Avrupalı devletlerin ise görünüşte Osmanlı ile müttefik görünüp, ancak gerçekte Rusya'ya yarayacak icraatlarda bulundukları zaman (...)[76]29 Haziran 1854'te Osmanlı'yla savaş halinde bulunan Rusya tarafından hazırlanan barış şartları ile 22 Temmuz 1854'te Osmanlı'nın Müttefiki olan İngiliz Fransızlar adına hazırlanan taslak hemen hemen aynıydı. Aynı tarafın bir eli Rusya, diğer eli ise İngiltere ve Fransa idi. Aralarında asla anlaşmazlık olmadı. (...) Bütün bunlar ispatlıyor ki, İngiltere'nin yeraldığı bu oluşumların hiç birinde, İngiltere Türkiye'ye gerçekten yardım etmemiştir.[77] 1853'te Osmanlı'nın müttefikleri İngiliz Fransızlar, Rusya'nın savaş ilan etmeksizin işgal ettiği Osmanlı topraklarındaki işgali, Osmanlı devletine kabul ettirmek için bütün güçlerini kullandılar. Yine İngiliz Fransızlar, müttefik görüntüsü altında Osmanlı toprakla-

rını kendilerine açtılar. Fakat gerçekte onların varlığı, Osmanlı devletinin Rusya'ya karşı zaferini engellemekti. (...) İngiltere Savaş Bakanı Lord Herber *"Biz müttefikimiz Osmanlı devleti ile değil, 'düşman'ımız Rusya ile anlaşma halindeyiz,"* dedi. Uzun zamandan beri İstanbul'da elçi olan Lord Ponsonby da *"1854'te Karadeniz'e Türkiye'yi korumak için değil, Rusya'yı korumak için girdik,"* dedi.[78]

Urquhart'ın gönderdiği böylesi mektuplar, Abdülaziz'i sarsmış ve düşündürmüş olmalıdır. Rusya'ya karşı müttefik saydığı Avrupalılar, İngilizler, Fransızlar tarafından oyuna getirildiğini kavrayan Abdülaziz'in, Avrupa'dan uzaklaşıp Rusya'yla yakınlaşma çabası, günümüzde Avrupa Birliği'ne karşı Rusya'yla işbirliği arayışlarını çağrıştırıyor.

Abdülaziz'in Osmanlı devletini Avrupa yörüngesinden çıkartıp Rusya'yla yakınlaşması, İngiliz-Fransızlarca desteklenen bir darbe ile devirilmesine yol açacaktı. Osmanlı devletinin İngiliz Fransız uydusu olarak kalmasında yarar gören güçler -tıpkı 27 Mayıs 1960 döneminde Menderes'e karşı yapıldığı gibi- önce üniversite öğrencilerini Abdülaziz'e karşı gösterilere yöneltmiş, ardından –tıpkı 84 yıl sonra 27 Mayıs'ta olacağı gibi- Harp Okulu Kumandanı Süleyman Paşa da Harp Okulu öğrencilerini Abdülaziz'e karşı harekete geçirmiş ve sonunda 29-30 Mayıs 1876 gecesi Abdülaziz tahttan indirilerek yerine V. Murat geçirilmişlerdi. Abdülaziz, önce Topkapı Sarayı'na, sonra Feriye'ye götürülmüş; 4 Haziran 1876 günü orada "intihar ettiği" duyurulmuştu. İngiliz-Fransızcılar tarafından tahta oturtulan V. Murat da dengesiz davranışları nedeniyle 93 gün sonra tahttan indirilecekti.

... ve II. Abdülhamid

İşte böyle karmakarışık bir ortamda kılıç kuşanıp 31 Ağustos 1876 günü tahta oturan II. Abdülhamid, ülkeyi *Kanun-u Esasi* denilen bir anayasa hazırlayarak halk oyu ile seçilmiş Milletvekillerinden oluşan bir Meclis aracılığıyla yöneteceğine söz vererek darbeciler tarafından tahta oturtulmuştu. Bu yönetim biçimine *Meşrutiyet Hükümeti* deniliyor ve Avrupa Devletler

Birliği, üyelerine bu yönetim biçimine geçmelerini dayatıyordu. II. Abdülhamid Meşruti yönetime geçmek üzere hazırlanan anayasayı madde madde inceliyor, beğenmediği maddeleri çıkartıyor, istediği maddeleri koyduruyor ve Aralık 1876'da Rusya, Almanya, İtalya, İngiltere, Fransa ve Osmanlı delegelerinin katılımıyla İstanbul'da toplanacak olan "Tersane Konferansı"na yetiştirmeye çabalıyordu.

II. Abdülhamid

II. Abdülhamid, kendi görüşlerine uygun olarak oluşturulan anayasayı *Kanun-u Esasi* adıyla 23 Aralık 1876 günü, *"Tersane Konferası"* toplanmış durumda iken toplar attırarak halka duyurdu. Top seslerini duyan İngiliz, Fransız, Rus, İtalyan ve Alman delegeler irkildiğinde, Osmanlı delegesi Dışişleri Bakanı Saffet Paşa yerinden kalkmış ve şöyle demişti:

> Duyduğunuz bu top sesleri bütün Osmanlı memleketleri için Kanun-u Esasi'nin ilan olunduğunu haber vermektedir. Bu dakikadan itibaren Osmanlı devleti Meşruti hükümetler sırasına girmiştir.[79]

Saffet Paşa bu sözlerle Avrupa Devletler Birliği delegelerine şunu demek istiyordu:

Devletler; ı)- kralın halkı seçilmiş milletvekillerinden oluşan bir meclise ve anayasaya dayanarak yönettiği 'demokratik' *Meşruti Krallık*'lar, ıı)- kralın halkı şeçilmişlerden oluşan bir meclis ve anayasa olmaksızın iki dudağı arasından çıkan buyruklarla yönettiği 'anti-demokratik' *Mutlak Krallık*'lar olmak üzere ikiye ayrılıyor ve Avrupa Devletler Birliği 'anti-demokratik' Mutlak Krallığa karşı çıkarak, 'demokratik' Meşruti Krallıkları savunuyor. Osmanlı devleti şu ana dek bir anayasası ve seçilmiş milletvekillerinden oluşan bir meclisi olmadığı için, aynı konumda olan Rus Çarlığı ile birlikte 'anti-demokratik' olmakla suçlanıyordu. İşte Osmanlı devleti bugün 'Kanun-u Esasi' adını verdiği anayasayı yürürlüğe sokarak en kısa süre içerisinde yapılacak seçimlerle birlikte Avrupa Devletler Birliği'nin dayattığı Meşruti 'demokratik' Padişahlığa geçmiş bulunuyor. Şu andan başlayarak Avrupa Devletler Birliği üyeleri arasında 'demokratik' yönetime geçmeyen tek devlet kalmıştır: Rus Çarlığı... Artık Osmanlı devleti yönetim biçiminden dolayı eleştiri konusu edilmemeli, eleştiri okları Rus Çarlığı'na yönelmelidir...

Gerçekten de milletvekili seçimleri en kısa sürede yapılmış, 19 Mart 1877 günü açılan Meclis'e 180 Müslüman 60 gayrı-müslim milletvekili girmişti.

18 Mart 1877, Abdülhamid Meclis'i Açıyor

İllustrated London News Dergisi, Osmanlı Meclis-i Mebusanı'nın açılışını bu görüntüyle okuyucularına duyurmuştu. Dolmabahçe Sarayı büyük merasim salonunda, II. Abdülhamid'in huzurunda açılan Mebusan Meclisi, padişahın baş katip Sait Bey (Paşa) tarafından okunan nutkunu dinliyor.

II. Abdülhamid tarafından açılan ilk Meclis-i Mebusan toplantıda

Gelgelelim, Meclis'in açılmasından yaklaşık iki sonra Rusya Osmanlı devletine savaş açacak; 23-24 Nisan 1877'de başlayan ve Hicri takvime göre 1293 tarihinde başladığı için *"93 Harbi"* de denilen *Osmanlı - Rus Savaşı*'nı, en küçük bir askerlik deneyimi bulunmayan II. Abdülhamid, doğrudan kendi verdiği buyruklarla Saray'dan tek başına yönetecekti. İngiltere el altından Rusya'yı Osmanlı'ya karşı savaşa kışkırtıyor, savaş patlar patlamaz Osmanlı devletini desteklermiş gibi görünerek Rusya'yla danışıklı biçimde Osmanlı'yı yenilgiye sürükleyici çalışmalar yürütüyordu.

İngilizlerden II. Abdülhamid'e

Rusya'ya Karşı "Cihad" Önerisi

İngiltere'nin İstanbul Büyükelçisi Henry Layard, Dışişleri Bakanı Lord Derby'e gönderdiği 26 Mayıs 1877 günlü "Çok Gizli" damgalı raporunda[80] şöyle diyordu:

ÇOK GİZLİ

Tarabya, 26 Mayıs 1877

Lordum,

Size **İngiliz Mahafazakar Parti Milletvekili Butler Johnstone**'un İstanbul'da olduğunu bildirmiştim.(...) Galata-

saray Koleji'nin Müdürü **Ali Suavi'nin evinde kalmaktadır.**
Onun burada bulunuşunun **amacı** Türkleri Ruslarla savaşmayı sürdürmeye (Ruslarla barış yapmamaya-eb) ikna etmektir. Amiral Seywyn, Emekli Deniz Albay Manthrop, Mr. Adams, Deniz Yüzbaşı Drammund ve daha başkalarına bizzat kendisi para ödemektedir. **Bu ekip Türklere çok çeşitli ve Rus birliklerini yok edecek silahlar temin ediyorlar** ki, bu silahlar şimdiye kadar hangi ülkeye verilmişse korkunç sonuçlar doğurmuştur. Bunlar Sultan II. Abdülhamid'i (ateşkes yaparak Ruslarla barış masasına oturmak yerine savaşı sürdürürse Rusları yeneceği doğrultusunda-eb) etkilemiş görünüyor. Johnstone, Mr. Urquhart'ın bu savaşın Türkler tarafından milliyet ve dine dayalı **mukaddes bir savaş haline getirilmesi** gerektiği şeklindeki fikrine dayanıyor. **Cihad-ı Mukaddes ilan edilerek Rusya'nın yok edilmese bile yenilebileceğini** savunmaktadır. Kim kendisinin bu fikrine karşı çıkarsa onları Ruslara satılmış kimseler olarak nitelemektedir. Onu barındıran Türk **Ali Suavi, kendisiyle aynı görüşleri paylaşmaktadır. Ali Suavi'nin medrese öğrencileri üzerinde büyük bir tesiri vardır. Onları çok rahat biçimde tahrik etme gücüne sahiptir. Ali Suavi'nin mensup olduğu grup, son derece kuvvetli olup, savaşa dini bir mahiyet kazandırarak onu İslam'a yönelmiş bir Haçlı Savaşı şeklinde gösterme çabasındadır.** (...)

En derin saygılarımı arz etmeği şeref addederim, Lordum.

Lordluğunuzun en itaatkar
ve mütevazi hizmetlisi
Henry Layard.

İngiltere'nin işine gelen, Osmanlı'nın Rusları yenmesi değildi. Tersine, Osmanlı'nın bu savaşta Rusya karşısında güç duruma düşmesi ve kurtulmak için İngiltere'den yardım istemesiydi. Nitekim, İstanbul'a gelip Ruslara karşı Osmanlı'nın üstün gelmesi için çalışıyormuş gibi görünen ve Osmanlı ordusuna yeni buluş silahlar kullanmasını öneren İngiliz Muhafazakar Parti Milletvekili Johnstone, bu silahların satın alınabilmesi için parası olmayan Osmanlı'ya dışarıdan borç para bulma işine de soyunmuş; Haziran 1877'de İstanbul'dan *"Osmanlı'ya silah almak için gereksindiği borç parayı bulmak"* üzere ayrılmıştı.[81] Osmanlı ordusu, Ruslara karşı İngilizlerin önerdiği o "yepyeni ve korkunç silahlar"ı (!) kullanmasına ve cephede neredeyse her Osmanlı komutanın yanında "danışman olarak" (!) bir İngiliz komutan bulunmasına karşın, ya da tam bu yüzden, her çatışmada bozguna uğruyordu. Öyle ki Balkanlar'ı ve Doğu Anadolu'yu işgal eden Rus orduları Ayastefanos'a, - *yani bugün İstanbul Atatürk Havaalanı'nın bulunduğu Yeşilköy'e*- dek girmiş ve alana bir Rus anıtı bile dikmişlerdi. Aralık 1877'de Plevne de Rusların eline geçince Ruslar'dan ateşkes isteminde bulunan II. Abdülhamid 31 Ocak 1878'de Edirne Bırakışmasını imzalamıştı.

Plevne Kalesi'ni savunduktan sonra Rus ordusuna tutsak düşen Gazi Osman Paşa, Rus Çarı tarafından kabul edilirken-1877

Osmanlı'nın içine düştüğü kötü durum Batı basınında gülmece konusu ediliyor, yayımlanan karikatürlerde, ortalarına aldıkları büyücek bir Osmanlı haritasını ellerinde makaslarla inceleyen Avrupalı devletler, hangi parçanın kime düşeceğini belirlemenin adını "Barış Görüşmeleri" koymuş, II. Abdülhamid de onları *"Keşke Hıristiyan olsaydım"* diye iç geçirerek izlerken gösteriliyordu.

PEACE RUMORS
Let Us Have (A) Peace (Piece)
(The Turk wishes he was a Christian)

1877-1878 Rus-Türk Savaşı – Ganimetleri bölüşmeye hazırlanan Avrupalı Güçler başlığıyla yayımlanan bu karikatürün alt yazılarında, başta Barış Söylentileri (Peace Romors) yazısı, onun altında Haydi (bir) barış (parça) yapalım (kapalım) [Let us have (A) Peace (Piece)] yazısı, en altta parantez içinde (Türk Hıristiyan olmayı ister) [(The Turk wishes he was a Christian)]] sözleri yazılıdır.

13 Şubat 1878'de Meclis'i 33 yıl sürecek tatile sokan II. Abdülhamid, 3 Mart 1878 günü Ruslarla tarihimiz açısından utanç verici *Ayastefanos Antlaşması*'nı[82] imzaladı ve bunu Beylerbeyi Sarayı'nda Rus Orduları Kumandanı, yüksek düzeyli Rus komutanları ve diplomatlara verdiği ziyafete kendisi de katılarak kutladı.[83]

Bu antlaşmaya göre, bir takım günümüz Abdülhamitçilerinin *"bir karış toprak vermemiştir"* diye övdükleri II. Abdülhamid Balkanlarda Sırbistan, Romanya ve Bulgaristan'ı Osmanlı yönetiminden ayırıp bağımsız kılıyor, Üsküp, Manastır, Ohri ve Teselya'da Yenişehir'i içine alan bir Büyük Bulgaristan'ın kurulmasını onaylıyor; Batum, Kars ve Ardahan'ı Rusya'ya bırakıyor ve Rusya'ya 30 milyon altın tazminat ödemeyi yükümleniyordu.

Yeşilköy-Ayastefanos Antlaşması imzalanırken
Rus General İgnatiev, Nelidov, Saffet Paşa, Sadullah Bey

Rusların II. Abdülhamid döneminde işgal ettikleri
İstanbul Yeşilköy'e diktikleri anıt. Bu anıt I. Dünya Savaşı başlarken yıktırılmıştır.

Ruslara bu denli yüksek bir ödence istemesini buyuran İngiltere'ydi.

Osmanlı'nın içine düştüğü bu güç durumdan yararlanmak isteyen İngiltere, *Ayastefanos Antlaşması*'nı geçersiz kılıp, Osmanlı'nın Ruslarla daha uygun koşullarda yeni bir antlaşma imzalanmasına destek olacağını bildirdi. Çünkü Rusya'nın çizgisi, İngiliz Fransız uydusu olan Osmanlı devletini parçalamak ve kopardığı her parçada İngiliz Fransız etkisini yok edip Rus işbirlikçisi yönetimler kurmaktı. D'İsraeli'nin Başbakanlık yaptığı dönemde, 1880'e dek İngiltere, Rusya'nın Osmanlı topraklarında yayılarak İngiltere'nin bu topraklardaki varlığına son vermesini önlemek amacıyla, bir İngiliz-Fransız uydusu olan Osmanlı devletinin varlığını ve toprak bütünlüğünü *koşullu olarak* savunmuştu. Buna göre: Eğer Osmanlı parçalanacaksa, hiç bir parçası Rusya'nın payına düşmemeli, her parça İngiltere'nin uydusu olmalıydı. Koşul buydu. Osmanlı devletinin Ruslarca parçalanıp yutulmak istenen her bölgesinde, eğer bu parçalanmayı önlemek artık olanaksız duruma girmişse, Rus yanlısı ayrılıkçılara kanca atarak onları Rusya'dan koparıp İngiliz yandaşlarına dönüştürmek ve böylelikle Osmanlı'dan ayrılması kesinleşen parçalarda Rus değil İngiliz işbirlikçisi yönetimler kurulmasını sağlamak, D'İsraeli'nin Başbakanlığı döneminde İngiltere'nin değişmez çizgisi olmuştu. Bu çizgi, basın-yayın aracılığıyla *"İngilizler Osmanlı'nın varlığını ve toprak bütünlüğünü koruyor"* biçiminde yansıtılıyordu. Bugün dahi bir takım "tarihçi"ler, bu İngiliz propagandasını "bilimsel tez" olarak işlemektedirler. Oysa işin doğrusu şuydu: İngilizler, Rus bölücülüğü varken kendileri kollarını sıvayıp bölücülüğe soyunmuyor, fakat Rusların büyük emeklerle bölünmeye hazırladığı her parçayı, tam kopmak üzereyken ortaya çıkıp Rusya'nın elinden kaparak kendi ceplerine atıyor ve Osmanlı Padişahları da kopmasını önleyemedikleri her parçanın Rusların eline düşmesindense -1830 Yunan Bağımsızlığı'nda görüldüğü üzere- İngilizlerin ya da Fransızların eline düşmesini yeğliyorlardı. 1878'de Rus ordusu İstanbul Yeşilköy'e dek girmiş, tam

İstanbul'u ele geçirmek üzereyken, İngiltere'nin birden öne atılıp İstanbul'u Rusların eline düşmekten kurtarması, bu bağlamda anlamlandırılması gereken bir olaydı. İngiltere, Osmanlı'ya *"İstanbul'u Rusya'nın eline düşmekten kurtarırım, fakat bunun karşılığında Kıbrıs'ı isterim"* diyordu. Hindi'yi (Turkey = Türk'ü) Rusya elinde bıçakla kovalayıp kesecek, fakat hindi (Türk), Ruslar tarafından değil, İngilizler, Fransızlar, Almanlar tarafından pişirilip yenecekti. İngiltere'nin bu önerisi, o günlerin basınında Rusya'nın yakalayıp keseceği bir hindi olarak resmedilen Türkiye'nin Avrupalı devletlerce paylaşılması olarak görülüyor ve bu doğrultuda karikatürler yayımlanıyordu. Aşağıdaki *"Avrupa Tarzı Şükran Günü – Güçler Hindi'yi (Turkey=Türkiye) bölmeye hazırlıyor"* başlıklı karikatürün konusu da, Amerikalıların yılda bir gün hindi kesip yiyerek kutladıkları *Şükran Günü*'nün, Avrupa'da biçim değiştirip *hindi* yerine *Türk* yenilerek kutlanmasıydı.

Yan yana iki kareden soldakinin altında *"Şükran Günü öteki tarafta (no.1)"*, sağdakinin altında ise *"Şükran Günü öteki tarafta (no.2)"* yazılıdır. Bunların altında: *"Avrupalı Güçler, Rusya'nın kovalamakta olduğu hindi (Türkiye)'yi bölüşmek için bekliyor"* yazısı yer alıyor.

Berlin Konferansı'na katılan Avrupa devletlerinin başkanları yemek masasına oturmuş, konferansa başkanlık eden Alman başbakanı Bismark masanın başında oturduğu sandalyenin üzerinde ayağa kalkıp başını pencereden uzatarak dışarıda başı II. Abdülhamid biçiminde çizilmiş olan hindiyi elinde bıçakla yakalayıp kesmek üzere kovalıyordu. Rusya yemek masasında, hindiyi (Türk'ü) yiyecekler arasında yoktu. Rusya'nın görevi Türk'ü (hindiyi) yakalayıp kesmek, pişirmek ve yesinler diye Avrupalı devletlerin önüne koymaktı.

Rus kasabının bıçağından (Ayastefanos Antlaşması'nın yıkıcı sonuçlarından) kaçarken İngiliz tilkisinin Berlin Konferansı tuzağına düşen II. Abdülhamid, yeni anlaşma uygun koşullarda imzalanırsa Kıbrıs'ı İngiltere'ye bırakacağını söyledi. İngilizlerse **önce Kıbrıs'ı alalım sonra destek veririz** diyerek bastırdılar. Sonunda İngilizlerin dediği oldu ve günümüzde *"kimseye bir karış bile toprak vermediği"* yalanıyla ululanan II. Abdülhamid, yeni antlaşma imzalanmadan 40 gün önce, 4 Haziran 1878'de, **İstanbul'u Rusların eline düşmekten kurtarması karşılığında Kıbrıs'ın yönetimini İngiltere'ye bıraktı.**[84] Gelgelelim, 13 Temmuz 1878'de Ayastefanos'un yerine imzalanan Berlin Antlaşması'nda[85] karşılığını Kıbrıs'ı vererek peşin ödediği İngiliz desteğini bulamayan II. Abdülhamid, düş kırıklığına uğrayacaktı.

13 Temmuz 1878 günü toplanan Berlin Barış Antlaşması görüşmeleri: İngiltere: *Kont Beaconsfield, Markiz Salisbury,* Lord Russell - Rusya: *Prens Gorchakov, Kont Shuvalov,* Baron d'Oubril -Almanya: *Prens Bismarck, Prens Hohenohe, von Bülow* - Avusturya Macaristan: *Kont Andrássy, Kont Károlyi,* Baron Heinrich Karl von Haymerle - Fransa: *Monsieur Waddington,* Comte de Saint-Vallier, Monsieur Desprey - Italya: *Kont Corti,* Kont De Launay - Osmanlı İmparatorluğu: *Kara Theodori Paşa,* Sadullah Bey, *Mehmet Ali Paşa* - Yunanistan: *Theodoros Deligiannis* - Sırbistan: Jovan Ristić, Romanya ve Montenegro delegeleri... [Ressam: Anton von Werner, Berlin. 1881.

Rus kasabının bıçağından kaçarken İngiliz tilkisinin tuzağına düşen bir hindi (Türk) olarak karikatürleştirilen II. Abdülhamid, Berlin Kongresi'nde başta İngilizler olmak üzere bütün Avrupalı devletlerin Osmanlı'yı bölüşüp yemek üzere toplandıklarını anlamıştı. Lord Kinross *'Atatürk'* adlı kitabının Dördüncü Bölüm'ünde *Berlin Kongresi*'ni anlatırken: *"Büyük devletler cesedi (Osmanlı İmparatorluğu'nu) didikleyip bölmek için çevresinde gittikçe yaklaşarak dönüp duruyorlardı. Bu leş kargaları şölenine sonradan bir 'davetsiz misafir' daha katılmıştı: Doğu'ya baskı (Drang nach Osten) amacı gütmekte olan Alman İmparatorluğu (ve Bismark)"* diyordu. Alman başbakanı Bismark; *"Biz, Berlin Andlaşmasını, Osmanlı Devleti'nin yararına olsun diye yapmıyoruz; yalnızca Ayastefanos Andlaşması Avrupalı Devletlerin çıkarlarına aykırı olduğu için buradayız,"* diyecekti. O günlerde Batı basınında yayımlanan *"1878 Berlin Kongresi- Hindi (Türkiye)'nin Parçalanması"* başlıklı bir karikatürde, kongreye başkanlık eden Bismark, yemek sonrası doymayıp tabağını uzatarak biraz daha hindi (Türk) isteyenlere: *"Baylar, yenilecek hindi (Türkiye) kalmadı gerçekten,"* derken görülüyordu.

BISMARCK'S "AFTER-DINNER" SPEECH
"Gentlemen, there is *really* no more Turkey."

Rus orduları İstanbul Yeşilköy'e girerek anıt dikip II. Abdülhamid'in sarayına diledikleri an girebilecek denli yaklaştıktan bir yıl sonra, İngiliz orduları da *Berlin Antlaşması* uyarınca İstanbul'u Rusya'nın eline düşmekten kurtarmalarının bir ödülü olarak verilen Kıbrıs'a kendi bayraklarını dikiyordu.

Şevket Süreyya Aydemir, II. Abdülhamid döneminde imparatorluğun toprak yitimleri konusunda şunları yazıyordu:

> Masala göre II. Abdülhamid kendi zamanında düşmanlara tek karış toprak kaptırmamıştır!.. Bu kadar gerçek dışı bir davanın, nasıl bir ruh hali ile ve niçin günün gerici gayretlerin-

de yer aldığını eleştirmek bu kitabın konusu değildir. (...) Ama Abdülhamid'in yalnız bir karış değil, evvela ve yalnız Berlin Muahedesi ile, hem de imparatorluğun en değerli parçalarından neler kaybettiğini göstermek bile, bu temelsiz gayretleri çürütmek için kafidir: Berlin Muahedesi neticesinde Avrupa'da hudutlar, hepsi de Osmanlı devleti aleyhine olmak üzere değişti. Üç büyük devletle beş küçük hükümetin sınırlarında değişmeler oldu. Osmanlı devleti, Avrupa'daki topraklarının ve nüfusunun beşte ikisini kaybetti. Bu arazi ve nüfus kayıpları şöylece özetlenebilir:

II. Abdülhamid'in Yalnızca 1878 Berlin Anlaşması İle Yitirdiği Toprakların ve Nüfusun Dökümü

Bulgaristan emareti	69.000 km2	2.700.000 kişi
Dobruca'dan Romanya'ya verilen	14.000 km2	170.000 kişi
Tuna, Manastır ve Kosova vilayetlerinden Sırbistan'a verilen	7.200 km2	280.000 kişi
Avusturya'ya verilen Bosna-Hersek vilayetleri	58.700 km2	1.100.000 kişi
Bosna ve Arnavutluk'tan Karadağ'a verilen	4.700 km2	50.000 kişi
Yanya vilayetinden Yunanistan'a verilen	13.400 km2	300.000 kişi
Erzurum ve Trabzon vilayetlerinden Rusya'ya ilhak olunan	36.000 km2	70.000 kişi
İran'a terkedilen Kutur arazisi	150 km2	5.000 kişi
İngiltere'ye bırakılan Kıbrıs	10.300 km2	150.000 kişi

II. Abdülhamid'in başkalarına bir karış toprak kaptırmadığı yolunda son zamanlarda yaygınlaşan değersiz fakat kasıtlı yayınlar, gerçeğe dayanmamaktadır. **II. Abdülhamid'in imparatorluk topraklarından kayıpları bunlarla da kalmaz.** Tunus üzerinde devletin şekli hakimiyeti Abdülhamid zamanında (1881 yılında) sona erdi. Mısır üzerindeki şekli hakimiyet de onun zamanında son buldu. Basra körfezinde Küveyt ve çevresi, onun zamanında İngiliz nüfuz bölgesine geçirildi. Hatta bu şekli hakimiyetleri sayarsak, Yemen'in karşısında ve

Habeşistan kıyılarındaki *Musavva* bölgesine kadar gitmeliyiz. Böylece II. **Abdülhamid, imparatorluğun son devrinde en çok toprak kaybı veren padişahtır.** Onun, saltanatı döneminde bir karış toprak bile kaybetmediği şeklindeki iddialar, yersiz ve değersizdir.[86]

Osmanlı İmparatorluğu'nun son döneminde yaşanan tüm olumsuzlukları 1908'de II. Abdülhamid'i deviren İttihat ve Terakki Partisi'ne ve onların 1908'den sonraki yönetimlerine bağlayan Padişahlık özlemcilerinin görüşlerinin ne denli uydurma olduğu, buraya dek sergilediğimiz belgelerle ortadadır. Osmanlı 1854'ten başlayarak dışarıdan borç aldıkça toprak yitiriyor, toprak yitirdikçe dış borç alıyordu ve bunun sorumlusu, Padişahlık özlemcilerinin savladığı gibi Sadrazamlar, İttihatçılar, vs. değil, doğrudan doğruya Osmanlı'nın bilim ve teknoloji alanında Batı'nın gerisinde kalmış olmasıydı.

II. Abdülhamid, Dış Borç ve Toprak Yitimi

Örneğin 1875 yılında Fransız uyruklu iki Yahudi tefeci Lorando ve Tubirni'den alınan 200.000 altın borç 20 yıl ödenemeyince faiziyle birlikte 750.000 altını bulmuş, II. Abdülhamid bu borcu ödeyemeyince Fransız devleti bu iki Yahudi tefecinin Fransız uyruklu olduklarını öne sürerek alacaklarına karşılık Osmanlı toprağı olan Midilli Adası'nı işgal edeceğini ve gümrük gelirlerine el koyacağını duyurmuş, II. Abdülhamid'e 3 gün süre tanımıştı. Süre dolmasına karşın borç ödenmeyince, Fransa, büyükelçisini geri çekmişti. 4 Kasım 1901'de Fransız donanması Midilli Adası'nı işgal ederek gümrük gelirlerine el koymuş ve Midilli'deki Osmanlı egemenliğine son vermişti. Bütün bunlar daha İttihat ve Terakki Partisi yönetime gelmeden yıllar önce, II. Abdülhamid'in ülkeyi tek başına yönettiği, dilediği kişiyi Sadrazamlığa oturtup dilediği Sadrazam'ı dilediği an kovduğu yıllarda oluyordu.[87]

Osmanlı devleti II. Abdülhamid'ten çok daha önce kendi ayakları üzerinde duramaz, yabancılara dayanmadığı an yıkılacak denli kötürüm bir duruma düşmüş bulunuyordu. II. Abdülhamid de bu kötürüm İmparatorluğun başında yabancılardan borç almaksızın, yabancı bilim ve teknolojisini getirmeksizin ülkeyi yönetemeyeceğinin bilincinde olan bir padişahtı. Borçlanma onun döneminde de sürüyordu.[88]

II. Abdülhamid döneminde 1901 yılı %4 faizli Osmanlı devlet borcu tahvil senedi

Osmanlı ülkesindeki yaşam düzeyini Avrupa ülkelerindeki düzeye çıkarmak için çabalayan II. Abdülhamid, bunu sağlamak için de yabancılara muhtaçtı. İmparatorluk sınırları içerisinde kalan yeraltı ve yerüstü varsıllıklarını yabancılara işleterek gelir sağlamaktan başka bir yol bulunmuyordu önünde.

II. Abdülhamid döneminde yabancılara verilen bir maden işletme ayrıcalığı senedi (*Sté Anonyme Ottomane des Mines de Balia-Karaïdin* 100 Franklık hisse Constantinople 1908)

II. Abdülhamid döneminde yabancılara verilen bir demiryolu imtiyazı (*Sté du Chemin de Fer Ottoman d'Anatolie* Cert. 300 Frank (244.80 Mark) hisse senedi - Constantinople 1896)

II. Abdülhamid döneminde İzmir-Aydın Demiryolu yabancıların elindeydi:

II. Abdülhamid döneminde yabancılara verilen İzmir-Aydın demiryolu işletmesine ilişkin bir hisse senedi: *The Ottoman Railway - From Smyrna to Aidin* 20£ - Londres 1905

Aşağıda görüleceği üzere Karaman'daki demir madenleri ve Denek madenleri de yabancıların elindeydi.

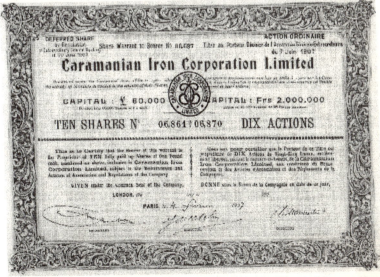

II. Abdülhamid döneminde yabancılara verilen demir madeni hisseleri *Caramanian Iron Corporation Ltd* Warrant for 10 shares of 1£(25F)- Paris/London 1907

Sté de Denek Maden hisse senedi - Paris 1907

Toprak yitimleri ardarda gelirken, yabancı ülkelere borçlar kabarmış ve sonunda II. Abdülhamid **Düyun-u Umumiye İdaresi**'ni kurdurarak halkın devlete vereceği vergilerin büyük bir bölümünü alacaklı devletlerin doğrudan doğruya kendi elleriyle halktan toplaması utancını kabul etmişti. Artık Osmanlı halkı yabancı vergi tahsildarlarıyla karşı karşıya kalıyordu. İngiliz, Fransız ve Ruslardan art arda büyük tokatlar yemişti İmparatorluk. Varlığını ve toprak bütünlüğünü korumakta biricik güvencesi olan İngiltere de 1878 Berlin Antlaşması'nda Osmanlı'nın paylaşımına katıldıktan hemen sonra, Gladstone'nun 1880'de Başbakan olmasıyla, İngiltere açıktan açığa *Türk Düşmanı* bir çizgiye oturmuştu. Parlamento'da yaptığı konuşmalarda Türklüğü şöyle aşağılıyordu İngiltere Başbakanı Gladstone:

> Osmanlı-Türk hükümeti hiç bir hükümetin işlemediği ölçüde suç işlemiş, hiç bir hükümet onun kadar suça saplanmamış, hiç biri onun kadar değişime kapalı olmamıştır.
>
> ...a bir Müslümanlık sorunu değil, fakat Müslümankın yaradılış yapısıyla birleşmesidir. Türkler, Av-...dikleri o ilk kara günden bugüne, insanlığın insan-

lık dışı en büyük örneğini oluşturdular. Nereye gittilerse arkalarında geniş kanlı bir yol bıraktılar ve onların egemenliğinin uzandığı yerlerde uygarlık kayboldu.

Türklerin kötülüklerini önlemenin tek yolu onları yeryüzünden kazınmaktır.[89]

İngiltere Başbakanı William Ewart Gladstone, Avam Kamarası'nda yaptığı konuşmalarıyla Türklere karşı öfke saçıyor.

1880'lerde İngiliz Başbakanı Gladstone'un Osmanlı devletine, Türklere ve Türklüğe karşı, Osmanlı devletinin yıkılması ve Türklerin bir ırk olarak kökünün kazınması gerektiği yolundaki konuşmaları, apaçık bir düşmanlık gösterisiydi. Gladstone yönetiminde *'Rus yayılmasına karşı Osmanlı devletini ayakta tutan ve toprak bütünlüğünü koruyan ülke'* maskesini yüzünden atan İngiltere, *'Rus yayılmasına karşı Osmanlı'yı bölerek, ayrılacak her bölgeyi İngiliz güdümü altına sokacağını'* açıkça duyuruyordu. Gladstone, Rusya'nın Ermeni toplumu üzerindeki etkisini kırmak ve onları İngiliz güdümüne sokmak üzere çalışmalara 1880'de Başbakan olur olmaz başlamıştı. Fransız yazar Rene Pinon: *"Rus ve İngiliz nüfuzu Ermenilerin sırtında çarpışmıştır. Ermenistan İngiltere'nin elinde Rus yayılmacılığına karşı ileri bir karakol olmuştur,"* derken İngiliz basını 1880'den başlayarak Doğu Anadolu'dan Ermenistan diye söz ediyor, Doğu Anadolu'nun en ıssız yörelerinde İngiliz Konsoloslukları açılıyor ve Londra'da bir *İngiliz-Ermeni Komitesi* kuruluyordu.

Gladstone Ermenileri korumak üzere Haçlı seferinde

Batı basını, Gladstone'u, Sir John Tennie'nin çizgileriyle Ermenileri korumak üzere Haçlı Seferi'ne çıkmış olarak gösterirken, Ermeni Patrik Horen Aşıkyan *"Ermeni Tarihi"* adlı yapıtında; *"Türkiye'nin çeşitli yerlerine dağılmış çok sayıda Protestan misyoner İngiltere lehine propaganda yapmakta, Ermenilerin İngiltere sayesinde muhtariyete kavuşacaklarını ileri sürmektedirler. Kurdukları okullar gizli tasarıların yuvasıdır,"* diyor; İstanbul'daki Fransız Büyükelçisi Paul Cambon, bir raporunda; *"Gladstone gayri memnun Ermenileri örgütlemiş, disiplin altına almış, onlara destek vaadinde bulunmuştur. Bundan sonra propaganda komitesi ilhamını aldığı Londra'ya yerleşmiştir,"* uyarısını yapıyor ve o günlerde İngiliz basınında ayımlanan karikatürlerden birinde, İngiliz Başbakanı Gladstone, elinde balta, üzerinde *"Turkish Rule"* (Türk-Osmanlı Devleti) yazılı, kovukları yılan ve iskelet dolu bir ağacı keserken gösteriliyordu.

İngiltere 1880'de *"Osmanlı devletini yıkacağız, Türklerin kökünü kazıyacağız!"* çığlıkları atmaya ve Osmanlı'nın Ermeni uyruklarını açıkça ayrılıkçılığa kışkırtmaya başlayınca, Osmanlı devleti için İngiliz işbirliği diye bir olasılık, İngiliz işbirlikçisi aydınlar, diplomatlar, bürokratlar için de *"İngiliz dostluğu"*nu savunacak bir ortam kalmamıştı.

II. Abdülhamid gözlerini Asya'ya çeviriyor

II. Abdülhamid, kendi ayakları üzerinde duramayan Osmanlı devletine çıkarları İngiliz-Fransızlarla ve Ruslarla çelişen yeni bir dış dayanak ararken, Japonya'ya yönelecekti.

Mart 1881- İstanbul'a gelen Japonya Dışişleri Bakanlığı memuru Masaharu Yoshida'nın Sultan II. Abdülhamid tarafından kabulü ve **"Japonya-Osmanlı Dostluk Anlaşması"**nın imzalanması yönündeki ikili görüşmelerin ilerletilmesine karar verilmesi

Ekim 1887- Japonya İmparatoru Meiji'nin yeğeni Prens Komatsu'nun Türkiye'yi ziyareti ve Sultan II. Abdulhamid ile görüşmesi

Temmuz 1889- Ertuğrul Firkateyni'nin İstanbul limanından Japonya'ya doğru yola çıkışı

7 Haziran 1890- Ertuğrul Firkateyni'nin Japonya'nın Yokohama Limanı'na varışı

13 Haziran 1890- Ertuğrul Firkateyni Komutanı Osman Paşa'nın İmparator Meiji tarafından kabulü

15 Eylül 1890- Ertuğrul Firkateyni'nin Yokohama limanından ayrılışı

16 Eylül 1890- Ertuğrul Firkateyni'nin Kushimoto şehri (eski adı Oshima Köyü) Kashinozaki köyü kıyılarında batması. 650 kişilik mürettebattan sadece 69 kişi hayatta kaldı.

5 Ekim 1890- Kongo ve Hiei adlı **Japon savaş gemileri**nin Ertuğrul'un hayatta kalan 69 mürettebatını İstanbul'a götürmek üzere Japonya'nın Shinagawa limanından yola çıkışı

2 Ocak 1891- Japon savaş gemileri Kongo ve Hiei'nin İstanbul limanına varışı

5 Ocak 1891- Japon heyetinin Sultan II. Abdülhamid tarafından kabulü

10 Şubat 1891- Japon savaş gemileri Kongo ve Hiei'nin İstanbul limanından ayrılışı. Shotaro Noda'nın İstanbul'da kalmaya devam etmesi

Mayıs 1891- Kongo ve Hiei'nin Japonya'ya varışı

Ocak 1892- Torajiro Yamada'nın (1866-1957), İstanbul'a gitmek üzere Japonya'dan hareketi
Nisan 1892- Torajiro Yamada'nın İstanbul'a gelişi. Yamada, 1. Dünya Savaşı'nın başladığı 1914 yılına kadar İstanbul'da kalmıştır.
Mayıs 1893- Japonya'nın Almanya Büyükelçisi Shuzo Aoki'nin Sultan II. Abdülhamid tarafından kabulü ve **"Japonya-Osmanlı Dostluk Anlaşması"** imzalanması üzerine görüşmeler gerçekleştirilmesi
21 Aralık 1893- Japonya Hükümeti'nin **"Japonya-Osmanlı Dostluk Bildirisi"** kanun taslağı üzerinde karara varması
Ekim 1895- Japonya Hükümeti'nin, Osmanlı İmparatorluğu ile **"Japonya-Osmanlı Dostluk Anlaşması"** üzerine Japonya'nın Berlin Büyükelçiliği üzerinden görüşmeler yapılması üzerine **talimat** vermesi

II. Abdülhamid'in İngiltere, Fransa ve Rusya'nın düşmanlığı karşısında yalnızlığa itildiği 1880'den sonra Japonya'ya yönelişi, anlamlıydı. Öyle ki, bu dönemde Osmanlı aydınları arasında bir *Japon Hayranlığı* belirmiş, *Japon Mucizesi* sözü dillere dolanmış, *"Dünyaya meydan okumak istiyorsak Japon Modeli'ni uygulayalım,"* diyenlerin sayısında bir patlama görülmüştü. Dahası Japonları Müslüman etmek için özel görevliler gönderilmiş ve Japon istihbarat örgütüyle ortak çalışmalar bile yapılmıştı.[90] Japonlarla ilişkilerin Berlin Büyükelçiliği üzerinden yürütülmesi; çıkarları İngiltere, Fransa ve Rusya ile çatışan Almanya'nın da Osmanlı'yla yakınlaşmasında etken olacaktı.

II. Abdülhamid ve II. Wilhelm
Osmanlı Almanya'nın Yarı-Sömürgesi Oluyor

Alman İmparatoru Kayzer II. Wilhelm, 15 Haziran 1888'de tahta çıktığında, gelişmeye İngiltere'den ve Fransa'dan daha geç başlayan Alman sanayisinin dış pazarlara ve hammadde kaynaklarına duyduğu gereksinim doruğa fırlamış; gelgelelim pazarlar ve sömürgeler çoktan paylaşılmış bulunduğundan, Almanların yayılma girişimleri başta İngilizler olmak üzere tüm diğer emperyalistlerin engellemeleriyle karşılaşır durumdaydı. Almanya sanayi ve ticaretinin gereksindiği dış pazarlar Doğu'da, Osmanlı topraklarındaydı ve II.Wilhelm ilk iş olarak Alman etkinliğini Osmanlı'nın yayıldığı bütün topraklara yaymak üzere atağa kalkacaktı.

Tahta oturduktan bir yıl sonra, kendi adını taşıyan savaş gemisiyle özel bir ziyaret için 1889'da İstanbul'a gelip Dolmabahçe önlerine demirleyen Kayzer II. Wilhelm'in II.Abdülhamid'le ilk görüşmesi 1889'da gerçekleşmişti.[91]

Alman İmparatoru II. Wilhelm'i getiren savaş gemisi, Dolmabahçe açıklarında-1889 (Fotoğraf: Abdullah Frères.)

Bu görüşme sırasında Alman sermayesinin Osmanlı'ya açılımı sağlandıktan başka, II. Wilhelm Osmanlı egemenliğindeki Kudüs'te bir Lutheran Protestan Kilisesi yaptırmak ve yapım bittiğinde Kudüs'e gidip o kiliseyi kendi elleriyle açmak için II. Abdülhamid'in olurunu almıştı. II. Wilhelm'in Kudüs'e gitme isteğinin altında yatan gerçek amaç, din örtüsü altında sömürgeler edinmekti. Pan Germen Birliği *Alldeutsche Verband* Başkanı Prof. Hasse, bu gerçeği o görüşmeden yedi yıl sonra 1896'da şöyle açıklayacaktı:

> Gerek Anadolu halkının gerekse Mezopotamya ve Suriye'nin pek kalabalık olmayan Arap sakinlerinin, bir **Alman egemenliğine karşı güçlük çıkartması pek zor**dur. Alman çalışkanlığı ve Alman bilimi, güçlü bir **Alman hükümetinin yönetimi altında**, bir zamanlar eski dünyanın en bayındır ülkeleri sayılan bu toprakları, **Reich'ın mülkü haline getirece**ktir; tıpkı **İngiltere'nin Hindistan'da yaptığı gibi**...[92]

II. Wilhelm, 9 yıl sonra, yapımı 1898'de tamamlanan kilisenin açılışını yapmak üzere Kudüs'e giderken İstanbul'a da uğrayarak II. Abdülhamid'le bir kez daha görüşecekti.

Alman İmparatoru II. Wilhelm İstanbul'a ikinci kez gelişinde yine Dolmabahçe'de Abdülhamid tarafından karşılanıyor. (1898-Fausto Zonaro)

Osmanlı topraklarında Almanseverliği tohumlayabilmek uğruna 18 Ekim 1898 günü ikinci kez İstanbul'a gelen Alman Kayzer II. Wilhelm, II. Abdülhamid'le kolkola fotoğraf çektirecek ve bu görüntü başta Müslüman toplumlar olmak üzere basın aracılığıyla tüm dünyaya yayılacaktı.

Fransız L'Illustration dergisinin 22 Ekim 1898 günlü sayısında yayınlanan ve Osmanlı Padişahı II. Abdülhamid'i Alman İmparatoru Kayzer II. Wilhelm'e sığınmış durumda gösteren fotoğraf.[93]

Bu fotoğrafta II. Wilhelm önde, II. Abdülhamid arkadaydı. II. Wilhelm eldivenli, II. Abdülhamid ise eldivenlerini çıkartmış sağ eline almıştı. Demek II. Abdülhamid elini eldivensiz olarak II. Wilhelm'e uzatmış, II. Wilhelm kendisine uzatılan bu çıplak eli kendi eldivenini çıkartmadan sıkmıştı. İmparatorlarca "sürüyü güden çoban" simgesi olarak taşınan 'asa', II. Wilhelm'in elindeydi, II. Abdülhamid'in değil... Ve II. Abdülhamid, sanki nişanlısı ya da karısıymış gibi II. Wilhelm'in koluna girmişti. Alman-Osmanlı ilişkisi 1898'de II. Abdülhamid döneminde gerçekten de bu biçimde gelişiyordu.

Alman yayılmacıları, *sebil, hayrat* denen çeşmenin Türk-İslam geleneğindeki yerini tilkice saptamış, sokak çeşmelerinden su içen Müslümanların, o çeşmeyi yaptıranlara dua ettiklerini ve iyilikle andıklarını bilerek, İstanbul'da II. Wilhelm adına bir çeşme yaptırmak için kolları sıvamışlardı. Desenini II. Wilhelm'in kendi elleriyle çizdiği bu çeşmenin tasarımı mimar Spitta tarafından yapılmış; mimar Carlitzik ile mimar Joseph Antony de bu tasarım üzerinde çalışmıştı.

II. Wilhelm'in 1898'de yapımını başlattığı *Alman Çeşmesi* olarak anılan çeşme.[94] [Çeşmenin mermerleri Almanya'da işlenerek parçalar yerlerine takılmak üzere gemiyle İstanbul'a gönderilmiş. II. Abdülhamit'in tahta çıkışının 25. yılı olan 1 Eylül 1900'de açılacağı duyurulan çeşme o güne yetiştirilemeyip II. Wilhelm'in doğum günü olan *27 Ocak 1901*'de açılmıştır.]

18-22 Ekim 1898 tarihleri arasında II. Abdülhamid'le görüşen II. Wilhelm, dinlerin kutsal simgelerini kullanarak dindarların sevgisini kazanmak ve böylelikle Alman sanayi ve ticaretini bütün Osmanlı toprağına yaymak üzere üç büyük dinin kutsal odağı Kudüs'e gitmek üzere Hohenzollern Yatı'yla İstanbul'dan yola çıkmış, 25 Ekim 1898 günü Hayfa limanına ulaşmıştı. II. Wilhelm, Kudüs ve çevresinde uğradığı her yerde II. Abdülhamid'in buyruğuyla *Hassa Ertuğrul Alayı*'nca korunacak, Türk'ün geleneksel Mehter Takımı, 1826'da Batılılaşmacı padişah tarafından ortadan kaldırıldığı için, Wilhelm Kudüs'te batı çalgılarından oluşan Osmanlı askerî bandosuyla karşılanacak ve uğurlanacaktı.

Alman İmparatoru II. Wilhelm'i Kudüs gezisi sırasında hiç yalnız bırakmayan Osmanlı askerî bandosu, konser vermek üzere onun konakladığı kampa geliyor.[95]

On yıllar önce Kudüs'e yerleşmiş bulunan Amerikan Koloni Heyeti, II. Wilhelm'in Kudüs gezisini adım adım izliyor ve tüm etkinliklerini fotoğrafla belgeliyordu. Bu fotoğraflarda ilginç ayrıntılar göze çarpıyordu. Örneğin, II. Wilhelm'in Kudüs yakınlarında konakladığı kampta, kurulan her bir çadırın tepesinde yalnızca Alman bayrağı dalgalanıyor, güvenliği Osmanlı askerlerince sağlanan kampta bir tek Osmanlı bayrağı bile görülmüyordu.

Alman İmparatoru Wilhelm II'nin Kudüs yakınlarındaki kampını korumakla görevle Osmanlı askerleri kampın girişinde. Kamp çadırlarına yalnızca Alman bayrağı çekilmiş.[96]

II. Wilhelm, II. Abdülhamid'in Kudüs'ünde, konakladığı kampta, tüm aşiret ve cemaat önderlerini toplamış ve aşağıdaki fotoğrafta görüleceği üzere, onlarla doğrudan doğruya aracısız olarak kendisi görüşmüştü.

Alman İmparatoru Wilhelm II (ortada) Kudüs yakınlarında kurduğu kampta çevresine toplayıp görüş alış-verişinde bulunduğu cemaat önderleriyle.[97]

II. Wilhelm Kudüs yakınlarındaki kampından ayrılırken, kendisini uğurlayan Osmanlı birliğini atının üzerinden inme gereği duymaksızın selamlamıştı.

Alman İmparatoru II. Wilhelm Kudüs yakınlarındaki kampı terkederken Osmanlı şeref kıtasını atından hiç inmeksizin selamlayarak geçiyor..[98]

Alman İmparatoru II. Wilhelm Alman askerlerinin arasında konakladığı kamptan ayrılırken.[99]

29 Ekim 1898 günü II. Wilhelm, II. Abdülhamid'in Kudüs'üne kuzeyden at üstünde bir "fatih" tavrıyla girmişti.

Alman İmparatoru II. Wilhelm ve Kraliyet görevlileri Kudüs'e kuzeyden giriyor.[100]

Alman İmparatoru II. Wilhelm ve Kraliyet görevlileri Kudüs'e kuzeyden girişte Amerikan Koloni Binası'nın önünden geçerken.[101]

Alman İmparatoru II. Wilhelm Kudüs'te Yafa yolundan geçerken yolun iki yayına dizilen halk coşkuyla kendisini alkışlıyor.[102]

II. Wilhelm, II. Abdülhamid'in Kudüs'üne kendi İmparatorluk koruma birliğiyle gelmiş, her yere kendisine eşlik eden Alman askerlerinin arasında gidiyor ve böylece Alman askeri varlığını abartılı biçimde vurguluyordu.

II. Wilhelm Kudüs caddelerinden geçerken, Alman askeri birliği onu izliyor, Osmanlı askerleriyse ancak Alman askerlerinin arkasından geliyordu.[103]

Ve II. Abdülhamid'in Kudüs'ünde Alman İmparatorluk sancağı, gittiği her yerde Alman İmparatoru II. Wilhelm'e eşlik ediyordu.

Alman İmparatoru II. Wilhelm Kudüs'te İmparatorluk sancağını dalgalandırıyor.

Alman İmparatoru Wilhelm II ve eşi, Kudüs'te Alman imparatorluk sancağıyla tarihi ve kutsal yerleri geziyor.[104]

Alman İmparatoru Wilhelm II ve eşi, Osmanlı subaylarıyla birlikleri denetliyor. Çevrede yalnız Alman sancağı var, Osmanlı bayrağı görülmüyor.[105]

Alman İmparatoru II. Wilhelm ve eşi, Kudüs'te bir kabul töreninde.[106]

II. Wilhelm'in geçeceği Kudüs sokakları iki yana bayraklar asılarak süslenmiş, gelgelelim Osmanlı-Türk bayrağı alta, Alman bayrağı üste konmuş, asılan Osmanlı-Türk bayrakları küçük, Alman bayrakları ise büyük tutulmuştu.

II. Wilhelm Kudüs sokaklarından at üstünde kahraman tavrıyla geçerken, direklere asılmış Osmanlı ve Alman bayrakları dalgalanıyor. Alman bayrağı üstte, Osmanlı bayrağı altta.[107]

Kudüs'te toplanan kalabalık Alman İmparatoru Wilhelm II için yapılan üzerinde Almanca **Willkommen** (Hoşgeldiniz) yazılı Zafer Takı'nın çevresinde İmparator'un gelişini bekliyor.[108]

Alman İmparatoru II. Wilhelm Kudüs'te **Hotel D'Europe**'nin önünde kurulmuş Zafer Takı'ndan Almanca yazılı pankartlar arasında alkışlanarak geçiyor.[109]

Alman İmparatoru II. Wilhelm Kudüs'te kendisi için yapılan çok sayıda Zafer Takları'ndan birinin altından geçiyor.[110]

II. Wilhelm Kudüs'te Muristan'ın doğu ucunda yaptırdığı kilisenin açılışına da görkemli biçimde gelmişti.

Eski bir Haçlı Kilisesi'nin temelleri üzerine inşa ettirdiği Redeemer Alman Luteran Kilisesi'nin açılışına gelen Alman imparatoru ve beraberindeki Kraliyet heyeti, Kilise'ye gösterişle gelirken.[111]

Bu kilisenin uzun bir geçmişi vardı. Yeri Halife Harun Reşid tarafından Şarlman'a sunulan bu kilise, sonradan Latinlerin St. Mary kilisesine dönüşmüş; 1009 yılında El-Hakim tarafından yıkılmış; Kudüs 1868'de Prusya tarafından ele geçirildikten sonra yeniden inşa edilmek istenmiş; II. Abdülhamid 1889'da İstanbul'a gelip kendisiyle görüşen II. Wilhelm'e bu kilisenin yapılması için olur vermişti. 1893'te temel taşı konularak yapımına başlanan kilise, 1898'in 31 Ekim *'Reformation Günü'*nde, II. Wilhelm tarafından kutsanarak açılıyordu.

Alman İmparatoru Wilhelm II'nin Kudüs'te yaptırdığı Alman Luteran Kilisesi, eski bir Haçlı Kilisesi'nin temelleri üzerine inşa edilmişti. Kraliyet heyeti kilisenin açılışına gelirken.[112]

Alman İmparatoru II. Wilhelm Kudüs'te kendisinin inşa ettirdiği **Redeemer Luteran Protestan Kilisesi**'ni törenle açıyor.[113]

Alman İmparatorluk heyeti Redeemer Luteran Protestan Kilisesi'nin açılış töreninde.[114]

Sırada Kudüs'te yerleşik Yahudi cemaatiyle buluşmak ve onlara yeryüzündeki biricik koruyucularının Almanya ve Alman İmparatoru Kayzer II. Wilhelm olduğunu göstermek vardı. Siyonist Theodor Herzl'le görüşen **II. Wilhelm'in Abdülhamid'ten Kudüs'te Yahudi Cemaatine özerklik istediği** gerçeği Kudüs'te duyulduğu için, Yahudiler II. Wilhelm'i kurtarıcı gibi Almanca ve İbranice yazılarla donattıkları zafer takıyla karşılamışlardı.

Alman İmparatoru II. Wilhelm, Kudüs'te Yahudi Cemaati tarafından dikilen Zafer Takı'dan geçiyor . [115]

Kudüs'te yerleşik Yahudilerin hazırladığı bu zafer takında herhangi bir Osmanlıca yazı bulunmuyordu.

II. Wilhelm, Kudüs'te yalnızca Protestan Kilise'si yaptırıp açmakla ve Yahudi Cemaati'nin koruyuculuğunu duyurmakla kalmamış, kendisi Protestan olduğu halde Katolik cemaatinin de koruyucusu olduğunu duyurmuştu. 8 Kasım 1898 günü **Sion Dağı**'na çıkıp bayrak kaldıran II. Wilhelm, ardından Şam'a geçip *"İslam'a sarsılmaz dostluk bağlarıyla bağlı olduğunu"* ilan etmişti.

İslam'ın Dostu ve Koruyucusu "Hacı" Wilhelm

Şam'da Emeviyye Camii'ni ve **Selâhaddin Eyyubî**'nin **mezarını** ziyaret eden, mezarın bakımı ve düzenlenmesi için ödenek sağlayan, anısına plaket çaktıran II. Wilhelm, kendisini karşılayanlara şu söylevi çekecekti:

> Burada gelmiş geçmiş en yürekli asker Sultan Selâhaddin'in mezarı önündeyim. Majesteleri Sultan Abdülhamid'e konukseverliği için teşekkür ederim. Majeste Sultan ve Halifesi olduğu dünyanın heryerindeki 300 milyon Müslüman bilsinler ki, Alman imparatoru onların en iyi dostudur.

Alman Kayzer'i II. Wilhelm'in Şam'da, Selahaddin Eyyubi'nin mezarı başında yaptığı bu konuşma, Arapça ve

Türkçe olarak yaldızlı kağıtlara basılıp çoğaltılarak dağıtılmış ve onun **gizli bir Müslüman** olduğu yalanı yayılmıştı bütün Müslümanlara.[116] Alman İmparatoru Kutsal Topraklar'a yaptığı bu geziden **"Hacı"** ünvanıyla dönecekti. Dağıtılan bildirilerde kendisinden **"İslam'ın Dostu ve Koruyucusu Hacı Wilhelm"** diye sözediliyordu artık.[117]

Kubbet-üs-Sahra'da, Halife Ömer Camii'nde İmparatorluk sancağını dalgalandırıyor.[118]

Lothar Rathmann'a göre:

II. Wilhelm'in "kutsal yerler"i görme isteğinin ardında son derece yalın bir amaç saklıydı. Amaç, **Almanya'nın Yakın Doğu'daki etkinliğini Avrupalı hasımların aleyhine genişletmek ve Osmanlı İmparatorluğu'nu Alman emperyalizminin yarı-sömürgelerinden biri durumuna dönüştürme sürecini hızlandırmak;** Alman etkisinden önce Osmanlı tahtına geçen II. **Abdülhamid'i, Alman emperyalizmine daha sıkı bir biçimde bağlamak** ve onu istilacı Alman Yakın Doğu politikasının salt iradesiz bir oyuncağı haline dönüştürmekti. II. **Wilhelm'in Abdülhamid'le oynadığı kardeşlik oyununun, Osmanlı İmparatorluğu'nun bütününü Almanya'nın himayesi altına alacağı yolunda verdiği "söz"ün ve özellikle padişahın Rusya'ya karşı yönelttiği Pan-İslamcı propagandayı desteklemesinin ardında, bu düşünce yatıyordu.** II. Wilhelm'in Kudüs yolculuğunun daha dolaysız bir amacı, Doğu Akdeniz'deki sayısız Hıristiyan Alman topluluklarının yardımıyla, Almanya'nın Yakın Doğu'daki kültürel, siyasal etkinliğini güçlendirmekten ibaretti. Özellikle **Protestan Alman misyonerleri** 1890'dan beri son derece faal bir çalışma gösteriyorlardı: II. Wilhelm'in eşi İmparatoriçe Auguste Victoria'nın himayesinde çalışan **Jerusalem-Verein (Kudüs Birliği)**, Kudüs'teki **Evangelische Bund (Evangelist Birliği)** ve Berlin'de "Hıristiyan Doğu" adlı bir yayın organı bulunan Çukurova'daki **Deutsche Orient Mission (Alman Doğu Misyonu)** gibi... 19. yüzyıl sonlarında, Alman emperyalizminin ekonomik ve siyasal yayılışını kolaylaştırmak, ona yol açmak için **Asya Türkiyesi'ne yaklaşık 450 Protestan Alman misyoneri ve yüzlerce vaiz gönderdi.**[119]

Görüleceği üzere Müslümanlara "Hacı" olarak tanıtılan Alman İmparatoru II. Wilhelm bir yandan da Osmanlı topraklarına yüzlerce Protestan misyoner gönderiyordu. Almanya Yakın ve Ortadoğu'yu İngiliz Fransız güdümünden çıkartıp kendi sömürgesine dönüştürme amacı doğrultusunda Osmanlıcılığı, İslamı, Hilafeti kullanıyor; II. Abdülhamid'in halifeliğini öne çıkartıp İslamcılık oyunuyla dünyadaki tüm Müslümanları Alman askerine dönüştürmeye çabalıyordu. 1898 Kudüs gezisinde *İslam'ın Koruyucusu* olduğunu duyurduktan sonra, Müslümanlar dünyanın her neresinde İngilizlerle Fransızlarla bir sorun yaşayacak olsalar, yanlarında Osmanlı Padişahı Halife II. Abdülhamid'i değil Alman İmparatoru II. Wilhelm'i bulmaya başlayacaktı. Örneğin 8 Nisan 1904'te İngiltere ve Fransa kendi aralarında Yürekten Bağlılık Antlaşması *Entente Cordiale* imzalayarak, Osmanlı'nın Afrika'daki topraklarını aralarında paylaşmış, Mısır İngiltere'nin, Fas Fransa'nın etki alanı sayılmıştı.

Sömürge yönetimine karşı çıkan Müslüman Fas, Almanya tarafından desteklenmiş, 31 Mart 1905 günü Fas'a gelen II. Wilhelm, Fas'ın bağımsızlığını savunarak Fransa'ya meydan okumuştu. Fas Müslümanları Osmanlı Padişahı Halife II. Abdülhamid'ten bekledikleri davranışı Alman İmparatoru II. Wilhelm'den görüyordu.

II. Wilhelm 1905 Fas'ta Müslüman liderleri tarafından karşılanıyor.

II. Wilhelm, II. Wilhelm 31 Mart 1905 günü Fas kenti Tanca'da Müslümanlar tarafından coşkuyla karşılanıyor.

Alman İmparatoru'nun Kuzey Afrika Müslümanlarını İngiltere ve Fransa'ya karşı korumaya yeltenmesi, bu iki ülkenin Almanya'ya karşı gövde gösterilerine yol açacaktı.

Ağustos 1905'te İngiltere parlementosunu ziyarete gelen Fransız ziyaretçiler, bir yıl önce imzalanan Yürekten Bağlılık Antlaşması (Entente Coriale)'i Almanya'ya bir kez daha anımsatmak üzere bir arada.

İngiliz-Fransız bağdaşıklığı Almanya'yla birlikte işbirlikçisi Osmanlı İmparatorluğunu da tehdit ediyor, Avrupa basını II. Abdülhemid'i hedef alan karikatürlerden geçilmiyordu.

Avusturya İmparatoru Franz Joseph ve Rus Çarı I. Nikola tabancalarını çekmiş II. Abdülhamid'i tehdit ediyorlar.[120]

Büyük Britanya Krallığı'nı simgeleyen John Bull, tabancasını doğrultmuş II. Abdülhamid'i tehdit ediyor.[121]

II. Abdülhamid, Osmanlı Devleti'ni Almanya'nın uydusuna dönüştürünce, İngilizler ve Fransızlar –tıpkı daha önce Avrupa'dan uzaklaşıp Rusya'ya yaklaşan Abdülaziz'i devirdikleri gibi- onu devirerek yerine kendilerine bağlı bir yönetim geçirmek üzere çalışmalara başlamış, II. Abdülhamid'in meclisi kapatarak ülkeyi tek başına yönetmesinden yakınan aydınları el altından desteklemeye başlamıştı. Batılıların *Genç Türk* anlamında *Jöntürk* adı verdikleri aydınlar 4-9 Şubat 1902 tarihleri arasında Fransız senatör Mr. Le Tirere Pantalis'in evinde Abdülhamid yönetimini devirmek üzere I. *Jöntürk Kongresi*'ni yapmış, katılımcılar devirme işinde *"yabancı devletlerden yardım alalım"* diyenler ve *"dışardan yardım almayalım"* diyenler olmak üzere ikiye ayrılmışlardı. Yabancı devlet yardımı almaktan yana olanların başını çeken Prens Sabahattin, bu görüşünü şöyle savunuyordu:

> Biz ülkemizde bir devrim yapmak amacıyla toplanmış bulunuyoruz. Ancak içeride ayaklanma çıkardığımızda bu hareketin başarıyla sonuçlanacağı kesin değildir. Kargaşalık sırasında herhangi bir yabancı devletin kendi çıkarları adına, işlerimize karışma olasılığı vardır. **Biz çıkarı çıkarımıza uygun bir yabancı devletle önceden anlaşmış olmalıyız.** Özgür ve demokrat **yabancı devletlerle önceden uyuşmalı** ve ancak ondan sonra devrim hareketine geçmeliyiz.[122]

1907 İngiliz-Rus Antlaşması Jöntürkleri Ateşliyor

Jöntürkler dış yardım konusunda uzlaşamazken, Balkanlarda, Makedonya ve çevresinde karışıklıklar ve çetecilik doruğa tırmanıyordu. Nasıl günümüzde Türkiye Cumhuriyeti Devleti'ne karşı ayrılıkçı Kürt örgütleri silahlanıp dağa çıkmış, yöne halkını ayaklandırmak için kanlı eylemler yapıyor ve bunun sonucu olarak Avrupa devletleri Türkiye'nin içişlerine karışarak o bölgenin ve Türkiye'nin yönetimine burunlarını sokuyorlarsa, 1900'lü yılların Türkiye'si Osmanlı'ydı, 1900'lerin Güneydoğu'su Balkanlar'dı, 1900'lerin ayrılıkçılarıda Sırplar, Bulgarlar, Arnavutlar, Makedonlardı.

1903'te makedonyada ayaklanan çeteciler. (H. Brailsford Macedonia: Its Races and Their Future)

Balkanlarda korku salan Çakalarof (önde solda oturuyor) ve çetesi (H. Brailsford Macedonia: Its Races and Their Future)

Nasıl 1990'lardan bu yana Avrupalılar Türkiye'nin Güneydoğu'su için bir takım "Reform Tasarıları" pişirip Türkiye Cumhuriyeti Devleti'nin önüne koyarak, kendilerini "yöre halkının koruyucu babaları" olarak gösteriyorlarsa; 1900'lerde Osmanlı devletinin Balkanlardaki topraklarında düzeni sağlayamadığını öne süren Rusya ve Avusturya da hazırladıkları *Mürzsteg Reformları* tasarısını Osmanlı'nın önüne koyuyor ve böylelikle Balkanlar'da yaşayan halka kendilerini "koruyucu babaları" olarak gösteriyorlardı.

1900'lerde Ohri yöresinde bir köy halkı çetecilerin yağma ve çapullarından bıkmış çözüm bekler durumda. (H. Brailsford Macedonia: Its Races and Their Future)

Osmanlı Devleti, Rusya ve Avusturya'nın Balkanlar'da "koruyucu baba" olarak ortaya çıkmasına karşı, o yörenin düzeninin kendisinden sorulacağını göstermek üzere gösterişli denetleme etkinliklerinde bulunuyordu.

1900'lerde Yunanlı Kastorya Başpapazı Türk denetiminde. Papazın yanındaki Türk Kaymakam, onun yanındaki askeri komutan. (H. Brailsford Macedonia: Its Races and Their Future)

Avrupa ve Rusya, Osmanlı Devleti'nin yörede çok kan döktüğünü, düzeni vahşet yoluyla sağlamaya çalıştığını, bununsa insan haklarına aykırı olduğunu söylüyor ve çetecilerin kafasını kesen Osmanlı askerlerinin fotoğraflarını dağıtıyordu basına.

1900'lerde Balkanlardaki ayaklanmalara ilişkin o günlerde Batı basınında yayımlanan bir fotoğraf.

1907 yılına gelindiğinde Osmanlı Devleti'ni yaklaşık 30 yıldır II. Abdülhamid *tek başına* yönetiyordu; ne *Jöntürkler* ne *İttihatçılar* vardı yönetimde; bu 30 yıllık tek adam yönetimi sonunda Osmanlı devleti dış borç batağında kıvranan, ayrılıkçı ayaklanmalarla bölünmenin, dağılmanın eşiğine gelmiş bir devlet durumundaydı.

Rusya-Avusturya ortak çabalarıyla dağılmaya yüz tutan Balkanlar'da kendi etkinliğini kurmak isteyen İngiltere, Avusturya-Rusya ortaklığını bozmak üzere kolları sıvayacak, İngiliz kurnazlığı kısa sürede meyvesini verecek ve 31 Ağustos 1907 günü Rusya'da, Saint Petersburg kentinde, bir *"Anglo-Rus Antlaşması"* imzalanacaktı. İngiltere adına Büyükelçi Sir Edward Grey ve Rusya adına Alexander Petroviç İsvolsky'in imzaladıkları bu antlaşma 23 Eylül 1907 günü İngiltere Kralı Edward tarafından onaylanarak yürürlüğe girecek ve böylece köklü bir geçmişe dayanan *İngiliz-Rus çekişmesi* ortadan kalkacaktı. İngiliz-Rus Uzlaşması'nın Osmanlı varlığı için ölümcül olduğunu gören Jöntürkler, 27-29 Aralık 1907 günü *II. Toplantı'*larını gerçekleştirecek ve aralarındaki uzlaşmazlıkları giderek birlikte davranma kararı alacaklardı.

Bu karardan bir kaç ay sonra bütün Jöntürkler'i öfkeyle ayağa sıçratan bir *"İngiliz-Rus Ortak Önerisi"* çıkacaktı ortaya. Buna göre Kosova, Manastır ve Selanik gibi Osmanlı kentleri, bundan böyle Osmanlı devletinin atadığı valilerce değil, Avrupa devletlerinin atayacağı bir *Genel Vali* tarafından, tümü Hıristiyan olacak devlet memurları, tümü yabancı olacak subaylar ve tümü Avrupalılar'dan oluşacak jandarma birlikleriyle yönetilecekti.

1907 "İngiliz-Rus Antlaşması"ndan hemen sonra Balkanlar'ın açıkça Osmanlı yönetiminden kopartılmak istendiğini gören Jöntürkler, hazırlanan tasarıyı duyunca harekete geçmiş ve bölgenin Müslüman-Türk halkını uyararak *"vatan elden gidiyor!"* telgrafları çekmişlerdi her yana.

1908 Reval İngiliz-Rus Görüşmesi
Jöntürkleri Ayaklandırıyor

İşte tam o günlerde, İngiltere Kralı VII. Edward *"İngiliz-Rus Antlaşması"*nı pekiştirmek üzere Rus Çarı II. Nikola'yla buluşacak, 9-10 Haziran 1908 günlerinde Reval'de (Bugün Finlandiya sınırları içerisinde Tallinn adıyla anılan kentte) yapılan görüşmelerde, birliğe Fransa'nın da katılması kararı alınacak ve Reval'de Osmanlı topraklarının paylaşılması için gizli planlar yapıldığı söylentisi yayılacaktı aydınlar arasında.

Jöntürkler; *Bugüne dek İngiliz-Rus Düşmanlığı'ndan yararlanarak devleti İngiliz desteğiyle ayakta tutuyorduk, II. Abdülhamid Almancılık edip İngilizlere dirsek çevirince, İngilizler gidip Rusya'yla anlaştılar, topraklarımızı paylaşacaklar, vatan elden gidiyor, bunu önlemenin tek yolu, Almancı II. Abdülhamid'i indirmek, Almancılığa son vermek, İngilizlere yanaşarak onları Rusya'dan kopartmak, 1854 Kırım Savaşı günlerinde yaşadığımız Osmanlı-İngiliz-Fransız birli-*

ğini Rusya'ya karşı yeniden kurmaktır; bunu başaramazsak Osmanlı devleti İngiliz-Fransız-Rus saldırısıyla yok olacak ve topraklarımız elimizden çıkacaktır, demeye başladılar. Jöntürkler'in düşünürü, kuramcısı Prens Sabahattin, Osmanlı'nın başına ne kötülük geldiyse, İngilizler'e dirsek çevirip Almanlara yanaşan II. Abdülhamid yüzünden geldiğini haykırıyordu her yerde. İngiltere Kralı VII. Edward'ın Rus Çarı II. Nikola'yla buluşmaya Rus üniforması giyerek gitmesi bile, bu toplantıda Osmanlı için ölüm kararı verildiğinin en açık göstergesiydi.

İngiliz Kralı VII. Edward, Reval'de giydiği Rus üniformasıyla

Haziran 1908 Reval görüşmelerinden yaklaşık bir ay sonra Jöntürkler'in 1908 ayaklanması patlak verecek, Binbaşı Enver Bey ve Kolağası Resneli Ahmet Niyazi Bey ardarda dağa çıkıp saraya telgraflar çekerek Anayasa'nın yeniden yürürlüğe konmasını isteyecek, başkaldırı halkın coşkulu katılımıyla çığ gibi büyüyecek ve II. Abdülhamid tahtını ancak Jöntürklerin isteklerini kabul ettiğini duyurarak koruyacaktı. 23 Temmuz

1908 günü Meclis-i Mebusan'ı yeniden toplantıya çağırarak Anayasal düzene dönüleceğini açıklamıştı II. Abdülhamid.

Hürriyet Kahramanı olarak anılan Kolağası Resneli Ahmet Niyazi Bey (solda) ve Binbaşı Enver Bey (sağda) 1908 yılında.

Halk coşkuyla sokaklara dökülmüş özgürlük, eşitlik, adalet, kardeşlik çığlıkları her yanı sarmıştı.

1908'de İstanbul caddelerinde üzerine ay-yıldız çizilmiş ve "Hürriyet, Musavat, Adalet", Özgürlük, Eşitlik, Kardeşlik yazılmış pankartlarla gösteriler yapılıyor.

Anayasa'nın yeniden yürürlüğe konmasıyla İstanbul sevince boğmuş, Beyoğlu ve Pera bayraklarla donatılmıştı.

1908'de Sultanahmet Meydanı'nda halk gösterisi

Osmanlı devletinin yaklaşık 30 yıl aradan sonra yeniden Anayasalı düzene dönüşü kartpostallar çıkartılarak kutlanıyordu. Bu kartpostallardan birinde zincire vurulmuş bir genç kız olarak simgelenen Osmanlı toplumu Binbaşı Enver Bey ve Kolağası Resneli Ahmet Niyazi Bey tarafından zincirlerinden kurtarılırken görülüyordu.

Devleti Aliye-i Osmaniye'nin Emeli, La Regeneration de la Turquie, 1908.

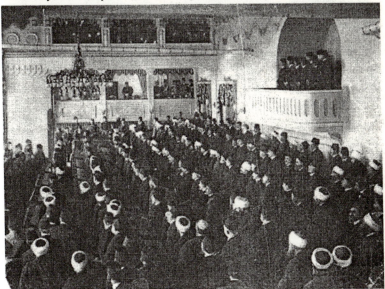
30 yıl sonra yeniden açılan Osmanlı Meclisi'den bir görüntü..

Gelgelelim, başkaldırıyı örgütleyenler önceden göremedikleri bir durumla karşılaştılar. Ülkeyi 30 yıl Anayasasız yönetenin II. Abdülhamid olduğunu bir anda unutuveren halk, başkaldırı sonucu Anayasayı yeniden yürürlüğe koyar koymaz II. Abdülhamid'i "Padişahım çok yaşa" çığlıklarıyla alkışlamaya başlamıştı. Sir G. Lowther, Sir E. Grey'e gönderdiği 4 Ağustos 1908 günlü raporda: *"Sultan'ın bugün kalabalık arasında sevgi saçan bir baba gibi hareket ettiğini görünce çok güldüm ve onun yaşayan komedyenlerin en büyüğü olduğunu düşündüm,"* diyordu.[123]

Ağustos 1908- 30 yıl önce yürürlükten kaldırdığı Anayasayı ve kapattığı Meclis'i yeniden açsın ve yürürlüğe koysun diye ayaklanan halkın öfkesini Anayasayı yürürlüğe koyacağını duyurarak sevgiye dönüştüren II. Abdülhamid, caddelerden "Padişahım Çok Yaşa!" çığlıkları ve alkışlarla geçiyor.

Dahası, II. Abdülhamid çıkarttığı *Hicri 24 Cemazielevvel 1326 – Rumi 11 temmuz 1324 – Miladi 24 Temmuz 1908* tarihli kartpostalların üzerine hem Osmanlıca hem Fransızca olarak "Özgürlük, eşitlik, adalet, kardeşlik- 11 / 24 Temmuz 1908" [*"Liberte-Egalite-Justice-Fraternite. Vive La Costitution!!! 11/24 Julliet 1908"*] yazdırıp üzerine iki bayrak arasına kendi resmini koydurarak bayrakların hemen altına *"Padişahım Çok Yaşa"* yazısını bastırmış, kendi kendisini özgürlük şampiyonu olarak gösterme çabasına girişmişti.

II. Abdülhamid'in, demokrasiyi 30 yıl ortadan kaldıran değil de 30 yıl sonra armağan eden bir padişah olarak görülmesi için anı madalyaları bile bastırılmıştı.

üzerinde "Padişahım Çok Yaşa, Yaşasın Hürriyet, 11 temmuz 1334" yazılı Jön Türk İhtilali ve Kanun-i Esasi'nin Yeniden Kabulü konulu gayrı resmi hatıra madalyaları, yakl. 1908, İsa Akbaş Koleksiyonu

üzerinde "Hürriyet adalet uhuvvet musavat 1325" yazılı Jön Türk İhtilali ve Kanun-i Esasi'nin Yeniden Kabulü konulu gayrı resmi hatıra madalyası, yakl. 1908, İsa Akbaş Koleksiyonu

Üzerinde "Hürriyet adalet musavat uhuvvet, 24 Cemazielahir 1326, 11 temmuz 1324" yazılı gayrı resmi hatıra madalyası. İsa Akbaş Koleksiyonu

Oysa Jöntürklerin İngilizci kanadı yalnızca Anayasa'yı yeniden yürürlüğe koymayı değil, Almancı bir çizgi izleyen II. Abdülhamid'i tahttan indirip Osmanlı devleti İngiliz-Fransız yanlısı çizgiye geri dönmeyi de amaçlıyorlardı. İngilizler II. Abdülhamid'i indirmek istiyor fakat Anayasal düzene dönülmesini istemiyorlardı. II. Abdülhamid'in Anayasayı yeniden yürürlüğe koyarak tahtını koruması İngiltere'nin hiç işine gelmemişti. Sir E. Grey, Sir G. Lowther'e gönderdiği 31 Temmuz 1908 günlü raporda bunu açıkça dile getirirken şöyle diyordu:

> Şayet Türkler anayasayı tam olarak ayakta tutar ve kendileri de kuvvetlenirse bunun sonuçları bizim şimdiden göremeyeceğimiz kadar uzaklara gidebilir. Bu hareketin (İngiliz yönetimi altında bulunan) Mısır'da etkisi inanılmayacak kadar büyük olacaktır; bu etki (İngiliz yönetimi altında bulunan) Hindistan'da da hissedilecektir. Biz (İngilizler) şimdiye kadar idaremiz altında bulunan Müslümanlara kendi dinlerinin başkanı olan milletin (Türklerin) kötü bir despot (II. Abdülhamid) tarafından idare edildiğini söylüyorduk. Halbuki biz (İngilizler) iyi bir despottuk ve biz (İngilizler'in) ida-

resi altında daha mutluydular, çünkü bu insanlar karşılaştırma olanağına sahip değillerdi; dolayısıyla farkın kendi yararlarına olduğunu kabule hazırdılar. Fakat şimdi, Türkiye bir anayasa yapar, parlamento kurar ve hükümet şeklini (padişahlıktan meşrutiyete doğru) geliştirirse, (İngiliz yönetimi altındaki) Mısırlılar da bir anayasa isteyeceklerdir. Bizim bu kuvvetle karşı koymamız çok güç olacaktır. Şayet Türkiye'de anayasa iyi işler ve işleri iyi giderse, (İngiliz yönetimi altındaki) Mısır'da da ayaklanmalar olacaktır. Bu da bizim oradaki durumumuzu bozacaktır. (Öyleyse) Biz kesinlikle ne Mısır halkıyla ne de Türk hükümetiyle mücadeleye girmeyeceğiz. Bizim mücadelemiz *Türk halkının (dinsel) hisleriyle* olacaktır. Bunu çok dikkatle ele alınacak bir konu olarak veriyorum.[124]

İngiltere, Osmanlı'nın bir anayasa ve halk tarafından seçilmiş temsilcilerin oluşturduğu bir meclisle yönetilmesini, aynı yönetim biçimi İngiliz egemenliğindeki Müslüman ülkelerde de örnek alınacak olursa kendisi için kötü olacağını öngörerek istemiyordu. Ancak bunu istemediğini açık açık dile getirirse gerçek yüzü apaçık görüleceği için, Türk halkının din duygularıyla oynayıp onları anayasal düzene karşı ayaklandırarak gerçekleştirecekti. 1909'da patlak veren ve tarihimize "31 Mart Olayı" olarak geçen ayaklanmanın dış desteği bu olacaktı.

8 Mayıs 1909 Tarihli Fransız L'ıllustration Dergisinde İstanbul Olayları

1909 İstanbul Olayları- L'illustration dergisi

"Hareket Ordusu" adı verilen birlikler ayaklanmayı bastırmak üzere İstanbul'a yürümüş, fakat yalnızca ayaklanmayı bastırmakla yetinmemiş, ayaklanmanın kışkırtıcısı olarak niteledikleri II. Abdülhamid'i de tahttan indirmişlerdi.

24 Nisan 1909 günü Mahmut Şevket Paşa Hareket ordusunun başında İstanbul'a giriyor.

Tahttan indirilen II. Abdülhamid, Selanik'te Alatini Köşkü'ne götürülmüş ve onun yerine Mehmet Reşat, V. Mehmet adıyla tahta çıkartılmıştı.

II. Abdülhamid'in tahttan indirilerek götürüldüğü Selanik'teki Alatini Köşkü

II. Abdülhamid'i 1909'da tahttan indirdikten sonra İngiliz-Fransızlarla işbirliği arayışına giren Jöntürkler, düş kırıklığına uğrayacaklardı. Cemal Paşa'nın kurmay yardımcısı Ali Fuat Erden, anılarında bu düş kırıklığını şöyle anlatıyor:

> O sırada Bahriye Nazırı Cemal Paşa'nın Fransa gezisi gerçekleşmişti. Jöntürk'lerin Bahriye Nazırı Fransa'da olağanüstü karşılandı ve büyük saygı gördü. O zamanlar henüz Almanlarla ittifak andlaşması yapılmamış. Gerçi Almanlar bazı vaad ve tekliflerde bulunmuşlar fakat Jöntürklerin üst düzey yöneticileri henüz kararsız imişler. Cemal Paşa Fransa Dışişleri Bakanı'na: **"Fransa Rusların emel ve ihtiraslarına karşı Türkiye'nin toprak bütünlüğünü ve bağımsızlığını taahhüt ederse, Türkiye'nin Fransa'ya yaklaşacağını"** söylemiş. Fransız Bakan yanıt olarak: **"Müttefik Rusya'nın bilgi ve onayı olmaksızın Fransa'nın böyle bir taahhütte bulunamayacağını"** bildirmiş. Cemal Paşa İstanbul'a dönünce Almanlarla görüşmelerin hayli ilerlemiş olduğunu görmüş; Fransa gezisi (nden elleri boş dönmesi) dolayısıyla, Alman-

larla daha çok yakınlaşmaya yöneltmiş ve kendisi de Almanlarla yakınlaşan arkadaşlarına katılmış.[125]

Fransızlar ve İngilizler II. Abdülhamid'i alaşağı eden Jöntürkler'e umdukları ölçüde destek vermeyeceklerdi; çünkü bir yıl önce Ravel'de alınan gizli kararlar uyarınca Osmanlı toprakları iki ülke arasında bölüşülmüş, Ruslar'a Boğazlar'da tam yetki tanınırken İngilizler'e de türlü çıkarlar sağlanmış, bu paylaşıma Fransızlar da katılmıştı. Jöntürkler de bunu biliyor ama bozmaya çalışıyorlardı o gizli antlaşmayı: *II. Abdülhamid Almancıydı, size dirsek çevirmişti, siz bu nedenle Rusya ile birleşip Osmanlı'yı bölüşmeye karar vermiş olabilirsiniz; ama bakın, biz, size dirsek çeviren Almancı II. Abdülhamid'i devirdik, Osmanlı devletini Alman uyduluğundan çıkartıp yeniden İngiliz-Fransız yörüngesine oturtabiliriz, tek dileğimiz Osmanlı'yı bölüşmek üzere Ruslar'la yaptığınız anlaşmayı bozarak, tıpkı Kırım Savaşı döneminde olduğu gibi yeniden Rusya'ya karşı bir Osmanlı-İngiliz-Fransız birliği kurmaktır,* diyorlardı. Bu "stratejik işbirliği" önerileri Fransa ve İngiltere tarafından benimsenmeyen Jöntürkler, umutları kırılmış olarak yüzlerini tıpkı II. Abdülhamid'in 1880'de yaptığı gibi yeniden Almanya'ya çevirecek ve Osmanlı için Alman yandaşlığından başka bir yol olmadığına karar vereceklerdi.[126]

Sultan V. Mehmet Reşat

Sultan V. Mehmet Reşat tahtına oturur oturmaz Avrupa basını II. Abdülhamid döneminde Ermenilere şiddet uygulandığını ve son olarak 1909 Adana olaylarında Ermenilerin öldürüldüğünü anımsatıp "Birinci vazifen!" alt yazılı karikatürler yayınlayarak ellerinde bulundurdukları "Ermeni Kartı"nı yeni padişahın burnuna sokacaklardı.

A FIRST DUTY.

İlk Görev. Avrupa (Sultan'ın yanındaki): -"Bir *Genç Türk* olarak efendim, ben sizin eski yöntemleri süpürüp temizletmenizi bekliyorum."

İmparatorluk ayrılıkçı Ermeni ayaklanmalarıyla sarsılırken, İtalya 23 Eylül 1911 ve 28 Eylül 1911'de üstüste iki nota vermiş, Osmanlı devletinin Trablus ve Bingazi'yi boşaltarak İtalya'ya bırakmasını istiyordu. Gerekçe olarak, Osmanlı yönetiminin Trablus ve Bingazi'yi uygarlıkta geri bıraktığını, bu bölgelerin uygarlıkta ilerlemesinin ancak İtalyan yönetimiyle sağlanabileceğini öne sürülüyor; "Biz Trablus ve Bingazi'ye uygarlık götüreceğiz, siz defolun, gidin," diyorlardı özetle.

1911- Trablusgarb / Osmanlı-İtalyan Savaşı

Osmanlı devleti 29 Eylül 1911 günü verdiği yanıt notasında İtalyan istemlerini haksız bulduğunu bildirince İtalyanlar aynı gün Osmanlı devletine savaş ilan edecek ve Trablus dünyanın her yerinden gazeteci akınına uğrayacaktı.

İtalyan işgalini izlemek üzere Trablus'a koşan gazeteciler.

İtalyan donanması Osmanlı'yı yok etme yarışında İngilizlerden, Fransızlardan ve Ruslardan aşağı kalmayacaklarını göstermek üzere Trablusgarp açıklarındaydı.

Trablus'u işgale gelen İtalyan donanmasında subaylar bir arada

Trablus'u topa tutan İtalyan donanması direnişle karşılaşmadan kenti işgale başlamıştı.

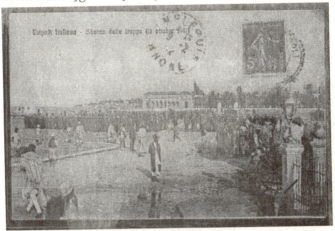

Trablus'a çıkan İtalyan askeri

Osmanlı bayrağını indiren İtalyanlar Trablus'a kendi bayraklarını çekmiş, zaferlerini kartpostallarla kutluyorlardı.

İtalyan bayrakları Trablus'ta dalgalanıyor

Direniş yoktu. İtalyanlar Trablus'u bu denli kolay ele geçirebilmiş olduklarına kendileri dahi şaşıyor ve askerler durumu çılgın sevinç gösterileriyle kutluyorlardı.

Trablus sokaklarında ölüm kaygısından uzak gezimci turistler gibi dolaşarak günlerini geçiren İtalyan askerleri, karınlarını yerel halkın verdiği koyunları kesip pişirerek doyurmaktan mutluydu.

Direniş yoktu ama yine de önlem olarak kentin değişik yörlerine kum torbalarından siperler kurmayı ihmal etmiyorlardı.

Fezzan Kabilesi gibi çoğu kabileler İtalyan işgalcilerle iyi geçinmeye çalışıyordu.

İşgalci İtalyanların 84. Piyade taburunun bayrağı altın madalyayla süslenmişti.

22 GUERRA ITALO-TURCA
La Bandiera dell'84 Fanteria decorata dalla medaglia d'oro

GUERRE ITALO TURQUE
Le Drapeau du 84 d'infanterie decoré de la médaille d'or

TURCO-ITALIAN WAR
The flag of the 84 infantry decorated with the golden medal

İtalyan işgal gücünün komutanları, Trablus'ta faytonlarla dolaşıyordu.

Bu, Osmanlı için utanç verici bir durumdu. Trablus'un İtalyanlarca kansız biçimde işgal edilmesi, tüm diğer emperyalistleri yüreklendirici nitelikte bir olaydı. Bunu kesinlikle önlemek gerekiyordu, ama nasıl? İtalyan donanması Akdeniz'deydi. Deniz yoluyla yardım gönderilemezdi. Karadan yapılacak bir yardım ise; Mısır İngiliz denetiminde, Tunus Fransız denetiminde olduğu için karadan yardım ulaştırmanın da olanağı yoktu. Trablus'un bu biçimde direnişsiz işgalinden utanç ve öfke duyan genç subaylar, 1908'de dağa çıkarak II. Abdülhamid'in alaşağı edilmesinde önemli etkinlik gösteren Binbaşı Enver Bey'in başkanlığında gizli bir örgüt kurarak sahte kimliklerle Trablus'a gidecek ve oradaki aşiretleri İtalyanlara karşı ayaklandıracaklardı. Trablus'a İtalyan işgalcilere karşı direniş örgütlemeye gidenler arasında Kolağası Mustafa Kemal, Nuri Bey (Conker), Eşref Bey (Kuşcubaşı), Ali Fethi Bey (Okyar) Halil Bey (Enver Bey'in amcası), Albay Neşet Bey gibi subaylar bulunuyordu. II. Abdülhamid döneminde askeri okullarda Alman eğitimciler tarafından Alman hayranı olarak yetiştirilmiş bu genç subaylar, böyle bir işe Almanya'nın bilgisi dışında mı atılmışlardı? Örgütlemeyi gerçekleştiren Enver Bey'in bu gizli görev sırasında Almanya'ya gönderdiği mektuplar, bu sorunun yanıtını verebilmemiz için ilginç ipuçları veriyor:

9 Ekim 1911 (İstanbul)

Trablus zavallı memleket. Kaybetti şimdilik. Kimbilir belki de ebediyen... Peki o zaman niye gidiyorum? **İslam dünyasının bizden beklediği bir ahlaki görevi yerine getirmek için.**
Bu satırları ayrılmamdan kısa bir süre önce yazıyorum. **Bunlar en gizli sırlarımdır.** Ne kadar zor ve nankör görevlerin beni beklediğini ancak birkaç kişi biliyor.

(İskenderiye'den) 21 Ekim 1911

Yarın nihayet gitmeye hazır olacağım, dostunuzun gireceği kılık hakikaten hoşunuza gidecek: uzun mavi elbise, başımda beyaz başörtüsü, beyaz maşlak, altın işlemeli kordon. İşte **tam bir Arap şeyhi kıyafeti.**

11 Kasım 1911

Dün akşam 13 saatlik bir gece yürüyüşünden sonra geldim ve **aşiret reisleri sonuna kadar İtalyanlara karşı savaşmaya devam etmek için yemin ettiler.** Bir yıllık erzak temin edildi, cephane bol, zafer de yeterince var.[127]

Binbaşı Enver Bey'in Almanya'da yaşayan bir Alman hanım arkadaşına gönderdiği bu mektupları, Alman istihbaratına verilmiş "rapor"lar olarak okumak ve bu örgütlenmenin

Almanlardan bilgisi dışında olmadığını düşünmek durumundayız.

Binbaşı Enver Bey, Trablus'ta İtalyanlara karşı direnişte. 1912

Bu gizli direniş örgütünün önderlerinden biri olan Kolağası Mustafa Kemal Bey, 15 Ekim 1911 günü yola çıkacak, fakat gerekli parayı bulmakta ne güçlükler çektiğini şöyle anlatacaktı:

> Ben İstanbul'dan Naci (Eldeniz), Hakkı ve Yakup Cemillerle çıktım. Naci, bütün hayallerine rağmen komita adına hiç kimse tarafından hiç bir yardım görmedi. Paraları bitti. Genel Merkez'den 300 yila istediler. Birinci yanıtta "Para yok, Enver'e ulaşın" dendi. Naci'nin üstelemesini Harbiye Nazırı Nazım Paşa azarlama ve teessüfle karşılık verdi. Benim senedimle Naci'ye Ömer Fevzi'den 200 İngiliz lirası aldık; hareket edildi.[128]

Kendisinden borç alınan Ömer Fevzi Bey, bir kaç yıl sonra karşımıza Alman parasıyla kurulan Osmanlı İstihbarat Örgütü Teşkilat-ı Mahsusa'nın, "Umur-u Şarkiye Dairesi"nin müdürü olarak çıkacak olan Ömer Fevzi Bey'den başkası değildi. İlginç olan, Trablus'u İtalyan işgalinden kurtarmak üzere direniş örgütlemeye giden bu genç subaylara Osmanlı devletinin Harbiye Nazırı yani Savaş Bakanı beş kuruş dahi vermeyip azarlamasıydı.

Kolağası Mustafa Kemal Bey bir 'halı tüccarı' kılığında İskenderiye'ye ulaşmış oradan 'gazeteci Mustafa Şerif' olarak imzaladığı mektuplarını yine bu adla postaya vermiş ve Trablus'a geçmişti.[129] Bütün bunlar İngiliz İstihbaratını atlatmak için düşünülmüş gizlilik önlemleriydi. Trablus'a ulaşınca sahte kimliklerini bırakıp gerçek kimlikleriyle ortaya çıkacak ve işgalci İtalyanlara kan kusturacaklardı.

Gizli kimlikle Trablus'a ulaşan Mustafa Kemal Derne'de

İtalyanlara Karşı Yerel Cihad

Genç Subaylar Trablus'a ulaşır ulaşmaz İtalyan işgaline karşı direniş göstermeyen yerli Müslüman aşiretleri ayaklandırmak üzere Cihad ilan edeceklerdi.[130]

Kolağası Mustafa Kemal Bey, Trablus'ta, Derne'de, örgütleyip silahlandırarak İtalyanlara karşı savaşa soktuğu yerel Müslüman aşiret askerleriyle. (1912)

Bu yerel Cihad ilanı Trablusgarp halkının din duygularını uyandıracak, yerli halk Türk subaylarının emrinde İtalyan işgaline karşı direnmeye başlayacaktı.

İtalya'da yukarıda örneği görülen kartpostalları basılan 26 Ekim çarpışmalarında, İtalyanlar Hazreti Muhammed'in

Sancağı ile üstlerine yürüyen yerli Müslüman halkın bu direnişini kırmak için o bayrağı ele geçirmeye çalışmıştı.

Yukarıda örneği görülen bir başka İtalyan kartpostalında 26 Ekim çarpışmalarında ölen Yüzbaşı Verri'nin cenazesi savaş alanından götürülürken, İtalyanların bu çarpışmada epey ölü verdikleri görülüyordu.

Başlangıçta ellerini kollarını sallaya sallaya Trablus'u işgal eden İtalyanlar, Ayn Zara'yı ele geçirirken büyük bir direnişle karşılaşacak ve bu savaşta yitirdikleri Albay

Pastorelli'nin anısına yukarıdaki kartpostalı bastıracaklardı. İtalyanlar güle oynaya ayak bastıkları Trablus'un içlerine doğru ilerledikçe bir avuç Osmanlı subayının örgütlediği direnişle karşılaşıyor ve ağır kayıplar veriyordu artık.

Trablusgarb yakınlarında Bu-Mediana çarpışmaları

Göğüs göğüse çarpışmalarda başarı sağlamakta zorlanan İtalyanlar, o günlerin son buluşu olan balonu devreye sokacak, yerini balonla havadan saptadıkları direnişçilerin üzerine uçaklardan gemilerden bomba yağdıracaklardı.

"Draken" adlı balon kıyıda bekleyen Carlo Alberto gemisine direnişçilerin yerini saptayıp bildiriyor, gemiden atılan bombalar direnişçileri vuruyordu.

Böylece verdikleri notada Osmanlı'yı Trablusgarb'ı uygarlıktan yoksuk bırakmakla suçlayan İtalyanlar, attıkları bombalarla bir anda yüzlerce Müslümanı öldürerek Trablusgarb'a kendi deyimleriyle "uygarlık" getirmiş oluyorlardı.

Uyguladıkları vahşetler direnişçilerin savaş gücünü kıramayınca İtalyanlar başka bir yola başvurdular. Uçaklar yalnızca bomba yağdırmayacak, bildiriler de yağdıracaktı Trablus'lu Müslümanların başına.

Dünya tarihinde uçakla atılan ilk psikolojik savaş bildirisi olacaktı bu. Şöyle diyordu bu bildiride İtalyanlar:
Trablus'lu Araplar'a!
Bizimle gelmek için ne bekliyorsunuz?
Camilerinizde ibadet etmek arzusunu duymuyor musunuz?
Ailelerinizle sakin yaşamak istemiyor musunuz?
Bizim de kitabımız var, biz de namuslu ve dindarız.
İtalya, babanızdır.
Çünkü Memleketimiz, anneniz Trablus'la evlenmiştir.

İtalyanlar Trabluslu Müslümanlara havadan uçaklarla attıkları bu bildirilerde onları dinlerinde özgür bırakacaklarını söylüyor ve böylece yerel Cihad ilanının etkisini kırmak istiyorlardı. Gelgelelim direnişi bu bildirilerle kıramadılar.

1912 yılında Balkan Savaşı patlak verince, Osmanlı devleti İtalyanlarla bir Barış antlaşması imzalamak zorunda kalacak ve Trablusgarb direnişinin başında bulunan Binbaşı Enver Bey önderliğindeki subayları geri çağıracaktı.

Osmanlı Devleti'nin Balkanlardaki varlığına son vermek isteyen Yunanistan, Bulgaristan, Sırbistan ve Karadağ, Rusya aracılığıyla anlaşarak başkaldırmıştı. Osmanlı'ya başkentlik yapmış Edirne'nin bile kısa süre için elden çıkmasına yol açacak olan Balkan Savaşı, Müslüman-Türk Osmanlı halkında büyük bir üzüntüye neden olacaktı.

Balkan Savaşlarında Osmanlı ordusuna karşı savaşa giden Sırp birlikleri

Uzun bir hazırlık ve örgütlenme döneminden sonra patlak vermişti Balkanlardaki bu son ayrılıkçı hareket. Kimin hangi toprağı hangi sınıra dek alacağı uzun görüşmelerle belirlenmiş ve güç birliği yapılmıştı.

Balkan Savaşı sırasında Sırbistan Bulgaristan Yunanistan ve Karadağ yöneticilerinin görüntüleriyle ve sloganlarla süslenmiş, paylaşımı harita üzerinde gösteren 1912 basımı bir Bulgar propaganda kartpostalında (yukarıda), Karadağ Kralı Nikola Petroviç Njegos, Sırp kralı Petar Karadjordjevic ve üç renkli sırbistan bayrağı, diğer ülke liderleri ve hemen altında

"Sırpları yalnızca dayanışma kurtarır" sloganı yer alıyordu. Buna karşılık Balkanlarda yaşayan Müslüman-Türk Osmanlı uyrukları silaha sarılacak ve birlik düşüncelerini aşağıdaki örneği görülen kartpostallarla yansıtacaklardı.

Balkan Savaşı'nda büyük bir bozguna uğrayan Osmanlı devleti, elden çıkan Edirne ve Kırklareli'yi bir yıl sonra 1913'te geri alabilecekti. Balkan Savaşı sırasında çok büyük sayılarda Müslüman-Türk, Osmanlı egemenliğinden çıkan topraklardan göç ederek Anadolu'ya sığınacak, göç sırasında büyük acılar ve yitimler yaşanacaktı.

1898'de Kudüs'e gidip "Hacı" olan, Şam'da Selahaddin Eyyubi'nin mezarı başında "Ben yeryüzündeki 300 milyon Müslamının ve Halifesinin koruyucusuyum!" diye gürleyen Alman İmparatoru II. Wilhelm'in gerek 1911'de İtalya Trablus'u işgal ederken gerekse 1912-1913'de Balkanlardaki Müslümanlar topraklarından sürülürken hiç ortalıklarda görünmemesi ilginçti.

Ve Babıali Baskını

Belki de Almanya, ortalıkta görünmüyor, fakat işlerini görünmeden yürütüyordu. Müslüman Türk halkın Balkan Savaşı sırasında uğradığı felaketler, toplumun devlete olan güvenini ve saygısını azaltmış, yönetime duyulan öfke en uç noktaya fırlamıştı. 23 Ocak 1913 günü Bulgarlar daha Edirne ve Çatalca önlerindeyken, Kurmay Albay Enver Bey ve bağlıları **Babıali**'yi basacak, kan dökülecek, Talat ve Enver Beyler, İngilizci olarak ünlenen sadrazam Kâmil Paşa'yı zorla istifa ettirerek, sadrazamlığa kendilerine yakın saydıkları ve Alman yandaşı olarak bilinen Mahmud Şevket Paşa'yı getireceklerdi.

Alman askeri ıslah heyeti başkanı von Der Golz ve Mahmut Şevket Paşa

1876 ve 1909 darbelerinin arkasında İngiltere vardı. Almanya ise Türkiye'de ilk defa bir darbeye karışıyor ve destekliyordu. Kendisini sadrazamlığa getiren İttihat ve Terakki Partisi'yle her konuda uyuşmadığı için parti tarafından sertçe eleştirilmeye başlanan Mahmut Şevket Paşa, Alman Büyükelçisi Wangenheim'e şöyle diyordu:

> Bugüne kadar Türk siyaset adamlarının temel kuralı bir devlet grubuna dayanmaktı. Oysa Türkiye müttefikleri için perişan bir yüktür. Bundan böyle tek isteğimiz büyük devletlerin bizi rahat bırakmalarıdır. Hiç olmazsa on yıl. Bu bir toparlanma ve örgütlenme fırsatı verecektir. Bunun için Rusya ve İngiltere başta olmak üzere anlaşmazlıkları -özellikle sınır anlaşmazlıkları- düzelteceğim. Bab-ı Ali'nin bu sorunları büyülterek yığdığı dosyaları yakacağım. İngiltere'nin Basra Körfezi, Rusya'nın Ermenistan, Fransa'nın Suriye hakkındaki arzularını yerine getirmeye çalışacağım. Türkiye yeniden dirilmesini Almanya ile İngiltereye dayanmak şartıyla umabilir.[131]

Mahmut Şevket Paşa, Osmanlı topraklarındaki petrolü paylaşmak konusunda çekişmekte olan İngiltere ve Almanya arasında kalmıştı. Almanya, onun Alman çıkarlarını İngiltere baskılarına karşı korumakta yetersiz olduğu kanısındaydı.[132] 11 Haziran 1913 günü öldürülecek ve böylece İttihat Terakki'nin üç önderi Enver, Cemal ve Talat Beyler tüm yönetim aygıtına egemen olacaklardı.

Babıali Baskını'nı gerçekleştirdiğinde Yarbay olan Enver Bey, Mahmut Şevket Paşa öldürüldükten sonra Albay, Albay olduktan hemen 1 ay sonra da General olacak ve Harbiye Nazırlığı (Savaş Bakanlığı) koltuğuna oturacaktı. Bu hızlı yükselişin arkasında Almanya'nın bulunduğu daha 1913 yılı ortalarında toplumun dilinde dolaşıyordu. Örneğin, Genelkurmay ikinci başkanlığına damat Hafız İsmail Hakkı Bey'i atamasına karşın, Genelkurmay birinci başkanlığına hiç kimseyi atamadan boş bekletiyor oluşu, onun bu koltuğa bir Alman generalini getireceği yönünde haberler yayılmasına neden olmuş, bu da savaşın yaklaştığı biçiminde yorumlanmıştı.[133]

1913- Birinci Dünya Savaşı'nın Ayak Sesleri ve Osmanlı-Alman İşbirliği'nin Yeni Evresi

"İslam'ın Koruyucusu"(!) "Hacı"(!) II. Wilhelm, Osmanlı Balkanlardaki topraklarını yitirdikten sonra, 1913'te, "Dünya'nın Tek Egemeni" olmak savıyla çıkacaktı ortaya. Ve işte o zaman Padişah V. Mehmet'in Almanya ve II. Wilhelm'le ilişkileri, II. Abdülhamid dönemini aratmayacak, İngiliz-Fransız-Rus düşmanlığının arttığı bir dönemde Almanya ve Avusturya ile birlikte davranmak, II. Abdülhamid'ten sonra V. Mehmet'in de şaşmaz çizgisi olacaktı.

Osmanlı ordusu II. Abdülhamid döneminden başlayarak kökten Alman güdümüne girmiş; öyle ki, Osmanlı subayları nicedir bıyıklarını bile Alman Kayzer'i II. Wilhelm gibi yukarıya doğru burmaya başlamışlardı. Alman-Osmanlı ilişkisinin son evresinde Osmanlı'nın Alman maymunu konumuna girdiği, Osmanlı subaylarının bıyıklarına varana dek Almanlara öykündüğü II. Wilhelm'le Enver Paşa'nın fotoğraflarına bakılınca açıkça görülüyordu.

Alman Kayzeri II. Wilhelm'in bıyıkları (solda)
Alman İşbirlikçisi "Pan-İslamist" Enver Paşa'nın bıyıkları (sağda)

Daha önce 1911 Trablusgarb savaşı sırasında özel bir gizli örgüt kuran ve gizli etkinliklerini Almanya'da "bir Alman kadınına"(!) bildiren Kayzer Wilhelm bıyıklı Enver Paşa, 17 Kasım 1913 tarihinde bu kez *"Teşkilâtı Mahsûsa"* (Özel Örgüt) ya da *"Umûru Şarkiye Dairesi"* (Doğu İşleri Dairesi) denilen istihbarat teşkilatını resmen kuracak[134] ve bu örgüt Alman İstihbaratı'nın bir tür *Doğu İşleri Şubesi* olarak iş görecekti. Örgütün üyeleri Alman parasıyla, Alman ulaştırma araçlarıyla çalışacak, örneğin Bingazi'ye gönderilen Bingazi Milletvekili Yusuf Şetvan Bey ile Şeyh Esseyid Şerif Ahmed Es-Sünusî, sıkıştıklarında bir Alman denizaltısı ile İstanbul'a kaçırılacaktı.[135]

Almanlar, Dünya Savaşı'ndan bir yıl önce, ordusunu ve İstihbarat örgütünü kendilerine bağımlı kıldıkları Osmanlı'nın kendi yanlarında savaşa katılmaktan başka bir yolu kalmadığını bildiklerinden, Türk gençliğini savaşa hazırlamak üzere dernekler kurmaya başlamışlardı:

> İlk olarak bu düşünceyi von der Golz ortaya atmıştır. Almanya'da teşkil olunan Genç Derneklerinin (Kaiserlich Deutsche

Jugeniüebr) büyük yararlarından söz ederek, böyle bir teşkilatın Türkiye'de de kurulması gerektiğini Harbiye Nezareti'ndeki yetkililere anlatmıştır. (...) Alman generalinin bu denli ısrar etmesi, bir müttefik devletin başarılı olmasını istemesinin yanı sıra, Alman ordusunun yükünü hafifletmek amacına yöneliktir.[136]

Osmanlı İmparatorluğu'nu yediden yetmişe ve tüm devlet aygıtıyla ellerine geçirerek kuklaya dönüştürmeyi amaçlayan Almanlar, Birinci Dünya Savaşı patlak verdiğinde, Osmanlı yönetiminin savaşa girmeye karşı çıkan kesimini etkisizleştirip Osmanlı devletini kendi yanlarında savaşa sokmak için tüyler ürpertici oyunlara başvuracaklardı.

İKİNCİ BÖLÜM

1914 - 1918
BİRİNCİ DÜNYA SAVAŞI'NDA DİN ÜZERİNDEN EMPERYALİST OYUNLAR

Unutmayınız ki Alman ırkı, Tanrı'nın seçkin ırkıdır. Alman ırkının imparatoru olmam onuruna, Tanrı'nın ruhu benim üzerime inmiştir. Ben Tanrı'nın kılıcıyım. Bana inanmayanların vay haline![137]

**Alman İmparatoru
II. Wilhelm**
Savaş İlanı dolayısıyla
Alman ordusuna yaptığı
konuşmadan

Avusturya veliahtı Franz Ferdinand 28 Haziran 1914 günü bir Sırp milliyetçisi tarafından öldürülmüş, Avusturya-Macaristan 28 Temmuz 1914'te Sırbistan'a savaş açmış, Almanya da 1 Ağustos 1914'te Avusturya-Macaristan'ın yanında savaşa girmişti.

Almanya ve Avusturya'nın savaş ittifakı, iki imparatoru ellerinde hançerlerle suikastler düzenleyen Haşhaşilere benzeten karikatürler çizilmesine neden oldu. (solda)[138] II. Wilhelm'in imzaladığı 1 Ağustos 1914 tarihli Alman Genel Harekat emri. (sağda- Alman tarih müzesi, Berlin)

Bir propaganda kartpostalında Alman İmparatoru II. Wilhelm, savaş ilanından sonra cepheye giden birlikleri uğurlarken görülüyor.

II. Wilhelm, *"Sanayileşmekte ve dünyayı sömürmekte geç kaldık. Bütün sömürgeler başkaları tarafından kapıldı. Artık ortaya çıkıp savaşarak sömürge edinmemiz gerekiyor"* diyerek gerçeği söyleseydi, Almanların onda biri dahi savaşa gitmezdi. Bunu bildiği için o; *"Alman ırkı, Tanrı'nın seçkin ırkıdır. Alman ırkının imparatoru olmam onuruna, Tanrı'nın ruhu benim üzerime inmiştir. Ben Tanrı'nın kılıcıyım,"* diyerek ordusunu cepheye yolluyordu.

Berlin'de Genel Harekat, August 1914

1898 Kudüs gezisi sırasında tek tek bütün dinlerin ileri gelenleriyle görüşüp onlara dinlerinin koruyucusu olduğunu söyleyen, Şam'da yaptığı ünlü konuşmasıyla kendisini 300 milyonluk Müslüman kitlesinin ve İslam Halifesinin koruyucusu olarak tanıtan Alman İmparatoru II. Wilhelm, Alman ordusuna yaptığı konuşmada, bu kez kendisini mesih, peygamber ilan ediyordu.

Onun bu tavrı, İngiliz, Fransız basınında alay konusu edilecek, çizilen bir çok karikatürün baş konusu olacaktı. Bunlardan birinde önde elde kılıç II. Wilhelm Tanrı'ya saygılarını sunuyor ve bütün dünya ülkeleri bayraklarıyla onun ardında asaf tutmuş görünüyordu.

L'Emprunt de la Libération

Alman İmparatoru Wilhelm II'nin kendi önderliğinde bir Dünya Devleti kurma düşü, kartpostallara yansıtılıyordu.[139]

Kaiser Wilhelm II'nin, savaş ilanından hemen sonra bastırıp dağıttığı üzerinde kendi el yazısıyla "Ben, o parti bu parti tanımam. Ben yalnız Almanları tanırım!" ("Ich kenne keine Parteien mehr, kenne nur noch Deutsche") sözlerinin yazılı olduğu 26 Ağustos 1914 tarihli propaganda kartpostalı.(solda)[140] Onun 1888'de tahta çıktığı günlerde çektirdiği kendisini dünyanın tek egemeni olarak gösteren fotoğraf. (sağda)

Almanya, 1 Ağustos 1914'te dünyanın tek egemeni olmak amacıyla girdiği savaşta beyin yıkama araçlarını en yoğun bir biçimde kullanıyor, kendi savaş gücünü yenilmez olarak gösteren abartılı silah gösterileri yapıyordu.

Alman propagandası, Almanya'nın silah gücünü olduğundan çok daha büyük göstererek düşmanlarında yılgınlık yaratmaya çalışıyordu. Yukarıdaki propaganda afişinde üzerinde Alman İmparatorluk arması bulunan bir bomba görülüyor.[141]

Alman savaş propagandasında afişler, fotoğraflar, karikatürler ve kartpostallar önemli bir yer tutuyor, kartpostallar daha çok ittifakları vurguluyordu. Almanya, Avusturya-Macaristan ve Osmanlı İmparatorluğunun ittifakı başlangıçta eşitler arası birlik olarak yansıtılmıştı bu kartpostallara.

Osmanlı Padişahı V. Mehmet'i Alman ve Avusturya-Macaristan İmparatorlarıyla bir arada gösteren bir kartpostal

Gelgelelim bu "eşitlik" görüntüsü yalnızca başlangıçtaydı ve sözdeydi. Alman-Osmanlı-Avusturya ilişkisi, süreç içerisinde aşağıdaki kartpostalda görüleceği üzere, Almanya'nın efendi olarak buyurduğu, Osmanlı devletinin köle olarak buyrukları uyguladığı bir ilişki olarak gösterilmekten çekinilmeyecekti. Bu kartpostalda: Alman İmparatoru Kayzer II. Wilhelm (solda, ayakta, önünde Alman aslanı), Avusturya İmparatoru I. Franz Joseph (sağda, ayakta, önünde Avusturya aslanı) elele tutuşmuşlar; önlerindeki sehpanın üzerinde biri Almanya'yı biri Avusturya'yı biri Osmanlı'yı simgeleyen ikisi haçlı biri hilalli üç taç var; fakat Osmanlı Sultanı V. Mehmet nedense Alman ve Avusturya İmparatorlarıyla birlikte ayakta değil, iki yanında Alman ve Avusturya aslanlarının durduğu küçük sehpanın altına tıkılmış ve ortalıkta Osmanlı devletini simgeleyen herhangi bir aslan görünmüyor...

In gewitterschwerer großer Zeit
Ein festes Band der Einigkeit

Almanların tüm dünyaya dağıttıkları bu kartpostaldan masanın altına tıkılan Osmanlı padişahının bilgisi olmadığı düşünülemezdi. Ancak, İngiliz-Fransız-Rus düşmanlığı karşısında yalnız ve güçsüz olan Osmanlı, "dost"larının bu gibi aşağılamalarına ses çıkartabilecek durumda değildi.

Almanya'nın I. Dünya Savaşı'na giriş tarihi 1 Ağustos 1914, Osmanlı'nın giriş tarihi ise Kasım 1914'tü. Gelgelelim, Almanya'ya göbekten bağlanmış Osmanlı ordusu savaş ilanından aylar önce Almanların hizmetinde çalışmaya başlamış ve yukarıdaki kartpostala yansıyan tablo, daha o günlerde tüm açıklığıyla ortaya çıkmıştı. Prof. Dr. Mustafa Balcıoğlu *"Teşkilat-ı Mahsusa'dan Cumhuriyete"* adlı kitabında, savaş ilanından önce başlatılan gizli etkinlikler kapsamında *"Rauf Bey Müfrezesi"* olayını anlatırken şunları söylüyordu:

Almanya,.. **Müslüman ülkelerde...** İngiltere aleyhinde ihtilaller çıkartmak amacı gütmektedir. Almanlar sözkonusu amacı gerçekleştirmek için Türklerle birlikte Osmanlı devleti daha savaşa girmeden önce bir takım girişimlerde bulunmuşlardır. İstanbul'da Genelkurmay Karargahı'nda daha çok **Alman kurmayları tarafından planlanıp uygulamaya konulan projelerle** İngiltere ve müttefikleri çeşitli cephelerde vurulacaklardır. **Alman Genelkurmayı'nca planlanıp Enver Paşa tarafından teşkil edilen,** amacı **İran, Afganistan ve Hindistan'da İngiltere aleyhine ihtilaller çıkartmak** olan **"Rauf Bey Müfrezesi"**nin teşkili ile ilgili hazırlıklar Osmanlı devleti daha harbe girmeden seferberliğin ilan edildiği günlerde başlamıştır. (...) Enver Paşa'nın bu görevi *"çok mühim bir vatani hizmet"* sayması ve ancak kendisinin bu işi yapabileceği yolundaki ısrarı üzerine Rauf Bey "çarnaçar" bu görevi kabul etmiştir. (...) Söz konusu müfrezeyi oluşturan askeri ve sivil şahıslar şunlardır: Komutan: Bahriye Binbaşısı Hüseyin Rauf Bey Yaver: Yüzbaşı Tevfik Efendi. Kurmay Başkanı: **Piyade Binbaşısı Ömer Fevzi Efendi.** (...) Bağdat'ta heyete ayrıca Almanlar da katılmışlardır. (...) Müfrezenin teşkiline İstanbul'da **Harbiye Nezareti'nde Şark Şubesi Başkanı Ömer Fevzi Bey** tarafından seferberlikten hemen sonra başlanmıştır. (...) **Binbaşı Ömer Fevzi Bey**, teşkilatı idare ve ikmal için Harbiye Nazırı Enver Paşa ile bizzat temasta bulunmaktadır. (...) Görünürde **herşeyi Ömer Fevzi Bey idare etmektedir.** (...) Hazırlıkları **Ömer Fevzi Bey ve Alman subayları birlikte** yapmışlardır. Almanlar bu heyetle İran ve Afganistan'a gidecekler, **parayı ve dini ögeleri kullanarak bura halklarını İngilizler aleyhine kışkırtacaklardır.** Bu yüzden Almanlar heyete büyük önem atfetmişlerdir. Her Alman tamamen **Osmanlı subayı kıyafetine girerek** kendisini Osmanlı subayı göstermek için taklide çalışmıştır. Almanlar heyete **75.000 Türk altını** ile katılmışlardı. (...) Heyetteki **Türklere karşı tahakküm edici bir tavır alan Almanlar,** Rauf Bey'i dinlememeye başlamışlardır. Almanlar **Doğu'da her türlü hakimiyet ve nüfuzun Alman İmparatoru'na ait olması, Türklerin yardımcı durumda kalması ve Doğu siyasetinin Alman çizgisinde olması** düşüncesindedirler. Hüseyin Rauf Bey ise, **İslam aleminin ancak Halife'nin cihad çağırısıyla kımıldaya-**

bileceğinden Doğu siyasetinin sevk ve idaresinin Türklere ait olmasını, Almanların teknolojik bakımdan yardımcı rolünü oynamaları gerektiğini düşünmektedir. [ATASE Arş. Kls. 7, Ds. 37A. Fhr.3.] Araplar, Türklerden çok Almanlara yakınlık göstermişlerdir. Çünkü **Araplar para ile Almanların her istediğini yapmaktadırlar.** (...) Almanlar **Türklere tamamen muhalif** bir duruma girmişlerdir. (...) Hüseyin Rauf Bey, Ömer Fevzi Bey, von Muss,.. 19 Ekim 1914'te Halep'ten otomobille Bağdat'a hareket etmişlerdir. (...) Bağdat yolunda Rauf Bey'le Alman heyeti başkanı von Muss arasında görüş ayrılıkları artmıştır. (...) Yolculuk sırasında **daima insiyatifi ellerinde bulundurmak isteyen Almanlar,** herşeyin üstüne, hatta **hela çadırlarına bile Alman bayrağı çekmişler**dir. (...) **Almanlar Türklerin yardımı olmaksızın İran'a, Afganistan'a geçmek ve oralarda kendi propaganda ve siyasetlerini yürütmek için ellerindeki altınlara dayanarak** girişimlerde bulunmuşlardır. Şiilerle ilişki kurmaya, **cihad fetvaları hazırlamaya,** İran'da kendilerine destek olabilecek kimseler bulmaya çalışmaktadırlar. (...) Rauf Bey Müfrezesi Kurmay Başkanı **(Binbaşı Ömer Fevzi Bey)** Bağdatta rahatsızlanarak İstanbul'a dönmüştür. (...) **Almanlar Osmanlı-İran sınırındaki aşiretleri Türkler aleyhine tahrike başlamışlardır. Türkler sünni olduklarından dinen İranlılara düşmanlık besledikleri ve İran'daki sünnilere dayanarak buraya girerlerse bir daha çıkmayacakları yolunda propaganda yapan Almanlar,** İran'da kendilerinin gözü olmadığını, İran'ı himaye ettiklerini söylemişlerdir. (...) Kirmanşah **Alman Konsolosu; "İran para ile fethedilir. O da Almanlarda vardır"** diyerek cebindeki altınları şakırdatmıştır. [ATASE Arş. Kls. 7., Ds. 37A., Fhr. 16.] (...) İstanbul'daki Alman Büyükelçisi Baron Wangenheim, 9 Nisan 1915'te Enver Paşa'ya yazısında, Rauf Bey Müfrezesi'nin giriştiği hareketlerin İranlıların düşmanlığını çektiğini, bunun Almanlar için tehlikeli olduğunu bildirmiştir. **10 Nisan 1915'te Berlin'den Enver Paşa'ya Dışişleri Bakanı tarafından gönderilen başka bir yazıda, Doğu'da diğer milletlerin Türklerden nefret ettikleri** belirtilerek burada **"ancak Almanlar başarılı olabilir"** şeklinde bir ifade yer almaktadır. (...) **Alman subayları Bağdat'ta Osmanlı karargahındaki bazı belgeleri ele geçirmeye çalışmış-**

lardır. [ATASE Arş. Kls.7, Ds. 37A, Fhr. 23.] (...) **Umur-u Şarkiye Dairesi Müdürü, yani Doğu İşleriyle görevli olan Ömer Fevzi Bey, son derece gizlilik gerektiren görevinde bu noktaya dikkat etmeyenlerin başındadır.** (...) Ağustos 1914'te kurulan Rauf Bey Müfrezesi'nin serüveni, Eylül 1915'te, kuruluş amacına ulaşamadan böylece noktalanmıştır.[142]

Daha Osmanlı Almanya'nın yanında savaşa girmeden önce çalışmaya başlayan Alman güdümlü "Rauf Bey Müfrezesi"nde yaşananlar, Almanya'nın Osmanlı İmparatorluğu topraklarını doğrudan doğruya kendi sömürgesi yapmaya çalıştığını, Osmanlı devlet aygıtını bu amaç için geçici, kullanıldıktan sonra atılacak bir araç olarak gördüğünü kanıtlıyordu. Osmanlı, devlet olarak varlığını ve toprak bütünlüğünü korumak için Almanya'ya yönelirken; Almanlar, Osmanlı topraklarında kendi sömürgelerini oluşturmak için çalışacak ve Osmanlı'yı yalnızca bu amaçla kendi saflarında I. Dünya Savaşı'na sürükleyeceklerdi.. "Rauf Bey Müfrezezi"nin en ilginç kişisi, gizliliği çiğnemekle eleştirilen Umur-u Şarkiye Dairesi Başkanı (Yani Alman askeri istihbaratına bağlı olarak kurulan Teşkilat-ı Mahsusa, diğer adıyla Doğu İşleri Dairesi'nin Başkanı) Binbaşı Ömer Fevzi Bey'di... 1911'de Trablusgarb'ı (Libya) İtalyan işgalinden kurtarmak üzere oluşturulan gizli örgütte Enver Bey ve Mustafa Kemal ile birlikte görev yapan Ömer Fevzi Bey, ileriki sayfalarda ayrıntılarıyla göstereceğimiz gibi, 1945'lerden sonra karşımıza "dinler arası diyalogçu" bir tarikat şeyhi olarak çıkacaktır.

Genel kanıya göre Osmanlı'nın I. Dünya Savaşı'na katılması bir dalavere, bir "emr-i vaki", bir "oldu-bitti" sonucuydu. Öyle ki: 27 Ekim 1914'te Wilhelm Souchon komutasındaki Goeben ve Breslau adlı Alman savaş gemilerinin adlarını Enver Paşa'dan aldıkları yazılı izinle[143] *Yavuz* ve *Midilli* olarak değiştiren Almanlar, bu gemilere Osmanlı bayrağı çekip, gemideki Alman askerlerine de fes giydirerek Osmanlı askeri süsü vermişlerdi.

Alman Goeben ve Breslau savaş gemilerinin komutanı Wilhelm Souchon (ortada göğsü madalyalı) başına fes geçirerek Osmanlı askeri süsü verdiği gemi personeliyle

Alman savaş gemisi Goeben'de fes giydirilerek Osmanlı süsü verilmiş Alman denizcileri

Cemal Paşa, göğsünde dürbünüyle Alman Goeben Zırhlısında

Alman savaş gemisi Goeben'e *Yavuz Sultan Selim* adıyla ve Breslau'ya *Middilli* adıyla Osmanlı bayrağı çeken Almanlar, Karadeniz'deki Rus gemilerini batırıp Odesa, Sivastopol, Novrossiyk ve Teodosya limanlarını bombalamışlardı.

Osmanlı süsü verilmiş Alman savaş gemileri Odesa ve Sivastopol'ü bombalıyor.

29 Ekim 1914'te Odesa, 30 Ekim 1914'te Sivastopol limanları Osmanlı süsü verilmiş Alman savaş gemilerince bombalanan Rusya, 2 Kasım 1914 günü Osmanlı'ya savaş ilan etmişti. Bu durum Enver Paşa ve yandaşları için sevindirici olsa da, o an için ağır basan savaş karşıtları için tam bir soğuk duş olmuş, bu kesim Rusya'ya bu bombalamaların *devlet kararı sonucu olmadığını, bir yanlışlık sonucu olduğunu, bir Alman entrikasıyla karşı karşıya olduğumuzu* söyleyerek savaşa girmekten uzak

durmaya çalışıyordu. Rusya, bu savunmaları alayla karşıladı. Yayımlanan Rus kartpostallarında Osmanlı Padişahı Alman gemisine oturmuş olarak gösteriliyor, böylece Rus limanlarını bombalayan Alman gemilerinin bu işi Osmanlı devletinden bağımsız olarak yapamayacağı vurgulanıyordu.

"Osmanlı Sultanı Alman Gemisinde!" yazılı bir kartpostal – 1914 (solda)- Hindi (Türkiye)'nin Tötonlaştırılması- Kayzer Hindiyi (Türkiye'yi) ele aldı alt yazılı bir karikatür. (sağda)

Gerçekte, Alman savaş gemilerinin Osmanlı savaş gemisi süsü verilerek Karadeniz'e açılması ve Rus limanlarını bombalaması, Enver Paşa'nın verdiği gizli bir emirle gerçekleşmiş, Enver Paşa, verdiği bu emri tüm devlet yetkililerinden gizlemiş, kendisine sorulduğunda *"Ben böyle bir emir vermedim"* demişti.[144] Bu konuda Cumhuriyet döneminde yazılan kitaplarda da Enver Paşa'nın böyle bir emir verdiğine ilişkin belgenin bulunmadığı söyleniyordu.[145] Atatürk dahi, 1926'larda bu olaya ilişkin olarak, *"Karadeniz'de hâlâ bugün bile nasıl geçmiş olduğunu öğrenemediğim bir olay"* demişti.[146] Gelgelelim Enver Paşa'nın Alman savaş gemilerine Karadeniz'e açılarak Rus limanlarını bombalaması için verdiği gizli emirin yazılı belgesi

Prof. Dr. Mustafa Balcıoğlu tarafından Genelkurmay ATASE arşivlerinde bulunacak ve Balcıoğlu bu belgeleri Haziran 1993'te Tarih ve Toplum Dergisi'nde yayımlarken, şunları söyleyecekti.[147]

> Genelkurmay Başkanlığı ATASE (Askeri Tarih ve Stratejik Etüt Başkanlığı) Arşivi'nde yaptığımız araştırmalarda bulduğumuz belgeler, tartışmaları sona erdirecek niteliktedir. Yeni belgelerden anlaşıldığına göre; iki Alman gemisinin boğazdan içeri alınmasıyla ilgili emri, hükümet üyelerine danışmadan, onları haberdar etmeden veren, Başkumandan Vekili ve Harbiye Nazırı Enver Paşa'dır. Emrin tarihi bazı kaynaklarda yazıldığı gibi 8-9 Ağustos 1914 değil, **4 Ağustos 1914**'tür. Sözkonusu emir şöyledir:

Bahri Sefid Boğazı Kumandanlığına
22 Temmuz 1330 (4 Ağustos 1914) Gayet mahrem (gizli) ve müstaceldir (ivedidir) Alman ve Avusturya merakib-i Harbiyelerinin (savaş gemilerinin) boğazdan duhulüne (girişine) müsaade edilecektir ve derhal buraya malumat verilecektir.
Başkumandan Vekili ve Harbiye Nazırı Enver
[ATASE Arş. Dolap 204, Gö: 3, Kls: 6611, Ds: 10]

Yukarıdaki **emrin verildiği tarihte, Alman gemileri Sicilya Adası açıklarında bulunmaktadır.** Osmanlı Devleti'nin tarafsızlığını ilan ettiği günlerde, Enver Paşa'nın bu yolda bir emir vermesi, savaşan taraflardan Almanya'nın yanında olduğuna işaret etmiştir. Dolayısıyla **gemilerin Türkiye'ye gelmeleri, İngilizlerin kovalamalarından kaynaklanmamıştır.** Bu olay **Almanlarla Enver Paşa arasında önceden kararlaştırılmıştır.** Gemiler **yukarıdaki emrin verilmesinden 6 gün sonra** boğaza gelmişler ve yine **Enver Paşa'nın müdahelesiyle** içeriye alınmışlardır. Alman savaş gemilerinin boğazdan içeriye alınmasından sonra, Osmanlı devletini Almanya'nın yanında en kısa zamanda savaşa sokmak için hazırlanan planın ikinci aşamasına geçilmiştir. **Osmanlı donanması komutanlığına getirilen Amiral Souchon**, eğitim için Karadeniz'e çıkmakta ısrara başlamış, fakat Sadrazam Sait Halim Paşa, Amiralin bu fikir ve niyetini beğenmemiş, donanmanın ve özellikle Goeben ile Breslau'nun Karadeniz'e çıkmalarına kesinlikle izin vermemiştir. (...) [ATASE Arş., Dolap 133, Göz 4, Kls. 1488, Ds. 32]. (...) Souchon'a bu defa hevesli inanmış bir Alman yandaşı olan Enver Paşa yardım elini uzatmış ve **kabineye danışmadan, Amiral'e Karadeniz'e çıkması için emir vermiştir.** Bu emir *Karadeniz Olayı*'na yol açacak ve Osmanlı devleti hiç de uygun olmayan bir zamanda kendisini savaşın içerisinde bulacaktır. Bazı araştırmacıların Başkomutanlık ve Bahriye Nezareti Arşivlerinde *"yoktur"* dedikleri **bu emir, tarafımızdan yapılan araştırmalarda Genelkurmay Başkanlığı ATASE Arşivi'nde bulunmuştur.** Hem Almanca hem de Türkçe olarak yazılan ve **Enver Paşa'nın imzasını taşıyan** belge aynen şöyledir:

....

Grosses Hauptquartier Constantinopol'den 22.10.1914
An den Kommandanten der Flotte
Herrn Admiral Souchon
Die Türkische Flotte soll die Herrschaft aim schwarzes Meer erringen. Suchen sie die Russiche Flotte auf greifen sie bie an, ohne Krieg zu erkla ren, wo sie sie finden!
ENVER

....

Donanma Kumandanı Amiral Suşon Paşa'ya
Donanmay-ı Hümayun, Karadeniz'de hakimiyet-i bahriyeyi kazanacaktır. Bunun için Rus donanmasını nerede bulursanız ilan-ı harb etmeden ona hücum ediniz.
ENVER
9.10.1330 (22 Ekim 1914)
[ATASE Arş., Dolap 137, Göz 1, Kls. 1646, Ds. 30]

....

Bu belgeden de anlaşılacağı gibi, **Amiral Souchon'a Rus gemilerine taarruz emrini veren Enver Paşa**'dır. Dolayısıyla, Türk yetkililerinin haberi olmadan taarruzun gerçekleştirildiği savı doğru değildir. **Karadeniz Olayı'nın Rusların taarruzundan kaynaklandığı da yanlıştır.** Enver Paşa'nın **"böyle bir emir vermedim"** şeklindeki ifadesini de belge yalanlamaktadır.[148]

Konuya ilişkin diğer bir ilginç nokta da, **Almanya'nın bu savaşta yenileceği apaçık ortaya çıktıktan sonra** Osmanlı'nın Almanya safında savaşa katılmış olmasıydı. İsmet İnönü bunu şöyle açıklamıştı:

> Birinci Dünya Savaşına biz, İttihat ve Terakki hükümeti zamanında girmiştik. **Bizim savaşa girdiğimiz zaman olan (Kasım) 1914'te, Alman büyük askerlerinin planlarında söyledikleri kayıtlara göre, savaş, Almanya için bile yitirilmiş sayılmak gerekiyordu.** (...) Memleket Cihan harbine, **kaybolmuş bir harbe** (Almanya'nın yenileceği apaçık ortaya çıktıktan sonra) **girmiştir. Almanya için, Almanya'nın kaybettiği bir harbe girmiştir.**[149]

Soru: Yenileceği ortaya çıkan bir Almanya, nasıl olup da Osmanlı'yı kendi saflarında bu savaşa sokmayı başarmıştı?

Yanıt: Osmanlı'ya 5.000.000 altın borç vererek...

Hıristiyan Almanya'nın 5.000.000 Altın Vererek İlan Ettirdiği Büyük Cihad, "Cihad-I Ekber" Fetvası

Osmanlı İmparatorluğu'nun I. Dünya Savaşı'na girişinden bir gün önce Almanya'dan 5.000.000 Osmanlı lirası borç almak için imzaladığı gizli anlaşmanın belgesi 1996'da yayımlandı.[150] Almanya adına **Baron Wangenheim**, Osmanlı İmparatorluğu adına **Talat Paşa**'nın imzaladıkları 10 Kasım 1914 tarihli gizli antlaşma, Müslüman Osmanlı'nın bir Hıristiyan ülkenin komutasında *Paralı Asker* olmaktan bile daha aşağı duruma düştüğünü gösteriyordu.

Almanya Osmanlı'nın askerlik hizmeti karşılığında %6 faizle borç veriyordu. Yani Osmanlı hem cepheye gidip Almanya için savaşacak, hem de Almanya'ya borçlanmış olacaktı. Tarih boyunca Müslümanların böyle utanç verici bir duruma düştüğü ne görülmüş ne duyulmuştu. İki dilde yazılan bu gizli antlaşmanın altında Alman Büyükelçisi Wangenheim (solda) ile Talat Bey'in (sağda) imzaları vardı. Gizli Antlaşmanın belgesi şöyleydi:

CONTRAT

Entre Son Excellence le Baron de Wangenheim, Ambassadeur de Sa Majesté l'Empereur Allemand, à Constantinople, agissant au nom et pour le compte du Gouvernement Impérial Allemand,

d'une part ;

et Son Excellence Talaat Bey, Député d'Andrinople, Ministre de l'Intérieur et Ministre Intérimaire des Finances de l'Empire Ottoman, agissant au nom et pour le compte du Gouvernement Impérial Ottoman, en vertu de la Loi du   qui autorise la conclusion d'une avance de CINQ MILLIONS de Livres Turques,

d'autre part ;

Il a été arrêté et convenu ce qui suit:

ARTICLE I.

Le Gouvernement Impérial d'Allemagne accorde au Gouvernement Impérial Ottoman qui accepte une avance jusqu'à concurrence de 5 Millions (cinq millions) de Livres Turques.

ARTICLE II.

Cette avance portera intérêt à raison de 6% (six pour cent) par an

Article III

Le montant de l'avance sera mis à la disposition du Gouvernement Impérial Ottoman dans les délais suivant:

1°) Une somme de 2.000.000 Ltqs. dans les dix jours qui suivront la signature du présent contrat ;

2°) Le solde jusqu'à concurrence de

3.000.000 Ltqs. sera payé en mensualités de 500.000 Ltqs., dont la première sera payée le premier Décembre (n.s.) 1914.

ARTICLE IV.

Le premier versement (art. III § 2.) est payable à Constantinople, par l'entremise de la Deutsche Bank à l'ordre à désigner à celle-ci par le Ministère des Finances. Quant aux autres versements mensuels, le mode et le lieu de payement seront désignés ultérieurement par le Gouvernement Impérial Ottoman.

ARTICLE V.

Le remboursement de l'avance en capital et intérêts aura lieu dans les 12 (douze) mois après la conclusion de la paix ou bien, sur la demande du Gouvernement Impérial, cette avance sera transformée en un emprunt à longue échéance.

Les modalités de ce remboursement seront arrêtées en dû temps par les deux parties contractantes.

Fait en double expédition à Constantinople, le 10 novembre 1914.

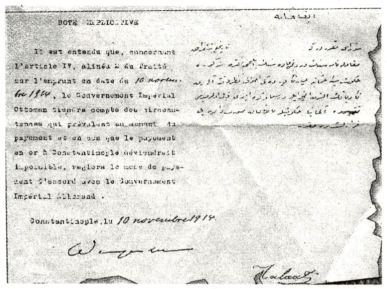

Osmanlı ile Almanya arasında 10 Kasım 1914'te İmzalanan bu Gizli Anlaşma'nın Osmanlıca metninde şunlar yazılıydı:

Bir taraftan Almanya Hükümeti nam ve hesabına hareket eden Hükümeti müşarün-ileyha Der Saadet Sefiri Baron Wagenheim cenapları ve diğer taraftan 5 milyon lirayı Osmaniyelik bir avans akdine mezuniyet veren .... Tarihli kanun mucibince, Hükümet-i Seniye-i Osmaniye nam ve hesabına hareket eden Edirne Mebusu, Dahiliye Nazır Vekili Talat Beyefendi Hazretleri beyninde ber veçhi ati mevad kararrir olmuştur.

Madde-1: Almanya Hükümeti, Hükümet-i Seniye-i Osmaniyeye **5 milyon lirayı Osmaniye** kadar bir avans vermeğe muvafakat eder.

Madde-2: İşbu avans, **senevi %6 hesabıyla faiz** getirecektir.

Madde-3: Mezkur avans yekunu ber veçhi ati aşağıda belirtilen taksidde Hükümeti Seniye-i Osmaniye emrine hazır bulundurulacaktır.

1- 2 milyon lirayı Osmaniye işbu mukavelenamenin **imzası tarihinden 10 gün sonra**

11- Bakiye olan **3 milyon lirayı Osmani** mah be mah beşer yüzbin lira-ı Osmani olarak verilecek ve **birinci 500.000 lira Frenci 1 Kanunuevvel 1914** sene tarihinde tediye edilecektir.

Madde-4: 3. maddenin 1 numerolu fıkrasında, mezkur 2 milyon liralık 1 taksid Der-Saadette **Doyçe Bank** marifetiyle Maliye Nezaret-i Celilesince ibraz olacak mahale tesfiye edilecektir. Mah be mah tediye edilecek kısma gelince, bunun mahal ve sureti tedviyesi muaheren Hükümet-i Seniye-i Osmaniyece tayin edilecektir.

Madde-5: Avansın rasul-mal ve faizinin tesviyesi masahilin akdinden on iki ay sonra vaki olacak veyahut Hükümet-i Seniye-i Osmaniye'nin talebi üzerine, işbu avans, **uzun vadeli bir istikraz** şekline kalp olacaktır.

İşbu istikrazın şerait-i vakti münasibine tarafeyni akdince tayin olacaktır.

İşbu mukavelename iki nüsha olarak Der-Saadette tanzim edilmiştir. **10 Kasım 1914**

İmza İmza

Wangenheim Talat

İzahname: Şurası mukarrerdir ki 10 Kasım 1914 tarihli istikraz mukavelesinin 2. fıkrasına göre tediyenin altın akça ile Der-Saadette ifası kabil olamadığı takdirde, Hükümet-i Seniye-i Osmaniye, hini tediyedeki ahvali nazar-ı dikkate alarak, Almanya Hükümeti ile bil-ittifak suret-i tediyeyi kararlaştıracaktır.

İmza İmza

Wangenheim Talat

Hıristiyan Parasıyla İslam Cihadı

Almanlarla %6 faizli bu borç antlaşması yapıldıktan bir gün sonra, 11 Kasım 1914'te (Hicri 22 Zilhicce 1332, Rumi 29 Teşrinievvel 1330) Padişah V. Mehmet "Cihad-ı Ekber" ilan ediyordu. Dünya bu "Cihad"a Alman parasıyla ilan edildiği için *"Alman Malı Cihad"* adını vermiş, "Hilali Ahmer" (Kızaılay) yararına Almanya'da çıkartılan Cihad-ı Ekber kortpostallarında padişah V. Mehmet, Alman ve Avusturya İmparatorlarıyla birlikte gösterilmişti.

Cihad-ı Ekber kartpostalı (http://www.zeit-reise.info/img/fetwah)

Padişah V. Mehmet, *"Orduma, Donanmama"* başlığıyla yayımladığı *"Cihad-ı Ekber"* buyruğunda[151] Rusya'yı üçyüz yıllık başdüşman olarak gösteriyor, özetle şöyle diyordu:

> Kahraman askerlerim...
>
> (...) **Almanya, Avusturya-Macaristan devletleriyle müttefikten** haklı çıkarlarımızı savunmak için silâha sarılmaya mecbûr olduk. **Rusya devleti üç asırdan beri devlet-i âliyyemizi ... mahva çalışmıştır.**
>
> Rusya, İngiltere ve Fransa devletleri (...) bize yönelik her musîbet ve felâkete sebep ve kışkırtıcı bulunmuşlardır.
>
> (...) Düşmana aslanlar gibi savlet ediniz. Zîrâ hem devletimizin hem **fetvâ-yı şerîfe** ile **cihâd-ı ekbere** dâvet ettiğim **üçyüz milyon ehl-i İslâmın** hayât-ı bekâsı sizlerin muzafferiyetinize bağlıdır. (...)
>
> Asker evlâdlarım...
>
> (...) Dînini, vatanını, nâmus-u askeriyyesini silâhı ile müdâfaa etmeyi, **Pâdişah uğrunda ölümü istihkar eylemeyi bilir bir Osmanlı ordu ve donanması** mevcût olduğunu düşmanlara müessîr bir sûrette gösteriniz... (...) **Bugünkü harbde bir-**

likte hareket ettiğimiz dünyanın en cesûr ve muhteşem iki ordusuyla silâh arkadaşlığı ettiğimizi unutmayınız.

Şehîdlerimiz şühedâ-yı sâlifeye müjde-i zafer götürsün. Sağ kalanlarımızın gazâsı mübârek kılıcı keskin olsun...

Mehmed Reşâd

22 Zilhicce 1332 - 29 Teşrînievvel 1330

Almanlar Cihad ilanının Müslümanların yaşadığı tüm topraklara hızla yayılması için kolları sıvamış, tüm olanaklarını bu yönde kullanmıştı.

Cihad ilanı üzerine bir Türk Kudüs'teki Amerikan Koloni Bakkalı'nın önünde kılıcıyla gösteri yapıyor.[152]

Alman Propagandası Osmanlı'nın yeryüzündeki bütün Müslümanları temsil ettiğini vurgulayan görüntüler üretip bu görüntüleri tüm müslümanlara dağıtmak, "Müslümanlar Halifeniz bizim müttefikimizdir, öyleyse siz de bizim safımızdasınız, Almanya Müslümanların dostudur," yargısını beyinlere kazımak üzerine kuruluydu. Bu nedenle Almanlar Osmanlı askerlerini özellikle Müslüman din adamlarıyla birlikte gösteren fotoğraflar çekip bunları Müslümanlar arasında yayıyordu durmadan.

1914 Cihad Fetvası ve duyurusundan sonra Alman savaş propaganda çalışmaları, Osmanlı din adamlarını askerlerle birlikte gösteren fotoğraflar üretiyordu. Yukarıda bu çekimlerden biri görülüyor.[153]

Alman dergi ve gazeteleri iki ülkenin bayraklarını yan yana dalgalandırıyor, Müslümanları Halife'nin ilan ettiği Cihad'a uymaya çağırıyordu.

1914'te yayımlanan Alman dergisi Illustirire Zeitung'un kapaklarında Cihad İlanı görüntüleri.

1914'te yayımlanan Alman dergisi Illustirire Zeitung'ta Müslüman Arap aşiretlerini Cihad'a çağıran propaganda resimlerinden biri.

Alman devletinin Osmanlı'daki istihbarat istasyonu gibi çalışan *Teşkilat-ı Mahsusa*, Almanya'da "Cihad" adında bir dergi yayımlıyor ve tüm Müslümanları Alman komutası altında savaşmaya çağıran dergiler Alman olanaklarıyla tüm Müslüman toplumlara yayılıyordu.

"El Dschihad" Zeitung für kriegsgefangene Moslems, Nr. 86
48 x 31,5 cm Berlin, 27 Temmuz 1918 (Alman Tarih Müzesi, Berlin-1990/1462.6

Osmanlı'nın ve Müslüman toplumların simgesi Fes de kullanılanlar arasındaydı. Bunlardan birinde, dev bir fesin içinden sayısız Müslüman Osmanlı askeri çıkmış Osmanlı bayrağı altında savaşa koşarken gösteriliyor ve bu olay afişe büyük harflerle yazılan "Orient's Erwachen" Türkçesi "Doğunun Uyanışı" olarak sunuluyordu.

Alman ve Avusturya-Macaristan askerlerinin arasında görülen Başı fesli asker de yine Osmanlı'yı ve Müslümanları simgeliyordu.

Cihad-ı Ekber ilan eden Osmanlı'nın askeri, ay-yıldızlı bayrağını kaptığı gibi, elinde Haçlı Alman ve Haçlı Avusturya-Macaristan sancaklarıyla dikilen Hıristiyan askerinin yanına koşmuştu. Bu Cihad, başka türlü bir Cihad'tı: Haçlı İslam Cihadı!..

Tam metnini elinizdeki kitabın ([154]) no'lu sonnotunda bulacağınız *Cihad-ı Ekber* ne denli 1914 Kasım ayında ilan edildiyse de Osmanlı çok daha önce, Temmuz 1914'te *"Rusya'nın olası bir saldırısına karşı Almanya ile bir savunma ittifakı"* için Almanya'yla görüşmelere başlamış ve **gizli ittifak** antlaşması 2 Ağustos 1914 tarihinde -yani Almanya Rusya'ya savaş ilan ettikten hemen bir gün sonra- imzalanmıştı.[155] İngilizler, Almanların Osmanlı'yı Cihad ilan ettirerek savaşa sokacaklarını çok önceden, 1914 Ağustos ayında öğrenmişlerdi. İstanbul'daki İngiliz Büyükelçisi, 30 Ağustos 1914'te İngiliz Dışişlerine çektiği telgrafta şöyle diyordu:

> Bugün güvenilir kaynaklardan öğrendiğime göre, Berlin'de gerekirse **Almanların cihad ilanını teşvik edecekleri** kabul edilmektedir.[156]

Bundan 9 gün sonra, 9 Eylül 1914 günü Alman İmparatoru II. Wilhelm, kendisini Müslümanların ve Halife'nin koruyucusu ilan eden bir bildiri yayımlayarak şöyle demişti:

> Alman İmparatoru Hazretleri, Müslüman dünyasına karşı kesinlikle bir savaşa girmeyeceğini ilan eder ve Fransız ordusundan Müslüman esirlerin derhal serbest bırakılmalarını ve İslam dünyasının Halifesi olan Osmanlı Padişahına gönderilmelerini emreder.[157]

"Hacı" Wilhelm ve Maide Suresi 51. Ayet

Bir ay sonra, Ekim 1914'te İngiliz Büyükelçisi'nin bildirdiğine göre, Halep vilayetindeki Müslümanlar öyle büyük bir propaganda bombardımanına uğramışlardı ki, **II. Wilhelm'in Müslüman olduğuna** ve **Almanların Rusya'ya karşı İslam uğruna savaştığına** inanmış görünüyorlardı.

Alman ve Türk propagandacılar Alman İmparatoru II. Wilhelm'den **"İslam'ın dostu ve koruyucusu Hacı Wilhelm"** diye sözediyorlardı.[158]

Alman İmparatoru'nun kendisini **"Hacı Wilhelm"** olarak adlandırmasının ve Müslümanlara böyle tanıttırmasının kuşkusuz bir nedeni vardı. Maide suresinin 51. ayeti, Müslümanların Yahudi ve Hıristiyanları "veli" edinmesini manların Yahudi ve Hıristiyanları "veli" edinmesini yasaklıyordu.

> Ey Tanrı'yla Antlaşanlar. Yahudileri ve Hıristiyanları *'veli'* edinmeyin. Onlar birbirlerinin *'veli'*sidirler. Sizlerden her kim onları *'veli'* edinirse o da onlardan olur. Kuşkusuz Tanrı gerçekleri karartan toplumları doğru yola eriştirmez.

"Veli" sözcüğü Kur'an'da çeşitli ayetlerde **"sığınılacak yasal dayanca"**, **"sığınılacak yasal savunucu"**, **"sığınılacak yasal koruyucu"** anlamlarına geliyordu. **"Veli"** sözcüğünden türeyen **"mevla"** sözcüğü de Kur'an dönemi Arapları arasında, kabile yasalarında; *'bir kabileye sığınan ve sığındığı andan başlayarak o kabilenin yasalarına bağlanması karşılığında, kabilenin üyesi olarak görülüp hakları o kabile tarafından korunan, savunulan yabancı'*ların konumunu belirtmek için kullanılan bir deyimdi. Kur'an'da, pek çok ayette, *Müslümanların Tanrı'dan başka "veli"sinin olamayacağı* vurgulanıyordu. Osmanlı İmparatorluğu'nun ve Halife Padişah'ın Hıristiyan Almanya ile kurduğu ilişki, Kur'an'da "veli" sözcüğüyle tanımlanan nitelikteydi. Hıristiyan II. Wilhelm'in, Müslümanların Halife'si olan Padişah'a "veli" olması Kur'an'a aykırıydı. Maide suresi'nin 51. ayetinin bu ilişkiye engel olarak gösterilmesinin önüne geçmek için tek yol, Hıristiyan Alman İmparatoru'nun gizliden Müslümanlığı benimsediği, dahası "Hacı" olduğu yalanını yaymak ve böylece Maide sureti 51. ayetini işletilemez duruma getirmekti. II. Wilhelm'in Müslümanlığının, "Hacı"lığının uydurma olduğu, 1891-1895 yılları arasında Almanya'da kendi adına Vatikan'ın **Petersdom Katolik Kilisesi**'ne karşı **Protestan "II.Wilhelm Kilisesi"** yaptırmasından belliydi. Ama dünya Müslümanlarını Alman çıkarları doğrultusunda savaştırabilmek için yalancıktan Müslüman ve de Hacı görünmek gerekince, bu oyunu oynamaktan çekinmiyor, Osmanlı Halife'sini Almanya güdümünde İslam Birliği'ni kurmaya yöneltiyordu büyük paralar dökerek.

Alman güdümlü İslam Birliği ve Cihad

Teşkilat-ı Mahsusa (Osmanlı istihbarat teşkilatı) önderlerinden Eşref Kuşçubaşı'nın birinci elden yaptığı açıklamaya göre:

> Cihad'ı ve İslam Birliği'ni kullanma fikri, bir Alman planıydı ve General von der Goltz tarafından 1914 yılının ilk yarısında Enver Paşa'ya çok ikna edici bir şekilde önerilmişti. Ali İhsan Sabis de, **bu fikrin Almanlardan çıktığını**, özellikle **Alman Askeri Misyonu üyelerinin ve Osmanlı İmparatorluğu'nun Alman Genelkurmay Başkanı Bronsart (von Schellendorff) Paşa'nın bu konuda etkili olduğunu** belirtmiştir.[159]

Enver Paşa'nın Alman buyruğuyla kurduğu Alman güdümlü Osmanlı İstihbarat Teşkilatı "Teşkilat-ı Mahsusa", Alman altınıyla beslenen bir örgüttü. Almanya'dan yapılan altın aktarımı, Alman Askeri Misyonu tarafından düzenli olarak İstanbul'a getiriliyordu. Teşkilatın eline geçen toplam miktar 4.000.000 altın lira civarındaydı. Teşkilat Alman isteklerine aykırı davrandığında ödemeler kesilerek yola getiriliyordu. Parasal bağlantı Eşref Kuşçubaşı ile Yarbay Kress von Kressenstein arasında gerçekleştiriliyor ve Almanya, örgütün etkinliklerine, başında bulunan Enver Paşa aracılığıyla yön veriyordu.[160] Tüm giderleri Almanlar tarafından karşılanan İslam Birliği propagandası[161] bağlamında Alman malı "Cihad-ı Ekber" fetvasını[162] kaleme alan kurulda,[163] 1907'lerde temeli atılan ve Almanlarca beslenen İslam Birliği amaçlı Gizli İstihbarat Örgütü *Teşkilat-ı Mahsusa*'nın üyelerinden **Said-i Kürdi (Nursi)** de bulunuyordu.[164]

Said-i Kürdi (Nursi)

Şeyhülislam, Alman Malı Cihad-ı Ekber fetvasını okuyor

Askerlerimiz Cihad Fetvasını dinliyor

Alman altınları gelir gelmez yazımına başlanan "cihad" metninde *"İslam Hükümetlerine yardımcı olan Almanya..."* övgüyle anılıyor; İngiltere, Fransa ve Rusya gibi düşman devletlerin uyruğunda yaşayan Müslümanların, o ülke yönetimlerince askere alınıp Almanya'ya karşı cepheye sürülmeleri durumunda **Almanya'ya karşı savaşmalarının günah olacağı** özenle vurgulanıyordu.[165]

Müslüman Türk Osmanlı Mehmetçikleri, toplandıkları alanda Şeyhülislamın okuduğu Cihad-ı Ekber Fetvası'nı büyük bir inançla dinlemiş, Tanrı'ya duydukları bağlılıkla, atlarına binip cepheye ölüme koşmuşlardı; bu fetvaların Alman altınlarıyla, Hıristiyan rüşvetleriyle, Hıristiyan Almanya'nın dünyada tek egemen olması amacıyla çıkartıldığını bilmeden...

Cihad Fetvası'nı dinleyen Askerler cepheye gidiyor

II. Wilhelm'in yaptırdığı Alman Çeşmesi'nin önünde toplanan topçu birlikleri II. Wilhelm'in yaptırdığı bu çeşmeden su içip ona dua ederek cepheye gidiyordu.

Galata köprüsünde olağanüstü bir durum gözleniyor, birlikler kimi atlı kimi yaya sivillerin bakışları altında "Cihad" gidiyorlardı.

Ardından siviller askere alınmak için akın akın askerlik şubelerine başvuracaktı.

Atlı birlikler, süvari kıtaları, atlarına binmiş, bayraklarını çekmiş, Cihad Fetvasını dinlemiş, komut bekliyordu.

Hıristiyan Alman Malı Cihad Fetvası'nı dinleyen askerlerimiz cepheye gidiyordu; ama nereye?

Önce Sarıkamış'a.

Hıristiyan Alman Cihad'ıyla donmaya ve ölmeye.

Sarıkamış'ta çoğu donarak ölecek olan askerlerimiz

Alman Malı Cihad = Sarıkamış Faciası

Can Dündar 28 Aralık 2004 günlü Milliyet'te yayımlanan yazısında bu acı olayı şöyle öyküleniyordu:

Sarıkamış: Yeni bir dönüm noktası

19 Aralık 1914 gecesi Enver Paşa Köprüköy'deki karargâhından İstanbul'daki eşi Naciye Sultan'a şu satırları yazıyordu: *"Naciye, güzel melek! Ben yakında avdeti umarken şimdi zuhur eden bir hal beni daha bir müddetçik buraya bağladı. 3. Ordu Kumandanı Hasan İzzet Paşa orduyu idare için kendisinde cesaret göremediğini söylüyor. (..) Hep umduğum adamlar böyle çıkıyor. Şimdilik 3. Ordu'yu ben idare edeceğim."* Hasan İzzet Paşa, Enver Paşa'nın Harp Akademisi'nden strateji hocasıydı. Ama saraya damat olan Enver, **alay, tümen, kolordu, ordu komutanlıklarında bulunmadan Almanların desteğiyle başkomutan vekilliğine atanmıştı.** Şimdi de tecrübesizliğinin ve rekabet hırsının verdiği ataklıkla imkânsızı istiyordu: Rus ordusu Sarıkamış'ta kuşatılıp yok edilecekti. **Plan, Alman patentliydi.**

Alman ordusu Polonya cephesinde Ruslarla savaştaydı. **Sarıkamış cephesi açılırsa Ruslar bazı birliklerini Polonya'dan Kafkaslara çeker** diye umuyorlardı. **Osmanlı ordusu, bir Alman generalin komutasındaydı. Enver ve ordusu onun emirlerini uygulayacaktı.** Ancak 3. Ordu Komutanı Hasan İzzet Paşa, "Bu karda kışta, teçhizatsız birlikleri savaşa sürmenin cinayet olacağı" kanısındaydı. Enver Paşa'ya bu görüşünü açınca tokat gibi bir cevap aldı: **"Eğer hocam olmasaydınız, sizi idam ettirirdim."** Ve Enver Paşa hocasını İstanbul'a yollayıp ordunun başına geçti. Yayımladığı bildiride **"Başarı giysilerle değil, her askerin kalbindeki yiğitlik ve cesaretle kazanılır"** dedi. Eşine yazdığı mektuplar **"Allah kısmet eder de şu Moskofları bir ezersem, o vakit cicimi açık alınla kucaklarım. (..) Müsaade et, her tarafını emip öpeyim de Enver'ini ömrünce unutma"** diye bitiyordu. Enver Paşa sonunda Naciye'sine ve cepheden telgrafla sıhhatini sorduğu köpeğine kavuştu, ama **tipi altında yalınayak Allahuekber Dağlarına sürdüğü 90 bin asker, bir daha evini göremedi.** Koca ordunun tek kurşun atamadan kara gömüldüğü günlerde, İstanbul gazeteleri Genel Karargâh'ın zafer bildirisini yayımlıyordu: "Ordumuz Sarıkamış'a dek ilerleyerek kesin başarı kazanmıştır." (Bkz: Alptekin Müderrisoğlu, "Sarıkamış Dramı", Kastaş Y., 2004)

Alman komutan Liman von Sanders, 13 Aralık 1917'de yazdığı raporda Sarıkamış faciası konusunda "kayıpların çoğu büsbütün yanlış önlemler yüzündendir," diyordu:

> 1914 Aralık ile 1915 Ocak ayında yapılan birinci Kafkas Seferi: Enver'in komutasında olup **General Bronsart'ın kurmay başkanlığında bulunduğu** 90.000 askerlik 3. Ordu sınıra yakın Hasankale yöresindeki dağlar üzerinde pek uygun savunma yerlerinde ve kendinden üstün olmayan Rus kuvvetleri karşısında idi. **Ordu başarılı savaşlarla dağlardan geçebilse bile kuşatma topları olmadığından Kars Kalesi'ni hiçbir zaman alamazdı.** Hal böyle iken, **önlemek için yapılan bütün tavsiyelere rağmen, Sarıkamış-Kars üzerine saldırıya geçilmek kararı verilmiştir.** Sol hatta karlı dağların keçi yolları üzerinde yetersiz yiyecek hazırlığı ile harekete geçen iki kolordunun sonu, ikisinin de ayrı ayrı yenilmesi olmuştur. Başka bir kolordu da bu arada cephede başarısız

savaşlar yapıyordu. **Resmi belgelerle anlaşıldı ki, 90.000 kişiden ancak 12.000 kadar er pek acıklı durumda geri dönebilmiştir.** Geri kalanı vurulmuş, açlıktan ölmüş, donmuş veya esir düşmüştür. **Harp tarihi bu saldırı için hiçbir özür bulamayacaktır.** [166]

Cepheye sürülen askerlerimizden kaçının yaralandığı kaçının şehit olduğu kaçının sağ kaldığı konusu tartışmalı olsa da, Avrupa'da Polonya cephesinde Rus ordularıyla savaşan Almanların, salt Rusların gücünü bölüp kendilerini kurtarabilmek için Osmanlı ordusunu Sarıkamış'a sürdükleri kesindi. **Osmanlı ordusunda Genelkurmay Başkanı olan Hıristiyan Alman Bronsart**, Enver Paşa aracılığıyla 90.000 Müslüman Türk askerini salt bu amaçla cepheye sürmüş, bunlardan onbinlercesini bu uğurda kırdırmıştı. Her şey Almanya'nın dünyaya tek başına egemen olması için yapılıyordu, İslam'ı bu amaç uğruna bir araç olarak kullanmaktan çekinmiyordu görevliler.

Dünya Egemenliği peşinde koşan Alman İmparatoru II. Wilhelm 1915'te yayımlanan bir İtalyan karikatüründe böyle gösteriliyordu.

Alman Malı Cihad İlan Eden Osmanlı'nın Genelkurmay Başkanı da Bir Hıristiyan Alman: Bronsart von Schellendorff

Osmanlı, II. Abdülhamid tarafından bir Alman yarısömürgesi durumuna getirildikten sonra, Osmanlı ordusunun her basamağında Türk subayları Alman subayların komutası altına sokulmuş; 2 Ağustos 1914 günlü Osmanlı-Alman Gizli Askeri İttifak Antlaşması ile Osmanlı Genelkurmay Başkanı'nın Almanlardan olması sağlanmış[167]; **Padişah V. Mehmet'in onayıyla yürürlüğe giren** bu gizli askeri ittifak antlaşması gereğince, Alman general Bronsart von Schellendorff Osmanlı'nın ilk Alman Genelkurmay Başkanı olmuştu. Burhan Oğuz, bu gerçeği şöyle vurgular:

> Büyük bir oportünist olan **Osmanlı Genelkurmay Başkanı Bronsart von Schellendorff,** Liman von Sanders'in şiddetli muhalefetine rağmen Enver Paşa'yı o uğursuz Sarıkamış seferine itmişti.[168]
>
> **General Bronsart von Schellendorff, Osmanlı Genelkurmay Başkanı olup,** Türk Harbiye Nezareti'ndeki bütün önemli işlevlere, çeşitli silahlar ve illerdeki ordu denetlemelerine Alman subaylarını görevlendirmişti.[169]

Friedrich Bronsart von Schellendorff (1864-1950)
1914-1917 türkischer Pascha und Chef des
Generalstabes des türkischen Heeres

Osmanlı'nın Alman Genelkurmay Başkanı Bronsart, 1936 yılında yayımlanan bir yazısında, şunları söylüyordu:

> **Türkiye'nin savaşa ne zaman gireceğine Alman Genel Kurmayı karar vermiştir. Kafkasya'ya saldırı yapılması fikri de**

Alman genel kurmayınındır. Esas olarak Kafkas cephesi ikinci dereceden önemli bir cephedir. Önemli olan düşmanlarımızın buralara ordu birliklerini kaydırmasını sağlayarak, **birinci derecede önemli asıl cephelerdeki yani Avrupa cephelerindeki Alman ordularına karşı düşman baskısını azaltabilmektir.** (...) Süveyş kanalına yapılan harekat da aynı nedenle yapılmıştır. Yoksa **Türklerin Mısır'ı fetih etmeleri için değil.** Zaten böyle bir şey, eldeki az sayıdaki kuvvetler ve çöl de dahil olmak üzere uzun bir yürüyüş yapıldıktan sonra mümkün değildir. Asıl amaç İngilizlerin bu harekat nedeniyle Süveyş kanalını kapatmalarını sağlayarak onları zayıflatmak ve Kanal bölgesine de asker yığmalarını sağlamaktı. Hakikaten bunda başarılı da olundu.[170]

Alman General Friedrcih Bronsart vo Schellendorff, Osmanlı ordusuna verdiği buyrukları "Genelkurmay Başkanı", "Başkumandan Vekili" gibi ünvanlar kullanarak imzalıyordu.

Friedrich Bronsart vo Schellendorff'un sol alt köşede "Başkumandan Vekili Namına v. Bronsart" diye imzaladığı 20 Nisan 1915 tarihli belge. BOA, HR. SYS, 2098/10[171]

I. Dünya Savaşı'nda Osmanlı devletinin Genelkurmay Başkanlığı koltuğunda Almanların oturduğuna ve bunların Osmanlı ordusunu Alman çıkarlarının gerektirdiği biçimde cephelere sürdüklerine ilişkin utanç verici gerçek, Kara Harp Okulu, Atatürk İlkeleri ve İnkilap Tarihi Dersi Öğretim Elemanı Hayrullah Gök ve Kara Harp Okulu Uluslararası İlişkiler Dersi Öğretim Elemanı Mesut Uyar'ın *Toplumsal Tarih* dergisi Kasım 2000 sayısında yayımlanan *"Birinci Dünya Savaşı'ndaki Alman Askeri Yardım Heyeti'nin Bilinmeyen Bir Yönü: Bir Arşiv Yağmasının Hikayesi"* başlıklı makalelerinde tüm çıplaklığıyla şöyle gözler önüne seriliyordu:

> General Liman von Sanders komutasındaki Alman Askeri Yardım Heyeti'nin Hizmet Sözleşmesi **27 Ekim 1913** tarihinde, Bahriye Nazırı ve Harbiye Nazırı Vekili Çürüksulu Mahmud Paşa tarafından 5 yıllık bir süreyi kapsayacak şekilde imzalandı.[172] (...) Böylelikle Alman denetiminde yeni bir ordu kurulması için ilk adım atıldı.[173]
>
> **Genelkurmay Başkanlığının**
> **Yeniden Yapılandırılması**
>
> Alman Genelkurmay Başkanlığı, yeni Osmanlı ordusunun teşkili safhasında asıl önemi, doğal olarak, Osmanlı Genelkurmay Başkanlığı'na (Erkan-ı Harbiye-i Umumiye Dairesi) verdi. (...) Alman Genelkurmayı'nın bir benzerinin kurulması düşünülmekteydi. Bu amaçla, başlangıçta tümen komutanı olması planlanan Prusya Albayı Bronsart von Schellendorf[174], Erkan-ı Harbiye-i Umumiye Dairesi Erkan-ı Harbiye Reis-i Saniliği (Genelkurmay Birinci Yarbaşkanlığı: Genelkurmay Karargahı Kıdemli Başkanlığı) görevine getirildi.[175]
>
> Genelkurmay reformunda asıl önemli adım, Harbiye Nazırı ve Genelkurmay Başkanı Ahmed İzzet Paşa'nın istifa ettirilip yerine 3 Ocak 1914 tarihinde Enver paşa'nın atanması ile atıldı. **Bronsart von Schellendorff** ismi değişse de makamını korudu ve onun önderliğinde genç ve yetenekli kurmay subaylardan oluşan yepyeni bir Genelkurmay teşkil edildi.[176] (...) **Planlar, Türk kurmay subaylar dışlanarak, Bronsart von Schellendorff ve 1.nci Şube Müdürü (Harekat, Eğitim, Harp Tarihi) Yarbay Kress von Kressenstein tarafından hazırlandı.** Söz konusu hazırlık sırasında Alman Genelkurmayı ile

yoğun yazışmalar yapılarak koordinasyon sağlandı. Ayrıca, bu planların hazırlanması esnasında yepyeni bir uygulama başlatılarak **bütün hazırlık çalışmaları (taslak ve müsveddeler), onay belgeleri (üst komutanlık ve koordine makamların parafları) ve Alman Genelkurmayı ile yapılan yazışmalar, von Schellendorff'un Alman Başyaveri tarafından diğer evraklardan ayrı olarak arşivlenmeye başlandı.** Türk subayların bu belgelere nüfuz etmesi önlendi ve bu uygulamaya savaş boyunca devam edildi.[177] 3 Ağustos 1914 tarihli irade ile hazırlanan Seferberlik planları doğrultusunda 1. Dünya Savaşı seferberliği uygulanmaya başlandı. **Harbiye Nezareti ise Başkomutanlık Vekaleti'ne dönüştürüldü.** Bu son düzenleme ile **von Schellendorff fiilen Genelkurmay Başkanlığı görevine getirildi.**[178] Böylelikle orduda **Enver Paşa'nın sınırlı etkinliği de sona erdi.** Hatta bu tarihten sonra **bazı belgelerde von Schellendorff'tan "Erkan-ı Harbiye-i Umumiye Reisi"** (Bugünkü söyleyişle: Genel Kurmay Başkanı) **şeklinde bahsedilmeye başlandı.** Aynı iradeyle Genelkurmay teşkilatı yeniden değiştirildi ve **Kritik Merkez Şube Müdürlüğü doğrudan von Schellendorff'a bağlandı.** Artık **bütün önemli yazışmalar Almanlar'ın denetiminde** yapılacaktı. Tabii ki, bu evrakların asılları ve taslaklarının ayrı olarak Almanlar'ın denetiminde arşivlenmesi işlemine devam edildi.

20 Ağustos 1914 tarihinden itibaren **von Schellendorff** olası savaş durumunda açılacak cephelerle ilgili planları hazırlamaya başladı.[179]

Von Schellendorff'un Osmanlı Genelkurmayı'nı idare tarzı ve Enver Paşa'nın Almanlar'a desteği Türk subaylarında yavaş yavaş infiale ve muhalefete yol açmaya başladı. Artık rahatsızlık ve tepkiler açıkça ifade edilmekte, Alman planları eleştirilmekteydi.[180] Bu gelişmeler üzerine **muhalif görülen subaylar birer birer tayin edilerek Genelkurmay'dan uzaklaştırıldı** veya pasif görevlere atandı. Hatta, şube sayısı arttırılarak önemli şubeler etkisizleştirildi.[181] **Savaş başladığında artık denetim mutlak olarak von Schellendorff'un, dolayısıyla Alman Genelkurmayı'nın elindeydi.**

Enver Paşa Faktörü

Liman von Sanders başkanlığındaki Alman Askeri Yardım Heyeti'nin ülkeye gelişinde, Berlin Askeri Ataşesi olarak önemli rolü olan **Enver Paşa, savaş öncesi ve sırasında da Almanlar'la ilişkileri asıl belirleyen kişi** oldu. Enver Paşa, Osmanlı İmparatorluğu ve ordusunun kurtuluşunu Alman askeri yardımı ve ittifakında görerek, özellikle Osmanlı Genelkurmayı'nın Alman denetimine bırakılması için var gücüyle çalıştı. Harbiye Nezareti (müteakiben Başkomutanlık Vekaleti) ve Genelkurmay Başkanlığı'nı üzerine alması, onun bu konudaki ilk önemli adımı oldu. (...) Zaman içinde **von Schellendorf'a duyduğu güvenin artması ve eskiden beri Alman sistemine hayranlığı, Genelkurmay'ı tamamen von Schellendorf'a bırakmasına yol açtı.**[182]

Savaşın başlaması ve büyük umutlarla çıkılan **Sarıkamış Seferi**'nin büyük bir felaketle sonuçlanması, Enver Paşa'nın ordu ve savaşın denetimini gittikçe artan düzeyde **Alman subaylarına terk etmesine** sebep oldu.[183] Osmanlı İmparatorluğu ise artık büyük Avrupa savaşının bir yan cephesi olarak görülmekteydi. **Osmanlı Ordusu, Alman Yüksek Komutanlığı'na bağlı bir ordu, Osmanlı Genelkurmayı ise Alman Genelkurmayı'na bağlı bir ordu karargahı** olarak[184] muamele görüyordu. **von Schellendorf'un Alman Genelkurmay Başkanlığı'na yazdığı 15 Aralık 1917 tarihli raporu** bunun kanıtıdır:

> "Türkiye, coğrafi durumu, askeri ve ekonomik kudreti itibariyle bu savaşta ancak ikinci derecedeki bir cephe önemindedir; aynı zamanda Türkiye esas neticenin alınacağı esas savaş cephesinin (yani Avrupa'daki cephenin) yükünü hafifletmek gibi fedakarlıklarla dolu bir görevi de üzerine çekmeli idi..."[185]

Ayrıca Türkiye'nin Alman Genelkurmayı, Osmanlı İmparatorluğu'nun bazı cephelere kuvvet ayırmadığının ve bu bölgelerin kaybedileceğinin de bilincindeydi. Ancak, her şeye rağmen Alman Genelkurmayı'nın plan ve emirlerine sadık kalınmalıydı:

> "Kullanılması mümkün görülen kuvvetlerden bazıları esas muharebe cephelerine gönderilmiş ve orada kat'i neticeleri alınan savaşlarda çarpışmışlardır (Galiçya kastolunuyor). Bu yapılırken Türk sınır bölgesinin bazı kısımları ve orada bulunan, fakat askeri bakımdan önemli olmayan, **"mukaddes yerler"in bırakılması pahasına olsa dahi** böyle hareket

edilmiştir. Şayet Avrupa'da kat'i netice alınırsa, elden giden ülkelerin geri alınması mümkün olacaktır (....) Benim bütün isteğim, **(Alman) Yüksek Kumandanlığın arzularını burada (Türkiye'de) tatbik etmek**tir..."[186]
İşin ilginç tarafı, **Enver Paşa'nın da aynı fikri paylaşmasıydı ve tam bir işbirliği** mevcuttu. Bu işbirlikçi tutuma en iyi örnek ise **Sadrazam Said Halim Paşa ile Enver Paşa ve Kabine üyelerinin imzasını taşıyan ve Padişah tarafından da onaylanan 29 Ekim 1916 tarihli "Harekat-ı Harbiye-i Umumiye" başlıklı irade**dir. Bu iradeyle açık bir şekilde **zafere ulaşmanın yolunun askeri komuta ve savaş idaresinin Almanya'ya terk edilmesi** gereği kabul edilmektedir:
"Bugünkü harpte **işbirliği ettiğimiz, emel ve kaderimizi bağladığımız müttefiklerimizle fikir ve harekat bakımından anlaşmış olmamız bir zorunluluk**tur. En son ve kesin başarının elde edilmesi için, fikir ve harekatta birleşik olma ve yardımlaşma lazımdır. (....) Muharebenin cereyan ettiği alanların tek cephe sayılması ve önemli askeri harekat için genel karargahlar arasında müzakere yapılması lazımdır. **Harp harekatının genel sevk ve idaresinin birleştirilmesi ile bunun Alman İmparatoru tarafından deruhte edilmesi,** Avusturya-Macaristan ve Bulgaristan hükümetlerince kabul olunduğu, Alman Genel Karargahı Kurmay Başkanlığı'nın yazılarında da anlaşılmıştır. **Osmanlı Devleti'nin de bu kararlara uyarak hareket etmesi istenmekte** olduğundan ve bu hususta düzenlenen esaslar Devlet-i Aliyelerine sunulmuştur. Vekiller Heyetimizce de uygun görülen bu esasların İrade-i Seniyyeleriyle onaylanmasını arz ederiz..."[187]
Alman denetimindeki Osmanlı Genelkurmayı bütün önemli kararları, sefer planlarını ve her tür yığınağı zaten **Alman Genelkurmayı'nın emir ve denetimi altında** yapmaktaydı. Bu irade ile yapılanlara yasallık kazandırılmış ve son engeller de ortadan kaldırılmış oldu. Bütün bu önemli yazışmalar ve hazırlık çalışmalarının **Alman subaylar denetiminde ayrı bir şekilde arşivlenmesi** işlemine de devam edildi. En üst düzey komutanlar dahil, hiçbir Türk subayı plan ve yazışmalara ulaşamıyordu.[188] Bu uygulama savaşın son dönemine kadar titizlikle devam ettirildi.[189]

Savaşın ilk dönemindeki yoğun tempo ve **Genelkurmay'dan Türk subayların uzaklaştırılması** nedeniyle Alman denetimine yönelik muhalefet zayıflamıştı. Ancak uğranılan yenilgiler ve bunda Genelkurmay'ın yanlış değerlendirme ve emirlerin etkisi Alman komutanlara karşı muhalefeti şiddetlendirdi. **Bu konuda en dikkat çekici tavır ve uyarı 7. Ordu Komutanı Mustafa Kemal Paşa'dan geldi. Mustafa Kemal Paşa, Enver Paşa ve Talat Paşa'ya gönderdiği 20 Eylül 1917 tarihli raporda, Suriye-Filistin cephesindeki kötü durumu vurgulayarak acilen Almanlar'dan bağımsız, milli çıkarlara uygun davranılması gerektiğini belirtiyor, aksi takdirde ise çok büyük bir felaketin kaçınılmaz olduğunu** yazıyordu:

"İçinde bulunduğumuz bataklıktan Almanlar'la beraber bulunarak kurtulmak zaruri ise de, **Almanlar'ın bu zarur333en imdadı ve harpten istifade ederek bizi müstemleke şekline sokmak ve memleketimizin bütün menabiini (kaynaklarını) kendi ellerine almak siyasetine muarızım (karşıyım)** ve rical-i devletin bu hususta hiç olmazsa Bulgarlar kadar müstakil ve kıskanç olmalarını lüzumlu görürüm..."[190]

(...) Alman Askeri Yardım Heyeti Başkanı Liman von Sanders'in savaşın sonunda yazdığı **27 Mart 1919 tarihli rapor** konumuz açısından oldukça anlamlıdır:

"Enver, Almanya için çok elverişli biri idi; fakat bu hal ise Almanya'nın aleyhine oldu. Çünkü Enver, askeri hareketler hakkında umumi görüş ve sarahat sahibi değildi ve zararlı **Alman tesirlerine kendini kaptırmıştı.** Daha az uysal, fakat kendi vatanının menfaatlerini candan benimsemiş olan (başka bir) Türk Harbiye Nazırı, Türkiye ve bununla birlikte Almanya için çok daha başka türlü faydalı olabilecekti. Bu husus Almanya'da bir türlü anlaşılmak istenmemiştir..."[191]

Hans von Seeckt'in Osmanlı Ordusu'nda görevlendirilmesi
Genelkurmayın harbin idaresine yönelik olarak aldığı ağır eleştiriler ve Liman ile Bronsart arasındaki anlaşmazlık[192] sonucu von Schellendorf'un Almanya'ya geri çağrılmasına karar verildi.[193] von Schellendorf'un yerine uzun görüşme ve araştırmalar sonrasında **Tuğgeneral Hans von Seeckt** atandı.[194]

Murat Bardakçı da 26 Aralık 2004 günlü Hürriyet'te yayımlanan bir yazısında bu gerçeği vurgulayarak şöyle diyordu:

> Birinci Dünya Savaşı'na girmemizden hemen sonra, o günlerde devletin en güçlü adamı olan ve **'Harbiye Nazırı ve Başkumandan Vekili'** ünvanını taşıyan **Enver Paşa**, .. Sarıkamış'ı hedef alan bir harekât hazırlığına girişti. .. Ve, çoğumuzun hálá bilmediği bir husus: Türkiye'nin o günlerdeki **Genelkurmay Başkanı Türk değil, bir Alman generaliydi:** General **Bronsart von Schellendorf!**

Daha da acısı, Enver Paşa Genelkurmay Başkanlığı'nı kendi isteğiyle Alman generale bırakmıştı.[195] Üstelik Kudüs'e, Kutsal Toprakları, El-Aksa Camisi'ne, vs. giderken bile yanından ayırmamıştı Alman generali.

Yukarıdaki fotoğrafın en solunda ağzını açmış havaya bakan subay, Osmanlı'nın Genelkurmay Başkanı Alman general Bronsart von Schellehdorff'tu. Enver Paşa onu da Cemal Paşa'yla birlikte Kudüs'e, Kubbet üs-Sahra'ya, El Aksa Camisi'ne götürmüş[196], bu Hıristiyan Alman'ı cami imamına ve çevrelerinde toplanan Müslümanlara Genelkurmay Başkanı olarak tanıştırmıştı.

Başlarında Alman General Bronsart von Schellendorf'un Osmanlı Genelkurmay Başkanı olarak bulunduğu Osmanlı askeri heyeti, önlerine düşen Enver Paşa ve Cemal Paşa ile birlikte Kudüs'te kutsal yerleri dolaşırken.[197]

Yüksek rütbeli komutanlardan oluşan aralarında Alman generallerin de bulunduğu Osmanlı askeri heyeti Kudüs'ten ayrılırken.[198]

İslam Birliği Mücahidi, Mukaddes Cihadçı Enver Paşa, Kudüs'te Müslüman halka Osmanlı'nın genelkurmay başkanının bir Hıristiyan Alman olduğunu göstere göstere dolaşırken, bunun Müslüman halk üzerinde nasıl bir etki yaratacağını hiç düşünmemiş miydi? Düşünmüşse ne düşünmüştü? Bunları bilmiyoruz. Fakat cephelerde Alman komutası altında savaşan Osmanlı komutanları bu durumdan oldukça öfkeliydi.

Mustafa Kemal (Atatürk)'ün Alman Komutanlara İsyanı

Friedrich Bronsart von Schellendorff'un Osmanlı Genelkurmay Başkanı olduğu dönemde, 7. Ordu kumandanı olarak Suriye-Filistin-Irak cephesinde Alman Mareşal Falkenhayn'ın komutası altında bulunmaktan rahatsız olan Tuğgeneral Mustafa Kemal, İstanbul'a, Enver Paşa'ya ve Sadrazam Talat Paşa'ya bir rapor göndererek bu durumun sakıncalarını apaçık gösterecekti. Genelkurmay Askeri Tarih ve Stratejik Etüd Başkanlığı (ATASE) Atatürk Arşivi, Klasör 33, Dosya 12-16/A, F. 19-38'de tam metni bulunan 20 Eylül 1917 tarihli raporunda[199] özetle şöyle diyordu Mustafa Kemal:

> (...) İçinde bulunduğumuz bataklıktan Almanlarla birlikte kurtulmak zorunlu ise de, **Almanların bu zorunluluktan ve savaşın uzamasından yararlanarak bizi sömürge şekline sokma ve ülkemizin bütün kaynaklarını kendi ellerine alma siyasetinin karşısındayım.** Ve devlet adamlarının bu konuda hiç olmazsa Bulgarlar ölçüsünde bağımsız ve kıskanç olmalarını gerekli görürüm. Ayrı ve bağımsız olma konusunda kıskanç olduğumuz, Almanlar'ca gereği gibi anlaşıldığı gün, onların bizi Bulgarlardan daha önemli ve saygı değer göreceklerine size temin ederim. İyi idare edeceğim diye durmadan ödünler vermek, herhangi bir müttefike ve özellikle Almanlara merhamet ve ihsan telkin etmeyip, onları belki verdiklerimizden yüz kat fazlasını elde etmeye hırslandırır ve teşvik eder. Bugün **Falkenhayn** her vesilede herkese karşı **Alman olduğunu ve elbette Alman çıkarını en fazla düşüneceğini** söyleyecek kadar cesaretlidir. Halep'te, Fırat'ta ve Suriye'de Alman siyasetinin ve Alman çıkarının ne demek

olduğunu ve özellikle bu sözü kullanan bir Alman konsolosu olmayıp, **yüz binlerce Türk'ün kanı için karar vermek mevkiinde bulunan bir kumandan** olursa, işin tümüyle ülke çıkarlarımıza karşı cereyan edeceğini anlamamak mümkün değildir. **Falkenhayn, geldiği günden beri aşiretlerin reislerine Alman teğmenleri göndererek doğrudan doğruya temas kurmaktadır** ve "**Araplar, Türklere düşmandır, biz Almanlar tarafsız olduğumuzdan onları kazanabiliriz**" sözünü bizzat bana, yani bir ordu kumandanına söyleyebilmiştir. Irak harekâtının uygulanamaz olduğunu kendisi daha ilk günden beri anlamıştır. Falkenhayn, **Irak harekâtını, (Almanların) ülkeye yerleşmesi için bir araç olarak gördü**. Gerçekte, **amacı, bütün Arabistan'ı Alman idaresine almaktı**. Nitekim tasarısının ikinci evresini uygulamaya başlamıştır. Irak hedefi doğal olarak değişince Sina cephesinde bir saldırıya girişmeyi söz konusu etti. İki ay sonra saldırı mı yoksa savunma mı gerekiyor olduğunun şimdiden kestirilemeyeceği, herkes gibi, onun gözünde de açıktı. Fakat bugün saldırıdan söz etmesi, bütün Suriye'nin -Arabistan'ın- Alman egemenliği altına girmesi için çekici bir araçtan başka bir şey değildir. İki ay sonra durum, saldırıya elvermeyip bütün güçlerle Filistin'in savunulması mümkün olursa, General Falkenhayn'ın dünyaya ve ülkemize karşı en büyük başarıyı kazanmış pozunda ortaya çıkacağına kuşku yoktur. Fakat **bu durumda, hükümeti ve ülkeyi güçlendirmek koşulu şöyle dursun, ülke tümüyle bizim elimizden çıkarak bir Alman sömürgesi haline girmiş olacaktır.** Ve General **Falkenhayn, bu amaç için bizim borcumuz olan altınları ve Anadolu'dan getirdiğimiz son Türk kanlarını kullanmış olacaktır.** Kısacası, gerek mülki hükümet ve gerek halk içinde yapılacak işlerin sıradan bir ülke sorunu değil, en birinci bir yurt savunması konusu olduğu bu dönemde; yurdun herhangi bir köşesinin herhangi bir yabancı etkisi ve yönetimi altına verilmesi, Osmanlı saltanatının varlığını kesin olarak bozar ve ortadan kaldırır. İşte benim görüşlerim bundan ibarettir. Bulunduğunuz konum nedeniyle bunları anlatmakla vicdanım üzerindeki bir yükü kaldırmış olduğuma inanıyorum.

Yedinci Ordu Kumandanı
Mir-i Liva Mustafa Kemal

Mustafa Kemal (Atatürk)
Alman Komutan Görevden Alınmazsa
İstifa Edeceğini Bildiriyor

Mustafa Kemal, Friedrich Bronsart von Schellendorff'un Osmanlı Genelkurmay Başkanı olduğu dönemde yazdığı yukarıda özetini aktardığımız bu rapordan 4 gün sonra, Enver Paşa'ya bir "Ek Rapor"[200] daha göndererek Alman komutanın buyruğu altında savaşamayacağını nedenleriyle birlikte açıklarken, özetle şöyle diyordu:

> Arıburnu'nda bir tümen kumandanı iken ardarda gelen ve üç tümene ulaşan kuvvetlere kısıtsız koşulsuz kumanda ettiğim için ve dahi ivedi olarak atandığım 16. kolorduyla da Anafartalar'ı savunmaya başladıktan sonra, toplam 11 tümene ulaşan orduya kısıtsız koşulsuz komuta edebildiğim için görevin yerine getirilmesi mümkün olmuş idi. (...) Sina cephesine benim kumanda edebilmem için deneyim eksikliği ve yeterlilik gibi bir gerekçenin öne sürülemeyeceğini bilirsiniz. Çünkü Sina cephesinden daha tehlikeli olan Arıburnu'nu bir küçük kumandan iken başarıyla atlatmış ve Anafarta'da 11 tümen ve bir süvari tugayını başarıyla ve İngiliz ordusunu yenilgiye düçar ederek yönetmiş, özetle 10 tümenden oluşan 2. orduya kumanda etmiş bir kumutan, Sina görevi için sınanmış ve güvenilir derecesini kazanmıştır.
> General Falkenhayn kısıtsız koşulsuz bir Osmanlı'nın buyruğu altına verilmemekte... Yabancı etkisini Filistin'den kuzeye doğru kuracağından kuşku yoktur.
> Ne askeri ne de siyasi olarak Falkenhayn'a kesinlikle güvenim yoktur.
> Onun kararları ve komutası altında görev yapmak yurdum için kesinlikle bir hizmet vaadetmez. Fakat yurdumun çıkarıyla birlikte kendimin onur ve yeteneğinin aşağılanacağı ve beni artık ülkeme hizmet edemeyecek bir konuma düşüreceği kesindir.
> Hükümetin şu iki karardan birini ivedilikle vermesini rica ederim.

1- Falkenhayn Sina cephesinde görev alamaz. ... Sina'nın savunması yalnız 7. Ordu kumandanı (Mustafa Kemal'e) ait olur.
2- Ya da ben (Mustafa Kemal) 7. Ordu kumandasından alınırım.

İvedi yanıt verilmesini, yanıt verilmemesi durumunda kendisinin **komutası altında görev yapmayacağımı General Falkenhayn'a bildireceğimi** arz ederim.
Yedinci Ordu Kumandanı
Mir-i Liva
Mustafa Kemal

Almanya ile Askeri ittifakın yalnızca Osmanlı Ordusunu Alman subayların komutası altına sokmakla kalmayıp, Osmanlı devletini ve topraklarını bir Alman sömürgesine dönüştüreceği, Almanların bunu amaçladıkları apaçık ortada olmasına ve raporlarla kendisine bildirilmesine karşın, Enver Paşa ve diğer yüksek düzeyli yöneticiler, kendileri birer Alman kuklasına dönüşmüş bulundukları için bu uyarıları dinlemeyerek Alman uşaklığını sürdürüyorlardı.

Alman Buyruğuyla 1915 Ermeni Tehciri

Yukarıda belgelerini aktardığımız üzere, I. Dünya Savaşı'nda (1914-1918Osmanlı ordusunun,) tümüyle Alman komutanların yönetimi altına girdiği kesindir. Öyleyse 1915 Ermeni Tehciri de bu Alman komutanların buyruğuyla yapılmış değil midir? Osmanlı'nın 1915'te Genelkurmay Başkanlığı koltuğunda oturan Bronsart, 24 Temmuz 1921 günlü *Deutsche Allgemeine Zeitung* gazetesinin 342 no'lu Sabah sayısı ekinde, kendi döneminde gerçekleşen 1915 Ermeni Tehciri'ni gerekli bulduğunu ve onayladığını açıklayacaktı. Bu açıklamanın özgün Almanca metni ve Türkçe çevirisi, elinizdeki kitabın ([201]) no'lu sonnotunda yer almaktadır.

Bronsart'tan Sonra
Osmanlı'nın Yeni Genelkurmay Başkanı
Yine bir Alman: Hans von Seeckt

Friedrich Bronsart von Schellendorff, Osmanlı'nın son Genelkurmay Başkanı olmadı; Aralık 1917'de o görevden alındıktan sonra, yerine yine bir Alman, bu kez **Hans von Seeckt Osmanlı Genelkurmay Başkanı** olacaktı. [202]

1917 Aralık ayında Osmanlı Genelkurmay Başkanı olan Alman Tuğgeneral Hans von Seeckt (1866-1936)

İşin ilginç yanı, I. Dünya Savaşı yıllarında Osmanlı devletinin Genelkurmay Başkanlığı görevinde bulunan Bronsart ve Seeckt, o yıllarda Osmanlı ordusunda Osmanlı subaylarına ve askerlerine komuta eden pek çok Alman subayı gibi, ileriki yıllarda Hitler'in başını çekeceği NAZİ hareketinin ön saflarında yer alacaklardı.

Yeryüzünde Birinci Dünya Savaşı'na dek Müslümanların Hıristiyan Genelkurmay Başkanlarının komutası altında "Mukaddes Cihad"a giriştikleri ne görülmüş ne duyulmuştu.

Alman İmparatoru Kayzer II. Wilhelm Doğu Galiçya cephesinde Osmanlı-Türk birliklerini denetliyor. 1917

Mehmet Akif Ersoy da Alman Hayranı

O yıllarda Said-i Kürdi (Nursi)'nin dostu ve tıpkı onun gibi Alman güdümünde Alman parasıyla çalışan Teşkilat-ı Mahsusa'nın bir görevlisi olan Mehmet Akif Ersoy dahi, daha 1911'de İtalyanların Trablusgarb saldırısı sırasında kendisini duyumsatan Alman yandaşlığını I. Dünya Savaşı yıllarında da sürdürüyor ve Osmanlı'nın biricik kurtuluş umudu olarak gördüğü Almanlara şöyle sesleniyordu:

> *Değil mi ki anasın sen, değil mi ki Almansın*
> *O halde fikr ile vicdana sahip bir insansın.*
> O halde *"Asyalıdır, ırkı başkadır..."* diyerek,
> hemcinsin olan anaları incitecek
> Yabancı tavrı yakışmaz senin erdemine...
> Gel, katılıver şunların felaketine
> Bilir misin ki senin Doğu'ya yönelen bakışın
> İlk kez doğan güneşidir zavallıların...[203]

Mehmet Akif Ersoy

Almanya Birinci Dünya Savaşı'nda yenilene dek yazdıklarıyla **Alman Mandası Altında Uygarlaşacak Mutlu Osmanlı-İslam Birliği** düşüncesinin önemli savunucularından olan Mehmet Akif, Almanya'nın Osmanlı'ya, Doğuya, Ortadoğu'ya tam anlamıyla yayılmacı, sömürgeci gözle bakışını, *"zavallı Doğu'nun ilk kez doğan güneşi"* olarak niteleyip, **dünya Müslümanlarının kurtuluşunu Hıristiyan Almanya'nın "erdemine" ve mandaterliğine** bırakırken; Almanya, tüm Osmanlı toprakları üzerinde buyurgan olabilmek amacıyla, Osmanlı generallerine ve aydınlarına sandık sandık altınlar dağıtarak, Müslümanları cepheye sürüyordu.

Hıristiyan Emperyalist Almanya'nın rüşvetle satın aldığı Osmanlı yöneticileri aracılığıyla ilan ettirdiği "Cihad-ı Ekber" uyarınca Alman buyruklarıyla cephelerde ölmeye giden Müslüman Türk askerleri.

Alman Mareşalı von Mackenesen, Almancı Enver Paşa'yı yanına almış, Osmanlı ordusunu teftiş ediyor.

Alman Subay'ları 5 milyon altın borçlandırarak Birinci Dünya Savaşı'nda cepheye sürdükleri Müslüman Türk Osmanlı subay ve askerlerine komuta ediyor.

Mustafa Kemal Alman Rüşvetini Reddediyor

Mustafa Kemal bile, Birinci Dünya Savaşı anılarında, kendisine sandıkla Alman altını rüşvet gönderildiğini anlatırken şöyle diyordu:

>Yıldırım Ordusu Komutanlığına atanıp İstanbul'dan Halep'e hareket edeceğim günün gecesi idi. (...) Bir genç Alman subayı, Akaretler'deki 76 numaralı evime geldi, **ufak ve zarif sandıklar içinde, Falkenhayn tarafından bana bazı şeyler getirdiğini** söyledi. (...)
>
>- Bunlar nedir? dedim.
>
>Alman subayı dedi ki:
>
>-İstanbul'dan ayrılıyorsunuz, size **Mareşal Falken-hayn tarafından bir miktar altın** gönderilmiştir.
>
>(...) Tercümanlık eden Türk subayına dedim ki:
>
>- Bu sandıklar bana yanlış geldi. Ordunun Levazım Reisine gönderilmek lazımdı; benim için fazla külfettir.
>
>Subay sözlerimi Alman subayına nakletti.
>
>Alman derhal:
>
>- **Efendim o da başka**, dedi.
>
>(...)

O halde **verdiğiniz altınları size iade edeceğiz.** Aldığınıza dair siz bir belge veriniz. (...) Kolayca tahmin etmek mümkündür ki **Mareşal Falkenhayn beni, belki benden başka birçoklarını böyle sandıklarla altın vererek iğfal etmek yolunda idi.**"[204]

Gönderdiği sandıklarla altın rüşvet Mustafa Kemal tarafından reddedilen Alman generali Eric von Falkenhayn

Osmanlıcılığın, İslamcılığın, İslam Birliği'nin, Hilafet'in ve Cihad'ın Hıristiyan emperyalistler tarafından kendi sömürgen amaçları doğrultusunda araç olarak kullanılmasının geniş kapsamlı ilk örneği olmuştu Birinci Dünya Savaşı. Almanya'nın Osmanlı'yı uydulaştırıp Hilafet ve 1914'te Cihad silahını kullanmasına İngilizler'in hemen iki yıl sonra 1916'da vereceği yanıt, Arapları Osmanlı Hilafeti'ne karşı ayaklandırıp Cihad silahını Osmanlı'ya karşı kullanmak olacaktı.

Alman Malı Osmanlı "Cihad"ına karşı
İngiliz Damgalı Arap "Cihad"ı

I. Dünya Savaşı'nın başladığı 1914'te İngiliz Savaş Bakanlığı Harita Dairesi tarafından Sina bölgesinin askeri haritasını çıkarmak üzere görevlendirilen sivil memur Thomas Edward Lawrence -bilinen adıyla *Arabistanlı Lawrence*-, Osmanlı İmparatorluğu Almanya'nın uydusu olarak savaşa katılıp Almanya'nın isteğiyle Cihad ilan eder etmez Sina'daki görevinden alınarak, 9 Aralık 1914'te üsteğmen rütbesiyle Mısır'ın başkenti Kahire'ye gönderilmiş, Araplar ve Osmanlı coğrafyasındaki Arap toprakları konusunda uzmanlığı göz önüne alınarak, istihbarat örgütünde görevlendirilmişti.

Thomas Edward Lawrence

**Arap-Türk Etnik Ayırımı
ve Vahhabi-Sünni Mezhep Ayırımı
İngilizlerce Kullanılıyor**

İslam toplumlarındaki ırk ve mezhep ayrımlarını birkaç yüzyıldır en ince ayrıntısına dek irdelemiş olan İngilizler, 1700'lerin başlarında Muhammed bin Abdülvahhab'ın kurduğu ve 1747'de Muhammed bin Suud'un benimsemesinden sonra Araplar arasında hızla yayılan Vahhabi mezhebini Osmanlı'ya karşı kullanacaklardı Lawrence aracılığıyla. Kendileri dışında bütün İslam mezheplerini düşman olarak damgalayan Vahhabilik, doğal olarak Osmanlı-Türk Müslümanlığını da İslam'dan büyük bir sapma olarak niteliyor, bunun sonucu olarak Osmanlı Devleti ve Halifeliğini de İslam'dan sapmış bir devlet ve hilafet olarak değerlendiriyordu. Irk bakımından ayrı olan Araplar ve Türkler, bu ırk ayrımını daha da derinleştiren düşman mezheplere bağlıydılar. Öyleyse Arapları İngiltere'nin güdümünde toplayıp Almanlarla işbirliği yapan Osmanlı'ya saldırtmak için bir kıvılcım yetecekti. İngiltere'nin Mısır'daki yüksek komiseri Mac Mahon, bir süredir Mekke Emiri Şerif Hüseyin'le ilişki kurmuş, yazışmalar yapıyordu.

Mekke Emiri Şerif Hüseyin 12 Aralık 1916
(Imperial War Museum, Q59888 Staff Surgeon of H.M.S. *Dufferin*)

Şerif Hüseyin'le Mac Mahon arasında, 14 Temmuz 1914'te Şerif Hüseyin'in mektubuyla başlayıp 10 Mart 1916'da Mac Mahon'un mektubuyla sona eren mektuplar[205] İngilizlerin Osmanlı'ya savaş açmaları koşuluyla *Şerif Hüseyin'in Krallığı altında İngiliz danışmanlarca yönetilecek yarı-sömürge bir Arap Devleti* kurulmasını onayladıklarını ve Şerif Hüseyin'in **Arap Hilafeti**'ne karşı çıkmayacaklarını gösteriyordu. İngiliz korumasında kurulacak ve İngiliz danışmanlarla yönetilecek bu Arap Devleti'nin kukla Kralı ve kukla Halifesi olmayı benimseyen Şerif Hüseyin, uzun süredir siyonistlerin İsrail devleti kurmayı tasarladıkları bölgeyi de Yahudilere bırakmaya eğilimliydi. Sonunda Mac Mahon ve Lawrence'in çalışmaları sonuç vermiş, Osmanlı'nın 1914 "Cihad-ı Ekber" ilanına *"bir Hıristiyanla birleşip başka Hristiyanlara savaş açmaya Cihad denilemez"* diyerek karşı çıkan Şerif Hüseyin, *İngiliz Hıristiyanlarıyla birleşip Osmanlı'ya karşı Cihat* ilan etmişti.

Mekke Emiri Şerif Hüseyin askerleriyle yolda. (Imperial War Museum, Q59728)

Şerif Hüseyin askerleri Akabe'de (Imperial War Museum, Q59305 Published: SP22 Plate 111)

Şerif Hüseyin askerlerince tutsak alınan Osmanlı askerleri Şam'da-Ekim 1918 (Imperial War Museum, Q12367 Published: SP22 Plate 122

İngiliz kışkırtmasıyla Osmanlı'ya karşı ayaklanan Araplar, Bar Sheba'da (1917)

Ocak 1917, Emir Faysal'ın ordusu Vech'e doğru ilerliyor

Emir Faysal, Ocak 1917'de Lawrence tarafından çekilen bu fotoğrafta ordusuyla birlikte Vech'e doğru ilerlerken elinde sancakla deve üzerinde görülüyor. [Imperial War Museum, Q58861-Published: *SP22* Plate 56, 182 x 200 mm]

Emir Faysal ve Lawrence, H.M.S. Orion gemisinin güvertesinde

Emir Faysal 1918'de Glasgow ziyaretinde yanından hiç ayrılmayan İngiliz istihbaratçı Lawrens'le birlikte. [1918 Photograph by *The Bulletin*, 16.12.1918]

Şerif Hüseyin'i "Cihad" konusunda Osmanlı'ya yönelttiği eleştirisinde tümüyle haksız görmemek gerekiyor. Osmanlı subaylarının dillerinden düşürmedikleri "Mukaddes Cihad" sözleri, üniformalarını süsleyen Alman "Demir Haç" madalyalarıyla çelişiyor ve inandırıcılığını yitiriyordu gerçekten. Örneğin II. Wilhelm'in 1917 yılında İstanbul'a gelerek devlet yöneticileriyle görüşmesi sırasında, üniformalar madalya doluydu.

II. Wilhelm 1917 yaz aylarında İstanbul'da Osmanlı Sarayı'nda V. Mehmet ve Enver Paşa'yla. Enver Paşa Padişah'ın hemen arkasında.

Osmanlı devletinin en yüksek iki yöneticisi, Padişah ve Enver Paşa, II. Wilhelm'i göğüslerine Alman Demir Haç madalyaları takmış olarak karşılamışlardı.

Bu fotoğrafta Padişah'ın giysisine dikkatle bakıldığında, "Mukaddes Cihad" ilan etmiş bir Halife Padişah olan V. Mehmet Reşad'ın bile üniformasında Alman "Demir Haç" madalyası sallandığı görülüyordu.

Sultan V. Mehmet Reşat'ın üniformasında beyaz kemerine yakın sağ alt tarafta Alman Demir Haç madalyası. Enver Paşa'nın üniformasında alttaki üç madalyadan soldaki Alman Demir Haç madalyası, sağdaki Avusturya Haçlı madalyası.

Enver Paşa II. Wilhelm'le başbaşa kaldığında üniformasındaki hilalli Osmanlı madalyalarını çıkartacak, yalnızca Alman Demir Haç madalyasını takmış olarak esas duruş gösterecekti kendini mesih ilan etmiş olan Alman İmparatoru'na..

Enver Paşa, göğsünde Alman Demir Haçı ile Alman İmparatoru II. Wilhelm'in karşısında esas duruşa geçmiş selam verirken.

Pan-İslamizm'in ve Cihad-ı Mukaddes'in II. Abdülhamid'ten sonra Osmanlı'daki en ateşli savunucusu kesilen Enver Paşa'nın göğsünde Demir Haç'la Hıristiyan Protestan Alman İmparatoruna hazırolda selam çakması, ilan edilen "Cihad-ı Ekber"in nasıl bir Cihad olduğunu düşündürmesi bakımandan oldukça anlamlıydı. Bu konuda Cemal Paşa da Enver Paşa gibi davranıyor, *Demir Haç* Kudüs gezisinde bile Cemal Paşa'nın göğsünden eksik olmuyordu.

Cemal Paşa Kudüs'te kutsal mekanları ziyaret ediyor.[206]

Abdülmecid ve Abdülaziz'in Osmanlı'nın varlığını ve toprak bütünlüğünü sağlamak amacıyla Hıristiyan Avrupalı devletlerin kanatları altına sığınmasıyla başlayan "Haçlı Osmanlı" süreci, 40-50 yıl sonra, Osmanlı subaylarının Kudüs'ü bile göğüslerinde sallanan Demir Haç'larla dolaştıkları ilginç bir aşamaya gelip dayanmıştı.

Kudüs gezisi sırasında Cemal Paşa'nın üniformasında takılı bulunan Demir Haç

Ancak Kurtuluş Savaşı sonrası Cumhuriyet döneminde Atatürk'ün çıkarttığı yasaya *"Türkler yabancı devlet nişanları taşıyamazlar"* yasağı konularak bu utanç verici duruma bir son verilecekti.[207]

İşte Mekke Şerifi Hüseyin, Arapları Osmanlı'nın ilan ettiği "Cihad-ı Mukaddes"e uymamaları yönünde güdümlerken, bu gibi *Demir Haçlı Osmanlı Subayı* görüntülerinin Müslüman halkta uyandırdığı soru işaretlerini de kullanıyor ve yayımladığı 26 Haziran 1916 günlü ilk bildirisinde şöyle diyordu:

> **Türkler dinden çıktılar. İslâm'ın kanunlarını ve geleneklerini ihlâl ediyorlar. Artık Allah'ın emirlerine uymuyor, emredilenin aksini yapıyor, biz Arapların asırlardır devam edegelen âdetlerine saygı göstermiyorlar...**
>
> **Araplar'ın Türk idaresine karşı cihada girişmeleri farzdır.**[208]

Şerif Hüseyin yayımladığı 10 Eylül 1916 günlü ikinci bildirisinde, sözlerini şöyle pekiştirecekti:

İslam dünyasındaki bütün kardeşlerimi bu yıkıcı, bozguncu, aptal ve alçak kişilere (yani, Türkler'e) itaat etmemeye çağırıyorum. Allah'a itaat etmeyenlere itaat edilmez!.. [209]
İngilizler'in meşhur casusu **Lawrens'in Arap kabilelere dağıttığı altınlar** Arap dünyasına İstanbul'daki Sultan-Halife'nin ilán ettiği 'cihad'tan daha cazip geldi. [210]

Ekim 1916'da Şerif Hüseyin kendisini Arabistan Kralı ilan etmişti.

Birinci Dünya Savaşı Müslümanları ırk ve mezhep çatışmalarına savurmuş, **Almancı Osmanlı Türk Müslümanları ile İngilizci Arap Müslümanları** Hıristiyan emperyalistlerin kuklaları olarak emperyalist parasıyla "cihad" ilanlarına kalkmışlardı.

Sonuç?

Sonuç acıydı: Sayısı belirsiz şehit, çok sayıda yaralı, çok sayıda tutsak.

**Siyonist Yahudi Birlikleri
1915'te Çanakkale'de, 1917'de Filistin'de
Osmanlı'ya Karşı Savaştı**

Bu savaşta Araplar'ın Türkleri arkadan vurduğu çok dillendirilmişti, ama Siyonistlerin de Siyon Katır Birliği adıyla oluşturdukları birliklerle İngiliz komutası altında Çanakkale'ye gidip Osmanlı'ya karşı savaştıklarını halkın çoğu bilmiyordu. Başlarında Jabotinski vardı bu birliklerin.

Çanakkale'de Osmanlıyla savaşa giren Yahudi birliğinin komutanı Jabotinsky ve birliğin arması

Siyonistler yalnızca Çanakkale'de Osmanlı'ya karşı savaşmakla yetinmemiş, 1917'de İngiliz ordusu Kudüs'e girdikten sonra Yahudilerden oluşan birliklerle İngiliz komutasında Osmanlı ordusuyla savaşmışlardı.

Filistin cephesinde Osmanlı ordusuyla savaşa giren Hakotel Yahudi birliği 1917'de Kudüs'te

Sonuç olarak, Osmanlı yalnızca dindaşı Araplarca değil, 500 yıl boyunca topraklarında huzur içinde yaşayan Yahudilerce de vurulmuştu.

Alman Malı Cihad Fetvacısı Said-i Kürdi (Nursi) Rusya'dan Almanya'ya Kaçıyor

Almancı Cihad Fetvası yazarlarından Said Nursi 1918'de Rusya'dan kaçtıktan sonra sığındığı Almanya'da

Alman Malı Cihat Fetvası'nın yazarlarından Said Nursi savaşta Ruslara tutsak düşmüş, sonra bir yolunu bulup 1918'de Rusya'dan kaçtığında, Cemal Kutay'ın anlatımıyla: "Polonya'nın bir kısmını elinde tutan müttefikimiz Almanlara sığınmış,"[211] ve yukarıdaki fotoğrafı da yine Cemal Kutay'ın sözleriyle; "Almanya'dayken Alman resmi makamlarınca çekilmişti."[212] Almanya'da kaldığı iki ay boyunca yaptığı konuşmalarda, *"Türk-Alman, Alman-Türk, tarih boyunca kadim dostturlar. Türkler Alman dostluğuna sadakatta çok hassasiyet gösterirler,"* demeyi sürdürmüştür.[213]

İnanmışlardı Almanya'nın savaştan üstün çıkıp tüm dünyada Osmanlı İslam Birliği'nin koruyucusu olacağına. Evet, inanmışlardı. Ama Kitab'ın hiçbir yerinde **Hıristiyan komutasında İslam Cihadı** yapılacağına ilişkin bir buyruk yoktu. Tersine, kendi dininizden olmayanları "veli" (sığınılacak koruyucu) edinmeyin diyordu Tanrı... Maide Suresi'nin 51. ayeti böyleydi. Bu buyruğu görmezden gelince, kötü olmuştu sonları.

Peki, ya Almanya yenilmeseydi ne olacaktı?

Bu sorunun yanıtını I. Dünya Savaşı'nın başlangıcında Genelkurmay'da görevli olan İsmet İnönü'nün şu sözlerinden çıkarsayabiliriz:

> Savaş çıktığında Genelkurmay hizmetinde çalışıyordum. Bir gün, -benim başımda bir Alman müdür vardı- daha Sarıkamış muharebesi olmamıştı, onunla konuşuyordum. Savaş uzuyor.
> *"Ne olacaksınız siz?"* dedim, *"Nedir yani bu kadar ısrar ediyorsunuz?"*
> Alman:
> *"Belçika'yı alacağız!"* dedi.
> *"E, canım, Belçika değer mi bu kadar yaptığınız şeye? Sarfettiğin gayrete bak..."* dedim.
> Sıkıştırdım adamı. Şunu dedi, bunu dedi:
> *"Türkiye!"* dedi.
> Faltaşı gibi açıldı gözlerim:
> *"Nasıl Türkiye?.."* dedim.
> Toparlandı o da:
> > *"Daha rahat çalışacağız,"* dedi, *"o zaman iyi olacak..."*
> > Bu benim kendi işittiğim.
> > Adamın tasarladığı bu.[214]

Belgelerle ortadadır ki, eğer Almanya savaştan üstün çıksaydı, Osmanlı Devleti, Almanya'ya 5 milyon altın ve %6'dan 4 yıllık faiz borçlu bir Alman yarı-sömürgesinden başka bir şey olmayacaktı. Almanların atayacağı kukla Halifeler aracılığıyla, tüm İslam coğrafyası Almanların sömürgesi haline getirilecekti.

Almanya'da, Münih'te, 2 Ağustos 1914 günü *"Unutmayınız ki Alman ırkı, Tanrı'nın seçkin ırkıdır. Alman ırkının imparatoru olmam onuruna, Tanrı'nın ruhu benim üzerime inmiştir. Ben Tanrı'nın kılıcıyım. Bana inanmayanların vay haline!"* diye haykıran II. Wilhelm'i çılgınca alkışlayanlar arasında Adolf Hitler adında bir genç de vardı.

Hitler, 2 Ağustos 1914 günü Münih'te II. Wilhelm'in savaş ilan eden konuşmasını dinleyen kalabalık arasında...

Alman İmparatoru II. Wilhelm'in I. Dünya Savaşı'nda gerçekleştiremediği bu düşü, II. Dünya Savaşı'nda bir başka Alman, Adolf Hitler gerçekleştirmeye kalkacaktı.

Nasıl mı?

Görelim...

ÜÇÜNCÜ BÖLÜM

1930-1945
İKİNCİ DÜNYA SAVAŞI
VE DİN ÜZERİNDEN EMPERYALİST OYUNLAR

II. Wilhelm'in dünya egemenliği düşünü devralarak dünyayı kana bulayan Alman Adolf Hitler

"Benim tarihi bir misyonum var. Ben bu misyonu gerçekleştireceğim. Çünkü **Tanrı bu misyonu yerine getirme görevini bana verdi. Benimle beraber olmayanlar ezilecektir.**"[215]

Adolf Hitler
12 Şubat 1938

Kurtuluş Savaşı sonunda Osmanlı'nın tarihe karışması, Hilafetin kaldırılması, Cumhuriyet'in kurulması ve laik bir yönetim biçimine geçilmesi, emperyalistlerin Türkiye üzerinde *Hıristiyan güdümlü İslam Birliği* ve *Osmanlıcılık* oyunlarına en az yirmi yıllık bir süre için son vermişti. Ancak 1930'ların ortalarında, Almanya'da yükselen NAZİ hareketi, tüm dinlerin bir kez daha uluslararası siyasetin aracı olarak kullanılmasını başlatacaktı. Parababalarının baş düşmanı Rusya ve Komünizm'di. Dindar yığınlara Komünizm'in bir Tanrıtanımazlık olduğunu duyuran NAZİ'ler, kendilerinin dini bütün kimseler olduklarını vurgulamak üzere, parti toplantılarını kilise çevrelerinde gerçekleştirip bunu fotoğraflarla yaymaya özel bir önem veriyorlardı.

1928 dolaylarında Hitler Nüremberg'de, partisinin kuruluşunu simgelemek üzere kullandığı Kilise önünde düzenlediği NAZİ toplantısında.

Hitler, Nüremberg'deki bu kiliseyi NAZİ partisiyle ve kendi kişiliğiyle birleştirerek simgeleştirmeye çalışıyor ve Tanrısız Komünizm'e karşı yandaş toplama çalışmalarında o kilisenin önünde NAZİ selamı verirken çektirdiği bu gibi fotoğrafları kullanıyordu. Bu görüntüler aracılığıyla; *"Biz NAZİ'ler din-*

dar Hıristiyanlarız, Komünizm'in yaydığı tanrısızlık inancıyla ancak biz başa çıkarız, bizimle olun," demek istiyorlardı dindar Hıristiyanlara.

Hitler, Nüremberg'de Kilise önünde parti selamı veriyor, Eylül 1934 (solda). Hitler başının üzerinde haçla kiliseden çıkıyor (sağda). Bu fotoğraflar üzerlerine "Gott Mit Uns" (Tanrı Bizimledir!) yazılarak çoğaltılıp dağıtılıyordu.

Hitler'in kiliseli propaganda görüntüleri, ülkemizde Siyasal İslamcı Parti önderlerinin camili propaganda görüntülerini çağrıştıracak denli yoğun bir dindarlık vurgusu içeriyordu. Öyle ki aşağıda görüleceği üzere, Hitler'in katolik olan annesinin mezarında Hitler selamı veren NAZİ askerlerinin görüntüleri dahi dindarlık vurgusu için kullanılacaktı.

Hitler'in annesi Klara'nın mezarı başında selam duran Nazi'ler-1938

Hitler'in Rusya'ya, Tanrısızlığı yayan Komünizm'e karşı Hıristiyanlığa sarılmış bir Haçlı savaşçı örgütle ortaya çıkması, Vatikan tarafından destekleniyordu.

Hitler, komünizme karşı kendisini destekleyen Vatikan'da görevlisi bir Katolik Kardinal'le.

Katolik Kilisesi Komünizm'e Karşı Hitler'i Destekliyor

1930'larda Katolik piskoposlar, Franco'nun ordularını kutsamıştı. Faşist İspanyol basını, sık sık faşist selamı veren baş keşişlerin resimlerini basıyordu. Resmi olarak Vatikan'ın İkinci Dünya Savaşında tarafsız kaldığı varsayılsa da, **Hitler'i ve Mussolini'yi destekleyen Papa XII. Pius**'un Nazi yanlılığı açıkça belgelenmiştir. G. Lewy şöyle yazıyor: **"Hitler egemenliğinin başından sonuna kadar, piskoposlar, inananlara, Hitler hükümetini itaat edilmesi gereken meşru bir otorite olarak kabul etmeyi öğütlemekten** asla bıkmadılar [...] 8 Kasım 1939'da, Münih'te Hitler'e düzenlenen başarısız suikasttan sonra, Kardinal Bertram Alman piskoposluğu adına ve Kardinal Faulhaber Bavyera piskoposları adına Hitler'e kutlama telgrafları göndermişlerdi. Almanya'daki tüm Katolik basın, *Reichspresskammer*'den gelen talimat doğrultusunda, bunun **Führer'i koruyan mucizevi bir ilahi takdir** olduğundan bahsediyordu."²¹⁶

"Alman dokümanları iki önemli noktada birbirini etkileyici bir şekilde tutmaktadır", diyor Saul Freidhandler ve ekliyor, **"Birincisi, görünüşe göre Bağımsız Papalık, Nazi rejiminin niteliği nedeniyle azalmış görünmeyen ve 1944'e kadar da yalanlanmamış bir biçimde Almanya'dan yana bir tercih yaptı;** ikincisi, XII. Pius hiçbir şeyden korkmadığı kadar Avrupa'nın Bolşevikleşmesinden korkuyordu ve göründüğü kadarıyla, sonunda Batılı Müttefiklerle uzlaşsaydı Hitler Almanya'sının Sovyetler Birliği'nin Batıya doğru ilerlemesinin önünde başlıca duvar olacağını umuyordu."²¹⁷

 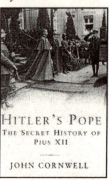

John Cornwel, Hitler'in Papa'sı adlı kitabında Hitler'in Papalıkla ilişkilerini en ince ayrıntılarına dek belgeleriyle ortaya koydu.

Gerçekten de daha 1933'te Hitler'le Katolik Kilisesi Vatikan arasında sıkı bağlar kurulmuş; Hitler, 1 Şubat 1933'te Berlin'de yaptığı *Ulusa Sesleniş* konuşmasında *"Ulusal ahlakımızı biçimlendiren Hıristiyanlığı koruyacağız,"* demişti. Vatikan'ın başka ile bir devletle imzaladığı antlaşmalara *"concordat"* deniyordu. İtalya ile anlaşan Hitler, 20 Temmuz 1933'te Roma'da Vatikan'la da bir *"concordat"* imzalayacaktı. Hitler-Vatikan görüşmelerinde Hitler'i -*daha sonra Türkiye'de Alman Büyükelçisi olarak görev yapacak olan*- Franz von Papen, Vatikan'ı -*daha sonra XII. Pius adıyla Papa olacak olan*- Kardinal Eugenio Pacelli temsil ediyor ve -*daha sonra VI. Paul adıyla Papa olacak olan*- Kardinal Giovanni Battista Montini de görüşmelerde hazır bulunuyordu.

Geleceğin Papa XII. Pius'u Kardinal Pacelli tam ortada masanın başında; sol yanında Hitler'in Franz von Papen ve en solda geleceğin Papa VI. Paul'ü Kardinal Montini, Vatikan adına Hitler'le "concordat" imzalarken. 20 Temmuz 1933

Vatikan Devlet Sekreteri Kardinal Eugenio Pacelli (Papa XII. Pius) Vatikan ile Nazi Almanyası arasındaki antlaşmayı 20 Temmuz. 1933'te Roma'da resmi törenle imzalıyor. Nazi Şansölye Yardımcısı Franz von Papen solda, Pacelli ortada ve Hitler Almanyası'nın Vatikan Büyükelçisi Rudolf Buttmann sağda.

Hitler, bir yandan Katolik Kilisesi'yle antlaşma imzalarken, diğer yandan Almanya'daki Protestanları yanına çekiyor, NAZİ partisinin gençleri Protestan kiliselerinin önünde toplanarak kiliseye girip çıkan dindarları kendi partilerinde toplanmaya çağırıyorlardı. Dindar Hıristiyanların kendi partilerine katılması için, NAZİ simgesi olan *Gamalı Haç* ile protestan haçını yanyana kullanıyor ve kendilerinin de dindar

Hıristiyanlar olduklarını vurgulayan büyük yaftalar asıyorlardı kilise girişlerine. Hıristiyanlığı siyasetin aracı olarak kullanıyorlardı açıkça.

Berlin, Haziran 1933- Hitler'in partizanları üzerine "Hıristiyan Almanya" yazdıkları protestan haçı ile NAZİ partisinin Gamalı Haç'ını birlikte kullandıkları yaftalarla kilise önünde propaganda yaparken.

NAZİ propaganda fotoğraflarında *"dini bütün bir Hıristiyan"* olarak gösterilen Hitler kilisede dua ederken (solda) ve onun dindar Hıristiyanlığına hayran olan bir Hıristiyan rahibe kendisinden imza alırken (sağda).

Hitler'in Yahudi düşmanlığı 1933'te antlaşma imzaladığı Katolik Kilise Devleti Vatikan'ın Yahudi düşmanlığıyla örtüşüyordu. Hitler-Vatikan Antlaşması'yla birlikte Vatikan görevlisi kardinaller, papazlar, NAZİ toplantılarına katılıp NAZİ selamı vermeye başlayacaklardı.[218]

Katolik Papazlar Berlin Neukölln stadyumunda Katolik gençlik gösterisinde Nazi selamı verirken. Ağustos 1933

Vatikan'a bağlı Katolik papazlar NAZİ parti toplantısında NAZİ selamı vererek bağırıyorlar "Heil (Yaşasın) Hitler!"-1933

Protestan Papaz Muller 1933'te bir Nazi toplantısında

Papaz Friedrich Coch NAZİ partisinde- Dresden, 10 Aralık 1933

Hitler, tüm Hıristiyanları kendi önderliği altında birleştirerek bir *Tek Dünya Devleti* kurmayı amaçladığını söylüyor ve bunu NAZİ toplantılarında çeşitli simgeler kullanarak kitlelerin beynine kazıyordu. Örneğin 8 Eylül 1935 günü spor sarayında düzenlenen *Papaz Konrad Graf'a Hoşgeldin* kutlamasında salona asılan dev Nazi bayrağının sağında, Kutsal Roma İmparatorluğunu ve Konstantin'i simgeleyen Katolik *Chi-Ro Haçı* dalgalanıyordu.

Komünist Tanrıtanımaz Rusya'yı ve Yahudileri düşman olarak tanımlayan Hitler, tüm Hıristiyanları bu ortak düşmanlara karşı birleştirmek üzere, Katolik ve Protestan din adamlarını NAZİ toplantılarında buluşturuyor, önderliğini onlara onaylatıyordu.

Hitler, NAZİ selamı veren Protestan Papazı Muller (sağda) ve Katolik Başpapaz (ortadaki) Abbot Schachleiter'le. Eylül 1934

NAZİ Partisi önderleri, üniformalarına ve şapkalarına hem partinin ırkçılığını simgeleyen Gamalı Haçı hem de Hıristiyanlığı simgeleyen Alman "Demir Haç"ını takıyor ve böylece Ari ırkçılıkla Hıristiyan dinini NAZİ potasında kaynaştırdıklarını vurgulamış oluyorlardı.

NAZİ partisinin önderleri Göring, Keitel, Himmler ve Hitler, şapkalarında Irkı simgeleyen gamalı haç, göğüslerinde Hıristiyanlığı simgeleyen Demir Haç madalyalı üniformalarıyla.

1932 tarihli NAZİ rozetlerinde, Hıristiyan haçı ve Gamalı Haç birlikte kullanılıyor.

28 Mayıs 1933 *Hitler Gençlik Günü* rozetinde tepede devleti simgeleyen bir kartal, Hıristiyan haçıyla içiçe geçmiş bir Gamalı Haç üzerine tünemiş (yukarıda solda) ve Gamalı Haç'ın bir katedralle birleştirildiği diğer rozet (yukarıda sağda) Hitler'in **laikliğe karşı** kilise-devlet ayrılmazlığı savını vurguluyordu.

NAZİ Kadınlar Örgütü armasında (yukarıda solda) Hıristiyan haçının ortasında bir Gamalı Haç bulunuyor ve yine Nazi Hıristiyan Hareketi rozetinde (yukarıda sağda) bir Gamalı Haç'la Hıristiyan haçı kaynaştırılmış olarak gösteriliyordu.

Hitler'in NAZİ partisi, doğum yapan her Alman kadınına Ari ırka bir kişi daha kazandırdığı için madalya veriyor ve bu Nazi Madalyası aşağıda görüldüğü gibi bir Hıristiyan haçının göbeğine yerleştirilmiş bir Gamalı Haç'tan oluşuyordu.

NAZİ propaganda kartpostalında Hitler (sağda), yeni doğum yapmış bir Alman kadınına gamalı haç ile hıristiyan haçının içiçe geçtiği "Anne Haçı"nı verirken görülüyor.

Hitler'in bastırdığı paralarda, parti simgesi olan Gamalı Haç'la birlikte kilise görüntüleri de yer alıyordu.

Hitler'in bastırdığı paranın ön yüzünde Deutsches Reich 1934 ve gamalı haç damgası (solda) arka yüzündeyse 21 Mart 1933, kilise binası ve parti simgesi gamalı haç damgaları görülüyor.

Hitler'in bir Hıristiyanlık karşıtı (Anti-Hırist) olduğu, bir Tanrıtanımaz (Ateist) olduğu ya da bir gizli Putperest (Pagan) Tarikat (Thule) üyesi olduğu v.b. gibi savlar; gerek NAZİ partisinin tüzük ve programı, gerek Hitler'in *Kavgam* gibi kitaplarında Hıristiyanlığa ilişkin yazdıkları, gerekse yukarıda fotoğraflarını aktardığımız NAZİ-Hıristiyan etkinlikleri karşısında, boşa çıkmaktadır. Hitler'in başını çektiği NAZİ partisi, *"dinciliğe karşıt bir ırkçılık"* olmadığı gibi *"ırkçılığa karşıt bir dincilik"* de değildi; ırkçılıkla dinciliğin bir potada kaynaştırıldığı *"ırkçı-dinci"* bir hareketti ve Hitler, Hıristiyan ülkelerde *kilise-devlet ayırımı* olarak tanımlanan laikliği ortadan kaldırarak, Ari ırktan Hıristiyanların egemen olacağı bir *Tek Dünya Devleti* kurmayı amaç olarak gösteriyordu..

Hitler'in Yahudi ve Komünist karşıtı Ari-Hıristiyan söylemi, yalnızca ateşli Yahudi karşıtlığıyla biçimlenen Katolikleri değil Almanya'da o kertede yaygın olan Protestanları da yanına çekecekti. Protestanlığın kurucusu Luther, ölümünden üç yıl önce 1543'te *"Yahudiler ve Yalanları"* adlı bir kitap yayımlamış, böylece Protestanlık da en az Katoliklik ölçüsünde Yahudi karşıtı bir Hıristiyan mezhebi olarak biçimlenmişti.

 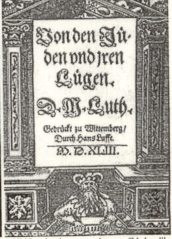

Protestanlığın kurucusu Luther (solda) ve 1543 yılında yayımlanan "Yahudiler ve Yalanları" adlı kitabının kapağı (sağda).

Hitlerin ateşli bir Yahudi-karşıtı olmasında, Katolik bir ana-babadan doğmuş olmasından başka Almanya'da yaygın olan Protestan mezhebinin de kurucusu Luther'den başlayarak Yahudi-karşıtlığıyla biçimlenmiş olmasının etkili olduğu açıktı. Yahudi karşıtlığını Hitler yaratmamıştı; o Hıristiyanlarda 1900 yıldır varolan ve bu süre boyunca pek çok kez soykırıma dönüşen Yahudi-karşıtlığını, kendi yaşadığı dönemde bir kez daha soykırıma dönüştürecekti. Peki ama bütün bunlar tek başına Hitler'in başının altından çıkmış düşünceler miydi?

Hitler, Amerikan Ajanı

Amerika'da CİA ve diğer bütün istihbarat örgütlerinin bağlı buluhduğu Ulusal Güvenlik Ajansı (National Security Agency –NSA) eski ajanlarından Wayne Madsen'in *"Christian Mafia"* adlı çalışmasında belgeleriyle gözler önüne serildiği üzere, Komünizm'e düşman olan Amerika'lı parababaları, sanayiciler ve çoğu Hıristiyan din adamları *–ki Evangelistlerin başını 1930'ların sonuna doğru Frank Buchman'ın Oxford Topluluğu çekiyordu-* Komünizm'e düşmanlık ilan eden Hitler'in Sovyetler Birliği'ne saldırması için ellerinden geleni yapmış, Amerikalı bankerler borç vererek, silah satarak, Katolikler, Protestanlar ve Evangelistlerse mezhep bağlılarına Hitler yandaşlığı aşılayarak desteklemişlerdi Nazileri. Hitler'i destekleyen Amerikalı parababalarının başını Protestan sanayici Henry Ford, Amerikalı din adamlarının başınıysa Evangelist Rahip Frank Buchman çekiyor; Ford'un "parası", hem Buchman'ın "iman"ını, hem Hitler'in kılıcını keskinleştiriyordu. Ancak Henry Ford, Hitler'in salt "destekçisi" olmamış, onu ve düşüncelerini var eden kişi olmuştu.

Faşizm'in Babası Hitler Değil
Amerikalı Hıristiyan Sanayici Henry Ford

Hitler'in 1930'larda bir akım olarak yayacağı Komünizm'e düşman Yahudi karşıtı faşist düşünceler, Hitler'dten önce Amerika'lı sanayici Henry Ford tarafından 1920'lerde ortaya konmuş düşüncelerdi; Hitler Nazizm'i kendisi üretmemiş, Henry Ford'tan alıp benimsemişti.

Hitler'in 1930'larda benimseyeceği Yahudi ve Komünizm karşıtı düşünceleri 1920'lerde oluşturup yayan Amerikan otomotiv sanayi devi ırkçı faşist Henry Ford kendi fabrikasında üretilen bir Ford otomobil önünde.

Episcopal St. Martha Protestan Kilisesi'ne bağlı bir Hıristiyan olan Henry Ford, 1920'lerde Amerika'da Komünizme ve Yahudiliğe karşı öfke tohumları eken dergiler ve kitaplar yayımlatıyordu.

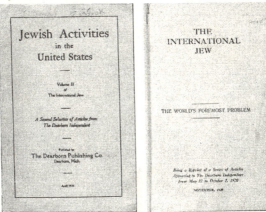

Henry Ford'un Amerikalılara Komünizm ve Yahudi düşmanlığı aşılayan iki kitabı: *"Amerika'da Yahudi Etkinlikleri"* (solda) *"Dünyanın baş belası: Uluslararası Yahudi"* (sağda)

Henry Ford'un 1920'lerde Amerika'da yayımladığı ırkçı faşist *The Dearborn Independent* dergisinde yer alan Yahudi karşıtı bir makale.

Henry Ford, Komünizm'e ve Yahudiliğe karşı yayınlarını çeşitli dillere çevirterek Avrupa'da da yaygınlaştıracak ve onun Almanya'daki en ateşli izleyicisi Adolf Hitler olacaktı. Öyle ki 20 Aralık 1922 günlü *New York Times* gazetesi, Hitler'in Münih'te başlattığı hareketin *Henry Ford tarafından para ile beslendiğini* haber yapmış; aynı günlerde Almanya'da yayımlanan *Berliner Tageblatt* gazetesi de Henry Ford'un Almanya'nın içişlerine karıştığını, Hitler'in Amerikalı destekçisinin ona pahalı bürolar tutup karargahını pahalı mobilyalarla donattığını, *Hitler'in bürosunun duvarında Henry Ford'un büyük boy bir fotoğrafının asılı olduğunu,* ayrıca Hitler'in bürosunda her yerin Henry Ford'un yayımladığı Komünizm ve Yahudi karşıtı kitaplarla dolu olduğunu yazmıştı. *Hitler'in 1000'i aşkın militanının üniforma ve silahlarının da Henry Ford'un verdiği paralarla alındığını* yazıyordu gazeteler. Henry Ford'un Amerika'da yayımladığı *"Dünyanın Baş Belası Uluslararası Yahudi"* kitabı doğrudan Hitler'in adamlarınca pek çok dile çevirtilerek Avrupa'da yayılıyor ve Hitler ünlü *"Kavgam"* adlı kitabını Henry Ford'un düşüncelerini benimsemiş olarak yazıyordu.[219]

Henry Ford'un 1921'de Amerika'da yayımladığı *"Dünyanın Baş Belası Uluslararası Yahudi"* adlı kitabın Hitler yandaşlarınca çevrilip Almanya'da çoğaltılan Almanca baskısı - 1922

Dahası, I. Dünya Savaşı'nda yanmış, yıkılmış, çökmüş bir Almanya'nın nasıl olup da 15 yıl gibi kısacık bir süre içerisinde dünyayı titretecek dev bir sanayi ve teknolojiye ulaştığı sorusunun yanıtı bile *"Henry Ford – Adolf Hitler"* ilişkisinde saklıydı. Alman sanayi ve teknolojisi doğrudan doğruya Henry Ford'un Almanya'ya akıttığı sermayeyle kurulmuştu. I. Dünya Savaşı sonrası Almanya'da açılan fabrikaların çoğu savaş araç gereçleri üretimine yönelikti ve bunlar da çoğunlukla Henry Ford'un para ve teknoloji aktarımıyla kurulmuştu. Prof. Dr. Antony C. Sutton, bütün bu gerçekleri 1976'da belgeleriyle kanıtlarıyla *"Wall Street And The Rıse Of Hıtler"* adlı kitabında açıklamıştı.

Antony C. Sutton'un 1976'da yayımlanan ve Hitler'in, Nazizm'in, Faşizm'in doğrudan doğruya Amerikan sermayesi tarafından yaratıldığını belgelerle, istatistiklerle kanıtlayan kitabı.

Faşizm'i *Hitler* adlı ne idüğü belirsiz bir delinin başının altından çıkmış bir ideoloji olarak görüp gösteren akademisyenler, Sutton'un kitabında yer alan belge ve bilgiler karşısında, **Alman Faşizmi'nin Amerikan sanayicileri tarafından yaratıldığı** gerçeğini o güne dek görememiş olmaktan dolayı utanmışlardı. Oysa Hitler bu gerçeği pek çok kez kendi ağzıyla dile getirmişti. Örneğin Amerika'da bir Detroit gazetesine, daha Başbakan olmadan 2 yıl önce 1931'de verdiği demeçte Hitler: *"I Regard Henry Ford as my inspiration"* yaklaşık çeviriyle; *"Düşüncelerimin esin kaynağı olan Henry Ford'a saygı duyuyorum"* diyordu.[220] Hitler, hem düşüncelerini, hem gereksindiği parasal gücü, Alman malı olarak üretmemiş, tersine Amerika'dan, Henry Ford'tan, Amerikan sanayi devleri Ford Motors ve General Motors'tan almıştı. **Amerikan sanayi sermayesinin maşası** olan Adolf Hitler, 1938 yılında kendisini düşünsel olarak biçimlendirip parasal ve teknolojik olanaklarla donatan Henry Ford'u *"Alman Kartalı'nın Büyük Haçı"* madalyasıyla onurlandırmıştı.

Hitler'in gönderdiği Alman diplomatları, Irkçı-Faşist Nazizm'in babası olan Amerikalı sanayici Henry Ford'a Alman Kartalı'nın Büyük Haçı madalyasını takıyor. 1938 Temmuz sonu. [Bu fotoğraf olaydan 60 yıl sonra 30 Kasım 1998 günlü Washington Post'ta yeniden yayımlandı.]

Hitler'in, Nazizm'in, Faşizm'in perde gerisindeki gerçek beyni olan Amerikalı sanayici Henry Ford'u Yahudi ve Komünist düşmanlığına iten pek çok neden vardı. 1)- Amerikan işçileri arasında hızla örgütlenen Sovyet yahlısı Komünist Parti, işçileri grevlere sürükleyerek sanayi üretimini baltalıyordu, 2)-Sovyetler Birliği kapılarını Batı ticaretine kapatıyor, Batı sanayi ürünlerinin Rusya'da satılmasını yasaklıyor ve böylece Batılı sanayicilerin dünya üserindeki dış satım alanlarını daraltıyordu, 3)- Tefeci bankerlerin çoğu Yahudi'ydi ve bunlar sanayiciye yüksek faiz uygulayarak üretim maliyetlerini yükseltiyor ve böylece sanayiciler kazançlarının büyük bölümünü Yahudi tefecilerle paylaşmak zorunda kalıyorlardı. İşte Amerikalı sanayici Henry Ford'u Yahudi tefecilere ve Komünist Rusya'ya düşman eden nedenler özetle bunlardı.

Amerika'da 1860'larda kurulan *Ku-Klux-Klan* adlı ırkçı örgüt, yalnızca karaderililere saldırmakla yetinmiyor, 1900'lerde Yahudi karşıtlığına ve hemen ardından Komünist avcılığına girişiyordu. Bunlar *Beyaz Ari Irktan Protestan* anlamında kısaca

W.A.S.P (**W**=White, **A**=Anglo **S**=Sakson **P**=Protestan) olarak tanımlıyorlardı kendilerini. Tıpkı Nazi'ler gibi onlar da salt bir ırka değil, bir dinsel inanca da bağlıydılar. 1920'lerin başlarında Henry Ford, Hitler'i devşirir ve Almanları Yahudi ve Komünist öldürmeye hazırlarken, kimi Ku-Klux-Klan üyeleri de Hitler'le işbirliğine girmişti. Nazizm, Amerikan sanayi sermayesinin, Sovyetçi Komünizm'e ve Yahudi bankerlere karşı örgütlediği bir savaş makinesinden başka bir şey değildi.

Naziler savaşta Amerikan malı Ford kamyonlar kullanıyorlardı. Uçakları da Amerikan General Motors'un Almanya'da Opel markası altında ürettiği uçaklardı. Almanya'nın Polonya'ya saldırdığı 1939 yılında, Amerikan General Motors ve Amerikan Ford Motors, Alman taşıt işkolunun yaklaşık %70'ini ellerinde bulunduruyorlardı. Bu iki Amerikan otomobil devinin Almanya'da kurduğu fabrikalar Hitler yönetimindeki faşist Alman devleti için savaş araç gereci üretmekteydiler. Bu Amerikan şirketleri Almanya'da kurdukları otomobil fabrikalarının aynı zamanda tank ve uçak da üretebilmesi için gerekli dönüşümleri doğrudan Amerika'dan gönderdikleri kendi teknik uzmanları aracılığıyla gerçekleştirmişlerdi. Amerikan General Motors fabrikası Alman savaş sanayisinin temel direğiydi. Hitler Almanya'yı savaş araç gereci üretir duruma getiren Henry Ford'a verdiği madalyanın bir eşini, aynı çalışmayı yürüten Amerikan General Motors şirketinin üst düzey yöneticisi James Mooney'e de verdi. Mooney Hitler'in verdiği ödülü alırken yaptığı konuşmada: *"Hitler doğru yoldadır, onun onayladığı herşeyi yaparım,"* diyordu. Amerikan Ford'un Almanya ayağı Nazizm'in silah fabrikasıydı. Bütün dönüştürme işlemleri Amerika'daki Ford Motors şirket merkezinin onayıyla yapılmıştı. Naziler Amerikan Ford'a ve Amerikan General Motors'a minnettardılar, çünkü silahlı kuvvetlerinin belkemiği olan motorize zırhlı birliklerin en önemli iki üreticisinden biri Amerikan General Motors şirketinin sahibi olduğu Opel, diğeri ise Amerikan Ford Motors'un Almanya'da kurduğu Ford fabrikalarıydı. Amerikan Ford, Nazilere, ordularının hareket yeteneği için yaşamsal önemi olan yüksek teknoloji ürünü kauçuğu bile sağlamıştı. Amerikan General Motors da Naziler'e yapay yakıt üretiminde gerekli olan teknolojiyi vermişti. Bu durum Almanya Polonya'yı ve Çekoslavakya'yı işgal ettikten sonra bile sürüyor; Amerikan General Motors'un patronu Alfred P. Sloan, basına verdiği demeçlerde şirketinin Almanya'daki işlerinin çok iyi gittiğinden sözediyor; işgalden iki hafta sonra Hitler'le yaptıkları görüşmede ona savaş araç-gereç üretiminde bir yavaşlama olmayacağı yönünde güvence veriyordu. Nitekim, Almanya 1941'de Fransa'yı işgal ettikten sonra bile Amerikan Ford fabrikası Nazi orduları için kamyon üretmeyi ara vermeksizin sürdürmüş; dahası, Alman işgal ordusunun Cezayir'deki gereksinimlerini karşılamak üzere bir ek fabrika dahi kurmuştu. Amerikan Maliye Bakanı Henry Morgenthau, Nisan 1943'te Amerikan Ford firmasının Almanya'daki üretiminin her zaman Almanya'nın yararına olması gerektiğini söylemekten çekinmemişti.[221]

Alman Opel'i 1920'lerde satın almış olan Amerikan *General Motors*, şirketin 1934'te yayımlanan *"General Motors World"* adlı dergisinde üst düzey yöneticisi James D. Mooney'in Berlin'de Hitler'le buluştuğunu ve siparişler aldığını müjdeliyordu.

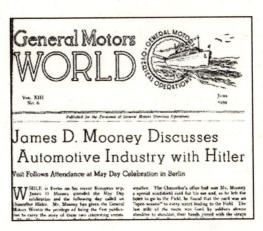

Amerikan Yale Üniversitesi Tarih Bölümü Emeritus Profesörü Henry Ashby Turner Jr., 2005 yılında Yale Üniversitesi'nce yayımlanan Amerikan *"General Motors Şirketi ve Naziler: Avrupa'nın en büyük otomobil üreticisi Opel'i denetleme savaşı"* adlı kitabını doğrudan bu şirketin arşiv belgelerini inceleyerek yazmıştı.

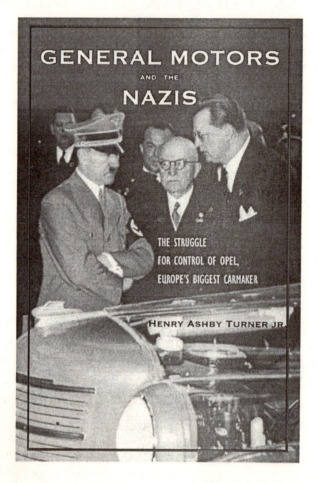

Kitabın kapağına konulan fotoğraf bile tek başına herşeyi anlatmaya yeterliydi. Bulgular şaşırtıcıydı: Amerikan General Motors, Avrupa'nın en büyük otomobil fabrikası olan Alman Opel'i 1920'lerde satın almış; II. Dünya Savaşı'na dek elinde tutmuş Alman ordusunda kullanılacak sayısız uçak ve tank Amerikalıların sahibi oldukları bu fabrikada üretilmişti.

Almanya'nın yeraltı zenginlikleri arasında petrol yoktu. Yakıt açısından yüzde yüz dışa bağımlı bir ülkeydi. Savaş araçları, kamyonlar, tanklar, uçaklar petrolsüz, yakıtsız işlemeyeceğine göre, Almanya'nın Rusya'yı işgal edebilmesi için milyonlarca varil petrole gereksinimi vardı. Faşist Almanya gereksindiği petrolü nereden mi buldu? "Demokrat"(!) Amerika'dan... Amerikan *Standard Oil* petrol şirketi, Almanya'da *Deutsche-Amerikanische Petroleum A.G.* (DAPAG) şirketini kurmuş, %94'üne sahip olduğu bu şirket üzerinden Almanya'ya petrol sağlıyor; Hitler'in tankları, kamyonları, savaş gemileri, savaş uçakları hep Amerikan *Standard Oil*'in sağladığı petrolle çalışıyordu.

Bütün bunlardan çıkan sonuç şaşırtıcıydı. Hitler, NAZİ Partisi ve Alman Faşizmi, on yıllara yayılmış bir Amerikan tasarısının ürünü olarak Amerikalılar tarafından var edilmişlerdi. Amerika tarafından komünist ve yahudi cellatları olarak kullanılmış, İngiliz ve Fransızlar da kendi canları yanıncaya dek Hitler'i Sovyetler Birliği'ne karşı kışkırtmış ve desteklemişlerdi.

Henry Ford, Hitler
Ve Frank Buchman

Henry Ford, yalnızca Hitler'i Komünistlere ve Yahudilere karşı örgütleyip donatarak Rusya'yla savaşa kışkırtmakla yetinmemiş, Avrupa'da Hitler yandaşlığı yapan bir Amerikalı rahibi de desteklemişti. İlginç bir rahipti Frank Buchman. 1878 doğumluydu. Evangelik Protestandı, fakat hiç evlenmemişti. 100'ü aşkın ülkede etkinlik gösteren Hıristiyan misyoner *Genç Hıristiyanlar Derneği* (YMCA; Young Men's Christian Association) yöneticilerindendi. Yunan Prensesi Sophie'nin bir iletisini II. Abdülhamid'e ulaştırmak göreviyle İstanbul'a da gelmiş; Abdülhamid'le kahvaltı bile etmişti.[222] 1908 yılında İngiltere'deyken bir kilisede "İsa bana göründü!" diye ağlayarak epey yandaş toplayan ve yandaşlarını *Oxford Topluluğu* adı altında örgütleyen Buchman, I. Dünya Savaşı'nın ilk yıllarında Çin, Hindistan, Kore ve Japonya'yı dolaşarak bu ülkelerde Hıristiyanlığı yaymaya ve benimsetmeye çalışmıştı. Rusya'da 1917 Ekim Devrimi gerçekleştikten ve Komünist düşünceler dünyaya hızla yayılmaya başladıktan sonra tüm Hıristiyanları Komünizme karşı birleştirmeye adanan

Komünizme karşı birleştirmeye adanan Buchman, 1930'larda bu amaçla Hitler'i desteklemeye başlamış ve tam o günlerde, 4 Haziran 1932'de, 54. yaş gününü kutlarken Hitler'in düşün babası ve parasal kaynağı olan Henry Ford ve eşiyle tanışmıştı.

Evangelist Oxford Grubu lideri Frank Buchman Hitler'i desteklediği 1930'ların ortalarında, kendisi gibi Hitler'e maddi manevi destek olan Amerika'nın en varlıklı iş adamlarından Ford fabrikaları sahibi Henry Ford ve eşiyle birlikte.

Buchman toplantılarını yapabileceği iyi bir yer arayışında olduğunu söyleyince Henry Ford ve eşi ona yılda 1 dolar karşılığında Mackinac Adası'nda dev bir otel bağışlayacaklardı.

Henry Ford çifti tarafından yılda 1 dolar karşılığında Hitlerci Rahip Frank Buchman'a karargah olarak kullanması için bağışlanan otelin bulunduğunu Mackinac adası.

Henry Ford'un sağladığı olanaklarla Hitler yandaşı çalışmalarını hızlandıran Rahip Buchman Avrupa ve Amerika arasında mekik dokuyacak ve 1934 yazında Oxford Topluluğu'nun bir toplantısında; *"Tanrı'ya şükürler olsun ki Hitler gibi bir adamı yarattı. Hitler'in NAZİ ideolojisi Komünizm'e karşı bir duvar çekiyor,"* diyecekti.[223] Eylül 1934 ve Ağustos 1935'te Himmler tarafından Nazi Partisi toplantılarına çağırılan Henry Ford'un adamı Buchman, NAZİ kasabı Himmler'i *"Mert, yiğit adam"* olarak niteliyordu.[224] Ağustos 1936'da Himmler tarafından Berlin Olimpiyatlarına da çağrılan Buchman,[225] bir yandan *"Yönetim biçiminin ne olduğu önemli değildir. Kapitalizm olabilir, Faşizm olabilir, Komünizm olabilir. En iyi düzen Tanrı'nın denetlediği düzendir,"* [226] derken bir yandan da sürekli komünizmi düşman olarak niteliyor ve Roosevelt Arşivi'nde bulunan bir mektupta *"Hitler Buchman buluşması"*ndan sözediliyordu.[227] Buchman'ın İsveç'in başkenti Stockholm'de gerçekleştirdiği toplantıda NAZİ bayrağı dalgalanırken, toplantıda konuşan bir üye: *"Faşizm'i Komünizm'e yeğ tutarız,"* diyordu.[228] Evangelist Rahip Buchman, 26 Ağustos 1936 günlü *New York Daily Telegram*'da yayımlanan bir söyleşisinde: *"Komünizmin din düşmanlığına karşı Adolf Hitler gibi bir adamı yarattığı için Tanrıya şükürler olsun!"* diyordu. Gazete bu söyleşiyi *"Buchman: Tanrı Denetimindeki Hitler Ya Da Tanrı Denetimindeki Herhangi Bir Faşist Diktatör Dünyanın Hastalıklarını İyileştirebilir!"* başlığıyla okuyucularına duyurmuştu.

"Londra'daki berberim Hitler'in Avrupa'yı Komünizm'den koruduğunu söyledi," diyordu Buchman bu söyleşide; *"Eğer Hitler, Mussolini ya da herhangi bir diktatör, Tanrı denetiminden bir çıkacak olsa dünyanın ne durumda geleceğini bir düşünün. Tanrı, böyle önderler aracılığıyla toplumları kendi denetimi altında tutuyor. Dünyada Tanrı'nın ruhunun diktatörlüğüne gerek var. Tanrı'nın her birey ve her toplum için bir tasarısı vardır. İnsanlığın sorunu ekonomik değil inançsaldır ve bu sorunlar da yalnızca Tanrı'nın denetlediği demokrasiler ya da -bir tanrıbilimci olarak söylemem gerekirse- Tanrı'nın denetlediği faşist diktatörlüklerle çözülebilir."*[229]

Reinhard Niebuhr, *"Hitler ve Buchmanism"* adlı kitabında[230] *"Faşist toplum felsefesi başlarda tüm Oxford Grubunu sarmıştı,"* diyor; Buchman'ın Amerikalı iş adamları *"Henry Ford ve Harvey Firestone ile birlikte Nazizm'e yöneldiğini,"* belirtiyordu.[231]

George Orwell de Buchman'ın başını çektiği Oxford Topluluğu'nu iyi tanıyor ve *"Hitler Tanrı'nın diktatörlüğü altında yeni bir toplumsal düzen kurmayı amaçlıyor"* diyen[232] Buchman'ı *faşist* olarak niteliyordu.[233]

Hitlerci Rahip Buchman örgütlediği binlerce Evangelist genci tıpkı *Hitler Gençliği* gibi uygun adım yürütüyor ve Hitleri destekleyen demeçler veriyordu.

"Evangelist Buchman'nın Hitlerci Oxford Grubu, Savaşa Gider Gibi" (Life-1938)

"Dinler Arası Diyalog" Ve "Tek Dünya Dini"

Buchman, başını çektiği Evangelist Oxford Topluluğu'nun adı Hitlerci Faşist'e çıkınca 1938'de örgütün adını değiştirip *"Moral Re-Armament"*e dönüştürmüştü. Gelgelelim bu yalnızca bir ad değişikliği değildi. Henry Ford'un başını çektiği Amerikan sermayesi Hitler'i *"Tek Dünya Devleti"* diye bağırtıyordu. Bu doğrultuda tüm insanlığın bağlanacağı bir *"Tek Dünya Dini"* de oluşturulmalıydı. İlk adımda Kömünizm'in yaydığı Tanrıtanımazlığa karşı bütün Tanrıtanırlar bir cephede birleştirilmeli, bütün dinler Komünist dinsizliğe karşı tek cephede birleştirildikten sonra, bütün dinleri bir potada eriten yeni bir din üretilerek insanlık bu tek dine bağlanabilirdi. Henry Ford'un desteklediği Hitlerci Rahip Buchman, örgütün adını "Moral Re-Armament" yaptıktan sonra, -ki bu *"dinler arası diyalog"* örgütü, 1945'ten sonra Türkiye'de *Manevi Silahlanma, Manevi Seferberlik, Manevi Cihazlanma* gibi adlarla etkinlik gösterecektir, Türkiye'deki etkinliklerini bir sonraki bölümde ayrıntılarıyla göreceğiz- yalnızca Hıristiyanlara seslenen bir örgüt olmaktan yavaş yavaş çıkarak, Müslüman, Budist, Hindu din adamlarını da kendi çatısı altında toplamaya yönelecekti.[234]

Hitlerci Kudüs Müftüsü
Hacı Emin el-Hüseyni

Hitler'in hizmetine koşanlar yalnızca Vatikan'a bağlı kardinaller, Protestan papazlar ve Buchman gibi Evangelist Rahipler değildi. Bir de Müslüman din adamı vardı aralarında: Kudüs Müftüsü Hacı Emin el-Hüseyni...

Hacı Emin El-Hüseyni'nin, I. Dünya Savaşı'nın başında Osmanlı ordusunda subayken çekilmiş bir fotoğrafı

Kudüs Müftüsü olarak anılan Muhammed Emin el Hüseyni (1895-1974) Kahire'de El-Ezher üniversitesinde bir yıl kadar İslam Hukuku okumuş, 1913'te 18 yaşlarında Mekke'ye gidip hacı olmuş, İstanbul'da öğrenimini sürdürürken I. Dünya Savaşı patlak verince topçu subayı olarak İzmir'de görev yapmış, hastalanmış, Kasım 1916'da askerliği terkedip Kudüs'e yerleşmiş, İngiliz işbirlikçisi Şerif Hüseyin'in Osmanlı'ya karşı ilan ettiği Cihad'a katılarak İngiliz ordusuna hizmet etmeye başlamış, İngiliz uşağı Emir Faysal'ın ordusuna asker toplamış ve Müslüman Arapları İngilizlerin safında Osmanlı'ya karşı savaştırmıştı.

İngilizler 1917'de Filistin'i ellerine geçirip orada bir Manda yönetimi kurunca Hacı Emin El-Hüseyni'yi İngiliz ordusunda görevlendirmişlerdi. 1921'de Kudüs'te İngiliz yönetimi altında yapılan müftülük seçimlerine aday olarak katılan Hüseyni en az oyu almasına karşın, İngiliz yönetimi seçimi geçersiz sayıp kendi adamları olan Hüseyni'yi Kudüs Müftüsü olarak atamışlardı.[235]

1920'lerde İngiliz Yüksek Komisyonu tarafından Kudüs Müftüsü yapılan Hüseyni bu sıfatı yaşamı boyunca kullandı.

1931'de Kudüs'te İngilizlerin güdümünde bir "İslam Kongresi" toplayan Hüseyni, yazışmalarda "Yüksek İslam Konseyi Başkanı" ve "Kutsal Toprakları Müftüsü" ünvanlarını kullanıyordu.[236]

1931'de Beytül Makdis'te toplanan *Motamar al Alam al İslami* nin ilk kurucu konsülü. Sağdan sola: Raiz al Salah (Lübnan), İbrahim el Vaiz (Irak), Şeyh Abdülkadir el Muzaffer (Filistin), Muhammed İkbal (Başkan Yardımcısı), Muhammed Ali Aluba Paşa (Mısır), Filistin Büyük Müftüsü Muhammed Emin ül Hüseyni (Başkan), Sadık Muhammed Zabara (Yemen), Mücahid Ziyaeddin Tabatebai (Genel Sekreter), Şeyh Muhammed Adjani (Filistin), Rauf Paşa (Seylan), Seyh İzzet Derveza (Filistin) ve Şükrü el Kuvvetli (Suriye).

Hüseyni 1931'de topladığı İngiliz güdümlü İslam Kongresi'ne o sırada Fransa'da sürgünde yaşayan son Halife Abdülmecid Efendi'yi de çağırmış, Atatürk Türkiyesi buna şiddetle karşı çıkarak Hüseyni'nin Hilafeti diriltmesine izin verilmeyeceğini açıklamıştı.[237]

Bu sırada Irak, Suriye ve Filistin bölgesinde İngilizlerle Fransızlar arasında egemenlik çekişmesi doruğa tırmanmış, Yahudilerin Filistin'de İsrail devleti kurma çalışmaları hızlanmış ve Hüseyni İngilizlerden uzaklaşıp Fransızlarla işbirliğine gitmişti.[238] Etkinliklerini Fransız yetkililerin kollaması altında yürütürken 1939'da II. Dünya Savaşı patlamış ve Hüseyni Yahudi karşıtı bir çizgi izleyen Almanya'yla bağlantı kurmuştu.

Hacı Emin El-Hüseyni'den Alman Malı Cihad İlanı

Irak'ta Alman yanlısı subaylarla Pan-Arabist Almancı bir gizli örgüt kuran Hüseyni, Mayıs 1941'de Müslüman Arapları eski efendileri İngiltere'ye karşı Almanya'nın safında savaşa çağırarak Cihad ilan etmişti.[239] Cihad ilanından dört gün sonra İngiliz ordusu Irak'ı işgal edince, Hüseyni önce İran ve Türkiye üzerinden İtalya'ya gidecek, Hitler'in faşist yoldaşı Mussolini ile görüşmeler yapacak ve oradan Almanya'ya geçecekti. Müslümanlar arasında Alman yandaşlığı uyandırmak üzere yayınlara başlayan Hüseyni, her gün Alman radyosunda konuşarak Balkanlarda yaşayan Müslümanları Hitler'in komutası altında İslam Cihadı'na çağırıyordu. Çağırılarını Kudüs Müftüsü olarak yapan Hüseyni'nin yayınları Balkanlardaki Müslümanlar üzerinde oldukça etkili olmuş, genç Müslümanlar Almanya'ya koşup silah altına girerek *Müslüman Nazi Bölükleri* oluşturmuşlardı. Hüseyni Cihad çağırısına koşup gelen bu Müslüman gençlere önce Alman propaganda bakanlığınca basılan *"İslam ve Yahudilik"* adlı kitabı okutarak onları Yahudi düşmanlığıyla dolduruyordu.

Nazi ordusuna katılan Müslüman askerler, Almanya'da Hüseyni'nin verdiği "İslam ve Yahudilik" kitabını okuyor.

Hüseyni tarafından Hitler'in ordusunda özel bölüm olarak örgütlenen Müslüman askerlerin üniformasında ve fes biçimindeki başlığında bir Nazi kartalı, Bir Gamalı haç ve bir kurukafa yer alıyordu.

Hüseyni tarafından Yahudi düşmanlığıyla doldurulan Müslüman gençler, doğrudan Hüseyni'nin verdiği silahlı eğitimden geçerek Almanya safında cepheye sürülüyordu.

Kudüs Müftüsü Hüseyni *Hancar* adı verilen Müslüman Nazi birliklerini eğitirken bir Müslüman gence tüfeği nasıl dolduracağını gösteriyor.

Hitler ordusunda Hancar adıyla anılan Bosnalı Müslüman askerlerden oluşan birliklerin Hüseyni tarafından çizilen bir de bayrağı vardı. Bu bayrakta bir Gamalı Haç ve kılıç sallayan bir el yer alıyordu.

20 Kasım 1941 günü Ribbentorp ile görüşen Hüseyni, 28 Kasım 1941'de Hitler'le de görüşecek ve yalnızca Balkanlardaki Müslümanları Alman askerine dönüştürmekle yetinmeyip, Ortadoğu'daki bütün Arapları da Almanya'nın safında savaşa sokabileceğini söyleyecekti.

Hüseyni, Hitlerle başbaşa- 28 Kasım 1941

Bu görüşmede Hitler, Hüseyni'yi *"Araplarla ilgili konularda karar verecek kişi ve Arapların önderi"* olarak tanıdığını bildirmiş, gelgelelim Arap devletlerinin bağımsızlığı için kendisine herhangi bir söz vermemişti. *"Alman ordusu güney Kafkasya'ya (yani Bakü petrollerine) ulaşana dek, Arapların bağımsızlığı sözünü açıkça söyleyemeyiz"* demişti bu görüşmede Hitler.[240]

Bunun anlamı açıktı: Hitler'in Rusya'ya karşı açtığı savaş, kendi topraklarında hiç petrol bulunmayan Almanya'nın Kafkas / Hazar petrollerine ulaşmasını amaçlıyordu. En az Hitler ölçüsünde Rusya'nın yıkılmasını isteyen İngiltere, Fransa ve Amerika da Almanya'yı *"Ortadoğu petrollerine el uzatmaması ve Ortadoğu'yu işgale yeltenmemesi koşuluyla"* destekliyorlardı.

Hüseyni, Almanya'nın Arap bağımsızlığını desteklediğini açıkça duyurması için Himmler'e de başvurmuştu.

Hüseyni, Himmler'le tokalaşırken

Himmler'in imzalayarak Hüseyni'ye verdiği birlikte çekilmiş fotoğrafları. Hüseyni, Alman devletinin kendisini en yüksek düzeyde desteklediğini kanıtlamak üzere Müslüman gençlere gösteriyordu bu gibi fotoğrafları.

Himmler'in Hüseyni'ye Arap bağımsızlığı konusunda verdiği yanıt 2 Kasım 1943'te gelecek ve Himmler Pan-

Arabizm'i değil fakat Arapların Filistin'de Yahudilere karşı verdikleri mücadeleyi desteklediklerini bildirecekti Hüseyni'ye.

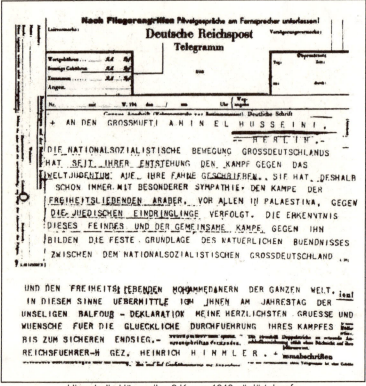

Himmler'in Hüseyni'ye 2 Kasım 1943 günlü telgrafı:

Büyük Müftüye: Büyük Almanya'nın NAZİ Hareketi bayrağının üzerinde en başından beri Dünya Yahudiliğiyle savaşmayı yazmıştır. Özgürlüksever Arapların özellikle Filistin'de Yahudilere karşı mücadelesine özel bir yakınlık duyarız. Büyük NAZİ Almanyası ile Özgürlüksever Araplar arasında –bu konuda- dünya çapında bir doğal uzlaşı vardır. Sizi sonuna dek destekliyoruz.

İmza: Reichsfuehrer S.S. Heinrich Himmler

Naziler 18 Aralık 1942'de Berlin'de bir *"İslami Merkez Enstitüsü"* kurmuş, başına Hüseyni'yi getirmişler; enstitünün açılışında Nazi Propaganda Bakanı Goebbels de hazır bulunmuş ve Hüseyni aşağıdaki fotoğrafta görüldüğü üzere yaptığı açış konuşmasında; *"Yalnızca NAZİ'lerle Araplar ortak düşmana sahip değil, aynı zamanda Nazizm ile İslam da, idealler, disiplin, toplum düzeni, itaat ve yönetim ruhunda ortak zemine sahiptir,"* demişti.[241]

18 Aralık 1942- Hüseyni İslam Merkez Enstitüsü'nün açılış konuşmasını yapıyor.

Hüseyni'nin Alman Propaganda Bakanlığınca basılmış kitabı 1943

Hüseyni, öyle ya da böyle, tıpkı Enver Paşa gibi Almanya'nın başarısına bel bağlamış ve yine tıpkı Enver Paşa gibi Almanya'nın güdümünde Cihad ilan ederek Müslümanları Almanya'nın safında savaşa çağırmıştı. II. Wilhelm'in gözünde Enver Paşa neyse, Hitler'in gözünde Kudüs Müftüsü Hacı Emin el-Hüseyni oydu. Almanlar Müslümanları kendi ordularına asker yazmak için Hüseyni'ye büyük değer verdiklerini büyük yaftalar basıp çoğaltarak gösteriyorlardı.

Hüseyni bir NAZİ parti toplantısında

Hüseyni'nin *Hancar* (Hançer, Kılıç) ve *Waffen* gibi adlarla anılan Müslüman Nazi birliklerini denetlerken çekilmiş görüntüleri Alman propaganda bakanlığı tarafından yayımlanan dergilerde, gazetelerde yer alıyordu. Bu fotoğraflarda ilgimizi çeken en anlamlı yön, Hüseyni'nin denetlediği Müslüman Nazi birliklerin önünden "Nazi Selamı" vererek geçmesiydi. "Selâm-ı Aleyküm" ya da "Aleyküm Selâm"ın yerini de Almanca "Heil (Yaşasın) Hitler" almıştı anlaşılan.

Kudüs Müftüsü Hüseyni, 1943te Müslüman Nazi birliklerini denetliyor.

"Nazi Müftüsü"ne dönüşen Hüseyni Müslüman askerleri *"Heil Hitler"* diye selamladığı gibi Müslüman askerler de Hüseyni'yi aşağıdaki fotoğrafta görüleceği üzere NAZİ selamı vererek *"Hiel Hitler"* diye karşılıyordu.

"Nazi Müftüsü" Hüseyni, Alman saflarında çarpışmak üzere cepheye giden Müslümanları *"Heil Hitler"* diye uğurluyordu.

Hüseyni'nin Nazi selamıyla cepheye yolladığı Müslüman askerler

Hüseyni Yugoslavya'da Müslüman-Nazi Hancar birliklerini denetlerken

Hüseyni'nin örgütlediği Müslüman Nazi askerleri namazda

Hüseyni, NAZİ ordusunda görev yapan Müslüman subayları topluyor, onları *"İslam İlkeleriyle NAZİ ilkelerinin birbirlerine çok benzediği, bir Müslüman'ın Hitler tarafından belirlenen NAZİ ilkelerine uymakla Allah'ın buyruğunu da yerine getirmiş olacağı"* yalanıyla aldatarak savaşa sürüyordu.

"Nazi Müftüsü" Hüseyni, Alman subaylarla birlikte eğitim için arazide

Nazi Müftüsü Hüseyni, Almanların verdiği silahları deniyor

Bosna'ya da giden Hüseyni, oradaki Müslüman Nazi Waffen birliklerini yerinde denetlemiş ve Hitler'in ordusunda savaşmanın bir Müslüman için "Mukaddes Cihad" olduğunu söylevlerle beyinlerine kazımıştı.

"Nazi Müftüsü" Müslüman askerlere verilen yeni savaş araçlarını deniyor.

Hüseyni, Müslüman Nazi askerlerinin eğitim çalışmalarını izliyor.

Hitler'in Müftüsü Hüseyni, Müslüman Hancar askerleriyle eğitim alanında

Hüseyni Müslümanlardan oluşturduğu Nazi birliklerini denetliyor.

Hüseyni, Yugoslavya'da Müslüman Nazi birliklerini denetliyor.

Hüseyni Alman ve Müslüman Hancar subaylarıyla birlikte karargaha gidiyor.

Hitler'in Müftüsü Hüseyni'nin bu gibi fotoğrafları Alman propaganda araçlarıyla tüm dünyaya yayılıyor.

Hitler'in Müftüsü Hüseyni, (soldan ikinci) imam sarığını çıkarmış, SS yemeğinde Nazi karavanasına kaşık sallıyor.

Hüseyni, Alman ordusuna sokup Almanya için savaştırdığı Müslüman askerlerle sohbet ederken

Hüseyni, örgütlediği Müslüman Nazi ordusunun subaylarıyla birlikte

Hitlerci Bir Geylani

Almanya'da Hitler için çalışan tek Müslüman din adamı Hüseyni değildi kuşkusuz. Irak'lı Seyyid Abdülvahab el-Geylani'nin oğlu Seyyid Raşid el-Geylani de Hitler'in hizmetine koşanlar arasındaydı. 1933-1941 arası üç kez Irak Başbakanlığı koltuğuna oturmuş olan Seyyid Raşid el-Geylani Hüseyni'nin 1930'ların sonunda Irak'ta kurduğu İngiliz karşıtı darbeci gizli örgütün üyelerindendi. Hüseyni Mayıs 1941'de Irak'ta İngilizler'e karşı cihad ilan ettikten sonra İngilizler Irak'ı işgal etmiş, önce Hüseyni ve onun ardından iki hafta sonra da Seyyid Raşid el-Geylani Berline gelmişti. Hitler ve Ribbentrop Geylani'yi Almanya'da iyi karşılamış, iyi ağırlamış; o da Arap Müslümanları Hitler ordusunda savaşa çağırma göreviyle radyo yayınları yapmaya koyulmuştu.

Hüseyni'den iki hafta sonra 21 Kasım 1941 günü Berlin'e gelen Seyid Raşid El-Geylani Aralık 1941'de Hitler ve Ribbentrop'la Karargahında gerçekleştirilen görüşmede.

II. Wilhelm'den Adolf Hitler'e
Enver Paşa'dan Kudüs Müftüsü Hüseyni'ye

Kudüs Müftüsü Hüseyni'nin II. Dünya Savaşı yıllarında Alman işbirlikçiliğini irdelerken, ister istemez I. Dünya Savaşı'nda Enver Paşa'nın etkinliklerini anımsıyoruz. İslam dünyasında daha önce Alman İmparatoru II. Wilhelm tarafından oynanan oyun 1930'ların ortalarından başlayarak, yine Almanya tarafından bu kez Hitler eliyle sahneye konmuştu. Katolikleri Papa XII. Pius, Evangelikleri Frank Buchman, Arap Müslümanları Kudüs Müftüsü Hacı Emin El-Hüseyni ve Türk Müslümanları Cevat Rıfat Atilhan aracılığıyla denetimleri altına almayı amaçlıyordu Naziler.

Hitler'in Türk Yandaşı
"Ortadoğu'nun Hitler'i" Cevat Rıfat Atilhan

I. Dünya Savaşı yıllarında Filistin cephesinde görev yapmış bir Osmanlı subayı olan Cevat Rıfat Atilhan, Hitler'in buyruğunda çalışan Arap Irkçısı İslamcı Hacı Emin el-Hüseyni gibi, Hitler'in koruyucu kanatları altında bir *Dünya İslam Birliği* kurulmasına çalışıyordu. Almanlara sevgisi I. Dünya Savaşı'ndan kalma olduğu gibi, Yahudilere duyduğu kin de yine I. Dünya Savaşı'ndan kalmaydı. İngilizler'in güdümünde Osmanlı ordusuna karşı savaşan Yahudilerle pek çok kez karşı karşıya kalmıştı Filistin'de. Bu yüzden, Osmanlı ordusunu yöneten Almanlara yaşam boyu sevgi besleyecek, İngilizler'le birlik olup Osmanlı'ya kurşun sıkan Yahudilereyse yaşam boyu kin duyacaktı. Hitler'in yükselişi onu tıpkı I. Dünya Savaşı'nda olduğu gibi yeniden Almanlarla çalışmaya yöneltmiş, 1935 yılında Berlin'de yapılan bir Uluslararası NAZİ Kongresine delege olarak katılmıştı. Hitler yönetimiyle yakın ilişkiler kuran Atilhan, Ribbentrop'la ailecek tanışıyor ve görüşüyordu. *"Dünya İhtilalcileri: İsrail"* adlı kitabında bu yakınlığı şu sözlerle açıklamıştı Atilhan:

> Nüremberg'de idam edilen von Ribbentrop'un karısı, 1962'de neşretmiş olduğu 540 sahifelik *"Verschwörung Gegen den Frieden"* isimli kitabını **bana hediye etmiştir**; içinde öyle korkunç ifşaatlar vardır ki, insanın tüyleri ürpermeden okuması mümkün değildir.[242]

Cevat Rıfat Atilhan, Amerikalı sanayici Henry Ford'u da Hitler denli övüyor; onu *"servetinden daha büyük bir ruha sahip olan Amerikalı milyarder Henry Ford"* diye anıyor ve *"Büyük ve mümtaz insan Hery Ford'un 'Beynelmilel Yahudi' isimli meşhur eseri"*nden söz ediyordu sık sık kitaplarında.[243]

Ancak ortada ilginç bir durum vardı. Atilhan, I. Dünya Savaşı'nda Almanlarla birlik olan Osmanlı'ya karşı İngilizlerl'le birlik olup kurşun sıkan Yahudiler'e kızıyor, fakat tıpkı bu Yahudiler gibi İngilizler'le birlik olup Osmanlı'ya kurşun sıkan Müslüman Araplar'a kızmıyordu. Dahası, İngiliz buyruğuna girip Osmanlı'ya kurşun sıkanların elebaşılarından olan Arap Irkçı Hacı Emin el-Hüseyni ile birlikte, yanyana, omuz omuza çalışıyordu Hitler'in buyruğunda...

Avukatının açıkladığı üzere Siyonizm'e karşı olduğu için Hitlerin yanında yer alan Atilhan, *"Almanya'ya davet edilmiş, büyük bir itibar gösterilmiş, Hitler ile tanıştırılmış ve **emrine açık ve istediği kadar para çekebileceği çek verildiği halde** bunların hiç birisini kabul etmemişti."*[244]

Hitler'in verdiği açık çeki reddeden fakat onu sonuna dek destekleyen Cevat Rıfat Atilhan ve ilk basımı 1935'te yayımlanan "Yahudi Casusu Suzi Liberman" adlı kitabı

Hitleri sonuna dek desteklerken ondan tek kuruş dahi almadığını söylüyordu Atilhan.[245] Hitlerin sunduğu açık çeki reddedecek denli içtenlikle inanıyordu davasına. O reddetmiş olsa da Hitler dünya üzerinde yandaşlar toplamak üzere adam satın alma yöntemini kullanıyor ve bunda çoğu kez başarılı oluyordu. NAZİ'ler bir yandan Kafkaslara, diğer yandan Ortadoğu'ya egemen olma düşlerinin bir parçası olarak, yine bol bol Alman altınlarıyla, Müslüman Türkleri ve Müslüman Arapları Alman yayılmacılığının paralı askerleri olarak kullanmayı başarıyordu.

Hacı Emin El-Hüseyni, yüzbinlerce Müslüman'ı Alman ordusu saflarına katan dinsel propagandalarının başarısı nedeniyle Nazi subayları tarafından kutlanıyor.

Kudüs Müftüsü Hacı Emin El Hüseyni *'Hitler savaşı kazanırsa Yahudileri Filistinden çıkartır'* diye düşünerek destekliyordu Almanya'yı... Hitler'in Yahudi karşıtlığının Siyonistlerle danışıklı olduğunu, Siyonistlerin Hitler'le Yahudileri korkutarak Avrupa'dan kaçırtıp Filistin'e göç etmelerini sağlaması için anlaşmış olduklarını bilmiyor olmalıydı Hüseyni. Bu konuyu ayrıntılarıyla *İblis'in Kıblesi* adlı kitabımda belgelendirdiğim için burada yinelemiyorum. Hüseyni, Hitler'in ordusunda binlerce 'kırma' ya da 'dönme' Yahudi'nin er düzeyinden General düzeyine dek her basamakta görev yaptığını da bilmiyordu büyük olasılıkla.[246]

Hitler de II. Wilhelm Gibi İslamcılığı Kullanıyor

II.Wilhelm'in yerini Hitler alınca, bu kez de Hitler'in gizli Müslüman olduğu yayılmaya başlamıştı İslam dünyasında. Nasıl Mehmet Akif – İslam'ın kurtuluşu için başka çözüm bulamadığından- 1910'lu yıllarda dünya Müslümanlarını Alman İmparatoru'nun buyruğuna sokmak için çabalamışsa, 1930'lu, 1940'lı yıllarda da Kudüs Müftüsü Hacı Emin El Hüseyni de Hitlerci olduğundan değil, ama *Hitler başarılı olursa Filistin'de Yahudi sorunu kalmaz* düşüncesiyle Hitler'le buluşmuş, görüşmüş, düşünce birliğine varmış, desteklemiş; Nazi propaganda takımına katılmış, Alman radyolarından Müslümanlara seslenerek tüm Arap dünyasına Hitler'in komutasında savaşa katılmaları çağırısında bulunmuştu. Hacı Emin El-Hüseyni'nin propaganda çalışmaları sonucu ilk adımda Bosna, Kosova, Makedonya, Bulgaristan, Romanya, Batı Trakya, vb. gibi Avrupa topraklarında yaşayan Müslümanlardan yaklaşık yüzbin kişi Hitler'i İslam'ın kurtarıcısı sayarak Nazi birliklerine katılmıştı.[247] Hüseyni'nin Ortadoğu Araplarına yönelik propaganda çalışması, *"Hitler gelecek, Araplar İngiliz ve Yahudi boyunduruğundan kurtulacak"* savına dayanmış, Hitler'in Müslüman dostu ve kurtarıcısı olduğu yargısı beyinlere kazınmıştı.

Hitler, *"Haydar"* Adıyla Müslüman Olmuş
Mussolini de *"Musa Nili"* Adında Bir Müslümanmış

Bunlara göre, *"Mussolini aslında gerçek adı Musa Nili olan bir Müslüman'dı. Hitler de Haydar adıyla gizli Müslümanlığı seçmişti."*[248] Müslüman belledikleri Hitler'e *Haydar* diyenler olduğu gibi ona *"Ebu Ali"* adını verenler de vardı. Daha beteri Hitler'in Mısır'lı yandaşları Tanta'da Hitler'in annesinin doğduğu evi bile "bulmuş"lar ve o evi hacı olma yeri olarak kullanmışlardı.[249] Hitler'in Müslüman Arap yandaşları onu peygamber kertesinde ululayan marşlar söylüyorlardı: *"Ne Monşer, ne Mister! Gökte Allah, Yerde Hitler!"*[250]

Sovyetler Birliği'nde yaşayan Müslüman Türkler
Hitler'in ordusuna asker yazılıyor

Sovyetler Birliği'nde yaşayan Müslüman Türklere yönelik çalışma ise; *"Rusların dinsiz oldukları, komünizmin dinsizlik olduğu, Müslüman Türkleri dinsiz Rusların boyunduğundan kurtaracak biricik gücün Hitler olduğu"* propagandasıydı.

Sovyetler'de yaşayan Müslüman Türkler, bu çalışmalar sonucu Hitler'i ve Almanya'yı tıpkı Birinci Dünya Savaşı yıllarında Wilhelm Almanyası'nı olduğu gibi *İslam'ın dünya üzerindeki biricik koruyucusu* olarak görmüş ve Alman ordusundaki özel Müslüman birliklerinde yüzbin üzerinde Müslüman Türk yer almıştır.

Kafkaslardaki Türk Müslümanlara yönelik İslamcı Nazi propaganda afişleri

Nazi ordusunda Kafkas Türkleri

Kafkaslar ve Balkanların Müslüman Türkleri "Hitler Müslümandır" Yalanıyla Alman Ordusuna Katılıyor

Nazi Almanyasını, hem Arapları İngiliz boyunduruğundan hem Türkleri Sovyet boyunduruğundan kurtaracak tek güç ve Müslümanlığın dünya üzerindeki koruyucusu olarak gösteren yayınlar Kafkaslardan öbek öbek Müslüman'ın Nazi ordusuna katılmasını ve Sovyet sosyalizmine karşı bayrak açan General Vlasov komutasında cepheye sürülmesini kolaylaştırmıştı.

Birinci Dünya Savaşı'nda Almanların Osmanlı Türk Müslümanları, İngilizlerin Osmanlı Arap Müslümanları kendi dünya egemenliği amaçları doğrultusunda cepheye sürüp savaştırma yöntemi, 20 yıl sonra Adolf Hitler tarafından kullanılırken, II. Wilhelm'le Adolf Hitler arasındaki tek ayırım, Hitler'in Hazar ve Sibirya petrollerini birincil önemde, Ortadoğu petrollerini ikincil önemde görerek, tüm gücüyle Sovyetlere saldırıp, öncelikle Hazar ve Sibirya petrollerini ele geçirmeye yönelmesiydi. Bu durum, *Ortadoğu petrollerine bulaşmaması koşuluyla, Rusya'ya yönelik işgal girişiminin Amerika, İngiltere ve Fransa tarafından desteklendiği* anlamına geliyordu. Hitler'in Ortadoğu'da Müslüman Araplardan önce Balkanlar ve Kafkasya'da Müslüman Türkleri kendi yanına çekme çabasının özü buydu.

Hitler'den Türkiye'deki Almancılara 5 Milyon Altın Rüşvet

34. Belge

RİBBENTROP'TAN PAPEN'E

TELGRAF

Gizli

Özel tren, 5 Aralık 1942, 2,30.
5 ARALIK 1942'de alınmıştır. Saat: 3,30.
Sayı 1526

BÜYÜKELÇİNİN ŞAHSINA

20 Kasım tarihli ve a-6154 sayılı bildirinize cevaben, mali durumlarının yetersizliği dolayısıyla Türkiye'deki dostlarımızı destekliyebilmeniz için size beş milyon altın Reichsmark gönderilmesini emrettim.

114 GİZLİ BELGELER

> Bu parayı rahatça ve bol bol kullanmanızı ve kullanma yeri hakkında bana bilgi vermenizi rica ederim.
>
> **Ribbentrop**
>
> **1700 sayısıyla Türkiye'deki Alman Büyükelçiliğine çekilmiştir.**
>
> **Berlin, 5 Aralık 1942.**

Almanya Dışişleri Bakanlığı Arşivinden, II. Dünya Savaşı'nda Türk-Alman İlişkileri ve Hitler'in Türk Dostları- Gizli Belgeler- May y. Temmuz 1968, sf. 113-114

Tıpkı 1914'te Osmanlı'yı Almanya'nın yanında savaşa sokmak için 5 milyon altın verildiği gibi, 5 Aralık 1942'de Alman Dışişleri Bakanlığı'ndan Türkiye Büyükelçisi Von Papen'e Türkiye'deki Alman dostlarına dağıtılmak üzere 5 milyon altın Alman markı gönderilmiş ve bu para Türkiye'de Alman yandaşlığını örgütlemekte kullanılmıştı.[251]

O yıllarda Türkiye'de yürütülen Alman çalışmalarına ilişkin epeyce kitap vardır. Türk ordusunda, bürokrasisinde, aydın ve yazarları arasında Alman altınlarıyla beslenen bir Alman yandaşlığı akımı yayılmıştı. Türkçülük, Turancılık, o yıllarda Alman yandaşlığını savunan bir akım olarak belirmiş, dahası Cumhuriyet gazetesinde başyazar Yunus Nadi dahi, Türkiye'nin Almanya'nın safında Rusya'ya karşı savaşa katılması gerektiğini savunan başyazılar yazmıştı.

Ama, hiç biri işe yaramadı yapılanların. Almanların dinleri ve İslam'ı kullanarak dünyaya egemen olma kuramı, bir kez daha başarısızlığa uğradı. Hitler, kendisini kıştırtıp para ve teknoloji sağlayarak Rusya'ya saldırtan Amerika tarafından ortadan kaldırılacak; Almanya bir Amerikan yarı-sömürgesi olacak; İngiltere ve Fransa, Almanya'ya kaptırmaktan korktukları sömürgelerini kurtarıcı olarak gördükleri Amerika'ya kaptıracaklardı savaş sonunda.

Hitler'i besleyip, palazlandırıp, Rusya'ya karşı savaşa süren Amerika'nın daha sonra onu diktatör ilan ederek Almanya'ya saldırması ve işgal etmesi, günümüz insanı için anlaşılmaz bir durum değil; bunun örneklerini içerisinde yaşadığımız dönemde görüyoruz. Humeyni devrimiyle İran'dan kovulan Amerika, her türlü silahla donattığı Saddam'ı tam sekiz yıl boyunca İran'a saldırtmış, sonra da onu diktatör ilan ederek Irak'ı işgal etmiştir. Rusya'ya karşı Usame Bin Ladin'i yıllarca destekleyen Amerika, sonra onu en büyük terörist ilan ederek yok etmeye yönelmiştir.

Hitler'in başına gelen neyse, Saddam'ın ve Usame Bin Ladin'in başına gelen de odur. Amerika'nın ya da herhangi bir başka emperyalistin kışkırtma ve desteğiyle dünyanın ya da herhangi bir bölgenin egemenliğine soyunacak olanların sonu da Hitler gibi olacaktır. Öncülü II. Wilhelm gibi gizli Müslüman ilan edilerek adı *Haydar*'a, *Ebu Ali*'ye çevrilen ve peygamberlik taslayarak: *"Benim tarihi bir misyonum var. Ben bu misyonu gerçekleştireceğim. Çünkü Tanrı bu misyonu yerine getirme görevini bana verdi. Benimle beraber olmayanlar ezilecektir,"* diyen Hitler'in sonu hiç iyi olmadı.

BBC Radyosu 1 Mayıs 1945 günü Hitlerin öldüğünü duyurdu. Hitler'in ölüm haberi gazetelerde olabilecek en iri puntolarla verildi. Heinrich Hoffman tarafından çekildiği savlanan son fotoğrafı, o mu değil mi tartışması yarattı. (sağda)

Hitler'in Dünya İmparatorluğu düşlerini önce kışkırtıp sonra öldüren Amerika, hemen ardından **Osmanlı İmparatorluğu'nu diriltme düşleri** kurduracaktı Türkiye'ye...

DÖRDÜNCÜ BÖLÜM

1945-1990 ARASI SOĞUK SAVAŞ DÖNEMİNDE DİN ÜZERİNDEN EMPERYALİST OYUNLAR

"Amerikan ulusu parlak atılımlar yapmak için yaratılmıştır. **Tanrı sıkıntılar içerisinde kıvranan insanlığın yazgısını Amerikalılara emanet etmiştir.**"

1933'te Hitler'le Antlaşma İmzalayan
Papa XII Pius
Aralık 1945

Hitler'in Mirasçısı Amerika Dinleri Komünizme Karşı Örgütleme Stratejisini Hitler'den Devralıyor

Senatör Willey:
- "Bir Türk askerinin yıllık maliyeti 200 dolar mıdır?"
Dışişleri Bakanı Dulles:
- "Evet, bu civarda."
Senatör Willey:

- "Bizim silah altında tuttuğumuz her Amerikalı askerin maliyetinin yılda 6000 dolardan fazla olduğu doğru mu?"
Dışişleri Bakanı Dulles:
- "Evet, öyle olsa gerek."
Senatör Willey:
- "Öyleyse ekonomi açısından yanımızda savaşan bir Türk bulundurmak iyi bir iş oluyor."
Dışişleri Bakanı Dulles:
-"Evet." [252]

....

Açıklama: *"Amerika, her yıl Türkiye'ye 135 milyon dolar savunma malzemesi verir"* di.[253] Yaklaşık 500.000 askeri olan Türkiye yılda 135 milyon dolar askeri "yardım"(!) ile Amerika'ya bağlanınca, Amerika'nın bir Türk askeri için yaptığı harcama, 135 milyon bölü 500.000 eşittir 270 dolardı yaklaşık olarak.

....

Ülkemiz Atatürk'ün ölümünün hemen ardından, 1939'da İsmet İnönü tarafından İngiltere'nin uydusuna dönüştürülmüş;[254] İnönü'nün Türkiye'yi İngiltere ve Fransa yanında savaşa sokmak üzere verdiği karar son anda Genelkurmay Başkanı Fevzi Çakmak tarafından önlenmiş,[255] İngiltere İkinci Dünya Savaşı'nda büyük güç yitirince, savaş öncesi İngiltere'nin uydusu olan Türkiye gibi ülkelerde egemenliği Amerika devralmış ve ülkemiz 1945-1946'da İsmet İnönü yönetimince bir Amerikan yarı-sömürgesi konumuna düşürülmüştü.

Hitler Almanyası yenildikten sonra, Almanya'nın gerek II. Wilhelm gerekse Hitler döneminde geliştirmiş olduğu dünya egemenliği tasarıları Amerika tarafından devralınmış, Panislamizm ve Pantürkizm'i kullanıp Osmanlıcılığı dirilterek petrol kaynaklarına ve dünyaya egemen olma kuramı, 1946'dan başlayarak bu kez de Amerika tarafından uygulamaya konulmuştu.

Ancak, *Türkiye'yi Ortadoğu İslam ülkelerinin başına geçirerek Rusya'yla savaşa tutuşturmak* düşüncesi Amerikalıların usuna ilk kez savaştan *sonra* değil, savaşın birinci yılında, fakat daha

Amerika savaşa girmemişken, 11 Ekim 1940'ta gelmişti. Büyükelçimiz Münir Ertegün'le görüşen ABD Dışişleri Sekreter Yardımcısı Berle'nin, bu tarihte ABD Yakın Doğu İlişkiler Bölüm Şefi olan Murray'a sunduğu andıçta yer alan üç sorudan biri şöyleydi:

> **Türkler, Irak aracılığıyla Arap dünyasında liderliğe** soyunabilecek konumda mıdırlar?
>
> Berle'ye göre düşmanlığın yoğun olarak yaşandığı **Arap dünyasını yeniden doğacak Türk (Osmanlı) imparatorluğ**unun işbirliği içine sokması olanaksız gibi görünse de bu günlerde hiçbir şey olanaksız değildir. [256]

ABD Yakın Doğu İlişkiler Bölüm Şefi Murray, andıçta yer alan bu soruya şöyle yanıt vermiştir:

> **Türklerin Arap dünyasında liderliğe soyunabileceklerinden şüpheliyiz.** Araplar Türklere karşı saygı duyarlar ama onlara **güvenmezler.** Şu aşamada Arapların önünde bir İskenderun (Hatay'ın Türk topraklarına katılması) örneği vardır. ... **Yine de Türkiye'nin Arap dünyasında etkili olabileceği bir grup** bulunmaktadır. O da İran, Afganistan ve Irak'ın üye olduğu **Sadabat Paktı'**dır. Türkiye'nin böyle bir olasılığı değerlendirip değerlendirmediğini bilmiyoruz.[257]

Daha 1940'ta, ABD'nin Türkiye'den neler beklediğine bakılırsa, bunun aynı tarihte Hitler'in yapmaya çalıştığından pek de farklı olmadığını görürüz. II. Wilhelm'den bu yana, savaş deyince Batı emperyalistlerinin usuna ilk gelen şey, Türkiye'yi yanlarına alıp onu bütün İslam ülkelerinin önderi yaparak böylece tüm dünya Müslümanlarını kendi çıkarları doğrultusunda savaşa sürmek olmuştur.

Amerika'nın İkinci Dünya Savaşı'ndan sonra Türkiye'yi uydulaştırması, Türkiye'nin daha Kurtuluş Savaşı yıllarında Amerikan mandacılığını savunan İnönü'nün yönetiminde bulunması nedeniyle çok kolay gerçekleşmiştir.

İsmet İnönü ve Amerikancılık

1919'da Kurtuluş Savaşı başlarken kurtuluşu Amerikan Sömürgesi altına girmekte bulan İnönü, Amerikancılığını 27

Ağustos 1919'da Kazım Karabekir'e yazdığı mektupta şöyle açıklamıştı:

> Eğer Anadolu'da halkın Amerikalıları herkese tercih ettikleri zemininde **Amerikan milletine müracaat** edilse, pek ziyade **faydası olacaktır** deniliyor ki, **ben de tamamiyle bu kanaattayım**.[258]

İnönü'nün Amerikancılığı, Türkiye'nin ilk Amerikan Büyükelçisi'nin 12 Ekim 1927 günlü anılarında onun şu sözleriyle bir kez daha tescil edilmişti:

> İsmet, Türkiye'nin yaşadığı güçlüklerden bahsetti. **Harap bir evin sahibi** durumunda bulunduğunu söyledi. Tamir edene kadar **evi (Türkiye'yi) kiraya verme imkanı** olmadığı gibi, kaynakların da son derece sınırlı olmasından ötürü, tamirat çalışmaları çok yavaş ilerliyor, bu arada **hiç kira gelmiyordu.** Bununla birlikte yapılanmanın hızla devam ettiğini söyledi.[259]

13 Kasım 2006 günü, saat 21:00'de TRT-2 kanalında *Kırmızı Hat* programında, İsmet İnönü'nün 1973'te Türk Tarih Kurumu'nda yaptığı konuşma görüntülü olarak ekrana getirildi. Bu konuşmanın görüntülü kaydında İnönü şöyle diyordu:

İsmet İnönü 1963'te bir toplantıda

> Lozan muahedesinde başlıca tecrübeyi, Lord.Curzon'un bana verdiği bir dersi söyleyeyim: *"Memnun değiliz Lozan muahedesinin müzakeresinden. Hiç bir dediğimizi yaptıramadık. Reddettiklerinizin hepsini cebimize atıyoruz. **Harap bir memleket** alıyorsu-*

nuz, bunu kalkındırmak için mutlaka paraya ihtiyacınız var. Bu parayı almak için gelip diz çökeceksiniz. Cebime attıklarımın hepsini çıkaracağım size" diyordu Lord Curzon... Bu, benim kafamda daimi bir yer etmişti. **Yanımızda Amerikan sefiri (Joseph Grew) de vardı."**

Gelgelelim, İnönü'nün **"yanımızda Amerikan sefiri de vardı"** sözleri, bu konuşma yirmi yıl sonra 1993'te Atatürk Kültür, Dil ve Tarih Yüksek Kurumu Atatürk Araştırma Merkezi tarafından kitaplaştırılırken –her nedense?!- metinden çıkartılmıştı.[260] Lord Curzon, Lozan'da yeni Türkiye'yi onarımı iç kaynaklarla başarılamayacak, dış borç almadan onarılamayacak **"harap bir memleket"** olarak nitelerken, İsmet İnönü'nün yanında, Amerikan Büyükelçisi Joseph Grew da vardır. İşte Lozan'daki bu konuşmadan 4-5 yıl sonra, Joseph Grew 1927'de Türkiye'ye Amerikan Büyükelçisi olarak geldiğinde, İsmet İnönü ile konuşurken, İnönü Amerikan Büyükelçisi'ne Lozan'da Lord Curzon'un ağzından birlikte duydukları **"harap ülke"**nin durumundan söz etmekte ve böylelikle ona Lozan'daki o konuşmayı özellikle anımsatmaktadır.

İnönü'nün 1927'de Türkiye'yi kiraya vermeyi düşündüğü Amerikan Büyükelçisi Joseph Grew

1927'de Amerikan Büyükelçisi Grew'e Türkiye'nin **kimsenin kiralamak istemeyeceği** denli **harap bir ev** durumda olduğunu, kiralanabilir duruma gelmesi için onarımın başarılması gerektiğini söyleyen İnönü'nün, beyninin bir köşesinde hep *"toprağımızda gözü olmayan güçlü bir devletin koruyucu kanatları altında bulunmak"* düşüncesi yattığı anlaşılıyor. Çünkü İsmet İnönü, Atatürk ölür ölmez ülkenin dizginlerini tek başına kavrayınca, Atatürk'ün ölümünden 6 ay sonra 12 Mayıs 1939 günü yayımlanan *"Türk-İngiliz Ortak Bildirgesi"* ile Türkiye'yi Anglo-Sakson güdümü altına sokmuştu.[261] Rusya 1945'te Türkiye'den Kars-Ardahan'ı isteyip Boğazlar'da askeri üs kurmaya yeltenince, Türkiye yardım için önce Amerika'ya değil, efendisi olarak İngiltere'ye başvuracaktı bu yüzden. İnönü, Rusya'nın Türkiye'den toprak ve üs istemleri karşısında nasıl önce İngiltere'ye başvurduğunu, 9 Temmuz 1945 günü Dolmabahçe Sarayı'nda ve daha sonra 3 Mayıs 1946 günü, Eskişehir Halkevi'nde şöyle anlatıyordu:

> İngiltere, hiç bir kuşkuya yer bırakmayacak biçimde (Rusya'nın sorun çıkardığı) ilk günden beri (Rus istemlerine karşı koyma) davamızı desteklemekte en küçük bir zayıflık dahi göstermedi. Bizi hep haklı buldu. Oysa müttefikimiz olarak (ortaya böyle bir sorun çıkmasından dolayı) en çok yakınması gereken İngiltere'dir. Türlü evrelerde tartışmalara girdik, durumu açıkladık. İngiltere: "Ben savaştan çıktım, boğazıma dek kana battım, (bir de sizin sorununuzla uğraşacak, Rusya ile sizin çıkarlarınız uğruna savaşa tutuşacak durumda değilim)" diyebilirdi. İngiltere bunu yapmadı. (Bizim Rusya'ya karşı davamızı) kendi İmparatorluğunun yaşamsal çıkarlarıyla birleşmiş gördü. Fakat biz sözlü görüşmelerimizde (Rusya saldırırsa Türkiye'nin yanında savaşacaklarına ilişkin olarak) verdikleri bu güvencenin sözlü olmaktan çıkarak resmen onaylanmasını istedik. (Rusya saldırırsa yanımızda olacağınızı) "Meclisinizde de söyleyin," (böylece verdiğiniz güvence resmiyet kazansın)" dedik. İşte İngiliz Avam Kamarası'nda yapılan açıklama bizim bu istemimiz üzerinedir. İngiliz Dışişleri Bakanı, bütün dünyanın karşısında Türklerle İngiltere arasında (1939'dan bu yana) varolan ittifakın tümüyle geçerli

olduğunu, tüm maddelerinin taze ve yürürlükte olduğunu açıkça duyurdu.[262]

Gelgelelim sorun tırmandıkça Türkiye'yi Rusya'ya karşı tek başına savunacak güçte olmadığını anlayan İngiltere, konuyu Amerika'nın önüne getirecekti. Türkiye İngiltere'ye *"Rusya beni parçalayacak, kurtar beni"* diyor; İngiltere ise Amerika'ya *"Rusya Türkiye'yi parçalayacak, benim gücüm kalmadı, sen kurtar Türkiye'yi"* diyordu.[263] Durum 1853'e tıpatıp benziyordu.

1853'de Abdülmecid - 1945'te İnönü
1853'te Mençikov – 1945'te Molotov

Kitabımızın ilk bölümünde, 1853'te olup bitenleri ayrıntılarıyla anlatmıştık. Şimdi anımsamak için özetleyelim:

- İngiltere'nin el altından yüreklendirdiği, kışkırttığı Ruslar, Abdülmecid'ten Boğazları, Kars'ı, Ardahan'ı ve Erzurum'u isterler,

- Rus Büyükelçisi Mençikof'un Osmanlı'ya ilettiği bu istemler, Abdülmecid tarafından reddedilir ve Rus orduları Balkanlar'da ve Doğu Anadolu'da Osmanlı'ya saldırmaya başlar,

- Ruslar, Balkanlar'dan İstanbul'a doğru akarak İstanbul'u ele geçirmeye yönelirler,

- Başlangıçta gelişmeleri izlemekle yetinen ve böylelikle Rusya'nın saldırganlığını artıran İngiltere ve Fransa[264] sonradan *"Rusya İstanbul'u, Kars'ı, Ardahan'ı ele geçirir ve Akdeniz'e inerse, bu bizim çıkarlarımız için çok kötü olur"* diyerek Osmanlı'nın yanında Rusya'ya karşı savaşa girerler,

- Fakat savaş tam kazanılmışken bir Sivastopol kuşatması uydurup savaşı gereksizce uzatırlar,

- 1854'te İngilizler, *"Rusya Kars'ı, Ardahan'ı, Erzurum'u alırsa çok kötü olur, orayı Ruslar'dan korumak için asker yığacağız, askerlerimizin gideri şu kadar tutuyor, bu gideri sizin hesabınıza borç olarak yazdık,"* diyerek Osmanlı'yı kağıt üzerinde borçlandırırlar,

- 1854'e dek dış borç almayan Osmanlı, *"Kars'ı Ruslardan korumak için gereklidir"* dalaveresiyle İngiltere'ye borçlu duruma düşürülür,

- Hemen ardından İngiltere ve Fransa, o güne dek yabancılara toprak satmayan Osmanlı'ya *"devlet olarak varlığınızı ve toprak olarak bütünlüğünüzü Rusya'ya karşı korumayı ve sizi Avrupa Devletler Konseyi'ne almayı bir koşulla garanti ederiz: Yabancılara toprak satışı için yasa çıkartacaksınız"* derler,

- Osmanlı ilk dış borcu böyle alır ve yabancıya toprak satışı 1853-1856 Osmanlı-Rus Kırım Savaşı yıllarında işte böyle başlar...

Şimdi de Osmanlı-Rus Kırım Savaşı'ndan yaklaşık 90 yıl sonra 1945-1946'da İnönü'nün neler yaptığına bakalım:

- Rusya, 1939'lardan başlayarak Kars ve Ardahan'ı kendi topraklarına katıp Boğazlar'da üs isteklerini dillendirmeye başlamıştır.

- 1945'te Balkanlar'ı işgal eden, Romanya'ya, Bulgaristan'a yayılan, İstanbul'un burnunun dibine dek sokulan ve askerlerini Türkiye'nin doğu sınırına yığmış bulunan Rusya, o durumda İngiltere ve Amerika'nın Türkiye'yi korumak uğruna kendisiyle savaşmayı göze alamayacaklarını düşünerek, toprak ve üs istemlerini Dışişleri Bakanı Molotov aracılığıyla Türkiye'ye *sözlü olarak* bildirir. Tıpkı 1853'te aynı istemleri Rus Büyükelçisi Mençikof Abdülmecid'e bildirdiği gibi...

-Türkiye Rusya'nın 1945'teki bu istemlerini reddeder; tıpkı Abdülmecid 1853'te reddettiği gibi...

- 1945'te Yalta'da konferansında İngiltere, Amerika ve Rusya, dünyayı kendi aralarında paylaşırken çözüme bağlanamayan Rus istekleri, 2 Ağustos 1945'te sonuçlanan Potsdam Konferansı'nda bir kez daha ele alınır.

- Amerika, Potsdam Konferansı öncesinde yaptığı gibi[265], sonrasında da Kars, Ardahan ve Boğazlar'da askeri üs istemlerini dile getiren Rusya'ya ateşli bir biçimde karşı çıkmayıp, tersine *"bu sizin Türkiye ile aranızda çözmeniz gereken bir sorundur,"* diyerek[266] Rusya ile Türkiye'yi başbaşa bırakır; tıpkı 1853'te Osmanlı ile Rusya'yı karşı karşıya getirdikleri gibi...

- Amerika, Rusya'yı Türkiye'ye karşı yüreklendirici bu tutumuyla, Rusya'nın Türkiye'yi daha sert biçimde sıkıştırmaya özendirerek, böylelikle Türkiye'yi bir kurtarıcı arar duruma getirir; tıpkı 90 yıl önce aynı durumda kalan Abdülmecid de Rus saldırganlığına karşı İngiltere'ye, Fransa'ya başvurduğu gibi...

- İngiltere, Türkiye'nin Rusya'ya karşı yardım başvurusunu *"savaşacak gücüm yok ama arkandayım, Rus istemlerini reddet"* diye yanıtlar. Amerika, *"sizinle aramızda bir ittifak antlaşması yok, olsaydı düşünürdük, ama kaygılanmayın, Türkiye'yi Rusya'ya kaptırmayız,"* der. Bu, *"doğrudan benimle ittifak yapmazsan seni Rusya'ya karşı korumam,"* demektir.

- İngiltere ve Amerika'nın Türkiye'yi savunmak uğruna asker gönderemeyecekleri sanısı böylece pekişen Rusya, Kars, Ardahan ve Boğazlar'daki istemlerini sonunda *yazılı nota*'ya dönüştürerek Türkiye'ye verir.[267] Türkiye, *"devlet olarak varlığının ve toprak bütünlüğünün Rusya tarafından **ciddi olarak** tehdit edildiği"* saptamasını yapar.

- İngiltere ile ittifak antlaşması 1939'dan beri süren Türkiye, Rusya ile bir savaşa tutuşması durumunda İngiltere'nin ordusu ile yardıma gelemeyecek denli bitkin olduğu apaçık ortada olduğundan, İngiltere'nin müttefiki olan "diri güç" Amerika ile de *"devlet olarak varlığını ve toprak bütünlüğünü korumak"* üzere bir askeri ittifak antlaşması imzalar. İngiltere boğazlarda bir ikmal üssüyle Trakya ve Karadeniz'de radar istasyonları; Amerika ise askeri havaalanları kurmaya girişir.[268]

- 1853'te **toprak bütünlüğünü Rus istemlerine karşı korumak** üzere İngiltere ve Fransa'yla ittifak yapan Osmanlı'nın dış borç gereksinimi bulunmadığı gibi, 1945'te **toprak bütünlüğünü Rusya'ya karşı korumak** üzere dış destek arayan Türkiye'nin de kasasında 245 milyon dolarlık altın ve döviz birikimi vardır ve **dış borç gereksinimi yoktur.**

- Gelgelelim Amerika, Boğazlar'ı, Kars'ı, Ardahan'ı Ruslar'a karşı korumak için Türkiye'yi 10 milyon dolar borçlu duruma sokan bir ittifak antlaşması imzalatır.[269] Kasasında 245 milyon dolarlık altın ve döviz birikimi bulunan bir Türkiye'nin 10 milyon dolar borçlu duruma sokulması, askeri ittifakın bir gereği olarak Amerika tarafından dayatılmıştır. Tıpkı, dış borç arayışında olmayan Abdülmecid de 1854'te, *"Kars'ı, Ardahan'ı, Boğazlar'ı Rusya'ya karşı koruyacağız bunun için gerekli"* denilerek İngiltere tarafından dış borç yükümlülüğü altına sokulduğu gibi...

- Cumhuriyet kurulduğundan beri Türkiye'de yabancıya toprak satışı yasak olmasına karşın, 27 Şubat 1946'da imzalanan 10 milyon dolarlık borç antlaşmasının ardından, 6 Aralık 1946 günü imzalanan *Ek Antlaşma*'yla, Amerikalılara Türkiye'de diledikleri toprakları satın alıp tapusunu kendi üzerlerine geçirme hakkı tanınır.[270] Bu özellikle maden bulunan toprakların ve askeri olarak gerekti toprakların tapusunun Amerika'ya verilmesi demektir. İnönü, yabancıya toprak satış yasağını çiğneyen, Anayasa'ya ve yasalara aykırı bir antlaşma imzalamıştır Amerika'yla...

1853'te *Rus saldırısına karşı Osmanlı'nın toprak bütünlüğünü korumak* üzere İngiliz-Fransızlarla ittifak yapan Abdülmecid, nasıl bu "koruma"nın bedeli olarak "koruyucu"lara borçlu olmayı ve yabancılara toprak satmayı kabul etmişse, 1945'te *Türkiye'nin toprak bütünlüğünü Rusya'ya karşı korumak* üzere İngiltere ve Amerika'yla ittifak yapan İnönü de, tıpkı 90 yıl önce Abdülmecid'in yaptığı gibi, "koruyucu"lara borçlu olmayı ve yabancılara toprak satmayı kabul etmiştir.

1853-1854'te Osmanlı'nın düşürüldüğü tuzağa, 1945-1946'da Türkiye Cumhuriyeti Devleti düşürülmüş; Abdülmecid *Rusya'ya karşı toprak bütünlüğünü korumak uğruna* Osmanlı Devleti'ni ne duruma düşürmüşse, İnönü *toprak bütünlüğünü Rusya'ya karşı korumak uğruna* Türkiye Cumhuriyeti Devleti'ni o duruma düşürmüştür.

Sonuç olarak: Rusya'nın 1945'te zorla almak istediği her şey, İnönü tarafından Rusya'nın önünden kaçırılıp, "koruyucu" diye alkışladığı Amerika'ya güzellikle verilmiştir.

Rusya Boğazlar'da üs istemiştir. İnönü üsleri Rusya'ya vermemiş, Amerika'ya vermiştir.

Rusya Kars ve Ardahan'ı istemiştir. İnönü Kars ve Ardahan'ı Rusya'ya vermemiş, tüm Türkiye'de diledikleri toprakları satın alma hakkını 4 Aralık 1946 günlü *Ek Antlaşma* ile Amerikalılara vermiştir.

1939 İngiliz-Fransız Uyduluğundan
1945 İngiliz-Amerikan Uyduluğuna

1939-1945 arası II. Dünya Savaşı'nda büyük güç yitimine uğrayan İngiltere, diğer sömürgeleriyle birlikte Türkiye'yi de kendi elleriyle Amerika'nın güdümüne bırakmıştır. Türkiye'nin 1945'ten sonra başlayan Amerikan köleliği, 1939'daki İngiliz köleliğinden kaynaklanan bir durumdur. Yani, Türkiye, 1939'da kölesi olduğu İngiltere tarafından *"Ben artık güçten düştüm, köle besleyemiyorum; al, sen besle, ama ikimiz kullanalım"* biçiminde *'Anglo-Sakson Kardeş'* olarak gördüğü Amerika'ya sunulmuştur. İngilizler tarafından Amerikan güdümüne bırakıldığını 1955'lere dek tam algılayamayan Türkiye, *İngiliz-Amerikan İttifakı*'nı bu on yıl boyunca çelişkisiz bir birliktelik sanmış, *İngiltere'nin her dediğini yaparsak bundan Amerikalılar da mutlu olur, Amerika'nın her dediğini yaparsak bundan İngiltere de mutlu olur*, düşüncesiyle davranmış; Ancak 1955'lerde İngiltere'nin kimi buyruklarını yerine getirince Amerika'yı kızdırdığını, Amerika'nın kimi buyruklarını yerine getirmesinden İngiltere'nin hoşlanmadığını kavramaya başlamıştır. Mısır, İngiltere'nin egemenliğinde olan Süveyş Kanalı'nı devletleştirmeye kalkınca, Türkiye İngiltere'nin yanında yer alarak Mısır'a karşı çıkmış; böylece İngiltere'yi mutlu etmiş; fakat İngiliz yanlısı bu tutumundan dolayı Amerika'yı kızdırınca, buna pek şaşmıştı. İngilizlerin kardeşi sandığı Amerika'nın İngilizleri Mısır'dan kovup oraya yerleşmek istediğini düşünenemişti Türkiye.[271]

Tıpkı Kıbrıs Bunalımı'nda İngiltere'yi mutlu ederken, Amerika'yı karşısına alacağını kestiremediği gibi.

Soğuk Savaş'ın yalnızca Rusya'ya karşı yapıldığını sanıyordu Türkiye. Oysa İngiltere ve Amerika arasında –kapalı kapılar ardında yürütülen- bir başka *Soğuk Savaş* daha vardı ki, bu başlı başına ayrı bir kitap konusu olduğundan, burada işlemeyeceğiz.

ABD Başkanı Roosevelt ve İnönü, 5 Aralık 1943

Soguk Savaş, ABD
Ve Türkiyenin Yeniden Osmanlılaştırılması

İkinci Dünya Savaşı'ndan sonra Sovyetler'e karşı Soğuk Savaş başlatılmasını öneren ilk diplomat, Kasım 1933 - Mayıs 1936 arası Amerika'nın Rusya Büyükelçiliği görevinde bulunmuş, daha sonra Fransa'da elçilik görevi yapmış, ateşli komünizm düşmanı ve tek dünya devleti savunucusu William Christian Bullit'tir.[272]

Din'e Dayalı Soğuk Savaş'ın Kuramcısı:
William Christian Bullitt

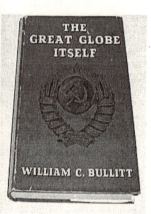

William Christian Bullitt ve Soğuk Savaş'ın kuramını oluşturan kitabı

1946'da yayımlanan *The Great Globe İtself*[273] adlı kitabıyla Sovyetler Birliği'ne karşı Soğuk Savaş öneren ve yazdıklarıyla Amerikan yönetimini Soğuk Savaş'a ikna eden Bullitt, 1946'daki tüm önerilerinin Amerikan yönetimlerince uygulanması ve tüm öngörülerinin doğru çıkması nedeniyle, Sovyetler yıkıldıktan sonra *"Peygamber Diplomat"*[274] olarak anılmaya başlamıştır.

İlk kez *İblisin Kıblesi* adlı kitabımda (Otopsi Yayınları- 4. Basım) görüşlerinden sözettiğim William Christian Bullitt, 1919'da ABD Başkanı Wilson'un Osmanlı'yı etnik olarak parçalayıp bir Kürdistan ve bir Ermenistan kurulmasını buyuran planının da oluşturucuları arasındadır. *Tek Dünya Devleti yandaşı, Komünizme karşı din birlikleri kurulmasını öneren, "Dinler Arası Diyalog"u Sovyetler Birliği'ne karşı silah olarak gösteren ilk Amerikan Diplomatı* olan Bullitt, yanlış olarak Soğuk Savaş kuramının *babası* ve *ilk kuramcısı* diye bilinen George Kennan'ın da akıl hocasıdır.[275]

Soğuk Savaş ve Tek Dünya Devleti

Bullitt'in İkinci Dünya Savaşı bittikten sonra Sovyet yayılmasını durdurmak üzere başvurduğu en önemli silah

'*Din*'di. 1946'da, ülkelerin ancak dine sarılarak komünizmden ve Sovyet yayılmasından korunacağını savunurken şöyle diyordu:

> İngiliz ve Amerikan dostluğu, dünyanın belki de en az sarsıntıya uğrayacak dostluğudur. Her iki millet dilden diğer bir çok konulara dek sayısız ortak geleneklere sahiptir. Sonuçta özgürlük, demokrasi ve Hıristiyan ideallerinin gerçekleştirilmesi yolunda tam anlamıyla ortaklaşa bir geçmişimiz var. Yakındoğu'daki Amerikan çıkarları, Arabistan petrollerini güvenceye almaktan başka bir amaç gütmemektedir. İngilizler içinse çıkar iki yönlüdür: Biri **petrol**, ikincisi **Hindistan yolunun güvenceye alınmasıdır**. Petrolün gemi, uçak ve makine için başlıca yakıt halini alması, **İngiltere**'nin bakışlarını **Doğu Akdeniz kıyılarına** çevirmesine neden oldu. İngiltere adalarında petrol yoktur. **Dünyanın en geniş petrol alanları, İran, Irak ve Suudi Arabistan** dadır. Önce İran, sonra Irak petrol ayrıcalıklarını İngiliz hükümeti ele geçirdi. Suudi Arabistan Kralı İbnissuud başka bir yol tutarak, ülkesindeki **petrolün ayrıcalıklarını bir Amerikan şirketine** verdi. 1943 yılında İçişleri ve Donanma bakanlıklarımız, Amerikan petrollerinin tükenme olasılığından dolayı korkuya düştüler. Uzmanların verdiği raporda, **petrol dağarcığımızın 20 yıl bile dayanmayacağı** belirtiliyordu. Ucuz ve bol petrole sıkı sıkıya bağlı olan ekonomik yaşamımızı tehdit eden bu yeni olay, **Başkan Roosevelt'i Suudi Arabistan'daki petrollerimizi tam bir güvence altına almaya** yöneltti. Derhal bir kurul oluşturarak her türlü koruma önlemlerinin yerine getirilmesini buyurdu. Böyle bir önlemin, Amerikan hükümetinin kendisinden çok uzakta bulunan bir bölgeye el koyması biçiminde yorumlanacağı Başkan'a anımsatıldıysa da, kararından dönmedi. Çünkü barışta ve savaşta petrol dağarcığının azalması, **Amerikan ekonomisinde düzeltilmesi olanaklı olmayan çöküntüler** yaratacaktı. Roosevelt'in bu girişimi, **ABD'nin Yakındoğu'nun güvenliği konusunda ilk önemli atılımıdır**. Ortadoğu'nun güvenliği Sovyetler Birliği tarafından bozguna uğratılmaktadır. Daha şimdiden **Hindistan yolu üzerindeki petrol alanına Rus emperyalizminin gölgesi** düşmüştür.

Amerikan uygarlığı, tıpkı Avrupa uygarlığı gibi, üç kaynaktan güç alarak gelişmiştir. Birincisi Yunan Demokrasisi; ikincisi Roma Uygarlığı; üçüncüsü Hıristiyanlık'tır. **Amerikan uygarlığı, Hıristiyan Kilisesi'nin etkisi altında,** öz sınırlarımızın içinde kalan özel bir kimliğe kavuşmuştur. **Bugün dünyayı tehdit eden tek emperyalist ülke Sovyet Rusya'dır.** Sovyet yönetiminin amacı bütün dünyayı komünizm uğruna ele geçirmektir. Önce **Sovyet yayılmasına bir son vermelidir.** Elimizde atom bombası gibi müthiş bir silah ve bir o denli güçlü hava ve deniz kuvvetleri varken, savaştan çekineceğimiz düşünülmemelidir. Bir caniyi idam etmek ahlaka aykırı değildir. Örneğin **Rusya'nın Türkiye'ye saldırdığını düşünelim. Amerikan milleti Sovyet emperyalizminin karşısına çıkmaktan çekinmeyecektir.**

Federal Dünya Hükümeti

Sovyet Rusya'yı Birleşmiş Milletler'de veto yetkisini kullanarak dünyadaki huzursuzluğu körüklemekten alıkoymak sorunu, kimi Amerikalıları yeni çözüm yolları düşünmeye yöneltti. **Birleşmiş Milletler Kurumu yerine,** demokratik ilkelere bağlı ve insan özgürlüklerine saygılı bir **"Federal Dünya Hükümeti"** örgütü kurmak düşüncesi bunlardan biridir. Bu atılımla Sovyetleri komünizm inancının dünyayı elegeçirme düşünden ayıracağımız gibi, koyu diktatörlüğe bir son vermek de olanaklı olabilirdi. Aynı demokratik geleneklere sahip **hür dünya ulusları arasında bir Federasyon kurmak** olanaksız değildir. **Tek bir Federal Hükümet** kadrosunda birleşmek her zaman mümkündür.. Bugün **Birleşmiş Milletler Kurumu yerine "Federal Dünya Hükümeti"** düşüncesini savunanlar yaşamın en büyük trajedisiyle karşı karşıya bulunuyorlar. Sovyetler Birliği korkunç bir diktatörlükle yönetilmektedir. Diktatörlükle yönetilen bir ülke "Federal Dünya Hükümeti"ne alınımaz. (Dolayısıyla, Rusya'da komünist yönetim varolduğu sürece yeryüzünde **Federal Dünya Hükümeti** kurulamaz). Dünya işleri sözle, kuru umutla değil, iş ve eylemle yürütülebilir. **"Federal Dünya Hükümeti"** düşüncesi gündelik yaşamımızda yer etmediğinden ve bugünkü Birleşmiş Milletler Kurumu vetolarla yetersiz bir duruma getirildiğinden, hemen şu yakın gelecekte demokrasiler arasında bir birlik, bir bağlantı yaratılmasına şiddetle gerek vardır.

Avrupa, Ortadoğu ve Asya'da Bölgesel Federasyonlar

Dünya uluslarının en güçlüsü olduğumuz su götürmez bir gerçektir. Üzerimize aldığımız **Dünya Önderliği** yükünü taşıyabilmemiz için maddi gücümüz ölçüsünde geniş akıl olanaklarına da muhtacız. **-Avrupa Federasyonu, Ortadoğu Federasyonu, Asya Federasyonu,** vb. gibi- **bölgesel birlik ve birleşmeler kurma yolu** Birleşmiş Milletler Anayasası'na aykırı değildir.

Avrupa Federasyonu

Amerikan ulusunun yaşamsal çıkarlarını korumak için daha 1941'de **Avrupa Federasyonu** düşüncesini açıklaması, siyasi ve ekonomik politikasını bu amaca yöneltmesi gerekirdi. **Avrupa'da kurulacak Demokratik Federasyon,** hiçbir ulusa karşı bir huzursuzluk bloku olmayacaktır. Demokratik uluslar için iki yol ve iki sonuç vardır: Ya **teker teker Sovyet lokması olmak,** ya da bir **Federasyon kadrosunda birleşerek** barışı kurtarmak... Ana amacımız, **Sovyetlere karşı Avrupa Devletleri Federasyonu'**nu yaratmaktır.

Federal Dünya Devleti

Birleşmiş Milletler çatısı altında kurulacak *Demokrat Devletler Savunma Birliği,* **Sovyet Rusya demokratlaşıncaya ve komünizm ülküsünün düşlerinden sıyrılıncaya dek** sürmelidir. **Beklediğimiz tarihi an gelince,** (Rusya komünizmden uzaklaşınca) bu iğreti adım, yerini **Dünya Federasyonu** girişimine büyük bir gönül huzuru ile bırakabilir. **Federal Dünya Devleti bir zorunluluktur.** Bir an için Sovyetlerin atom bombası yapmayı başardığını düşünelim. Böyle bir olay karşısında bir **Federal Dünya Hükümeti'**ne sahip olmamanın pişmanlığı, içine düştüğümüz tehlikeyi hafifletebilir mi?

Ulusal Egemenlik ve Dünya Devleti

Ulusal Egemenlik sorunları, bütün insanlığın yaşamıyla ilgili bu büyük dava içinde erir gider. **Dünya Hükümeti'ni kurmak, onu en yeni ve korkunç silahlarla bir otorite konumuna getirmek baş davamız olur. Ulusların yazgısı, insanlığın hakları hep bu otoriteye bağlanır.** Bunun içindir ki ayni amaçlarla ortaya attığımız **Federal Dünya Hükümeti** düşüncesini gerçekleştirmekte, gerçeklerin buyurduğu bir zorunluluk vardır. Fakat Sovyetler Birliği totaliter kalmak ve özgür ulusları düşman bellemekte direttikçe **Federal Dünya Hükümeti** daha uzak bir aşama olarak kalmaya yazgılıdır.

Sovyetler'i Yıkmak İçin Din Silahı

Yalnız **Stalin'i durdurmak**la iş bitmez. **Tanrı'dan başka efendi tanımayan biz Amerikalılar,** birleşelim ve başka ulusları bizim kendilerine yaptığımız iyi davranışlar gibi namuslu karşılık vermeye zorlayalım. **Bu yolda kullanılacak en meşru silah manevi güç (din)dir.** En büyük barış yolu İsa'nın şu sözlerinde çizilmiştir: "**Tanrı'nın gücüne adaletine inanınız; o zaman Büyük Yaratıcı'nın koruyuculuğu üzerinizden eksik olmayacaktır.**" Manevi yaşamımızı **devlet adamlarından çok büyük din adamlarının kılavuzluğuna borçluyuz.** Çünkü ahlak toplumsal olmadan önce bireyseldir. Düştüğümüz manevi bunalımdan sıyrılıp çıkmamız, **atom bombasının, dinin ve siyaset adamlarının omuz omuza çalışmalarıyla** mümkün olabilir. Birey ve ulus olarak, **Tanrı'nın adaletine ve büyük huzuruna kapanmadan atacağımız her adım** sarsak, varacağımız her hedef iğreti olmaya yazgılıdır.

Amerika Tüm Dinlerin Komutanı

Üçüncü Dünya Savaşı Ortadoğu'da kopacaktır. Sıra Papa II. Pius'un 1945 Noel'inde söylediği; "**Amerikan milleti parlak atılımlar yapmak için yaratılmıştır. Tanrı acı çeken insanlığın yazgısını Amerikalılara emanet etti,**" sözlerine **uygun onurlu bir politikanın** temellerini atmaya gelmiştir. **Din kurucularının ve büyük tefsircilerin** bu geleneklerin oluşumunda büyük emekleri oldu. **Dinsel yargıların** insanlığı yabanıllıktan uygarlığa yükseltmekte ayrıcalıklı bir yeri vardır. **Musa, Buda, Konfiçyus ve Muhammed** ayrı ayrı yollardan bizi ışığa çıkarttılar. İsa'nın tuttuğu ışık bugün bile yolumuzu aydınlatmaktadır. Uygarlığımızı bugünkü konuma getiren uluslar "**10 Emir**"in derin etkisinden bir an bile uzak kalmamışlardır. **Tanrı'nın büyüklüğüne ve insanların kardeşliğine inanmak,** uygarlığın ayrılmaz nitelikleridir. İçinde yeni kuşakların boy verdiği dünya, **bu ana nitelikler çerçevesinde** yeniden kurulmaya muhtaçtır.[276]

William Christian Bullitt'in 1946'da ortaya koyduğu Soğuk Savaş kuramının en önemli silahı, Tanrıtanımaz komünizme karşı **dine dayalı bölgesel federasyonlar**dı. Avrupa Federasyonu Hıristiyanlık; Ortadoğu Federasyonu Müslümanlık; Asya Federasyonu Konfiçyusçuluk üzerinde yapılandırılacak ve Sovyetler yıkıldıktan sonra bu bölgesel federasyonlar tek *Dünya Federasyonu* içinde eritilecekti.

Görüleceği üzere, kendisinden sonra gelen ve Soğuk Savaş yılları boyunca *Türkiye'yi Din Devleti'ne dönüştürüp Ortadoğu'yu Yeniden Osmanlılaştırma'ya* çabalayan John Forster Dulles'lar, Henry Kissinger'lar, Paul Henze'ler, Samuel Huntington'lar, Bernard Lewis'ler, Morton Abramowitz'ler, vb. gibi bir alay CIA görevlisi ve Amerikan diplomatı, William C. Bullitt'in 1946'da ortaya koyduğu görüşleri aşmak şöyle dursun yeni bir yorum bile getiremeden yineleyip durmuşlardır.

Bullitt'in dinlerin örgütlenerek Sovyetler'e ve komünizme karşı bir ordu gibi kullanılması stratejisi tüm Soğuk Savaş yılları boyunca Amerika'nın bir an bile terketmediği silah olmuştur. Şöyle ki:

Eski Hitlerci Evangelistler, Katolikler, Müslümanlar Amerikan Komutası Altında "Dinler Arası Diyalog"ta

Kissinger, çoğu eski Hitler ajanlarını Amerika adına devşirmiş ve bunlar CIA'da görevlendirilmişti.[277] 1935-1936'da Hitler yararına Komünizm'e ve Sovyetler'e karşı **"Dinler Arası Diyalog"** ve Hıristiyan ögelerin ağır basacağı bir **"Tek Dünya Dini"** kurma çalışmaları yürütmüş olan -önceki bölümde kendisinden ve çalışmalarından sözettiğimiz, Hitler'in ve Henry Ford'un yoldaşı- Rahip Frank Buchman da 1945'te çoktan Amerika'yla işbirliği yapmıştı. Amerika tarafından İsviçre'de Caux'ta Vatikan gibi dev bir şatoya konuşlandırılan Evangelist Moral Re-Armement (Manevi Seferberlik) örgütü, eski Hitlerci Frank Buchman'nın başkanlığında yine Komünizm'e ve Sovyetler'e karşı, ama bu kez tüm dinleri Hitler'in değil CIA aracılığıyla Amerika'nın güdümünde birleştirme çalışmalarına girişmişti.[278] 1930'lu yıllarda Hitler'i insanlığın kurtarıcısı olarak selamlayan Katolik Papa XII. Pius dahi: *"Amerikan ulusu parlak atılımlar yapmak için yaratılmıştır. Tanrı sıkıntılar içerisinde kıvranan insanlığın yazgısını Amerikalılara emanet et-*

miştir," diyerek geçmişte Hitler için yaptığı güzellemeleri Aralık 1945'te Amerika için yineliyordu.[279]

1933'te Hitler'le anlaşma imzalayan Hitler'in Papası Pius XII, 1945'ten sonra ABD Dışişleri Bakanı Dulles'ın önünde el pençe divan duruyor.

Fener Patrikhanesi ve Ortodokslar Amerikan Komutası Altında

Evangelistleri ve Katolikleri güdümüne alan Amerika, hemen Türkiye'deki Fener Ortodoks Rum Patrikliğine de el attı. Çünkü dünyadaki Ortodoksların büyük bölümü Sovyetler'de yaşıyordu ve savaş ortamı, ortak düşmana karşı kenetlenme, Stalin yönetimiyle Ortodoks Rus halkının arasını düzeltmişti. Amerika'nın eski Sovyet Büyükelçisi William Bullitt, Sovyetler'in Ortodoksluğa ve dinlere karşı tutumunu şöyle özetliyordu:

> Rus gençliğinde (komünist propaganda altında) manevi anlayışsızlık gün geçtikçe artıyordu. **Dinin bir kocakarı masalından başka bir şey olmadığı, amaçların araçları meşru kılacağı ilkesi, gençlerin kafasında baş köşeyi işgal ediyordu.** Sovyet yönetimi 1917'de dini kurumlara "Din bir millet için afyondur" özdeyişini yazdırmıştı. O günden beri

kilise üyeleri koğuşturuldu. Ortodoks rahiplerin sayısı %90 oranında azalmıştı. Rusya'da 1917'de 46475 kilise varken 1940'ta 4225'e inmişti. 1929'da ve 1937'de kitlesel koğuşturmalar başladı, rahipler tutuklandı, sürüldü ve asıldı. 1939'da dinsel inançlardan ve rahiplikten ayakta tek bir anı dahi kalmamıştı.

ABD, 1917'de kurulan komünist Sovyetler Birliği'ni tam onaltı yıl boyunca devlet olarak tanımaya yanaşmamıştı. Sonunda, 1933'te, Başkan Roosevelt, Amerikan Komünist Partisi ile ilgisini kesmesi ve **Rusya'daki Amerikalıların dinsel bağımsızlığını tanıması** koşuluyla Sovyet yönetimini tanımaya karar verdi. 16 Kasım 1933'te Sovyetler'le "Amerika'nın içişlerine karışmamak" koşuluyla bir antlaşma imzalandı.

1941- Sovyetler'de Din'e Dönüş

1941'de başlayan Alman saldırısı Stalin'i telaşa sürükledi. Ülkenin kurtarılması köylülerin göstereceği olağanüstü özveriye bağlıydı. Böylesi bir özveriyse yurtseverlik duygusu denli **dinsel inançların gücünden** gelebilirdi. Bunun üzerine **Stalin, Kilise'nin, Moskova Metropoliteni'nin** ve ülkedeki diğer din üyelerinin yardımları karşılığında, Patrik seçimine izin verdi ve Kilise'yle sürekli ilişkiye geçti. Bu kararın ertesi günü Patrik, Avrupa'da ikinci bir cephe açılması gerektiğini dinsel bir tavırla ileri sürerek ilk siyasi görevine başlamış bulunuyordu. 75 yaşındaki Patrik'in görevi, Ortodoks Kilisesi'yle ilgilenen bir hükümet komitesine verildi. Böylece Patrikhane'nin etkisinden koparılan Kilise, Stalin'in elinde bir araç, bir oyuncak haline getirildi. Önceden yasak olan rahiplik eğitimine yeniden izin verildi. Ortodoks İlahiyat Enstitüsü kuruldu. "Din bir millet için afyondur" özdeyişinin ülkenin her köşesine iri harflerle yazıldığı günler artık çok geride kalmıştı. Kilise, bütün özgürlüğü, amacı ve temiz istemleriyle tek egemen güç olan Stalin'in elindeydi.

Sovyetler'e Amerikan Yardımı Din Koşuluna Dayalı

Hitler'in Rusya'ya saldırdığı 22 Haziran 1941'den bir ay sonra Başkan Roosevelt; **Harry Hopkins**'i Stalin'le görüşmek için kişisel sözcüsü olarak Moskova'ya göndermişti. Bu cömert yardımımızın karşılığında Rusya'dan hiçbir şey iste-

medik. (Bu hataydı) İkinci bulunmaz fırsat, **Averell Harriman**
ve **Lord Baeverbrok**'un 26 Eylül 1941'den 1 Ekim 1941'e dek,
yardım dolayısıyla Stalin'le yaptıkları görüşme sırasında
kayboldu. Yardım talebinin büyük bir kısmı Harriman tarafından kabul edilmesine karşın, Avrupa'nın geleceği için Stalin'den hiçbir taahhüt koparmaya girişilmedi. **Harriman** görüşme sırasında, Roosevelt tarafından not ettirilen bazı konuları Stalin'e bildirmişti. Bu arada, **Amerikan basınının, Sovyet hükümetinin dine karşı takındığı tutuma şiddetle saldırdığı bildirilmiş ve Sovyet hükümeti dini konularda yürüttüğü politikayı yumuşatmayacak olursa, Amerikan halkının hoşnutsuzluğunun yardımın sürmesine engel olacağı anımsatılmıştı.** Bunun üzerine Stalin dinsizlik propagandası yapan –Tanrısız- "**Bezbozhnik**" adlı derginin yayınını hemen durdurdu. "Din bir millet için afyondur" tümcelerini ülkenin her köşesine iri yazılarla işlemiş bir yönetimin, birden bire yüzgeri edip bu öneriyi olumlaması, Rusya'daki Hıristiyan Amerikalılar adına, Başkan Roosevelt'i sevindirmişti.

Başkan Roosevelt'in Stalin'le görüşmeye giderken yanında götürdüğü önyargı ve inanç; **Stalin'le yüzyüze gelerek onu Hıristiyanlığı ve demokratik ilkeleri sıcak bir biçimde karşılamaya hazırlamaktı.** (Gelgelelim) Stalin'in uluslar arası anlaşmalara ve verilen sözlere gösterdiği saygısızlık, Hitler'inkini gölgede bırakmaya başlamıştı. Avrupa'nın Rusya tarafından kontrolü, Almanya tarafından kontrolü kadar büyük bir tehlikeydi. İngiltere ve Amerika canalıcı nedenler dolayısıyla Rusya'ya yardım ettikten sonradır ki, bu dost bildikleri varlığın da en az öteki kadar korkunç olduğunu anlayabildiler.

Sovyet hükümeti bugünkü kuşağı salt **komünist ilkeleri** doğrultusunda yetiştirmektedir. Marks, Lenin ve Stalin'in simgelediği **bu inanç Tanrı'yı yoksayma temeli üzerine kuruludur. Ama din, insanlığın sabır sınırlarını aşan diktatörlüğe ve onların baskı rejimlerini yok etmek için i-lahi güce bol bol sahiptir.** Rus istihbaratı NKVD'nin (Ortodoks din adamlarını ve Kilise'yi Sovyet çıkarları doğrultusunda kullanma yönündeki) çabaları bu güç önünde uzun süre dayanamayacaktır.[280]

ABD'nin Fener Patrikhanesi'ne Verdiği Görev: Rusya'daki Ortodoksları Komünizm'e Karşı Örgütlemek

Bullitt'in saptadığı üzere, İkinci Dünya Savaşı süresince Sovyetler'de dine karşı yumuşama görülmüş, Stalin Kilise'yi yeniden çalıştırarak devlet denetiminde ülke çıkarları doğrultusunda kullanmaya başlamıştı. Rusların bağlı olduğu Ortodoksluğu denetlemek ve komünizme karşı kullanmak isteyen Amerika, Türkiye'de kurulu bulunan Fener Ortodoks Rum Patrikliği'ni tüm dünya ve Rus Ortodokslarının bağlanacağı tek odak konumuna yükselterek, Rusya'daki Ortodoksları Fener Patrikliği üzerinden komünizme karşı örgütlemeyi amaçlıyordu. İstanbul'daki Fener Ortodoks Rum Patrikliği *tıpkı Osmanlı döneminde olduğu gibi* Ekümenik, eşdeyişle tüm dünya Ortodokslarının yönetildiği tek odak konumuna getirilmeli ve Amerika'nın buyruğunda çalışmalıydı. Türkiye'de 21 Şubat 1946'da Fener patriği olarak seçilen Maksimos'u *Sovyet yanlısı olduğu savıyla* 1948'de istifa ettiren Amerika, onun yerine *Kuzey ve Güney Amerika Başpiskoposu* Athenagoras'ı çabucak Türk vatandaşlığına aldırtıp Fener Patrikhanesi'ne oturtmuştu.. [281]

Athenagoras (solda) ve Papa Paul IV

Fener'de CIA Güdümlü Patrik: Athenagoras

1 Kasım 1948'de daha Amerika'dayken Fener Rum Patriği olarak "seçilen" Athenagoras, 26 Ocak 1949'da Amerikan Başkanı Truman'ın özel uçağıyla Türkiye'ye geliyor, kendisine

"Ben Lozan'ı imzalayan bir Türk Cumhurbaşkanı'yım, siz Lozan'a göre İstanbul Valiliğine ve Eyüp Kaymakamı'na bağlısınız, onunla görüşün," demeyen İsmet İnönü tarafından **Cumhurbaşkanlığı düzeyinde** kabul ediliyordu. *Lozan Kahramanı* denilen İnönü, Lozan'ı Amerika'nın buyruğuyla kendi eliyle deliyordu. New York Times gibi gazetelere verdiği demeçlerde Lozan'a ve laikliğe aykırı biçimde **Konstantinopolis Ekümenik Patriki**[282] nitemini kullanan CIA güdümlü Athenagoras, İnönü'ye Truman'ın özel mektubunu sunuyor ve *"Ben, Truman Doktrini'nin dini bölümünü teşkil etmekteyim,"* diyordu açık ve kesin bir dille.

Athenagoras'ı özel uçağıyla Türkiye'ye gönderen dönemin ABD Başkanı Truman

Bu, *"Amerika beni Türkiye'ye Rusya'daki Ortodoksları Komünist yönetime karşı kışkırtmak göreviyle gönderdi,"* demek oluyordu.

Türk Yasaları uyarınca, Fener Patriği'nin Türk yurttaşları arasından ve seçimle belirlenmesi gerekiyordu. Oysa Amerika'nın Fener Patriği koltuğuna oturtmak üzere gönderdiği New York Metropoliti Athenagoras, hem Türk yurttaşı değildi, hem de Patriklik koltuğuna seçimle değil Amerika'nın atamasıyla oturacaktı. Durumu biçimsel olarak kurtarmak için, İnönü Devleti, o günlerde Emniyet görevlisi olan İhsan Sabri Çağlayangil'i görevlendirecek ve Çağlayangil, Athenagoras'ın nasıl bir dalavereyle Türk yurttaşı yapıldığını anılarında şöyle açıklayacaktı:

Athenagoras'ın Türk Vatandaşı Oluşu

Emniyet Genel Müdürlüğü'nde Siyasi Daire'nin başkanlığını yapıyordum. Genel Müdür çağırdı:

"Dışişlerine gideceksin. Genel Sekreter'i göreceksin. Sana bir şey söyleyecek. Dediğini yapacaksın. İçişleri Bakanı'nın emridir," dedi.

"Acaba ne söyleyecek?" diye sordum.

"Bakan bu kadar söyledi, ne diyeceğini ben de bilmiyorum," dedi.

Anladım ki, ya söylemek istemiyor, ya da sahiden bilmiyor. Önemli bir olay karşısındayız. Gittim. Genel Sekreteri gördüm.

"New York Metropoliti Athenagoras için bir Türk nüfus kağıdına ihtiyaç hasıl oldu. Ayrıntılı ismi, ana-baba adı bu kağıtta yazılı, teminini rica ederim," dedi.

"Nerede doğmuş" dedim, "Türk soyundan mı?"

"Oralarını bilmiyorum, Türk nüfus kağıdı lazım" dedi.

"Doğumu Türk uyruklu değilse nasıl olacak? Türkçe biliyor mu?" dedim.

"Nasıl olacak diye uzun boylu tereddüt etmeye mahal yok. Sayın **Reisi Cumhurumuz (İsmet İnönü) ilgililere bunun olacağına dair söz vermiş.** İş olup bitti haline gelmiş. Olacak mı olmayacak mı diye düşünmek gerilerde kaldı. Nasıl olacak ona bakmalı. Bunun için rica ediyorum," dedi.

Döndüm. Durumu Genel Müdüre anlattım. İş anlaşıldı. Athenagoras Fener Kilisesi'ne Patrik olacaktı. Bu, Amerikan seçimlerine yarayacaktı. Fatih Fermanları'na göre Patrik Türk uyruklular arasından seçiliyordu. Türk Nüfus kağıdı bunun için lazımdı. Vaktiyle Yunanlıların doğduğu topraklar Osmanlı İmparatorluğu sınırları içindeydi. Fakat kişilerin doğduğu ve nüfusa kayıtlı olduğu yeri resmen ispat etmek zordur. **(İnönü tarafından Amerika'ya) verilen söz** de bunun mutlaka sağlanacağına dairdi. İşin siyasi ve gizli yönü buradaydı.

Beni Nüfus Genel Müdürüne gönderdiler. Durumu anlattım. Athenagoras Yanya'lı yapıldı. Nüfus kağıtlarının yandığına ait işlem tamamlandı. Yeni bir kimlik düzenlendi. Adam da böylece Patrik seçildi.

Yasaları ihtiyaca göre uygulamak bir marifettir.[283]

İnönü, Fener Patrikliği'nin konumunu belirleyen Lozan antlaşmasını imzalamış ve "Lozan Kahramanı"(!) olarak tanınan bir Cumhurbaşkanı olarak, imzaladığı Lozan'ı kendi eliyle bir kez daha deliyordu.

Evangelist-Ortodoks-Katolik Birliği

Hemen ardından CIA güdümlü Evangelist lider Frank Buchman Athenagoras'ı görmek üzere İstanbul'a geliyor, onunla Fener'de görüşüp üstlendiği görev dolayısıyla kutluyordu. CIA güdümlü Ortodoks Patrik Athenagoras, CIA güdümlü Evangelist rahip Buchman'ı Fener Patrikhanesinde ağırlarken; *"Nereye giderseniz gidin sizi hep kendi özel televizyonumla izliyorum Dr. Buchman. Tüm yazılarınızı okuyorum. Bildiğinizden çok daha fazla insan sizi izliyor ve ordunuza katıldı. Ben yalnızca görevim nedeniyle değil, kişisel inançlarımla da tüm kalbimle sizin programınıza aitim,"* diyordu.[284] Bu sözler onun Amerika ve CIA ile bağlarını İsviçre'deki "Evangelist Şato" üzerinden Buchman aracılığıyla yürüteceğini çok iyi kavramış olduğunu gösteriyordu.

İsviçre Caux'ta bulunan ve II. Dünya Savaşı'ndan sonra Dinler Arası Diyalog Merkezi olarak kullanılan şato.

Evangelistlerin Vatikan'ı: İsviçre, Caux Ve Dinler Arası Diyalog

Buchman'ın Athenagoras'a bir müjdesi vardı: Daha Amerika'dayken tanıştıkları ve 1946'da İsviçre'de Caux'ta Evangelist Moral Re-Armament şatosunda kendisini ziyaret eden Ahmet Emin Yalman'ı da "Manevi Seferberlik" yandaşı olarak kazanmıştı. Üçü birlikte Eyüp Camisi'ne gidip dua ederek Müslüman halkın sevgisini kazanacaklardı. [285]

Evangelistleri, Katolikleri ve Ortodoksları Komünizm'e karşı kendi güdümünde örgütleyip İsviçre'deki Evangelist Şato'ya bağlayan Amerika, Müslüman Türklerin Amerikan çıkarları doğrultusunda Komünizm'e karşı İslam Birliği temelinde örgütlenmesi için gerekli dönüşümleri de doğrudan İnönü uygulamalarıyla başlatıyordu.

sviçre'de Caux'ta Evangelist Frank Buchman'ın Moral Re-Armement (Manevi Silahlanma) örgütünün yerleştiği, dünyanın her yerinden seçilmiş din adamlarının konuk edilerek Amerikan çıkarları doğrultusunda Komünizm'e ve Sovyetler Birliği'ne karşı eğitildikleri Şato – 1947

Türkiye'de Soğuk Savaş Karşı Devrimi ve Din

Gerçekten de İsmet İnönü, 1947 yılında okullarda din dersleri okutulmasını sağlamak amacı ile önce bir parti komisyonu kurdurtmuş, arkasından da konu CHP Meclis Grubu'nda görüşülmüş, sonra da yasalaştırılmıştır. Partinin yayın organı Ulus gazetesinde 16 Şubat 1947'de yer alan şu haber o günlerin havasına ilişkin bir kanı uyandırabilecek nitelikte: "Okullarda din dersleri okutulması ve dini meslek okulları açılması işini incelemek üzere seçilen parti komisyonu toplantılarına başlamıştır. Komisyonun başkanlığına B. Tahsin Banguoğlu, katipliğine de B. Sedat Pek seçilmişlerdir: Cumartesi ve Pazar toplantı yapan komisyon şu kanunları ele almıştır: 1) Okulların son sınıflarına ihtiyari olarak din dersleri konulması, 2) İmam-hatip ve vaiz yetiştirmek üzere orta dereceli meslek okulları açılması, 3) Yüksek din adamları yetiştirmek üzere üniversitelerimizde İslam İlahiyat Fakültesi açılması." Ne ki bununla da yetinilmeyerek 1926'da 677 sayılı yasa ile kapatılan tekke ve zaviyelerin yeniden ziyarete açılmasını öngören yasa 1 Mart 1950'de TBMM'den geçirilecektir. (TBMM Tutanak Dergisi, C. XXV / 1, s. 177) [286]

Milli Eğitimimiz 27 Aralık 1949'da imzalanan ve "**Fulbright Antlaşması**"[287] olarak da anılan *"Türkiye ve ABD Hükümetleri Arasında Eğitim Komisyonu Kurulması Hakkındaki Anlaşma"*nın sonucu olarak, bütünüyle Amerikalı uzmanlar ve CIA tarafından, Amerikan çıkarları doğrultusunda biçimlendiriliyordu.

ABD Başkanı Truman Türk Milli Eğitimi'nin Amerikan güdümüne girmesinde etkin olan Fulbright Yasası'nı imzalarken, yasaya ve komisyona adını veren Amerika'lı senatör James W. Fulbright hemen arkasında onu izliyor. 1946

Senatör **Haydar Tunçkanat**'ın **"İkili Antlaşmaların İçyüzü"** ve **"Amerikan Emperyalizmi ve CIA"** adlı kitaplarında açıkladığı üzere, 27 Aralık 1949'da imzalanan Eğitim Komisyonu'yla ilgili anlaşmanın 5. maddesi şöyleydi:

> Komisyon, **dördü TC vatandaşı ve dördü ABD vatandaşı olmak üzere sekiz üyeden kurulu olacaktır.** Bunlara ek olarak Türkiye'deki **ABD diplomatik heyetinin başı, (Amerikan Büyükelçisi) komisyonun fahri başkanı** olacaktır. Komisyonda oyların eşit olması durumunda kesin oyu misyon şefi (Amerikan Büyükelçisi) verecektir." "Komisyonun ABD vatandaşı olan dört üyesinden ikisinin elçilikteki CIA mensupları arasından seçileceğinden kuşku duymamak gerekir, böylece **CIA, Milli Eğitim Bakanlığı'na rahatça sızma olanağını bulacak** ve komisyon üyesi sıfatlarıyla öğrenci ve eğitim üyeleri arasından ajanlar devşirmekte hiçbir güçlükle karşılaşmayacaktır. **Okul kitaplarına ve ders kitaplarına Amerikan propagandasının etkinliğini artırmak için malzeme hazırlayacaklardır.** (age-Sayfa 33-34)

O günden 2007'ye 58 yıldır, *"Milli Eğitim"*imizi ve daha pek çok bakanlığımızı[288] Amerikalı uzmanlar yönlendiriyor.[289] Bu durum, 2007'de de böyledir ve *Fulbright Commission* adı altında Türk Milli Eğitimini biçimlendiren kurulun başında 2007'de Amerikan Büyükelçisi oturmaktadır.[290]

İsmet İnönü,
Amerikan Yarı-Sömürgesi Olduğumuzu Açıklıyor

Yalnızca Milli Eğitim'in değil, diğer pek çok bakanlıkların 1949'dan başlayarak Amerikalı uzmanlar tarafından güdümlendiğine ilişkin acı gerçek, Türkiye'yi bir Amerikan yarı-sömürgesi durumuna düşürerek Türk ulusunun alnına bu lekeyi süren İsmet İnönü tarafından, yıllar sonra, 1963'te "timsah gözyaşlarıyla" şöyle itiraf edilmişti.[291]

> **Daha bağımsız ve kişilik sahibi dış politika izlenmesini istiyorsunuz.** Herkes aynı şeyden sözediyor. **Nasıl yapaca-**

ğım ben bunu? Karar vereceğim ve işi teknisyenlere havale edeceğim. Onlar ayrıntılı çalışmalar yapacaklar ve öneriler hazırlayacaklar. Yapabilirler mi bunu? **Hepsinin çevresinde uzman denen yabancılar dolu. İğfal etmeye çalışıyorlar. Başaramazlarsa işi sürüncemede bırakmaya çalışıyorlar. O da olmazsa karşı tedbir alıyorlar.** Bir görev veriyorum sonucu bana gelmeden, Washington'un haberi oluyor. Sonucu memurdan önce sefirden öğreniyorum. Bağımsızlık savaşından sonra Lozan'da esas mücadele bu **uzmanlar konusunda** oldu. Yoksa sınırlar zaten fiili durum idi. Tazminat işini iki devlet aramızda çözerdik. Bütün mücadele **idaremize yapılmak istenen müdahale** yüzünden çıktı. **Bir tek uzman vermek için büyük ödünlerde bulunmaya hazırdılar.** Dayattık. Biz onların neden ısrar ettiklerini biliyorduk. Onlar bizim neden inatla reddettiğimizi biliyorlardı. **Böyledir bu işler, peygamber edasıyla size dünyaları vadederler. İmzayı attınız mı ertesi gün gelmişlerdir. Personeli gelmiştir, teçhizatı gelmiştir, üsleri gelmiştir. Ondan sonra sökebilirsen sök. Gitmezler.** Ancak bu sorunun üzerine vakit geçirmeden gitmek gerek. Yoksa **ne bağımsız dış politika ne bağımsız iç politika** güdemezsiniz. Havanda su döversiniz. Fakat sanmayınız ki bu kolay bir iştir. Denediğinizde başınıza neler geleceği bilinmez...

Türkiye'nin Şubat 1948'de 705 bin dolar olan döviz varlığını Mayıs 1950'de eksi 12 milyon dolara; 1946'da 214 ton olan altın varlığını 1949 sonunda 123 tona indiren, ülkenin dağarcığında yeterince altın ve döviz bulunmasına karşın Amerika'dan borç alarak ülkeyi Amerikan güdümüne sokan İsmet İnönü'nün bu yüzkızartıcı açıklamaları karşısında: *"Madem bunları biliyordunuz, öyleyse niçin Amerika ile antlaşmalar yaparken Türkiye'ye Amerikalı uzmanların dolmasına neden olacak maddelerin altına imza attınız?"* demek gerekiyor. İsmet İnönü'nün bu sözleri, kendisinin Türkiye'yi içine düşürdüğü durumu tüm çıplaklığıyla gözler önüne serdiği gibi, onun bir Türkiye Cumhuriyeti Kahramanı, Cumhurbaşkanı, Başbakanı olarak ne denli çaresiz olduğunu da ortaya koymaktaydı.

Devlet Amerika'nın Ortadoğu İslam Federasyonu buyruklarını yerine getirebilmek için *tavandan* bir din çalışması başlatırken, *tabandan* da Kadiri-Rıfai çizgisindeki Arusi tarikatı, Evangelist Frank Buchman eliyle Şato'ya bağlanarak tümüyle Amerika'nın denetiminde bir din örgütlenmesine girişiyordu.

Evangelist Güdümlü İslamcı Tarikat: Ömer Fevzi Mardin ve Arusilik

Tüm dinlerin önderlerini Amerikan işbirlikçiliğinde birleştirip Komünizm'e ve Sovyetler'e düşman çizgide tutmakla görevli "Dinler Arası Diyalog"çu CIA güdümlü eski Hitlerci Evangelist Frank Buchman, yalnızca Fener Rum Ortodoks Patriği Athenagoras'ın değil, subaylar ve bürokratlar arasında örgütlenen Arusi tarikatının başı Ömer Fevzi Mardin'in de "kılavuz"uydu. Osmanlı İstihbarat örgütü Teşkilat-ı Mahsusa'da görev yapan subaylardan emekli binbaşı Ömer Fevzi Mardin, Şerif Mardin'in amcasıydı ve şeyhliğini 1930'da ölen Küçük Hüseyin Efendi'den devraldığı Arusi'liği daha çok Amerika Büyükelçisi Münir Ertegün, Rauf Orbay, Fevzi Çakmak gibi askerler ve bürokratlar arasında yaymıştı.

Asker ve bürokratlardan mürit devşiren
Binbaşılıktan emekli Arusi Şeyhi Ömer Fevzi Mardin,
1949'da İsviçre'de, Şato'da

CIA Güdümlü Dinler Arası Diyalog'un Türkiye Ayağı Şeyh Mardin ve Arusi Tarikatı

Kadıköy'de kurduğu *İlahiyat Kültür Telifleri Derneği*'ni 1945'ten sonra "dinler arası diyalog"a adayan Arusi Şeyhi Ömer Fevzi Mardin, devlet görevi yapmakta olan subay ve bürokrat müritleriyle, tüm dinleri Amerikan güdümünde toplayıp Sovyetler'e düşman etmekle görevli Frank Buchman'ın Şato'suna yaraşır bir "dinler arası diyalog"çuydu. Evangelist Buchman, İstanbul'da Ortodoks Athenagoras'la görüşürken Şeyh Mardin'le de ilişki kurmuş, aynı yıl, 1949 Şubat, Mart aylarında, onu da Şato'sunda ağırlamıştı.

Kadiri-Rıfai çizgisinden Arusi tarikatı Şeyhi Ömer Fevzi Mardin, (sağdan ikinci), İsviçre'deki Evangelist Moral Re-armement (Manevi Seferberlik) Şatosunda CIA'nın "Dinler Arası Diyalog" ajanı Frank Buchman (ortada) ile toplantıda.

Emekli Binbaşı Şeyh Mardin, "Evangelist Şato"daki "dinler arası diyalog" toplantısında **"İslamiyet ve Ehli Kitap (gayrı-müslimler) Ailesi"** konulu bir bildiri sunmuş "diyaloga açığız" demiş, oldukça sıcak bir ilgi görmüş, Evangelist Buchman ile her konuda anlaşmış, dahası tıpkı Athenagoras gibi Evangelist Buchman'ın "müriti" olup çıkmıştı. Amerika'nın bütün dinleri kanatları altında toplayıp Komünizm'e ve

Sovyetler'e karşı saldırtmak amacıyla su gibi para döktüğü görülüyordu İsviçre'deki Şato'da.

Evangelist Dr. Frank Buchman (solda) ile Arusi Şeyhi Emekli Binbaşı Ömer Fevzi Mardin, 1940'ların sonunda İsviçre'deki Manevi Seferberlik (Moral Rearme-ment) Şatosunda, şu "dinler arası diyalog" denilen "bütün dinlerin birleştirilip tek bir emperyalistin arabasına koşulması" çabasının "ne tatlı bir şey" olduğunu elleriyle, kollarıyla, bakışıyla, mimikleriyle, duruşlarıyla, davranışlarıyla dışa vuruyor. Bu tarihte Sabetaycı Mason Ahmet Emin Yalman'ın da Şato'da olduğunu anılarından biliyoruz. (Gördüklerim Geçirdiklerim, Cilt 4, sf. 179)

Roosevelt Müslüman ve Arusi Müridi İlan Ediliyor

Amerika 1945'te tüm dinlerin komutanı olduğuna ve bu iş için epey para ayırdığına göre, Amerikan Başkanı Roosevelt'in gizli bir Müslüman olduğuna ilişkin "hadis"ler uydurmanın tam sırasıydı. Evet, parayı veren Hıristiyan emperyalist ülke devlet başkanlarını "gizli Müslüman" ilan edip Müslümanları kandırarak o Hıristiyan devletin ucuz askerine dönüştürmek oyunu, önce Alman İmparatoru II. Wilhelm'i "Hacı" diyerek, sonra Adolf Hitler'i *Haydar* adıyla, sonra da Mussolini'yi *Musa Nili* adıyla Müslüman diye tanıtarak oynanmış, sıra Amerikan Başkanı Roosevelt'i "gizli Müslüman" olarak tanıtmaya gelmişti.

Müslüman ve Arusi Tarikatı Müridi olduğu yalanı uydurulan
Amerikan Başkanı Roosevelt

Roosevelt gizlice Müslüman olmuş!

Yeni Şafak- Abdullah Muradoğlu

Arusi Şeyhi Erbil'e göre: "ABD'nin suikaste uğrayan başkanlarından Franklin Roosevelt'i öldürmek niyetiyle üzerine ellidört veya ellibeş santim mesafeden suikastçinin sıkmış olduğu beş kurşun biiznillah re'sen himmetiyle hedef değiştirmiş ve bu suikastten Roosevelt böylece kurtulmuştur. Çünkü **Tarikat-i Nakşiye'den meşhur Küçük Hüseyin Efendi Hazretleri'nin** dervişanından Washing-ton Büyükelçimiz rahmetli Münir Ertegün vasıtasıyla Roosevelt'i himayesine almış; **onun gizlice İslamiyet'le müşerref olmasına vesile-i rahmet olmuştur.** (Gayrı Müslimler için de mevlit okunacağını Eva Peron için Şişli Camii'nde mevlit okutarak onaylayan Arusi Şeyhi) Ömer Fevzi Mardin, Müslüman, Musevi ve İsevi olmak üzere insanları üç koldan irşat etmişlerdir. Zira bu ulu zat **Veli-yi Mürşid-i Ekber**'dir. Şeriflerine bir misal olarak Tarikat-i Nakşiye'den meşhur **Küçük Hüseyin Efendi Hazretleri'nin** dervişanından Washington Büyükelçimiz **Münir Ertegün** Rahmetullah-ı Vasia vasıtasıyla Amerika Başkanlarından rahmetli **Roosevelt'in gizlice İslamiyet'le müşerref olmasını** zikredebiliriz. "(..)Suikaste uğrayan ABD Başkanlarını konu edinen 12 bölümlük bir tv dizisinde

Roosevelt'in eşi, yerli yabancı basın mensupları, eşinin hangi dinden olduğunu sorup, Hıristiyan olup olmadığını öğrenmek istediklerinde, Başkan'ın eşi, kocasının Hıristiyan olduğunu söylemeyince bu kez ısrarla, o zaman hangi dinden olduğunu sual ettiklerinde cevap vermeyip sükut ediyor. Bu da **Ömer Fevzi Hazretleri'ni gayet açık olarak teyit etmiyor mu?** Ruhani âlemde madde olmadığı için **toprağı bol olsun** diyemeyiz. O sebeple gerçek İslam terbiyesi içinde **Allah kendisine rahmet eylesin** demek gerekir. Öyle ise Allah rahmet eylesin.

İsviçre'de "Evengelist Şato"nun kendi deyimiyle bin odalık görkemiyle büyülenen Arusi Şeyhi emekli Binbaşı Ömer Fevzi Mardin'in "dinler arası diyalog" uğruna ABD Başkanı Roosevelt'i "gizli Müslüman" olarak tanıtması, Evangelist Manevi Seferberlik komutanı Frank Buchman'ı oldukça keyiflendirmişti.

CIA güdümlü Evangelist dinadamı Frank Buchman, gülüyor

Fakat Türkiye topraklarında ne zaman bir Hıristiyan emperyalist devlet adamı bir takım tarikat şeyhlerince "gizli

Müslüman" ilan edilmişse, hemen ardından Müslüman Türklerin o Hıristiyan Emperyalist devletin çıkarları uğruna savaşa gönderilmesi artık bir doğa yasası olup çıkmıştı. Roosevelt'i "gizli Müslüman" ilan eden Arusi Şeyhi Mardin'in Şato'dan döner dönmez kaleme sarılıp *"Kore Savunmasına Katılmamızda Dini ve Siyasi Zaruret"* diye bir kitap yazmış olması bu bağlamda anlamlıydı, beklenirdi, şaşırtıcı değildi. Gelgelelim, Şeyh bununla yetinmemiş, elinde Kur'an varken tutup yeni bir vahy kitabı ile yeni bir Peygamber ilan etmeye yeltenmişti ki, doğrusu bu görülmüş şey değildi.

Evangelist İşbirlikçisi Şeyh Mardin'in Atağı: Evangelist Komutasında Dinler Birliği

Arusi Şeyhi Ömer Fevzi Mardin 1949 başında İstanbul'da Athenagoras, Buchman, Ahmet Emin Yalman buluşmaları ve ardından İsviçre'de Evangelist Şatosu'nda Frank Buchman'la birliktelikleri sonunda edindiği izlenimlerini şöyle aktarıyordu:

> Bayrak **birleşme** simgesidir. Yüksek bir amaç için birleşen insanların bayrakları da yüksek bir anlam ifade eder... Söz konusu bayrak, herhangi bir topluluğun ya da ulusun özel bayrağı olmayıp **Hazreti Davut**'un kelamında belirttiği gibi, Allah adına zavallıları korumak için açılacak **Genel bir bayrak**'tır. Ve **bunun altına Allah gayreti duyan her iyi insan gelecek ve yardım için işbirliği edecektir. Bunun** canlı örneği 30 yıldır dünyada yaşamakta olup milyonlarca yardımcısı bulunan böyle bir grubun adı (**Moral Re-Armement: Ahlaki Seferberlik**) **gru**budur. Bizim gazetelerde çoğu kez bu ad **Manevi Silahlanma** diye geçmektedir. Amerikalı doktor **Frank Buchman, bir Pazar günü İngiltere'de Oxford üniversitesi yakınında bir köy kilisesinde ibadetini ederken, bu esas fikrin ilhamını Allah'tan almış, ağlayarak** Oxford üniversitesindeki tanıdıklarına anlatmaya gitmiş, karşısına çıkan öğretmen ve öğrencilerden oluşan sekiz kişilik bir topluluk **Frank Buchman'ın çevresinde birleşmişler** ve dünyayı acılardan kurtarmak için **uluslararası bir işbirliği grubunun** temelini atmışlar ve çatısına manevi bayrağı çekmişler. Bugün bu kuruluş İsviçre'de Caux ilçesinde binden çok odalı

bir kuruma sahip ve her zaman aynı kutsal amaçla birbiriyle iletişim kurarak **görüşmeye gelip konuk olan dünyanın bütün uluslarından bireylerle meşguldür.** Bu kuruluş, Birleşmiş Milletler örgütünün temelidir. Birleşmiş Milletler'de delegeler **devletleri** temsil ediyorlar; Caux'dakiler doğrudan doğruya **milletleri**... Caux'a gelen **temsilciler aynı zamanda koşulları tam değişmez ahlak ilkelerine uymak üzere ahitleşmiş, sözleşmiş kimseler**den oluştuğu için, resmi (Birleşmiş Milletler) örgütündeki delegelerin sözlerine ruh veriyor, manevi destek sağlıyorlar. **Ahlaki Seferberlik (Moral Re-Armement)** üyeleri, Allah işçileri, Allah'a teslimiyet ilkesiyle silahlanır ve donanırlar... Tek çarenin iman ve ahlak olduğuna inanmışlardır.[292]

Arusi Şeyhi Ömer Fevzi Mardin'in *"hiçbir topluluğa ya da ulusa ait değildir, genel bir bayraktır"* diyerek tüm dinleri altında birleşmeye çağırdığı bayrak, Şato'da asılı, aşağıda görülen biri Haçlı, diğeri onun üstünde yer alan ve ileride dinleri birleştirme göreviyle ortaya çıkacak olan Moon tarikatının simgesini andırır 12 Havari'nin güneşten çıkan 12 okla simgelendiği, daha sonra Moon Tarikatı'nın arması olacak bir bayraktı.

1949'da Buchman, Caux'ta Evangelist Şatosu'nun girişindeki bayraklara bakıyor (sağda) Dinler arası diyalog ve dinleri birleştirme amaçlı Moon tarikatının 12 havariyi simgeleyen 12 yollu ilk bayrağı (solda). 1950'lerde Buchman tarafından Kore'de tohumlanan Moon tarikatının Evangelist Şato'yla ilişkisi biliniyor.

Evangelist Rahip Buchman (ortada) Dinler Arası Diyalog Şatosu'nda toplanan yandaşlarıyla diyalog bayrakları sallayarak yürüyor.

Eski Teşkilat-ı Mahsusa görevlisi Arusi Şeyhi Ömer Fevzi Mardin'e göre, CIA güdümlü Rahip Frank Buchman, tüm insanlığı bu haçlı ve güneşli bayraklar altında toplama esinini emperyalist devletlerin istihbarat örgütlerinden değil de kilisede dua ederken Allah'tan almıştı. Madem ki Allah Frank Buchman'a böyle bir ilham vermişti, öyleyse Müslüman, Yahudi, Budist, ateist, vs. kim olursa olsun bu haçlı güneşli bayrakların altında *birleşecek,* bu haçlı güneşli bayrakların altında Evangelist Frank Buchman'ın buyurduğu doğrultuda çalışacağına söz verecek, *ahit* (kutsal sözleşme) yapacaktı. Şato'ya gidenler böyle yapıyordu. Arusi tarikatı şeyhi Mardin de, 1949'un ilk aylarında, bu şatoda, bu bayrak altında *ahitleşmiş*ti CIA güdümlü Evangelist Papaz Buchman'la.

Şeyh Ömer Fevzi Mardin, Amerika'yı İslam'ın Önderi ve Mesih İlan Ediyor

Arusi Şeyhi, İsviçre'den döndükten sonra, Amerika'yı tüm insanlığın ve dinlerin kurtarıcısı olarak ilan etmekle kalmadı, bir Hıristiyan'a yazdığı 6 Eylül 1949 günlü mektupta **Müslümanlığın görevlerini de Amerika'nın üstlenmiş olduğunu** ve **Allah'ın Amerika'yı bu iş için seçtiğini** duyurdu:

Yeryüzünde barış ve insanların kurtuluşu işini Amerika üzerine almış, Allah'ın birlik bayrağını çekerek milletlerin kurtuluşuna çalışıyor. Yeryüzünü Allah'ın melekutuna hazırlıyor; harekatına İlahi İdeal, insanlık çabası egemen olmuş, bütün varlığıyla çalışıyor; Allah da onu ne güzel onaylıyor! Her adımda varlığını artırıyor, ona dünya ölçüsünde İlahi hizmete olanak yaratıyor. Amerikalıların yalnızca kalbine kuvvet, başlarına aklı selim, düşüncelerine isabet vermiyor, herşeylerine bereket veriyor, her işlerine başarı veriyor. Allah'a hür bir kul olarak hizmet için, evini, barkını, bahçesini, doğup büyüdüğü yerleri, çocukluğundan beri sevdiği ve alıştığı çevreyi terk ederek vahşi ıssız çöllere göç eden, dünyanın öte ucuna kadar gitmeyi göze alan **Amerikalılardır** ki hala o İlahi gayretle bu manevi ve insani görevleri yerine getirmek için sınırsız fedakarlıkları göze alabiliyor. İlk yükselen azim ruhu, bugün dahi hiç eksilmeden bozulmadan aynı manevi kuvveti, aynı fedakarlığı, aynı feragati, aynı Hakseverliği, aynı Hakperestliği koruyor ve ortaya koyuyor. Yani **Müslümanlık devrinin bugün faal görevlerini bu varlıklı, imkanlı millet Amerikalılar üzerine almış bulunuyor.** Çünkü **Allah onları bu işe seçmiş, hazırlamış ve harekete geçirmiştir.** Babil'den dünyaya yayılmak için dağılan ırklar sanki **Allah'a hizmet için Amerika'da buluşuyor** ve en özgür demokrat koşullar içinde birleşiyor. Allah artırsın ve Allah onları korusun diye **her mü'min Amerikalılara duacı,** dünyanın önemli bir bölüm insanlarını **analar gibi emziren, kucağında ısıtan, teselli ve ümit veren, dünyanın dert ortağı Amerikalılara her insan yürekten duacı.** [293]

Ömer Fevzi Mardin'in yer aldığı Rıfai-Kadiri-Arusi Dergahı, Amerika'da İllinois'te

Geçmişte Almanya'yı ve II. Wilhelm'i Müslüman olarak nitelemiş olan Ömer Fevzi Mardin gibi bir Teşkilat-ı Mahsusa istihbaratçısının, yıllar sonra bu kez de Amerika'yı Müslüman olarak nitelemesinde bir şaşırtıcılık yoktu. İş aynı işti: *Müslümanları Hıristiyan Emperyalistlerin ve onları güdümleyen Siyonistlerin yayılmacı amaçları doğrultusunda ucuz askerlere dönüştürmek...* Emekli Binbaşı Arusi Şeyhi Mardin "Dinler Arası Diyalog" şatosunun isteklerine uygun "Hıristiyan ögelerin ağır basacağı bir Tek Dünya Dini" oluşturma doğrultusunda verdiği sözü tutarak kolları sıvadı. Bu *Tek Dünya Dini*'nin yeni bir Peygamberi, yeni bir Kutsal Kitabı olmalıydı ki bu amaca en kestirme yoldan varılabilsin.

Yaşamı görünüşte maddeci düşünceyle geçmiş, görünüşte dine pek önem vermemiş, Cumhuriyet döneminde sıkı Atatürkçü görünmüş, 1946'dan başlayarak üç yıldır bir takım acayiplikler, olağanüstülükler gösteren, bedenine giren bir ruh tarafından kendisine şiirler yazdırıldığı bütün edebiyat çevrelerinde dillere destan olmuş Enis Behiç Koryürek, pekala Şato'nun amaçlarına uygun bir peygamber olabilirdi. Üstelik "laik" olarak tanınmış bir aydının sonunda "vahy"ler alıp "din"e ve Tanrı'ya sarılması, hem ülkedeki laik Atatürkçüleri derinden sarsıp etkileyecek, hem de mucize diye yutturulabilecek bir olaya dönüştürülebilirdi.

Evangelist Güdümlü Arusi Şeyhi Mardin Kemalizm'den Dönme Şair Enis Behiç Koryürek'i Peygamber İlan Ediyor

1913 yılında Budapeşte ve Bükreş başkonsolosluğunda görev yaptığı sırada Ziya Gökalp çizgisinde *"Sevgilim ve Kılıcım"*[294] gibi Osmanlıca karşıtı Türkçe şiirler yazan, Kurtuluş Savaşı'nı destekleyen şair diplomat Enis Behiç Koryürek, Cumhuriyet döneminde yazdığı *Milli Neşide* adlı şiirinde; *"Biz kimleriz?.. Biz Altay'dan gelen erleriz. Çamlıbel'de uğuldarız; coşar, gürleriz," "Fırtınalar yoldaşındır na'ra salan Türk! Hey koca Türk, Tanrısından kuvvet alan Türk! Yürüyoruz, başımızda "Ayyıldız'ımız. Genç ihtiyar, kadın, erkek, oğul, kızımız... Soyumuzda ne kahraman kardeşler vardır: Türkmen, Oğuz, Başkurt, Tatar ve*

*kardeşler vardır: Türkmen, Oğuz, Başkurt, Tatar ve Kırgızımız...
Demir dağlar delmiş olan Bozkurt"larız ki Orhon'da var
Gültekin'den kalma yazımız...*"[295] diyecek denli Türkçü; 1933'te
yazdığı *Gazi* adlı şiirinde: *"Ey sen ki alev saçlı zafer küheylânıyla,
Kurtardığın vatanda en yüce şehsüvarsın.."*[296] diyecek denli Atatürkçü olarak tanınmıştı. *"Sen gözlerimde bir renk, Kulaklarımda
bir ses, Ve içimde bir nefes, Olarak kalacaksın..."* dizeleri Erol Sayan
tarafından bestelenen bu şair, *Beş Hececiler*[297] takımındandı.
Cumhuriyet döneminde çeşitli bakanlıklarda görev yapan
Koryürek, yaşamının son yıllarına dek, Atatürkçü olarak tanınmış, 1946 yılında bir yıl süren Çalışma Bakanlığı Danışmanlığı[298] görevinden ayrıldıktan sonra, konuk olduğu bir aile toplantısında, ruh çağırma olayına tanık olmuş, burada kendisinde
üstün yetenekler bulunduğu söylenmiş, o da kendisini buna
kaptırmış ve yaşamının son üç yılını böyle geçirmişti. Enis
Behiç Bey'in Atatürkçülüğü bırakıp "vahy"ler almaya başlaması, ilginç bir biçimde Türkiye'nin Amerikan güdümüne girdiği
yıla denk geliyordu. Hüsrev Hatemi: *"Ben ilkokuldayken 1948-
1949 yıllarında şair Enis Behiç Koryürek kendisinin medyum olduğunu ve Çedikçi Süleyman Çelebi'nin rûhunun kendisine şiirler söylettiğini iddia etmiş ve bu şiirleri "Varidat-ı Süleyman" adıyla yayınlanmıştı,"* sözleriyle durumu özetliyor.[299]

İşte bu Enis Behiç Koryürek, 18 Ekim 1949 günü ölür
ölmez Arusi Şeyhi Ömer Fevzi Mardin aynı gün kolları
sıvıyor[300] ve onu Tanrı'dan Evangelist Şato'nun ilkelerine uygun vahyler almış ve aldığı vahyleri sağlığında kitap olarak
bastırdıktan hemen sonra da ölmüş bir peygamber olarak ilan
ederek şöyle diyordu:

> Bu sene bir kitap basıldı (Enis Behiç Koryürek'in kitabı). "Varidat-ı Süleyman" adlı bu kitabın içeriği **eşsiz, benzersiz;** oluşma biçimi **olağanüstü** bir olaydı. Çünkü bu içerik, ölümlü
> bir insanın sesi kullanılarak ortaya konmuş **Allah sözü** idi.
> Olağanüstülüğü şu nedenlerleydi: Ağzından bu sözler çıkan
> kişinin **aktardığı bilgilerin çoğundan, yani İlahiyat ilminden haberi yoktu.** (Çünkü Atatürkçüydü, laikti-eb). Her olağanüstülük gibi bu da **İlahi bir olay,** yani bir **Mucize**'dir. Bu

sözleri **Enis Bey'in içine girerek Allah'tan başkası söylemiş olamaz.** Söyleyen Enis Bey'in sesini kullanan "Ruh-ül-Kudüs"tür, yani Allah'ın "Zat" nurudur. Cebrail Aleyhisselam bu meyandadır. **Peygamberler devrinden (yani Kur'an'dan – eb) sonra Ruhülkudüs'ün dünyaya kelam getirdiği işitilmiş değildi. Bu ilk kez Enis Bey'de gerçekleşiyor. Allah'ın mucizesidir bu.** Böyle olağanüstü ve eşi benzeri olmayan olayı yaratan Allah'ın elbette bir amacı vardır. Bütün dünyayı ilgilendiren bir olaydır bu.[301] Bu sözler Hak (Allah) sözüdür. Çünkü bugüne dek ne insan ne melek ne peri bu önemde güzel ve eşsiz benzersiz söz söylemiş değildir. Çünkü (Atatürkçü laik geçmişi olan) Enis Bey'in böyle sözler söyleme olanağı olmadığını biliyoruz. Ruh-ül-Kudüs yani Allah'ın zat nurunu taşıyan melek Cebrail aracılığıyladır. Bu kitab **Caux'daki Allah işçilerinin amaçlarına upuygundur.**[302] Allah'a sarılarak birleşin.[303] Bu kitap **yalnız Türk'lerin veya Müslümanların değil, bütün insanlığın** uygarlığına ve erdemde **birleşmesine** ve iyiliklerde **işbirliği** etmelerine neden olacak güzellikte hikmet ve irfan dolu değerdedir. Bu kitap, sanki **bütün Kutsal Kitapların bir özeti**dir.[304] **Bütün Kutsal Kitapların özünü** vermektetir.[305]

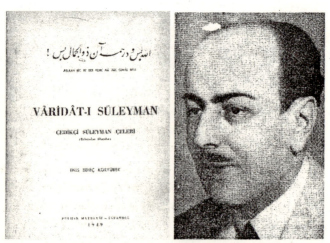

1949'da ölümünden sonra Arusi tarikatının başı Ömer Fevzi Mardin tarafından peygamber ilan edilen Enis Behiç Koryürek ve Mardin'in Tanrı tarafından Koryürek'e vahy yoluyla yazdırılmıştır dediği "Varidat-ı Süleyman" kitabı

Kadiri-Rıfai çizgisinden Arusi Tarikatı'nın binbaşı kökenli Şeyhi Ö. F. Mardin, CIA beslemesi Frank Buchman'ın İsviçre'deki *"Dinler Arası Diyalog"* ve *"Dinleri Önce Birleştirme Sonra 1'e İndirme"* şatosunun gereksindiği nitelikte bir "peygamber"(!) ve bir "vahy"(!) kitabı bulmuş oluyordu böylece.

Arusi Şeyhi Mardin'in
Peygamberi: Enis Behiç Koryürek
Kutsal Kitabı: Varidat-ı Süleyman

Gelgelelim *"aktardığı bilgilerden haberi yoktu,"* diyerek peygamber ilan ettiği Enis Behiç Koryürek'in, aktardığı bilgilerden haberi vardı. Çünkü kendisi gizliden gizliye Mehmet Ali Ayni'nin –kendi deyimiyle- şakirdiydi; devlet memuru olduğu için tasavvufa bağlı olduğunu çevresinden gizlemiş, içinde saklamıştı. 1945'te Türkiye'nin Amerika'ya bağlanmasından sonra ülkede devletin kendisi dine sarılmaya başlayınca, herkes gibi o da din kültürü dağarcığına başvurmuş ve **Mevlevi** tasavvuf yönünü özgürce açığa vurmaya başlamıştı.[306] Gelgelelim, Arusi Şeyhi'nin kutsal olarak benimsediği *"Varidat-ı Süleyman"* kitabında açığa vurduğu **Mevlevi** nitelikli tasavvuf inançlarında, İsa'nın bir Mesih olarak dünyaya dönüp düzen kurması için yalvaran şöyle dizeler de bulunuyordu:

> Ey Güzel Mesih, perişan olmuş dünyanın tek süsü
> Viran olmuş dünyada yoksullar için nimet
> Güzel yüzüne senin kim leke görmüş,
> Sen Musevileri İncil'e davet ettin
> Ey Güzel Mesih, yükselişinle gökleri açtın
> Ey **Güzel Mesih, Yahudileri aşkına yandır**
> **İslam Birliği doğrultusunda herkesi birleştir.**[307]

Arusi Şeyhi Ömer Fevzi Mardin'in, Tanrı Elçisi Muhammed varken Enis Behiç Koryürek'i Cebrail'den vahy alıyor diyerek peygamberleştirmesi, Kur'an'ı Kerim varken, Enis Behiç Koryürek'in kitabını Cebrail'in vahyettiği kitap diyerek Kur'an düzeyine yükseltme çabaları, sonunda onu Kur'an'da buna aykırı düşen kimi ayetlerin anlamını değiştirmeye de yöneltecekti.

Ömer Fevzi Mardin
Dinler Arası Diyalog uğruna
Kur'an Ayetlerinin Anlamını çarpıtıyor.

Mardin, "Kur'an'ı Kerim / Tasnifli ve fihristli Türkçesi"[308] adıyla yayımladığı Kur'an 'meal'inin 186. sayfasında, Rad Suresi'nin 39. ayetine *"Her zaman için bir kitap vardır. Allah istediğini imhâ ve dilediğini isbat eder"* anlamını veriyordu. Oysa ayetin özgün Arapçasında *"her zaman için bir kitap vardır"* diye anlamlandırılabilecek tek söz dahi geçmiyordu. Anlaşılan Ömer Fevzi Mardin, "İsviçre Caux'ta bulunan Dinler Arası Diyalog Merkezi'nin amaçlarına uygun bir vahy kitabı" olarak nitelediği Koryürek'in "Varidat-ı Süleyman" adlı kitabını Müslümanlara *"Bu zamanın Kur'an'ı Kerim'i budur"* diye yutturabilmek için Kur'an'daki bu ayetin anlamını çarpıtıyordu.

Şeyh Mardin'e Göre
Mesih = Amerika

Arusi Şeyhi, sonradan peygamber ilan edeceği Enis Behiç Koryürek'in İsa'yı Mesih olarak yeniden dünyaya çağırdığı bu dizeleri vahy gibi dile getirdiği o toplantıda hazır bulunmaktaydı.[309] Yaptığı yorum, şöyleydi:

> Izdırap çeken insanlığın, yanmış yıkılmış yeryüzünün ihtiyacı için yalvarılıyor. Hazreti Muhammed ya da Hazreti Musa'dan yardım istenmiyor, **Hazreti İsa'dan isteniyor**: çünkü sırf Cemali tecelli **Hazreti İsa'daki Ruh-ül-Kudüs'e özgüdür.** Ey güzel Mesih, demek; ey Mesih İsa'da güzellikleri tecelli eden Allah, demektir. **Müslümanlık devrinin bugün faal görevlerini bu varlıklı, imkanlı millet Amerikalılar üzerine almış bulunuyor.** Çünkü **Allah** onları bu işe seçmiş, hazırlamış ve harekete geçirmiştir.[310]

Arusi Şeyhi Mardin, *Mesihlik görevinin Amerika tarafından üstlenildiği* yorumuyla CIA güdümlü Evangelist Buchman'a bağlı çalışmalar yaparken, gereksindikleri parayı bağışların yanı sıra "tayyare piyangosu"ndan, bugünkü adıyla Milli Piyango'dan sağladıklarını açıklıyordu:

Üyelerden biri kongre sonunda evine dönerken yolda rasladığı bir satıcıdan bir tayyare piyango bileti aldı ve hemen Cenab-ı Hakka yalvararak kuruma yardım için 5.000 lira adayarak bileti cebine koydu. Bir hafta sonra gazeteler bu biletin sahibine 50.000 lira çıktığını yazdı. Adak sahibi bankadan parayı aldı ve 5.000 lirasını kurum adına gönderdi. Allah'ın sayesinde kurum bir gecede 5.000 lira işler sermayeye sahip oldu.[311]

Arusi Şeyhi'nin peygamber ilan ettiği Enis Behiç Koryürek'in en ayırdedici özelliği, söz söylerken, tıpkı Fethullah Gülen gibi, sık sık gözyaşlarına boğulmasıydı. Demek "dinler arası diyalog" ve "dinlerin birleştirilmesi" çabalarında sıkça gözyaşı dökülmesi, Amerika'nın Türkiye'yi uydulaştırdığı 1947'lerde başlamış bir gelenekti. Zaten az sonra göreceğimiz gibi, 1947'den sonra Türkiye'de dinsel hareketlerin yolu dönüp dolaşıp İsviçre'den ve o şatodan geçecekti.

CIA Güdümlü Evangelist Şato'nun Türkiye Uzantısı: Manevi Cihazlanma ve Masonlar

Kadiri-Rufai çizgisinde Arusi Tarikatı Şeyhi İsviçre'deki CIA güdümlü Moral Re-Armament (Manevi Seferberlik) örgütü doğrultusunda çalışmalara başladıktan sonra Türkiye'de de bu örgütün adını taşıyan bir dernek kuruluyordu: *Manevi Cihazlanma Derneği.*

24 Mayıs 1983 Tarihli Resmi Gazete - Sayı: 18058

Kamu Yararına Çalışan Derneklerden olduğu, **Bakanlar Kurulu Kararıyla onanmış** bulunan Derneklerin adı, bulundukları yerler, Bakanlar Kurulunun onay tarihi ve sayısı aşağıda gösterilmiştir. Bilgi edinilmesi ve Vergi Kanunlarının uygulanması sırasında gözönünde bulundurulması tebliğ olunur.

Sıra No.	Derneğin adı	Bulunduğu Yer	Onanma Tarihi	Sayısı
71	Manevi Cihazlanma Derneği Cemiyeti	Ankara	11.11.1966	6/7285

Türkiye'den ilk bağlısı Mason gazeteci-yazar Ahmet Emin Yalman, ikinci bağlısı Arusi Şeyhi Ömer Fevzi Mardin olan CIA güdümlü Evangelist Moral Re-Armament derneğini Türkiye'de **Manevi Cihazlanma** adıyla kuran, dönemin İstanbul Valisi Prof. Dr. Fahrettin Kerim Gökay'dı; yönetim yeri Beyoğlu'ndaydı, "Kamu Yararına Dernekler" listesindeydi; vergiden bağışıktı, devlet bütçesinden para alıyordu, resmi adı 'Circle D'orient' olan 'Büyük Kulüp'ün çoğu mason, roteryen ve lions olan üyeleri bu derneğe de üye olmuşlardı.[312]

Büyük Kulüp'ün Ekim 1946 – Kasım 1957 tarihleri arasında İstanbul Valisi olan Lions Kulübü Kurucusu Fahrettin Kerim Gökay'a gönderdiği mektubun zarfı ve Büyük Kulüp Derneği üye kitapçığı

Manevi Cihazlanma Cemiyeti'nin Türkiye şubesinin kurucusu dönemin İstanbul Valisi Lions kurucusu Fahrettin Kerim Gökay, Patrik'le elele

CIA güdümlü Moral Re-Armament'in Türkiye'deki ilk yandaşlarından Sabetaycı Mason gazeteci-yazar Ahmet Emin Yalman

Manevi Cihazlanma Kurucularının Amacı
Tek Dünya Devleti

CIA'nın İsviçre'deki Moral Re-Armament şatosundan güdümlediği Soğuk Savaş dönemi din uygulamasını Türkiye'de yürüten bu derneğin ilk yayını İsviçre'deki merkezin *The Vanishing İsland* adıyla yayımladığı Buchman grubundan Peter Howard'ın kitabıydı. Dernek bu kitabı Babür Nutku'nun çevirisiyle *"Kaybolan Ada"* adıyla Türkçeye çevirtip Aralık 1955'te basmıştı. Bu derneğin ateşli savunucusu Ahmet Emin Yalman, aynı yıllarda *"Avrupa ve Dünya Federasyonu Fikrini Yayma Cemiyeti"* adıyla bir dernek daha kurmuş; yazılarında bu derneğin amacını *"Tek Dünya Devleti kurmak"* olarak belirtiyordu.[313]

CIA Güdümlü Evangelist Şato
Komünizmle Mücadele Dernekleri Örgütlüyor

Evangelist Rahip Frank Buchman, 1950'lerin başında Kore'ye gidip orada örgütlediği Sun Myung Moon adlı Koreli aracılığıyla "dinleri birleştirme kilisesi" çalışmaları başlatmış; ve Moon üzerinden "Komünizmle Mücadele" grupları örgütlemeye koyulmuşken, aynı dönemde Türkiye'de de aynı doğrultuda "Komünizmle Mücadele Cemiyeti" ve "İlim Yayma Cemiyeti" kuruluyordu.

Komünizmle Mücadele Cemiyeti'nin 1952 tarihli Tüzüğü ve İlim Yayma Cemiyeti'nin 1967 hizmet kitapçığı

Komünizme Karşı Milliyetçi Örgütlenme
Komünizmle Mücadele Cemiyeti

5 Haziran 1948'de İstanbul'da kurulan Komünizmle Mücadele Derneği ilk kongresini 30 Ekim 1948'de yapmıştı. Düşündürücüdür ki, CIA'nın İsviçre'de bütün dinlerin ileri gelenlerini Komünizm'e karşı örgütlediği şato, aynı zamanda bütün dünyada "anti-communist leage" adı altında "Komünizmle Mücadele Cemiyetleri" örgütlüyordu.

Komünizmle Mücadele Cemiyeti
Üyelerine Sağlık Sigortası Sağlıyor

Komünizmle Mücadele Cemiyeti'nin 1952'ye yayımlanan Ana Tüzüğü'ne göre, cemiyete üye olanların kendileri, aileleri ve yakınları bir tür sağlık sigortasına, sosyal güvenceye kavuşmuş oluyorlardı:

> **Madde 3- Cemiyetin amacı:** Dünyayı ele geçirmek amacı güden ve bu yolla mal, can, namus, vatan, aile ve milliyeti, din ve inanç özgürlüğünü kökünden yıkarak her türlü düşünceyi, duyguyu, bilinci ve tüm kutsal bağ ve inançlardan ayırarak bütün dünya ülkelerini ve insanlığı bilinçsiz bir yığın haline getirmek kastında olan komünizmle mücadele etmekten ibarettir.

> **Madde 8-** Üyeliğe giriş tarihinden başlayarak aidatını düzenli olarak ödemiş olan üyeler **cemiyetin sosyal yardımlarından yararlanacak**lardır.

Madde 9a- Hastalandığı zaman doktor göndermek ve ilaç bedelini ödemek ve gerekirse hastaneye yatırmak

9b- Bütçe uygun olduğu taktirde aile ve yakınlarına da aynı yardımı yapmak...

"Dinler arası diyalog"çu Fethullah Gülen'in 1963'te Erzurum şubesini açacağı "Komünizmle Mücadele Cemiyeti", 1963'e dek 9, 1968'e dek 141 şubeye ulaşmıştı.

Komünizme Karşı Dinci Örgütlenme Scientology Tarikatı'nın Adaşı İlim Yayma Cemiyeti

1950'de Amerika'da komünizme dinle karşı koymak amacıyla kurulan, 1951'de Avustralya'da, 1952'de İsrail ve Yeni Zelanda'da, 1952'de İngiltere'de şubeler açan Uluslararası *Scientology Assosiation*'ın adaşı **İlim Yayma Cemiyeti** ise 1953'te 68 üye tarafından İstanbul'da kurulmuş, 1967'ye gelindiğinde şube sayısı 20'yi, üye sayısı 1200'ü bulmuştu. Tanıtım kitapçığında "devletin çeşitli organlarınca yakından izlenerek kamu yararına dernekler kapsamına alındığı" belirtilen cemiyet şöyle özetleniyordu:

> Yurd çapında yaptığı hayırlı hizmetler dolayısıyla **devletin muhtelif organları** tarafından yakinen izlenen Cemiyetimiz, **Kamu Yararına Dernekler** kapsamına alınmıştır. İstanbul'da ilk defa Langa'da iki odalı bir yerde açılan İmam-Hatip Okulu, daha sonra Çarşamba, Fethiye semtinde satın aldığı büyük arsa üzerine 1500 öğrenci alacak şekilde modern bir İmam Hatip Okulu yaptırmış ve öğrenime açmıştır. Manevi sahadaki boşluğu gidermek isteyen hükümetimiz, çok yerinde bir kararla ilk, orta ve liselerde programlarına din derslerini ilave etmiştir. 15 yıl önce (1952) hükümetimiz din adamı yetiştirmek için bazı illerde İmam Hatip Okulları açtı. Çünkü **50.000'den çok aydın din adamı yetiştirmek gerekiyordu.** Bugüne (1967) kadar açılan İmam Hatip Okullarının sayısı 58'i bulmuştur. Her Müslüman vatandaş **zekatını Cemiyetimize verebilir. Kurbanlar canlı veya cansız olarak kabul edilir. Kurban bayramları haricinde keseceğiniz adak kurbanlarını da Cemiyetimize verebilirsiniz.**

İlim Yayma Cemiyeti'nin Asker Kökenli Üyeleri

1960'lardan sonra Cemal Gürsel'in onursal başkan olarak yeraldığı, 1967'de emekli Kurmay Albay Vehbi Bilimer'in başkanlığında etkinlik gösteren "İlim Yayma Cemiyeti" ülkeyi baştanbaşa İmam Hatip Okulları'yla donatıyor, komünizme ve Sovyetler Birliği'ne düşman, fakat Amerika'yı Mekke'den daha çok seven, Osmanlıcı, Hilafetçi kuşaklar yetiştiriyordu. 1950'lerden sonra adı ünlenen hiçbir Osmanlıcı Hilafetçi İslamcı yoktu ki Komünizmle Mücadele Cemiyeti ya da İlim Yayma Cemiyeti ile bağlantısı olmasın.

Komünizme Karşı Türk-İslam Sentezci Örgütlenme Aydınlar Ocağı

1962'de **Aydınlar Kulübü** adıyla kurulan, 1965'te etkisini yitiren ve 14 Mayıs 1970'te **Aydınlar Ocağı** adıyla yeniden kurulan komünizm karşıtı, Osmanlıcı-Milliyetçi dernek de **Komünizmle Mücadele** ve **İlim Yayma Cemiyetleri**'nin 1950'lerde ektiği tohumlar üzerinde filizlenmişti. 12 Eylül yönetiminin resmi ideolojisi olan Türk-İslam Sentezi'nin kökü, Amerika'nın 1945'ten başlayarak tabandan ve tabandan yürüttüğü Osmanlıcı-İslamcı örgütleme ve eğitme etkinliklerinin meyvesiydi.

Komünizme Karşı MHP Alparslan Türkeş ve Arusi Tarikatı

Milliyetçi Hareket de Soğuk Savaş dönemi Amerikan gereksinimlerine uygun bir akım olarak doğmuştu. İkinci Dünya Savaşı yıllarında bir dönem Türkiye'nin Azerbaycan (Kafkas) bölgesinde bir Türkistan Cumhuriyeti kurma çabaları olmuş, Hitler'in generalleriyle kimi Türk generalleri arasında görüşmeler yapılmıştı. Almanya savaştan yenik çıktıktan sonra, Sovyet sınırları içerisinde kalan Türkleri Sovyetler'den kopartma çalışmalarına bu kez Amerika yönelmiş, bu doğrultuda önceden Almanya ile bağlantılı çalışanlar, savaştan sonra Amerika ile bağlantılı çalışmaya koyulmuşlardı. Türkeş de savaş yıllarında NAZİ ajanı olarak çalışan, savaş sonrası CIA Türkiye masasında görev yapan Özbek Türkü Ruzi Nazar'la dostluk kurmuştu.

Alparslan Türkeş 1950'li yıllarda

Şato'ya bağlı Arusi tarikatıyla da yakın ilişkileri bulunan Alparslan Türkeş 1948'de ABD'ye gidiyor, Amerikan Harp Akademisi ve Piyade Okulunda özel savaş eğitiminden geçiyor, 1955'te Washington'da bulunan NATO daimi komitesine Türk Genelkurmayını temsilen atanıyor ve 1959'da Türkiye'ye dönüyordu.

Tarih ve Tekerrür

Görüldüğü üzere Türkiye'de herşey William C. Bullitt'in 1946'da *"Asıl Büyük Dünya"* kitabında açıkladığı; "Dine dayalı Avrupa Federasyonu, Ortadoğu Federasyonu, Asya Federasyonu, Sovyetleri din kuşatmasıyla yıkmak ve hemen ardından Dünya Devleti kurmak" biçiminde özetlenebilecek Soğuk Savaş stratejisine uygun adımlarla yürütülüyordu. Kurulan örgütler ve eğitilen kişiler, Türkiye'de İslam Birliği ve Osmanlılaştırmaya yönelik çalışmalar yürüteceklerdi.

Nasıl II. Abdülhamid ve ardılları İngiltere, Fransa ve Rusya'ya karşı Almanya'nın kanatları altına sığınarak *Alman mandası altında İslam Birliği* kurmaya yöneldiyse, Türkiye de İkinci Dünya Savaşı biter bitmez Rusya'ya karşı Amerika'nın kanatları altına girmiş ve Bullitt tarafından kuramlaştırılan

"Rusya'yı din kışkırtıcılığı yaparak yıkacağız" stratejisi uyarınca ilk iş olarak **Amerikan güdümünde İslamcılığa** sarılmıştı.³¹⁴

Eski Almancı Said-i Kürdi (Nursi),
Soğuk Savaş'ta Amerikancı

Türkiye, Rusya'yı din kartıyla kuşatıp yıkmaya yönelen Amerika'nın buyruğuna girer girmez, o güne dek sesleri pek çıkmayan eski *Alman Cihatçısı* Osmanlıcı, Hilafetçi takım ortaya çıkıp bu kez de Amerika'yı alkışlamaya ve *Amerikan Buyruğuyla Dünya İslam Birliği* düşüncesini yaymaya başlamıştı. Bunlardan biri olan Said-i Nursi, Alman işbirlikçisi olduğu yıllarda *"Türk-Alman, Alman-Türk, tarih boyunca kadim dostturlar. Türkler Alman dostluğuna sadakatta çok hassasiyet gösterirler,"* ³¹⁵ demişken, İkinci Dünya Savaşı'ndan sonra Amerikancı kesilerek şöyle diyordu:

> "Amerika gibi, din lehindeki ciddi çalışan muazzam bir devleti, kendine hakiki dost yapmak, iman ve İslamiyetle olabilir,"³¹⁶

> "Eskiden Hristiyan devletler bu İttihad-ı İslam'a taraftar değildiler. Fakat şimdi komünistlik ve anarşistlik çıktığı için hem Amerika, hem Avrupa devletleri Kur'an'a ve İttihad-ı İslam'a (İslam Birliği'ne) taraftar olmaya mecburdurlar,"³¹⁷

"Ortadoğu'nun Hitler'i" Cevat Rıfat Atilhan,
Soğuk Savaş'ta Said-i Kürdi Yandaşı

Ateşli Almancılardan bir diğeri de "Ortadoğu'nun Hitleri" olarak anılan Cevat Rıfat Atilhan'dı.

Cevat Rıfat Atilhan'ı "Ortadoğu'nun Hitler'i" olarak niteleyen The Evening Times gazetesi

1 Mayıs 1945'te Hitler'in öldüğü duyurulduktan çok değil iki ay sonra, Temmuz 1945'te ateşli Hitler yandaşı Cevat Rıfat Atilhan, Nuri Demirağ ve Hüseyin Avni Ulaş ile birlikte Amerika'nın Türkiye'ye dayattığı *"İslam Birliği Şark Federasyonu"*nu gerçekleştirmeyi amaçlayan **"Milli Kalkınma Partisi" (MKP)** kurmuşlardı. "Ortadoğu'nun Hitler'i" denilen Atilhan, Hitler'in yenilmesi ve stratejisini Amerika'nın devralmasından sonra, kendisi gibi eskiden Almancı-İslamcı olup Amerikancılığa yatay geçiş yapan Said-i Nursi'ye yandaş olmuş, Atatürk dönemini 25 yıllık istibdat ve zulüm diye niteleyip karalayarak şöyle diyordu:

> Nur'u, birçok muzlim vicdanları aydınlatmış; kudreti, birçok zayıf imanlı insanlara cesaret vermiş, dehası, birçok nasibsiz insanların ruhuna ilham serpmiş olan **bu büyük adam**, hiç şübhe yoktur ki, **Said Nur Hazretleri**dir.
>
> Dehâsı ve celâdeti kadar îmanı da kuvvetli olan bu muhterem insan; **yirmibeş yıllık istibdad ve zulme** gözlerini kırpmadan göğüs geren ve **onun korkunç işkence adaletsizliğine** îmandan doğan bir cüretle karşı koyan tek şahsiyettir.
>
> **Bütün Müslüman dünyası,** bu **kutb**un câzibesinden kendisini kurtaramamıştır. Türkiye'nin ıssız ve tenha bir köşesinde doğan bu nur, **ziyasını Pakistan'lara, Endonezya'lara kadar yaymış** ve kendisiyle beraber milletimizin de şan ve şerefine hâleler eklemiştir.
>
> Ne de olsa, ne kadar biz bu güneşin ışığını söndürmek istesek de **onun nuru karanlık gönüllerde birer meş'ale gibi yanıyor ve bizi aydınlatıyor.** Bu, büyük insanın hakkı ve dâvâsının meyvesidir. Ne mutlu kendisine![318]

İslamcıları Örgütleyen ABD
Kürt Ayrımcılığının Tohumlarını Atıyor

İlginçtir ki, Amerikan buyruğuyla *Osmanlı'ya dönüp Dünya İslam Birliği Kurma* düşüncesini savunanlar ile *Atatürk'e saldırıp Kürt Ayrımcılığı* yapanlar çoğu kez aynı kişiler olmuştu. Bunun en çarpıcı örneği olan **Cemal Kutay**, 1947-1948'lerde yayımladığı **Millet Mecmuası**'nda hem ateşli bir *Amerikancılık*, hem ateşli bir *Amerikancı İslam Birliği*, hem de

Kürt ayrımcılığı yapmış, 1923-1948 arası Atatürk dönemini de içeren 25 yıllık Cumhuriyet dönemini, **Kürtlere yönelik "imha" siyaseti uygulamak**la suçlamıştı.

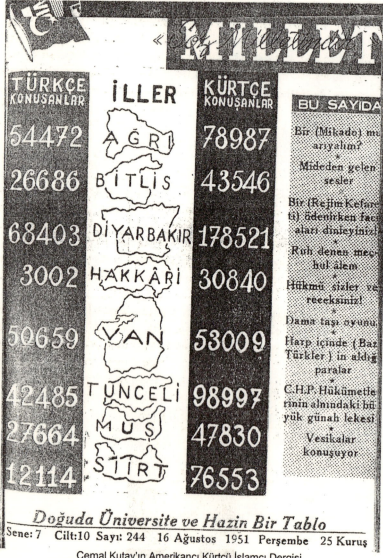

Cemal Kutay'ın Amerikancı Kürtçü İslamcı Dergisi "Millet"in etnik ayrımcılık yapan kapağı: 16 Ağustos 1951

Cemal Kutay, derginin bu sayısında yayımlanan "Bir Rejim Kefareti Ödenirken Faciaları Dinleyiniz" başlıklı yazısında, 1945'te Amerikalı uzmanların, Cumhuriyet'in kuruluşundan başlayarak Doğu'nun **"sömürge"** olduğuna ilişkin raporunu açıklıyor ve şöyle diyordu:

> **Amerikan Askeri ve Sivil uzmanları, 1945'te bütün ülkeyi kapsayan bir inceleme yaptılar.** Bu arada bizim bir coğrafi devlet deyimi olarak *Doğu* **dediğimiz vatan köşelerine gittiler.** Uzmanların **Amerikan misyonu yüksek makamlarına (Amerikan Büyükelçiliğine) verdikleri rapor**, o zamanki hükümete de sunuldu. Bir çok benzerleri gibi yayımlanmamış olan bu raporda, bizim *Doğu* deyimiyle bir coğrafi özellik kasdettiğimiz vatan bölgesini, Amerikalılar düzen, özgürlükler ve hak ölçüleri bakımından ele almışlardır. Onları bu adil sonuca sürükleyen, hiç şüphe yok ki karşılaştıkları feci manzara idi: (Atatürk'ün) Halk Partisi için **Doğu bir sömürge idi**... Bu gerçekten başka ne olabilirdi ki vatanımızın siyasi akımlarıyla ilgisiz uzmanlara: *"Bu gördüklerimiz, geride kalan Türk topraklarından her bakımdan ayrı gözle bakılmış, ihmal edilmiş, kendi kaderine bırakılmış, gerilik ve ilkellikte diğer bölgelerle karşılaştırılamayacak denli çaresiz"* yargısına vardırıyordu... Şimdiye kadar **anavatandan ayrı, sömürgeci anlayışla yönetilen** o kutsal topraklar... Cumhuriyet 27 yaşındadır... En büyük suçlamaları oluşturacak kasıdlar sonucu, **Doğu, kasden ve gereksizce kültür ışığından yoksun bırakılmış, bir yoketme imha siyasetinin doğal sonucu olarak, ayrı ve aşağılayıcı muamele görmüş, terör ve zulme maruz bırakılmıştır. .. Ortada,.. rejim kefareti vardır.** *İmza: Cemal Kutay*

Cemal Kutay

Bir (Rejim Kefareti) Öde

Amerikan askeri ve sivil mütehassısları, 1945 de, bütün memlekete şâmil bir tetkik yaptılar. Bu arada, bizim bir (coğrafi devlet tabiri) olarak (DOĞU) dediğimiz vatan köşelerine gittiler. Mütehassısların Amerikan misyonu yüksek makamlarına verdikleri rapor, o zamanki hükûmete de tevdi edildi.

Birçok mümessilleri gibi neşredilmemiş olan bu raporda, bizim (Doğu) tâbiri içinde, bir coğrafi hususiyet kasdettiğimiz vatan bölgesini, Amerikalılar nizam, hürriyet ve hak ölçüleri bakımından almışlardır. Onları, bu âdil neticeye sürükliyen, hiç şüphe yok ki, karşılaştıkları feci manzaar idi: Halk Partisi iktidarı için, Doğu, bir (sömürge) idi... Bu hakikatten gayri ne olabilirdi ki, yatağımızın siyasi cereyanlarıyla ilgisiz yabancı mütehassıslara: «— Bu gördüklerimiz, geride kalan Türk topraklarından her bakımdan ayrı gözle bakılmış, ihmal edilmiş, kendi kaderine bırakılmış, gerilik ve iptidailikte diğer kısımlarla kıyas kabul etmiyecek kadar biçare» hükmüne vardırıyordu?.

Halk Partisi hükûmetleri, çok zaman, Doğu'nun yürekler acısı durumunu rakamlarla ortaya koyan hakikatlerin neşrini menetmişler, hattâ bunların istatistiklerde ve resmi neşriyatta yer almasına müsaade göstermemişlerdir. Doğu'nun ilk defa şâmil ve esaslı kalkınma tetkikivi, iktisad Vekilliği zamanında Celâl Bayar, bir mütehassıs heyetle birlikte yapmış, daha sonra, Başbakanlığı zamanında Atatürkle beraber Tuncelıne kadar uzanan seyahatinde, bu plân üzerinde işlemek ve detaylara girebilmek fırsatını bulmuştur. Bu tarihte, Tunceli harekâtı devam ediyordu... O zamana kadar HAREKÂT tâbiri altında, insanların imha ve kalanları da yerlerinden sürgün mânasına gelen iskâhat mefhumu, Bayar'la beraber BAŞKA BİR ÖLÇÜye sahip oldu. Başbakan Celâl Bayar, hükûmetinin vatandaşları istediği sükûn ve huzur unsuru olabilmek talebini, bu talebden önce, şöyle bir şartla bağlıyordu:

«— Hayatını, bu yalçın kayalar üzerinde heder eden insanlarımızı, ihtiyaçlarının tabiî icablarını değiştirmek vazifesile karşı karşıyayız. Onları, verimli düzlüklere indireceğiz, kültür ve medeniyet nizamıyla devrimizin insanları halinde yaşama şartları sağlıyacağız.»

TARİHİN LUTFU:

Bu, asırlardanberi Doğu'nun Devletten işittiği ilk İNSANCA hitab-

dı: Bir medeniyet seviyesinin, onu temsil eden (kadro) ile beraber vücut bulabileceğini iyi bilen Bayar, devlet reisi olarak Meclise ilk hitabında, Doğu Üniversitesini ele aldı...

Bu nutuk dikkatle tetkik edilirse görülür ki, hükûmete, maddî imkânların ölçücü kendisince malûm vakür ve ne dediğini bilen olgun devlet adamı hüviyeti içinde, istikbale muzaf işaretler çok azdır, ve, bunların içinde (Doğu Üniversitesi) sadece zamanımızın zarureti olarak değil, yakın tarihin kefareti olarak ortaya atılmıştır. Hadise, 1935 de (Doğu) için ilk esaslı kalkınma plânının ana tezlerini koymuş, 938 de bunu, hükûmetinin temel icraatı olarak benimsemiş Celâl Bayar için tarihin şayanı dikkat lutufları arasındadır. Buradaki (lutuf) tâbirini, asırlardır sadece sömürülmüş bu talihsiz vatan parçası için söylemek, çeyrek asırlık tabirler teşrifatına belki daha muvafık olurdu... Fakat biz tarihi şanslarını, vatana muzaf kılmak yerine, ferdlere tevcih edelim: Bu da Bayar'la başlıyan yeni bir anane olsun...

TEŞEBBÜS, REALİTENİN İFADESİDİR:

Doğu'da bir üniversite tesisi fikri (Maşabağa Tenkitçileri) için güzel bir mevzu olmuştur. Tez malûmdur: Daha, ilk okul sayısı ihtiyaçtan uzak olan bu bölgede Üniversite tesisine kalkışmak, temeli bırakıp, çatıyı inşaya benzer...

Halbuki hakikat, büsbütün başkadır; ve bugüne kadar ortaya konulması (Doğu Facialarının kanlı müsebbiblerince) vatan hasreti sayılacak kadar terör tedbirleriyle tarih ve millî vicdandan saklanmış ha-

«— ... Snelman bahtiyardı: Küçük Fin milletinin artık, büyük bir ışığı vardı. Bu, kültür müesseseleriydi... Öyle kültür müesseseleri ki, memleketi idare edenler için ilmin nuru altında sadık birer müşavirdiler. Doğruyu söylüyorlar, iyiyi telkin ediyorlar, yanılmıyorlar, aklı selimi politika girdaplarından masun bulunduruyorlardı.»

Grigori Petrof
Beyaz Zambaklar Memleketi

diselerin artık konuşulabilecek neticeleri içinde hakikat, büsbütün başkadır: Doğu'daki Üniversitenin vazifesi, normal tahsil müesseselerinin tekâmülünü ifade etmek gibi tabii hususiyet ifadesiyle kalsaydı, mu kabil iddia belki münakaşa edilebilirdi. Fakat hakikat büsbütün başkadır... Bu müessese, şimdiye kadar Ana vatandan ayrı, sömürgeci zihniyetle idare edilen o mubarek toprakları, sadece harita üzerinde değil, kültürüyle, diliyle, idare telâkkisiyle, tefekkür ve hayat nizamıyle Ana vatanla kaynaştırma emrinin kadrosunu yetiştirecektir...

NEDEN (DİLİ) YLE?

Kapağımızdaki hazin tabloya tutfen göz atınız... Cumhuriyet, yirmi yedi yaşındadır. Millî Mişak tahakkuk ettikten sonra, vatanı parçalayacak ayırıcı hâdiselerin intibahını bu kadar büyük gaflet içinde unutmak mı lâzımdı?

Çünkü, Doğu bölgesi üzerinde ayırıcı emekler, bilhassa dil ayrılığı üzerinde durmuşlar ve iddialarına bunu mesned yapmışlardı. Gerçek sebebleri siyasi ihtirasların insanları nerelere sürüklıyebileceği insanından bir yüzkarası olan ve bilhassa İsmet İnönü'nün şahsı ve hüviyetinin tarih huzurunda muhasebesi yapılırken, mizanın kefesinde en büyük ittihamı teşkil edecek kaçıdlar neticesi, Doğu, kasden ve bil'iltizam kültür ışığından mahrum bırakılmış, bir imha siyasetinin tabiî neticesi olarak (ayrı) ve (haki) muamele görmüş, terör ve zulme maruz bırakılmışdı. Bu politikanın tabiî neticesi olarak, Doğu, Millî Birliği teşkil eden emeklerden ve neticelerinden mahrum bırakıldı: Mektebi, yolu, hastahanesi, adalet müesseseleri, devlet fabrikası, ışığı, kısacası, muasır hayatının devlet eliyle girebilecek han kümelerinden mahrum bırakıldı. Millet olabilmenin ana vasfı olan (DİLL) in ne halde olduğunu anlatan kapağımızın aldığımız şu hazin tabloya lûtfen bir daha bakarak hükum veriniz:

Vilâyet	Türkçe konuşanlar	Kürtçe konuşanlar
Ağrı	54472	78987
Bingöl	33067	42060
Bitlis	26686	43546
Diyarbakır	68403	178521
Hakkâri	3002	30840
Muş	27664	53000
Siirt	12114	98977
Tunceli	42485	47830
Van	50659	76553

Ateşli Amerikan yandaşı **Cemal Kutay**'ın 16 Ağustos 1951 günlü Millet mecmuasında **1945'te Amerikalılarca hazırlanmış** raporu açıklayıp savunan yazısı (yukarıda). **Güneydoğu**'yu Türkiye Cumhuriyeti Devleti'nin "**sömürgesi**" olarak değerlendiren bu **Amerikan Raporu**'nda yıllar sonra **PKK**'nın yineleyeceği görüşler yer alıyordu.

irken Faciaları Dinleyiniz...

Bu hazin tablo, hükûmetçe malûm değil miydi?. Neden, millî birlik adına bir yüz karası olabilecek şu tezadın normal yollarla, millî kültürün ışığı altında tasfiyesine gidilmemiştir?. Aşağıdaki ikinci feccaat tablosu, Doğu'ya, Halk Partisi hükûmetlerinin - bilhassa şahsen İnönü'nün!, - nasıl kıydığını, hiç bir tefsire muhtaç olmadan isbat eder:

Vilâyet ismi	yedi yaşından yukarı nüfus	Bu nüfusta okur yazarlar miktarı
Ağrı	98900	13774
Bingöl	55655	3970
Bitlis	54324	6015
Diyarbakır	192628	28037
Hakkâri	25957	1539
Muş	60362	5049
Siirt	101400	9133
Tunceli	59739	14420
Van	96911	12958

Rakamların mukayesesinden çıkacak korkunç neticeye lütfen dikkat ediniz: Bazı vilâyetlerde okur yazarlar nisbeti, yüzde on dörde çıkmakta, bazılarında yüzde beşe düşmektedir. Halbuki, memleket vasatisi, yüzde 30,2 dir. Millî hudutlar içinde, aynı kanunlarla ve aynı sistemle idare edilen, nimetle külfetin bir olması gereken güya halk idaresi (!) nde bu tezadı, ortada kasıd olmadan nasıl izah mümkündür?.

«— ... Fakat artık, İngiliz hayat nizamı, hiçbir ric'i ve reaksiyoner hareketten korkmazdı. Çünkü memleketin hakiki bir saadete kavuşabilmesinin yolları, devletin idari metotlariyle değil, üniversitelerin ismi tesbitleriyle inşa edilmişti. Her şey, alfabeden başlıyan tahsil nizamiyle, fikri tetebbulara kadar kültür hayatı, zanaattan başlıyarak büyük sanayi, hulâsa maddi, mânevi hayat yolu, ilim müesseselerinin vesayeti altındaydı. Üniversite teşhisini koyuyor, devlet icra ediyordu.»

André Maurois
İngiltere Tarihi

DİĞER İSBATLAR:

Doğunun, vatan birliği içinde nasıl ayrı bir muamele gördüğünün delilleri hudutsuzdur. Resmî rakamların sonuncu yılı olan 948 e ait faaliyeti esas olarak alırsak, bir yıl içinde, yukarıdaki vilâyetlerde yapılan okul sayısı 63dür'... Bu tempo ile, Doğu köylerinin ilk okula kavuşması için bir asırdan fazla zaman lâzımdır. Asurîler devrinden kalan kovuklarda yaşıyan bu halk, Devletin diğer bölgelere az çok yetişebildiği sosyal hizmetlerden de mahrum bırakılmıştır: Bu dokuz vilâyette, hususi idareler, yirmi yedi Cümhuriyet yılı içinde, ancak 165 yataklık hastahane, kurabilmişlerdir. Halbuki, 948 yılında, özel idarelere ait bütün yurtta, 56 sı hastahane, 74 ü dispanser olmak üzere, 130 sağlık kurumu vardı ve bunla-'rın sahip olduğu yatak sayısı da 3641 di. İnsaf ediniz: 9 vilâyette 165, buna mukabil 51 vilâyette 3641. Sanayi ve tarım müesseseleri bakımından aynı tezad vardır. En çok ıstırap veren hadise de, adâlet müesseselerinin tevziinde doğu'nun uğratıldığı mahrumiyettir. Bu hükümlere ait bütün isbat rakamları elimizdedir.

TEK ÇIKAR YOL:

Dekor böyle olunca, vatanın diğer köşeleriyle, bu bahtsız ve gadre uğramış bölge arasındaki uçurumu kapatmak için, normal tedbirlerin üstünde istisnai hamlelere baş vurmaktan gayri yapacak ne vardır?. İşte Doğu'da kurulacak üniversite, bu ÇAĞ İFADE EDEN AYRILIĞI KAPATACAK HAMLENİN önce plânını yapacak, sonra onun kendi muhitine baş şartlar içinde kadrosunu yetiştirecektir.

Ortada, affedilmesi çok güç ve milyonlarca mağdur halkın rızası alınmadan böyle bir atıfetin düşünülmesi dahi küstahlık olan rejim kusuru var: Hadise, neslimiz için bu kadar acı, hattâ yüz kızartıcıdır. Doğu'da kurulması kararlaşan müessesese, başarıcağı dâvanın azameti içinde, klâsik tabir ve mânasıyla (Üniversite) denilebileceğini zannetmiyoruz: Çünkü bu müessese, millî birliğin yarınki ihtiyacı bu bakımdan acele bir ihtiyatla ortaya atılması için, yanlış ve sakat bir politikaya kurban edilmek üzere, elden gelenin yapıldığı vatan par-

çasında, günahların izlerinin, en çabuk, en emin, en sağlam hangi yollardan gidilerek tasfiyesinin mümkün olabileceğini önce tayin edecek, sonra bu İKİNCİ ve GERÇEK FETİH DÂVASININ KADROSUNU yetiştirecek tir. Bu, vatan çapında mes'ut bir hadisedir. Düşünebilen, görebilen ve düşündüğünü ve gördüğünü, hakikat aşkıyla ortaya koymaktan çekinmiyecek aydınlar için bugüne kadar ihmal edilmiş olması affedilmez vebal olan hadiselerin normale irca himmetini böyle mi karşılamak lâzımdır?. Görülüyor ki, Doğu'nun bu hale getirebilmek cesareti, günah erbabına, millî dâvalara böylece arka çevirmeyi itiyat edenlerin kayıtsızlığından da kuvvet almıştır. Tarihî günahın, neticelerini, rejimin manevî şahsiyetinden silecek hamlenin temeli atılırken, yükseltilen snob ve inkârcı sseler, bu suç ortaklığının tepkisi olsa gerektir. — Kutay.

NOT. — Bu yazı hazırlandıktan sonra, gazetelerde rastladığımız (mütehassıs fikirleri) şu kanaatimizi teyit etti: Gidenler, Doğunun başına gelenleri, o toprakların nesibi saymışlardır. Hakikat, hiç de böyle değildir. Bu sahifelerde ancak, zerresine dokunabildiğimiz judiciaların ciltler tutacak iç yüzleri vardır ki, bu yüz karalarının silecek himmetlerin gerçekleşme temposunu hızlandırmanın, hre şeyden öpce insanlık ve vicdan borcu olduğunu anlatır. Fikirleri sorulan mütehassısların neticelere varamayan (suikastlar serisi) ni bilmeleri gerekti. Hayâsız mesul, tarihin hükmünü yemekten bir daha kurtulmuşa benziyor...

«— ... Washington, bu çeşitli ırk ve menfaat enmuzeci içinde milli hayat ideal ve hamurunun üniversitelerden geleceğini anlamıştı. Onlara, siyasetin üstünde hayat hakkı tanımak, bu hakkı ihtirasları tasallûtundan korumak gerekiyordu. Son zamanlarında anladığı büyük hakikatin meyvalarını da görebilme saadetine erişti.»

André Maurois
Amerika Tarihi

Cemal Kutay'ın **1945 Amerikan Kürt Raporu**'nu savunan bu yazısı, ülkemizde etnik ayırımcılığın **1945'ten** sonra Amerikancı-İslamcı'lar tarafından **başlatıldığının** açık belgesidir.

Cemal Kutay'ın 16 Ağustos 1951 günlü Millet Mecmuası'nda sözünü ettiği CIA raporu "The Kurdish Minority Problem" (Kürt Azınlık Sorunu) başlığını taşıyordu ve 1948 Yılında kaleme alınmıştı.

Amerika Kemalizm'e Karşı
1930'ların Alman Politikasını Devralıyor

Amerika'nın 1945'te Türkiye'ye girer girmez etnik ayırımcılığı körükleyici raporlar yazdırarak bunu Türk dergilerinde yayımlatması, onun Alman stratejisinin mirasçısı olduğunu kanıtlayan bir örnekti. Alman Ortadoğu uzmanı Kurt Ziemke, 1930'da yayımlanan Die Neue Turkei adlı kitabında Almanya'nın Türkiye'ye karşı uygulayacağı stratejiyi şöyle açıklamıştı:

> İngilizler Musul'da hedeflerine ulaşmak için bir yandan Türkiye'deki ayrılıkçı hareketlere destek verirken, diğer yandan da Kemalist akımın yayılmasını engelleyecek önlemlere başvurmuşlardır. (...) Yapılması gereken, **Kemalist Cumhuriyet'in hem din düşmanı hem de Kürt düşmanı olduğu temasını gündeme getirip işlemek**tir...[319]

Amerika 1945'te devraldığı 1930'ların bu Alman stratejisini Türkiye'ye girer girmez uygulamaya koyulmuş, Cumhuriyet'in hem din düşmanı hem Kürt düşmanı olduğu doğrultusunda başta Cemal Kutay'ın dergisi olmak üzere pek çok dergide yayınlar yaptırmaya başlamıştı. Doğu'yu **Türkiye Cumhuriyeti Devleti'nin Sömürgesi** olarak nitelemenin zorunlu sonucu, Doğu'nun Türkiye Cumhuriyeti Devleti'ne karşı Ulusal Kurtuluş Savaşı vermesini doğal karşılamak, dahası ayrılıkçı girişimleri para, silah ve her türlü yardımla desteklemekti. İşte 1945'te Güneydoğu'ya Amerikalı uzmanlar tarafından **"Türkiye Cumhuriyeti'nin sömürgesi"** damgasının yapıştırılması, ve Cemal Kutay'ın da bu **"sömürge"** nitelemesini onaylayan yazılar yayımlaması bu bakımdan önemlidir. Diyebiliriz ki, Türkiye'de Kürt ayrılıkçı hareketinin tohumları 1945'te Amerika ve onun Türkiye'deki işbirlikçileri tarafından atılmıştı.

ABD ve NATO Belgelerinde Türkiye'nin Doğusu Savaşta Sovyetler'e Terkedilecek Bölge

Amerika'nın 1945'te el attığı Kürt sorununu kısa süre sonra rafa kaldırması bütünüyle Soğuk Savaş gereksinimlerinden kaynaklanmış, Türkiye'yi Doğu'yu sömürmekle suçlandıran Amerikan raporlarının yerini, Doğu ve Güneydoğu'yu bir savaş sırasında Sovyet tanklarının girecekleri ilk bölge **"Yeni Fulda Boşluğu"** olarak niteleyen ve bu bölgede girişilecek etnik hareketlerin Sovyetler'in işgalini kolaylaştıracağından söz eden Amerikan ve NATO raporları almıştır:

Güneydoğu ABD İçin "Fulda Boşluğu"

Doğu Anadolu'ya yeni **"Fulda Boşluğu"** deniyordu. ABD Donanma Akademisi Strateji Bölümü öğretmenlerinden Eliot Cohen: "Özellikle Doğu Türkiye'nin önemi arttı. Çünkü ittifak içinde insan fazlası olan tek ülke Türkiye; cepheye birbiri ardına dizi dizi insan sürebilir," diyordu.

Son 40 yılda,.. Doğu Anadolu "Fulda Boşluğu" haline gelmiş, **böylesine stratejik önem kazanan bu coğrafyanın hangi rejimle yönetildiği ise Washington'un nazarında ikinci plana düşmüştü.** İşte bu yeni stratejiye **"Wohlstetter Doktrini"** adı veriliyordu. [Bu kurama göre]

Sovyetler'in körfeze uzaklığı 500 mildi. Batı 7.000 mil öteden kendisi için hayati önem taşıyan bu coğrafyaya istenmeyen bir bunalım anında nasıl askeri güç gönderecekti? Bu güç nereye konuşlanacaktı? **Türkiye'nin Doğu ve Güneydoğu'su "Sovyetlerin Yukarı Körfez'e yönelik taarruzunun çıkış noktası ve yolu üzerindedir** deniyordu.

Sovyetler körfez petrolünü ele geçirmeye yöneleceklerdir. **Sovyetler'in işgal yolları Van'dan sadece 100 mil uzaklıktadır.** Savaşta **Sovyet birlikleri Doğu ve Güneydoğu topraklarından tanklarla Körfeze akacaktır.**

"**Sovyetlerin güneye Doğu Anadolu üzerinden akacağı** düşünülürse, **bu bölgelerde Sovyetler tarafından kışkırtılabilecek yerel ayaklanmalar Sovyetler'e daha kompleksiz adım atma olanağı tanıyacaktır.** Sözkonusu bölgelerdeki **iç karışıklıklar sonucunda ilan edilebilecek yapay ve illegal hükümetlerle imzalayabileceği dostluk ve işbirliği anlaşmaları Sovyetlere güneye müdahale için gerekli gerekçeyi sağlamış olacaktır.**

Sovyetlerin tanklarla Türkiye'nin Doğu ve Güneydoğu toprakları üzerinden Körfez'e akmaya başlamaları durumunda

NATO toplanıp karar alıncaya dek iş işten geçmiş olacağı düşünülmekteydi.[320]

1945'ten Sonra Güneydoğu'yu Geri Bıraktıran ABD ve NATO

Türkiye'yi 1945'te Güneydoğu'yu sömürge yaparak geri bırakmakla suçlayan raporlar yazan ABD, kısa süre içerisinde Doğu Bloku ile bir savaş patlak verdiğinde Doğu ve Güneydoğu'nun Sovyetler tarafından işgal edileceğini ve NATO'nun bunu önlemesinin olanaksız olduğunu saptamış, öyle ki bu bölgelerimiz ilk anda Sovyetler'e terkedilmek üzere NATO haritalarından dahi çıkartılmıştı.

ABD'de Pentagon'dan iyi haber sızdırmakla tanınan US. News and World Report dergisinde şu satırlar yer alıyor: "Güneydoğu Avrupa NATO Müttefik Kuvvetleri karargahındaki bir yetkili: **"Brüksel'de en üst düzeyde yapılan bir toplantıya katıldığımda, Türkiye'nin Doğu bölgesinin NATO sınırlarını gösteren harita içerisinde yer almadığını gördüm.** Batı Avrupa'nın yer altı haritası bile NATO kataloglarında yer alırken NATO'nun en Doğu sınırını görememek bu konuda ne denli ihmalkar davrandığımızı kanıtlıyor...." şeklinde konuşuyor. Şu anda **NATO'nun haritalarında bile görünmeyen Doğu Anadolu'**da (şimdilik) barış hüküm sürüyor.

Sovyet tanklarının Doğu ve Güneydoğu Anadolu'dan geçerek Güney'e (Körfeze) akma olasılığı durumunda NATO **birlikleri (ancak) 48 saat sonra** Doğu Anadolu'ya ulaşabilecekti. **Doğu Türkiye cephesi NATO stratejisi açısından iki işlev üstleniyordu. 1- Bariyer 2- Köprü.** Sovyetler Doğu Anadolu'ya girdikten sonra **yıldırım harekatıyla mümkün olduğu kadar çabuk Akdeniz'i ulaşmak** isteyeceklerdir. Bu hareket sırasında **bölgedeki etnik unsurları da kullanmak isteyeceklerdir.**[321]

İşte bu saptamalardan sonra, Amerika ve NATO, Türkiye'de etnik ayırımcılığı kaşıma işini ertelemiş, Türkiye'yi "sömürgeci" olarak nitelemeyi bir süre için kesmiş, Sovyetler'le savaşın ilk 48 saatinde Sovyet tanklarınca çiğneneceğini öngördüğü bu bölgede Türkiye'nin girişeceği **Güneydoğu Anadolu**

Projesi-GAP gibi tüm kalkınma girişimlerini, "nasıl olsa o bölge Sovyetlerce ele geçirilecek" gerekçesiyle kösteklemeye başlamıştır. Cemal Kutay gibi Amerikayı savunan yazarlar da Amerika'nın Güneydoğu ve Doğu'ya bakışı bu yönde değiştikten sonra Türkiye'yi "sömürgeci" olarak gösteren yayınlarını kesmişler, o bölgeyi 1945'ten sonra geri bıraktıran asıl sömürgeci gücün Türkiye değil Amerika ve NATO olduğu gerçeğini bir kez dahi dile getirmemişlerdir.

Güneydoğu'da daha önce Atatürk'ün parçaladığı aşiret yapısını yeniden kurmak üzere, Atatürk döneminde Batı'ya sürülen aşiret reislerini, şeyhleri yeniden Güneydoğu'ya aşiretlerinin başına gönderilmesini ve Demokrat Parti'den milletvekili olmalarını sağlayan Amerika, aşiret reislerini milletvekili yapıp işbirlikçi haline getirerek Güneydoğu'da gelişebilecek Amerikan karşıtı Sovyet yanlısı ayrılıkçı hareketlerin önünü kesmeyi amaçlamıştır.

**Cemal Kutay
ve Amerikan Malı Cihad**
Amerikan İslamcılığı, Osmanlıcılık ve Kürt Ayrımcılığı'nın aynı beyinlerde bir arada, içiçe ve yanyana bulunduğunu ve bunların 1945'ten başlayarak doğrudan doğruya Amerika tarafından tohumlandığını gösteren en çarpıcı örnek olan Cemal Kutay'ın diğer işi, dergisinde Türkiye'ye Osmanlıcılık rolü biçen **"Türkiye bir taaruza uğrarsa İslam alemi ne yapacaktır?"** başlıklı Amerikan raporlarını yayımlamak olmuştur.

Kutay'ın *"Bu yazının yazarı, Türkiye'yi yakından bilen bir yabancıdır. Çevirisini koyduğumuz yazıyı, kendi ülkesinin gazetelerinden birisi için hazırlamıştır. Ortaya koyduğu görüş ve tez, tümüyle kendisine aittir, fakat zaman zaman ve daha çok Türkiye dışında söz edilen bir konuyu açıklaması bakımından ilginç bularak sütunlarımıza alıyoruz,"* diyerek aktardığı yazıda Amerika'nın Türkiye üzerinden Rusya'ya doğrulttuğu **Dünya İslam Birliği** ve **Cihad** silahı açıklanıyordu:

Türkiye bir taarruza uğrarsa İslâm âlemi ne yapacaktır?

Bu yazının muharriri, Türkiyeyi yakından bilen bir yabancıdır. Tercümesini koyduğumuz yazıyı, memleketinin gazetelerinden birisi için hazırlamıştır. Ortaya koyduğu fikir ve tez, tamamen kendisine ait olarak, fakat zaman zaman ve daha çok Türkiye dışında bahis mevzuu edilen bir meseleyi açıklaması bakımından enteresan bularak sütunlarımıza alıyoruz:

★ ★

Türkiyeyi ve dolayısile islâm âlemini yakından alâkalandıran son Rus istekleri dünyada muharrik ve müessir akisler husule getirmiştir.

Çok zaman tekrarlanan «cihat» sözü acaba hakiki bir tehlikeyi ifade edecek mahiyette midir? Ve bütün dünya, kendisinden sık sık bahsedilen din birliğinden çekinmeli midir?

Yalnız müslüman milletlerin yeryüzündeki mevcutları tetkik edilecek olursa alınacak netice bu iki soruya kesin bir cevap teşkil edeceğine şüphe yoktur.

Putperest Okasid'in karşısını yere saplayıp oturmuş ve kendisine Kuranın esas kavaidini izah eden mümine, bu mezhebe girmenin şartı nedir? sorusuna karşı bunun, abdest alarak Allahın birliğini ve Muhammedin resulü olduğunu dil ile ikrar ve kalb ile tasdik etmekle müslüman olacağını söylemiş olduğunu ve beşeriyetin paylaştığı en büyük dinlerden birinin ilk esaslarının böyle sade bir şekilde kurulduğunu tarih bize nakleder.

Rusya, İslâmlığın dünya üzerinde ne kadar muazzam bir kuvvet ve kudret olduğunu takdir etmese ve onu dikkate almanın ne kadar mühim olduğunu takdir etmese gerektir. Müslümanların yalnız Türkiye ve İranda bulunduklarını zannedenler, Hint Okyanusunda, Malezya denizlerinde ve Türkistandan Belçika Kongosuna kadar, kısaca dünyanın her tarafında üç yüz milyon müslüman her an dikkatle hazır bulunduğunu bilmelidirler.

Kelimei Şahadetin duyulduğu Rus ve Çin Türkistanı, Hindistan, Efganistan, Bülucistan, İran, Arabistan, Suriye, Mısır, Yugoslavya, Arnavutluk, ve hatırımıza gelmiyen başka birçok yerlerde vardır. Dünyanın her bir bucağına yayılmış olan böyle bir kuvvetin nelere kadar olabileceğini tahmin ve takdir etmek akıllıca bir hareket olur zannındayız. Filistinde ve başka memleketlerde cereyan eden hâdiseler, nümayişler ve elinde bulunan menbalarile İslâmlığa ehemmiyet vermenin lâzım olduğunu bize göstermiştir.

İslâmlığın kuvvet ve kudret kaynağı, inanışlarına ve ideallerine sarsılmaz bağlılığıdır. Bazı İslâm ülkesinde herşeyin dinden geldiğine ve dine avdet ettiğine iman edildiği şüphe götürmez bir hakikattir. Bu iman sebebile din, İslâm âleminde herşeye hâkim ve herşeyin üstünde bir varlıktır.

İslâm hayatının Türk davasına ne kadar bağlı olduğunu görmemek kabil değildir. Dünyanın her tarafına yayılmış olan İslâm âleminin, inkılâpçı ve modern İslâmlığı temsil eden Türkiyesiz bir mana ifade edemiyeceği açık bir hakikattir. Farzımahal olarak İslâm milletleri, vaktile İtalya ile Almanyanın yaptıkları gibi bir birlik teşkil etmeğe muvaffak olsalar bunun sebep ve âmillerini Türkiyeden başka bir yerde aramamalıdır. Dünya barış halinde yaşarmığı esas prensip ittihaz etmiş olan ve herhangi bir şekilde muhalefete veya ayaklanmaya önayak olmakta bir sebep ve fayda görmeyen İslâm âleminin en büyük kuvveti bilinen Türkiye, bir müddet evvel Mısırda toplanmış olan Pan İslâmik konferansına iştirak etmemiş ve bu yüzden bu konferans akamete uğramıştı.

Müslümanlar Cihat sayesinde düşmanlarının boyunduruğundan ve hattâ mevcudiyetlerinden kurtulabieceklerine iman etmiş oldukları içindir ki bu büyük gayeye ulaşmağa alışıyor ve bekliyorlar. Bekledikleri şey yalnız Türkiyenin yardımıdır.

Yazımıza son verirken bu vesile ile bir fıkra anlatalım: Osmanlı hükümeti, zamanında bir devlet adamı, Paris operasında bir konserde bulunuyordu. Bu sırada akord edilen musiki âletlerinden kulaklarda fena tesir eden sesler çıkarmalarından istifade

Cemal Kutay'ın Millet Mecmuası'nda yayımladığı CİA raporu

"Türkiye'yi ve dolayısıyla İslam alemini yakından ilgilendiren son Rus istekleri, dünyada harekete geçirici ve etkili yankılar oluşturmuştur. Sık sık yinelenen **Cihad** sözü acaba (Rusya için) gerçek bir tehlike oluşturacak nitelikte midir? (...) Rusya, İslamlığın dünya üzerinde ne denli büyük bir güç ve ne denli dikkate alınması gereken önemde olduğunu kavrayamış olsa gerektir. (...) Dünyanın her köşesine yayılmış olan böyle bir gücün neler yapabileceğini kestirmek akıllıca bir davranış olur sanırız. (...) **İslam yaşamının Türk davasına ne denli bağlı olduğunu görmemek olanaksızdır.** Dünyanın her yerine yayılmış **İslam aleminin, inkılapçı ve modern İslamlığı temsil eden Türkiyesiz bir anlam ifade edemeyeceği** açık bir gerçektir. Sözgelimi **İslam ülkeleri geçmişte Almanya ve İtalya'nın yaptıkları gibi bir birlik oluşturmayı başarsalar, bunun nedenlerini ve gerçekleştiricilerini Türkiye'den başka bir yerde aramamak gerekir.** (...) **İslam aleminin en büyük gücü olarak bilinen Türkiye,** bir süre önce Mısır'da toplanan Dünya İslam Birliği Konferansı'na katılmayınca, o konferans kesintiye uğramıştı. **Müslümanlar Cihad sayesinde düşmanlarının boyunduruğundan ve dahası varlığından kurtulabileceklerine inanmış oldukları içindir ki bu büyük amaca ulaşmaya çalışıyor ve bekliyorlar. Bekledikleri şey yalnız Türkiye'nin yardımıdır."**

CIA'nın Cihad Stratejisi
1914 Alman Malı Cihad'ın Benzeri

Amerika'nın 1945'te Güneydoğu'yu Türkiye'nin sömürgesi olarak niteleyerek Kürt ayrılıkçı hareketlerine davetiye çıkaran raporlarını yayımlayan Cemal Kutay, şimdi de Amerika'nın **"Türkiye Önderliğinde Dünya İslam Ülkeleri Birliği"** ve **"Rusya'ya Karşı Türkiye Önderliğinde Cihad"** istemlerini yayımlıyordu dergisinde.

1946: Sosyalistler de İslamcıllaşıyor

ABD'nin bastırmasıyla Türkiye'de İslamcı rüzgarlar esmeye başlayınca, Sovyetler'e bağımlı sosyalistler de İslamcılığa el atacak, Nazım Hikmet'in yoldaşı Faik Bercavi 1946 yılında Işık Basımevi'nce yayımlanan *İslamda Sosyalizm* kitabında İslam'la Sosyalizm'i uzlaştırma çabasına girecekti.

TKP'li Nazım Hikmet'in yoldaşı Faik Bercavi'nin 1946'da Işık Basımevi tarafından yayımlanan İslam'da Sosyalizm kitabı

Atatürk'ün Partisinde Amerikan Buyruğuyla İslamcılık

Sağıyla, soluyla, Komünistiyle bütün ülke dine sarılırken, 1946'da resmi okullarda din eğitimi verilmesi aynen Amerika'nın buyurduğu gibi "komünizme karşı korunma önlemi" olarak CHP'nin gündemine alındı. Temmuz 1947'de "Özel Din Öğretimi" kabul edilerek "Din Bilgisi Dershaneleri" açılmasına karar verildi. İmam yetiştirmek üzere "Din Seminerleri" açıldı. Dahası CHP Parti binaları bu işler için ayrıldı. 19 Şubat 1948'de devlet okullarında seçmeli din dersleri kondu. Ekim 1948'de ilkokul 4 ve 5. sınıflara verilecek din derslerinin yazılımı belirlendi.[322] Türbeler yeniden ziyarete açıldı. Hacca gideceklere döviz sağlandı. İslamcıların sevgilisi Şemsettin Günaltay Başbakanlığa getirildi. Günaltay halka yönelik konuşmalarında şöyle övünüyordu:

> İlkokullarda **din dersleri okutturmaya başlayan** hükümetin başbakanıyım. Bu ülkede Müslümanlara namazlarını öğretmek, ölülerini yıkatmak için **imam-hatip kursları açan** bir hükümetin başbakanıyım. Bu ülkede Müslümanlığın yüksek

esaslarını öğretmek için **İlahiyat fakültesi açan** bir hükümetin başbakanıyım.[323]

CHP'li Cihat Baban, İnönü'nün CHP'sinin durup dururken niçin böyle dine sarıldığını şöyle açıklıyordu:

Din, sadece Allah ile kul arasında bir bağ değil, aynı zamanda sosyal bir gerçeklik, bir cemaat işidir.. **Sovyet yayılmalarına karşı, Java'dan ta Atlantik Okyanusu'na kadar uzanan İslam kuşağının gücünden faydalanmamız** gerekir.[324]

Cihat Baban'ın bu sözleri CHP'nin din politikasındaki bu ani değişikliklerin, 1945'ten başlayarak Amerikalıların verdikleri buyrukların uygulanmasından başka bir şey olmadığını gösteriyordu. Yaptıkları her şey, William C. Bullit'in 1946'da yayımlanan kitabında tek tek yazılıydı. Nasıl 1914'te Almanya'dan alınan borçların karşılığı olarak "Cihad-ı Ekber" ilan edilmiş ve Ruslara karşı Almanların komutasında savaşa girilmişse, 1945'te Amerika'dan alınan borçların karşılığı olarak Amerika gerek duyduğu an yine "Cihad-ı Ekber" ilan edilecek, bu kez Amerikalıların komutasında Ruslara karşı savaş verilecekti.

Amerika Eski Almancı Teskilat-ı Mahsusa'ya El Atıyor

Amerika'nın yönetime dayattığı tüm politikaları yayın yoluyla halka benimsetmeyi iş edinen Cemal Kutay, Demokrat Parti yönetime gelir gelmez kolları sıvıyor, günümüzde **"Kurtlar Vadisi"** adlı mafya dizisinde adı sık sık rahmetle anılan eski Osmanlı Alman-Cihatçısı istihbaratçı **Kuşçubaşı Eşref Bey**'i de yanına alarak, Kürtçü İslamcı eski Teşkilat-ı Mahsusa görevlisi *Alman Malı Cihad Fetvası*'nın yazarlarından Saidi Nursi'yi sindiği köşede bulup, çıkartıp, Amerika'nın izniyle Türk gençliğinin düşünsel önderi olarak parlatıyordu.

Çünkü Amerika, dünya üzerinde **eskiden Almanya çıkarına çalışan bütün ajanları** toplayıp kendi hizmetine koşmaya başlamıştı. Türkiye'de de yapılan buydu. Yalnızca Said-i Kürdi (Nursi) değil, Hitler örgütlerinde görev alan *Alman Güdümlü İslam Birlikçisi* Cevat Rıfat Atilhan da, Hitler yenilir yenilmez Amerika doğrultusunda İslam Birliği çalışmalarına başlamıştı. Tıpkı II. Wilhelm gibi, **Hıristiyan buyruğuyla Cihat Fetvası** yazabilecek nitelikte din adamlarına gereksinimi vardı Amerika'nın. Kırk yıl önce *Alman Malı Cihat Fetvası* yazanlar, şimdi de Almanya'nın varisi Amerika için *Amerikan Malı Cihat Fetvası* yazabilirlerdi: Almanya öldü, yaşasın Amerika!..

Said-i Kürdi (Nursi) ve Amerikan Malı Cihad

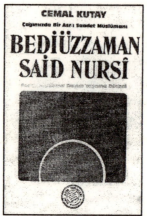

Cemal Kutay, yazdığı "Çağımızda Bir Asr-ı Saadet Müslümanı: Bediüzzaman Said Nursi" kitabında onu Demokrat Parti yönetimimin isteği doğrultusunda nasıl arayıp bulduğunu, nasıl ortaya çıkartıp parlattığını, nasıl Amerikan isterlerine uygun bir din önderi olarak tanıttığını belgelerle anlatmaktadır.

II. Wilhelm dönemi Almancı İslamcılardan Said-i Kürdi (Nursi), hem eski Almancı yeni Amerikancı, hem İslam Birliği yandaşı, hem Osmanlıcı, hem Kürt, hem Hilafetçi olması bakımından Amerika'nın Bullitt tarafından kurallaştırılan Soğuk Savaş stratejisinin Türkiye'deki **kanaat önderi** ve **ruhani lideri** olup çıkmıştır.[325] O ve onun gibiler, derhal Amerikan stratejisi doğrultusunda Türkiye'nin ve Ortadoğu'nun *Yeniden-Osmanlılaştırılması* çalışmalarına başlamıştı.

Demokrat Parti iktidara gelir gelmez Türkçe ezanı kaldırıp Arapça ezana geçtiyse, bu, geçmişte Türkçe ezan okunmaya başladığında *"Türkler dinden çıktılar"* yaygarası koparan Araplar[326] Amerikan buyruğuyla Türkiye'nin önderliğinde kurulacağı savlanan *Ortadoğu Birleşik Devletleri*'ne katılma konusunda Türkçe ezanı engel olarak gösteremesinler diye yapılmıştı. Çünkü NATO görüşmeleri sürerken, İngiltere Türkiye'nin NATO'ya alınmayıp **Ortadoğu Komutanlığı** adı altında İslam ülkelerinin başına geçmesini savunmuş; Türkiye ise, önce NATO'ya alınalım, NATO bize **Ortadoğu Komutanlığı** görevini versin, diye diretmişti. Türkiye, 1945'ten bu yana kendisine **Ortadoğu'da İslam Birliği'nin Başı** görevinin verileceğini biliyor ve 1946'dan başlayarak Arap ülkelerine sevimli görünmek için birşeyler yapmaya çalışıyordu.[327]

Ortadoğu İslam Birliği
ve Yeniden Osmanlılaştırma
NATO BUYRUĞU

Türkiye **Ortadoğu'da İslam Birliği temelinde bir Ortadoğu Birleşik Devletleri kurma** göreviyle NATO'ya alındı.[328] Kurtuluş Savaşı'nda Edirne'yi Yunan ordusuna terkederek kaçan ve laik yasalar çıkartılmasına *"siz ülkeyi Hıristiyan yapıyorsunuz!"* diye karşı çıkan,[329] Atatürk'ün Nutuk'ta gerçek yüzünü açıkladığı, Terakkiperver Cumhuriyet Fırkası kurucularından emekli general Cafer Tayyar Eğilmez, Cemal Kutay'ın Millet Mecmuası'na yazdığı *"İmkanlarımızı Bilebilmek Kıyaseti"* başlıklı yazısında, Türkiye'nin NATO'ya **Ortadoğu'da İslam Birleşik Devletleri**'ni kurup başına geçmek görevi ve önkoşuluyla alındığını, eşdeyişle **NATO'nun Türkiye'ye Ortadoğu'yu Yeniden Osmanlılaştırma görevi verdiğini**, büyük bir sevinç içinde duyururken şöyle diyordu:

> **NATO'nun Türkiye'ye Verdiği Görev**
> **Ortadoğu İslam Federasyonu Kurmak**
> İmdi, Türkiye'nin Atlantik Paktı'nda (NATO'da-eb) yer almasının asıl manasına gelelim: NATO'ya alınmamızın asıl amacı **Ortadoğu Cephesi**'nin kurulması (...) Ortadoğu'nun Pakistan, Afganistan, İran ve Türkiye ile birlikte, **bütün bir Türk ve İslam camiasının federasyon biçiminde birleştirilmesi**dir. Bu doğrultuda bir **Ortadoğu Örgütü**,. Batı'da nasıl ilgililerden oluşan bir NATO kurulmuşsa,

lerden oluşan bir NATO kurulmuşsa, Ortadoğu'da da **Ortadoğu Federasyonu**dur. Amerika Birleşik Devletleri gibi birleşmiş devletlerden oluşacak bu **federasyon**a, Türkiye, İran, Afganistan, Irak ve Suriye ile birlikte Arabistan'ın kuzey bölgeleri ve Mısır İslam dünyası da katılırsa, aşağı yukarı 125 milyon nüfuslu bir **Federatif Ortadoğu Bloku** kurulur ki, bu federasyonun Genelkurmayı, komuta konseyi, *-özellikle Amerika maddi ve manevi desteğini tam ve kesin olarak esirgemezse-* bir yıl içinde 5-6 milyonluk bir ordu ve gücün ortaya çıkartılması kolayca gerçekleşebilir... Bu görevi yapabilirsek, gelecek kuşaklara güzel bir hizmet örneği vermiş olacağız. İnşaallah diyelim![330]

Senatör Haydar Tunçkanat da *"İkili Anlaşmaların İçyüzü"*, adlı kitabında (Ekim y. 1970.-sf. 158-161) 1939 İttifak Antlaşmasıyla İngiltere'nin uydusu olan Türkiye'nin NATO'ya ancak efendisi İngiltere'nin isteğiyle, Ortadoğu'daki İngiliz çıkarlarını korumak üzere alındığı gerçeğini belirtirken şöyle diyordu:

Dışişleri Bakanı Fuat Köprülü, 20 Temmuz 1951 tarihinde TBMM'de yaptığı konuşmada; *İngiltere'nin, Türkiye'nin NATO'ya katılmasına razı olması*ndan duyduğu memnunluğu belirttikten sonra: "Şu noktaya işaret etmek isterim ki, **Orta Doğu Savunması**'nın gerek stratejik, gerek ekonomik bakımlardan, Avrupa'nın korunması için zorunlu olduğuna inanıyoruz. Bu nedenle Türkiye NATO'ya girince, *Orta Doğu'da bize düşen rolü etkin bir biçimde yerine getirmek* ve gerekli önlemleri *İngilizlerle birlikte* almak için ilgililerle derhal görüşmelere girmeye hazır olacaktır." (Bkz: Siyasal Bilgiler Fakültesi Dış Münasebetler Enstitüsü, "Olaylarla Türk Dış Politikası 1919-1965" Dışişleri Bakanlığı Matbaası, 1968. sf. 206) Daha önce Türkiye'nin NATO'ya girmesine karşı olan İngiltere, *Orta Doğu'daki kendi çıkarlarını korumak üzere Türkiye'yi kullanmak* için fikrini değiştirmiştir. (...) *İngilizler kendi çıkarlarını korumak amacıyla Türklerin NATO'ya alınması tezini benimserken, Orta Doğu'da Türkiye'ye verdikleri rolü etkili biçimde yapabilmesi ve gereken önlemleri İngiltere ile ortaklaşa almak üzere derhal görüşmelere başlama garantisini de Türkiye'den almış* olmaktadırlar. (...) Bizimkiler,.. *Orta*

Doğu'daki İngiliz emperyalizminin devamı için İngilizlerle ve (Orta Doğu'da) onların (İngilizlerin) yönettikleri kukla hükümetlerle işbirliğine hazırlanıyorlardı. (...) *İngiltere Orta Doğu'daki çıkarlarını korumak için kurulmasını istediği Orta Doğu Kumandanlığı* fikrinden dönmemiştir. Türkiye'nin NATO'ya girmesi, Eisenhower'in Amerika Cumhurbaşkanı olması, Kore Savaşı'nın sona ermesi ve *Amerika'nın Orta Doğu ile ilgilenmesi sonucu, İngiltere, bu kumandanlığın değişik bir ad altında kurulması için Amerika ile işbirliği yapmıştır.* Amerika'nın girişimleri sonucu *Türkiye'nin Orta Doğu'da kurulacak bir savunma örgütünün liderliğini üzerine almaya istekli olduğu anlaşılınca,* bundan sonra sıra, savunmaya katılacak diğer Orta Doğu devletlerini bulmaya gelmişti.

Anlaşılacağı üzere, 1946'dan sonra Türkiye'de ulus-devletin altı oyularak federal devlete; laik devletin altı oyularak din devletine; Cumhuriyet'in altı oyularak Osmanlı Düzeni'ne, Atatürk'ün çizgisinden çıkarak II. Abdülhamid'in çizgisine dönüş çalışmaları, açık ve kesin bir biçimde önce Amerikan buyruğu ve sonra da NATO koşuludur.[331]

Daha NATO'ya girme görüşmeleri sürerken, 25 Temmuz 1950'de Kore'ye asker gönderme kararı alınmış, 21 Eylül 1950'de birliklerimiz Kore'ye gitmişti. Geçmiş yineleniyor, ne zaman bir emperyalist gücün uydusu olmuşsak, o güç bizi kendi askeri olarak kullanıyordu.

Aralık 1950 - Mehmetçiklerimiz Kuzey Kore'de Chongchon nehrinde Amerikan 2. Bölük'ün yardımına gidiyor. (UPI/Bettmann Newsphoto.)

Kore Savaşı'nda Amerikan ordusuyla omuz omuza savaşan Mehmetçiklerimiz üstün savaş becerilerini sayısız kez kanıtlıyor, pek çok kez kuşatılmış yok edilmek üzere olan Amerikan askerlerini ölümden kurtarıyordu. Abdülmecid'in "Senin için öldük Avrupa!" madalyası dağıttığı 1854'ten ve Enver Paşa'nın "Senin için öldük Almanya!" 1914 haykırışlarından sonra, Menderes de "Senin için öldük NATO, senin için öldük Amerika!" diyerek Batı'yla işbirliğini "kankardeşliği"ne "silah arkadaşlığına" dönüştürerek pekiştirmek istiyordu da ondan. Amerikalılar ordumuzun kahramanlığını subaylarımıza madalyalar dağıtarak alkışlıyordu Kore'de. Osmanlı'nın son günlerinde Almanların buyruğunda savaşan askerlerimiz, Kore'de Amerikan çıkarları doğrultusunda Amerikalıların buyruğunda savaşacak, göğüslerine madalya takan Amerikalı generallere gülücükler saçarak selam çakacaklardı.

General Yazici, Kunuri çarpışmalarında gösterdiği yüreklilik ve kahramanlık nedeniyle Amerikan 8. Ordu Generali Walton H. Walker'den Gümüş Yıldız madalyası alıyor.

Gelgelelim herşey savaş alanlarında kalacak, Amerikalılar savaş sırasında yaşamlarını borçlu oldukları Mehmetçiği, savaştan sonra diktikleri anıtlarda yok sayacaklardı.

Washington'daki Kore Savaşı Anıtında tek Türk askeri dahi yer almıyor.

Kore Savaşı'nı 1853-1856 Kırım Savaşı ve 1914-1918 I. Dünya Savaşı'yla karşılaştırarak irdeleyince, bu savaşların biyasi amaçlarının ve araçlarının büyük benzerlik gösterdiğini saptıyoruz.

1952: Mehter Diriltiliyor

Türkiye, Kore Savaşı sürerken, Osmanlı'yı diriltme görevi yüklenerek NATO'ya alınır alınmaz, dönemin Genelkurmay Başkanı Nuri Yamut, Cumhuriyet döneminde kaldırılan Mehter Takımı'nı 1952'de yeniden kurdurtmuş ve Mehter Takımları Amerikan buyruğuyla **"ileri, ileri, haydi ileri; alalım düşmandan eski yerleri"** diyen Şehzade Süleyman Marşı çalmaya başlamıştır:

> Düştü vakta ki rahm-ı maderden Osman aşikar,
> Saçtı rahmet millet-i Osmaniyane girdügar.
> **İleri, ileri haydi ileri,**
> **Alalım düşmandan eski yerleri**
> Şehzade Sultan Süleyman hem vesir hem şahımız,
> Geçtiler Rumeli'ye sal ile, arttı şanımız.
> **İleri, ileri haydi ileri,**
> **Alalım düşmandan eski yerleri**
>
> Dört yüz aslandan bu vatan, kaldı bize yadigar.
> Terk edersek lanet etmez mi bize Perverdigar.
> **İleri, ileri haydi ileri,**
> **Alalım düşmandan eski yerleri**

1299'da Selçuklu Sultanı tarafından Osman Bey'e aktarılan Türk'ün öz savaş müziği Mehter, 1826'da Batı özentisiyle kurulan Mızıka-i Hümayun ile ortadan kaldırılmıştı. Osmanlı'nın askeri başarı ve yayılma yıllarının anısı olan Mehter'i, kendi istencimizle tarihi müziğimiz olarak bizim yaşatmamız gerekirken, onu, Türkleri yeniden savaş alanlarına sürmek isteyen Amerika ve NATO'nun buyruklarıyla anımsayıp 1952'de yeniden kurmak, Türk egemenliğinin ve bağımsızlığının simgesi olan Mehter'i, Amerikan çıkarlarına hizmet etmek için anımsamak, acıydı.

Atatürkçü Necip Fazıl Kısakürek
Amerikan Güdümünde İslamcı Kesiliyor

1945'ten önce İslam Birliği, Osmanlıcılık, Ortadoğu Birleşik İslam Devletleri gibi savları bulunmayan, tersine arada Atatürk'e övgü dolu dizeler yayımlayan bir şairdi Necip Fazıl Kısakürek. Onun 1930'da Atatürk sağken Atatürk'ün gazetesi Hakimiyet-i Milliye'de yayımlanan ve Menemen Olayı'nda Asteğmen Kubilay'ın şehit edilmesini şiddetle kınayan yazısı şöyleydi:

> Vatanımızın kalbimize en yakın bir köşesinde daha dün düşman bayrağından temizlediğimiz bir meydanı (Menemen) bugün 'inna fetehnaleke' yazılı **zift ruhlu bir irtica** aleminden temizliyoruz. (...) **İrtica**, yatağımızın başucundaki bir bardak suya karıştırılan **zehirdir**.[332]

Necip Fazıl Kısakürek (solda) ve 28 Haziran 1949 - 26 Mayıs 1951 arası etkinlik gösteren Büyük Doğu Cemiyeti'nin damgası (sağda)

Necip Fazıl Kısakürek'in Atatürkçülüğü Atatürk öldükten sonra da sürmüştü. Örneğin 1943'te şöyle yazıyordu:

Bir gün Atatürk Dirilecektir!

Evet laf ve hayal, yahut fikir ve remz aleminde değil, doğrudan doğruya madde ve hakikat dünyasında Atatürk hayata dönecektir.

...

Bir gün onu, kafuriden yontulmuş asil ve parmaklarıyla kılıcın kabzasını kavramış zarif ve ince edamıyla bir masaya eğilmiş ve gök gözleriyle dünya haritasını süzmeye başlamış olarak göreceğiz"

(Büyük Doğu, 19 İkinciteşrin / Kasım 1943, sayı 10)

Necip Fazıl Kısakürek'in yayımladığı Büyük Doğu Gazetesi

1945'te Amerika tüm dünyada bütün dinlerin koruyuculuğunu, örgütleyiciliğini üstlenip, hepsini komünizme ve Sovyetlere karşı kullanmaya başlayınca, Necip Fazıl da Ortadoğu'da Türkiye önderliğinde İslam Birliği kurmayı savunan Amerikancı, Osmanlıcı, İslam Birliği yanlısı bir yazar olup çıkmış, bu doğrultuda 28 Haziran 1949 Salı günü Büyük Doğu Cemiyeti'ni kurmuştu.

Derneğin amacı *"Doğu'nun eksiğini Batı'da ve Batı'nın eksiğini Doğu'da giderici"* olmaktı. Bu doğrultuda savaşılacaklar arasında *"Her türlü Allahsızlık... Bütün derece ve istihaleleriyle materyalistlik ve komünistlik..."* sayılıyordu derneğin tüzüğünde. Kurucuları arasında Başkan Necip Fazıl Kısakürek'ten sonra gelen ikinci kişi, "Ortadoğu'nun Hitleri" denilen İslam Birliği yandaşı Cevat Rıfat Atilhan'dı.

Derneğin Yönetim Kurulu: 1-Necip Fazıl Kısakürek 2-Cevat Rıfat Atilhan 3-Abdurrahim Zapsu 4-Ömer Karagül 5-Celaleddin Sığındere 6-Şükrü Çelikalay 7-Şakir Üçışık 8-Haluk Nurbaki 9-Lütfi Bilgen

30 Mart 1956 – 5 Temmuz 1956 arası Büyük Doğu adında bir günlük gazete de çıkartan Necip Fazıl Kısakürek, 17 Temmuz 1959'da Büyük Doğu dergisinde yayımlanan bir yazısında şöyle diyordu:

371

Amerika, Dünya ve Biz[333]

Amerikan politikasını korumakla **mükellefiz**... **Amerikan** siyasetini tutmak **biricik doğru yol**... **Amerika'dan nazlı bir sevgili muamelesi görmek biricik dikkatimiz** olmalı. Yoksa bir Amerikan bahriyelisinin iki yana açık bacakları arasında mütalaa ettiği kadından ileri geçemeyiz. Dış siyasetimizde **Amerikan siyaseti** ve iç bünyemizde **Amerikanizm** politikasını kendimize tecezzi etmez bir siyaset vahidine göre ayarlamakta büyük ve her işe hakim bir mana gizlidir.

İslam Birliği Amerikan siyaseti olarak savunuluyor, Ortadoğu İslam Federasyonu denebilecek bir yapı ve Osmanlıcılık, Amerika'nın Ortadoğu politikasının gereğine uygun olarak, **Amerika'dan nazlı bir sevgili muamelesi görebilmek uğruna** gündemde tutuluyordu ve tümüyle Amerikan damgası taşıyordu.

Amerika Tüm Dünyada Din Devletleri İstiyor

Serdengeçti dergisi, Mart 1956'da yayımlanan 21. sayısında, "Yıllardan Sonra" başlığı altında, ABD Dışişleri Bakanı Dulles'ın Türkiye'yi bilimgüder laik yönetim ilkesini terkedip din devleti kurmaya çağıran şu demecini yayımlıyordu:

Amerika Hariciye Vekili
J. F. Dulles'ın Beyanatı
"Din ve siyaset birbirinden ayrılmaz. Dünya meselelerini halletmek hususunda seçeceğimiz yol, dini görüştür. Ümit ediyoruz ki Sovyet liderleri iş işten geçmeden Allah fikrine bağlılığın vatanperverliğin beşeri haysiyet ve vakarın daima kalplerde yaşayacağına inansınlar."[334]

ABD Dışişleri Bakanı Dulles'ın 1956'da verdiği *"din ve siyaset birbirinden ayrılmaz. Dünya işlerini çözümlemekte seçeceğimiz yol dini görüştür"* demeci, William C. Bullitt'in 1946'da ortaya koyduğu Soğuk Savaş Amerikan stratejisinin hiç değişmeden uygulandığını gösteriyordu ve yönetime geleli altı yıl olmasına karşın ABD'nin istediği din devletine dönüşü daha gerçekleştirememiş olan Menderes'in Demokrat Partisi'ne bir uyarıydı.

Menderes Türkiye'de Din Devleti İstiyor

Amerika'nın Dışişleri Bakanı düzeyinde yaptığı bu uyarı Menderes yönetimince bir buyruk olarak algılanmış ve Menderes'in buyruğuyla partide *Anayasa'dan laik yönetim ilkesi atılarak yerine din devleti ilkesi konulması* için çalışmalar başlatılmıştı.

Meclis kürsüsünden "siz isterseniz hilafeti bile getirirsiniz" diyen Başbakan Adnan Menderes, 1950'li yıllarda Eskişehir'de fabrika denetliyor.

Menderes yönetiminde Türkiye ABD'nin isteğiyle laik yönetimi bırakacak, ABD'nin isteğiyle din devletine dönüşecek, ABD'nin isteğiyle Yeniden-Osmanlılaşarak Ortadoğu İslam Birliği kuracak ve ABD'nin isteğiyle başına geçeceği bu Dünya İslam Birliği'ni Sovyetleri yıkma yönünde çalıştıracaktı. İsmet Bozdağ olanları şöyle anlatır:

> İçlerinde Konya Milletvekili Fahri Ağaoğlu'nun da bulunduğu bir grup, Anayasa'nın (laik yönetim biçimini vurgulayan) 14'üncü maddesini değiştirerek, **devleti laiklik ilkesinin dışına çıkartmak** istiyorlardı. (...) 1957 Seçimleri sonrası Konya Milletvekili Fahri Ağaoğlu'nun yeni bir Anayasa taslağı hazırladığını ve bu taslakta (Laiklik maddesinin

kaldırılarak, yerine) **"Türkiye Cumhuriyeti devletinin dini İslamdır"** maddesinin bulunduğunu işitmiştik. (...) Bağdat Paktı'nın bir toplantısı için (Menderes'le birlikte) Bağdat'a gitmiştik. Menderes:

-"... Biz buraya niye geldik?.. **Amerika'nın ve İngiltere'nin arkaladığı bir bölge yapısının müzakeresinde** bulunmaya.. **İslam zemini üzerinde bir anlaşma yapmak ve bütün Ortadoğu Müslümanlarını bir araya getirmek** niçin mümkün olmasın? Türkiye buna öncülük yapabilir mi? Konuyu Ankara'ya dönüşte yeniden ele alalım.. Hatırlat bana..."

(...) Menderes'in bu konuda Mazlum Kayalar'ı görevlendirdiğini öğrendim. (...) (Menderes şöyle demişti:)

- "Aynı dine bağlı, aynı kültürü paylaşan milletler ve ülkeler arasında niçin uzun ömürlü anlaşmalar yapamayalım?.. Sizden bu konu üzerinde çalışmanızı ve belki birkaç proje üretmenizi rica ederim. **Bu çalışmaların şimdilik gizli kalması gerektiğini** anlayacağınızdan eminim."[335]

Türkiye Amerika Tarafından Yeniden Osmanlılaştırılıyor

İnönü'nün Amerikan güdümüne soktuğu ve yine İnönü'nün akıl hocalığıyla Menderes yönetimince NATO'ya sokulan Türkiye, eğer 27 Mayıs'la engellenmemiş olsaydı, adı tarihten silinmiş bir bir ülke olacak; **Türkiye Cumhuriyeti Devleti** ortadan kaldırılarak, adı **Ortadoğu Birleşik İslam Devletleri** vs. olan ve kıblesi Washington'a dönük kukla bir devlet kurulacak; bu devlet II. Abdülhamid yasalarıyla yönetilecek, eyaletlere bölünecek, Kürdistan, Lazistan, vs. bir sürü eyalet Amerikan ve NATO kuklası bir Halife'ye bağlanacak, bu eyaletlerden devşirilecek 5-6 milyon Müslüman asker, Amerika ve NATO öyle buyurdu diye Rusya'ya ve diğer sosyalist ülkelere saldırtılacak, oluk oluk Müslüman kanı dökülecek, ve sonuçta Ortadoğu Müslümanlarının tek ödülü, Hıristiyan Emperyalist ülkelerin köleliği olacaktı. İşte Amerika'nın, NATO'nun, Hıristiyan Batı'nın Türkiye'ye görev olarak verdiği **Yeniden Osmanlılaştırma** (Re-Ottomanization) budur.

1957'de duyurulan **Eisenhower Doktrini**'nin, Eisenhower'ın 5 Ocak 1957 tarihinde kongreye sunduğu *"Ortadoğu'da İngiltere ve Fransa'nın terk ettiği nüfus bölgelerinde ABD'nin yerleşmesi ve bu bölgelerdeki Sovyet sızmalarının, gerekirse Amerikan askeri varlığı ile önlenmesi"* kararının tek odak noktası da Ortadoğu'dur, Ortadoğu'da bir İslam Birliği kurulmasıdır; Yeniden Osmanlılaştırma'dır. Eisenhower bu amaca ulaşmak için dinin de kullanılacağını açıklamıştır.[336]

Dönemin ABD Başkanı Eisenhower

Eisenhower Doktrini'yle Said-i Kürdi (Nursi) Isparta'da Tugay Camisinin Temelini Atıyor

Eisenhower'ın Ortadoğu'da İslam'ı kullanacaklarını açıkladığı 1957'de, Türkiye'de çok ilginç bir olay yaşanıyor, 1914 Alman Malı Cihad Fetvası yazarlarından Said Nursi, Isparta'da askeri birliğe yapılacak Tugay Camisi'nin temeli a **Tugay Camiinin temeli atıldı**

> Bediüzzaman Said Nursî, yapılan bir davet üzerine 12 Nisan 1957'de Isparta'daki Tugay Camiinin temel atma merasimine iştirak etti. Temele ilk harcı koyarak dua etti.
> Antalya'da neşredilen «İleri» gazetesi bu haberi şöyle veriyordu :
> ÜSTAD BEDİÜZZAMAN'IN UĞURLU ELLERİYLE YENİ BİR CAMİİN TEMELİ ATILDI. ÜSTAD BEDİÜZZAMAN SAİD NURSİ 3. EĞİTİM TÜMENİ CAMİİNE HARÇ KOYDU.
>
> *(Isparta - Hususî Muhabirimiz Bildiriyor.)*

Foto Dekor / Isparta

Bediüzzaman Isparta Tugay Camiinin temel atma merasiminde ordu mensuplarıyla beraber (üstte). Temele ilk harcı koyarken hizmetkârı Zübeyir Gündüzalp'le beraber (altta).

Amerikan Uydusu Türkiye İslam Ülkelerini Kendi Önderliği Altında Birleştiremiyor

Türkiye'nin kendisine verilen görevi yerine getirebilmesi için herşeyden önce kendisinin laiklikten uzaklaşıp din devletine dönüşmesi, İslam Dünyası'nda sevilmesi ve önder olarak kabul edilmesi gerekiyordu. Her şey bu amaca yönelik olarak yapılıyordu. Gelgelelim, hem Amerikan uydusu olup hem de İslam dünyası tarafından sevilmek, 1950'lerde olanaksızdı. Türkiye daha 1949'da Amerikan buyruğuyla İsrail devletini tanıdığında karşısına almıştı bütün İslam ülkelerini. 1950'lerde Nasır'ın başını çektiği Bağlantısızlar Konferansı'nı

Amerikan buyruğuyla engellemeye kalkıp, 1957'de yine Amerikan buyruğuyla İsrail Başbakanı Ben Gurionu konuk eden, Suriye sınırına asker yığan, Amerika'nın Lübnan saldırısında İncirlik üssünü kullandırtan, Cezayir saldırısında Fransa'nın yanında yer alan Türkiye, Arap İslam ülkelerinin kin, öfke ve nefretini çekmiş; Amerika'nın beklediği gibi İslam ülkelerinin önderi olmak yerine, Amerika'nın güdümünde davranarak İslam ülkelerinin düşmanı durumuna gelmişti. Öyle ki, Arap ülkeleri, kendilerine "benim önderliğim altında toplanacaksınız" diyen Türkiye'den uzaklaşıp, Amerika'ya dönerek "kurtar bizi Türkiye'den, Osmanlı'yı yeniden kurmak istiyor; başımıza musallat etme onu, sen gel, sana razıyız," diye yalvarmaya başlamışlardı. 1945'ten 1958'e dek Türkiye'nin Ortadoğu çabalarının nereden nereye evrildiğini, Ayşegül Sever'in değerli çalışması *"Soğuk Savaş Kuşatmasında"*[338] kitabından adım adım izleyelim:

1952: Washington sürekli olarak Türk hükümetini Ortadoğu'yla daha fazla ilgilenmeye teşvik ediyordu. ABD'nin Türkiye Büyükelçisi George **McGhee**, Türk liderleriyle yaptığı görüşmelerde **Türkiye'nin tarihi konumu, askeri gücü ve NATO üyeliği nedeniyle bölgede lider rolü üstlenme potansiyelinin yüksek olduğunu** sürekli yineliyordu. Bu bağlamda Büyükelçi **Araplarla Türkler arasındaki ilişkileri geliştirecek ve Türkiye için bölgede önderlik rolüne zemin hazırlayabilecek bazı politikalar** da önerdi. McGhee, başlangıç olarak **Türkiye'nin askeri okullarında Arap öğrencilere eğitim verebileceğini**, bir çok Arap ülkesine kültürel ve ekonomik heyetler gönderebileceğini ve bölge ülkelerine bazı resmi ziyaretler düzenleyebileceğini söyledi. **DP hükümeti bu önerileri olumlu karşıladı.** Her ne kadar **Amerikalılar Türkleri bölgede aktif bir rol üstlenmeye teşvik etseler** de aynı zamanda **Ortadoğu'da daha önceki (Osmanlı) hakimiyetleri yüzünden Türklere karşı derin bir tepki duyulduğunun** da farkındaydılar. (sf. 99)

1954: Ortadoğu Konferansı: 12 Temmuz 1954'te Menderes'in başkanlığında beş gün için İstanbul'da toplandılar. **Türkiye'nin Ortadoğu'da potansiyel bir oyuncu olarak eksiklikleri ol-

duğu kabul edildi... Mısır ve Suudi Arabistan gibi bazı **Arap ülkelerinin Türkiye'yi bölgede etkili bir güç olarak kabul etmelerinin çok zor olduğu** .. belirtildi. (sf. 121)

1955: Iraklılar **Türklerde Osmanlılar zamanındaki Ortadoğu yayılmacılığının canlanmasından zaman zaman şüphelendiler.** (sf. 131) ABD'nin Mısır Büyükelçisi.. iki noktanın dikkate alınmasını önerdi: 1. .. **Araplarda Osmanlı İmparatorluğu'nun (olumsuz) hatıraları canlanıyor.** 2.. Mısır'da, **ABD'nin, uydusu Türkiye'yi, Ortadoğu'daki ABD politikasını yürütmek için kullandığı** yönünde yaygın bir inanç ve bazı kamuoyu yorumları var. (sf. 139) Amerikalılar, .. Türk politikasının (Türkiye'ye verilen Ortadoğu liderliği görevinin) **gerçekte ters teptiği** ve **Arap dünyasında büyük bir muhalefet yarattığı** sonucuna vardılar. (sf. 140) Dışişleri Bakanı **Dulles**, Büyükelçisine gönderdiği direktifte şu cümleleri kullandı: Türk yöntemlerinin, devam ettiği taktirde, Irak dahil **tüm Arapların zihinlerinde Türk niyetleriyle ilgili tedirginlikler** ve **Türkiye'nin (yeniden Osmanlı gibi-eb) hükmetmesi korkusu** uyandırarak, sonuçta her ikimizin de **bölgesel hedeflerimize ulaşmamıza tehdit** oluşturacağından endişeliyiz. (= Türkiye'ye Ortadoğu Birleşik İslam Devletleri kurma görevini yüklememiz, sonunda Amerika'nın hedeflerine ulaşmasını sağlayacağına, önleyebilir.) Türklerin de bildiği gibi, **tarihi nedenlerden ötürü Araplar zihinlerindeki eski Osmanlı hegemonyasının hayaletini canlandırarak** Ortadoğu'ya yönelik Türk hareketlerine ve görüşlerine gereksiz bir duyarlılıkla yaklaşmaktadırlar. **Kısa vadeli hedeflere ulaşma hevesiyle uzun vadeli beklentileri tehlikeye atmaktan dikkatle kaçınmanın gerekli olduğuna inanıyoruz.** (sf. 141) ABD Büyükelçisi Warren, bir raporda: Ortadoğu'da öyle bir el çabukluğu sürüp gidiyor ki,.. **Türk dostlarımızı,..** kendi çıkarlarımızın aleyhine de olsa yarı yolda bıraktığımızı düşünmekten kendimi alamıyorum. (sf. 142)

1957 yılının ilk aylarından itibaren **Amerikalılar,.. Ortadoğu'da oluşan güç boşluğunu,.. bizzat kendilerinin dolduracağını,..** gösterdi. (sf. 177) **ABD'nin Suudi Arabistan'nın dostluğunu (bizzat) kazanma politikasını** Menderes yönetimi onayladı. (sf. 178) Dulles: "Türkiye tarafından tek başına yapılacak bir hareket bizi son derece güç bir duruma sokacaktır. Tüm dünya Türkiye'nin hareketinin ABD tarafından teşvik edildiğine inanacaktır... **Kendimizi Arap dünyası ve daha bir çok ülke karşısında Türkiye'yle açıkça aynı safta bulmak gibi ciddi bir problem**le karşılaşacağız," dedi. (sf. 192)

Gerçekte Amerikalılar, İkinci Dünya Savaşı sürmekte iken, daha 1940'ta *"Türkiye'ye Ortadoğu İslam Ülkelerinin çobanlığı görevini verebilir miyiz?"* diye düşündüklerinde, Osmanlı geçmişinin Araplarda kötü izler bırakması nedeniyle bunun gerçekleşebilirliğinden kuşkuluydular. Önceki sayfalarda bunu Amerikalı diplomatların yazışmalarından alıntılarla aktarmıştık. 1950'li yılların ortalarında bu kuşkular yeniden ve daha güçlü olarak belirmişti. CIA, Philip H. Stoddard'ı Birinci Dünya Savaşı yıllarında Almanlarca İslam Birliği kurmak üzere kullanılan Osmanlı İstihbarat örgütünün yaşayan üyelerini bulup bu konuda onların görüşlerini almak üzere Türkiye'ye gönderdi.

**CIA görevlisi Stoddard'ın,
Cemal Kutay ve Kuşçubaşı Eşref İle Görüşmeleri**

Stoddard, Türkiye'ye gelince Genelkurmay'a gidiyor ve Birinci Dünya Savaşı yıllarında İslam Birliği için yapılan çalışmaların belgelerini görmek istiyor. Genelkurmay, sözkonusu belgelerin gizli olduğunu söyleyerek geri çeviriyor Stoddard'ı. O da bunun üzerine İslam Birlikçi Teşkilat-ı Mahsusa ajanlarından Eşref Kuşçubaşı'yı buluyor ve Cemal Kutay'la birlikte günlerce görüşüyor kendisiyle. Stoddard'ın yanıtını aradığı soru şudur: *Almanlar onca para dökmelerine karşın, Cihad-ı Ekber bile ilan edilmişken, İslam Birliği neden ve nasıl başarılı olamadı?*

Stoddard, bu sorunun yanıtını çok doyurucu biçimde almıştı Eşref Kuşçubaşı'dan. Osmanlı Cihad ilan edince, İngilizler Cihad'a karşı propaganda çalışmalarında şu savı işlemişlerdi:

> Halife bir avuç baskıcının elinde çaresizdir. Yönetime İttihad ve Terakki denen bir grup zorba egemendir. Bunlar padişahı hiç istemediği halde Almanya'nın yanında savaşa sokmuşlardır. Türkiye'nin çıkarı, eski dostları İngiltere ve Fransa'nın yanında savaşa girmesiyle korunabilirdi. İttihatçılar bu fırsatı

kaçırmışlardır. Halife orduları, zorla savaşa gönderilmeye çalışılmaktadır. Gerçekte böyle bir savaşa istekli değillerdir. İslam alemine düşen görev, bu orduları mağlup ederek, Osmanlı İmparatorluğu'nu ve Hilafet makamını İttihatçı zorbaların elinden kurtarmak olmalıdır.[339]

CIA'nın görüşlerine başvurduğu İslam Birliği amaçlı Teşkilat-ı Mahsusa ajanı Eşref Kuşçubaşı, 1955'te.

Bu İngiliz propagandası Alman Malı Cihad fetvasından daha etkili olmuş ve fetva kendisinden bekleneni yerine getirememişti. Ayrıca Araplarla Türkler arasında köklü bir mezhep ve ırk ayırımı vardı. Araplar uzunca bir süre önce ayrılıkçı örgütlenmelere ve ayaklanmalara başlamışlardı.

Araplar konusunda şöyle diyordu Kuşçubaşı:

> Bize yardım etmeleri beklenen Müslümanlar, bunu yapmak isteseler de, ya savaşa giremeyecek kadar zayıftılar, ya İtilaf Devletleri'nin baskısı altındaydılar, ya da İran gibi, kendi milli mücadeleleriyle meşguldüler. İngiltere ve Fransa'nın zerre kadar sevilmediği bölgelerde, mesela Kuzey Afrika'da bile, başarılarımız çok mütevazıydı. İmparatorluk içindeki Müslümanlar bile, başarılı olacaklarını anladıkları anda **–Şerif Hüseyin'in Arap isyanında olduğu gibi- bize karşı ayaklandılar.** Diğerleri de –mesela İbn üs-Suud- bizim için çalışmayarak düşmanlarımız için çalışmış oldu. İtilaf Devletleri'nin sömürgelerinde, özellikle **Mısır bölgesinde merakla beklenen ayaklanmaların hiçbiri gerçekleşmedi..** İtilaf dev-

letlerinin **ordumuzdaki Arap askerlerinin çoğu kaçıp İngilizlere katıldı**... Çok sayıda Hint Müslümanı Irak ve Sina'da bize karşı şevkle savaştı.

Osmanlı Türkleri, ister cihat ilan edilmiş olsun, isterse edilmemiş olsun, gerekli fedakarlıkları yapma konusunda pek tereddüt etmeyeceklerdi... İmparatorluktaki **Araplara gelince, cihat çağırısı kaç kez yapılmış olsun, bunların ancak pek azı bize yardımcı olmaya yanaşacaktı.** Diğer Müslümanlar bunun ne anlama geldiğini bile kavramayacaklardı. Beyannameleri kimse okuyamazdı. Memleket müdafaasının sıkıntısını Türkler çekmesine rağmen, bu beyannameler anlaşılır bir Türkçeyle bile yazılmamıştı.[340]

ABD, Türkiye Önderliğinde İslam Birliği Kurulamayacağını Anlıyor

Stoddard'ın Kuşçubaşı'dan öğrendiği, geçmişte başarısız bir "Cihad-ı Ekber" deneyimi geçirmiş olan İslam dünyasını Türkler önderliğinde birleştirmenin olanaksız olduğuydu. Stoddard 1956'dan 1962'ye dek pek çok kez gelip görüştü ve mektuplaştı Kuşçubaşı'yla. Sonunda bu çalışmasını *"Osmanlı Devleti ve Araplar 1891-1918: Teşkilat-ı Mahsusa Üzerine Bir Ön Çalışma"* adıyla Mart 1963'te doktora tezi olarak Princeton Üniversitesi'ne sundu.

Amerika Türk ve Arap Müslümanların bir Ortadoğu Birleşik İslam Federasyonu altında birleşemeyeceklerini daha 1956'da Stoddard'ın çalışmasıyla anlamasına karşın yine de sürdürüyordu Türkiye üzerindeki İslam Birliği kurma baskısını. Öyleyse Amerikalıların gerçekleşmeyeceğini bile bile Türkiye'yi Osmanlı'yı diriltme görevine koşmalarının, kendilerine yarar sağlayacak başka nedenleri olmalıydı. Bu nedenlerin başında, Komünist düşüncenin Türkiye'de yayılmasını İslam'ı yaygınlaştırarak önlemek geliyordu kuşkusuz.

ABD'nin Osmanlıcılığında Çelişkiler, Kuşkular

Bir yandan Türkiye'yi Ortadoğu'da Osmanlıcılığa kışkırtan Amerika, öbür yandan Türkiye'nin Osmanlıcılığından ürken Araplara yaklaşıp; *"Türklerden duyduğunuz kaygıyı anla-*

yışla karşılıyoruz; siz doğrudan bize yaklaşın; biz sizi hem Sovyetlerden hem Osmanlıcı Türklerden koruruz," diyordu. Amerika nasıl 1945'ten sonra Sovyet korkusu yayarak bir çok ülkeyi kendi etki alanına sokmuşsa; Ortadoğu'da hem Sovyet korkusu hem Türk korkusu yayarak, Arap-İslam ülkelerini doğrudan kendi önderliği altında birleştirmeyi mi amaçlıyordu yoksa? Bunun böyle olabileceğini düşündüren çelişkiler vardı çünkü davranışlarında.

Örnek: Kıbrıs Bunalımı

1950'lerde Türk ordusunu Kore'de savaştıran Amerika, Kıbrıs'ta EOKA çeteleri Türkleri doğramaya başladığında Türk ordusunun Kıbrıs'a çıkmasını 5 Haziran 1964'te ABD Başkanı Johnson'un İnönü'ye gönderdiği aşağılayıcı mektupta, özetle *"verdiğimiz silahları orada kullanamazsınız"* diyerek önlemişti.[341] Türkiye Amerika buyurunca Kore'ye gidip orada savaşabilir, fakat kendi soydaş ve dindaşlarını, Ortodoks Hıristiyan çetelerin saldırısından korumak için burnunun dibindeki adaya asker çıkartamazdı; öyleyse Türkiye nasıl bir *"Ortadoğu Birleşik İslam Devletleri Lideri"*ydi?

İnönü ve ABD Başkanı Johnson, 1964

Ortadoğu ülkelerinde Sovyet yanlısı bir yönetim kurulacak olursa o ülkelere savaş açmak, ordu göndermek görevini üstlenen ve 1957'de bu kapsamda Sovyetler Birliği'ne yaklaşan Suriye'yi savaşla tehdit edip sınıra asker yığan Türkiye,... Mısır'da, Irak'ta Amerika ve İngiltere'ye karşı ulusal bağımsızlık direnişleri başlayınca, bu ülkelere karşı sert tehditler savuran Türkiye,.. dahası, Sovyet yanlısı yönetime gidiş *"kuşkusu belirdiğinde"* Amerika'nın Türkiye'yi işgal etmesini bile antlaşmalarla kabul etmiş olan bir Türkiye,.. söz konusu Kıbrıs'taki Müslüman Türklerin can güvenliği olunca, Amerika izin vermediği için parmağını dahi kıpırdatamayacaktı, öyle mi?

Osmanlıcı Türkiye
ABD'nin Ortadoğu'daki Mayın Eşeği

Türkiye, 1945'ten başlayarak, önce İngiltere'nin Ortadoğu Komutanlığı, sonra Ortadoğu Savunma Örgütü, sonra ABD'nin ve NATO'nun Ortadoğu bekçisi, "İslam Ülkeleri Lideri", "Ortadoğu İslam Ülkeleri Federasyonu" kurucusu, "Ortadoğu Birleşik Devletleri" örgütleyicisi ve "Yeniden-Osmanlılaştırma" görevlisi olarak yaptığı tüm girişimlerde, Ortadoğu Arap İslam ülkelerinin öfkesini ve nefretini kazanmıştı. Araya girmese doğrudan Amerika'ya yönelecek olan nefreti, Amerikan buyruğuyla öne atılıp kendi üstünde toplayan Türkiye, *"Amerika'nın mayın eşeği"* olup çıkmıştı. Amerika Türkiye'yi "Osmanlı'yı yeniden kuracaksın!" diye Ortadoğu mayın tarlasına sürüyor, mayınlar Türkiye tarafından patlatıldıktan sonra, Araplara yaklaşan Amerika *"siz doğrudan benimle ilişki kurun, benimle doğrudan ilişki kurarsanız, bölgede Osmanlı'nın yeniden kurulmasına gerek kalmaz"* diyordu. Türkiye'nin Yeniden Osmanlıcılık girişimlerine ateş püsküren Nasır yönetimindeki Mısır'a; Türkiye'nin Yeniden Osmanlıcılığa başlamasından ödü patlayan Suudi Arabistan'a ve *"yeniden Osmanlı yönetimine gireceğime, Sovyetlerle birlik olurum,"* diyen Suriye'ye böyle yaklaşıyordu Amerika.. Tavşana kaç tazıya tut Osmanlıcılığıydı bu. Yoksa Amerika, Arapları doğrudan kendi güdümüne sokmak için mi Ortadoğu'da Türkiye'yi kullanarak Sovyet öcüsüne benzer bir Osmanlı öcüsü yaratmıştı?

1964'te Türk Ordusunun Kıbrıs'a çıkışını önleyen Amerika 1965'te "Türk-Kürt Federasyonu" İstiyor

1960'larda Ortadoğu ülkelerinde ulusalcı akımlar yükselmiş, ulusal bağımsızlıkçı yönetimler işbaşına gelmiş, Amerikan ve İngiliz petrol şirketleri kovularak, yerlerine Sovyet, Çin ve Fransız petrol şirketleri çağırılmıştı. Petrol üreten Arap İslam ülkelerinde bu ulusalcı yönetimlerin yıkılması gerekiyordu Amerikan çıkarları gereği. Bunun için etnik karışıklıklar çıkartılmalıydı bu ülkelerde. Öyleyse Türkiye 27 Mayıs'ta ara verdiği Osmanlıcılık çalışmalarına yeniden başlayabilir, bir yıl önce Kıbrıs'a çıkması Amerika tarafından yasaklanan Türk ordusu, "Osmanlı'yı yeniden kuruyoruz," naralarıyla komşularına saldırıp buralardaki Kürtleri de ayaklandırarak o yönetimleri devirebilirdi. Amerikan silahlarının Kıbrıs'lı Müslüman Türkleri kurtarmakta kullanılması yasaktı, ama Ortadoğu'da Amerikan – İngiliz petrol şirketlerini kapı dışarı eden ulusalcı yönetimlere karşı kullanılması Amerikan ve NATO buyruğuydu.[342]

27 Mayıs'tan sonra 1965'te seçimler yapılmış, Amerikan yardımlarıyla seçimi kazanan Adalet Partisi hükümeti kurmuş ve Amerikalılar, seçim kazandıran yardımları karşılığında, Demirel'den ulus-devleti yıkarak, yerine bir *"Türk-Kürt Federasyonu"* kurmasını "rica" etmişlerdi...

ABD: "Türk-Kürt Federasyonu kuracaksınız."

Başbakan Demirel Genelkurmay'a Amerika'nın *"Türk-Kürt Federasyonu kuracaksınız"* dayatmasını aktardığında, askerlerin sert tepkisiyle karşılaşmış; bu tepki nedeniyle Amerika'nın kendisinden beklediği federasyon çalışmasını yürütememişti.

Emekli Amiral Vedii Birget 24 Şubat 1987 günlü Cumhuriyet gazetesinde yayımlanan yazısında ABD'nin 1965 yılında dönemin başbakanının ağzını aradığını ve **İran-Irak-Türkiye Kürtlerini içeren ve Türkiye'ye bağlanacak bir federal cumhuriyet** önerisinin hala askersel belleklerde olduğundan sözediyordu. Sadi Koçaş ise aynı olayı "Anılar"ında oldukça basit bir söylemle anlatacaktır: **"Amerika, CIA'nın klasik mücadele yolları ile 1965'te Adalet Partisi'ni ve Sayın Demirel'i iktidara getirdiği zaman**, karşılık olarak yeni Türk hükümetinden bir istekte bulunmuştur: **İran-Irak ve Türkiye Kürtlerini Federe bir cumhuriyet haline getirelim. Bunu Türkiye'ye bağlayalım. Hem de büyük toprak kazanmış olursunuz,** diyorlardı." (...) "Başbakan Demirel, Genelkurmay tarafından hükümete verilen bir brifingde bu .. teklifi ortaya atmış, **gösterilen şiddetli reaksiyondan sonra** bu teklifi red edebilmişti."[343]

MİT Müsteşarı Sadi Koçaş, anılarında **"Amerika, CIA'nın klasik mücadele yolları ile 1965'te Adalet Partisi'ni ve Sayın Demirel'i iktidara getirdi"** derken, Demirel'in iktidara getirilmesi konusunda emekli Tümgeneral Mahmut Boğuşlu şöyle diyordu:

Süleyman Demirel bir yurt gezisinde

Milli Birlik Komitesi, Başbakan Adnan Menderes'in asılmasının ardından Demokrat Parti için lider adaylarını tespit etmeye çalışıyordu. Bunun için strateji ekibine de bir çalışma yapılması talimatı vermişti. 5 kişilik subaydan oluşan ekipte binbaşı rütbesiyle ben de yer aldım. Ekibimiz, **MBK İstihbarat Koordinasyon ve Kontrol Grubu** adını taşıyordu. Üç ay süre ile Başbakanlık'ta Türkiye'nin yakın gelecekteki siyasi durumu üzerinde isabetli sayılabilecek incelemeler hazırladık. Bu incelemelerin birinde de **devrilen DP'nin mirası ve bu mirasa sahip çıkabilecek liderler** de ele alındı. Siyaset ve liderlik düzeyinde **Demirel'in adı, belki ilk defa, burada yer aldı.**[344]

1965 seçimlerinde AP oyların % 53'ünü alarak 240 milletvekili çıkardı.

Bu anlatımlardan çıkan sonuç şu ki; CIA'nın aday önerileri de Askeri İstihbarat tarafından değerlendiriyordu. Türkiye'ye en başından bu yana *Amerika'ya bağlı Ortadoğu Birleşik İslam Devleti kurarak Ortadoğu'yu Yeniden Osmanlılaştırma* görevini veren Amerika ve NATO, 1965'te CIA yöntemleriyle seçim kazandırdıkları Demirel'e *"Türk-Kürt Federasyonu"* kurulması önerisini dayatmış, Türk ordularının Irak'a dalıp Kuzey Irak'ı; İran'a dalıp Kuzey İran'ı işgal etmesini ve kendi topraklarına katmasını istiyordu. *İran-Irak ve Türkiye Kürtlerini Federe bir cumhuriyet haline getirelim. Bunu Türkiye'ye bağlayalım. Hem de büyük toprak kazanmış olursunuz,* diyen Amerika'nın istemi, Mehter'in Şehzade Süleyman Marşı'nı anımsatıyordu: *"İleri, ileri, haydi ileri! Alalım düşmandan eski yerleri!"*

Hem Tavandan ve Hem Tabandan

Amerika Türkiye'yi İran ve Irak'a saldırtarak, bu ülkelerde Kürtlerin yaşadığı toprakları işgal ve "Türk-Kürt Federasyonu" kurma buyruğunu yalnızca Demirel'e vermekle yetinmemiş, Amerikancı basın yayına da vermişti. Öyle ki 1965'ten sonra birbiri ardınca çok sayıda Tarih dergisi yayımlanmış ve bunların hepsi de Osmanlı Fetihçiliği'ni Türk toplumunun beynine şırınga eden yazılar yayımlamaya başlamıştı.

1965'ten sonra yayımlanmaya başlayan Tarih dergilerinin değişmez tek konusu Osmanlıcılık ve İslamcılıktı. Kurtuluş Savaşı dönemine ilişkin yazılar hiç denecek denli azdı.

Türkiye bir yandan Ortadoğu'ya savaşa kışkırtılırken öte yandan Sovyetler Birliği ile çatışmalara sürüklenmek isteniyor, Amerikan amaçlarına uygun olarak Türk halkının savaşçı bir kimliğe bürünmesi için herşey yapılıyordu. Tam bu sırada Sovyetler Birliği Amerika'nın İslam'la Sosyalizm'i düşman göstererek İslam dünyasını Sovyetler'e düşman etme oyununu bozmak üzere, Sosyalizm'le İslam'ın düşman olmadığını, tersine İslam'ın özlediği dünya düzeninin ancak sosyalizm yoluyla kurulabileceği düşüncesini yaymaya başlıyordu İslam ülkelerindeki sosyalistler aracılığıyla.

1965: Sosyalistler de İslam kartıyla oynuyor

Fransız Komünist Partisi Genel Sekreteri Roger Garaudy'nin bu bağlamda iş görmek üzere yazdığı "Sosyalizm ve İslamiyet" adlı kitap sosyalist Yön dergisi hareketinin başında bulunan Doğan Avcıoğlu tarafından Türkçeye çevrilip 1965'te Yön yayınlarınca basılıyor ve Türk sosyalistleri "kültürel kaynaklar" adı altında İslam'a eğilmeye, ABD'nin istediğinin tersine, Sosyalizm'le İslam'ı uzlaşır, barışık göstermeye çağırılıyordu:

Türkiye uzun süredir Batı'nın ekonomik, politik ve kültürel emperyalizminin baskısı altında devekuşu gibi başımızı kuma gömerek gizlenmekten ibaret olan bir "muhafazakarlık" ile kendimizi inkardan başka anlama gelmeyen yüzeyde bir "Batıcılık" arasında bocalamıştır. Her iki tutum da ekonomik ve kültürel sömürgeleşmekten başka bir sonuç vermemiştir. **Türk sosyalistleri** şimdi, ekonomik bağımsızlık savaşıyla birlikte bir **kültürel bağımsızlık savaşı** da verme durumundadırlar. Kültürel mirasımıza sahip çıkma çabasında **ecdat ocağındaki canlı alevi** muhafaza etmek söz konusudur. **Garaudy'nin kültürel kaynaklara dönüş çağırısının, Türk sosyalist hareketine yeni ufuklar açacağı inancındayız.**

Doğan Avcıoğlu

6 Mayıs 1966 günlü Yön dergisinde Niyazi Berkes'in *"Arap Dünyası Uyanıyor mu?"* başlıklı Mısır gezisi anıları yayımlanıyor, Berkes bu yazısında Mısır'da İslam Sosyalizmi akımının yaygınlığından sözediyordu. Amerika'nın ve Amerikan işbirlikçilerinin *"Komünizm İslam düşmanıdır, öyleyse Müslümanlar Komünizm'e düşman olmalıdır"* savına karşı, Sovyetler Birliği ve işbirlikçileri tüm dünyada *"Komünizm İslam'ın dostudur, öyleyse Müslümanlar Komünizm'e dost olmalıdır"* savını yaymaya koyulmuşlardı. Öyle ki, Sovyetler Birliği yandaşı Aziz Nesin 1969'larda işi laikliğe sövmeye dek vardırmış, şöyle diyordu:

Müslümanlık akıl dini'dir,. aklın önderlik ettiği., hepsinden çok akılcı ve *ilerici* bir dindir,. (Bkz: Yeni Tanin 1.9.1964) "Gazetelerde İslam Cumhuriyeti kurmak isteyen yüz kişi yakalandı! diye haberler çıkmaktadır. **İslam Cumhuriyeti kurmak isteyenler de, Hilafeti ihya etmek isteyenler de, 'bizim dinimiz dünya işlerinden ayrılmaz' diyenler de haklıdırlar!**.. *Bilimsel açıdan haklılıkları açıktır!*.. Ne var ki *haklılıkları* yürürlükteki kanunlarla çeliştiğinden, *haklı* ama *meşruiyet içinde değil*'dirler. Bu çelişkiyi daha Cumhuriyetin kuruluşunda batıdan aktarılan *laiklik kurumunda* aramalıdır. *Batı kopyacılığının, biçimsel Batılılaşma yanlışlığının Türkiye'ye en büyük zararı laiklik kurumuyla gelmiştir...* " (Günaydın 6.1.1969) "İslamlık bir aksiyon bir mücadele dinidir... Müslüman olarak yetişenler elbette aksiyona geçecekler mücadele edeceklerdir..." (Günaydın 8.1.1969). [345]

Dünyaya egemen olan iki güç, İslam'ı birbirlerine karşı kullanmak için yarışıyor ve bu durum, Türkiye ve Ortadoğu'nun her iki güç tarafından dinsel yönetimlere sürüklenmesiyle sonuçlanıyordu.

Amerikan Çıkarlarına Uygun Osmanlı Tarihi

Osmanlı'nın Batı karşısında yüzyıllarca süren ekonomik, siyasi ve askeri üstünlüğünü, bilimsel buluşlar alanında Batı'dan geri kaldığı an yitirmeye başladığı, **bilimsel geri kalmanın ekonomik, siyasi ve askeri yenilgilere yolaçtığı** gerçeği, Atatürk'ün yazdırdığı tarih kitaplarında okutulurken, 1949'da Türk Milli Eğitimi Amerikalı uzmanların denetimine geçtikten sonra okutulmaz olmuş, tarih ders kitapları değiştirilmiş, *tarihin ekonomik yanı yok sayılarak,* Osmanlı tarihi bir savaşlar ve "meydan muharebeleri" tarihine indirgenmiş; Atatürk döneminde yazılmış tarih kitapları da bir daha okullara sokulmamıştı. Okul binalarının bile nasıl olacağına karışan Amerikalılar[346], Osmanlı'yı yalnızca *"yiğit savaşçı"* yönüyle anımsatmak; Türk çocuklarını *"Osmanlı atalarının savaşçılığına"* özendirmek ve onları tıpkı Osmanlı'nın son döneminde Almanya'nın yaptığı gibi, kendi emperyalist amaçları doğrultusunda **Yeniden Osmanlılaştırıp** *ucuz paralı askerler olarak kullanmak* istiyordu.

1949'dan sonra Milli Eğitim Bakanlığı'na yuvalanan Amerikalı danışmanların belirlediği öğretimle beyinlere kazınan; *'Osmanlı'nın savaşlarda üstün gelerek yükseldiği ve savaşlarda yenilerek yıkıldığı'*ydı. Çünkü, Amerika'nın Soğuk Savaş yılları boyunca Türkiye'den beklediği, İslam ülkelerinin başına geçerek bütün Müslümanları Sovyetler Birliği'yle savaşa tutuşturmaktı; bu nedenle okullarda *kılıç, gürz, pala sallayan, gözü kapalı ölüme koşan savaşçı Osmanlı* imgesi kazınmıştı Müslüman Türk çocuklarının ruhuna ve beynine. Osmanlı'nın yükseliş döneminde Avrupa'dan üstün bir ekonomik yapıya sahip olduğu, üretim biçimi, üretim araçları, üretim ve uygarlık düzeyi karşılaştırmasında Avrupa'dan kat be kat üstün durumda bulunduğu, Osmanlı ordusunun da bu yüzden savaşlarda üstün çıktığı gerçeği, *Müslüman-Türkleri kendi çıkarları doğrultusunda savaşa sürmekten başka bir amaç taşımayan Amerikalı eğitim danışmanları tarafından* bilinçli olarak yok sayılmış ve tarih kitaplarından dışlatılmıştı.[347] Eğer Müslüman Türk çocuğu, kendi atalarının savaş alanlarında üstün çıkmasının gerçek nedeninin *ekonomik, bilimsel ve teknolojik üstünlük* olduğunu bilir, Osmanlı'nın son dönemlerinde savaşlarda yenilmesinin nedeninin de *ekonomik, bilimsel ve teknolojik gerileme* olduğunu öğrenirse, beyni ve ruhu *ekonomik, bilimsel ve teknolojik ilerlemeye* kilitlenir, böyle olursa Amerika'nın buyruğuyla Amerikan çıkarları uğruna ölüme atılmaktan geri durur, diye düşünülmüştü besbelli...

Milli Eğitim'de *Savaşçı Osmanlı* öğretilirken, 1960'ların ortasında bu anlayışa uygun *Tarkan* ve *Karaoğlan* gibi çizgi romanlar kaplıyordu ortalığı.

1960'larda Tarkan, Karaoğlan Rüzgarları

Suat Yalaz'ın çizgi romanlarında, Büyük İmparator Cengiz Han'ın en tehlikeli görevlere tayin ettiği **Karaoğlan**, kusursuz sayılabilecek **fiziği, çevikliği, mertliği** ile örnek bir Türk'tü.

Asya Kaplanı, Çöl Şeytanı, Camoka'nın Dönüşü, Kayıp Ülke, Tiyan-Şan Canavarı, Deniz Ejderi, Dağlar Benimdir, Kara Panter, Uygur Güzeli, Şeytan'ın Çakalları, Mor Kahküllü Şehzade, Ba'nı Çiçek ve daha bir çok öyküde Karaoğlan, sinemaya da aktarılarak Türk gencinin yüreğinde taht kuruyordu. **1965'te** Karaoğlan'la başlayan dizi *Altay'dan gelen Yiğit, Camoka'nın İntikamı, Bizanslı Zorba* ve *Şeytan Kafesi* gibi filmlerle 1969'da son bulmuştu.

Sezgin Burak'ın **Tarkan**'ıysa, **Türk'ün kudretini, cesaretini ve kuvvetini öne çıkarıyor**du. Tarkan, Hun Hakanı Attila için canını vermeye hazırdı. Tarkan furyası -Karaoğlan'ın hemen ardından- Kartal Tibet'in boy gösterdiği filmlerle yayılıyordu. "Tarkan Camoka'ya Karşı", "Canavarlı Kule", "Gümüş Eyer", "Viking Kanı" ve "Altın Madalyon"...

Amerika'nın Türkiye'yi İran ve Irak üzerine savaşa göndermeye kararlı olduğu 1960'ların ortasında Cüneyt Arkın çıkıyordu sahneye. Türk-İslam Sentezi ve Yeniden Osmanlıcılık egemendi Cüneyt Arkın'ın filmlerinde, tam Amerika'nın istediği Türk örneğiydi kahramanlar: Savaşçı...

ABD'nin Yeniden-Osmanlılaştırma Çabaları 1960'larda Etnik Bölücülüğü ve Sevr'i Diriltiyor.

Ne ilginçtir ki, 1965'te Amerika Türkiye'ye *"böyle yaparsanız üstelik topraklarınızı da büyütmüş olursunuz"* diyerek *Türk-Kürt Federasyonu* istemini dayattıktan iki yıl sonra, bir dizi **"Doğu Mitingleri"** yapılarak, toplumda etnik ayırımcılık tohumları ekiliyordu. Amerika'nın Türkiye'ye Türk-Kürt Federasyonu dayattığını gören Fransa, kendi ülkesinde yaşayan Ermenileri kışkırtarak Türkiye'den toprak istemlerini başlatıyordu. Cumhurbaşkanı Cevdet Sunay ABD'deyken 2 Nisan 1967 günlü The New-York Times gazetesi'nde *Amerika Milli Ermeni Komitesi* adına Ermeni sorununun BM gündemine alınması isteyen bir ilan yayımlanıyor; Sunay'ın Paris gezisi sırasında bu kez Hrant Samuelyan Paris gazetelerinde bir makale yayımlayarak *"Ermenilerin Türkiye'den istekleri vardır. Haklı davamıza, sükunet içinde ve siyasi yollardan yürüyerek mücadele edecek ve bir çözüm yolu bulmaya çalışacağız,"* diyordu.

Amerika'nın Yeniden-Osmanlılaştırma etkinlikleri bağlamında Türk-Kürt Federasyonu kışkırtmaları başladıktan sonra, 1970'de Paris'te Sevr Antlaşması'nın 50. yıl dönümünde *"Centre Parisien de Congres İnternationaux"* salonunda, *"Sevr'i Canlandırma Toplantısı"* yapılıyor, Ermeni Hrant Samuelyan'ın açtığı toplantıda Fransız bilim adamları, gazeteciler, siyasiler ve Ermeni sözcüleri, Sevr'in yürürlüğe konulması gerektiğini savunuyorlardı.[348]

Ordu, Amerika'nın Yeniden Osmanlılaştırma çabalarının ve Türk-Kürt Federasyonu isteklerinin sonunda Türkiye'yi etnik parçalanmaya sürükleyeceğini, bu öneri 1965'te Demirel aracılığıyla kendilerine sunulduğunda görmüş ve reddetmişti.

Orgeneral Turgut Sunalp Uyarıyor:
"Dostlarımız Sevr İstiyor"

Amerika'nın önerisinin ordu içindeki yankıları 12 Mart'tan sonra da sürüyor, 3 Kasım 1972'de, Ankara Atatürk Orman Çiftliği Marmara Köşkü'nde Cumhurbaşkanı Cevdet Sunay'ın hazır bulunduğu Devlet Brifingi'nin kapanış konuşmasını yapan Orgeneral Turgut Sunalp, Türkiye'nin hem de "dost" ülkeler tarafından Sevr'e sürüklendiğini vurgulayarak şöyle diyordu:

> **Sırtımızdan meydana getirilecek bir Kürt devleti,..** bir çok **dost ülkenin** de emellerine hizmet edecektir.. Ermeniler Türk topraklarında kuracakları Ermenistan'ı Doğu Anadolu'da mı yoksa Kilikya'da mı kuracaklarını tartışıyorlar... Bütün bu faaliyetler gözümüzün önüne bir **Sevr Haritası** sermektedir... Maalesef bugünlerde **Sevr Muahedesinin yaşayan hukuki bir belge olduğuna ve uygulanması gerektiğine dair** cılız da olsa bazı sesler işitilmektedir."[349]

1970 Milli Nizam Partisi:
Tabandan Yeniden Osmanlılaştırma

Amerika'nın, *tepeden*, Demirel aracılığıyla Genelkurmay'a ilettiği İran'a Irak'a saldırıp işgal ederek Türk-Kürt Federasyonu kurma buyruğu 1965'te ordunun tepkisi nedeniyle yerine getirilemeyince, *"Alalım düşmandan eski yerleri!"* diye gümbür gümbür bağıran Mehter takımı gibi yeni bir parti kuruluyordu: Amerika ve NATO'nun Türkiye'ye yüklediği *Ortadoğu Birleşik İslam Devletleri* kurma görevini **tabandan** bir hareketle, **halkı Osmanlılaştırarak** yerine getirmeyi üstlenen Necmettin Erbakan ve Milli Nizam Partisi.

Girişimleri 1967-1969'larda başlayan, 26 Ocak 1970'de Necmettin Erbakan ve arkadaşlarınca kurulan Milli Nizam Partisi'nin programında Amerika'nın ve NATO'nun Yeniden Osmanlılaştırma istemlerine uygun biçimde şunlar yazılıydı:

(...) Anayasada aşağıdaki değişikliklerin yapılmasını zaruri görüyoruz. (...) Reisicumhur'un **tek dereceli olarak (halk tarafından seçilmesi)** ve icrai organ düzenini **Başkanlık (Presidentielle) sistemine** göre tanzimi... (...) **Cumhuriyet Senatosunun kaldırılması**... Milletvekili sayısının **300'e indirilmesi**... Meclise (...) **aşırı solcuların (...) girmesine mani**, daha kat'i hükümler getirilmesi...

(...) Vatanın bekası (...) **lüzumu halinde malını ve canını feda edecek vatandaşların mevcudiyeti**ne bağlıdır. (...) Askere milli tarih, **hamasi kültür aşılanması** (...) için askeri eğitimin daha geniş imkanlara kavuşturulmasında faide görüyoruz. (...) Partimiz **sosyalist ve komünist felsefenin karşısındadır.**

(...) «aile planlaması, nüfus siyaseti, doğum kontrolü, gebeliği önleme» adları altında yürütülen milli gelişmemizi engelleme hareketinin şiddetle karşısındayız. (...) **Beynelmilel mukavelelere, samimi olarak riayet eden milletimizin bu seviyeli tutumunu devam ettireceğiz.** (...) tarihi ve kültürel yakınlığımız olan devletlerle daha yakın münasebetler kuracağız. (...) **Dış Türklerin** (...) **haklarının müdafaası için** gereken teşebbüslerde bulunacağız.

Necmettin Erbakan MNP yıllarında

Anlaşılıyordu ki Milli Nizam Partisi, Amerika'nın ve NATO'nun bir Soğuk Savaş stratejisi olarak dayattıkları "İslam ülkelerinin önderi olarak *Ortadoğu Birleşik İslam Devletleri* kurma" görevini yerine getirmek için kurulmuştu. *İslam Dinarı, İslam Ortak Pazarı, Birleşik İslam Devleti* gibi savların tümü, Amerika'nın Soğuk Savaş kitaplarında yazılıydı. Erbakan'ın *Mehdi* olduğu propagandası bile yapılabilirdi öyleyse:

Prof. Dr. Necmettin Erbakan'ın yüzyıllardan beri beklenen Mehdi olduğunu dünyada ilk kez **El-aziz Gazetesi** iddia etti. Biz El-aziz Gazetesi olarak defalarca beklenen Mehdi'nin Prof. Dr. Necmettin Erbakan olduğunu yazdık. **Erbakan'ın Mehdi olduğu** elbetteki hiç itiraz edilemeyecek şekilde ortaya konacaktır. Ancak Erbakan'ı gönül gözüyle görmeyen onun Mehdiyetine inanamaz. Kainat çapında bir olay olan bu hakikatin anlaşılmasında bir nebze payımız olursa ne mutlu bizlere...

Amerikancı Osmanlı-İslam Savunucusu:
Mehmet Şevket Eygi

Erbakan'ın parti kurma girişimlerine başladığı günlerde, Mehmet Şevket Eygi de yayımlayacağı Bugün adlı gazetede, Amerikan Soğuk Savaş stratejisi doğrultusunda İslam Birliği, Ortadoğu Birliği, Osmanlıcılık yapacak, kışkırtıcı yazılarıyla dindarları bu doğrultuda *Kanlı Pazar* gibi eylemlere sürükleyecekti. Eygi'nin o günlerde yayımlanmış bir yazısı şöyleydi:

Kıblemize havlayan köpekler

Müslümanlara saldıran bir komünist it havlıyor: "Müslümanlar 6. Filo'yu kıble ittihaz ederek namaz kıldılar!.." - "Müslümanlar ABD emperyalizmine alet oluyorlar!.."

Bu Moskof itine "HOŞT!" demek lazım. (..) Rusya ve Çin, Allah'ı inkar ediyor; **Amerika ise Allah'a inanıyor. Dini var.** Amerika'da İslamiyeti yayabilmek hürriyeti var. Amerika inançlarımıza hürmet ediyor. Amerika ehvendir (zararsızdır), **ehaftır** (hafiftir). Rusya kızıl kafirdir, **Amerika ise ehli kitaptır.**

Ey **deccalın ismine sığınıp** (Eygi, Atatürk'ün adını ağızlarına alanlara böyle diyor-) gölgesinde yürüyen küfür çomarı. Biz senin **kör deccalın** gibi nice deccalları tepelemiş, onların nice azgın itlerini **gebertip** ayaklarından sürümüşüz. Kıblemize dil uzattın. Hesapsız bırakılmayacaksın. Burnunu sürte sürte anandan emdiğin sütü burnundan fitil fitil getireceğiz. Çünkü o süt sana helal değil; haramzade köpek!³⁵⁰

Mehmet Şevket Eygi

Bugün *Aydın görüşlü ılımlı bir Müslüman örneği* diye övülen Mehmet Şevket Eygi'nin 1969'daki söylemi buydu. Amerika'nın dayattığı İslamcılık, Osmanlıcılık, Ortadoğu İslam Birliği 1969 yılında, böylesi yazılarla savunuluyordu.

1970: Hıristiyan Misyoner Örgütü American Board Türk Halkını İslam'a Çağıran Kitaplar Yayımlıyor

Herşey Türkiye'yi Yeniden Osmanlılaştırmak ve bu yolla Müslüman Türkleri Amerikan askerine dönüştürüp Amerika'nın istediği yerlerde savaşa sürebilmek içindi. 1970'te Necmettin Erbakan'ın Milli Nizam Partisi'ni kurmasından başka, yine Amerika güdümlü Hıristiyan Misyoner Örgütü American Board bile Türk halkını Tasavvuf üzerinden dine yöneltme görevini üstlenmişti. Hıristiyan Misyoner American Board örgütünün Türkiye'deki yayınevi Redhouse, Erbakan'ın parti kurmaya davrandığı 1960'lı yılların sonunda, durup dururken "Tasavvuf" kitapları yayımlamaya başladı.

Hıristiyan Misyoner Örgütü American Board tarafından 1970'te yayımlanan Tasavvuf kitabı: Kebir'den Seçme Şiirler

Hıristiyan Misyoner Örgütü American Board tarafından 1970'te yayımlanan bir diğer Tasavvuf kitabı: Rabiat-ül Adeviye

Türkiye'deki Amerikan Hıristiyan Misyonerlerinin yayınevi Redhouse, *"Tasavvuf Aleminden Simalar Serisi"*nin editörlüğünü de Amerikan Bord Neşriyat'ın çevirmenlerinden Sofi Huri'ye vermişti. Sofi Huri, 1940'lı yılların sonlarında Amerikan Bord için pek çok kitap çevirmiş, Misyoner yayınevinin "kadrolu çevirmeni" konumundaydı. Dizinin ikinci kitabı Hallacı Mansur da yine Sofi Huri'nin çevirisiyle 1969'da Amerikan Bord Neşriyat tarafından yayımlanmış, yayınevinin adı 1969'dan sonra Redhouse olarak değiştirilince, tasavvuf dizisi yine Amerikan Bord'a ait Redhouse yayınlarında sürdürülmüştü. Sofi Huri çevirdiği bu tasavvuf kitaplarından birine yazdığı önsözde, Albay Şefik Can'a katkılarından dolayı teşekkür ediyordu.

ÖNSÖZ

«Tasavvuf Âleminden Simalar» adlı serinin üçüncü kitabını teşkil edecek olan Râbiat-ül Adeviye ile âşinalığım çok eskidir. Şark'ta ve Garp'ta dillere destan olmuş, hakkında sayısız eserler kaleme alınmış olan bu ilk kadın mutasavvıf, zihnimi çok meşgul ettiğinden, ona dair bir çok şeyler okudum, ve yıllardan beri bu işteki aczimi müdrik olduğum halde hakkında «karınca kararınca» bir eser meydana getirmeği emel edindim. Bunu Cenabı Hak şimdi nasip etti.

Râbia hakkında elime geçen eserlerde gördüğüm Bibliyografyalarda ismi geçen ve çoğu Arapça yazılmış olan eserler yüzden fazladır. L. Massignon ve Margaret Smith'in yazdıkları eserlerin de zikri sık sık geçer.

Burada sözü uzatmağı lüzumsuz sayarak, okuyucuların Râbia'nın hayat hikâyesini zevkle okuyacağını ümit ederim.

Bu sahifeleri kendisine okumuş olduğum ve kıymetli fikirlerinden faydalandığım kıymetli edebiyat hocası Albay Şefik Can Beyefendiye teşekkürlerimi arzetmekle iftihar ederim.

S. H.

Protestan Misyoner Örgütü Amerikan Board Dinler Arası Diyalog Nurcularıyla Elele

Amerikan Hıristiyan Misyoner yayınevinin 1970 Tasavvuf dizisinde kendisine teşekkür edilen Şefik Can, 26 Ocak 2002 günlü Aksiyon dergisinde kendisiyle yapılan söyleşide şöyle tanıtılıyordu: "Şefik Can, İbrahim Hakkı'nın eserlerinden çıkardığı Mevlânâ'ya ait şiirleri ihtiva eden kitabı Fethullah Gülen Hocaefendi'ye şu satırlarla takdim eder:

> "Erzurumlu büyük mutasavvıf, veli İbrahim Hakkı Hazretleri'nin, Mevlânâ'nın asırlardır solmayan gül bahçesinden topladığı bu deste gülü yine Erzurumlu büyük, eşsiz, kamil

insana takdim etmekle çok bahtiyarım. İmza: Erzurumlu bendeniz Şefik Can."

Kendisini Fethullah Gülen'e "bendeniz" (=köleniz) diyerek sunan, Protestan Misyoner Amerikan Board kitaplarında kendisine teşekkür edilen Emekli Albay Şefik Can, Aksiyon'daki söyleşisinde şöyle diyor:

"Bazıları Fethullah Hocaefendi'nin Papalık'la görüşmesini tenkit ediyorlar. Bütün insanlar Mevlânâ'nın yolunu bulsa, papaz hocayla tanışacak, kardeş olacak. Fethullah Hocaefendi'nin bir eserini Almancaya tercüme edip Alman Cumhurbaşkanı'na sunmuşlar. Onun eserlerinde büyük derinlikler var. Said-i Nursi Hazretleri,.. ayetten, hadisten söz ediyor. Tam İslamî yolda yürüyen büyük bir mücahit."

Fethullah Gülen ve Said-i Nursi'ye büyük sevgi ve bağlılık duyan American Board Tasavvuf yayıncılarından Şefik Can, 24 Ocak 2005 günü ölünce, Fethullah Gülen de kendisi için bir başsağlığı iletisi yayınlayıp şöyle diyor:

Mevlana'nın İlahi aşkla sermest bir gönül olarak tanıtılmasında ve gerçek hüviyetiyle anlaşılmasında önemli hizmetler vermiş, Hazret'in "Firakdan dolayı pare pare olmuş bir sine isterim ki, iştiyak derdini şerh edeyim" arzusuna asrımızdan yükselen bir "lebbeyk" nidası olmuş, edebiyat dünyamızın güzide siması, **gönül insanı, kıymetli dost Şefik Can Bey**'in Hakk'a yürüdüğünü teessürle öğrenmiş bulunuyorum. Merhuma Allah'tan rahmet, dost ve yakınlarına sabr-ı cemil niyaz ederim. 25.01.2005- Fethullah Gülen

"Işık Evi" Deyimi, İlk Kez
Amerikan Board Yayınında Yer Alıyor

Hıristiyan Protestan Misyoner American Board'in çevirmeni Sofi Huri'nin 1970'te yayımlanan ve Albay Şefik Can'a teşekkürle başlayan tasavvuf kitabında, Fethullah Gülen'in 1970'lerde kurmaya başladığı **"ışık evi"** deyimi de geçiyordu:

ışık evini açın," dedi, önüne bir kapı açıldı; her taraf parlak bir ışık içinde kaldı, her yer pırıl pırıl nur saçıyordu. Kız bana 'İçeri gir ' dedi girdim Dün...

Amerika Türkiye'yi Osmanlı'ya döndürmek için bir yandan Demirel'e "Türk-Kürt Federasyonu" kurmak üzere orduyu İran ve Irak üzerine saldırtma görevi verir ve yayınlar, çizgi romanlar, filmler, tarih dergileri aracılığıyla Türklerin savaşçı ruhunu ayaklandırmaya çabalarken; Osmanlı özlemini kaşıyan Necmeddin Erbakan ve Milli Nizam Partisi etkinliğe başlıyor; Mehmet Şevket Eygi'nin Osmanlıcı gazetesi *Bugün* yayına başlıyor; öte yandan da, doğrudan Amerikan Büyükelçiliği'nin kanatları altında etkinlik gösteren Hıristiyan Misyoner örgütü American Board üzerinden, Said-i Nursi'ci emekli Albay Şefik Can'la birlikte çalışan misyoner Sofi Huri'nin çevirdiği tasavvuf kitaplarını yayınlayarak **"ışık evi"** çalışmalarını başlatıyordu.

1970'li Yıllarda Cadı Kazanı Kaynıyor

Türkiye karmakarışık bir ülkeye dönmüşken 1971, 12 Mart Muhtırası, ardından 1974 Kıbrıs Çıkartması ve Amerikan Ambargosu geldi. Türkiye'yi Kore'de kendi çıkarları için savaşa süren, Ortadoğu'da Sovyet yanlısı yönetimlere karşı savaşa sürmeye çabalayan, Osmanlı'yı diriltmeye çalışan Amerika, bu tutumuyla çelişik biçimde Türk ordusunun Kıbrıs'a çıkmasına ateş püskürüyor ve Türkiye'ye silah ambargosu koyuyordu. Başbakan Demirel, Kıbrıs Çıkartması sonrası konulan silah ambargosunu "düşmanlık" olarak niteliyordu ABD Başkanıyla konuşmasında:

> **Demirel:** Türkiye'ye uyguladığınız ambargoyu ben **düşmanlık olarak niteliyorum.** Bizim harp silah ve vasıtalarımızın tümü Amerikan mehşelidir. Bir dolarlık parça için 3-4 milyonluk tayyare yere çakılı kalmaktadır. Türkiye'nin zaafa uğratılması NATO'nun zaafa uğratılmasıdır.
>
> **Ford:** Haklısınız Sayın Demirel, NATO güçlü olmak zorundadır. NATO'nun misyonunun, fonksiyonunu ancak böyle devam ettirebilir.
>
> **Demirel:** Kuvvetli bir NATO elzemdir diyorsunuz, peki kuvvetli bir NATO, kuvvetli bir Türkiye ile mi daha kuvvetli olur yoksa zayıf bir Türkiye ile mi daha kuvvetli olur?
>
> **Ford:** Elbette ki Türkiye'nin kuvvetli olması NATO'nun kuvvetini artırır.

Demirel: O zaman siz Türkiye'ye ambargo uygulayarak zaafa uğratıyorsunuz. **Bunun adına düşmanlık derler.**

Ford: Sayın Demirel, benim işimin çok güç olduğunu da dikkatinize sunmak isterim. Amerika'da devlet yara almıştır. Benden şu anda beklenen yarayı sarmaktır. Buna karşılık ambargonun kaldırılması konusu Kongre'nin bileceği bir iştir. Kuvvetler ayrılığı prensibi nedeniyle Kongre'ye müdahelem, hele icranın Watergate gibi bir olayla sarsıldığı dönemde müdahalem ters anlaşılabilir.

Demirel: Benim muhatabım Kongre değil ki Sayın Ford, benim muhatabım icra. Kongre'yi çözmek de sizin işiniz. Ben Amerikan Kongresi'nin önüne çıkıp Avrupa'nın savunmasını handikape ediyorsunuz diyemem ki, bunu siz diyeceksiniz, siz halledeceksiniz. Sizin iç meseleniz bu.

Ford: Kıbrıs'tan çekilin bu iş bitsin Sayın Demirel... **Eski statüye dönelim.** Hem Kıbrıs'ta hem savunma işbirliğinde.

Demirel: Nasıl çekilirim? **İşgalci değilim ki, mütecaviz değilim ki. Kıbrıs meselesi bir meşru müdafaa meselesidir. Kıbrıs'tan çekilmem sayın Ford.**

Demirel bu konuşma sırasında ısrarla **"ambargo is hostile"** sözcüklerini kullanıyordu, yani **ambargoyu düşmanlık olarak niteliyor**du.

1977'de ABD'de seçimler yapıldı ve seçim bildirgesinde Kıbrıs'ta Türklerin haksız olduğunu vurgulayan Jimmy Carter işbaşına geldi. Tavrı son derece açıktı, ne pahasına olursa olsun Kıbrıs sorununu çözecekti. Türkiye'ye özel temsilcisi Clifford'u yolladı. Demirel Clifford'u Başbakanlıkta kabul etti ve Kıbrıs sorununa Türkiye'nin bakışını anlattı.

Clifford: Fakat sayın Demirel, Kıbrıs'a Amerika'nın size NATO amaçları çerçevesinde verdiği silahları kullanarak girdiniz; bunları kullanmamalıydınız.

Demirel: Peki **biz Amerikan silahı kullanmışız da Rum çeteler ne silahı kullanmış? Siz Yunan ordusuna Amerikan silahı veriyorsunuz, onlar da Kıbrıs'taki Rum çetelere veriyor, bu silahlarla Türkler öldürülüyor.** Oysa biz, bize savunma maksatları için verilmiş silahlarla bir taahhüdümüzü yerine getirmişiz. Eğer ben bu taahhüdümü yerine getirmeyecek kadar zafiyet gösterirsem sizinle olan taahhüdümü yerine getireceğimden şüpheye düşmeniz lazım.

Clifford: Rumlar Amerikan silahı mı kullanmış?

Demirel: Türkleri Amerikan silahlarıyla öldüreceksiniz, sonra onların Amerikan silahlarıyla korunmasına karşı çıkacaksınız. Ben bunu esefle karşılarım.

Clifford: Anlıyorum Sayın Demirel, ancak yine de vurgulamak isterim ki Mr. Carter çok parlak bir adamdır. Büyük bir ihtimalle iki devre başkanlık yapacaktır. Mümkünse bir uzlaşma yolu bulun.

Demirel: Ben Türkiye'nin menfaatlerini savunurum. Politikacıyım. Ama Türkiye'nin veremeyeceği bazı şeyler vardır. Bunları bizden isterseniz, **ben değil hiçbir Türk hükümeti veremez.** Biz toprak edinme peşinde değiliz. **Oradaki Türklerin hayatının idamesi benden sorulur.** [351]

Demek Amerika'nın Türkiye'yi sürüklediği Osmanlıcılığın, İslam ülkeleri önderliğinin, Ortadoğu'da İslam Federasyonu kurma çabalarının bir sınırı vardı. Türkiye Osmanlıcılık yapacak, Ortadoğu'da İslam birliği kurmaya çalışacak, ama eski Osmanlı toprağı olan Kıbrıs'ta Müslüman Türklere soykırım uygulanacak olursa, Kore'ye bile gönderdiği ordusunu Kıbrıs'a gönderemeyecekti.

12 Eylül'e Doğru İslamcılık ve Osmanlılaştırma

Amerika'nın Türkiye'yi İslamcıllaştırmaya ve Osmanlılaştırmaya yönelik girişiminin amacı petrol üreticisi Arap ülkelerinin Sovyetler'le işbirliğini önlemekti. Ortadoğu'da Amerikan karşıtı dinsel akımların tabandan ayaklanmalar yoluyla iktidarı ele geçirip Amerikan karşıtı yönetimler kurmasına karşı düşünülen önlem, Amerika'ya bağımlı Ortadoğu ülkelerinde **devletleri İslamcıllaştırıp** -tıpkı Pakistan'da General Ziya ül-Hak'ın yaptığı gibi- **devlet dışında gelişecek İslamcıl akımları, İslamcılaşan Devletlere denetletme**kti. Öyle ki, yönetimi ele geçiren İslamcıların -Sovyet yandaşı olmamaları koşuluyla- Amerikan karşıtı olmalarına dahi ses çıkarılmayacaktı:

Amerikan Ulusal Güvenlik İşleri Danışmanı **Zbigniew Brzezinski,** 1977'den beri **"İslam'ın komünizme karşı bir kalkan"** olduğu görüşünü savunuyordu. İran devrimi sonrasında bile New York Times'a verdiği demeçte: **"Washington'un İran Devrimi'ni memnuniyetle karşılaması gerektiğini çünkü son tahlilde İslam'ın bölgedeki Sovyet yanlısı fikirlerle ideolojik çatışma halinde olduğunu"** söylemişti. İran'da Şah'ın İslamcı kuvvetlere karşı küçük zaferlerini destekleyen tek başkent hep Moskova olmuştu.[352]

Suudiler ve Museviler
12 Eylül'e Kutlama Telgrafları Çekiyor

Amerika'nın Ortadoğu ülkelerinde Sovyet yanlısı İslamcı halk hareketlerini Amerikan yanlısı İslamcıl devletlerle denetim altına almak istediği bu yıllarda Türkiye'de de 12 Eylül Yeşil Kuşak Darbesi gerçekleşiyor, Brzezinski'nin *"komünizme karşı İslam kalkanı"* kuramı uyarınca 12 Eylül yönetimi bir yandan tabandan gelişen İslamcıl hareketleri bastırırken, öte yandan kendisi İslamcıl uygulamalar gerçekleştiriyordu. 12 Eylül yönetimine ilk kutlama telgraflarını gönderenler, bu yönetimin Brzezinski'nin önerdiği türden İslamcılığı uygulayacağını bilen Suudi Kralı Halid ve İstanbul'daki Musevilerin ruhani lideri Hahambaşı Aşeo'ydu.

Alman stratejist Udo Steinbach *"Türkiye'nin Ortadoğu'daki rolü işte bu muhtemel senaryo çerçevesinde düşünülmelidir. Öyleyse Batı, Türkiye'yi insan hakları, işkence gibi ikincil meselelerle köşeye sıkıştırıp hırpalamamalıdır,"* diyordu. [353]

12 Eylül Yönetiminin
Osmanlı İslamcılığı

Kenan Evren yönetimi Amerika'nın ve NATO'nun Türkiye'ye yüklediği görevi üstlenerek Türkiye'yi Ortadoğu Birleşik İslam Devletleri tavına getirmenin adımlarını atarken, hapiste olan Necmettin Erbakan ve arkadaşları şaşkınlık içinde, *"Yahu bu darbe bizi içeri attı ama, bizim partinin programını uyguluyor, bu nasıl iş!"* diye hayıflanıyordu. Bu, "öyle" bir işti; NATO'nun Türkiye'ye verdiği *Yönetimi İslamcıllaştırma* ve *Yeni-*

den-Osmanlılaştırma görevi özünde askerlerindi; buna direnen subaylar çoktu orduda, ama uygulayalım diyen subaylardı iktidarda olan.

12 Eylül Yönetimi görev başında

Kenan Evren, 10 Eylül 1981 günlü New York Times'ta yayımlanan demecinde: *"Batılı ortaklarımız içinde Türkiye'yi şevkle destekleyen ve yardımları artıran tek ülke Amerika"* diyecekti.[354] Amerika hem doğrudan hem de kuklaları Suudiler aracılığıyla destekliyorlardı 12 Eylül yönetimini. Türkiye – Suudi ilişkileri bu dönemde tarihte hiç görülmediği düzeyde geliştirilmişti. Ecevit, Avrupa ülkelerinin sert tepkilerine neden olan bu durumdan duyduğu kaygıyı, **ABD ve NATO'nun Türkiye'yi Ortadoğu'da Osmanlıcılığa ve İslamcılığa ittiği vurgusunu yaparak** şöyle dile getiriyordu:

> Türkiye demokrasiden uzaklaşınca **Batı Avrupa'dan da uzaklaşıyor.** Oysa Türkiye'nin uluslararası ilişkileri çok duyarlı, ince bir denge üzerinde, çok duyarlı ve çok boyutlu bir denge üzerine kuruludur. Bu dengede **Batı Avrupa faktörü** çok önemli bir ağırlık taşır. **Batı faktörü demiyorum; Batı faktörünün içinde ABD de vardır.** Fakat Türkiye Batı Avrupa'dan uzaklaşınca, önce Batı ile ilişkilerinin dengesi bozulur. Yani Türkiye **tehlikeli ölçüde Amerika'ya yanaşarak** uluslar arası ilişkilerinde hatta bazen iç politikasında ve ekonomisinde **Amerika'yı aşırı ölçüde gözetmek** zorunda kalır.

Uluslararası ilişkilerin dengesi bozulunca da **Ortadoğu'daki bazı teokratik İslam ülkelerine yine aşırı ölçüde dayanmak zorunda kalır,..** çağdışı eğilimler Türkiye'ye de yansır. **ABD Ortadoğu'daki bu çağdışı rejimlerden bazılarıyla yakın ilişkiler içerisinde**dir. Ve ABD'nin bugün bölgemizde bir takım amaçları, hesapları vardır. Bu amaçlar içinde ABD Türkiye'yi daha çok kullanabilmek istemektedir. **NATO çerçevesi içerisinde, İslam aleminin daha sağcı kesiminin çerçevesi içinde, ABD'nin Türkiye'yi istediği gibi kullanabilme olanağı** fazlalaşır. Onun için **Türkiye'nin Ortadoğu'daki bazı çağdışı rejimlere daha çok dayanır hale gelmesinde Amerikan yönetimi yarar gördüğünü** hissettirmektedir.[355]

12 Eylül'ün "Derin" Misyonu

12 Eylül'de yönetime el koyanlar, ABD yönetiminin "bizim çocuklar başardı" (our boys did it) dediği subaylardı. Öyle ki, 12 Eylül 1980 darbesinden altı ay sonra *Genelkurmay Askeri Tarih ve Stratejik Etütler Başkanlığı*'nca Genelkurmay Başkanlığı'na gönderilen 10 Mart 1981 günlü *"Özel Jeopolitik İnceleme"*, birilerinin 12 Eylül'den neler beklediğini göstermesi bakımından oldukça ilginç ve çarpıcıydı.

T.C
GENELKURMAY BAŞKANLIĞI
ANKARA

10 Mart 1981

ATASE: 7130 – 81 SEK.
KONU: Özel bir Jeopolitik İnceleme

12 Eylül 1980 Sonrası Tedbirleri ve
Türkiyemizin Yakın Geleceği Üzerine
Bir Rapor Denemesi

(...) Türk'ün coğrafyasını, tarihini ve müsamahasını **Ortadoğu ve Balkan şartlarına göre** yorumlayamayanlar öz benliklerini yitirme eşiğine gelmişlerdir. (....) **Milletin Ankara'ya güveni ciddi biçimde sarsılmıştır** ve Türkiye'miz bugün (Mart 1981) **tek merkezden idare edilebilme imkanını yitirme** sınırına gelmiştir.(...) Her il merkezi,.. teşrii (yasama), icrai (yürütme) ve kazai (yargı) yetkileriyle techiz edile-

rek...(...) 67 il merkezimizde,.. Millet Meclisleri kurulmalıdır. (...)
(...) Yunanlılar eski Osmanlı vatandaşlarıdır... (...) Yunanistan'la bir federasyon kurmalıyız...

T.C.
GENELKURMAY BAŞKANLIĞI
ANKARA

10 Mart 1981

12 Eylül 1980
Sonrası Tedbirleri ve
Türkiyemizin Yakın Geleceği Üzerine
Bir Rapor Denemesi

Giriş

ATASE : 7130 - 81 SEK.
KONU : Özel bir Jeopolitik inceleme

İLGİ : (a) ATASE Bşk.lığı T.M.K. 61-886 B.
(b) ATASE Bşk.lığı Sorumluluk ve
Görevleri Özel Yönergesi
(Gnkur. 210-1)
(c) 12 Eylül 1980 öncesi ve sonrasında,
Türkiye'mizdeki durum ve alınan
tedbirleri yansıtan muhtelif belgeler.

1. ATASE Bşk.lığınca ilgi (a) ve ilgi (b) çerçevesinde, ilgi (c)'dekilere göre hazırlanan (12 Eylül 1980 sonrası tedbirleri ve Türkiyemizin yakın geleceği üzerine bir rapor denemesi) başlıklı yazı, Ek-1 ilişiktir.

2. Bir nevi özel JEOPOLİTİK ETÜT mahiyetinde kaleme alınan Ek-1, inceleme yazısının, bu tür çalışmalara yardımcı ve faydalı olabileceği düşünülmektedir.

Bilgi ve gereğini arz ederim.

Mahmut BOĞUŞLU
Tümgeneral
As.T. ve Str.E.Bşk.

EKLER :
EK-1 (12 Eylül sonrası tedbirleri ve
Türkiyemizin yakın geleceği üzerine
bir rapor denemesi)

DAĞITIM :
Gereği : Bilgi :
Gnkur.Per.Bşk.lığına Gnkur.Hrk.Bşk.lığına
Gnkur.İsth.Bşk.lığına Gnkur.Loj.Bşk.lığına
Gnkur.Pl.Prs.Bşk.lığına
Gnkur.Muh.Elk.Bşk.lığına
Gnkur.S.Y.Koor.Bşk.lığına
Gnkur.Gensek.liğine

a. Bu, bir jeopolitik incelemedir. 12 Eylül 1980 Bayrak Harekâtı sonrasında alınabilecek tedbirler üzerinde durulmaktadır.
Buhranlı bir dönemden geçiyoruz. Bayrağımızı yerinden indirmeye, al aşağı etmeye yeltenenler var. Bunlar sadece bazı okulların, ilk hatlardaki yönsüz gençliği değil.
600 senelik Osmanlı İmparatorluğu'na şu veya bu şekilde ilgi, yakınlık ve bağlılık duyanlardan bir kısmının bilmişliği ve kahkahaları önünde, CUMHURİYET, daha henüz 50 yaşlarında sarsılmaya başladı.
Bu alçaklığa katılanlar arasında, ATATÜRK yanlısı görülenler bile var.
Türk'ün coğrafyasını, tarihini ve müsamahasını, Ortadoğu ve Balkan şartlarına göre yorumlayamayanlar, öz benliklerini yitirme eşiğine gelmişlerdir ve ipi kopmuş tesbih taneleri gibi, sağa-sola dağılmaya yüz tutmuşlardır.
b. Bazı ayrılıkçılar ve Entellektüel sapıklar nerede ise bizi köşeye sıkıştırdılar.
Sokağa fırlayan, mikrofona geçen, eline kalemi alan ahkâm üstüne ahkâm kesiyor; bir sürü teşhis, bir sürü reçete sıralıyor.
Çok çok da 20-30 yazar, çizer ve 40-50 politikacı parlamenter güdümünde, birkaç yüz ya da bir iki bin BAŞI BOZUK, koskoca Türk Ordusunu, kışla dışında sokaklarda tesbit ediyor. Yargı organları, kendi özel kanunları çerçevesinde, ürkek ve atıl.
c. Bu yüz kızartıcı duruma karşı elbette yapılacak işler vardır ve başlatılmıştır.
Memleketimizde bir ikinci Türkiye oluşmaktadır. Şimdilerin Türkiye'si yer yer enkaz halinde imparatorluk sonrasında ikinci Türkiye, ATA'mızın da ideali idi.
d. Kısa vadede, 6 ay ile 2 senede halledilebilecek meseleler var.
Konu, aşağıda (Durum ve alınabilecek tedbirler) başlıklarında incelenmekte; ana tedbir, ilk tedbirler ve diğer tedbirler tasnifinde, 17 adet önlem üzerinde durulmakta ve bu hacimde bir jeopolitik etüt'ün elverdiği ölçüde de problem bir sonuça bağlanmaktadır.

Belgelerle Türk Tarihi Dergisi, Şubat 1997, Sayı 1, sf. 36, 37, 38, 39'da yayımlanan Mart 1981 günlü belgenin ilk sayfası

(...) **Kıbrıs dörde bölünüp** Girne Türkiye'ye bağlanabilir,.. Baf Yunanistan'a bırakılabilir,.. İngiliz üsleri bir süre şimdiki konumunu sürdürür,.. bunlar dışında kalan topraklarda da **federe bir devlet** kurulur. **Türk - Rum Federe Devleti,** Birleşmiş Milletlerle sıkı bir işbirliği halinde cennet bir ülke olabilir... (...) **Birleşmiş Milletler için Kıbrıs, bir çok ünitelerin yerleştirilebileceği ideal bir yer**dir... Ortadoğu bu yoldan bir nevi kontrol altına alınabilir..

(...) **İstanbul Valisi,** doğruca devlet bakanı tarafından seçilmiş bir kişi olarak **bakanlar kuruluna dahil** edilebilir. Büyük şehirlere **göç tahdit edilmelidir** (sınırlandırılmalıdır). Büyük şehirlere **göçte bazı rakamlar tesbit edilmeli,** 67 ilin bir kısmına yıllık kontenjanlar ayrılmalıdır.

(...) TRT ve diğer yayın organlarında **Osmanlı İmparatorluğu'nun azınlıklara karşı müsamahası uygun vesilelerle dile getirilmeli**dir.

(...) 12 Eylül Bayrak Harekatı'nın getirdiği emniyete rağmen, **milletin başkent teşkilatına, Ankara'ya güveni yok denecek kadar az olmaya devam ediyor.** 1919-1938 yılları arasında, Ankara'daki **tek lider Gazi Mustafa Kemal Atatürk, bütün Türkiye'ye yetiyordu. Ancak köprülerin altından çok sular geçti,..** Bugün (Mart 1981-eb) **tek değil, her vilayette** bir Atatürk'e; **67 adet 23 Nisan 1920 Meclisine ihtiyaç** vardır.

(...) **İstikrarsız Ortadoğu**'da ülkemiz, **son derece geniş bir kapasiteye sahiptir.** Bütün engellere rağmen ümit büyüktür; **istikbal** bir güneş gibi parlayabilir.

(...)

Bilgi ve gereğini arzederim
Mahmut Boğuşlu
Tümgeneral
As.T. ve Str.E.Bşk

Amerika'nın ancak 1990'da Sovyetler yıkıldıktan sonra yüksek sesle dillendirmeye başlayacağı türden bu gibi istemlerin, 1991'den on yıl önce, Genelkurmay ATASE Başkanlığı'nın 1981'de Genelkurmay'a sunduğu rapor denemesinde karşımıza çıkması oldukça ilginç ve anlamlıdır. 1971'de 12 Mart Askeri yönetimi sırasında Yunan Başbakanı Papadopulos *"Benim kişi-*

sel kanım odur ki, herşey Türkiye ve Yunanistan'ı bir konfederasyon kurmaya itiyor," demişti.[356] On yıl sonra 1981'de yine askeri yönetim varken, bir askeri *"Özel Jeopolitik İnceleme* raporunda yine *"Türk-Yunan Federasyonu"* ndan sözedilmesi ilginç bir durum.

12 Eylül'de Merkezi Yönetim Karşıtlığı
Yerinden Yönetim: 67 İl, 67 Eyalet

Daha 1981'de *"yerinden yönetim"* le *"merkezsizleştirme"* yi kurtuluş olarak gösterip, sanki her *il* bir *millet*miş gibi **her ilde yasama, yürütme, yargı eşdeyişle devlet yetkileriyle donanmış bir Millet Meclisi** kurulmasını ve **her ilin kendi Atatürk'ü tarafından yönetilmesini** savunmak; **her ilin kendi yasama, yürütme, yargı organları olmalı** diyerek böylece **çok hukukluluğa** yönelmek; bir yandan Türkiye'de **67 eyaletli bir federasyon** oluşturulmasını isterken bir yandan da *Türkiye-Yunanistan Federasyonu*'nun gerçekleştirilmesini önermek; Girne'yi Türkiye'ye bağlayıp Kıbrıs'ın geri kalanını bırakmak, Genelkurmay ATASE Başkanlığı'nın kendi yerli düşünceleri miydi, yoksa 12 Eylül döneminde sık sık Türkiye'ye ve özellikle de Genelkurmay'a gelip giden Alexander Haig, vb. gibi *Tek Dünya Devleti* savunucusu kimi Amerikalıların öğütlediği yapısal değişiklikler miydi bunlar?

Kenan Evren ve Eyaletçilik

Kenan Evren, 12 Eylül'den 20 yıl sonra 28 Mayıs 2000 tarihli Yeni Binyıl gazetesinde *"Türkiye'de Valileri seçilmiş dört eyalet istedim, olmadı"* derken, olasılıkla bu *"Özel Jeopolitik İnceleme"* de önerilenleri uygulamak istediğini ancak başaramadığını anlatmak istiyordu. **Atatürk devrimlerine ve onun üniter devlet öğretisine sımsıkı sarılan ordumuza böyle bir tasarıyı "Atatürkçülük" diye yutturup "Atatürkçülük" diye uygulatmak olanaksız olduğu içindir ki, başaramamışlardır.** Turgut Özal da 12 Eylül'den 11 yıl sonra 1991'de Aktüel Dergisi'ne verdiği demeçte, Kürtlerle federasyonlaşmaya gidilmesi gerektiğini savunurken *"inşallah bir gün valilerini de seçerler, bu iş biter"* diyecekti. Bu durumda Askeri Tarih ve Stratejik Etüdler Başkanlığı'nın Genelkurmay'a sunduğu 10 Mart 1981 tarihli *"Özel Jeopolitik İnceleme"*yi, o günden başlayarak adım adım tırmanan ve toplumun tüm katmanlarına yayılan **Amerikan güdümlü Osmanlıcılığın, eyaletçiliğin** ve **üniter devlet karşıtlığı**'nın tetikleyicisi olarak görmek yanlış olmayacaktır. Üçbeş kişi dışında ordunun geniş katmanlarına benimsetilmesi olanaksız olduğu için uygulamaya konulamadığı anlaşılan bu *"Özel Jeopolitik İnceleme"*, görülen o ki, çok sayıda sivil yandaş bulmuştur.

ATASE tarafından Genelkurmay Başkanlığı'na sunulan bu *"Özel Jeopolitik İnceleme"*, o yıllarda Turgut Özal'ın ağzından duyacağımız ve onun basındaki yandaşlarının yazılarında okuyacağımız *"federasyoncu, eyaletçi, osmanlıcı, ikinci cumhuriyetçi"* görüşlerin tıpkısı olması ve bunların *hepsinden önce* yazılmış olması bakımından ilginçtir. Bu durum, *"sivil muhalif"* görünümlü çok sayıda yazarın, gerçekte Genelkurmay ATASE Başkanlığı'nın 10 Mart 1981 günlü *"Özel Jeopolitik İnceleme"*sini şu ya da bu biçimde topluma benimsetmeye çabalamaktan öte *yeni* ve *sivil* bir düşünce oluşturmuş olmadıklarını da göstermektedir.

Aytunç Altındal'ın Kasım 1982'de yayımlanan *Siyasal Kültür ve Yöntem* adlı kitabında yaymaya başladığı **Osmanlı sekülarizmi ve hilafete dönüş**, Abdurrahman Dilipak'ın 1987-1989 arası geliştirdiği **İnanç Federasyonu**, Mehmet Altan'ın Ocak 1991'de diline dolamaya başladığı **II. Cumhuriyet**, Ali Bulaç'ın 1992'de yaymaya başladığı **Medine Vesikası ve Çok Hukukluluk**, vs. hepsi de Genelkurmay ATASE Başkanlığı'nın 10 Mart 1981'de 12 Eylül yönetimine sunduğu *"Özel Jeopolitik İnceleme"*den sonra ortaya atılmış ve bu incelemedeki değerlendirmeleri yaşama geçirmeye, topluma benimsetmeye çalışan görüşlerdir.

12 Eylül, bir yandan alanlarda halka Atatürkçü söylevler çekenlerin, öte yandan kapalı kapılar ardında çok hukukluluğu, yerinden yönetimi, merkezsizleştirmeyi, eyaletleştirmeyi, özetle Amerikan güdümlü *"Yeniden Osmanlılaştırma"*yı kurdukları bir dönem olarak çıkmaktadır karşımıza. Genelkur-

may'da bulunan *Toplumla İlişkiler Başkanlığı,* Amerika'nın Sovyetleri İslam ülkeleriyle ile kuşatmak üzere geliştirdiği *Yeşil Kuşak* stratejisine uygun olarak, 12 Eylül döneminde *Türk-İslam Sentezi* ve *Yeniden Osmanlılaştırma* etkinlikleri gösteriyordu.[357]

12 Eylül yönetimi, bir yandan Erbakan ve arkadaşlarını *"İslam Ortak Pazarı kurmaya çalışmak"* ve *"okullarda din derslerini zorunlu kılmayı amaçlamak"*tan dolayı suçlayarak yargılarken, aynı anda Başbakan Bülent Ulusu'yu İslam Konferansı'na gönderip *"İslam Ortak Pazarı kurulmasını"* savunuyor ve okullarda din derslerini zorunlu kılmak üzere Anayasa'ya madde koyma çalışması yürütüyordu.[358] Bu dönemin en ilginç olgularından biri de Osmanlıcılığı savunan bir "sol"un ortaya çıkışıdır.

12 Eylül Döneminin
"Hilafetçi Osmanlıcı Marksizmi"

12 Eylül'ün *Türk-İslam Sentezi* adı altında yürüttüğü Amerikan *Yeşil Kuşak* stratejisi ve *Yeniden-Osmanlılaştırma* çabalarına, kendisini "sosyalist" olarak tanıtmış bir yazardan destek geliyordu.

Aytunç Altındal, *"Marksist, sosyalist bir bakış açısıyla"* yazıp, 12 Eylül yönetiminin sola karşı en kıyıcı olduğu Kasım 1982'de yayımlanmasında sakınca görülmeyen *"Siyasal Kültür ve Yöntem"* adlı kitabında, laikliğe *"Marksizm adına"* karşı çıkıyor ve 12 Eylül yönetiminin Osmanlıcı uygulamalarını *"Marksizm ve sosyalizm adına"* destekliyordu:

Aytunç Altındal ve 1982'de 12 Eylül'ün Yeşil Kuşakçı Osmanlılaştırma uygulamalarını savunduğu kitabı: Siyasal Kültür ve Yöntem

Bu kitabının 153. sayfasında, o günlerde çok tartışılan *"İslam Ülkeleri Doruk Toplantıları"na laik T.C. Devleti'nin katılması onu zedeler mi?"* sorusunu irdeleyen Altındal, Nutuk'tan alıntılar verdikten sonra; *"Görüldüğü gibi, daha 1920'lerde "hilafet"in reorganizasyonu (yeniden örgütlenmesi) ihtimali vardır. Hatta (Atatürk'ün Nutuk'unda) "Hilafet"i bir Meclis Başkanı'nın riyasetinde* **bir devletin temsil edebileceğinin** *vurgulanması ilginçtir. Laik T.C. Devletinin kurucusu M. Kemal bu ihtimali bilenlerdendir. Bugün İslam ülkelerinde olanlar bu tarihsel gelişimin bir uzantısıdır,"* diyerek, 12 Eylül'ün Türk-İslam Sentezi ve Osmanlıcı uygulamalarını, Amerika'nın ve NATO'nun Türkiye'ye dayattığı Osmanlıcı Yeşil Kuşak buyruklarına değil de "Atatürk'ün Nutuk'taki sözlerine" bağlama becerisini gösteriyordu.

> Önemle ve özenle belirtilmesi gereken iki husus daha var. Bunlardan biri Laicisme'in Hilafet'in karşısındaki tutumudur. Laicisme uhrevi olanın, bir hanedan mensubunun «Mutlak» uhdesinde olmasına kesin karşıdır ama, ya bu temsilcilik bir Meclis'de olursa ne olur? «İslam Ülkeleri Doruk Toplantıları»na laik T. C. Devleti'nin katılması onu zedeler mi? Bu soruların yanıtı kanımızca şöyledir. Nutuk'da şu satırlar yeralıyor:
>
> Görüldüğü gibi, daha 1920'lerde «Hilafet»in reorganizasyonu ihtimali vardır. Hatta, «Hilafet»i bir Meclis Başkanı'nın riyasetinde bir Devletin temsil edebileceğinin vurgulanması ilginçtir. Laik T. C. Devleti'nin kurucusu M. Kemal, bu ihtimali bilenlerdendir. Bugün İslam Ülkeleri'nde olanlar bu tarihsel gelişimin bir uzantısıdır. Çünkü

Altındal'ın Siyasal Kültür ve Yöntem adlı 1982 tarihli kitabından

Yazılarında kendisini "Marksist" olarak tanımlamasına karşın, 1982'de yayımladığı bu kitabında, Amerika'nın ve NATO'nun Türkiye'ye *"Ortadoğu Birleşik İslam Devletleri"* kurdurtma ve bu örgütlenmeyi özellikle de *Sovyetler Birliği'ne karşı kullanma planı*ndan tek satırla da olsa söz etmeyen Altındal, 1970-1972 arasında çeşitli gazetelerde yazdığı uyuşturucu konulu dizi yazılarla narkotik alanında uzman bir yazar olarak tanınmıştı. Çeşitli ülkelerden narkotik ajanlar eğiten Amerikan Narkotik Büro'nun İstanbul'da ofis açtığı 1961'den sonra, Türkiye'de ilk kez Amerika'ya gidip New Mexico dağlarına çıkarak Hog-Farm hippylerinin LSD ustalarıyla görüşmüş, Amerikan yeraltı sinema işletmecileriyle konuşmuş, 1960-1970 arası Amerikan narkotik raporlarını elinde bulunduran ve yazılarında belge olarak sunan yerli bir uzmanımız oluyordu.[359]

Aytunç Altındal'ın 1970'de LSD ustasıyla tanıştığı Hog-Farm hippyleri, Wavy Gdavy takma adlı lideriyle 1969'da New Mexico dağlarında.

Narkotik konusunda uzman olduğu yazı dizilerinde apaçık görülen Aytunç Altındal'ın 1972'de kitaplaştırılan ilk yazısı, Amerikan BNDD'nin[360] araç, gereç ve para yardımlarıyla 1969'da kurulan[361] *İstanbul Narkotik Büro Raporu*'nun da içinde yer aldığı *"Uyuşturucu Maddeler Sorunu"* adlı kitapta *"Take tea and see / take LSD and be"* başlıklı yazıydı.

> Uyuşturucu Maddeler Sorunu. Aytunç Altındal, Prof. Dr. Rasim Adasal, Prof. Dr. Özcan Köknel, Doç. Dr. Günsel Koptagel, Prof. Dr. Alâeddin Akçasu, Dr. Aydın Uluyazman, Prof. Dr. Cahit Özen, Arslan Başer Kafaoğlu, Arthur M. Handley, İstanbul Narkotik Büro Raporu. Hastürk Yayınları, 1972.

Altındal'ın Haşhaş ve Emperyalizm kitabının kaynakçasında yer alan kitaplaşmış ilk yazısı, Uyuşturucu Maddeler Sorunu-1972

1970'lerde, Amerika haşhaş ekimini yasaklamamızı istediğinde, yasaklama karşılığında Türkiye Cumhuriyeti Devleti'ne verilecek ödencenin artırılması için gazetelere yazdığı dizilerde konuya ilişkin çok özel bilgilerle donanmış olduğunu gösteren Altındal, sonuç olarak; *"ABD beş milyon dolar teklif ederek haşhaş ekimine son verilmesini istedi... ABD'li yöneticilerin yaptıkları teklif öylesine azdır ki,.. şu beş milyonluk bedeli, hiç değilse iki-üç misline çıkartabilmeye çalışılmalıdır.."*[362] *"Sıkı bir pazarlığa girilebilseydi,.. doyurucu bir tazminat alınabilirdi." "Nixon, tazminatı artıralım,. vb. önerilerde bulunacaktır.. Nixon'un önerdiğinden fazlasını talep etmeliyiz."*[363] diyordu. Altındal "haşhaş" konulu dizi yazılarını 12 Mart Muhtırası'ndan sonra da sürdürürken, yazılarında aşağılandıklarını savlayan bir bölüm solcu, Dev-Genç'li öğrenci, molotof kokteylleri, taşlar ve sopalarla yazılarını yayımlayan gazeteyi basıyordu.[364] Altındal'ın 1970'te Amerika'nın Türkiye'de haşhaş ekiminin yasaklanması isteminden hemen önce başlayan narkotik konulu dizi yazıları, Şubat 1974'te haşhaş ekiminin serbet bırakılmasıyla birlikte sona eriyor; 12 Mart döneminde hapsedilen solcuların 15 Mayıs 1974 tarihli af yasasıyla salıverilmesinden sonra, Altındal bu kez *"Marksizm uzmanı komünist bir yazar"* kimliğiyle *"sola yol gösteren"* yazılar yazmaya başlıyordu.

Sol'un "s"sini bile yasaklayan, bütün Marksist yayınların kapatıldığı, bütün Marksist yayıncıların hapse atıldığı 12 Eylül döneminde, 1970'lerin narkotik konusunda uzman yazarı Aytunç Altındal, yayın kurulu yönetmeni olduğu "Marksist" yaftalı "Süreç" dergisinde çalışmalarını sürdürüyordu.

Altındal'ın yönettiği, Komünist Manifesto sloganıyla yayımlanan Süreç, 12 Eylül döneminde yayınını sürdüren belki de tek "komünist"(!) dergi. Yukarıda derginin tarafımızdan askeri hapishanede satın alınmış Ekim, Kasım, Aralık 1980 sayısı görülüyor. Derginin bu sayısında Atatürk'ün görüşleri ve konumu 12 Eylülcülerin istedikleri doğrultuda yorumlanmaktadır.

Aytunç Altındal, 1980'de yayımladığı "Marksist" Süreç Dergisi'nin Nisan-Mayıs-Haziran 1980 tarihli 2. sayısında Zaza Sözlüğü Üzerine 1860'larda yapılan bir çalışmaya yer veriyor ve derginin pek çok sayısına "İsmail Beşikçi'ye Özgürlük" sloganını yerleştiriyordu.

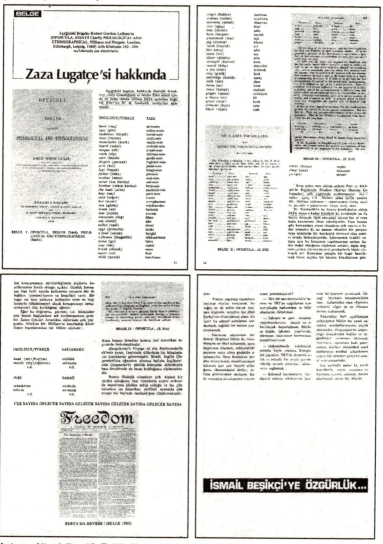

Aytunç Altındal'ın 12 Eylül döneminde yayımladığı Süreç dergisinin 2. sayısında Zaza Sözlüğü ve Temmuz-Ağustos-Eylül 1980 tarihli 3. sayısında İsmail Beşikçi'ye Özgürlük sloganı

Hapishanelere doldurulan sosyalist, komünist, demokratlara Hürriyet, Milliyet, Tercüman, Cumhuriyet gibi gazetelerin bile verilmediği, tutukluların bu nedenle açlık grevlerine, ölüm oruçlarına başladığı günlerde, solcu tutuklulara yalnızca Aytunç Altındal'ın yönettiği ve makaleler yazdığı bu "komünist"(!) derginin satılıyor olması, yaşadığımız ve üzerinde düşündüğümüz bir durumdu. Aytunç Altındal, dergisinde, gerçekte **"Ulus Devletlere Karşı"**, **"Tek Dünya Devleti"**ni savunan, **"Küresel Faşizm'in Dinsel Kalesi"** ve **"Dinler Arası Diyalogçuluk"**un önde gidenlerinden **"Bahailik"**i *"İslam Sufiliği, Yahudilik, Zerdüşt İnancı, Doğu Kilisesi, Doğu Okültizmi ve Hurufiliğin herbirinin etkisi altında, herbirinden unsurları bünyesinde sentezleştiren bir inanış"* diye överek, kadın önderlerinden '**Kurretül Ayn**'ı devrimci kadınlara örnek gösteren yazılara da yer veriyordu.

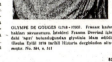

Aytunç Altındal'ın 12 Eylül döneminde yayımladığı "Marksist" Süreç dergisinin Nisan-Mayıs-Haziran 1980 tarihli 2. sayısında Bahailiğin anlatıldığı Sibel Özbudun imzalı makale

415

Altındal'ın Marksist yaftalı yazılarında, 12 Eylülcülerin Türk-İslam Sentezi adını verdikleri Amerika'nın *Kuzey Kuşağı, Yeşil Kuşak* stratejileriyle uyumlu *Osmanlıcı-Hilafetçi* görüşler, "sol" düşüncelermiş gibi sunularak yayılıyordu. 12 Eylül'ün Osmanlıcı-Hilafetçi, dahası Atatürk'ü bile hilafetçi olarak gösterebilen Altındal'ın "komünist"(!) yayınlarını özgür bırakması, o dönemde toplumun sol dahil her kesimini Osmanlıcı yapma çabasının bir ürünüydü. Gerçek Marksistler hapislere tıkıldığından, dışarıda "Marksizm Hilafetçi olamaz!" diyecek yazar da kalmadığından, en küçük bir eleştiriye dahi uğramadan sürüyordu "Hilafetçi Marksizm".

Aytunç Altındal, 12 Eylül döneminde yayımladığı "Marksist" Süreç dergisinde, Ocak-Şubat-Mart 1981 tarihli 5. sayısında bir örneği yukarıda görüleceği üzere, Atatürk'ün Saltanat'a karşı fakat Hilafeti korumaktan yana olduğuna ilişkin yayınlar yapıyor ve aynı sayıda yayımlanan *"Secularism'den Laicisme'e"* başlıklı yazısında Hilafet'in yeniden kurumlaştırılmasını savunuyordu. *Laiklik,* adlı kitabında (Anahtar Kitaplar y. 2. Bs. 1994, sf. 80) **"Asıl gericiler**... *'Bir Türk Dünyaya Bedeldir'* **diyenlerdir"** diyerek dolaylı yoldan bu sözü söylediğine inanılan Atatürk'e "asıl gerici" damgasını yapıştıran Aytunç Altındal, Mustafa Kemal'e Atatürk soyadının verilmesini de biri Ermeni kökenli olan üç kişinin marifeti olarak değerlendiriyordu bu "Marksist" dergide.

BELGE

BİRİNCİ TÜRK DİLİ KURULTAYI
Agop Martayan Beyin Tezi

Aytunç Altındal'ın 12 Eylül döneminde yayımladığı "Marksist" Süreç dergisinin Ocak-Şubat-Mart 1981 tarihli 5. sayısında Atatürk soyadını Agop Martayan'ın önerdiği uydurmasını yayan yazısı.

Altındal, bu yazısında; *"Agop Martayan Dilaçar, M. Kemal'e Türklerin Babası anlamında kullanılması kaydıyla Atatürk adının verilmesini öneren üç kişiden biri hatta birincisi olarak tanınır. Oysa soyası yasası çıkartıldığında M. Kemal kendisine soyadı olarak "Öz" kelimesini almış ve adını "Mustafa Kemal Öz" olarak tescil ettirmişti"* diyerek tek tümcede bir kaç yanlış birden yapıyordu. Atatürk soyadını Agop Dilaçar önermediği gibi, M. Kemal kendi soyadını hiç bir zaman *"Öz"* olarak tescil ettirmemişti; ikisi de uydurmaydı bu savların.

Aytunç Altındal, Kenan Evren'in Cumhurbaşkanlığı sona ermeden bir yıl önce, 1986'da, bu kez "Laiklik" adlı kitabını yayımlayacak; bir "Marksist Düşünür" olarak *"Kemalist laikliğe son verilmesi ve Osmanlı sekülarizmine geçilmesi"* çağırısında bulunacaktı. Bu kitabında Cumhuriyet dönemini olumsuzlarken Osmanlı'nın azınlıklara çok iyi davrandığını örneklerle anlatan Altındal, *"Muhammed Peygamber'in Hıristiyanlarla Yaptığı Mukavelenin Tam Metni"* diyerek bir yazı da eklemişti kitabına. Bu "mukavele"de Peygamber'in *"Papaz ve keşişlerden vergi alınmayacak,.. Müslümanlarla birlikte savaşa gitmeleri –Hıristiyanlar'dan- istenmeyecek ama Müslümanlar Hıristiyanları korumak ve kollamakla yükümlü olacak,..* **Hıristiyanlar kızlarını Müslümanlarla evlendirmek zorunda olmayacak, Hıristiyanlar Müslüman kızlara damat adayı olduklarında Hıristiyan diye red edilmeyecek,..*"* dediğini söylüyordu. Altındal'ın bu çalışması 10 Mart 1981'de Genelkurmay ATASE Başkanlığı tarafından Genelkurmay'a sunulan "özel jeostratejik inceleme"de yer alan; *"yayın organlarında Osmanlı İmparatorluğu'nun azınlıklara karşı müsamahası uygun vesilelerle dile getirilmelidir,"* önerisine upuygundu. *"Seküler"* diye ululadığı Osmanlı düzenini, *Laik* diye kötülediği Cumhuriyet'e karşı yüceltirken, şöyle diyordu Aytunç Altındal:

> "(Seküler) Osmanlı'lar, Fatih Dönemi'ne kadar, **Hıristiyanlarla işbirliği yapmak**'tan ve Hıristiyanlarca öne sürülen fikirleri benimseyerek, (Hıristiyanlarla) birlikte eylemlere girmek'ten çekinmediler, kaçınmadılar." (age-s.51) - "(Seküler) Osmanlı'lar **Latin-Grek Kültürü'nün doğrudan temsilcileri**

idiler,. (Osmanlı Devleti'ni kuran Sekülerist) Osman Gazi'nin başarıya ulaşmasında,. **Hıristiyanların da payı** vardı. Çeşitli iktisadi ve siyasi mülahazalarla (Sekülerist) Osman Gazi'yi destekleyen (Hıristiyan) Bizans Tekfurları ve diğer **Hıristiyan Cemaatleri** vardı. (Sekülerist) Osman Gazi, bu **(Hıristiyanlarla) 'istişare'** etmeden önemli kararlar vermez idi." (age-s.54,55) - "(Seküler) Osmanlı Devleti'nde, yürürlükte olan vergilerin hemen hiçbiri Osmanlılar tarafından özgün olarak keşfedilmiş değildir. Tamamına yakını daha önce başka **(İslam-Dışı) İnanç Sistemleri** tarafından konulmuş vergilerdi. (Seküler) Osmanlı, bunları aynen korumuş, yalnızca adlarını değiştirmek ile yetinmişti.. Benzer şekilde, ağırlık ölçüleri ve takvim de (Seküler) Osmanlı'ların özgün keşifleri değildiler. Bunlar da başka (İslam-Dışı) Kültürler'den alınmışlar, geliştirilerek kullanılmışlardı; **çoğu İslami şeriata uygun değildi.** (age-s.61) - "(Seküler) Osmanlı Toplumu'nda, egemen (yönetici) sınıf, bir tek ırkın temsilcilerinden oluşmuyordu. Değişik toplumlardan (değişik ırklardan, değişik dinlerden) gelen yöneticiler, bir **mozaik** oluşturuyorlardı. Bu **mozaik**ten bazı adlar sayalım: Thomas Katavolinis (Rum, II. Mehmet'in sekreteri), Sigismund Thomaseviç (II. Mehmet'in Bosna yöneticisi),.. Bu adlara daha birçokları eklenebilir,.. Hiçbiri özbe öz Türkmen ve/veya Arap değildi. Daha önemlisi, **İslami bir geçmişleri yoktu,.** (Seküler) **Osmanlı devlet geleneği,** (Osmanlıların) **Hıristiyanlarla çok yönlü ilişkiler** kurmalarında çok yararlı olmuştur. (Seküler) Osmanlı'lar,. **Müslümanlardan çok gayri-müslimlerin padişahı durumund**aydılar (..) (Öylesine ki!) (Sekülerist) Osman Gazi öldüğü zaman, yakınları onu **eski bir kiliseye gömmek**'ten çekinmemişlerdir!" (age-s.63,64) - "(Seküler) Osmanlı'da, Müslüman ve **Hıristiyan zabitlerin** (Subayların) **bir arada görev aldıkları** pek çok (Askeri) teşkilat vardı. Örneğin Voynuk Teşkilatı'nda Çeribaşı Müslüman, Primkür ve Likatör (ler) Hıristiyan Zabitler'den **seçilir**di." (age-s.65) - "(Seküler) Osmanlı'nın 1850'de kabul ettiği Ticaret Yasası, **Fransız (Hıristiyan Batı) Ticaret Yasası** idi, bunun çevirisi idi. Osmanlı Hanedanı (Sekülerist olduğundan dolayı-eb), bu (Hıristiyan Batı Yasasını) aynen aktarmakta bir beis (kötülük, sakınca) görmemişti, çünkü (Osmanlı'da) böyle (Seküler) bir gelenek vardı. **1858 Ceza Yasası** da Fransızca'dan çevrilmiş (Hıristiyan Batı'dan alınmış) idi. 1860 ve 1861'de, Deniz Ticaret Yasası ve diğer Ticaret Yönetmelikleri, **Fransa'dan çevrilmiş (Hıristiyan Batı'dan aktarılmış)** idi." (age- s.66,67) - (Osmanlılar öyle Seküler idiler ki!) "Bir **Hıristiyan Mezhebi**'ne bağlanan Mary Fisher, soluğu (Seküler Osmanlı) Sultanı IV. Mehmed'in huzurunda almıştı, (Seküler Osmanlı) Sultanı (Sekülerizm gereğince!) **Mary Fisher**'i -dinini (**Hıristiyan mezhebini) özgürce yayabilsin diye-** yanına koruyucular da vererek! -**İstanbul'a Göndermiştir**." (age-s.58) - "Osmanlı **(seküler olduğu için)** topraklarında 600'den fazla Fransız, 500 Amerikan ve İngiliz, 200 İtalyan, 60 Rus ve 25 Alman (= **toplam 1385 tane Hıristiyan Batı Okulu**) vardı. **Fransızlar ve onların 'Dinsel ve Laik' öğretim kurumları, neredeyse tüm Anadolu'yu sarmıştı**. 'Alliance Française' ve 'Mission Laique' ile 'Office Nationale des Universites et des Grandes Ecoles Françaises', tüm **Müslüman topraklarında cirit atıyorlardı** (çünkü 'Osmanlı Sekülarizmi' vardı-eb). Lübnan'daki 'Freres de St. Joseph' üniversitesine bağlı olarak çalışan **sayısız misyoner (Hıristiyan din propagandacısı), Anadolu'yu adeta parsellemişler**di. Bazı Müslüman ailelerin çocukları da bu okullarda eğitilmişlerdi. Daha sonra Cumhuriyet Dönemi'nde **'Kemalist / Devletçi Laisizm'in en kararlı savunucuları, işte bu çocuklar olmuş**tur." (age-s.81,82) - "Yine bu dönemde, seçilmiş bazı (Müslüman) Osmanlı gençleri, eğitim amacıyla Avrupa'ya **(Hıristiyan Batı'ya)** gönderilmişti." (age-s68,69) - '(Seküler) **Osmanlı Toplumu, Çok - Dilli** bir toplumdu,.. Fatih Dönemi'nde devletin resmi yazışmalarında **Bizansça** ve **Uygurca** da kullanılıyordu. (Fatih'ten sonra) II. Bayezid Dönemi'nde ise, resmi yazışmalarda **en çok Bizansça** kullanılmıştı." (age-s.62) '(Seküler) Osmanlı'lar, **Fatih Dönemine kadar 'Merkeziyetçi, Mutlakiyetçi'** anlayışı değil, bir anlamda **(yönetimde) 'çoğulculuğu'** uyguladılar.. Yönetimde Çoğulculuk'u uygulamaları, Osmanlı'yı başarıya götüren etkenlerin başında gelir." (s.51) "(Seküler) **Osmanlı ordusunda ve yönetiminde 'çoğulculuk' ilkesi** geçerliydi.. (=**Gayri-müslimler, Osmanlı'nın yönetiminde ve sanatında etkili** oluyorlardı)" (s.55) - "(Seküler) **Osmanlı toplumunda, diğer dinlere ve inançlara,. bağımsızlık ve özerklik tanınmıştı**" (s.58) -

"Aynaroz gibi bir (**Ortodoks Rum**) **ibadet merkezine bunca yüzyıldır tanınmış olan otonomi, başlı başına bir 'Hoşgörü ve Anlayış' (Sekülarizm-eb) nişanesi**dir." (s.79) - "**Sekülarizm, Din ve Devletin ayrı ayrı özerk olmalarını savunur. 'Laiklik' ise, Din'in Devletin kesin denetimi altında olması görüşünü savunur.**" (s.26) "**Kur'an'da 'şeriatın gereği olarak' Sekülarizm** (dinsel yargıları güncel-dünyevi yaşamdan kasden dıştalamak-) **vardır**. Hem de, Yahudilik ve Hıristiyanlıkta olmadığı kadar (çok-) vardır.. Kur'an'a ve Şeriat'a göre, **birey**'e o çağların Hıristiyanlığında ve Yahudiliğinde olmayan bir **serbesti** tanınmıştır."-"Kur'an'da somut insanlar vardır ve onlardan düşünmeleri istenmektedir... (İslam'da) insanoğlu her şeyi düşünebilir; buna **Allah'ın varlığı ve yokluğu (üzerine düşünmek) de dahildir!**" - "İslamiyet öyle bir hukuk telakkisi getirmiştir ki, bunlar bugünkü Anayasalarda ve "Haklar Beyannameleri'nde gördüğümüz bazı **özel kişi hakları**'na benzemektedir" - "(Bugünkü, çağdaş) Anayasalar ve İnsan Hakları Beyannameleri çağımızda tam anlamıyla sekülar (dinsel yargıları güncel-dünyevi yaşamdan kasden dıştalayan) nitelikte belge ve anlaşmalardır. Günümüzden yaklaşık 1400 yıl önce, **birey**'lere, çağımızın (dinsel yargıları kasden dıştalayan-) Anayasalarındaki ve İnsan Hakları Beyannameleri'ndeki "Sekülar" (dini dıştalayan-) hüküm ve kararlara benzer Özel Haklar sağlamış/ getirmiş olan inanç sistemi de, İslamiyet'tir, ve onun Kutsal Kitab'ı Kur'an'dır. (Bkz-Age-s.34'ten 45'e.) -"Türkiye'de **(Seküler) Osmanlı**'nın tersine, **(Laik) Cumhuriyet** yönetimi, 'Din'i Devlet'in yönetimine ve denetimine soktu. (Seküler) Osmanlı Devleti'nde **özerk olan İslamiyet** (yine tıpkı İslamiyet gibi **özerk, otonom olan Rumluk, Ermenilik, Yahudilik**) Cumhuriyet Devleti'nde (Laiklik nedeniyle) bu özelliğini yitirdi." (s.87)

"Osmanlı Toplumu'nda bugünün T. C. Devleti'nde olmayan bir **dil özgürlüğü-dolayısıyla "düşünce özgürlüğü"** ve **"yazı özgürlüğü"** vardı." (Bkz-Laiklik-agb-s.62) - "1928'de **Kur'an dili olan yazı** kaldırıldı, gerçekte **Kilise yazısı olan** Latin alfabesi alındı." (age-s.76) "(Böylece) Kemalist / Devletçi Laisizm, Türkiye toplumu **De-İslamizasyon**'a tabi tutmuş ve bunu gerçekleştirebilmek için de **toplumu tarihsizleştirmiş, dilsizleştirmiştir**." (age-s.92) "**Sekülarizm**' (demek), '**Lai-**

sizm' (demek) değildir (Çünkü: **Altındal'ın tanımladığı anlamda Sekülarizm, dinsel topluluklara, bağımsızlık, özerklik, otonomi, muhtariyet vermek; Laiklik ise, dinsel toplulukları üniter devlet denetimine almak demektir**.-eb) **'Sekülarizm'** Osmanlı döneminde, **Laisizm** ise Cumhuriyet Döneminde etkili oldu. (sf. 29) Türkiye'de **'Devlet Laisizmi'** nden vazgeçilip, Laisizmin yeniden yorumlanarak sivilleştirilmesine (Toplumsallaştırılmasına) bakılmalıdır. T.C. Devleti'nde Laisizm'in sivilleştirilebilmesi için nesnel temel vardır. Bu **Osmanlı Sekülarizmi**'dir." (s.101)

Türkiye'de **'Kemalist / Devletçi Laisizm'in geleceği yoktur**.. Son beş yıllık (1980, 12 Eylül darbesinden 1986'ya değin) **uygulanan deneye** bakıldığında, **Türk Silahlı Kuvvetlerinin artık bu konuda çığırtkanlık yapan** (Kemalist Laik) **çevrelerin kullanımına girmeyeceği, giremeyeceği anlaşılmaktadır."** (sf. 91, 93)

"Marksist" Altındal'ın Kur'an'ı, İslam'ı ve Osmanlı'yı "seküler"; Kemalizm'i ve Cumhuriyeti "laik" olarak niteleyip, "seküler" dediği Osmanlı'yı *iyi*, "laik" dediği Kemalist Cumhuriyet'i *kötü* gösteren yazıları, 12 Eylül yönetimine Amerika tarafından dayatılan İslamcılaşma-Osmanlılaşma politikası için oldukça elverişli, ince kandırmacalardan oluşuyordu. Bütün bir "sol"u ezip geçen 12 Eylül yönetiminin, kendisini ve yönettiği dergiyi Komünist olarak gösteren Altındal'ın yayınlarını engellememiş olması doğaldır. 12 Eylül Zbignew Brzezinski'nin "Sovyet yayılmasına karşı Amerikan şemsiyesi altındaki İslam ülkelerinde devletlerin kendilerini daha çok İslamcı göstermesi" doğrultusundaki buyruklarını uyguluyordu; Altındal'ın görüşleri de Amerikan Ulusal Güvenlik Danışmanı, CFR, Trilateral Commission ve Bilderberg üyesi Brzezinski'nin buyrultusuna upuygun bir "kuramsal dayanak" sunuyordu.

Amerika'nın, NATO'nun, İsrail'in ve Avrupa'nın Türkiye'ye dayattığı *"Osmanlı Millet Düzeni'ne dönüş"* Aytunç Altındal'ın 1986'da yayımlanan "Laiklik" kitabında "Osmanlı Sekülarizmi", Abdurrahman Dilipak'ın 1987'de yaptığı konuşmalardan oluşan "Savaş, Barış, İktidar" kitabında ise "İnanç

Federasyonu" olarak çıkıyordu karşımıza. Altındal'ın önerdiği *Osmanlı Sekülarizmi* uygulanacak olsa Dilipak'ın *İnanç Federasyonu* gerçekleşmiş oluyor; Dilipak'ın *İnanç Federasyonu* uygulanacak olsa, Altındal'ın *Osmanlı Sekülarizmi* gerçekleşmiş oluyor; fakat her iki durumda da ABD, NATO, Avrupa ve İsrail'in istekleri yerine getirilmiş oluyordu.

12 Eylül ATASE Başkanı'ndan "Türkiye - Osmanlı Savaşı"

12 Eylül dönemi Genelkurmay ATASE Başkanı Tümgeneral Boğuşlu, Belgelerle Türk Tarihi Dergisi'nin 1985 yılı ikinci yayın dönemi ilk sayısında yayımlanan *"Türkiye'de Laiklik ve İrtica Üzerine Psikolojik Harekat"* başlıklı yazısında şöyle diyordu:

> İstiklal Harbine ve Lozan Antlaşmasına rağmen **T.C ile eski Osmanlı İmparatorluğu arasında, başta Laiklik olmak üzere bazı noktalarda sanki hala sürüp giden bir psikolojik savaş hali mevcuttur.** Bu savaş siyasi haritalarda görülüp gösterilmeyen sınırlarda, T.C. ile Osmanlı İmparatorluğu arasındaki siyasi, sosyal ve ekonomik sınırlar üzerinde sanki **hala devam eden psikolojik hudut muharebeleridir.**
>
> Laiklik ilkesinin yürürlüğe girmesiyle güdülen maksat, İslamiyetin siyasi olmayan bir yörüngeye oturtulmasıdır. Laikliğin siyasi hedefleri dışında kalan diğer hedefleri ise, aslında İslamiyetin de hedefleri paralelindedir. Herhalde bu sebepledir ki rahmetli **Atatürk "Türk milleti daha dindar olmalıdır"** diyor.
>
> Dinin, İslamiyetin en azından disiplin meselesi olarak ele alınması ile ilgili hususlar: Bilindiği gibi din, İslamiyet, öteki dünya ile ilgili hükümleri dışında en azından bir disiplin, disiplin kuralları kümesidir. Zamanın çok çeşitli ve zor şartları içerisinde toplumda ve bilhassa aile seviyesinde disiplin ihtiyacı daha da artmaktadır. Disiplin, dünyanın en pahalı üretimidir. Disiplini kolaylıkla üreten ve de ucuza maledebilen bir düzen, asker ocağı, kışlalar ve bazı eğitim kuruluşları dışında, henüz icad edilmemiştir. **Türk tarihinde disiplini en ucuza imal edebilen düzenlerden biri ise, İslamiyettir.**

Kur'an'ı Kerim'i ezbere bilen hafızların yanında Türkler bu mukaddes kitabı 10-15 dakikada ve 3-5 sahifede özetleyebilecek derecede bilgi sahibi olmalıdır. **Din adamı tipinde değişikliğe gidilmeli, her türlü meslekten; hakimden, savcıdan, avukattan, lise öğretmeninden, doktordan, gemi kaptanından yeni bir din adamları yetiştirilmelidir. Bu arada sayıları son yıllarda artan İmam Hatip Okulları reorganize edilmeli, bu okullara endüstriel, ticari, turistik vs. hüviyetler de kazandırılmalıdır.**[365]

Türkiye Cumhuriyeti ile Osmanlı arasında politik bir psikolojik savaş olduğunu doğru olarak saptayan Tümgeneral'in *"yeni jeopolitiğe"*, başka bir deyişle *"Amerikan-Türk işbirliğinin bu raporun yazıldığı 1984'te zorunlu kıldığı gereksinimlere"* göre önerdiği psikolojik savaş yöntemleri, Cumhuriyeti değil Osmanlı'yı güçlendirecek nitelikler taşıyor ve İmam Hatip mezunlarının üniversitelere alınarak hakim, doktor, vs. her mesleğe yayılmaları, Necmettin Erbakan ve partisi 12 Eylül mahkemelerinde yargılanmaktayken, 12 Eylül'ün "psikolojik savaş" generali tarafından öneriliyordu.

12 Eylül, Aydınlar Ocağı ve Türk-İslam Sentezi

Cumhuriyet'le Osmanlı arasındaki politik psikolojik savaş sürerken, Aytunç Altındal'ın Ocak 1980'de yayımlanmaya başlayan *Süreç* dergisi, Kasım 1982'de yayımlanan *Siyasal Kültür ve Yöntem* ve Mayıs 1986'da yayımlanan *Laiklik* adlı kitaplarında işlediği *İslam'da Sekülerizm* ve *Osmanlı Sekülarizmi* konuları, 20 Haziran 1986 günü Cumhurbaşkanı **Kenan Evren** Başkanlığında gerçekleştirilen *Atatürk Kültür Dil ve Tarih Yüksek Kurulu*'nun 10. toplantısında **devlet politikası** olarak kabul edilen *"Kültür Unsurlarının ve Kültür Politikasının Tespitinde Uygulanacak Yöntem ve Sorumluluklar"* başlıklı raporda şu tümcelerle yer alıyordu:

> Milli kültürün oluşturulması ve kuşakların uyum sürecinde **İslam dininin sekülarizasyon dünyevileşme vasıflarından** istifade etmesini bilmeliyiz. **İslam'da sekülarizas-yon**dan yararlanmasını bilmeliyiz. Batı'da bunun örnekleri vardır.

Calvin (Kalvin) Fransa'da, **Luther** Almanya'da sanayileşmenin temelini **sekülarizasyonla** kurmuşlardır... Kültür de bir hayat tarzı olduğuna göre bu sistemin içine **laiklik prensibini zedelemeden din unsurunu eklemeliyiz.** [366]

"Osmanlı Sekülerizmi" ve 12 Eylül'ün Devlet Politikası

Cumhurbaşkanı **Kenan Evren** başkanlığında, Başbakan **Turgut Özal,** Genelkurmay Başkanı Orgeneral **Necdet Üruğ,** Devlet Bakanı **Mesut Yılmaz,** Milli Eğitim Gençlik ve Spor Bakanı **Metin Emiroğlu,** Kültür ve Turizm Bakanı **Mükerrem Taşçıoğlu,** Milli Güvenlik Kurulu Genel Sekreteri, YÖK Başkanı **İhsan Doğramacı,** Atatürk Yüksek Kurulu Başkanı **Suat İlhan** ve Cumhurbaşkanınca tayin edilen Yüksek Kurul üyeleri Prof. Dr. **Reşat Kaynar,** Prof. Dr. **Hamza Eroğlu,** Prof. Dr. **Şükrü Elçin** ve **Vefik Kitapçıgil**'in katıldığı sözkonusu toplantıda **devlet politikası olarak benimsenen** *Aydınlar Ocağı* damgalı raporda yer alan bu sözler, kendisini "Marksist" olarak tanıtan Aytunç Altındal'ın *"ilk kez ben ortaya attım,"* dediği **"Kemalist Laikliğin yerine Osmanlı Sekülerizmini koymak"** görüşünün, **devlet politikası** olduğunu göstermektedir. Aydınlar Ocağı Başkanı; *"Türk-İslam terkibi tezimizin 1980 sonrasında Devlet katında kabul ve itibar gördüğü doğrudur,"* diyordu basına verdiği demeçlerde.[367] 1977 başlarında Sovyetler Birliği'nden yapılan Türkçe radyo yayınlarında *"sahte komünist"* olanak tanıtılan[368] Aytunç Altındal'ın *"İslam seküler bir dindir, Osmanlı da seküler bir devletti, Kemalist laikliği bırakıp Osmanlı sekülarizmine geçelim,"* görüşü, Aydınlar Ocağı'nın Atatürkçülükle İslamcılığı *Türk-İslam Sentezi*'nde bağdaştırma açmazına "çözüm"(!) olarak görülürken, Altındal da *Laiklik* kitabının Mayıs 1986 tarihli 1. baskısında şöyle diyordu:

> Türkiye'de **'Kemalist / Devletçi Laisizm'in geleceği yok**tur.. Son beş yıllık (1980, 12 Eylül darbesinden 1986'ya değin) **uygulanan deneye** bakıldığında, **Türk Silahlı Kuvvetlerinin artık bu konuda çığırtkanlık yapan** (Kemalist Laik) **çevrelerin kullanımına girmeyeceği, giremeyeceği anlaşılmaktadır."**
> (sf. 91, 93)

Aydınlar Ocağı'nı Türk-İslam Sentezi diye bir ideoloji oluşturma çabasına yönelten, Türk ulusunu başta sosyalizm olmak üzere yabancı ideolojilerin yıkımından koruyacak yerli bir ideoloji arayışıydı. Gerçekte yerli bir ideolojimiz vardı: Atatürkçülük. Ama özellikle de ordunun alt basamaklarında egemen ve yaygın olan Atatürkçülük, Amerika'nın Türkiye'yi Osmanlı'ya döndürmesine ve Türk Ordusu'nu dilediği gibi kullanmasına 1945'ten bu yana engel oluyor, bu bağlamda Yeşil Kuşak Stratejisine de uygun düşmüyordu. Atatürkçülüğün Amerikan buyruklarına uymaz yanlarının atılması ve içine Amerika'nın Soğuk Savaş stratejisine uygun din ögelerinin şırınga edilmesi gerekiyordu. Atatürkçü görünülecek, fakat bu Atatürkçülük Amerika'nın istediği biçime dönüştürülmüş *Osmanlıcı-İslamcı bir Atatürkçülük* olacaktı. Genelkurmay'da *"psikolojik harekat"* yürütmek üzere TİB adıyla kurulan *Milli Güvenlik Kurulu Toplumla İlişkiler Başkanlığı* ve Aydınlar Ocağı'nın düzenlediği Milliyetçiler Kurultayı'nda kurulmasına karar verilen *Türk Kültürünü Araştırma ve Dökümantasyon Merkezi*[369], 12 Eylül Devleti'nin kültür politikası gereği, Altındal'ın görüşlerini de içeren Türk-İslam Sentezi düşüncesini yaymaya çalışıyordu, Amerika'nın Türkiye'ye Ortadoğu'da verdiği görevi ideolojik engeller olmaksızın yürütebilmek için...

"Hilafetçi Marksizm"
"Türk-İslam Sentezi"
ve "Siyonist Osmanlıcılık"

Amerika'dan dayatılan Türkiye'yi *Yeniden Osmanlılaştırma* ve *İslamcıllaştırma* çizgisinin aynen uygulandığı, bu uğurda *"hilafetçi-osmanlıcı sol"*un bile oluştuğu 12 Eylül döneminde, Cengiz Çandar'ın *"Ortadoğu Çıkmazı"* adlı kitabı yayımlandı. 1983'te yayımlanan bu kitapta Siyonist Oded Yinon'un *"1980'lerde İsrail İçin Strateji"* başlıklı raporu yer alıyor ve İsrail'in de kendi Siyonist amaçları doğrultusunda Ortadoğu'nun Yeniden Osmanlılaştırılmasından yana olduğu ortaya çıkıyordu. *"Hilafetçi Osmanlıcı komünizm"* ne denli ilginçse, *"Siyonistlerin Osmanlıcılığı"* da o denli ilginçti. Fakat, *"Hilafetçi*

Osmanlıcı Komünist" yayın organında, Siyonistlerin ve emperyalistlerin de tıpkı kendileri gibi Osmanlı Düzeni'ni savunduklarına ilişkin tek satır bilgi yer almadığı gibi, *"kendi öz buluşumuz"* diye savundukları *Türk-İslam Sentezi* görüşünün 1945'ten bu yana CIA tarafından Türkiye'ye dayatıldığına ilişkin en küçük bir değini de yoktu. Bu apaçık çarpıklığı sorgulayamayacak denli toy, kendilerinin "sosyalizme" hizmet ettiklerine inandırılmış bir avuç matbaacılık öğrencisinin emekleriyle çıkıyordu / *"Osmanlıcı Komünist"*(!) yayınlar.

1980'lerde İsrail İçin Strateji: "Osmanlıcı Siyonizm"

İsrail'li bir yazar olan Shahak, yayımladığı kitaplar ve makalelerle İsrail'in dış politikasına ilişkin pek çok gerçeği gözler önüne sererken, Ortadoğu'nun biçimlendirilmesi konusunda İsrail'in ne gibi tasarıları olduğunu da açık seçik ortaya koymuştu.

Bunlardan belki de en önemlisi, Siyonist Oded Yinon tarafından yazılan ve 1982'de Dünya Siyonist Örgütü'ne bağlı Enformasyon Dairesi'nin yayın organı *Kivunim*'ce basılan[370] rapor *İsrail'in "Ortadoğu'yu Osmanlılaştırma"* projesiydi. **İsrail Osmanlı İmparatorluğu'ndaki "eyalet ve millet sistemi"ni uyarlayarak, bölgede kendi içinde özerk devletçikler oluşturmayı amaçlıyordu.** Ralph Schoenman, Oded Yinon'un raporunun, *İsrail'de gerek ordu, gerekse haberalma örgütünün üst kademelerine egemen olan düşünce yapısını* sergilediğini söylerken, "solcu" olarak ünlenen Amerikalı Yahudi düşünür Noam

Chomsky de Oded Yinon'un *"1980'lerde İsrail İçin Strateji"* başlıklı raporunda yer alan planı, açıkça destekliyordu. *The Zionist Plan for the Middle East*' adlı çalışmasında raporu yorumlayan İsrael Shahak, İsrail'in **Yeniden Osmanlılaştırma** planıyla **Ortadoğu ülkelerinin** etnik ve dini yönden *parçalanmasını* amaçladığını açıklarken şöyle diyordu:

> 1982'de Siyonist örgüt tarafından yayımlanan Proje'de, Irak'ın da Basra çevresinde güneyde bir Şii devleti, kuzeyde Musul çevresinde bir Kürt bölgesi, ortada Bağdat çevresinde bir sünni devleti olarak üçe bölünmesi amaçlanıyor. Irak bir yandan petrol bakımından zengin, öte yandan da içte bölünmüş bir ülke olarak, **İsrail'in hedefi** olmaya adaydır. **Irak'ın bölünmesi İsrail için Suriye'nin bölünmesinden çok daha önemlidir.** Nüfusun % 65'nin iktidara hiçbir siyasi katılımı yok. İktidar, % 20'lik bir seçkin tabakanın elinde. Ayrıca, **kuzeyde büyük bir Kürt azınlık** var. İktidardaki rejimin elinden, ordu ve petrol gelirleri alındığında Irak'ın gelecekteki durumu, Lübnan'ın geçmişteki durumundan farklı olmayacak. **Irak etnik ve mezhepsel olarak bölünecek; kuzeyde bir Kürt Devleti; ortada bir Sünni ve güneyde Şii devleti. Lübnan beş bölgeye bölünecek**: Bir **Maruni-Hristiyan** bölgesi, bir **Müslüman** bölgesi, bir **Dürzi** Bölgesi, bir **Şii** bölgesi ve Haddad'ın milisleri aracılığıyla **İsrail**'in denetimi altında olacak bölge... Sıra, **Suriye'nin etnik ve mezhepsel olarak bölünmesi**ne gelecek; kıyıda bir **Alevi devleti**, Halep'te bir **Sünni devleti**, Şam'da ayrı bir **Sünni devleti** ve Golan, Hauran ve Kuzey Ürdün'de bir **Dürzi devleti**. İsrail'in güvenliği için **Suriye'nin parçalanması** zorunludur.

İsrail'li Oded Yinon'un 1982'de Siyonist örgütçe yayımlanan bu raporunun en önemli yanı, bunun bir "rapor" olarak kalmayıp, 2003'te Irak'tan başlayarak Amerika tarafından uygulamaya konulmuş olmasıdır. Yıllardır Filistin ve Arap komşularıyla sürekli çekişme ve çatışma içerisinde bulunan İsrail, kendi kurtuluşunu **Ortadoğu'nun Yeniden Osmanlılaştırılması**'nda gördüğünü açıkça dile getiriyordu 1980'lerde. Örneğin İsrail Başbakanı Ariel Şaron 1982'de Ortadoğu'da *yeniden Osmanlı Millet Düzeni'nin kurulması* gerektiğini savunuyor, İzak

Rabin de bunu *"Ortadoğu Birleşik Devletleri"* adıyla dile getirip gerçekleştirmek için çalışıyordu. Muzaffer İlhan Erdost, bu önemli noktalara dikkat çektiği kitabında şöyle diyordu:

> Amy Spangler; *"Noam Chomsky ile İstanbul Diyarbakır Seyrüseferi"* yazısında, Chomsky'nin Kürtlerin elinden tutarak, **Osmanlı millet modeli** üzerinden, eski, geleneksel topluluklar olarak, tarikat ve cemaatler olarak, **modern federal bir sistem**de buluşturarak kurtulacaklarını muştulayan sözlerini şöyle aktarıyor: *"İlk olarak dünyanın her yerinde ulus devletin yaşama kabiliyetinin sorgulandığını belirterek, ulus devletin Avrupa'da, yıllarca yaşanan şiddetin bir sonucu olarak doğduğunu anlattı. Ulus devlet sisteminin empoze edilmesi ve zorla uygulanması, sistematik bir şiddete yol açıyordu. Ulus devletin aşınması, yavaş yavaş yokolmasını olumlu bir gelişme olarak değerlendirdiğini belirtti. Çare, federal devletler içinde özerk bölgeler oluşturabilmekti. Bölgesel özerklik ve bağımsızlık üzerine kurulan bu sistemi Osmanlı İmparatorluğu'na benzeten, ancak Osmanlı'nın çok otokrat olduğunu vurgulayan Chomsky, böyle bir çerçeve içinde ve daha geniş federasyonların bir parçası olarak Kürtlerin yaşadığı bölgenin özerklik statüsü kazanabileceğini söyleyince büyük bir alkış aldı."* (Postexpress, 2002/02, sf. 34)"

Kendisini tüm dünyaya "demokrat solcu düşünür" olarak tanıtan ulus-devlet düşmanı, etnik-mezhepsel bölücü, Osmanlıcı Yahudi dilbilimci Noam Chomsky

(...) Chomsky, Avrupa'nın federasyona doğru gittiğini belirtiyor ve *"Bunu Osmanlı İmparatorluğu'na benzetmek mümkündür,"* diyor; *"Osmanlı İmparatorluğu'nun elbette çok kötü yanları vardı ama iyi yanları da vardı. Bunlardan bir tanesi de bölgesel özerklik noktasıydı. Bu tür bir gelişme içinde umarım ki gelecekte de özerk bir Kürdistan olacaktır."* (Zaman, 15 Şubat 2002)" (...) Kudüs Federal Araştırmalar Enstitüsü Başkanı **Daniel Elazar**, *"Ortadoğu için ulus-devletlerin değil, etnik-dinsel cemaatlerin doğal örgütlenme biçimlerinin belirleyici olduğunu"* ve ***"Osmanlı millet sisteminin mümkün bir model olduğunu"*** ileri sürmüştü."(Naom Chomsky, Kader Üçgeni: ABD-İsrail ve Filistinliler, İletişim y. İst. 1993. s. 541)

Prof. Daniel J. Elazar,
Bar-Ilan University, Israel Temple University

(...) İsrail Yabancılar Bürosu'nda daha önce çalışmış olan Oded Yinon, *"(Ortadoğu'nun) Osmanlı döneminde Doğu Akdeniz kıyılarında olduğu gibi dinsel ve etnik küçük parçalara ayrılması gerektiğini"* ileri sürüyor (Kader Üçgeni, s. 535, 536), Boaz Evron, Şaron'un planını, *"Osmanlı İmparatorluğu'nun "millet sistemi"nin "yeniden canlandırılması"* olarak tanımlıyordu. (...) **Osmanlı millet modeli** burada, Ortadoğu ile sınırlı olarak öneriliyordu.

Ariel Şaron

Chomsky Kader Üçgeni'nde, *"Bazılarının bölgenin 'Osmanlılaştırılması' adını verdikleri şey"*in *"uzun vadede akla yatkın bir hedef olabileceğini"* yazıyor ve bu akla yatkın hedefi şöyle özetliyordu: *"Yani güçlü bir merkez (Bugün ABD destekli İsrail, yarın Türkiye) ve büyük bölümüyle, tercihen birbirine hasım olan etnik-dini cemaatlere bölünmüş bir bölgeyle, Osmanlı İmparatorluk sistemine benzer bir yapının ihyası."*(s. 535)"(...) Boaz Evron, *"Şaron'un 1982'de önerdiği şey, aynı dinsel-etnik kökenden gelenlerin birer "millet" oluşturması, ama milletlerden birinin silahlı olması ve baskı altındaki halka tiranlık etmesidir,"* diye yazıyordu; *"Üstelik, "millet" territoryal (topraksal) olmadığı, dinsel ve etnik bakımdan örgütlendiği için, açık ve seçik tanımlanmış sınırlara sahip olması olanaklı değildi."*(Kader Üçgeni, s. 540) İsrail'in Ankara Büyükelçisi Zvi Elpelig, İsrail Başbakanı **İzak Rabin**'in radikal bir Yahudi tarafından öldürülmesinin ardından, *"bu öldürümün Ortadoğu Birleşik Devletleri'ni kurmalarını engellemeyeceğini"* söylüyordu. (Milliyet, 12 Kasım 1995)

İzak Rabin

(...) "Bunları daha önce CIA analistleri önermiş,.. Henze'nin **federasyon** dayatışını (1993), Fuller'in **"Osmanlı modelini deneyin"** önerisi izlemişti. (Yeni Yüzyıl, 5 Ekim 1996)"[371]

Muzaffer İlhan Erdost'un araştırmasında açıkça görüleceği üzere, Soğuk Savaş'ın Amerika tarafından kurgulanan en önemli araçlarından biri olan **Yeniden Osmanlılaştırma** korosuna 1980'lerin başında açıklanan ve kuşkusuz çok daha önce hazırlanan planlarla, İsrail de katılmıştı. Türkiye'de çoğunlukla İslamcılar tarafından İslamcıl gereklerle savunulan Osmanlıcılığın ABD ve NATO dayatması olduğu denli, İsrail tarafından da Siyonizm amaçlara uygun bulunarak savunulduğu belgelenmişti. Osmanlıcı Siyonistlerin Amerika'yla ayrıldıkları nokta, Amerika **"bu plan Sovyetler Birliği'ni yıkmak için gereklidir"** derken, Siyonistlerin **"İsrail'in güvenliği için gerekli"** görmesiydi. Yeniden Osmanlılaştırmanın, Osmanlı eyalet ve millet düzeninin savunucusu İsrail, daha 1979'da başlamıştı Türkiye'deki etnik araştırmalarına:

Osmanlıcı Siyonistler Etnik Araştırmalara Başlıyor

ABD Dış Politika Enstitüsü'nün Ankara'da basına kapalı olarak toplanan "Türkiye – Ortadoğu İlişkileri Çalışma Grubu"nda devletin en üst noktalarında bulunmuş bir yetkilinin bu çerçevede söyledikleri çok önem taşıyordu: "İsrail'de a-raştırmacılar son üç yıldır (1979'dan bu yana) Türkiye'deki azınlık sorunlarını incelemeye başladılar. Türkiye gelecekte Arap müttefiki olarak İsrail'e hasmane bir tutum takınırsa bu İsrail için çok büyük bir tehdit oluşturur. O zaman Türkiye'nin destabilizasyonu İsrail için son derece önem taşır. Bu yüzden de etnik incelemeler yaptırırlar." Bu iddianın doğruluğuna ilişkin çeşitli işaretler vardı. Örneğin **17 Haziran 1982'de Tel-Aviv'de toplanan Dünya Soykırım Kongresi'ne sunulan 150 bildiriden altısı Ermeni Soykırımı konusundaydı.** Aynı tarihte ABD resmi kuruluşu olan **Soykırım Anma Konseyi'**nin yönetim kurulu üyesi Monroe Freedman **"20 yüzyılın ilk soykırımı olması nedeniyle Ermenilerin de soykırım müzesinde temsil edilmesine karar verildiği için"** Türk diplomatları tarafından tehdit edildiklerini Washington Post'a açıklıyordu.[372]

1980'lerde İsrail'in **Ortadoğu'yu Yeniden Osmanlılaştırma** planları çeşitli kitaplar ve köşe yazıları aracılığıyla kamuoyuna çıtlatılırken, Türkiye *Yeniden Osmanlılaştırmacı* Cumhurbaşkanı Kenan Evren ve *Yeniden Osmanlılaştırmacı* Başbakan Turgut Özal tarafından yönetiliyor, Amerikancı çizginin şaşmaz izleyicisi Özal da Amerika ve İsrail'le aynı ağızı kullanarak **Osmanlı Millet Modeli'nin biricik kurtuluş yolumuz olduğu** doğrultusunda demeçler patlatıyordu.

PKK da İslam'a ve Osmanlıcılığa El Atıyor

Derken 1984'te PKK ayrılıkçı eylemlere başladı. Ne mi istiyorlardı? Osmanlı Eyalet Düzeni'ne dönülse yeterdi kendileri için. Amerika'nın 1965'te Demirel üzerinden dayattığı Türk-Kürt Federasyonu, PKK açısından bir çözüm olabilirdi örneğin. Kendisini Anadolu Federe İslam Devleti Başkanı olarak tanıtan ve Halife ilan eden Cemalettin Kaplan'dan destek arayan PKK lideri, Ümmetçiliği, Osmanlı toplumsal yapısını övüyor ve şöyle diyordu:

19 Temmuz 1994- Milliyet

Bugün bizim yürüttüğümüz mücadele, İslam'ın ortaya çıktığı zamanlardaki mücadele kadar önemlidir. Bizim mücadelemiz sonucunda **Müslümanların özlediği Asr-ı Saadet'e yakın bir biçim** ortaya çıkabilir. Ortadoğu'da Kürt sorununu çözmek **Kürdistan'ı İslam enternasyonalizminin beşiği yapmak** anlamına gelir. Kürt sorunu en yakıcı bir İslami sorundur. Biz de **İslam'a en yakın hareketiz. İslam'ın gerçekleştirilmesinde iddialıyız.** İslami kurtuluşun bu çerçevede gerçekleşeceğine eminiz.

Osmanlıcı Yunanlı Kitzikis'ten
Türk-Yunan Federasyonu

Böyle bir ortamda, Özal'a danışmanlık yapan Yunanlı tarihçi Dimitri Kitzikis 1985'te *"L'Empire Ottoman"* (Osmanlı İmparatorluğu) diye bir kitap yayımlamış, Osmanlı'nın bir Türk-Yunan İmparatorluğu olduğunu ve bu niteliğiyle yeniden diriltilmesi gerektiğini savunuyordu. Bir Türk-Yunan Federasyonu kurularak Osmanlı'yı diriltmek, Balkanlar ve Ortadoğu'yu *Yeniden Osmanlılaştırmak* olanaklı ve gerekliydi Kitzikis'e göre. İlginç olan şuydu ki, Boğaziçi Üniversitesi'nde öğretim görevlisi olan, Özal'ın danışmanlarından Yunanlı tarihçinin *Türk-Yunan Federasyonu Yoluyla Osmanlı'nın Diriltilmesi* savı, önceki sayfalarda belgeleriyle gösterdiğimiz gibi, Genelkurmay ATASE Başkanlığı'nın Genelkurmay'a sunduğu 10 Mart 1981 günlü "özel rapor denemesi"nde aynen yer alıyordu.

Osmanlıcı Özal'dan "Türk-Yunan Federasyonu" ve "Helleno-Türkizm"

Derken Turgut Özal da bir kitap yazdırıp kendisi yazmış gibi yayımlatarak, ABD, NATO, Avrupa ve İsrail'in istemi olan Yeniden Osmanlılaştırma'yı Avrupa Birliği'ne uyarladı.

La Turquie En Europe (Avrupa'daki Türkiye) adlı kitabın "yazarı" Başbakan Turgut Özal ve Yunanlı meslekdaşı Papandreu

1988'de "La Turquie En Europe" adıyla Fransızca olarak yayımlanan ve Avrupa Birliği'ne başvuru dilekçesinin gerekçesi olarak sunulan bu kitap, Dimitri Kitzikis'in *"Osmanlı İmparatorluğu bir Türk-Yunan İmparatorluğuydu"* savına da göndermeler yapıyor; İngilizcesi Yahudi asıllı İngiliz Türkolog Geoffrey Lewis'in sunum yazısıyla yayımlanan bu kitapta Özal, *"Bizi Türk sayarak dışlıyorsanız bilin ki bizim Türk denecek bir şeyimiz yoktur, uygarlık adına neyimiz varsa hepsini Yunanlılardan aldık, bizim kültürümüz Yunan kültürüdür, oğlumun adı olan Efe bile Yunancadır; Avrupa Birliği'ne girmemiz için kültürel engel yoktur,"* diyordu. Bu kitapta **"Helleno-Türkizm"** kavramına da olumlayarak göndermede bulunan, *Türk kimliği* yerine *Osmanlı kimli-*

ğini öne çıkaran Özal, **Osmanlı'da pek çok yöneticinin Türk kökenli olmadığını**, altını çizerek örneklerle vurguluyor ve *'biz tepemizde Türk olmayan yöneticiler bulunmasını yadırgayan bir toplum değiliz, Avupa Birliği'ne alınmamıza bu açıdan da herhangi bir engel yoktur,'* demeye getiriyordu öz olarak. Avrupa Birliği'ne **Türk kimliğiyle ve üniter ulus devlet yapısıyla** alınmamız olanaksız görülüyor olmalıydı ki, Özal **"kozmopolit", eyaletçi, Osmanlı kimliğini** öne çıkartıyordu başvuru dilekçesine eklediği bu kitapta.

Bir yıl sonra Sovyetler Birliği'nin çökeceğini düşünmüyordu kimse.

BEŞİNCİ BÖLÜM

1990 SONRASI TEK KUTUPLU DÜNYADA DİN ÜZERİNDEN EMPERYALİST OYUNLAR VE YENİ OSMANLICILIK

Kasım 1989'da Sovyetler'in başını çektiği sosyalist bloku ve iki kabadayılı dünyayı simgeleyen Berlin Duvarı yıkıldıktan sonra, Bush ve Gorbaçov 2-3 Aralık 1989'ta Malta'da buluşarak Soğuk Savaş'ın sona erdiğini duyurmuşlardı.

Kasım 1989 – İki kutuplu dünyanın simgesi Berlin Duvarı yıkılıyor.

Gorbaçov, Reagen ve Bush, dostluk gösterisinde.

Sovyetler'in çöküşünden sonra gözler Ortadoğu İslam Arap ülkelerinden Orta Asya'ya Sovyetler'deki Türk Cumhuriyetlerine dikilmiş, Amerika Fethullah Gülen takımını hemen Orta Asya'da okullar açmakla görevlendirmiş, kendisi de 16 Ocak 1991'de Yeni Dünya Düzeni çığlıkları atarak Irak'ın üzerine çullanmıştı.

I. Körfez Savaşı, Türkiye'de artık dünyanın değiştiği, Soğuk Savaş dönemi politikalarının sona erdiği, Amerika'nın Sovyetler varken komünizme karşı gerek duyduğu İslamlaştırma ve Osmanlılaştırmanın bundan böyle dayatılmayacağı yargısına yol açtı. Öyleyse Osmanlıcılığı bırakmak, dört elle laikliğe sarılmak gerekiyordu.

I. Körfez Savaşı başladıktan bir ay sonra, Şubat 1991'de Amerikan beslemesi Osmanlıcılar, İslamcılar ve Türk-İslam Sentezcileri kendilerini "işten atılmış" duyumsadılar. Çünkü devlet sarığı fesi bir yana atmış telaşla frak giyiyordu. Nokta dergisinin 24 Şubat 1991 tarihli kapağı şöyleydi:

"Nereden Çıktı Bu Laiklik!"

Sorunun yanıtı kolaydı: 1945'ten sonra İslamcılık nasıl Amerikan isteğiyle parlatılmışsa, 1991'de Laiklik yine Amerikan isteği *sanılarak* üstelik daha bir gün önce İslamcı Osmanlıcı Eyaletçi girişimlerde bulunan Amerikancı Özal tarafından *yanılgı anlaşılıncaya dek* parlatılacaktı. Dergi, olayı en ince ayrıntısına dek şöyle veriyordu:

> Gündeme dış politikayla bağlantılı olarak laiklik getirildi. **Yurt dışı temsilciliklere yazılar gönderilip "laik Türkiye tanıtımı"** isteniyor. İslamcılığın körüklendiği 1980'li yıllar geride kaldı. **1990'lı yılların modası laiklik! Hiç değilse laikmiş gibi yapmak.** İyi de **nereden çıktı bu laiklik?**
>
> Bundan (24 Şubat 1991-eb) yaklaşık bir ay kadar önce (Aralık 1989- Ocak 1990 Gorbaçov'la Bush'un Malta'da bir araya gelip "Soğuk Savaş Bitti" dedikleri günlerde-eb) **Dışişleri Bakanlığı dünyanın hemen her ülkesindeki büyükelçiliklerimize "hizmete özel" bir yazı** gönderdi. Yazıda **"Türkiye'nin laik bir ülke olarak tanıtılması için yapılabilecekler"** konusunda rapor, görüş isteniyordu. Dışişleri Bakanlığı **Türkiye'nin laik atağının ilk sinyallerini veriyordu.** Bu yazı üzerine büyükelçilikte kollar sıvanıyor, bir anda **"Laik Türkiye kampanyası"** için hazırlıklar başlatılıyordu. Dışişleri Bakanlığı'ndan üst düzey bir yetkili Nokta'nın bu yazıya ilişkin sorularını hayretle karşılıyordu: **"Nereden duydunuz bunu?"** Ardında da, adının açıklanmaması kaydıyla şunları anlatıyordu: **"Evet, yukarıdan (Cumhurbaşkanı Özal'dan-eb) gelen bir istekle hazırlandı yazı.** Daha çok **Avrupa ülkelerine ve Birleşik Amerika'ya yönelik** bir istek. **Türkiye'nin laik bir ülke olduğunu, üstelik bölgedeki tek laik ülke olduğunu bu ülkelere anlatmak** amaçlanıyor. Laiklik kozu, Türkiye'nin dış politikada önemli bir kozu olacak."
>
> **Laiklik atağı** konusunda ikinci açık sinyal, Özal'ın Şubat ayında Davos'ta yapılan Dünya Ekonomik Forumu'na uydu aracılığıyla gönderdiği mesaj oldu. **Özal: "Türkiye serbest Pazar ekonomisi uygulayan laik bir devlet olarak model teşkil edebilir,"** diyordu.
>
> Bu arada özellikle İstanbul'da gözlerden kaçan ilginç bir gelişme yaşanıyordu son günlerde. **Radikal İslamcılar, polis tarafından üçer beşer toplanıp gözaltına alınıyordu.** AK Doğuş ve İBDA yayınlarının yöneticileriyle Kıvam Hukuk Bürosu'nun yöneticilerinin de aralarında bulunduğu **yaklaşık 200**

kişi gözaltına alınmış, işin ilginç yanı bunların avukatlarıyla görüşmelerine de izin verilmemişti.

Devlet şimdi laiklik istiyor. Bütün bunlar **yakın gelecekteki gündeminde laiklik olacağının** açık göstergeleri.

Aytunç Altındal: "Körfez Savaşı ve sosyalist ülkelerin kriz içine sürüklendikleri çağımızda, **Türkiye'nin laik rolü** ve konumu,... onu istese de istemese de artık hayatın her alanında rasyonel fikir üretmeye yöneltecektir," diyor.

Abdurrahman Dilipak Nokta'ya şu yorumu yapıyor: "Türkiye **Laiklik diye yeni bir dinin** truva atı. **Amerika'nın ilahlığına dayanan yeni bir din."**

Türkiye'nin yeni rolü konusunda ortalık toz dumana boğulacak. **Özal, Türkiye'nin direksiyonunu laikliğe doğru kırarken, "kurtuluşu İslamiyette bulanlar" bu role var güçleriyle karşı koyacaklar.** ANAP içindeki İslamcılar laiklik atağına karşı çıkıyorlar. Özal, laiklik atağında inandırıcı bulunmuyor. **Bugün Amerika'nın Ortadoğu'daki temsilcisi olabilmek, Avrupa topluluğuna girebilmek için laikliğe soyunan Özal'ın yarın dengeler değişince "tek yol hak dini İslam" demeyeceğini kimse garanti edemiyor.**

Abdurrahman Dilipak ise bu konuya şöyle yaklaşıyor: "ANAP için herşey **konjöktüreldir.** İman, vatan, millet, Sakarya ya da Sümerbank..."

Derginin laikliğe dönüş atağı konusunda söyleşi yaptığı iki yazardan biri Abdurrahman Dilipak, diğeri Aytunç Altındal'dı. Çünkü her ikisi de uzunca bir süredir Laikliğe karşı *Osmanlı Sekülerizmi* dedikleri laikliğin içini boşaltan bir kavramı savunuyorlardı yazılarında. Dilipak, çok doğru olarak laikliğe yönelişin **konjöktürel** yani iki kutuplu dünyada Amerika öyle istedi diye başladığını, Amerika yarın bundan dönerse, laikliğe dönüşün de biteceğini söylüyordu, ki öyle olacaktı gerçekten. Aytunç Altındal ise, Özal'la birlikte laiklik atağına katılmış, laikliği savunmaya başlamıştı.

Nokta dergisinin bu sayısında kendisine bir sayfa ayrılan Altındal, "laiklik atağı"nı olumlayarak şöyle diyordu:

Önümüzdeki yıllarda Avrupa'da en çok tartışılacak olan konu, hiç kimsenin kuşkusu olmasın ki, **dinsel gericilik ve laiklik** olacaktır.

(Kabaran gericiliğe karşı-eb) Avrupalı hükümetler **bütçelerine sekülarizmin / laikliğin araştırılması ve geliştirilmesi için fonlar** eklemekle meşguller.

Türkiye laikleşme yolunda akılcı bir programla uluslar arası arenaya çıkmalıdır.

Osmanlıcı Hilafetçi görüşleriyle tanınan Aytunç Altındal da laiklik atağına katılıyor

Yıllar boyu Türkiye'nin Kemalist laikliği bırakıp Osmanlı'ya dönmesini ve Hilafeti kurmasını savunan Altındal, Sovyetler çöker çökmez laikliğe sarılıyordu. İslamcılığı ve Osmanlılaşmayı **yalnızca Sovyetler'i güneyden kuşatmak için zorunlu** sanıp, Sovyetler yıkılınca Osmanlılaşmanın, İslamcılığın biteceğini düşünen Engin Ardıç da Sovyetler yıkılır yıkılmaz şöyle yazıyordu köşesinde:

Dincilerin Hüzünlü Çelişkisi

Sovyet komünist imparatorluğuna karşı stratejik olarak oluşturmaya çalıştığı "yeşil kuşak" girişiminden vazgeçti Amerika... Gerek kalmadı, çünkü komünizm bitti, Sovyet imparatorluğu da dağılma sürecinde.[373]

Bu ortamda Altındal'ın "laiklik atağı" 1992'nin son aylarına dek sürecek, 3 Temmuz 1992 günlü Milliyet gazetesinde yayımlanan bir yazı dizisinde, "laiklik atağı"nı Türkiye'ye laiklik konferansı düzenleme önerilerine dek tırmandırarak şöyle diyecekti:

> Türkiye hiç vakit kaybetmeden, bir **uluslararası laiklik konferansı** düzenleyebilir.

Yeni uluslar arası koşullarda, tek kutuplu dünyada Amerika'nın Osmanlıcılığı İslamcılığı desteklemeyeceğini düşünerek laikliğe dönüş yapan Osmanlıcılar yanılıyorlardı. Amerika'nın Türkiye'ye verdiği Osmanlılaşma görevi 1945'ten bu yana *"Sovyetleri yıkmak için gereklidir"* diye sunulmuşsa da gerçeğin bu olmadığı kısa süre sonra Amerika'nın Türkiye'ye yeniden İslamcılaşma dayatmaya başlamasıyla anlaşılacak ve Altındal da tıpkı Özal ve çevresi gibi, yeniden Osmanlıcı Hilafetçi söyleme dönecekti.

Osmanlı geliyor! Ecdat geliyor!

1992 sonunda Türkiye'de yeniden Osmanlıcı rüzgarlar esiyor, kaçak olduğu İngiltere'den dönen Kadir Mısıroğlu'nun Osmanlıcı demeçleri 5 Eylül 1992'de Hürriyet gibi çok satışlı gazetelerde veriliyordu:

Kadir Mısıroğlu; *"Fesi Türkiye Cumhuriyeti'ne ve devrimlerine isyanı temsil ettiği için takıyorum. Kemal'in devrimleri ters yüz edilmeli. Osmanlı geliyor! Ecdat geliyor!"* diyordu.

Soğuk Savaş bitmişti ama, Amerika'nın Türkiye'den Osmanlıcılığı bırakıp laikliğe sarılması beklediği yoktu, bu yalnızca Türkiye'nin bir sanısı ve derin yanılgısıydı.

1990: ABD, PKK'ya İslamcılık öneriyor

Özal'ın laiklik atağı başlattığı günlerde Ufuk Güldemir'in 6 Şubat 1990 günlü Cumhuriyet'te yayımlanan haberinde, CIA'nın yan kuruluşu olan RAND Corporation, PKK'ya Marksizm'i bırakın İslam'a yönelin öğüdünü veriyordu:

> Eğer militan Kürt grupları **Marksizm yerine İslamî ideolojiyi bayrak yaparlarsa,** Kürtleri devlete karşı mobilize etme şansları yüksektir.

Güldemir'in bu haberini yorumlayan Uğur Mumcu'ya göre *"Ankara'daki eski CIA istasyon şefi Paul Henze'nin de çalıştığı "Rand Corporation", tüm İslamcı akımların Amerikan çıkarına hizmet etmesi için izlemesi gereken yolları da öneriyor"*du[374]

PKK, ABD'nin İslamcılık Önerisine Sarılıyor

Gerçekten de PKK, CIA'nın "Marksizmi bırakın İslamcı motifler kullanın ki sizi destekleyelim" öğüdünü bir ay gibi kısacık süre sonra benimsiyordu:

> Son zamanlarda **Kürt örgütleri, din duygularını ve dince kutsal kavramları da kullanmaya** başladılar. Kürtçülüğe kitle tabanı sağlamak isteyen **ayırımcılar,** şimdi din silahına da sarılıyorlar. [375]

1990: ABD, Kuzey Kıbrıs'ta İslam Üniversitesi Kurduruyor

Özal "laiklik atağı" başlata dursun, Amerika, Güneş gazetesinde yayımlanan 28 Şubat 1990 günlü habere göre Kuzey Kıbrıs Türk Cumhuriyeti topraklarında Suudi Rabıta örgütü - American Cornelle Üniversitesi işbirliğiyle bir "İslam Üniversitesi" kurulmasına çalışıyordu.[376]

1991: ABD, Körfez Savaşı'yla Kürdistan Kurmaya Başlıyor

Aynı günlerde bir tokat daha geldi Amerika'dan. Güneri Civaoğlu, Körfez Savaşı sırasında Amerika'lı bir yarbayla yaptığı söyleşiyi yayımladı:

Amerikalı yarbay ile dev Ortadoğu haritasının önündeyiz. Sağ elinin avuç içini Musul / Kerkük vilayeti olan alanda gezdiriyor. Ve sakin bir sesle kelimeleri tane tane seçerek anlatıyor:

"İşte Kürt devleti burada kurulur. Savaş bitecek, Saddam çökmüş olacak. Yörede devlet kalmayacak. Devlet otoritesinden yoksun boşluk doğacak. Kürtler bir devlet kurarak buradaki boşluğu dolduracaklar. Türkiye'den toprak isterler."

Ona anımsatıyorum. Türkiye bunu kabul etmeyeceğini açıklamış bulunuyor.

Amerikalı yarbay, **"O zaman çarpışacaksınız"** diyor.

Soruyorum: Türkiye'nin düzenli orduları, silahları, topları, füzeleri var. Böyle büyük bir güce nasıl karşı koyarlar?

Amerikalı yarbayın verdiği yanıt düşündürücüdür:

"Irak'ın kuzeyindeki Kürtlerin de yakında silahları olacak. Saddam'ın bıraktığı silahlar onlara kalıyor. Belki Türkiye'de sizinkilerden bile ileri silahları olacak."[377]

ABD, Ermeni Soykırımını Kongre'ye Getiriyor

Amerika bir yandan PKK'yı İslamcı çizgiye çağırıyor, bir yandan Kuzey Irak'ta Türkiye'den toprak isteyecek bir Kürt devleti kurdurmaya çalışıyor, bir yandan Kıbrıs'ta Suudi parasıyla Amerikan üniversitesi kurduruyor, bir yandan da Ermeni Soykırımı tasarısını Kongre'de oya sunuyordu. Ortadoğu yeniden cadı kazanına dönmüştü.

Soğuk Savaş'ın sona ermesi Amerika'yı Soğuk Savaş boyunca uyguladığı *Ortadoğu'yu etnik ve mezhepsel eyaletlere bölüp din temelinde ve kendi güdümünde bir federasyon çatısı altında birleştirme stratejisi*nden uzaklaştırmadığı gibi, tersine bu stratejiyi daha da ödünsüz biçimde uygulamaya yöneltmişti.

Sovyetlerin yayılmasına set çekmek, onun yıkılışını sağlamak için gereklidir denilen Ortadoğu birliğinin, Osmanlılaştırmanın, Sovyetler yıkılır yıkılmaz daha güçlü bir biçimde savunulmaya başlanması, düşündürücüydü. Demek ki, Sovyet korkusu Osmanlıcılık üretiminde yalnızca bir bahaneydi. Amerika Türkiye'ye Sovyet korkusu olmasa da Osmanlılaşmayı dayatacaktı.

Tek Kutuplu Dünyada
Küreselleşme ve Osmanlılaştırma

Gözlerden kaçan, Amerika'nın 1946'da ortaya koyduğu Soğuk Savaş stratejisinin Tek Dünya Devleti kurmak amacına yönelik olduğuydu. Soğuk Savaş, William C. Bullitt tarafından daha en başında *yalnızca Sovyetleri yıkmak için değil, aynı zamanda Amerika önderliğinde Tek Dünya Devleti kurmak için* ve bu amaca uygun yapılanmaları daha Soğuk Savaş'ın en başında oluşturmayı öngören bir stratejiydi. Bu bağlamda tıpkı Amerika tarafından kurulan Avrupa Birliği gibi, Amerika tarafından Osmanlı örneğine dayalı olarak kurulmaya çalışılan Ortadoğu Federasyonu da *yalnızca Sovyetler'i yıkmak için değil, aynı zamanda Tek Dünya Devleti kurulması için* de gerekliydi. Amerika'nın Soğuk Savaş sona ermesine karşın Ortadoğu'yu Osmanlılaştırma çabasını sürdürmesinin nedeni buydu. Bunu daha iyi anlamak için William C. Bullitt'in 1946'da ortaya koyduğu stratejiyi anımsamak gerekiyor. Şöyle diyordu Bullitt:

> Sovyet Rusya'yı Birleşmiş Milletler'de veto yetkesini kullanarak dünyadaki huzursuzluğu körüklemekten alıkoymak sorunu, kimi Amerikalıları yeni çözüm yolları düşünmeye yöneltti. **Birleşmiş Milletler Kurumu yerine,** demokratik ilkelere bağlı ve insan özgürlüklerine saygılı bir **"Federal Dünya Hükümeti"** örgütü kurmak düşüncesi bunlardan biridir. **Bu atılımla** (= Federal Dünya Devleti kurma atılımıyla) Sovyetleri komünizm inancının dünyayı elegeçirme düşünden ayıracağımız gibi, koyu diktatörlüğe bir son vermek de olanaklı olabilirdi. Aynı demokratik geleneklere sahip **hür dünya ulusları arasında bir Federasyon kurmak** olanaksız

değildir. **Tek bir Federal Hükümet** kadrosunda birleşmek her zaman mümkündür.. Bugün **Birleşmiş Milletler Kurumu** yerine **"Federal Dünya Hükümeti"** düşüncesini savunanlar yaşamın en büyük trajedisiyle karşı karşıya bulunuyorlar. Sovyetler Birliği korkunç bir diktatörlükle yönetilmektedir. Diktatörlükle yönetilen bir ülke "Federal Dünya Hükümeti"ne alınamaz. (Dolayısıyla, Rusya'da komünist yönetim varolduğu sürece yeryüzünde **Federal Dünya Hükümeti** kurulamaz). **Avrupa Federasyonu, Ortadoğu Federasyonu, Asya Federasyonu,** vb. gibi- **bölgesel birlik ve birleşmeler** kurma yolu Birleşmiş Milletler Anayasası'na aykırı değildir. **Beklediğimiz tarihi an gelince,** (Rusya komünizmden uzaklaşınca) bu **iğreti adım,** yerini **Dünya Federasyonu** girişimine büyük bir gönül huzuru ile bırakabilir. **Ulusal Egemenlik** sorunları, bütün insanlığın yaşamıyla ilgili **bu büyük dava içinde erir** gider. **Dünya Hükümeti'ni kurmak, onu en yeni ve korkunç silahlarla bir otorite konumuna getirmek baş davamız olur. Ulusların yazgısı, insanlığın hakları hep bu otoriteye bağlanır.** Bunun içindir ki aynı amaçlarla ortaya attığımız **Federal Dünya Hükümeti** düşüncesini gerçekleştirmekte, gerçeklerin buyurduğu bir zorunluluk vardır.

Görüleceği üzere 1946'da Bullitt'in dile getirdiği **Amerika'ya bağlı dine dayalı bölgesel federasyonlar** kurma stratejisi, yalnızca Sovyetler'i yıkmak için değil, aynı zamanda Tek Dünya Devleti kurmak için zorunlu bir yöntem ve aşama olarak benimsenmiştir.

1972'de kaleme alınan Roma Kulübü raporu da Bullitt'in çerçevesini çizdiği bu bölgesel federasyonlar stratejisini ayrıntılandırarak sürdürmüştür. "Roma Kulübüne İkinci Rapor" adıyla yayımlanan bu çalışmada "Doğmakta Olan Dünya Sistemi" başlıklı bölümde, dünya 10 bölgeye ayrılmış bu bölgelerin önce bölgesel federasyonlarda birleştirilerek tek bir Dünya Devleti'ne bağlanması öngörülmüştür.[378] Tek dünya devleti kurulmasına ilişkin tek bir strateji yoktur ki, ulus devletleri önce etnik dinsel ve mezhepsel devletçiklere bölerek bölgesel federasyonlar içinde eritip tek dünya devletine bağlamayı öngörmemiş olsun.

Soğuk Savaş döneminde kurulacak *Avrupa Federasyonu, Ortadoğu Federasyonu, Asya Federasyonu* gibi bölgesel federasyonlar, Sovyetler yıkıldıktan sonra **dağılmak üzere değil, tersine Tek Dünya Devleti çatısı altında birleştirilmek üzere** planlanmıştı. Böyle olduğu içindir ki, Ortadoğu'daki devletleri etnik, dinsel, mezhepsel küçük topluluklara bölerek bir federasyonda birleştirme çabası, Sovyetler yıkıldıktan sonra bu kez de kurulması amaçlanan Tek Dünya Devleti'ne bağlamak üzere dayatılmaktadır Amerika tarafından. Sovyetler yıkıldıktan sonra sürdürülmeyeceği sanılan Osmanlılaştırmanın beklenenin tersine ABD tarafından daha da şiddetle sürdürülmesinin nedeni budur.

1992: Laiklik Atağı'nın sonu ve 'Yeniden-Osmanlılaştırma'ya dönüş

Cengiz Çandar *"Çıktık Açık Alınla"* adlı kitabında Fransa'nın eski Türkiye Büyükelçisi Eric Rouleau'nun Özal'ın Osmanlıcılığına ilişkin şu saptamalarını aktarıyordu:

> **Sultan** lakaplı Turgut Özal, **Osmanlı devlet geleneğine** yakın bir siyaset adamıydı. 'Birlik içinde çoğulluk' ilkesinin **Osmanlı Devleti'ni** asırlarca ayakta tuttuğuna inanmıştı ve **bu ilkenin Türkiye Cumhuriyeti'ne de referans olabileceğini** düşünürdü... **Özal'ın uzun vadeli planı Türkiye'yi Iraklı, İranlı ve Suriyeli Kürtlerin doğal koruyucusu haline getirmekti**... Böylece, Ankara, Ortadoğu siyasetinde de daha aktif bir rol oynamaya soyunuyordu...

1965'te Amerika'nın Demirel aracılığıyla gerçekleştirmeye çalıştığı, fakat ordunun sert tepkisi nedeniyle uygulanamayan Türk-Kürt Federasyonu, bu kez CIA belgelerinde *"gelmiş geçmiş en Amerikancı Türk devlet adamı"* olarak anılan Özal tarafından gündeme getiriliyordu. Özal'ın I. Körfez Savaşı sırasında Kuzey Irak'a girip oradaki Kürt bölgelerini işgal ederek Türkiye topraklarına katıp, ulus devlet yerine "Türk Kürt Federasyonu" kurma çabası, Genelkurmay Başkanı Torumtay'ın sert direnişiyle karşılaşmış ve bunalım 3 Aralık 1990'da Genelkurmay Başkanı'nın istifasıyla sonuçlanınca, topluma *Osmanlı eyalet düzeni* denilerek sevimli gösterilen *Ame-*

rikan güdümlü Türk Kürt Federasyonu bir kez daha suya düşmüştü. ABD Başkanı George Bush ile sıkı bir işbirliği içerisinde Amerikan politikalarını uygulayan Cumhurbaşkanı Turgut Özal, 1991'de Aktüel Dergisi'ne verdigi demeçte Kürtlerle federasyona gidilmesi gerektiğini söyleyerek, *"inşallah bir gün valilerini de seçerler, bu iş biter"* diyor ve üniter Cumhuriyet karşıtı, Osmanlıcı, eyaletçi tavrını açıkça dışa vuruyordu.

Osmanlıcılığı, İslam Birliğini Körükleyen ABD Yahudi-Hıristiyan Birliği'nin Başı

Özal'ın önerdiği, **Yahudi-Hıristiyan Birliği'nin mirasçısı ve lideri Amerika**'nın 1960'lardan bu yana dayattığı Türk-Kürt Federasyonu'ydu.

George Bush, 1992 yılında ABD Başkanlık seçimlerinde yaptığı konuşmalarda, sık sık kendilerinin dinsel inançlarla donanmış bir parti olduklarını vurgulayarak: *"Biz,.. dini inançlara sahip bir partiyiz. Ülkemizi **Yahudi Hıristiyan Birliği'nin tek mirasçısı ve lideri** olarak ayakta tutmaya kararlıyız,"* diyordu. Demek ki 1945'ten bu yana Türkiye'yi Ortadoğu İslam Birliği Önderliği'ne, Osmanlıcılığa, İslamcılığa yöneltenler, Türk-Kürt Federasyonu'na sürükleyenler, PKK'ya İslamcılık önerenler, Yahudi-Hıristiyan Birliği mirasçıları ve lideriydi.

Bush: Demokratlar'ın dinden haberi yok, biz Allah'a inanıyoruz

Milliyet: 24 Ağustos 1992

1993: Özal Öldükten Sonra
Osmanlılaştırma Bayrağı Yeniden Erbakan'da

1993'te Özal'ın ölümünden sonra, Osmanlıcı, eyaletçi, federasyoncu söylemler, durmadı, artarak sürdü. Amerika, Özal'ın ölümünden sonra 1970'lerde Osmanlıcı söylemle siyasete atılmış olan Necmettin Erbakan'ın yıldızını yeniden parlatacak, Osmanlıcı, eyaletçi, federasyoncu söylemin bayraktarlığını yeniden Erbakan ve Refah Partisi kurmayları üstlenecekti. Ağustos 1993'te Turgut Özal, Aydın Menderes, Mehmet Altan, Yalçın Küçük, Abdurrahman Dilipak'ın görüşlerine yer veren *"İkinci Cumhuriyet Tartışmaları"* adlı bir kitap yayımlanmış (Metin Sever ve Cem Dizdar, Başak Yayınları, Ağustos 1993), bu kitapta Erbakan'ın Refah Partisi kurmaylarından Tayyip Erdoğan'ın da görüşleri yer almıştı:

> Soru: "Bu değişim süreci içerisinde eğer ülkede yaşayan bazı grup insanlar **milli yapı içerisinde kalmak istemezlerse** ne olacak?'
>
> Tayyip Erdoğan: "Onun kararını yine halk verecek."
> Soru: "Örneğin **Kürtler biz ayrı yaşamak istiyoruz** diyebilirler."
> Tayyip Erdoğan: "Bu durumda belki **Osmanlı eyaletler sistemi benzeri bir şey yapılabilir.**"
> Soru: "Bağımsızlık isterlerse, tamamen ayrılmak isterlerse..."
> Tayyip Erdoğan: "Ona orada sınır tayin edemem. **Eyaletler tarzı bir sistem içinde olabilir** diyorum."

Aynı günlerde, Refah Partisi milletvekili Hasan Mezarcı da Osmanlı Hilafet ve Eyalet düzeni isteyerek şöyle diyordu:

> "**Hilafet ve Eyalet Sistemi istiyorum.** .. Etnik problemler dahil, problemler Kemalist düzenden kaynaklanıyor."[379] "**Sevr ve Mondros, Lozan'dan çok iyidir**... Lozan bir ihanettir. Devletin ve milletin maddi, manevi tüm varlığı orada yok edilmiştir."[380] "Atatürkçülerin ve laiklerin elleri kesilmelidir, çünkü bunlar hırsızdır." [381]

Amerika 12 Eylül'den sonra nasıl Osmanlıcı politikanın bayraktarlığını yapan Turgut Özal'ı ve partisini desteklemişse, Özal'ın ölümünden sonra da Osmanlıcı politikanın bayraktarlığını üstlenen Refah Partisini desteklemişti. 1993'te Özal'ın ölümünden sonra ABD'nin Refah Partisi'ni iktidara taşıyacağı, 35 emekli Amerikancı generalin topluca Refah Partisine üye olmalarından belliydi. Refah Partisi'nin 1987, 1991 ve 1995 seçimlerinde aldığı oy oranlarına bakıldığında bu yükselişin Özal'ın partisinden Erbakan'ın partisine geçişlerle doğru orantılı olarak gerçekleştiği görülecekti.[382]

Refah Partisi Kurmayı Dilipak'tan Küreselleşme, ABD ve Siyonizm'e Uygun İnanç Federasyonu

Amerika'nın, NATO'nun, Avrupa'nın, İsrail'in ve Küresel Dünya Devleti'nin, ulus devletleri dinsel ve etnik parçalara bölerek ortadan kaldırmaya yönelik çabalarının Türkiye'de Türklere sevimli gelecek göbek adı *Osmanlı Eyalet Düzeni* ya da *Osmanlı Millet Modeli*'ydi. Refah Partisi'nin danışman ve milletvekili adaylarından Abdurrahman Dilipak *"Savaş, Barış, İktidar"* kitabında yıllardır ABD ve Batı tarafından Türkiye'ye dayatılan düzeni Müslümanlara *"İnanç Federasyonu"* adı altında Kur'an'a dayalı bir *'Asr-ı Saadet Düzeni'* olarak sunuyor; çeşitli yazı ve söyleşilerinde şöyle diyordu:

> Sanıyorum, bugün İslam Dışı Çevreler en çok Müslümanların bir ülkenin yönetimine hakim olmaları halinde, kendilerinin de İslami kurallara göre yönetileceklerini, bu yönde baskıya maruz kalacaklarını sanıyorlar... Bunda aldanıyorlar... İki Toplum (1- "İslam-Dışı Toplumlar" ile 2- İslam Toplumu-) bir sözleşmeye dayalı olarak bir arada yaşayacak, **herkes kendi hukukuna göre özgür** olacaktır. İslam Devleti, tek taraflı olarak, **onlara ne yasa koyabilir, ne vergi, ve ne de zorunlu askerlik yaptırabilir**" (Savaş, Barış, İktidar -sf. 131) –"Hatta, (İslam devleti, İslam dışı çevrelerin) inançlarını korur! Onların baskı altına alınmasını önler! (Savaş, Barış, İktidar -sf. 123) "**Farklı inanç sahipleri kendi inançlarına göre (kendileri tarafından) yönetilecek**, ve her topluluk öteki topluluklarla arasında toplumsal sözleşmeler akdedecektir... Bu **"İnanç Toplumu"**nda **bir tek emir (kral) da yoktur. Her bölgede kendi içinde bir dizi yönetim (emirlik, krallık) oluşturulabilir** ve bu emirlikler (krallıklar)

arasında da ayrı sözleşmeler imzalanabilir." (Savaş, Barış, İktidar -sf. 95-96) "Bilgili insanlar kışkırtmasalar, cahil halk hiç yerinden kıpırdamaz" (Vahdet-3. Basım-sf. 53) "Bu (Türkiye Cumhuriyeti'ni yıkıp, yerine her cemaatin bir emir (kral) tarafından yönetildiği Cemaatler Cemahiriyyesi = 'İnanç Federasyonları' kurma işi) **aydınların kışkırtması, halkın katılımı** ve sivil bir uzlaşma ile mümkün olabilecektir." (age-sf. 89) "Eğer böyle olacak olur ise (=Aydınlar halkı kışkırtacak olur ise) herhalde [gayri meşru(!) T.C. nin yerine-] Meşru İktidarlar (yani her inanç öbeğinin kendi emirleri, kralları ile yönetildikleri-) sorumluluk sahibi halkın bütünlüğü içinde, **'İnanç Toplumu'** doğar". (age-sf. 85) "**Coğrafi Federasyonlar** yerine, **coğrafi özellikleri dışlamayan bir 'İnanç Federasyonu'**nu savunuyorum." (age-sf. 86) "(Bu düzende, inançları-) **farklı topluluklar, toplumsal özekliğe, hukuki özerkliğe sahiptirler.** Din, Dil, Kültür ve geleneklerini koruma ve geliştirme hakkına sahiptirler. (Zaten-) İslam, Gayri-Müslimlere her zaman güzel söz ve güzel bir fiille davranmayı emreder." (age-sf. 38) "Sözleşmeli topluluklar **tümü ile özgürdürler** ve **kendi cemaatlerinin yönetimi ile ilgili olarak** kendi işlerinde her türlü siyasal katılım hakkına sahiptirler." (age-sf. 37) **"Müslümanların onları,.. 'Yönetme', 'Yönlendirme', onlara 'Yasa Koyma', onlara 'Vergi Koyma' hakkı yoktur."** (age-sf. 32) "İslami Cemaat Yapısı'nda, **'bütün toplumun uymak zorunda olduğu yasalar' koyan, onları 'bu yasaya göre yargılayan', 'çoğunluktan aldığı yetkiye göre tasarruf'ta bulunan, 'zorunlu askerlik görevi' yükleyen, genel maslahatı gözeterek 'tek yanlı vergi' koyan** (Türkiye Cumhuriyeti gibi tekçi) **bir irade söz konusu değildir.** Cemaatler arasındaki toplumlararası ilişkiyi, toplumlararası sözleşme belirler ve cemaat içi ilişkiler ve sorunlar ise, cemaatlerin kendi inanç, örf ve teamüllerine göre hall'ü fasl edilir. Burada, modern devletlerdeki **bürokratik, hiyerarşik yapılanma yoktur.** Aynı bir egemen devlet çatısı altında **farklı hukuk sistemleri ve (farklı) vergi düzenleri yürürlükte** olabilmektedir. Yukarıda ifade edildiği gibi, ben bunu **"İnanç Federasyonu"** olarak tanımlama eğilimindeyim. **Cumhurî** olmaktan çok **Cemahirî** bir karakter taşır." (age-sf. 30) "Bugün Türkiye'de 200 bin kişi Şeytan'a tapıyor (Yezidiler-). Müslümanlar her sene Hac'da Şeytan taşlarlar, ama hiç kimse gidip de Mardin tarafında Şeytana Tapan (Yezidi)lerin Şeytan adına diktiği heykele taş atmaz. (Çünkü-) hiçbir zaman Müslümanlar başka inanç topluluklarının hürriyetlerine yönelik en ufak bir tahdit (sınırlama) getirmemiştir." "İsterse İslam Düşmanı olsun!... Ateist de olsa, ben onun hukukunu koruyacağım... **İslam 'Demokrasiden daha fazla özgürlük' demektir**... Demokrasi benim için bir numara küçük!.. İslam'ın hakim olması, İslam Hukuku'nun toplumdaki herkes için geçerli olması anlamına gelmez. Herkes **kendi hukukunda özgür** olacaktır. (Hürriyet Gazetesi, 02. 02. 1992)- " (Daha bugünden-) **Müslümanlar ile Gayri Müslimler, müstekbirlere ve zalimlere karşı ortak eylemler, hata (ortak) cihad fonu** (savaş bütçesi) **oluşturabilirler."** ("Vahdet"-agb-sf. 84) "İslam dini dışındaki birtakım dinlerde de, vahdaniyete (Allah'ın Birliği'ne) aykırı olmayan konularda, kabul edebileceğimiz akli ve teknik şeyler bulunabileceğini düşünüyorum." (Vahdet-agb-sf. 84).

Abdurrahman Dilipak'ın "İslami" ve de "sivil" olarak savunduğu bu görüşler, 10 Mart 1981'de Genelkurmay'a sunulan ATASE rapor denemesinde önerilen 67 eyaletli düzene epeyce yakındı. Dahası, Birleşmiş Milletler Başkanı Butros Gali'nin Habitat II toplantısında dile getireceği küreselci emperyalist bölücülüğün Müslümanlara İslam'ın bir buyruğuymuş gibi sunulmasından ibaretti. Türkiye'yi üniter ulus devletten koparıp küreselcilerin istediği etnik, mezhepsel minik devletçiklere bölebilmenin en kestirme yolu, Türkleri bunun İslam dininin bir emri ve Osmanlı düzeninin yeniden uygulanması olduğuna inandırmaktan geçiyordu.

Türkiye *"Federal"*(!) Cumhuriyeti
İstanbul *"Federe"*(!) Devleti
200 yerine 2000 Devletli Dünya

Haziran 1996'da Habitat-II Toplantısının açılışına başkanlık eden Birleşmiş Milletler Genel Sekreteri Butros Gali, Cumhurbaşkanı Süleyman Demirel'i kürsüye **"Türkiye Federal Cumhuriyeti Cumhurbaşkanı"** diye çağırmış, Demirel bu ünvanın yanlışlığını düzeltmeyip sessiz kalmıştı. Gali, konuşmasında "insanlığın ve kentlerin geleceğine yön vermesi gereken 'İstanbul Ruhu'nun, adil, güvenli, yaşanabilir köyler, kasabalar ve şehirler yaratabilmek için hükümetlerle devlet dışı sivil kesimler arasında işbirliği ve dostluk anlamına geldiğini" vurgulayıp **"İstanbul Federe Devleti"** deyimini kullanmıştı. Buna da ses çıkartılmamıştı. Gali: **"Dünya 200 devletli olmaktan 2000 devletli hatta 5000 devletli bir yapılanmaya gidiyor"** demişti konuşmasında. Bütün bunlar, gerçekte 1978 UNESCO toplantısında alınan ulus devletleri etnik ve dinsel minik kent devletçiklerine bölmeye yol açacak kararların adım adım uygulamaya konulmasından başka bir şey değildi.

Son Entelektüel Ütopya: Yeni-Osmanlıcılık
İstanbul Başkentli Yakındoğu Federasyonu

1994'ün ilk aylarına gelindiğinde, Türk basınında bir yandan **İstanbul Merkezli Bizans Devleti** tartışılırken, bir yandan **"İstanbul Başkentli Yakındoğu Federasyonu"** gündeme getirildi: Esquire Dergisinin 1 Şubat 1994 sayısında ortaya atılan *"İstanbul Merkezli Yakın Doğu Federasyonu"*, bir "entelektüel ütopya" eşdeyişle "aydınların tatlı düşü" olarak sunuluyordu. Sanki Mete Tunçay, Cengiz Çandar gibi aydınlar bunu kendi kendilerine düşünüp akıl etmişler ve bu içtenlikli düşüncelerini toplumla paylaşıyorlardı. Oysa Genelkurmay ATASE Başkanlığı'nın 10 Mart 1981 günlü *"Özel Askeri Rapor Denemesi"*nde vardı *"Türk-Yunan Federasyonu"*..

Eski Osmanlı Coğrafyasında ABD-İsrail Patentli Yakın Doğu Federasyonu

1 Şubat 1994 günlü Esquire dergisinde yer alan "Yakındoğu Federasyonu" görüşü Robert D. Kaplan'ın kısa süre önce The New York Times Magazine'de yayımlanan *"Türkiye, Balkanlar ve Ortadoğu Birleşiyor"* başlıklı yazısıyla bağlantılıydı. Yani yine Amerika vardı işin ucunda. Dolayısıyla 12 Eylül'ün ATASE damgalı "Türk-Yunan Federasyonu" tasarısının da kaynağı ortadaydı. Robert Kaplan'ın yazısının çevirisi 28 Şubat 1994 günlü Milliyet gazetesinde yayımlanınca, bir kez daha anlaşılmıştı "İstanbul Merkezli Yakındoğu Federasyonu" ve "Türk-Yunan Federasyonu" gibi Yeniden Osmanlılaştırıcı savların Amerikan-İsrail kökenli stratejiler olduğu.

Yahudi kökenli Amerikalı gazeteci yazar Robert D. Kaplan şöyle diyordu bu yazısında:

> Tarih Bölge Uzmanları tarafından belirlenen **yanlış sınırları yeniden şekillendiriyor**... **Türkiye, Balkanlar ve Ortadoğu olarak adlandırılan** yer tek bir bölge olarak ortaya çıkıyor. Avrupalılar burayı her zaman **"Büyük Yakın Doğu"** olarak

tanımlıyor... Türkler yaklaşık 850 yıl **İslam dünyasının liderliğini** yürüttü... Bütün Arap devletleri, Yugoslavya gibi, Osmanlı İmparatorluğunun çöküşünü izleyen kaos karşısında... **Büyük İsrail, Akdeniz'de Batı Şeria ve Gazze'yi kendine çekecek bölgesel bir ekonomik mıknatıs olarak ortaya çıkacak.**

Amerika Türkiye'ye bir yandan **"İstanbul Merkezli Yakındoğu Federasyonu"** adı altında eski Osmanlı coğrafyasını kapsayan bir Federasyon kurulmasını öneriyor; öte yandan **"Türk Kürt Federasyonu"** adı altında yine Osmanlı'yı diriltme buyrukları yağdırıyordu.

Demirel'e 30 Yıl arayla İkinci ABD Dayatması
1994: Yeniden Türk-Kürt Federasyonu

Özal öldükten sonra Cumhurbaşkanı olan Demirel, 30 yıl önce 1965'te Başbakanlık koltuğuna oturur oturmaz Amerika tarafından kendisine dayatılan "Türk-Kürt Federasyonu" kurma önerisini, tam 30 yıl sonra Cumhurbaşkanı koltuğuna oturur oturmaz yeniden masasında buldu. Bu kez ABD Hava Kuvvetleri'nin RAND araştırma kuruluşu damgasıyla sunulmuştu öneri. Tıpkı 1965'de olduğu gibi "Türk-Kürt Federasyonu" kurun, üstelik böylece topraklarınız da büyümüş olur" diyorlardı. Paul Henze'ydi raporun savunucusu.

Mesut Yılmaz ve Paul Henze

Uzun yıllar CIA Türkiye masası şefliği yapmıştı Henze. Büyük olasılıkla aynı içerikte bir raporu 1965'te Demirel'in önüne koyan da yine oydu. Demirel'in raporu aldıktan sonra hiç ses çıkartmaması, olumlu ya da olumsuz herhangi bir yanıt vermemesi, Paul Henze'nin sinirini bozmuş olmalı ki, **"gizli"** damgalı raporu Aktüel dergisine sızdırıp orada yayımlatarak kamuoyunda tartışılmasını sağlamaya yönelmişti. Rapor 15 Haziran 1994 günlü Aktüel dergisinde **"Türkiye'yi Federalizm Büyütecek"** başlığıyla verilmişti.

Demirel'in Yanıtı: "Batı Sevr İstiyor"

Bu raporun basına yansımasından sonra, Demirel "Batı Sevr'i İstiyor" diye demeçler vermeye başladı. Evet, "Federalizmle Büyüme" demek, "Yeniden Osmanlılaştırma" demekti; ulus devletin ortadan kaldırılarak yerine üfleyince yıkılacak türden dağılmaya teşne bir yapının kurulması demekti; sonu Sevr'le bitecek bir girişim demekti. "Federalizmle Büyümek" demek, Türkiye'nin etnik ve mezhepsel cemaat devletçiklerine ayrılması demekti. Bu ise, Küreselcilerin Tek Dünya Devleti'ne giden yolda zorunlu saydıkları bir aşamaydı. Dünya önce ulus devletlerden kurtularak şehir devletlerine bölünecek, bu güçsüz kent devletçikleri Tek Dünya Devleti'ne bağlanacaktı. Müslüman Türklerin Osmanlı eyalet ve millet düzeni geçmişleri bu yüzden anımsatılıyor, bu parçalı eyalet ve millet düzeninin İslam'dan kaynaklandığı saptamasıyla İslam'a dönüş vurgusu yapılıyordu.

Siyonist Kissinger, Üsküdar'da Tekke Açıyor

Üsküdar Özbekler Tekkesi binası "Münir Ertegün Tarih Araştırma Vakfı"nı barındırıyor. Vakfın açılışı 1994 yılında ABD eski Dışişleri Bakanı **Kissinger**, dönemin devlet bakanı ve iş dünyasından ünlülerin de katıldığı büyük bir törenle gerçekleştirilmişti.

Doğan Hızlan 13 Eylül 1994 tarihli Hürriyet Gazetesi'ndeki Yorum köşesinde *"Tarihle barışmak"* başlıklı yazısında şöyle diyordu:

"Gerçekten bu tür mekanların bilim çalışmalarına açılması, uluslararası kimlik kazandırılması, **geciktirilmiş** işlerden. (...) Hiç kuşkusuz dünyanın Türkiye'ye yönelen ilgi odakları içinde bu adalar çok önemli işlevler taşıyor. (...) **Türkiye artık tarihiyle barışıyor, Osmanlı ile Türk Cumhuriyeti arasına kesmeler koyarak ikisini birbirinden koparmıyor.** Geçmişten bugüne uzayan kültür çizgisinde, **tekkelerin kültürel rolünü de öğretmek** istiyor. Çünkü **tekkenin artık, sadece bir din kültürünün parçası olarak yorumlanamayacağını** biliyor..."

Henry Kissinger Siyonist lider Nahum Goldman ile

1996: Samuel Huntington:
"Türkiye İslam'ın lideri olmalı"

CIA görevlisi CFR üyesi Amerikalı Siyonistlerin Osmanlıcı kesilip tekke açtığı bir ortamda, kendisini *"Anglo-Protestan Yahudi"* olarak tanımlayan Samuel Huntington da Türkiye'yi İslam'ın liderliğine ve Osmanlıcılığa çağırıyor ve bir söyleşisinde şöyle diyordu:

> Türkiye **İslam alemine önderlik** bakımından eşsiz bir yere sahip. Tarihte Osmanlı da bunu yapmadı mı? Eğer Türkiye bir **Batılı ülke olma ısrarından biraz vazgeçer,** modernleşme ve demokrasinin bir **İslam ülkesinde** de mümkün olduğunu göstermeye daha çok ağırlık verirse, bütün dünyaya ve **İslama büyük bir model** olur. (...) **Demokrasinin mutlaka laikliğe dayanması gerekmez.**

"Uygarlıklar çatışması" kuramcısı Samuel P. Huntington'un yeni tezi

'Türkiye İslam'ın lideri olmalı'

Yahudi kökenli Amerikalı Prof. Huntington'un 9 Eylül 1996 günlü Milliyet'te yayımlanan "Türkiye İslam'ın lideri olmalı" başlıklı söyleşisi

Türkiye'ye Osmanlı'ya dönmesini, İslam ülkelerinin başına geçmesini buyuran bir çok eski CIA görevlisi Türkiye'ye doluşmuş, Türk basınına demeçler veriyordu 1990'ların ortalarında.

CIA Ajanı Paul Henze:
"Atatürkçülük Öldü: Nakşiler, Nurcular İlericidir"

Ahmet Taner Kışlalı, 30.11.1997 günlü Cumhuriyet'te yayımlanan *"Batı Cephesinde Yeni Bir Şey Yok; Ama Bizde Var"* başlıklı yazısında şöyle diyordu:

> CIA İstasyon Şefi Paul Henze'nin -Türkiye ile İlgili- 1993 raporunda şu savlar savunuluyor: "Atatürk ilkeleri, yeni dünya düzeni ile birlikte ölmüştür. Aydınların imam-hatip okulları konusundaki endişeleri yersizdir. İran ve Arap parası ile desteklenen kökten dincilik, Türkiye için ciddi bir tehlike değildir. Nurcular ilericidir. Nakşibendiler geriye dönük değildir.

CIA güdümündeki bazı Amerikan bilim adamları buyuruyorlar: "Türkiye'nin 'Yeni Dünya Düzeni içindeki yeri ılımlı İslamdır. Kemalizmi bırakmalıdır. Batı'nın çıkarı, Türkiye'nin Batı ile değil, ılımlı İslamla bütünleşmesin-dedir."

CIA Ajanı Graham Fuller:

"Kemalizm'e Son; Osmanlı'yla Övünün, Fethullahçı olun"

CIA'nın eski Ortadoğu Masası şefi Graham Fuller de bu doğrultuda şunları söylemişti:

"Zorunlu Batılılaşma Türk toplumunda bazı yaralar bıraktı. Kendi **Osmanlı tarihini, İslam geleneklerini sevenler** vardı. Batılılaşma **İslâmiyeti aşağılayan** bir hale dönüşünce bu bir memnuniyetsizliğe yol açtı. **Kemalizm'in sonuna geldiğini** ve belki de **sonuna gelmesinin iyi olduğunu** söyledim. Halkın büyük bir parçası **İslâm için daha hürmet görmeyi, Osmanlı tarihiyle övünmeyi** istedi.[383]

"Dünyada hiç bir lider ne George Washington, ne Nehru, ne Lenin, ne Gandi sonsuza kadar yaşayabilecek bir ürün veremedi. Oysa İncil ve Kur'an veriyor. **Liderler ölüyor. Önce bedenleri, sonra zaman içinde düşünceleri siliniyor. Oysa Kur'an ve İncil yaşıyor.** İşte Mustafa Kemal'in başına gelen de her tarih yazmış liderin başına gelenden farklı değildir."[384]

"Batı, Fethullah Gülen gibi örnekleri görünce çok umutlanıyor. Çünkü Gülen, **modern devlet ve toplumda İslam'ın nasıl bir rol oynaması konusunda geniş bir vizyonu** temsil ediyor."[385]

Siyonist Yahudilerin, Siyonist Hıristiyanların, Küreselci emperyalistlerin, CIA Ortadoğu görevlilerinin 60 yıldır Türkiye'ye dayattıkları *"Osmanlı'ya dönün; İslam'ın önderi olun"* savının yerli yineleyicileri de aynen böyle sesleniyordu Türkiye'ye.

Aytunç Altındal'ın Kemalizm'e ve Laikliğe Karşıt Önerileri CIA Stratejistlerinin önerileriyle örtüşüyor

Sovyetler yıkılınca Amerika'nın Osmanlılaştırmayı bırakacağının sanıldığı 1990-1992 arası laik söyleme geçen, Amerika'nın Osmanlılaştırmacı tutumu sürdürdüğünün görüldüğü 1993'te yeniden "Hilafetçi + Marksist + Osmanlıcı + İslamcı" söyleme dönen Aytunç Altındal şöyle diyordu örneğin:

"Bugün, İslamiyet, camiler sayesinde, Avrupa'da yaşayan ve birbirlerinin konuştukları anadilleri anlamayan Müslümanlar arasında, "Kur'an Dili'ni yeniden -tıpkı Osmanlı Döneminde olduğu gibi- **ortak dil** haline getirmiştir. Yeniden **ortak dillerine** kavuşan Müslümanlar, kendilerine **Lider Bir Ülke** bulabilirlerse, geleceğin Dünya ve Avrupa siyasetinde önemli görevler oynamaya hazırdırlar." (19 Şubat 1993-Milliyet) "Lider ülke Türkiye olursa; Avrupa Topluluğu'nun hem askeri hem ticari rakibi olabilir." (..) "Umarız (bunlar) Türkiye'yi büyük devlet yapmak isteyenlere bir uyarı olur, atıp tutmakla, Vatan-Millet-Sakarya nutukları savurmakla büyük devlet olunmaz!" (19 Şubat 1993-Milliyet).[386]

Bütün bunlardan hareketle Türkiye'de kemalist laik sistemin tıkandığı söylenebilir mi?
Ben öyle demiyorum. Niye demiyorum? Çünkü bu sistemin kendisi bile bizim değil. Biz kendimize göre bir sistem kurmuş oluruz da o sistem tıkanır. Ama bu sistem de dışardan empoze edilmiş. Türkiye'de kemalist ve laik diye aşağılanan sistem, bazı çevrelerin beğenmedikleri sistem gerçekte batının Türkiye'ye empoze etmiş olduğu sistemdir.
İslâm aleminin bugün acilen hilafet müessesesine ihtiyacı var. Çünkü, halifesiz islamiyet böyle paramparça gidiyor. Ama dikkat ederseniz katoliklerin merkezi protestanların bir dünya merkezi, ortodoksların merkezi var. Ama İslamiyet'in bir merkezi yine yok.
Öyleyse mutlaka İslamiyet için hilafet müessesesi gereklidir. Türkiye de bu konuda öncülük etmeliler.

İslâm Nisan '94

Aytunç Altındal'ın İslam dergisi Nisan 1994 sayısında Türkiye önderliğinde Hilafet çağrısı yaptığı söyleşisi.

Görüleceği üzere, *Kemalizm, Laiklik, İslam* ve *Osmanlı* konularında bütünüyle Samuel Huntington, Paul Henze, Graham Fuller gibi CIA görevlileriyle aynı görüşleri dile getiren Aytunç Altındal, Nakşibendi Tarikatı çizgisinde yayın yapan "İslam" dergisinin Nisan 1994 tarihli sayısında **Türkiye'nin hemen Hilafete geçmesini** savunarak şöyle diyordu:

1923'te alınan kararlardan biri de şuydu: **"Türkiye'ye 50 sene müsaade edelim. Bu dönem içinde Hıristiyanlaşabilirse Hıristiyanlaşsın.** Hıristiyanlaşmazsa o zaman işlerini bitiririz." (...) Kemalist Laik sistemin kendisi bile bizim değil. Biz kendimize göre bir sistem kurmuş oluruz da o sistem tıkanır. Ama bu sistem de dışarıdan empoze edilmiş. Batı'nın Türkiye'ye empoze etmiş olduğu sistemdir. **İslam aleminin bugün acilen hilafet müessesesine ihtiyacı var. Çünkü halifesiz islamiyet böyle paramparça gidiyor. Ama dikkat ederseniz katoliklerin merkezi, protestanların bir dünya merkezi, ortodoksların merkezi var. Ama İslamiyetin bir merkezi yine yok. Öyleyse mutlaka İslamiyet için hilafet müessesesi gereklidir. Türkiye de bu konuda öncülük etmelidir.**

Kendisini 1975'lerden bu yana Marksist olarak tanımlayan Aytunç Altındal'ın Türkiye öncülüğünde Hilafet kurulmasını savunurken neye dayandığını yine onun kendi yazılarında buluyoruz. Kemalist düzeni "batılıların empoze ettiği bir sistem" diye karalayıp "hilafete geçmemizi" öneren Altındal, *Vatikan ve Tapınak Şövalyeleri* kitabının 84. sayfasında (Yeni Avrasya Yayınları, 2. basım): *"İngiltere, Türkiye'nin önderliğinde yeniden bir hilafet kurulmasına sıcak bakmaktadır,"* diyerek, gerçekte Kemalizm'in değil "hilafete geçme"nin Batılılar tarafından empoze edildiğini ortaya koyuyor ve böylece kendi önerilerinin İngiliz önerileriyle aynı doğrultuda olduğunu ima ediyordu.

Aytunç Altındal'ın 1994'te hilafetin kurulmasını gerekli bulurken söyledikleri, Amerika'nın o günlerdeki istemleriyle de bire bir örtüşüyordu. Clinton'un basın sözcüsü 1994'te Washington Post'a yaptığı açıklamada: **"İslam dünyasının bir başı yok. Hıristiyanlığın Papalık gibi bir kuruluşu var. İslam dünyasının gerçek bir lideri mevcut olsa Başkan Clinton onu bir iyiniyet gösterisi yaparak Beyaz Saray'a davet edecek ve böylece bir diyalog kapısı açılmış olacaktı,"** diyordu. Clinton'un hilafet isteme gerekçeleriyle, Aytunç Altındal'ın hilafet isteme gerekçesi neredeyse sözcüğü sözcüğüne aynıydı.

1994'te Osmanlıcı Hilafetçi yayınlar yapan Altındal, doğal olarak Refah Partisi yandaşıydı. 12 Haziran 1994 Cumhuriyet'te bunu duyuran ilginç haber şöyleydi:

"Refah Partisi'nin Avrupa örgütü konumundaki **Milli Görüş Teşkilatları**'nın 10. kuruluş yıldönümü ve şenlikleri, Belçika'nın Antwerp kentindeki 30 bin kişilik spor salonunda coşkulu bir biçimde kutlandı (...) **Erbakan** ile birlikte Belçika'ya gelen **Şevket Kazan** ve diğer yöneticiler, **tek tek son model lüks Mercedesler**'e alınarak konvoy halinde Antwerp'e getirildiler (..) **Eski solcu**, gazeteci ve yazar **Aytunç Altındal'ın salonu dolduran 30 bin kişiye Refah yemini ettirmesi ve oylarını refah'a verecekleri yolunda defalarca söz alması**, ilginç karşılandı.

> ▶ RP lideri, dışarıda yaşayan Türklerin bulundukları ülkenin vatandaşı olmaları durumunda seçme-seçilme hakkına kavuşacaklarını söyledi ve "Müslümanlığınıza, Türklüğünüze halel gelmez" dedi.
>
> **CEM SEY**
> **METİN DALMAN**
>
> **ANTWERP** - RP'nin Avrupa örgütü konumundaki Milli Görüş Teşkilatları'nın (MGT) 10. Kuruluş Yıldönü-
>
> Eski solcu, gazeteci ve yazar Aytunç Altındal'ın salonu dolduran 30 bin kişiye Refah yemini ettirmesi ve oylarını RP'ye verecekleri yolunda defalarca söz alması ilginç karşılandı.

Cumhuriyet Gazetesi, 12 Haziran 1994

Hilafete geçilmesini savunan Altındal, Fener Ortodoks Rum Patriğinin "ekümenik" nitemini kullanmasına karşı çıkarken, "ekümeniklik" ve "hilafet" arasında bağıntı kurarak şöyle diyordu:

> Ekümeniklik tartışmaları Türkiye'yi nereye götürecek? Bu sorunun iki yanıtı var... Birrrr; **"Bizans'a götürecek"** İkii; "Şeriat'a, **halifeliğe götürecek**" Çünkü, "Ekümeniklik vasfının verilmesi, Yavuz Sultan Selim'in, 1522'den sonra, kendisi **Halife** olunca, patriğe de **ekümenikliği** vermiş olmasıdır", "Fener Rum Patriği'ne **ekümenikliği verirsek**, bize de bir Padişah, bir **halife lazım."**

Altındal'a göre Fener patriğine "ekümeniklik" vermek, Türkiye'nin hilafete geçmesini gerektirdiği gibi, Türkiye'nin hilafete geçmesi de Fener patriğini ekümenik olarak tanımayı zorunlu kılıyordu.

461

Aytunç Altındal'ın hilafetin ateşli bir savunucusu olduğunu yukarıda gördük. Bir hilafetçi olarak Altındal'ın patriğin ekümenikliğine karşı çıkan görüntüsü, kendi içinde çelişikti. Toplum önünde yapılacak bir tartışmada, patrik kendisinin ekümenikliğine karşı çıkan Altındal'a: "Siz hilafeti savunmuyor musunuz?" diyecek olsa, "evet savunuyorum," diyecek; Patrik "sizin savunduğunuz Hilafet benim ekümenik olmamı zorunlu kılmayacak mı?" diyecek olsa, "evet zorunlu kılıyor," diyecek; Patrik "Ekümenik sanını bize halifeler vermiştir, hilafet kurulursa yeniden ekümenik olacağız; hilafeti savunanların ekümenikliğe karşı çıkma hakları yoktur; benim ekümenikliğime ancak *laikler* karşı çıkabilir, *hilafetçiler* değil," diyecek olsa, Altındal'ın verebileceği yanıt kalmayacaktı.

Yeni-Osmanlıcılık'ta
Hilafetçilik ve Ekümeniklik Bir Arada

"Türkiye İslam'ın lideri olmalı. Osmanlı'ya dönmeliyiz," diyen hiçbir yerli aydın-yazar-politikacı, "Bizler Amerika'nın, CIA'nın sözcüsüyüz," demiyor, bu görüşleri sanki kendi bağımsız düşünceleriymiş gibi "suret-i hak"tan görünerek yayıyorlardı. 10 Ekim 1997'de Hulki Cevizoğlu'yla yaptığı söyleşiyle bu koroya katılan Rahmi Koç, şöyle diyordu:

> Patrik'in lakabı **"Ekümenik Patrik"**. Resmi hitap tarzı bu şekildedir. Eğer bütün dünya kendisine böyle söylüyorsa, bizim **"Hayır sen ekümenik değilsin"** dememiz bir şey ifade etmez. Şimdi bugün bir halifelik olmadığı için... Bütün Müslümanların başı yok dünyada. Yani Papa'nın, Patrik'in, Ermeni Cemaati Başkanı'nın muadili yok bizde. Çok kötü bu bence. **Müslümanların da bir başı olması lazım ki, tek söz sahibi olan, tek güç olan, tek patron olan, tek din lideri olan birisinin olması lazım.** Çünkü her ülkenin kendine göre dini lideri var. Bakın bizde bu yok ve **'bu bir eksikliktir'** diye ben **hissediyorum.** Çünkü bütün dünyadaki dini liderleri bir tarafa topluyorlar, Müslümanlardan yok. **Müslüman camiasının bir patronu yok; dini patronu...** Dünyada **bunun eksikliğini hissediyorum ben Müslüman olarak;** bizim, bütün Müslümanların bakacağı tek bir insan yok..

Rahmi Koç'un 1997'de **"bir Müslüman olarak"** kendi düşünceleriymiş gibi aktardığı bu sözler, üç yıl önce 1994'te Amerikan Dışişleri Bakanlığı Sözcüsünün Washington Post'ta yer alan metninin sözcük sözcük yinelenmesinden başka bir şey değildi. Çevirisi 31 Aralık 1994 günü Türkiye gazetesinde yayımlanan Washington Post haberi şöyleydi:

Patriği Ekümenik Sayan Clinton
İslam'a da Halife istiyor

ABD Başkanı Clinton, uzun zamandan beri yaptığı konuşmalarda, Ortadoğu ve Güneydoğu Asya ülkelerine yaptığı ziyaretler sırasında, Ürdün parlamentosunda yaptığı konuşmada, Endonezya'da bir camiyi ziyaret ederken yaptığı açıklamada "İslam'a saygı duyuyoruz," diyor.

Washington Post'un yayını ilgi çekici bir görüşle noktalanıyor: "Batı dünyası ile İslam dünyası arasında bir barış ve diyalog kurulmasına engel olan şey bir kanal eksikliğidir. İslam dünyasının bir başı yok. Hıristiyanlığın Papalık gibi bir kuruluşu var. İslam dünyasının bu eksikliği, aklına esen her teşkilatın kendisini İslam dininin temsilcisi, lideri olarak ortaya atmasına neden oluyor. İslam dünyasının gerçek bir lideri mevcut olsa Başkan Clinton onu bir iyiniyet gösterisi yaparak Beyaz Saray'a davet edecek ve böylece bir diyalog kapısı açılmış olacaktı."

ABD Dışişleri Bakanlığı sözcüsü Michael Mac Curry'nin yaptığı basın açıklamasında: **"Başkan Clinton bütün İslam alemini temsil eden bir halife olsaydı onu sarayına çağırıp dost olmak istediklerini söylerdi,"** denildi.

Görülüyor ki, hem Patriğin ekümenik olmasını, hem de Hilafet'in kurulmasını savunan Rahmi Koç, gerçekte bir yandan Clinton'un "hilafetçi" görüşlerini sanki kendi görüşleriymiş gibi aktarırken, öte yandan yine Clinton'un Fener Patriğini "ekümenik" olarak niteleyen görüşlerini sanki kendi görüşleriymiş gibi yineliyordu. Clinton, Fener Patriği Bartolomeos'u Ekim 1997'de Beyaz Saray'da konuk ettiğinde onu *"Ecumenical Patriarch Bartholomew"* nitemiyle karşılamış, basın toplantısında *"Patrik, dünya üzerindeki milyonlarca Ortodoks Hıristiyan'ın dinsel önderidir"*[387] *"Ekümenik Patrik Bartolomeos ile birlikte olmaktan onur duyuyorum,"* demişti.[388]

Clinton ve eşi, 18. 11. 1999'da Fener Ortodoks Rum Patrikliğini ziyaretinde

Amerika, tıpkı 1945'ten sonra CIA güdümlü Athenagoras'ı "ekümenik" yani "Cihan Patriği" olarak Fener'e gönderdiği ve aynı anda Türkiye'nin de Osmanlı'ya (Hilafete) dönmesi için dayatmalarda bulunduğu gibi, 1990'larda da *"hem Patrik'i ekümenik olarak tanıyın, hem de Hilafeti ilan edin, Osmanlı'ya dönün,"* demeyi sürdürüyordu. Bu Amerikan dayatması, Rahmi Koç gibi işadamlarınca yinelendiği gibi, Hüseyin Hatemi, Kezban Hatemi, Abdurrahman Dilipak gibi İslamcıl yazarlarca da yineleniyordu.

Osmanlıcı Abdurrahman Dilipak:
"Hilafet Kaldırılmamıştır.
Osmanlı Milletler Topluluğu kurulmalı."

Abdurrahman Dilipak, Konrad Adeneaur Vakfı'nca yayımlanan yazısında "ekümenik temsilci"liğe karşı çıkmayıp tıpkı Clinton gibi bunun İslam'da bulunmayışından yakınarak şöyle diyordu:

> Dünyada **ekümenik** temsilciliği olmayan tek din İslam'dır. **Hıristiyanlığı temsil eden bir Vatikan var ya da Kiliseler Birliği var. Şu var, bu var.** (...) Türkiye'nin tarihi misyonu ve sorumluluğu **İslam Dünyasının manevi önderliğini** yapmak. Zaten Türkiye'de hilafet bildiğiniz gibi kaldırılmamıştır. Hilafet makamı kaldırılmıştır. **Hilafet makamı yerine Türkiye Büyük Millet Meclisi kayyımdır.** Biz **bir imparatorluğun varisiyiz.** Ülkemizde **bu kadar halk** yaşıyor. Bir **Osmanlı milletler topluluğu** vardır. **Osmanlının boşluğunu biz burada dolduramadık.** Bir ağırlık merkezi oluşturamadık. Bir bölge politikası üretemedik. Bölge ülkelerini kanatları altında toplayan bir güç merkezi olmak için tekrar biz sadece Amerika'nın ve Avrupa'nın gözüne bakarak değil, bölgedeki **Osmanlı Commonwealth'inin, milletler topluluğunun manevi liderliği** içerisinde bir bölge siyaseti üretmek zorundayız.

Abdurrahman Dilipak'ın bu sözlerinin altına 1945'ten bu yana Türkiye'ye aynı öğütleri veren Amerikan Devleti, Paul Henze, Graham Fuller, Samuel Huntington, Morton Abromowitz, vb. gibi CIA, think thank görevlileri hiç çekinmeden imza atabilirdi, çünkü bu sözler, önceki sayfalarda belgelerini aktardığımız üzere, daha Abdurrahman Dilipak 1949'da doğmadan 4 yıl önce 1945'ten başlayarak Amerika'nın Türkiye'ye dayattığı, 60 yıla yakın bir süredir sayısız CIA ajanının ağzında sakız olmuş, son olarak Clinton'un dile getirdiği, Rahmi Koç'un yinelediği Amerikan politikasının bir kez daha seslendirilmesinden başka bir şey değildi. Anlaşılan o ki, yerli Osmanlıcıların görevi küreselci Siyonist-Hıristiyan emperyalizmin dayatmalarına "İslama uygundur" damgası basıp Müslümanlara yutturmaktı.

Ertuğrul Özkök: "Patrik Ekümenik"
Tansu Çiller; Ekümenik ünvanını 1993'te onayladı
Hüseyin Hatemi: Patriğe Ekümenik denir

Ertuğrul Özkök, 29 Ağustos 2003 günlü köşe yazısında Patriğin "Ekümenik"liğini Tansu Çiller'in olumladığını, ve Hüseyin Hatemi'nin de bunu benimsediğini örnekleyerek şöyle diyordu:

Geçenlerde Doğan Hızlan'la birlikte Fener Rum Patriği **Bartholomeos'**un davetlisi olarak Patrikhane'ye gittik. Patrik **Bartholomeos** bize, **şimdiye kadar gizli kalmış** çok ilginç bir olayı anlattı. **1993 yılında** Başbakan **Tansu Çiller**, olimpiyatların İstanbul'da yapılması için ikna turları yaparken, Türkiye'deki bütün dini cemaat reislerinden birer destek mektubu istemiş. Diyanet İşleri Başkanı, Yahudi Cemaati Hahambaşısı, Ermeni Patriği ve Fener Rum Patriği olimpiyatların Türkiye'de yapılmasını desteklediklerini ifade eden birer mektup vermişler. **Çiller** bu mektubu, Monte Carlo'da Savarona yatında düzenlenen bir kokteylde Dünya Olimpiyat Komitesi Başkanı'na vermişti. Patrik **Bartholomeos, "Ben o mektubu Ekümenik Patrik imzası ile vermiştim. O zaman kimse bana bir şey dememişti"** diyor. Prof. Dr. **Hüseyin Hatemi** bu yıl 13 Haziran günü verdiği mütalaada Fener Patriği'nin "ekümenik" sıfatının bizi ilgilendiren bir tarafı bulunmadığını, **"devletimizin bu açıdan en küçük endişe duymasına gerek bulunmadığını"** söylüyor.[389]

Patrik, Osmanlı'nın kendilerini "ekümenik" olarak tanıdığını savlıyor ve bu konumunu sürdürmek istiyordu. "Ekümenik Ortodoks Patriği" demek, "Dünyadaki bütün Ortodoks Hıristiyanların Başı" demekti. Yavuz Sultan Selim 1517'de Mısır'ı aldığında Halife, eşdeyişle dünyadaki tüm Müslümanların başı ünvanını da almış, bundan sonra önceden "Millet Başı" ünvanıyla yalnızca Osmanlı sınırları içerisindeki Ortodoksların başı olan İstanbul'daki Ortodoks Patriğine "ekümenik" yani dünyanın tüm ortodokslarının başı ünvanını vermişti. Osmanlı'nın tarihe karışmasıyla bu ünvanını yitiren ve Türkiye dışında başka ülkelerde yaşayan Ortodokslar üzerinde hiçbir yetkisi kalmayan Patriğin yeniden "ekümenik" olmasını Amerika dayatıyordu. Çünkü Amerika, nüfusunun ezici çoğunluğu Ortodoks olan Rus halkını İstanbul'daki Ortodoks Fener Patriği aracılığıyla güdümleyerek Sovyet yönetimine karşı ayaklandırmak istiyordu. Tıpkı kendi kuklası bir Halife ilan ederek bütün Müslümanları onun aracılığıyla güdümlemek istediği gibi. Gerek Hilafet gerekse Ekümeniklik ancak Türkiye Cumhuriyeti'nin ulus devlet niteliği ortadan kaldırılırsa yeniden kurulabilirdi. O yüzden Osmanlı'ya dönün diyorlardı Türkiye'ye. Fener Patriği de bu yüzden Osmanlı'daki ekümenik konumuna duyduğu özlemi, Fener Patrikhanesi'nin duvarına işlettiği Fatih Sultan Mehmet'i dönemin Patriğine ayrıcalık verirken gösteren bir mozaikle simgeliyordu.

Fener Patrikhanesi'nin duvarlarına asılı Mozaik'te
Fatih Sultan Mehmet Patriğe ferman veriyor

Fener Patriği, "Konstantinopolis ve Yeni Roma Ekümenik Patriği" ünvanını kullanabilmek için Türkiye'nin Osmanlı'ya dönmesini hilafete geçmesini beklemiyor, aşağıda görüldüğü üzere mektuplarını çoktandır "ekümenik" olarak imzalıyordu:

The esteemed Mr. Henri Rieben, President of the Jean Monnet foundation for Europe, our Modesty's beloved in the Lord: Grace and peace from God.

We should like to take this opportunity to thank you and your fellow collaborators for a copy of the book entitled *La Suisse, L'Europe et l'Espace*. Please extend our thanks to those who, along with yourself, affixed to it their signatures.

We fondly recollect our visit to your Institution and the warm welcome with which you honored us. We believe that the achievements and future endeavors of your foundation reflect the necessity of having a strong and revitalized space program for the Europe of the 21st century. In this postmodern age in which we find ourselves, the benefits of space research and experimentation are especially numerous and worthy of discussion as they impact our entire global community. As children of God, we each behold the beauty and infinitude of the Lord's creation: the planets, stars, and celestial bodies which fill the universe. In seeking to understand and render back to God our due care for His creation, it is our prayer that all humanity may come together reconciled, moving across the boundaries of nations which separate us in praise of our great and loving Creator.

Thus praying for the continued success of your organization and that its contribution to the field of science may give cause for due glory, we bestow upon you and your beloved collaborators our patriarchal prayers and paternal blessings, and invoke upon you the abundant grace of God and His infinite mercy.

At the Phanar, February 5, 2001

Your fervent supplicant before God,

✝ BARTHOLOMEW
Archbishop of Constantinople,
New Rome and Ecumenical Patriarch

Fener Başpapazı Bartholomeos'un, **"Bartholomew, Arbishop of Constantinople, New Rome and Ecumenical Patriarch"** ünvanlarını kullanarak imzaladığı *"Avrupa İçin Jean Monnet Vakfı"* Başkanı Henry Rieben'e gönderdiği 5 Şubat 2001 günlü mektubu.

Patrik: "Ekümenik" ünvanını Osmanlı verdi

24 Eylül 1995 günlü Milliyet'te "Cihan Patriğiyim" başlıklı bir söyleşisi yayımlanan Fener Patriği Bartolomeos, şöyle diyordu:

> Fener Rum Patrikhanesi **Ekümeniktir** ve bu unvan uluslar arası platformlarda da uzun zamandır benimsenmektedir. Ayrıca **bu unvan asırlardır İstanbul Patriği'nin mirası** olmuştur. **Osmanlı padişahı tarafından verilen 500 yıllık berat** sahibidir. Hakkı olan bu ünvanı taşımaktadır.

Bu demecin ardından, Ekim 1997'de yayımlanan *"Ekümenik Patrik I. Bartholomeos'la Söyleşi"* kitabının adında Olivier Clement, Fener Başpapası Bartolomeos'u "Ekümenik" olarak niteliyordu.

Amerikan Başkanı George W. Bush, 27 Haziran 2004 günü İstanbul'da Bartolomeos ile görüşmüş ve bu görüşmede Amerikan Başkanı da Fener Başpapazı'nı "Ekümenik Patrik" olarak nitelemişti. Görüşmenin Beyaz Saray resmi bildirgesinde Amerika Birleşik Devletleri Bartholomeos'tan "Ekümenik Patrik" olarak sözediyordu.

Yukarıda sözünü ettiğimiz görüşmenin Beyaz Saray sitesinde yer alan fotoğraflı haberi, şu alt yazıyla verilmişti: *"President George W. Bush talks with **Ecumenical Patriarch Bartholomew I** after meeting with religious leaders in Istanbul, Turkey, Sunday, June 27, 2004."*

Patriğin Osmanlı mirasını Cumhuriyet'te sürdürme ve 500 yıl önce Osmanlı'nın verdiği ünvanı Cumhuriyet Türkiye'sinde kullanma tutumu, onun da Yeni-Osmanlıcılık, Yeniden Osmanlılaştırma yandaşı olduğunu gösteriyordu. Amerika'nın bir yandan Türkiye'yi Osmanlı'ya döndürmeye çalışırken öte yandan Patriği Osmanlı tarafından verilen "Ekümenik" (Cihan Patriği) ünvanıyla anması, istenenin Türkiye'yi yeniden dinsel toplulukların devlet içinde devlet oluşturduğu Osmanlı Millet Düzeni'ne döndürmek olduğunu gösteriyordu.

Türkiye'nin Osmanlı'ya dönmesi için herkesin kendince bir nedeni vardı. Bütün nedenlerin tepesinde, emperyalizmin tıpkı Birinci Dünya Savaşı yıllarında olduğu gibi Müslüman Türkleri kendi çıkarları doğrultusunda asker olarak kullanma isteği ve Ortadoğu coğrafyasında ulus devletleri ortadan kaldırıp, "Osmanlı Millet Düzeni" benzeri etnik, dinsel, mezheplere dayalı minik devletçikler kurarak bunları Tek Dünya Devleti'ne bağlama düşüncesi yer alıyordu..

İSLAM ÜZERİNDE İNGİLİZ OYUNLARI

Tony Blair "Hafız-ı Kur'an"

İngiliz The Times gazetesinin bildirdiğine göre; İngiltere'deki Müslüman topluluklarla sık sık bira araya gelen ve onlarla İslam hakkında söyleşiler yapan Başbakan Blair, Müslümanlığa ilişkin bilgilerini sergileyerek onların beğenisini kazanıyordu. Müslümanların Kurban Bayramı'nı kutlayan ilk İngiltere Başbakanı da oydu. Kur'an'ı tam 3 kez okuduğu özellikle vurgulanıyordu basında.

11 Ağustos 2000 Sabah- Blair "Hafız", Prens Charles "Gizli Müslüman"

Prens Charles: Sünnet olup
Hüseyin Charles adıyla
Müslüman olmuş

Amaçlarına ulaşabilmek uğruna tıpkı II. Wilhelm, Mussolini ve Hitler gibi kendilerini İslam dünyasına "gizli Müslüman" olarak yutturmaya çabalayan haçlı emperyalistler

471

vardı. Bu uğurda İngiltere Başbakanı Blair "Hafız-ı Kur'an" konumuna yükseltiliyor, Prens Charles'ın sünnet olup **Hüseyin Charles** adıyla "gizli Müslüman" olduğu inancı yayılıyordu Müslümanlar arasında. Charles günün birinde bir İslam Halifesi olursa Blair'in de bir Şeyhülislam olacağı şimdiden belliydi!

CAMİYİ ZİYARET ETTİ Veliaht Prens Charles, Londra'da yapımı devam eden ve yaklaşık 8 milyon sterline mal olması beklenen camiyi ziyaret ederek, takke giydi, şal örtündü. Bin kişinin aynı anda namaz kılabileceği cami, kapalı spor salonu ve yemek salonunun yeraldığı bir kompleksten oluşuyor.

Takkeli prens

■ İngiliz veliaht Prens Charles, Londra'daki Muhammed Park Camii'ni ziyaret ederek, Müslüman takkesi giydi, yapımı devam eden ve tamamlandığında 8 milyon sterline mal olması beklenen camide Müslümanlarla sohbet etti
■ Oxford İslami Araştırmalar Merkezi'nin başkanlığını da yürüten Prens Charles, bir süre önce Perspectives dergisinde yazdığı makalede, milli piyangodan yapılan kesintilerden kiliselere olduğu gibi camilere de yardım yapılması gerektiğini savunmuştu. ● MUSTAFA KÖKER'in haberi 19.sayfada

Türkiye gazetesi, 21.3. 1996

24 Mart 2006, geleceğin İngiliz Kralı ve Halife adayı Prens Charles başında sarığı üstünde cübbesiyle ve yanında türbanlı eşiyle Ortaasya'da Müslüman Türkler arasında

Blood, Charles and the murdered Caliph

Prens Charles, Evening Standard, 12 Kasım 1996.[390]

Şeyh Nazım Kıbrısi; *'Prens Charles'ı da, kraliyet ailesini de Müslüman yaptım, Prens Charles 'Hüseyin Charles' adını aldı, sünnet oldu. Kraliyet ailesindeki tüm erkekler sünnetlidir,"* diyordu.[391]

Yıldırım Çavlı 4 Ocak 1996 günlü Hürriyet'te yayımlanan yazısını bu konuya ayırmış şöyle diyordu:

> **İngiliz İstihbarat teşkilatının maaşa bağladığı bir Nakşibendi Şeyhi: Bu Adama Dikkat Edin**
> Şeyh Nazım Adil Kıbrısi, İngiliz Veliahtı Prens Charles'ın sünnet olduğunu açıkladı. Kimdir bu adam? Size ünlü şeyhi biraz tanıtayım. Şeyhimiz isminden de anlaşılacağı gibi Kıbrıs doğumludur. Türk mücahitlerinin adada yaşam ve bağımsızlık mücadelesi verdiği **1950-1960'lı yıllarda Nazım Bey'in İngiliz ajanı olduğu** tespit edilir. Türklerin lideri Dr. Fazıl Küçük, Ankara'nın da onayıyla **Şeyh Kıbrısi'yi adadan sürer. İngilizlerin protestolarına** rağmen şeyhimiz Türk idareciler tarafından **"Hain-i Vatan"** ilan edilir. O zamanki istihbarat örgütümüz **Milli Emniyet Teşkilatı**'mızda şeyhin kalın bir dosyası oluşmuştur. **İngilizler** kendilerine son derece bağ-

lı bu dini liderin peşini bırakmaz, **onu vatandaşlığa kabul eder, özel bir ikametgah tahsis eder ve maaşa bağlar.** Şeyhin Müslüman dünyadaki yükselişi **bundan sonra** başlar. Önce Türkiye'de örgütlenilir.

İngiliz istihbarat teşkilatının maaşa bağladığı bir Nakşibendi Şeyhi

Bu adama dikkat edin

Bugünlerde şeyhimiz İstanbul Atatürk Havalimanına indiği zaman **en az 40 veya 50 limuzin ile karşılanmakta**, yanına gelen avanesi ile beraber Beykoz'daki dergaha doğru yola çıkmakta. Kısa bir istirahatten sonra elin öpülmesine izin vermekte ve yapılan bağışları kabul etmektedir. **Nakşi şeyhinin işareti ile ülke çapında pek çok ihale bağlanabildiği gibi, İstanbul Büyük Şehir Belediyesi ihaleleri de kontrol altındadır.** Bu sistemin çarkları Sosyal Demokrat başkan döneminde de çalışmış, Refah Partisi döneminde iyice yağlanmıştır. Refah döneminde İSKİ'deki bir ihalenin Nakşi şeyhinin işaretiyle bağlandığını ihale zarflarının açılmasından iki saat önce resmen ihbar etmiş, kazanacak firmanın adını bildirmiş ve haklı çıkmıştım.

Şeyhin ülkemizdeki itibarı süperdir. Bir örnek olarak **Süleyman Demirel, şeyhin yakınında bulunmuş, Turgut Özal kendisini İstanbul'da bir çok kez kabul ederek elini öpmüştür.**

Bugün için **Şeyh Nazım Kıbrısı'nin Türkiye'nin yanı sıra Suriye, Lübnan, Ürdün, Irak, İran, Kuveyt, Afganistan, Pakistan, Hindistan, Bangladeş gibi ülkelerde cemaati ve müritleri vardır.** Şeyhin gücü ve etkisi **Jakarta, Sumatra, Endonezya'ya kadar uzanmaktadır.** Belki inanmayacaksınız ama **Filipinler'de cemaati vardır.** İngiliz basınına göre **Afrika'da en az 9 ülkede müritleri bulunmaktadır.**

Bazı kişiler bir Türk'ün ve bir Müslüman'ın uluslar arası platformda böylesine etkili bir konuma gelmesinden mutluluk duyabilir. Ancak kesinlikle söylüyorum **Şeyh Kıbrısı bir Türk düşmanı ve İngiliz istihbarat servisinin maaşlı elemanıdır.** Türk istihbarat servisinde bu yönde raporlardan oluşan bir dosya mevcuttur. Kanıt mı? Küçük bir örnek. Şeyh Kıbrısı'nin üç gün önce London Magazin Dergisi'nde yayımlanan açıklamalarına göz atalım:

"**Prens Charles, İslam dinini seçmiş bir mümindir. Sünnet olmuştur. Tarikatımıza bağlıdır. Dinimizi seçmesinden sonra Hüseyin Charles adını almıştır. Kraliyet Ailesi'ndeki tüm erkekler Müslüman ve sünnetlidir. Zaten Kraliyet ailesi, Peygamber efendimiz Hazreti Muhammed'in (S.A) 40. göbekten torunlarıdır."**

Bu saçma sapan laflar ilk kez söylenmemektedir. Aşağı yukarı **her yıl bir kez İngiliz basınından bir gazete veya dergi bu hayali iddialara yer vermekte ve kesinlikle dalga geçilmektedir.** Daha sonra **İngiliz diplomasisi ve istihbaratı bu yayınları Güney Asya ve Batı Afrika'daki Müslüman cemaatler arasında dağıtmaktadır.** Türk basını da her seferinde bu sözlerin belirli aralıklarla tekrar edildiğini unutmakta ve alıntı yaparak gayeye yardım etmektedir. Aslında **bu haberler tüm İslam ülkelerinin basınında övünç ve gurur ile yer almaktadır.** Geçen yıl **bir çok Arap televizyonunda birinci sırayı almıştır.** Hedef bellidir. Böylece **cahil Müslüman kesimlerde İngiliz Kraliyet Ailesi'ne karşı gizli bir sevgi ve saygı uyandırılmakta,** ayrıca bu vesileyle Şeyh Kıbrısı'nin etki ve nüfuz alanı genişletilmektedir. İstikbalde İngiliz Kralı olacak Charles için gerekli psikolojik platform hazırlanmaktadır. Bu ince propaganda yöntemleri için **milyonlarca sterlin harcanmaktadır.** Beyinleri yıkananlar ne yazık ki Müslüman kitlelerdir.

Nakşibendilik ülkemizde oldukça ılımlı olarak bildiğimiz aklı başında bir tarikattır. Şimdi Türkiye'deki Nakşilere soruyorum: İngiliz Kraliyet Ailesi'ni Peygamberimizin 40. göbek torunu ilan eden bu dengesiz vatan hainine inanmaya imkan var mıdır?

İngiltere Veliahtı Prens Charles'ın bir takım Şeyhler aracılığıyla Müslüman dünyasına "Müslüman" diye tanıtılması, çalışmamızın ilk sayfalarında gösterdiğimiz gibi, Alman İmparatoru II. Wilhelm'e *"Müslümanların koruyucusu gizli Müslüman Hacı Wilhelm"*, Hitler'e *"Haydar adıyla gizlice Müslüman olmuş İslam'ın koruyucusu"*, Mossolini'ye *"Musa Nili adıyla gizlice Müslüman olmuş İslam güneşi"*, ABD Başkanı Roosevelt'e *"gizlice Müslüman olmuş Arusi tarikatı müridi"* denilmesi benzeri bir olaydı. Ortadoğu'da, İslam topraklarında gözü olan her emperyalist ülkenin başvurduğu bu oyunun geçmişi 130 yıla dayanıyordu, emperyalizmle yaşıttı.

Kıbrıs'tan İngiliz Ajanı olduğu için sürülen
İngiliz Vatandaşı Nakşibendi Şeyhi Nazım Kıbrısi
Türkiye'ye Sesleniyor:
"Osmanlı'ya dön, laikliği kaldır,
Federe Kürt İslam Devleti Kur."

Prens Charles'i ve tüm İngiliz Kraliyet ailesini sünnet ettirip Müslüman yaptığını savlayan Nakşibendi Şeyhi, tepeden tırnağa Osmanlıcıydı ve etnik ayrımcı çözümler önermekteydi Türkiye'ye:

Türkiye Cumhuriyeti yerine **Osmanlılığın** getirilmesi, bir! İkinci çare **laiklik kaldırılacaktır.** Üçüncü bir yol söyleyeceğim: **Kürdistan'a, Kürt vilayetine muhtariyet verip, orada laikliği kaldırıp** dindar zümreyi kuvvetlendirmek... **Kürdistan'a muhtariyet, dine dayalı bir muhtariyet** ile bir hürriyet verecek ki Kürt Müslümanları katiyen kızıllara meydan vermez.³⁹²

Osmanlıcı Eyaletçi Nakşibendi Şeyhi Kıbrısi ve Ay'da Cami Yapma Projesi: Moon Temple Project

İngiliz Kraliyet ailesini sünnetten geçirip Müslüman yaptığını söyleyen Kıbrısi'nin gücü yalnızca dünya işlerine değil dünya dışına da taşıyordu! Amerikalı uzayadamı Neil Armstrong'un *"Ay'da ezan sesi duydum"* demesinden esinlenen Dağıstan Nakşilerinden Absar Haci ve Asadula Ali, Ekim 2002'de Kıbrıs'a giderek Şeyh Nazım Kıbrisi ile görüşmüş; ondan **Ay'da cami yapmak için** destek istemiş ve olurunu alarak **"Moon Temple Wold Foundation"** (Ay Tapınağı Dünya Vakfı) kurmuşlardı.

Absar Haci ve Asadula Ali, Şeyh Kıbrısi ile, Ekim 2002

İşte CIA ajanı Graham Fuller'in Türkiye'ye "Kemalizm'i bırakın, Nurculuğa, Nakşiliğe sarılın" derken "ilerici" olarak tanıttığı Nakşibendilerin Şeyhi Nazım Kıbrısi, "ilerici"liği Kürt ayrımcılığı, Osmanlıcılık ve eyaletçilikten Ay'da cami yapmaya dek vardırmış biriydi.

Küresel Bölücülük Müslüman Türklere Osmanlıcılık İslamcılık Adıyla Benimsetiliyor

1990'dan sonra daha da hızlanan Osmanlıcı, eyaletçi çabalar, İslam dünyasını ve Türkiye'yi dinin toplum üzerindeki etkisini kullanarak küreselleşmenin buyurduğu biçimde yeniden yapılandırmak içindi. Küreselleşme ulus devletlerle bağdaşmıyordu. Ulus devletler küçük etnik, dinsel, mezhepsel devletçiklere bölünerek bölgesel federasyonlar içinde eritilecek ve bu bölgesel federasyonlar birleşerek tek dünya devletine bağlanacaktı. Bunun için, toplumların tarihi ve dinsel yapıları üzerinde çalışılıyor, tarihlerinden ve dinlerinden bu değişimleri kolaylaştıracak söylemler üretiliyordu. Ortadoğu ve Türkiye için bu, İslam'dı, Osmanlı millet ve eyalet düzeniydi, padişahlığı çağrıştıran Başkanlık sistemiydi. Ulus devlet düşüncesini beyinlerden kovarak yerine bunlar konabilirse, küreselleşmenin buyurduğu yapısal değişimler yukarıdan aşağıya yasalar çıkartarak kolayca kansız yoldan gerçekleşebilirdi. Bu amaçla en çok benimsetilmeye çalışılan, Başkanlık sistemi ve Osmanlı eyalet düzeni oluyordu.

Demirel 'eyalet' sistemi önerdi
11 ocak 1999 Radikal

Uzun zamandır Türkiye'nin **'başkanlık' sistemini tartışması gerektiğini** dile getiren Cumhurbaşkanı Süleyman Demirel, dün de **'eyalet' sistemini** gündeme getirdi. **Ademi merkeziyetçi yönetim biçiminin ve eyalet sisteminin de üzerinde durulması gerektiğini** söyleyen Demirel, Türkiye'nin üniter yapısına zarar gelebileceği endişesiyle **eyalet sisteminin** gündeme getirilemediğine dikkat çekerken, "Düşünmedikçe de **merkeziyetçiliğe adamakıllı saplanıyoruz**" dedi. Demirel, merkez yönetimin yükünü hafifletecek olan **ademi merkeziyetçi sistemin tartışılması** gerektiğini vurguladı.

479

Demirel isteğinde yalnız değildi. Türkiye'yi 60 yıldır Amerika'nın isteği üzerine Osmanlı kafasıyla eğitenler ektiklerini biçmiş, Türkiye'de Osmanlı'ya dönüşü isteyenlerin sayısında epey artış gerçekleşmişti. Bunlar yalnızca İmam-Hatip'ten yetişme İslamcı yurttaşlarımız değildi; yabancı kolejlerde okumuş, İsmail Cem, Cengiz Çandar gibi sol kökenliler de çoktu aralarında.

İsmail Cem ve Osmanlıcılık

İsmail Cem 1970'te yayımlanan "Türkiye'de Geri Kalmışlığın Tarihi" adlı kitabında geri kalmışlığımızı tümüyle Osmanlı'ya dayandırıyor ve şöyle diyordu:

> **Dünkü eyaletlerimiz** Yugoslavya, Yunanistan ve Bulgaristan, ancak 1945'ten sonra hamle yapmalarına rağmen, bugün bizden kat kat üstün bir ekonomiye sahiptirler.[393]

32 yıl sonra Aksiyon Dergisi'nin yayımladığı Osmanlıcılık dosyasında Dışişleri Bakanı İsmail Cem'in yayımladığı *"Yeni Yüzyılda Türkiye"* adlı kitapta yer alan Osmanlıcı görüşlerden, İslam Konferansı Teşkilatı ile Avrupa Birliği'ni biraraya getirmesinden övgüyle sözediliyor, ODTÜ ve Gazi Üniversitesi'nde öğrenciler arasında Osmanlıcı düşüncelerin oldukça yaygınlaşmış olmasından mutluluk duyuluyordu:

Mecburi İstikamet Osmanlı Mirası

Abdülhamit Bilici

9 Şubat 2002 Aksiyon

Soğuk Savaş'tan sonra **Osmanlı'nın ruhu** sık sık modern Türkiye'yi yoklamaya başladı. **Ortadoğu Teknik Üniversitesi** ile **Gazi Üniversitesi** öğrencileri arasında yapılan '**Osmanlı İmajı**' konulu araştırmadan birçokları için şaşırtıcı sonuçlar çıktı. Bir dönem **solun kalesi** olan **ODTÜ'deki öğrencilerin yüzde 83'ü ile Gazi Üniversitesi'ndekilerin yüzde 78'i, 'Osmanlı Devleti'nin siyasal ve kültürel etkileriyle birlikte tarihe gömüldüğü görüşüne'** katılmıyordu. **'Osmanlı tarihe gömüldü' diyenlerin oranı, sadece yüzde 10'du.** Öğrencilerin yüzde 75'i, **Osmanlı Devleti'nin her dönemde dünyanın siyasal güçlerinden biri olduğunu** kaydediyordu. Eski Cumhurbaşkanı **Demirel'in Uluslararası Ortadoğu Komisyonu** üyesi olarak **İsrail**'e yaptığı ziyarette **İsrail**'in sabık başbakanı **Ehud Barak**, "**tek pırpırlı bir Osmanlı onbaşısının 20 kişilik askeri gücüyle, kendilerinin içinden çıkamadığı işlerin üstesinden geldiğini, Filistin'i huzur içinde yönettiğini**" itiraf ediyordu. Dışişleri Bakanı **İsmail Cem**, *'Yeni Yüzyılda Türkiye'* adlı kitabında **Türkiye Cumhuriyeti'nin geleneksel, yerleşik dış siyasetinin ülkenin Osmanlı geçmişine hürmetsizlik ettiğini** belirtiyor ve onun coğrafyasından kendini soyutlamasını yadırgıyor. Türk dış politikasına tarihi ve kültürel bir boyut kazandırmayı hedeflediğini söyleyen Cem, **çok kültürlü, çok kıtalı, çok dinli Osmanlı** tecrübesine dayanarak İslamcı—laik, Avrupalı—Asyalı, Doğulu—Batılı gibi ayrımların Türkiye için geçersizliğini savunuyordu. Fikir babalığını **İsmail Cem**'in yaptığı, Türkiye'nin girişimiyle tarihte ilk kez İslam Konferansı Teşkilatı (İKT) ile Avrupa Birliği'ni dışişleri bakanları seviyesinde (aday ülkeler dahil) 12—13 Şubat tarihlerinde İstanbul'da bir araya getirecek toplantı da aslında bu olumlu işaretlere ilave edilmesi gereken bir gelişme.

Bosna Türkiye'nin karşı karşıya kaldığı bu tarihi kavşakta 1974'teki Kıbrıs harekatı kadar sembolik yeri olduğu için büyük önem arz ediyor. **Türkiye, Boşnaklar'a 'tarihi ve İslami' kimliklerinin saldırı konusu olması nedeniyle sahip çıkıyordu**. Dolayısıyla **Bosna'ya sahip çıkılırken, bir yerde devlet eliyle geçmişte bu iki temel değere karşı takınılan olumsuz tavrın yanlışlığını** itiraf ediyordu.

Türkiye'nin kendi kimliğiyle buluşmasına **Bosna** kadar yardımcı olan ikinci faktör, 1980'li yılların ortasından 1990'lı yılların ortasına kadar esen özgürlük rüzgarıydı. 1990'larda **Türk dünyası için model** olarak önerilen Türkiye, **bu defa bütün İslam dünyası için model** olarak sunulmaya başlandı. Prof. Karpat'a göre, devletin **"Kültürümüz, kişiliğimiz tarihte Osmanlı olarak İslam'la yoğrulup gelişti. Biz bu kültüre mensubuz"** demesi lazım.

Yeşil Kuşak kavramının aslı olmadığını söyleyen Cengiz Çandar'a göre Amerika şiddete açık köktenci bir İslam istemiyor. Köktenci doktrinlere dayanmayan, ılımlı İslam'ı arıyor. Özal'ın **dış politikada Osmanlı mirasını etkin olarak kullanma çabalarına bizzat şahit olduğunu**, onun döneminde Köşk'ün **Arnavut, Kürt, Makedon** parti temsilcileri ve liderlerle dolup taştığını, **Dudavey'in neredeyse hergün Türkiye'de olduğunu** belirten Çandar, sonraki dönemlerde bu dinamizmin terk edildiğini ancak **başta TSK olmak üzere Ankara'da aynı çizgi üzerinde kıpırdanma belirtileri gördüğünü**, askerlerin Türkiye'nin güvenlik duvarlarını **Kafkasya'dan Balkanlar'a** geniş bir alanda kurmaya çalıştıklarını ve bu anlamda Türkiye'nin önünde gittiklerini kaydediyor ve eksikliklerin altını çiziyor: *"Özal Cumhurbaşkanı olarak Soğuk Savaş'ın sona erdiği dünyada, Türkiye'nin Osmanlı mirasını fütuhat anlayışıyla değil ama uluslararası rol ve ağırlık anlamında ihya etme düşüncesindeydi. İmkanı kullanmaya doğru Türkiye'yi yönlendirmeyi tasarladı. Kürt meselesine ve Irak Kürtleri'ne bakışı da bu çerçevededir. Küreselleşmeye gidilen ve Soğuk Savaş'ın sona erdiği, eski blok sınırlarının ortadan kalktığı bir zamanda tek süper güç ABD'nin de yardımıyla Osmanlı mirası devreye sokulabilir, tayin edici bir bölge gücü olunabilirdi. Türk entelijensiyası ve birçok kurumu Osmanlı vizyonuyla dünyaya bakamayacak şekilde enfekte durumda. Enfeksiyonun temizlenmesini şart. Türkiye'nin bu dönüşümü yapabilmesi için İslami kimlikle barışması şart,"* diyordu Çandar.

Ozan Ceyhun (Avrupa Parlamentosu üyesi): *"Cumhuriyet Türkiye'si İslam âlemine model olma imkanına sahip, Türkiye İslam âlemiyle Batı arasında bir köprü olabilir. Türkiye İslam âleminin önünde. Mevcutlar arasında ben sadece Türkiye'nin model olabileceğini düşünüyorum,"* diyordu.

Doç. Dr. Dirk Rochtus (Anvers Üniversitesi—Belçika): *"Türkiye zaman zaman din ile devlet ayrımını Batı ülkelerinden bile daha katı uygulamakta. **Türkiye din, kültür ve dil konularında kendi vatandaşlarına daha hoşgörülü davranmayı öğrenmelidir.** Bunu yapmadığı takdirde hem kendi insanlarını daha da yabancılaştıracak hem de Türkiye'nin güçlü demokrasisi ile medeniyetler arasında köprü olmasını isteyen **Batı dünyasını küstürecektir**,"* diyordu.

Muhammed Fathi El Şazlı (Mısır Büyükelçisi): (...) *"Türkiye bir İslam devleti. İslam tarihi içerisinde önemli rol oynamış, **bir dönem Müslümanların hamiliğini üstlenmiş bir devlet.** Aynı Türkiye AB'ye üye olacak ülke konumunda. Türkiye'nin dışında hem İslam kimliğini taşıyan, hem Avrupalı bir diğer ülke yok. Bu açıdan **Türkiye'nin böyle bir konuda öncülük etmesi hem doğal, hem de önemli,"* diyordu.

Toktamış Ateş, "Mozaik",
ve "Osmanlı" Eyalet Düzeni

Amerika denli Avrupa Birliği'nin de Türkiye'yi İslam'a dönüp Osmanlıcı olmaya özendirdiği bu dönemde, Osmanlıcılığa yaklaşan sol kökenli aydınlarımızdan biri de "Atatürkçü" olarak tanınan Toktamış Ateş'ti. O da Osmanlı eyalet düzenini olumlayarak Atatürk'ü eyaletçi gösteren yazılar yayımlıyordu artık.

10 Temmuz 2003 günü Cumhuriyet'te yayımlanan *"Çok Kültürlülük"* başlıklı yazısında Toktamış Ateş, Türkiye'nin bir "mozaik" olduğunu ve Atatürk'ün de bir Osmanlı Eyalet Düzeni kurmayı amaçladığını ama kimi engeller yüzünden bu amacını gerçekleştiremediğini savlıyordu:

> Her ne kadar eski bir siyasetçimiz, çok "zarif!" bir biçimde, **"ne mozaiği ulan..."** diyerek yadsımış olsa bile, Türkiye **tam bir etnik mozaiktir.** (...) Hele 19. yüzyılın son çeyreğinde, Rumeli ve Balkanlar'dan göçen kitleler ve gene aynı dönemde, Kafkasya'dan göçen yüz binler düşünüldüğü zaman, **bir "ulus devlet" kurmanın ne denli güç olduğu** açıkça görülür. (...) Özellikle Koçgiri ayaklanması ve ardından Şeyh Sait, **Ankara'yı ürküttü. Belki bu korkular olmasaydı,** daha esnek bir yapı oluşturulabilirdi. En azından **Osmanlı'nın son dö-**

nemlerindeki "eyalet sistemine" benzeyen yapı gibi bir yapı kurulabilirdi. Ama olmadı."

Özal da geçmişte; *"Osmanlı eyaletlerle gayet iyi idare etmiş, Cumhuriyet'ten daha iyi idare etmiş, nasıl yapmış, tartışmalıyız,"* demişti.

Osmanlıcılık, Küreselci Güçlerin Türkiye'de Ulus Devleti Yıkma Amaçlı Psikolojik Savaş Silahı

Küresel Tek Dünya Devleti kurmayı amaçlayan Siyonist-Hıristiyan parababaları, yeryüzünde ulus-devlet ve gümrük duvarı görmek istemiyordu. Etnik ve dinsel küçük devletçikler ve bölgesel federasyon görmek istiyordu. Durup dururken Türkiye'yi eyaletlere bölmek halkın tepkisini çekeceğinden, dedikleri yapılmazsa para musluklarını kapatan bu küresel faşistlerin buyrukları halka "Osmanlı'ya dönüyoruz, İslam'ın gereğini yapıyoruz!" diye yutturulacaktı.

Evet, işin özü buydu. Osmanlı'ya dönüş, eyalet sistemi, Osmanlı millet düzeni, Medine Vesikası, Asr-ı Saadet düzeni, İnanç Federasyonu, Osmanlı Sekülarizmi, vb. gibi şırıngaların son yirmi yılda katlanarak çoğalmasının ve Küreselci Siyonist-Hıristiyan emperyalistlerin Osmanlı ve İslam övgülerinin Türk basınını kaplamasının nedeni buydu.

Sözgelimi 11 Ocak 2001 günlü Zaman gazetesinde Clinton'un Güvenlik Konseyi Avrupa Direktörü **Bilinken:** *"Türkiye İslam Dünyasına model"* diyordu.

16 Ocak 2002 günlü Sabah gazetesinde bu kez ABD Ulusal Güvenlik Danışmanı **Rice**; Türkiye'yi *"İslam Ülkesi"* olarak niteliyor ve *"Türkiye İslam dünyası için mükemmel model"* diyordu.

7 Mayıs 2002 günlü Hürriyet ve Radikal gazetelerinde ABD yönetiminden **Paul Wolfowitz**'in Osmanlı'yı övdükten sonra *"Türkiye Müslüman dünyasına örnektir, Türkiye dini inançların laik kurumlar adına kurban edilmesine gerek olmadığını gösteriyor,"* diyordu.

ABD, İşgal Ettiği Irak'a
Osmanlı Düzeni Getirecekmiş

Amerikalıların Türkiye'yi İslam ülkelerine örnek göstermelerinin nasıl bir içgüdüden kaynaklandığını önceki ABD Dışişleri Bakanı Colin Powell'ın sözlerinde yakalıyorduk. Alman ZDF kanalında yapılan bir söyleşide: *"Irak'ta da Türkiye'deki gibi bir İslam Cumhuriyeti olacak ve şeriat hukuku, Kuran hukuku yasaların temel kaynaklarından biri olacak,"* diyordu Powell.[394]

Öyle ya, eğer Türkiye İslam ülkelerine örnek olarak gösteriliyorsa, öncelikle bir İslam Ülkesi olmalıydı ki örnek alınabilsin; eh bir İslam ülkesi de olsa olsa şeriat hukuku ve Kur'an'a dayalı yasalarla yönetiliyor olacağına göre, demek ki Türkiye böyle olmalıydı.

Powell'ın açıkladığı üzere Amerika işgal ettiği Irak'ta böyle bir düzen kuracaktı. Zaten Amerika Irak'ı işgale başladığı gün, gazeteler Osmanlı Modeli'nden sözetmeye başlamışlardı:

Irak'a Osmanlı Modeli
Milliyet, 20 Mart 2003

ABD Irak'ı Osmanlı İmparatorluğu'nda olduğu gibi önemli merkezler çevresinde idari bölgelere ayırmayı planlıyor...

ABD ve İngiltere askeri yetkililerinin, Saddam sonrası Irak'ın yönetimine ilişkin planlarını tamamladıkları ve ülkeyi **Osmanlı'dan esinlenerek**, "önemli merkezler çevresinde **idari bölgelere ayırmayı** kararlaştırdıkları" ortaya çıktı. İngiliz The Times gazetesindeki habere göre, iki ülke savunma bakanlıkları, Irak'ta işbaşına gelecek askeri yönetimin yapısı konusundaki planlarını bitirdi.

AVRUPA BİRLİĞİ TÜRKİYE'Yİ OSMANLI'YA DÖNDÜRME ÇABASINDA ABD'YLE KOL KOLA

Amerika'nın Irak işgalinden sonra Avrupa Birliği de Atatürk'e cepheden saldırarak, laikliği engel olarak gördüğünü sıkça vurgulamaya başlamıştı. Avrupa Birliği'nin Türkiye'ye karşı uyguladığı strateji, 1930'larda Kurt Ziemke'nin dile getirdiği *"Kemalizm'in Kürt ve din düşmanı olduğu propagandası yapmak"* stratejisinin ta kendisiydi.

Avrupa Birliği'ne göre Kemalizm Türkiye'nin yolunu tıkıyor

26.03.2003 Hürriyet Zeynel Lüle / Brüksel

Hürriyet, Mayıs ayında AB Genel Kurulu'na sunulacak olan Türkiye raporunu ele geçirdi. Hollandalı muhafazakar parlamenter **Arie Oostlander** tarafından kaleme alınan raporda, **Türk Devleti'nin laik ve Kemalist yapısı sorgulanıyor. Laikliğin farklı tercüme edilmesi ve Kemalizm ideolojisinden arındırılmış yeni bir Anayasa yazılması** talep ediliyor.

Avrupa Parlamentosu'nda hazırlanan "Türkiye'nin AB üyeliği" konulu bir raporda, **Türkiye Devleti'nin Kemalizm ideolojisine bağlı yapısı ve laikliği sorgulanıyor ve bu durumun AB üyeliği önünde engel teşkil ettiği** vurgulanıyor.

AP'nin Türkiye Raportörü **Oostlander,** Türkiye'nin **devlet yapısının Kemalizm ideolojisi üzerine** kurulduğunu belirterek, bu yapının Türkiye'de **"ülkenin bölünmez bütünlüğünün bozulacağı"** korkusu yarattığını, askerin gücünü artırdığını, aşırı Türk milliyetçiliğini körüklediğini ve **dine karşı esnek olmayan bir tavır yarattığını** belirterek, **"Bu durum, Türkiye'nin AB üyeliği yolunu tıkamaktadır"** görüşünü savundu.

Oostlander raporunda, **Türkiye'nin Fundemantalizm (Köktendincilik) korkusundan arınması, katı laik tutumunu değiştirmesi ve laikliği, Avrupa ülkelerindeki örnekleri esas alarak yorumlaması gerektiğini** belirtti. Hollandalı raportör, **Türkiye'de Kemalizm'in esas alınmadığı yeni bir anayasaya ihtiyaç bulunduğunu** belirterek, askerin siyasetteki ağırlığına da yoğun eleştiri getirdi. **Oostlander** raporunda, **Heybeliada'daki ruhban okulunun açılması** çağrısı yapıldı ve **Türk ve Ermeniler arasında diyalog yoluyla kurulacak bir müzakere ortamıyla tarihi gerçekler konusunda uzlaşmaya varılması** talep edildi.

24 Mart'ta AP Dış İlişkiler Komisyonu'nda görüşülecek olan ve Mayıs ayındaki AP Genel Kurul toplantısında da tartışılarak oylanması beklenen 16 sayfalık raporun özeti şöyle:

Türk Devleti'nin temel felsefesi, Kemalizm'dir. Bu ideoloji, Türkiye Devleti'nin bölünmez bütünlüğünün bozulmasına yönelik korku yaratıyor. Aşırı Türk milliyetçiliği körüklüyor. Askerin gücünü artırıyor ve **dine karşı esnek olmayan bir tavır** yaratıyor. Sonuç olarak bütün bu oluşan unsurları yaratan **Kemalizm ideolojisi, Türkiye'nin Avrupa Birliği'ne katılma yolunu kapatıyor.** Ordu, Türkiye'nin **çoğulcu demokratik bir devlet** olması önünde **frenleyici** bir unsurdur. Ordunun; eğitimde, endüstride, ekonomide ve medya üzerinde gücü var. Tabii ki asker, sivillerin kontrolü altında olmalı. Asker edindiği siyasi görevleri, sivillere iade etmeli.

Avrupa Birliği'nin Türkiye'deki üniter ulus devlet ve laik yönetim biçimine yönelik yıllardır sürdürdüğü saldırılar bununla kalmadı. Oostlander'dan tam iki ay sonra bu kez de AB Komisyonu'nun Dışilişkilerden sorumlu İngiliz Komiseri Chris Patten, **Oxford İslam Çalışmalar Merkezi**'nde yaptığı konuşmada, Atatürk'ü ve Türkiye'nin **ulus devlet** yapısını suçluyordu:

AB'nin büyük Atatürk gafı!

Duygu Leloğlu, Vatan, 25.05.2003

AB Komisyonu'nun, Atatürk'ü "derin devletin kurucusu" olarak niteleyen gafı ortalığı karıştırdı. Chris Patten'in **Atatürk'e suçlama getirilen konuşma metni**nde, şöyle deniyor: "Türkiye, bizim prensiplerimize uyuyor mu? İşte bu konuda, **Atatürk'ün mirası olumsuza dönüyor.** Bütün olumlu başarılarına rağmen o, derin devletin kurucusuydu. **Etnik ve dini azınlıkları bölücü olarak gördü.** Askerin siyasete girmesinde, anahtar rolü oynadı. Bütün **bu unsurlar, 2'nci Dünya Savaşın'dan bu yana gelişen Avrupa düşüncesinin karşısında** yer aldı. 1963 yılında, Avrupa Ekonomik Topluluğun ilk ortaklık anlaşmasını imzaladığımızda ve askeri diktatörlük baskısı zamanında gerçekler böyleydi.

Gündüz basına dağıtılan metinde yer alan ifadeler Ankara'yı alarma geçirdi. Türkiye'nin AB temsilciliği bu büyük gafı önleyebilmek için seferberlik ilan etti. Komisyon kaynaklarından alınan bilgiye göre, Türkiye'nin AB Büyükelçiliği, Birlik nezdinde temasa geçerek, konuşma gerçekleşmeden önce, **metindeki Atatürk bölümün değiştirilmesini istedi. Ancak**

Komisyon, konuşmanın değiştirilmeyeceğini açıkladı. Bu olay, **Atatürk hakkında AB'nin ikinci gafı.** Avrupa Parlamentosu Türkiye raportörü **Arie Oostlander,** geçtiğimiz yılki raporunda, **Kemalizm ideolojisini, AB üyeliği önüne engel olarak değerlendirince,** Ankara'nın tepkisini çekmişti. Oostlander, sonradan bu ifadelerini çıkarmak zorunda kalmıştı.

Görüleceği üzere, yalnızca Amerika değil, Avrupa Birliği de Türkiye'nin üniter ulus devlet yapısını ve laik düzenini değiştirmesini dayatıyordu. Amerika ile Avrupa arasında bir amaç ayrılığı yok, yalnızca söylem değişikliği vardı. Amerika Atatürkçülüğe, laikliğe, üniter cumhuriyete saldırırken Osmanlı eyalet ve millet düzenine dönülmesi isteğini de açık açık dile getiriyor, buna karşılık Avrupa Birliği genellikle Osmanlı sözcüğünü ağzına hiç almaksızın yalnızca Atatürkçülüğe, üniterliğe ve laikliğe saldırıyor, eyalet yerine federasyon demeyi yeğliyordu. Oysa Avrupa Birliği'nin istediği yapılınca sonuç yine ABD'nin istediği Osmanlı'ya dönüş olacaktı.

Avrupa Birliğine girmek için her türlü ödünü veren Türkiye'nin bir yandan da Osmanlı düzenine dönüş için elinden gelen çabayı gösteriyor olması bu bağlamda anlamlıydı.

Osmanlıcılık:
Türk Ordusunun ABD'nin İstediği Yerlere Gidip ABD İçin Savaşması

Başbakan Yardımcısı ve Dışişleri Bakanı Abdullah Gül, 22 Ağustos 2003 günlü *Milliyet* gazetesinde yayımlanan söyleşisinde şunları söylüyordu:

> Derya Sazak: "Stratejik olarak **Türkiye'nin Anadolu'ya sıkışıp kalma, hapsolma keyfiyeti** de yok."
>
> Abdullah Gül: "Yok tabii, Türkiye'nin **potansiyeli resmi sınırlarıyla sınırlanmış değildir.** Türkiye'nin etkinliği, çıkarları kendi sınırlarını çok aşmaktadır."
>
> Derya Sazak: "Bu **Yeni Osmanlıcılık** mı?'
>
> Abdullah Gül: "Nasıl sınıflandırırsanız sınıflandırın ne derseniz deyin **tabii ki Ortadoğu, Balkanlar, Orta Asya bizi yakından ilgilendirir. Türkiye, Anadolu'ya hapsedilemez** ama

bu kesinlikle bir serüvencilik değildir. Tarihimizden dersler de alıyoruz. Kendi sınırlarımız içinde huzur içinde olabilmek için sınır ötesindeki gelişmelerle de ilgilenmeliyiz. İstikrarlı bir Irak Türkiye'nin çıkarınadır. **Oradaki petrolden de Türkiye hakkını, hukuki bir düzen içinde alacaktır.** Irak'ın yapılanmasında söz sahibi olacaktır, ticarette alacaktır."

Dışişleri Bakanı bu açıklamalarında "Yeni Osmanlıcılık" deyimini yadsımıyordu. Bir ülkenin ulus devlet niteliğini koruyarak çevre ülkelerle ilgilenmesi, iyi ilişkiler geliştirmesi, alış veriş yapması başka, "Yeni-Osmanlıcılık" deyimiyle anlatılan başka şeydi. "Yeni Osmanlıcılık", eski Osmanlı topraklarında yeniden yönetici olmak demekti ve bunu Amerikan güdümünde gerçekleştirmekti söz konusu olan.

Genelkurmay eski Başkanı Doğan Güreş'in Açıklamalarından Çıkan Sonuç:
Yeni-Osmanlı = Amerikan Yeniçerisi

Genelkurmay Eski Başkanı Doğan Güreş'in 30 Aralık 2002 günlü Yeni Şafak'ta Mustafa Karaalioğlu ile söyleşisinde yaptığı açıklamalar, Amerika'nın Türkiye'yi bu iş için satın almış olduğu savlarını doğrulamaktaydı:

Türkiye: Satın Alınmış "Yeni Osmanlı"

Doğan Güreş: Türkiye, duygusallıktan ve Müslüman olmanın verdiği, **Arap ülkelerine hoş görünmek güdüsünden uzak davranmalıdır.** Ortadoğu'nun yapılanmasında etkin olmayı gözetmelidir. ABD Türkiye'de isteklerde bulunuyor mu? Evet!.. Türkiye, Duyun-u Umumiye'den kurtulabilmek için IMF ve Dünya Bankası'nın yardımına muhtaç mı? Evet!... Fox TV'de Morris isimli bir analist "**Türkiye, Dünya bankası ve IMF tarafından bizim için satın alınmıştır**" diye küstahça bir laf etti, geçenlerde. [FOX TV'de News Political Analiyst programında Dick Morris: **"Araplar bize, Irak'a operasyon yapma izni vermeyebilirler. Bizim onlara ihtiyacımız yoktur. IMF Türkiye'yi bizim için satın almıştır. Oradan istediğimiz her şeyi yaparız."** İngilizce olarak: **"IMF bought Turkey for us. We can do anything from there."**-eb] Şimdi böyle bir durum yok mu?!.. Bunlara rağmen ben savaşın dışında kalayım diyorsa **sonu hiç de iyi değildir.** Girmedik diyelim. IMF yardımı kesti ve azalttı. Bağlandık mı onlara! 2 bin Dolar'lık bir devlet haline geldik. 2 bin Dolar'lık söz hakkımız var. AB de seni üye almamış, ileriye göndermiş. Kıbrıs ve Ege sorunun var. **Sana destek verecek tek güç Amerika'yken reel politikadan başka bir şey konuşamazsın.** Zararına konuşursun. **Stratejik olarak kaybettirir** bu bize. **Güvenirliliğimizi kaybederiz.** Bizim, oturup "**ben istemem**" **deme hakkımız yok.** Allah bize, dünyanın kalbi Avrasya'da stratejik bir yer vermiş. Birbirimize muhtacız. **Bugün Fransa duramıyor Amerika'nın karşısında.**

Mustafa Karaalioğlu: Bu durumda, Amerikalıların bizim **stratejik tercihlerimizin satın alınmış olduğuna** dair analizleri doğrulanmış olmuyor mu?

Doğan Güreş: Doğrulanıyor ama şart o değil, reel politiktir. ABD ile aramızda stratejik işbirliği anlaşması var. Güvenirliliğini kaybedersin ABD nezdinde ve yarın destek verecek birini bulamazsın. **Sen NATO'ya ve Amerika'ya muhtaçsın kardeşim. Aksi takdirde kimse lafını dinlemez.** O halde, **ABD senin arkanda olmalı.** Çünkü, tek jeopilitik güç o. **Tayyip Erdoğan'a aferin!** Başbakan'ın ve Dışişleri Bakanı'nın tutumu gayet iyi. Benim de bu hükümetin içinde tanıdığım çok kişi var. Abdullah Gül, Vecdi Gönül, Abdüllatif Şener, Hüseyin Çelik, Abdülkadir Aksu gibi isimlerin radikal İslam'la bir şeyleri yok. Ben ayrıca, **Erdoğan'ın NAFTA'ya katılma fikrini de beğeniyorum.**

Genelkurmay Eski Başkanı'nın sözleri, I. Dünya Savaşı'nda Almanya'dan borç alınan 5 milyon altın lira karşılığında Osmanlı ordusunun Alman subaylarının buyruğunda "Cihad-ı Ekber" ilan ettirilerek savaşa sürüldüğünü anımsatıyordu. Büyük olasılıkla Enver Paşa da o günlerde tıpkı Doğan Güreş gibi "reel politik" düşünüyordu.

Kendisini "Yahudi-Hıristiyan Birliği'nin Başı" olarak adlandıran Amerika'nın verdiği her askeri görevi yerine getirmekten başka seçeneği bulunmayan bir Türkiye'nin Amerikan güdümünde Osmanlı'yı diriltmekle ne olacağı açıktı: Amerikan Yeniçerisi...

ALTINCI BÖLÜM

TÜRKİYE'NİN SİYASİ İNTİHARI

Osmanlı Tahtının Varisleri Amerika'dan Türkiye'ye Dönüyor

Türkiye'yi IMF ve Dünya Bankası aracılığıyla satın aldığı söylenen Amerika, Osmanlıcılığı her türlü yolla şırınga ediyordu. Son olarak Başbakan Amerika gezisi sırasında ilk görüşmelerinden birini Amerika'da yaşayan Abdülhamid'in torunu Osman Ertuğrul'la gerçekleştirmiş ve bu haber 27 Ocak 2004 günlü Radikal'de "Hanedanla Kahvaltı" başlığıyla verilmişti. Bu görüşmeden hemen sonra, Osman Ertuğrul ve eşi Türk yurttaşlığı için başvuruda bulunmuşlar, yurttaşlıkları onaylandıktan sonra, Temmuz 2004'te Türkiye'ye gelmişlerdi. Haberler şöyleydi:

TÜRKİYE CUMHURİYETİ OSMANLI GEÇMİŞİYLE BARIŞTI
Son Osmanlı'ya Türk pasaportu verildi
Aslı Aydıntaşbaş, 15 Temmuz 2004 Sabah

Türkiye Cumhuriyeti, Osmanlı geçmişiyle barıştı. Sultan Abdülhamit'in torunu ve hanedanın en kıdemli üyesi olan 93 yaşındaki Osman Ertuğrul, İçişleri ve Dışişleri Bakanlıklarının son aylarda ortaklaşa yürüttüğü çalışmayla **Türk vatandaşlığına kabul edildi**. Başbakan Erdoğan ocak ayında ABD gezisinde Ertuğrul ve eşiyle biraraya gelmişti. Erdoğan, New York'a ayak bastığı gecenin ertesinde temaslarına Waldorf Astoria Otelinde Ertuğrul ve eşiyle kahvaltı ederek başlamıştı.

Son Osmanlı 92'sinde Türkiye'de Star Oldu

Aslı Aydıntaşbaş 22.07.2004 Sabah

Sultan Abdülhamit'in torunu ve Osmanlı hanedanının en kıdemli üyesi **Ertuğrul Osman**, Türk pasaportu aldıktan sonra Cumhuriyet Türkiyesi'nde gördüğü **star muamelesi**nden şaşkın. Çevresi ve eşi tarafından "**Osman Efendi**" olarak bilinen Ertuğrul Osman, **Osmanlı gibi tam bir doğu-batı sentezi**. Küçüklüğünde Arapça öğrenmiş. Çocukluğundan hatırladığı dedesi Sultan Abdülhamit'e büyük sevgisi var. Eski Ürdün Kralı Hüseyin gibi Ortadoğu liderleriyle yakın dostlukları var. İstanbul'a geldiklerinde Abdullah Gül'ün telefon açıp "Hoşgeldiniz" demesi hem Ertuğrul Osman hem de eşini duygulandırmış. "Şaşılacak bir durum değil" diyor **ailem yüzyıllar boyu İslam dünyasındaki en önemli semboldü.**"

OSMANLI İLE BARIŞMA

Başbakan, eşi ve kızı Osmanlı tahtının varisi Osman Ertuğrul'la

Son şehzade, aile tarihine ve Osmanlı mirasına bağlı. Türkiye'nin böyle olmamasından şikayetçi. "Türkiye ileri gidebilmek için Osmanlı geçmişiyle barışmak zorunda. En önemli miras diyor" Ona göre bu Türkiye'nin aşması gereken bir psikolojik evre. Osman Efendi, Saltanat sürseydi, bugün padişah olacaktı. New York'ta Osman Efendi ve Zeynep Hanım'ın Manhattan'daki evini ziyaret etmek, gazetedeki haber toplantılarına girmek gibidir. "Irak'ta dün olanları okudun mu? Afganistan'da seçimlerin ertelenme olasılığı var. Falanca ülke için düşünülen yeni lideri halkın benimsenme şansı yok" gibisinden eski Osmanlı coğrafyasında olan her şeyi yakından takip ederler. Yalnız gazete başlıkları değil, o ülkelerin demografik yapısını da tüm detaylarıyla bilirler.

Yapılan yayınlar Osmanlı tahtının varisini topluma sevdirme yönündeydi. Dahası, Güneri Cıvaoğlu Osmanlı tahtının son varisi Osman Ertuğrul ve eşiyle yaptığı söyleşide onların siyasete atılıp yeniden yönetime gelerek Osmanlı Padişahlığını yeniden kurmalarını dahi olasılıklar içerisinde gösteriyor ve bunun doğal karşılanması gerektiğini aşılıyordu okuyucusuna.

Türkiye'ye Dönen Osmanlı Taht Varisleri Yönetime Geçmek İstiyor
PRENSES ZEYNEP: SİYASETE EVET
Güneri Cıvaoğlu 14 Eylül 2003 Milliyet

Şehzade Osman Efendi'nin "Belediye başkanlığı yapabilirim" diyen eşi Zeynep Hanım ekliyor:

" **Osmanlı ile Cumhuriyet arasına köprü olabilirim**"

Çırağan Sarayı'nın, Gazebo Terası'nda **Osmanlı'nın şehzade** - aile reisi Osman Efendi ve eşi Zeynep Osman Hanım'la konuşuyoruz. Zeynep Hanım'ın **prensesliği**, Osman Efendi'nin eşi olmasının öncesinde, Afgan saray ailesine mensup büyükbabası Mahmut Tarzi'den ve halası Afgan Kraliçesi Süreyya'dan geliyor. Zeynep Hanım'a soruyorum: "**Ortak dostlarımızdan duyumlarıma göre - gönlünüzde aktif siyaset yapmak - var, - seçimlere girmeyi ciddi olarak düşündüğünüz - söyleniyor. Sözü dolandırmadan, tek kelimeyle cevap verir misiniz? **Doğru mu... Değil mi?"** Zeynep Hanım'ın cevabı "**doğrudur**" oldu.

Bir soru daha... "**İstanbul odaklı mı, Ankara odaklı mı? Yani, bir siyasi partiden milletvekili seçilerek parlamentoya mı girmek... Yoksa İstanbul'da belediye başkanlığı için önümüzdeki yerel seçimlere mi girmek?**" Cevabı gene açık oldu: "**İmkân olursa, onu zaman gösterir. Bu Ankara'da siyaset olabilir, İstanbul'da belediye başkanlığı da olabilir. Hiçbir şey beklemeden yaparım. Seve seve...**"

Güneri Cıvaoğlu, Çırağan Sarayı'nda Osmanlı Tahtının varisi Osman Ertuğrul ve eşi Zeynep Ertuğrul (Tarzi) ile söyleşirken.

Zeynep Hanım ile yaptığımız uzun konuşmadan izlenimlerimi yansıtayım. İstanbul'da belediye başkanlığı derken, tarihi bir ilçe belediye başkanlığına da adaylığını - bağımsız - koyabilir. Soruyorum: "**Eşiniz Şehzade Osman Efendi aynı zamanda Osmanlı aile reisi. Osmanlı devleti devam etseydi, tahtta o olacaktı. Siz ise Cumhuriyet Türkiyesi'nde seçimlere girmek eğilimindesiniz, nasıl bir bağlantı bu?**" Anlatıyor: "**Modern Türkiye'nin de ilk kökleri Osmanlı'dır. Bu, tarihi bir gerçeğimiz. Ben de Osmanlı ile Cumhuriyet arasındaki bağlantıyı, demokrasi içinde yansıtmayı istiyorum.**" Hanedan mensuplarının demokratik yoldan, yeniden iktidara gelişlerinin bir örneği de Bulgar Kralı Simeon Sakskoburgotski. Yıllarca sürgünde kalan Simeon Sakskoburgotski, seçimlerle iktidara gelerek Bulgaristan başbakanı oldu.. Burada söze Osman Efendi giriyor: "**Kamboçya Kralı da öyle.**

Tacı bıraktı, seçimlere girdi, Cumhurbaşkanı seçildi..." Osmanlı ailesinin Atatürk Cumhuriyeti'nde demokrasi sürecine katılmasına önyargısız bakabilmeli. "Değişmeyen, sadece değişimdir" demiyor muyuz?

Anlaşılan Amerika Türkiye'yi Osmanlı'ya döndürmek, yeniden Osmanlılaştırmak ve böylece ulus devleti ortadan kaldırarak etnik, dinsel ve mezheplere dayalı küçük devletçiklere ayırdığı Türkiye'yi *Büyük Ortadoğu Projesi* ya da *Genişletilmiş Ortadoğu Stratejisi* uyarınca bir *Ortadoğu Federasyonu* içinde eritmek için her yolu deneyecekti.

Tayyip Erdoğan- Şeyh Kabbani Görüşmesi

Başbakan Amerika'da yalnızca Osmanlı tahtının varisi Osman Ertuğrul'la görüşüp onu Türk yuttaşlığına aldırarak Türkiye'ye dönmesini sağlamamış, aynı zamanda Nakşibendi tarikatının Amerika'daki uzantısı Şeyh Hişam Kabbani'yle de buluşmuştu.

Başbakan'ın Ocak 2004 Amerika gezisinde ABD'nin istemi üzerine görüştüğü Nakşibendi Şeyhi Hişam Kabbani, Amerika'da Ulusal Basın Kulübü'nde konuşurken (solda), bir Osmanlı Özlemi içerisinde olduğunu başına fes takarak verdiği pozlarla ortaya koyuyor. (sağda)

Şeyh Nazım Kıbrısi'nin Amerika'daki sağ kolu ve damadı olan Lübnan'lı Şeyh Kabbani, Amerika'da Yüksek İslam Kurulu Başkanı'ydı. Tasavvuf üzerine ders aldığı Şeyh Abdullah Dağıstani ve Şeyh Nazim Kıbrısı sayesinde Nakşibendi Tarikatı'yla tanışmış, Kıbrısi'nin "Sufi dinini yaymalısın" isteği üzerine Ortadoğu, Avrupa ve Uzakdoğu'yu gezmiş, 1991'de Amerika'ya gelip Sufi Nakşibendi Vakfı'nı kurmuştu.

1991'de Amerika'ya ayak basar basmaz, kısa süre içinde Amerika ve Kanada'daki vakıflarının sayısını 30'a yükselten Kabbani, yıldızı Amerikan yönetimince parlatılan bir Nakşibendi Şeyhi'ydi. Washington'da öyle herkesin kolay kolay alınmadığı yerlere üstünde cübbesi, başında sarığı ve uzun sakalıyla girebiliyor, ABD Başkanlarıyla görüşüyordu. Başbakan Ocak 2004'te Amerika'ya gidince ilk iş olarak Osmanlı tahtının varisiyle görüşüp onun Türk yurttaşlığına alınarak Türkiye'ye dönme koşullarını sağlamış, ardından da bu Osmanlıcı Nakşibendi Şeyhi'yle görüşmüştü.

NAKŞİ ŞEYHİN DESTEK SÖZÜ:
İSLAM KONFERANSI'NA TÜRK BAŞKAN

Aslı Aydıntaşbaş, Washington, Sabah, 29.01.2004

Bush'un sık sık konuk ettiği Nakşibendi Şeyhi Kabbani, görüştüğü **Tayyip Erdoğan'a, İslam Konferansı Örgütü Başkanlığı** için Türkiye'nin adayını destekleme sözü verdi. **Erdoğan,** ABD'de sadece Hıristiyan ve Musevi liderlerle görüşmedi. Bush'un sık sık Beyaz Saray'a davet ettiği **Nakşibendi şeyhi Kabbani'**yle de bir araya geldi. **Kabbani "Türkiye, İslam dünyasının modeli olabilir"** dedi.

Nakşi Şeyhi Kabbani ve Başbakan
ABD'de gerçekleştirdikleri görüşmede.

Tayyip **Erdoğan,** New York'ta **Rum Kilisesi ve Musevi lobisiyle** temaslarından sonra Washington'da da Müslüman dünyasından liderlerle biraraya geldi. **Erdoğan'ın isteği üzerine** gerçekleşen toplantıya, **ABD Başkanı George Bush'un da 11 Eylül sonrasında Beyaz Saray'da sık sık biraraya geldiği Nakşibendi şeyhi Muhammed Kabbani** önderlik etti. **ABD'nin Ankara Büyükelçisi Eric Edelman'ın da katıldığı toplantıda,** Amerikalı Müslüman liderler, **Türkiye'nin İslam dünyası için model olabileceğini** ifade ederek İslam dünyasında diyaloğun artırılmasının önemine işaret etti..

Kabbani ayrıca geçtiğimiz günlerde Malezya'da toplanan **İslam Konferansı Örgütü** başkanlığına Türkiye'nin adayı **Ekmelettin İhsanoğlu'**nun getirilmesi önerisine de destek verdi. Daha sonra kaldığı Ritz Carlton Oteli'nde **ABD'deki Musevi temsilcilerle görüşen Başbakan Erdoğan,** ayrıca

Musevi liderlere ABD'de Türkiye lehinde yürüttükleri lobi faaliyetleri dolayısıyla teşekkür etti.

Başbakan, ABD'de Edelman'ın da katıldığı
Nakşi Şeyhi'nin önderliğinde gerçekleşen toplantıda

Zaman gazetesi, Başbakan'ın ABD'de Şeyh'le gerçekleştirdiği görüşmelere Edelman'ın da katıldığını özellikle vurgularken, *"Türkiye İslam ülkeleri için örnek olacak"* diyordu:

Amerikalı Müslümanlardan Türkiye'ye 'model' övgüsü

Zaman, Washington, 02.02.2004

Türkiye Başbakanı Recep Tayyip Erdoğan'ın Şeyh Muhammed **Hişam Kabbani** ve işadamı **Nazir Ahmed** ile yaptığı görüşmeye **ABD'nin Ankara Büyükelçisi Eric Edelman da katıldı.** Amerikalı Müslüman liderler, **Türkiye'nin İslam dünyası için rol modeli olabileceğini** ifade ettiler. Alınan bilgiye göre, Erdoğan ile temsilcileri görüşen Musevi kuruluşlar arasında **ABD–İsrail Halkla İlişkiler Komitesi, Amerikan Musevi Komitesi, Cumhuriyetçi Musevi Koalisyonu, Ortodoks Birliği, Amerikan Sefardi Federasyonu** yer aldı.

Greatest, the best
En büyük, mükemmel

Akşam, 29 Ocak 2004

ABD'deki Nakşibendi Tarikatı Şeyhi Hişam Kabbani, Başbakan Erdoğan'a övgüler yağdırdı. Kabbani, Erdoğan için 'en büyük', 'mükemmel' anlamına gelen '**Greatest, the best**' sözcüklerini kullandı.

Başbakan'ın ABD gezisi sırasında gerek Osmanlı hanedanın taht varisi Osman Ertuğrul ile gerekse Nakşibendi Şeyhi Hişam Kabbani ile görüşmesi yerli basında büyük başlıklarla yer alınca eleştirilere konu olmuş, Onur Öymen'in Meclis'te verdiği soru önergesi "bu görüşmeleri Amerika önerdi" denilerek yanıtlanmıştı:

Erdoğan-Kabbani görüşmesi:
NAKŞİ ŞEYHİNİ ABD ÖNERMİŞ
Cumhuriyet 06.07.2004

ANKARA (Cumhuriyet Bürosu) - CHP İstanbul Milletvekili **Onur Öymen**'in soru önergesine verilen yanıtta, Başbakan **Recep Tayyip Erdoğan**'ın ABD gezisi sırasında Nakşibendi şeyhi **Muhammed Kabbani** ile "**ABD yönetiminin önerisi üzerine**" görüştüğü bildirildi. Açıklamada Erdoğan'ın **Osmanlı hanedanı mensubu Osman Ertuğrul**'la görüşmekten mutluluk duyduğu da aktarıldı. Öymen, Erdoğan'ın yanıtlaması istemiyle verdiği soru önergesinde ABD ziyareti sırasında Muhammed Kabbani ve Osmanlı hanedanı mensubu Osman Ertuğrul'la neden görüşme ihtiyacı duyduğunu sordu. Öymen'in önergesine verilen yanıtta şöyle denildi: "**Sayın Başbakan, ABD'deki Musevi kuruluşların liderleriyle ve ABD Rum Ortodoks Başpiskoposu Demetrios'la da görüşmüştür.** Ayrıca, ABD'de yaşayan Müslümanların manevi liderleriyle de görüşmek istemiştir. **ABD yönetimi, ABD'de yaşayan Müslümanların önde gelen bir temsilcisi olarak Amerika İslam Yüksek Konseyi Başkanı Şeyh Muhammed Hisham Kabbani'yi önermiştir.** Bunun üzerine adı geçenle bu görüşme basına da açık olarak gerçekleştirilmiştir.

Tayyip Erdoğan'ın Amerika'da Nakşi Şeyhi Kabbani'ye görüşmesinde yadırga-

nacak bir yön yoktu. Kimler görüşmü-yordu ki Kabbani'yle? Amerikan Başkanı Bush yalnızca görüşmekle kalmıyor, onunla birlikte fotoğraf çektirip bir de "Şeyh Kabbani'ye iyi dileklerde" diyerek imzalıyordu. Dick Cheney de Nakşi Şeyhi Kabbani'yi Beyaz Saray'a çağırıp ağırlayanlar arasındaydı.[395]

6 Eylül 2002 Cuma günü Amerikan Yüksek İslam Konseyi başkanı Şeyh Hişam Kabbani ve heyeti, Beyaz Saray'de Roosevelt salonunda Dick Cheney tarafından ağırlandılar. (Washington, DC 09/08/02)

Kabbani'yle görüşenler arasında geleceğin İngiltere Kralı Prens Charles bile vardı.

Nakşi Şeyhi Kabbani, Prens Charles'ın önünde yerlere dek eğiliyordu tokalaşırken. Çekilen bu gibi fotoğraflar hızla yayılıyor; Amerika'nın ve İngiltere'nin Nakşiliği desteklediği, dolayısıyla dünya üzerindeki tüm Nakşilerin de her konuda Amerika'nın ve İngiltere'nin yanında yer alması gerektiği vurgulanıyordu yayınlarda. Amerikan yardım kuruluşu USAİD Başkanı da Nakşi Şeyhi Kabbani'nin ayağına dek gidip görüşenler arasındaydı. [396]

Amerikan Uluslararası Kalkınma Ajansı USAİD Başkanı Andrew Natsios, 27 Ekim 2004 günü Nakşi Şeyhi Kabbani'yi Michigan-Burton'daki karargahında ziyareti sırasında.

1980'lerde Afganistan'da Sovyetlere karşı savaşan Usame Bin Ladin'i ve onun komutası altında toplanan El-Kaide savaşçılarını çuval çuval unlar, besin, yiyecek, içecek ve giyisilerle donatan Amerikan "yardım" kuruluşu USAİD –ki Usame Bin Ladin'e gönderilen USAİD yardımını "İblis'in Kıblesi" adlı kitabımın 171. sayfasında fotoğraflarıyla göstermiştim- şimdi de Amerika için ölüme hazır Nakşi Şeyhlerine yardım ediyordu. Gerek Prens Charles, gerek Bush ve Cheney'le Beyaz Saray'da görüşmeler yapan Nakşi Şeyhi Kabbani, Çeçen direniş önderi Aslan Maşadov'la da yakın ilişkiler yürütecekti.

Aslan Maşadov, Nakşi Şeyh Kabbani ile.

Nakşi Şeyhi Hişam Kabbani'nin Amerika'daki resmi ünvanı *"Amerika Yüksek İslam Konseyi Başkanı"*ydı. Amerika'da *The Islamic Supreme Council of America ISCA* adı altında bir *Sivil Toplum Kuruluşu* olarak etkinlik gösteriyorlardı. Çeçen Komutanla yaptıkları görüşme de *Sivil Toplum Kuruluşu* etkinlikleri çerçevesinde yürüttükleri etkinliklerin bir parçası olarak sunuluyordu.

Nakşi Şeyhi Kabbani, kayınpederi Şeyh Nazım Kıbrısi ile birlikte Özbekistan Başkanı Kerimov ile birlikte.

"Amerika Yüksek İslam Konseyi" Başkanı Nakşi Şeyhi Kabbani'yle görüşenler arasında Ortodokslar da vardı. Ortodoksların Nakşi Şeyhi'nden Fener Patriğine Ekümenik ünvanı verilmesi konusunda bir "fetva" isteyip istemediklerini bilmiyoruz, fakat Bush ve Cheney ile bu denli yakın olan bir Nakşi Şeyhi'nin böyle bir istemi geri çevirmeyeceği açıktır.

Amerika'ya özellikle Nakşi Şeyhi Kabbani'yi görmek üzere gelen bir Ortodoks özel delegasyonu.

Amerika ve İngiltere'nin *Laik Cumhuriyete saldıran ve Türkiye'nin Osmanlı düzenine dönmesini savunan* bir Nakşi Şeyhi'ne verdiği bunca önem ve değer, bize Amerika'nın Türkiye'yi laik üniter bir Cumhuriyet'ten, ulus-devlet'ten uzaklaştırıp, Nurcuların ve Nakşibendilerin Osmanlı Milletler Modeli, Hilafet ve eyalet düzeniyle yönettiği bir ülkeye dönüştürmek amacından 60 yıl boyunca bir an dahi vazgeçmediğini gösteriyordu. CIA Ortadoğu görevlilerinden Paul Henze *"Türkiye: Yirmibirinci Yüzyıla Doğru"* yazısında, *"müritleri arasında politikacılarla işadamlarının da bulunduğu nakşbendi tarikatı"*yla *"Saidi Nursi'nin takipçisi nurcuların"*, *"yeni bağımsızlaşan Türk cumhuriyetlerde ortaya çıkmaya başlayan girişimci sınıflarla"* doğal bir bağlantı sağlayacağını *"Türkiye'nin doğusunda ve kasabalarında yaygın olan nakşibendilerin, eski Sovyetler'de ve İslam dünyasında oldukça güçlü ve ilerici"* olduklarını söylüyordu. ABD yönetiminin 2004 yılında Türkiye Başbakanı'nı Amerikan Nakşilerinin başı ile görüştürmesi CIA Ortadoğu masası şeflerinin Nakşibendiliği Amerikan çıkarları için desteklemeyi öngören raporlarıyla ve Türkiye'yi yeniden Osmanlılaştırma amacıyla uygunluk içerisindeydi.

İSRAİL'İN AÇTIĞI SERGİ: "OSMANLI İDARESİ ALTINDA"

Amerika'nın 60 yıldır yeniden Osmanlılaştırma çalışmaları yürüttüğü Türkiye'de İsrail de Osmanlı özlemini kaşımaktan geri kalmayacaktı kuşkusuz. 1999 yılı Eylül ayında Osmanlı'nın 700. yılı kutlamaları kapsamında İsrail tarafından açılan fotoğraf sergisinin adı, Arapların Osmanlı dönemini "işgal" olarak nitelemesine karşı "idare" olarak belirlenmişti. Murat Bardakçı İsrail sergisini açılmadan iki ay öncede müjdeleyen yazısında şöyle diyordu:

Abdullah Biraderler 700. yıl için dönüyor

Murat BARDAKÇI, 4 Temmuz 1999, Hürriyet

Türkiye'nin ilk fotoğraf kuruluşlarından olan Abdullah Biraderler'in ve bir asır öncesinin diğer fotoğrafçılarının çektiği **Ortadoğu manzaraları** Eylül ayında İstanbul'da, Türk ve İslam Eserleri Müzesi'nde sergilenecek. **"Osmanlı İdaresi Altında"** ismini taşıyacak olan serginin en ilginç tarafı ise resimlerin İstanbul'a 700. yıl kutlamaları programı çerçevesinde **İsrail'den gelecek olmaları**. Sergi halen geçmişiyle kavgalı olan yahut tarihinin Türk yönetimiyle ilgili dört asırlık bölümünü silip yok farzeden birçok Ortadoğu ülkesine ders verir bir kimlik taşıyacak.

Geçmişte Osmanlı'nın **"işgali"** değil **"idaresi"** altında bulunduğunu kabul edip **bunu resmen söyleyen tek Ortadoğu devleti** olan **İsrail'in açacağı serginin** adı, **"Osmanlı İdaresi Altında"**.

İsrail'in İstanbul'daki **kültür ataşesi** olan **Zali de Toledo**'nun .. hazırlıklarını aylar öncesinden başlattığı sergiye .. adına uygun bir kuruluş da sponsor olacak: **Osmanlı Bankası**.

Zali de Toledo sergiye **"Osmanlı İdaresi Altında"** isminin verilmesinin sebebini anlatırken "Türkler Ortadoğu'da 400 yıl boyunca kaldılar. Bu tarih; gerçeği kimse değiştiremez. Hem sonra **bizde Araplar'da olduğu gibi bir 'Osmanlı kompleksi' de yok, dolayısıyla Osmanlı dönemini niçin reddedelim ki?** Bu gerçeklerin kabul edilmemesiyle sanki tarih değişiyor mu?" diyor. Osmanlı Bankası'nın Genel Müdürü **Aclan Acar** ise, **"Böyle bir sergiye sponsorluk etmek çok keyifli bir iş"** diyor.

1980'lerde "Osmanlı Eyalet ve Millet Düzeni"ni Ortadoğu için geçerli yönetim biçimi olarak niteleyen, "Ortadoğu Birleşik Devletleri" kurulmasını isteyen İsrail'in, Amerika'nın bölgedeki işbirlikçisi olarak Cumhuriyet Türkiye-si'nde "Osmanlı İdaresi"ni öven bir sergi açmasında yadırganacak bir yön yoktu. Yadırganacak yön, o çok beğendikleri ve yeniden kurulması için çalıştıkları Osmanlı'yı 1915'te Çanakkale'de 1917'de Filistin'de vuranlar arasında Siyonist Yahudi birliklerinin bulunduğundan hiç söz etmemeleriydi.

Murat Bardakçı'nın yalnızca Arapların Osmanlı'yı işgalci olarak gördüğü, Filistin'deki Yahudilerin Osmanlı'yı işgalci olarak görmedikleri savı doğru değildi. Filistin'de ve Çanakkale'de Osmanlı'ya karşı savaşan Siyonist Yahudilerin de

Osmanlı'yı işgalci olarak gördükleri bunca yıl halkın gözünden kaçırıldıysa, bunda Türk Basını'nın İsrail'e aşık olan kesiminin böylesi yayınlarının da etkisi vardı.

**Amerikan Eğitim Bakanlığı'yla
Harvard'ın Türkiye'de Açtığı
"YOĞUN OSMANLICA YAZ OKULU"**
Türkiye'yi yeniden Osmanlılaştırma stratejisinin kültür çalışmalarıyla beslenmesi bağlamında, Amerikan Harvard Üniversitesi de Türkiye'de bir Osmanlıca Okulu açmıştı. Murat Bardakçı'nın konuya ilişkin yazısı şöyleydi:

**Harvard'ın yaz dönemi çalışmaları
Ayvalık'ta başladı**
Murat Bardakçı, 4 Temmuz 1999, Hürriyet

Prof. Dr. Şinasi Tekin'in **Harvard Üniversitesi'ne bağlı olarak** Ayvalık'ın Cunda Adası'nda açtığı **"Yoğun Osmanlıca Yaz Okulu"** hafta başında yeni öğretim yılına başladı.

Harvard'ın Cunda'da açtığı "Yoğun Osmanlıca Yaz Okulu" hafta başında **üçüncü öğretim yılına** başladı.

Harvard'ı Türkiye'ye getiren **Profesör Şinasi Tekin** Ayvalık'ın Cunda Adası'nda satın aldığı eski Rum evini **okula** çevirdi ve okulu **Amerikan Eğitim Bakanlığı**'yla bizim **YÖK'e onaylatıp** faaliyete geçirdi. **Harvard'ın "Yoğun Osmanlıca Yaz Okulu"** şimdi hiçbir yerden maddi destek görmeden, binbir sıkıntıyla ama tam bir ilim haysiyetiyle **üçünücü öğretim yılına** girdi.

Yalnızca Harvard el atmamıştı Türklere Osmanlıca öğretme işine. Soros'un desteklediği Tarih Vakfı da Osmanlıca çalışmalar yürütüyordu. Sonunda Amerikalı danışmanların denetiminde çalışan Milli Eğitim Bakanlığı da el atacaktı Osmanlıca'ya.

**Milli Eğitim'den Osmanlıca Atağı
Osmanlıca Yeniden Keşfediliyor**
Aksiyon, sayı: 477

Sosyal Bilimler Lisesi'nde **Osmanlıca dersinin** okutulmasıyla başlatılan tartışma sürüyor. İçinde bulunduğumuz eğitim-öğretim dönemi başında açılan Sosyal Bilimler Lisesi'nde

Osmanlıca dersi verilmesi tartışmalara yol açtı. Kendini her fırsatta Atatürkçü olarak tanımlayan şair-yazar Attillâ İlhan bu lisede okutulan Osmanlıca'ya ayrılan saatin çok az olduğunu söyleyerek, daha fazla zaman ayrılması gerektiğini düşünüyor. Sosyal Bilimler Lisesi'nde Osmanlıca dersinin verilmesine imza koyan Prof. Dr. Halil İnalcık, Prof. Dr. İlber Ortaylı gibi ünlü tarihçiler de İlhan'la aynı görüşü paylaşıyor. Sosyal Bilimler Lisesi'ne odaklı Osmanlıca üzerine tartışmalar sürerken bu dili merak edenler ise soluğu kurslarda alıyor.. Vakıflar, belediyeler, dernekler nezdinde açılan Osmanlıca kursların yanı sıra kişilerce açılan Osmanlıca kurslarına ev hanımlarından bankacısına kadar birçok değişik meslekteki insanlar katılıyor. İstanbul'da **Türkiye Ekonomik ve Toplumsal Tarih Vakfı, Kubbealtı Akademisi Kültür ve Sanat Vakfı, İstanbul Büyükşehir Belediyesi Meslek Edindirme Kursları (İSMEK)** gibi Osmanlıca kursları verilen merkezlerde daha çok matbu **Osmanlıca** öğretiliyor.

Milli Eğitim Bakanı Hüseyin Çelik:
Devlet Adamı Yetiştireceğiz
Osmanlıca öğreten Sosyal Bilimler Liseleri bakanlığımızın en önemli projelerinden biridir. Bu lisenin kurulmasındaki en önemli **amaçlardan biri de siyaset ve bürokrasiye kültürlü, devleti ve demokrasiyi iyi tanıyan, ona işlerlik kazandıracak elemanlar yetiştirmek**tir.

BASINA YENİ OSMANLICILIK BRİFİNGİ

Eylül 2003'te Amerikan Konsolosluğu'nda Osmanlıcılık toplantıları yapıldığına ilişkin haberler çıkıyordu basında.

ABD Başkonsolosluğu'nda
10 Gazeteciye Verilen Osmanlı Dersi
Aytunç Erkin, Aydınlık, 14 Eylül 2003

Amerika'nın İstinye'deki İstanbul Başkonsolosluğu'nda Amerikan Büyükelçisi Edelman 10 Türk gazetecisine yemek veriyor. Yemeğe **üç Türk tarihçisi** de katılıyor... **Tarihçiler gazetecilere Osmanlı dönemindeki politikaların, günümüze nasıl yansıtılacağını** anlatıyor.

Emin Şirin: "İstinye'deki Meçhul Toplantı"

5 Eylül 2003

İddiaya göre, ABD'nin yeni Türkiye Büyükelçisi Sayın Eric Edelman'ın İstinye'deki ABD Başkonsolosluğu'nda bazı Türk gazetecileri ve **üç Türk tarihçisi ile birlikte** (ABD ve Türkiye'nin ortak çıkarları konulu) iki günlük bir toplantı yaptı. ABD Büyükelçisinin yaptığı bu toplantı (eğer yapıldıysa) hiçbir gazetede yer almadı.. **ABD'nin Irak ve Ortadoğu meselesi ile ilgili olarak ciddi bir psikolojik harekat yürüttüğü** söylentileri çok kuvvetli..

Bundan birkaç ay önce hapisteki Abdullah Öcalan da "Osmanlıcılık"a başlamıştı. Öcalan'ın 22 Nisan 2003'te Özgür Politika gazetesinde yayımlanan demeci şöyleydi:

Abdullah Öcalan: "Çözüm Osmanlı Eyalet Modeli"
Özgür Politika 22 Nisan 2003

"İran'da **eyalet sistemi** vardır. Eğer buna bir demokratik içerik kazandırılırsa yine eyalet sınırları Kürt halkı gerçekliğini dikkate alınırsa, bizce **çözüm eyalet modeli** ile olur."

Öcalan'ın Eyalet Modeli demecinden sonra, Özgür Politika gazetesinde Osmanlı Düzeni'ni öven yazılar çıkmaya başladı:

Selahattin Erdem: Çözüm Osmanlı Düzeni
Özgür Politika, 23 Temmuz 2003

Osmanlı Düzeni altında Kürtler ve Türkler en az çatışmalı, en fazla uyumlu ve işbirliğine dayalı bir yaşam sürdürmüşlerdir. Çok çetin geçen I. Dünya Savaşı içinde Türklerle Kürtler pürüzsüz hep aynı cephede olmuşlardır.

Öcalan Osmanlı Düzeni'nin öven ilk terörist örgüt lideri değildi. Daha önce Usame Bin Ladin de Osmanlı Düzenine özlem duyduğunu açıklamıştı.

Eski CIA Ajanı Bin Ladin'in Osmanlı Özlemi
Akşam g. 22 Ekim 2002

ABD'nin New York ve Washington kentlerine 11 Eylül'de düzenlenen terörist saldırıların sorumlusu El Kaide Lideri Usame bin Ladin'in **Osmanlı İmparatorluğu dönemine özlem duyduğu** ortaya çıktı. Bin Ladin ile defalarca bir araya gelen Suriyeli gazeteci Ahmet Zeydan'ın yazdığı kitaba göre El Kaide lideri **Osmanlı İmparatorluğu'nun birleştirici gücü** olduğuna inanıyor ve **bu dönem örnek alındığı takdirde** sorunların çözüleceğine inanıyor.

Arap ve İslam ülkelerinin tek başlarına bağımsız olamadıklarını ve olamayacağını belirten **Bin Ladin**'e göre **tek çözüm, Osmanlı'nın çöküşünden önce olduğu gibi bu birliği tekrar sağlamak**. Arap ve İslam birliği sağlandığı takdirde eskiden olduğu gibi yüzlerce yıl barış içinde birlikte yaşanabileceğini belirten Bin Ladin, şimdi ne yazık ki **sınırları Batı tarafından çizilmiş Arap ulusları** bulunduğunu vurguladı.

Osmanlı Düzeni'ni savunan Usame Bin Ladin

Ladin'in görüşleri çok ilginç bir biçimde Amerikan yönetiminin 60 yıldır savunduğu görüşlerle çakışıyordu. İlim

Araştırma Dergisi'nin Aralık 2004 sayısında Harun Yahya adıyla yayımlanan bir yazı da benzer görüşler içeriyordu:

> **Osmanlı İmparatorluğu**'nda uygulanan bu adaletli yönetim sayesinde **tüm Balkanlar'ı, Kafkasya'yı ve Ortadoğu'yu** kapsayan coğrafyada, üç İlahi dine ve muhtelif mezheplere mensup, dilleri, kültürleri, ırkları birbirlerinden tamamen farklı milyonlarca insan asırlar boyunca hiçbir zulme maruz kalmadan huzur içinde yaşamışlardır.
>
> **Osmanlı Devleti**'nin ardından, aradan geçen bunca zamana ve harcanan bütün çabalara karşın, bölgede huzur ve istikrar sağlanamamıştır.
>
> Dünyaya barış ve huzur getirecek bir **İslam Birliği'nin sağlanması** konusunda **Türkiye'nin önemli bir konuma sahip olduğu** açık bir gerçektir.
>
> **Türkiye, sözünü ettiğimiz manada bir İslam Birliği'ni kurmuş ve beş asırdan uzun bir süre başarıyla idare etmiş olan Osmanlı İmparatorluğu'nun mirasçısıdır.**
>
> Bu sorumluluğu **tekrar üstlenebilecek** toplumsal alt yapıya ve devlet geleneğine sahiptir.
>
> Başarının en önemli nedenlerinden biri ise, **hakimiyeti altında yaşayan değişik etnik kökene mensup toplulukları, her birinin dil ve din farklılıklarına saygı göstererek, barış, huzur ve güvenlik içerisinde, asırlar boyunca bir arada yaşatma başarısını** göstermesidir.
>
> Türkiye bölgede kilit bir noktada yer almaktadır ve tüm bu halklar, Türkiye ile gönül bağlarını halen devam ettirmektedirler. Türkiye'ye derin bir gönül bağıyla bağlı olan bu insanlar, **kendilerine uzanacak bir yardım elini beklemekte ve Müslüman Türk Milleti'ni kendileri için bir kurtarıcı olarak görmektedirler.**
>
> **Avrupa Birliği benzeri** bir oluşumun bu bölgede gerçekleşmesi, dünya siyasetinin tek odaklı bir yapılanmadan çıkarılmasına da aracı olacaktır.

Osmanlıcılık ve Osmanlı düzenine dönüş çalışmaları doruğa tırmanırken halifeti konu alan yayınlar da artış gösteriyordu boyalı basında.

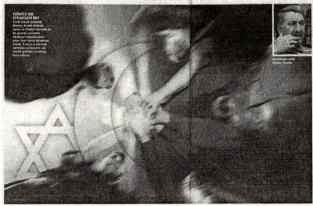

Tempo Dergisi'nin 3 Haziran 2004 günlü sayısında, hilafetin yeniden kurulması konusunda Mehmet Şevket Eygi ile birlikte görüşlerini açıklayan Aytunç Altındal şöyle diyordu:

> **Hilafet kurumu,** Büyük Ortadoğu Projesi'nin devam ayaklarından biri olarak yakın zamanda hayata geçecek. **Laisizm başka sekülerizm başka. Fransız tipi laisizm Türkiye'ye dar geliyor.** Anglosakson yasalarından yola çıkılarak hazırlanan bir sekülerizasyon projesi Türkiye'ye uygun. **Hilafet diyanetin üst kurumu. İslam diniyle ilgili kararların alınabildiği bir yer.** BOP yürürlüğe girdiği zaman bu da gerçekleşecek. Patriğin ekümenik yapılma isteği de buna bağlı. **Yavuz Sultan Selim hilafeti Mısır'dan alınca partiğe de ekümenik olma hakkını verdi. Günümüzde ters gelişiyor. Önce patrik (ekümenik olacak), sonra hilafet (kurulacak).** Kimsenin kuşkusu olmasın. **Laikliği Türkiye'ye (Avdetiler- Yahudi dönmeleri) getirdiler.** Osmanlı sekülerizminden cumhuriyet laisizmine getirip radikalleştirdiler işi. **Atatürk soyadını da bunlar (avdeti-Yahudi dönmeleri) verdi.** Atavizm cedçilik demek. Bu Yahudilerde var. Eskiden **Arapça ay adları** vardı. Bazı ayların **İbraniceleri** konmuştur. **Temmuz, eylül, nisan, şubat İbranicedir.** Türkiye'de nasıl bir değişim süreci yaşanmış ki bundan kimse şikayetçi değil.

Altındal'ın bu açıklamalarında Müslümanları Atatürk'ten ve laiklikten soğutucu uydurmalar vardı. Arapça olan kimi ay adlarının Atatürk döneminde atılıp yerlerine Yahudi dilinden ay adları konulduğuna ilişkin sav uydurmaydı. Herşeyden önce Altındal'ın sözkonusu ettiği ay adları İbranice değildi. *Eylül*, Süryanice "üzüm" anlamına gelen Aylul'den; *Nisan* Akadça'dan Süryanice'ye geçmiş "ilk meyveler" anlamında Nisannus'dan; *Temmuz* Sümerce "bey" anlamına gelen Dummuzi'den; *Şubat* Akadça'dan Süryanice'ye geçmiş "dinlenme" anlamında Sabadu'dan geliyordu. Bu sözcüklerin ay adı olarak benimsenmesinin Atatürk döneminde olduğu da uydurmaydı. Şubat, Nisan, Temmuz ve Eylül sözcükleri ay adı olarak günümüzden 328 yıl önce II. Ahmed döneminde 1677'de mali takvimde kullanılmaya başlanmıştı. Aytunç Altındal'ın ilk kez 1981'de ortaya attığı, 25 yıldır sürdürdüğü ve günümüzde yinelediği; *Mustafa Kemal soyadı yasası çıktığında "Öz" soyadını almış, böylece tam adı "Kemal Öz" olmuş idi, sonradan masonlar, sabetaycılar, Agop Martayan Dilaçar, vs.* "*Kemal Öz" olan soyadını değiştirtip "Kemal Atatürk" yaptılar, vb.* gibi sabuklamalar, Yalçın Küçük tarafından da *Sabetaycılar, Yahudi dönmeleri, soyadlarında "Öz" kullanırlar (...) Mustafa Kemal'in adı da Kemal Öz'dü* vs. denilerek yayılmaktadır. Atatürk soyadına ilişkin çarpıtmalara girişen bu ikiliden, 16 Ekim 2005 günlü Star gazetesi'nde ***"Benim asıl adım Aytun'dur. Ama Türkiye'de bunu Aytunç yaptık. Bizim aile Adige'dir; Aytun, Çerkezce bir isim,"*** diyen Altındal; 1986'dan bu yana da *"Türkiye'de gerçek Gericiler,.'Bir Türk Dünyaya Bedeldir' diyenlerdir,"* sözleriyle Atatürk'e dolaylı yoldan "gerici" demektedir.[397] Bu saptırıcılar, *Soyadı Yasası*[398] çıkartıldığında *"öz ad"* ve *"soyadı"* kavramlarının yasa metinlerinde nasıl kullanıldığını bilmeyenleri kandırabiliyor. Oysa 1934 tarihli *Soyadı Kanunu*'nda **"öz adı"** ve **"soyadı"** kavramları şöyle kullanılıyordu:

> Madde:1-Her Türk **öz adı**ndan başka **soyadı**nı da taşımaya mecburdur. Madde:2- Söyleyişte, yazışta, imzada **öz ad** önde, **soyadı** sonda kullanılır.

Bu kanunun nasıl uygulanacağını belirleyen *Soyadı Nizamnamesi*'nde[399] de *"öz adı"* ve *"soyadı"* deyimleri şöyle geçiyordu:

Madde 1 - Her Türk, **öz ad**ından başka **soyadı** da taşıyacaktır. (...)
Madde 2 - Söyleyişte, yazışta, imzada **özad** önde, **soyadı** sonda olmak üzere bütün harfleri söylenerek veya yazılarak kullanabileceği gibi söyleyişte ve yazışta **özadsız** yalnız **soyadını** kullanmak ve imzada **öz ad**ın ilk harfini, **özadı** iki tane ise her ikisinin ilk harflerini veya birinin ilk harfi ile ötekinin tümünü ve **soyadı**nın tümünü yazmak caizdir. (...)
İşte Gazi Mustafa Kemal'e *"Atatürk"* soyadının verilmesi de bu bağlamda çıkartılan şu yasayla gerçekleşmişti:
KEMAL **ÖZ ADLI** CÜMHUR REİSİMİZE VERİLEN **SOY ADI** HAKKINDA KANUN[400]
Madde 1- Kemal *öz adlı* Cümhur Reisimize ATATÜRK *soy adı* verilmiştir. (...)

Mustafa Kemal'e Atatürk soyadını önerenler de Altındal'ın savladığı gibi masonlar, sabetaycılar ya da Agop Martayan Dilaçar olmayıp Saffet Arıkan ile Naim Hazım Onat'tı. [Bu konuda geniş açıklamayı ([401]) nolu sonnotta bulacaksınız.] Erzincan'lı Milletvekili Saffet Arıkan *"Türkata"* soyadını bulmuş, ses uyumu bakımından *"Atatürk"*ün daha uygun olacağı düşünülerek *"Atatürk"* denilmiş ve Meclis *"Atatürk"* soyadı verilmesi kararını oybirliği ile almıştı.[402] Soyadını öneren Saffet Arıkan ile Naim Hazım Onat ne Yahudi'ydiler ne de Yahudi dönmesi; Türk ve Müslümandılar. Atavizm'in, cetçiliğin Yahudilerde olduğu ya da Yahudiliğe özgü olduğu savının da gerçekliği yoktu. Yahudilerde soy ataya değil anaya dayanır, Yahudi bir anadan doğmayanı -babası Yahudi de olsa- Yahudi saymazlardı. Laikliği Türkiye'ye avdetilerin (Yahudi dönmelerinin) getirdiği de Altındal'ın uydurmasıydı. Atatürk'ün laikliği yıllar önce benimsediği, kendi el yazısıyla tuttuğu tıpkı basımları yayımlanmış günlükleriyle belgelenmiş bir gerçekti. Laisizmin anlamının başka, sekülerizmin anlamının başka olduğu savı da Aytunç Altındal'ın 1982'den bu yana oluşturup laikliği yıpratma yönünde kullandığı kavram kargaşasından başka bir şey değildi. Laik (laique) Fransızca, seküler (secular) İngilizceydi; İngilizler Fransa'yı da Türkiye'yi de seküler devlet olarak niteliyordu. Altındal'ın topu topu yedi tümceye tam onbir uydurma sığdırabilmesi, bu uydurmaların tümünün de Atatürk'ü ve laikliği yıpratmaya yönelik oluşu, düşündürücüydü.

Haziran 2004'te Tempo dergisinde yayımlanan Hilafet'e yönelik bu sözlerinden 5 ay sonra, 10 Kasım 2004 günlü Akşam gazetesinde yine Hilafet isteyen Altındal, bu isteğini "Atatürk'ün gizli vasiyeti"dir diyerek yine bir uydurma ile Atatürk'e dayandırmaya yelteniyordu:

"Atatürk'ün Gizlenen Vasiyetini Açıklayın!"

Akşam, 10 Kasım 2004

Araştırmacı-Yazar **Aytunç Altındal**'a göre, **Atatürk, ölümünden 50 yıl sonra bazı fikirlerinin açıklanmasını istemişti.** Bu vasiyeti 'Toplum henüz hazır değil' denilerek yerine getirilmedi. Altındal, **Atatürk'ün 'siyasi, toplumsal, tarihsel vasiyeti'nin gizlendiğini** düşünüyor. Altındal'a göre, **Atatürk, bazı notlarının ölümünden 50 yıl sonra açıklanmasını vasiyet etmişti.** Ata'nın sır vasiyetinin 1988'de yani Atatürk'ün ölümünün üzerinden 50 yıl geçtikten sonra açıldığını belirten Altındal, **'Cumhurbaşkanı Kenan Evren ve o günkü Başbakan Turgut Özal, bunları okudular.** Ancak bu görüşlere, bu fikirlere 'toplumun henüz hazır olmadığını' öne sürerek bunların açıklanmasını engellediler' dedi. 1988'de Atatürk'ün **vasiyetinin üstüne 25 yıllık yeni bir yasak konulduğunu** söyleyen Altındal, vasiyette neler olduğuna dair ipuçları olduğunu düşünüyor.

Altındal'a göre, **Atatürk'ün notlarında Hilafet'le ilgili ilginç fikirleri yeralıyordu. Atatürk hilafetin kişi bazında değil, bütün İslam ülkeleri arasında rotasyonla değişecek bir kurum olarak canlandırılabileceğini** söylüyordu. Altındal'a göre, **bu vasiyeti 1958'de öğrenen Adnan Menderes, sonunu hazırlayan o cümleyi; 'Siz isterseniz hilafeti bile geri getirebilirsiniz'i bu nedenle söylemişti.** Altındal, Atatürk'ün **'1920'lerde sadece 3 Müslüman devlet var. Türkiye, İran ve Afganistan. Bu sayı ileride 40'a 50'ye çıkarsa, bu devletler kendileri biraraya gelerek bir Hilafet Meclisi oluştururlar'** dediğini öne sürdü.

Mustafa Kemal'in saltanata karşı olduğunu, ancak Hilafet'e bir müessese olarak karşı çıkmadığını savunan Altındal, Atatürk'ün fikirlerinin aslında bugün hayata geçtiğini düşünüyor. Bugünkü İslam Konferansı Örgütü'nün ana hatlarını 1920'lerde çizdiğini söyleyen Altındal, **'Mustafa Kemal'in Hilafet'in 5 güçlü İslam üyesinin daimi konseyi oluşturmasını, bunların belirli süreler içinde rotasyonlu olarak Hilafet'i temsil etmesini istediğini düşünüyorum'** dedi. ABD ve İngiltere'nin Hilafet'i kişi bazında yeniden kurmak çabasında olduğunu söyleyen **Altındal, 'Bizim tezimiz, Mustafa Kemal Atatürk'ün tezidir, yani 'Hayır; babadan oğula geçen Halifelik olmaz. Bu akıldışıdır' diyoruz. Biz atak davranamazsak, onların istediği Hilafet'e gider'** dedi. İslam ülkelerinin tesis edeceği bir **hilafet sistemine** dünyada terörizmin önlenmesi için ihtiyaç duyulduğunu söyleyen Altındal, **'Bu sistemde en yüksek bir fetva makamı olacaktır. Böylelikle bir İslam Adaleti tesis edilir. Bir tarafın Vatikan'ı var öteki tarafın bir gücü yok. Bu İslam ülkelerinin gücünü arttıran birşey olacak. Örneğin Hilafet, tank alacak Bangladeş'e bu ülke İslam'a daha yakın, oradan al diyecek. Bu İslam'a saygıyı da arttıracak'** dedi.

Aytunç Altındal, **Nutuk'taki hilafetle ilgili bazı sözlerin kendi fikrini desteklediğini** düşünüyor. Atatürk'ün, 1963 yılında Ankara Üniversitesi Basımevi'nde basılan Nutuk'unun 490'ıncı sayfasında aynen şu sözleri yeralıyor: **...Ortak ilişkileri korumak ve bu ilişkilerin gerektirdiği koşullar içinde birlikte iş görmeyi sağlamak için ilgili Müslüman devletlerin delegelerinden bir Meclis kurulacaktır. Bu meclisin başkanı, birleşmiş Müslüman devletleri temsil edecektir diye bir karar alınırsa, işte o zaman, istenirse o birleşik Müslüman Devleti'ne Halifelik adı verilir. Yoksa herhangi bir Müslüman devletin bir kişiye bütün Müslümanlık Dünyası işlerini yönetip yürütme yetkisini vermesi us ve mantığın hiçbir zaman kabul edemeyeceği bir şeydir.'**

Atatürk 1 Kasım 1922'de Meclis'te düzenlenen gizli oturumda konuşmuş, **saltanatı yerden yere vururken hilafet ile cumhuriyetin birarada varolabileceğini söylemişti**. Atatürk konuşmasında hilafeti TBMM'nin temsil edeceğini vurgulamıştı.

Vasiyetle ilgili 3. Cumhurbaşkanı Celal Bayar'ın da bilgisi olduğunu söyleyen Araştırmacı-Yazar Aytunç Altındal, 1967'de Bayar'a 'Atatürk'ün gizli vasiyeti var mıydı?' diye sorduğunu, Bayar'ın da kendisine, 'Muhtemeldir. Açıklanması şimdi doğru olmaz, Türkiye hazır değil' dediğini söyledi. Kenan Evren'in, Atatürk'ün fikirlerini gizlemesindeki amacı mutlaka açıklaması gerektiğini söyleyen Altındal, Atatürk'ün notlarının Anıtkabir'de olduğu yolunda kendisine güvenilir bilgiler geldiğini de sözlerine ekledi. Altındal, Atatürk'ün sır vasiyetinin, Cumhurbaşkanlığı'nın ardından Meclis'te Atatürk'ü Koruma Komisyonu'nun kararıyla, Genelkurmay Başkanlığı'nın oluru alındıktan sonra açıklanabileceğini de sözlerine ekledi.

Hilafetin kurulmasını isteyen ve bu çabasına Atatürk'ü alet etmekten çekinmeyerek *Atatürk'ü de hilafet istiyormuş gibi gösteren* uydurmalarla dolu bir yazıyla karşı karşıyaydık yine. Bu yazıda Atatürk'ün söyledikleri, onu hilafetçi olarak göstermek amacıyla çarpıtılıyordu. *"Atatürk'ün, 1963 yılında Ankara Üniversitesi Basımevi'nde basılan Nutuk'unun 490'ıncı sayfasında aynen şu sözleri yeralıyor,"* diyen Altındal'ın Atatürk'ün sözlerini aktarırken şu tümceyi gözden kaçırıyordu:

> Bu tasarı ve hayale kısmen benzeyen bir hayal, hilafetçileri ve panislamizm taraftarlarını –TÜRKİYE'YE MUSALLAT OLMAMALARI ŞARTIYLA– memnun etmek için bizde de tasvir edilmişti.

Evet, böyle diyordu Atatürk: **"Türkiye'ye musallat olmamaları şartıyla"**

Gelgelelim Altındal, Atatürk'ü hilafetçi olarak gösterecek biçimde, onun sözlerinden **"Türkiye'ye musallat olmamaları şartıyla"** bölümünü çıkartıyor ve böylece hilafeti kaldıran Atatürk'ü sanki hilafetçi imiş gibi göstermekten çekinmiyordu.

Tarihçiler, üniversitelerin *"Atatürk İlkeleri ve İnkılap Tarihi Enstitüsü"* profesörleri, *"Atatürk Kültür, Dil ve Tarih Yüksek Kurumu"* Atatürk'ün hilafetçi olarak gösterilmesi karşısında susuyordu. Çünkü Amerikan buyruğuyla *Osmanlı İnkılabı* çok "derin"(!)lere kök salmıştı artık.

Türkiye'nin Osmanlı Düzeni'ne ve Hilafet Yönetimi'ne geçmesi, günlük basında köşe yazılarına sık sık konu oluyor Güler Kömürcü bir yazısında şöyle diyordu:

HALİFE İSTANBUL'DAN YÖNETECEK
Güler Kömürcü / Akşam Gazetesi / 26. 07. 2005
Suudi Arabistan eski Petrol Bakanı Şeyh Zeki Yamani, 5 Ağustos 2005 tarihinde, İstanbul'da, Çırağan Sarayımızın bahçesinde, 'Arap Dünyası'nın önemli isimlerini, siyasilerini, Ortadoğu'dan devlet başkanlarını ağırlayacağı görkemli bir düğünle kızını (Sara Hanım, damat Malik Dahlan ile yani damat da Arap) evlendiriyor. Başbakan Erdoğan da davetli. Düğün davetiyesinde Şeyh Yamani'nin bizzat kendisinin kaleme aldığı 'derin manalı bir mesaj' yer alıyor, diyor ki Yamani; 'Nur ve iman beldesi Mekke tepelerinden geldik, Osman oğlu tepelerinde sevincimizi sizinle paylaşmaya.' Tam bu noktada duralım, **'Mekke tepelerinden OSMANOĞLU tepelerine'** tanımının nedense bir anda **'BÜYÜK ORTADOĞU PROJESİ' BOP'**u çağrıştırdığını söylesem, sınırlarınızı çok mu zorlamış olurum acaba sevgili okur?
Konuyu aktardığım bir uzman dostun yorumu şöyle oldu; **'BOP'un omurgasında yer alan belirleyici stratejinin 'hızla terörize olduğuna inanılan Müslüman dünyasını, -ılımlı İslam modeli- ile törpülemek olduğunu artık hepimiz biliyoruz. Washington'ın efendilerinin seçtiği 'Ilımlı İslam modeli'nin temsilcisi de, şimdilik, AK Parti üzerinden Türkiye. Bunun için de Türkiye'nin geçmişteki mirasından faydalanmak istiyor, yani; 'Osmanlı' modelini bugüne uyarlayıp, 'Yeni Osmanlı Modeli' adı altında 'İstanbul'un merkez olacağı bir model peşinde ve bu modelin çekirdeğinde de İslam dünyasının liderlik kurumu olan HİLAFET' makamı bulunmakta. HİLAFET' ile yani 'uzlaşılarak seçilecek bir HALİFE' ile tüm Müslüman dünyasını İstanbul üzerinden yöneteceğini zanneden şahinler var. '**
Daha önce defalarca konuştuğum Washington'ın malum uzmanlarına göre de; **'Yeni Osmanlı modeli Türkiye için ideal bir model**, bu çerçevede, Türkiye, İslam dünyasına 'Hilafet' kurumunun tekrar canlandırılmasıyla önderlik edebilir. İslam dünyasında şu anda yaşanan çok seslilik her kafadan çıkan farklı görüşü toparlayıcı olacak tek kurum **'Yüksek İslam**

Konseyi'nin oluşturulması' ya da hilafettir. Ve. Sayın Zeki Yamani bir söyleşisinde diyor ki; '**Arap rejimleri halkı temsil etmez.** Ortadoğu'nun temsilcisi halktır. **Bütün Müslüman ülke halklarının Türkiye'ye karşı bir sempati ve sevgisi vardır. Türkiye bölgenin potansiyel lideridir.Türkiye'nin, uzun dönemde İslam dünyası içinde örnek oluşturan çok saygın bir yeri olacağına inanıyorum.**'

Osmanlı eyalet düzenine dönüş çağırıları dizginsizce doruğa tırmanıyor, Osmanlı'yı yeniden kurmayı amaçlayan dergiler yayımlanıyordu ardarda. Son örneği Mart 2005'te ilk sayısı yayımlanan Türk-İslam Birliği dergisiydi.

Yayın amacı şöyle açıklanıyordu bu sayıda:

Değerli okuyucumuz,

İlk sayısıyla karşınızda olan dergimizde, sizlerle birlikte, **Türk-İslam Birliği**'nin insanlık için ne kadar önemli bir adım olacağını göreceğiz.

Mirasçısı olduğumuz Osmanlı İmparatorluğu adalet ve şefkat üzere kurulmuş böyle bir birliğin tarihteki en güzel örneğidir.

Dünyanın büyük savaşlarla ve terörle mücadele ettiği günümüzde de **Osmanlı'nın yönetim anlayışı örnek alınarak**, tüm Türk-İslam devletlerinin ortak gayretleriyle insanların dostça ve kardeşçe yaşayabildiği, barış ve güven dolu bir ortam yeniden oluşturulabilir.

Türkiye'de Osmanlıcılık düşüncesinin toplumda dal budak salması ve kökleşmesi o düzeye geldi ki, sonunda bu ülkede Osmanlı düzenine dönülmesinin sakıncasını görebilen tek Müslüman yazar kalmayacak diye düşünürken, İbrahim Karagül'ün ilginç olduğu denli düşündürücü yazısıyla karşılaştık:

**Edelman'ın görüşmeleri,
'Ilımlı İslam', Hizb-ut Tahrir toplantısı**
İbrahim Karagül, Yeni Şafak, 28 Şubat 2004

Osmanlı mirası ile hareket etmek ve bu yoldan bölgesel güçten küresel aktörlüğe sıçrama yapmayı hedeflemek **Türkiye için gelecek vizyonu** olarak gösterilse de, bu yaklaşım aynı ölçüde **tehlikeli bir geleceği** de davet ediyor. **Arap ve İslam dünyası, Türkiye'nin ABD destekli Osmanlı misyonu ya da model ülke denemesine büyük oranda karşı çıkacaktır.** Daha şimdiden bunun işaretleri ortaya çıktı. **Suudi Arabistan ve Mısır'ın ortak red açıklaması** ve konunun Tunus'ta yapılacak Arap Birliği zirvesinin ana gündemi olarak belirlenmesi bunun işareti. **ABD'nin 1990'lardan sonra Orta Asya'ya taşıdığı Türkiye modelinin ne olduğunu şimdi görüyoruz. Bu ülkeler hem birer ABD askeri karakoluna hem de temel hak ve özgürlüklerin yok edildiği ABD destekli otoriter yönetimlere dönüştü.** Bugün **Orta Asya'da demokrasi ve özgürlükleri tartışmaya cesaret edebilen hiçbir devlet ya da uluslar arası organizasyon görebiliyor muyuz?**

Büyük Ortadoğu projesi, **İslam dünyası için büyük bir "kaos projesi"ne dönüşebilir.** Amerika merkezli think tank kuruluşlarının Türkiye, ABD ve başka yerlerde İslam ülkeleri demokrasi kongreleri düzenlemeleri, Diyanet İşleri Bakanı Ali Bardakoğlu'nun ABD'nin "Ulusal Güvenlik Konseyi" ile "ılımlı İslam" ve "Türkiye modeli" tartışmaları yapıp proje arayışına girişmesi, **ABD Büyükelçisi Eric Edelman'ın yüzlerce muhafazakar vakıf ve derneği bir arada tutan Gönüllü**

519

Kültür Teşekkülleri ile Büyük Ortadoğu projesi kapsamında görüşmeler yapması, Türkiye'nin bu kapsamda ciddi hazırlıklara giriştiğine işaret ediyor. İngiliz elçiliğinin Ankara'da organize ettiği "Hizb'ut-Tahrir ve Hilafet" toplantısı çalışmalarının hangi aşamaya geldiğini çarpıcı biçimde ortaya koyuyor.

Yeniden Osmanlılaştırma ve Amerika'nın Ortadoğu stratejisinin sakıncalarını görüp gösteren diğer bir Müslüman yazar da Metin Önal Mengüşoğlu'ydu. Özetle şöyle diyordu yazısında:

Yeni Osmanlıcılık mı, Sahih İslam mı?

Metin Önal Mengüşoğlu, İktibas Dergisi, Ocak 2003

Türkiye'ye, Türkiye yönetici ve elitlerine ülkenin geleceği için, tarihsel misyonu bakımından, mevcut gidişattan farklı bir yol ve yordam olarak, **Osmanlı modeli** veya misyonunu önerenlerdendir şikayetim. **Osmanlı modelini** teklif edenlerin Osmanlı'da görüp bugüne taşımak istedikleri nedir? Hangi idrak ve iradedir? **Hilafet** mi? Hilafeti konuşmak, ülke yasaları bakımından suç sayılabileceği için başka adlandırmalar mı kullanılıyor? Konu **hilafet** ise eğer, Osmanlı'daki bu müessese sanıldığı kadar İslami de değildi, ciddi bir işlevselliği ise hiç yoktu. Tamamiyle sembolik hatta ironik konumdaydı. Yoksa istenen yeniden **Osmanlı saltanatı** mıdır? Hiç sanmıyorum. Ama eğer konu saltanat olsaydı ve isteyen de Osmanlı sülalesinden birileri idiyse, bunun duygusal bir anlamı bulunduğu pekala düşünülebilirdi. Oysa **Osmanlı misyonu ve modeli** diye önerilen saltanata dönüş de değil herhalde. Geriye ne kalıyor? **Vaktiyle Osmanlı şemsiyesi altında toplanmış ve bugün her birisi iyi kötü bir ulus devlet olarak hayatiyetini sürdüren kavimlerin yeniden aynı şemsiye altında toplanmasını sağlamak** mı? Yani Türkler yine oldukları yerde kalacaklar, öteki Müslüman kavimlerin **büyük ağabeyi rolünü üstlenecekler, kardeşlerini yeniden aile reisinin baba evi merkezine bağlayacaklar**... Düşünmüyorlar ki evet, Osmanlı büyük bir imparatorluktu; hatalarına rağmen Müslüman bir topluluktu, batılı devletlerle kıyaslanmayacak oranda adildi v.b. Ama aynı **Osmanlı'nın siyasi, sosyal, ekonomik sistemi** güçlü olsaydı eğer niçin yıkılsındı? Osmanlı, başlangıçta kurduğu ve fakat geliştiremediği sistemi ile işte ancak bu kadar ömür yaşayabildi... Şimdi biz kendimiz için, bugünkü dünyamız için yeni sistemler kurgulamak, keşifler yapmak yerine, **niçin atalarımızın, sistemi yüzünden çöküntüye uğramış, ayakta kalma takati tükenmiş temelleri üzerine yeniden inşa düşünelim**, niçin? Kim, yeniden Osmanlı bayrağı altında toplanır ki kim? Kaddafi mi, Saddam mı, Fahd mı, Mübarek mi, Beşşar mı, Hatemi mi, Müşerref mi kim? **Ne yapacaksınız Osmanlı'yı?** Bırakınız rahat uyusunlar. Onlara Allah'ın rahmetini dileyelim. Osmanlıyı sevelim, saygı da duyalım. **Ama Osmanlı bitmiştir.** O bizim tarihimizdi. Ama biz bugünümüzün sorumluluğunu **Osmanlı'ya sığınarak** üzerimizden atamayız.

Çok satan basında Osmanlı uçurumuna yuvarlanmamızdan kaygı duyan ve bunu dile getiren az sayıda köşe yazarımızdan biri olan Özdemir İnce, Osmanlı Modeli savunucularının dayandıkları gerekçeleri özetle şöyle çürütüyordu yazısında:

Osmanlı Modeli
Özdemir İnce, Hürriyet 25.08.2002

Adı ve yazdığı gazetesinin adı gerekmez biri şöyle yazıyor: **'Biz bu halimizle bütün dünyaya yine de modeliz. Asırlardır 15'ten fazla etnik grubu, üç din ve 15 kadar mezhebi barış içinde yaşatan bu gönlü zengin, hoşgörü ve yönetim becerisi ile dolu insanların, halkla bağlarını kopartıp ideolojik bağnazlığa sapınca nasıl sürekli halkıyla kavga eden, sürekli bölünme, parçalanma, yıkılma sendromu yaşayan bir toplum haline dönüştüğünü göstermesi ve ibret alınması açısından dikkate değer bir model.'**

Adı verilmeyen örnek düzen **Osmanlı Düzeni.** Bu düzenden sapan Türkiye Cumhuriyeti ve sapmanın nedeni de Kemalizm ideolojisi. Bu insanların tarihi anlama ve yorumlama konusunda gösterdikleri ters inadı anlamakta güçlük çekiyorum. Osmanlı Düzeni 15'ten fazla etnik grubu, üç din ve 15 kadar mezhebi gerçekten barış içinde yaşatabildi mi? **Yaşatamadığı için yıkıldığını tarih yazıyor.** İkinci soru ise şu: **14 etnik grubu ve iki dini (Hıristiyan ve Musevî) bir yana bırakalım; Müslüman Araplar Osmanlı'yı neden terk etti?**

Terk etti ne demek, Osmanlı'ya ihanet edip Hıristiyanlarla işbirliği yaparak onu sırtından bıçakladı mı? Hiçbir onurlu ulus, başarısızlık yüzünden yıkılmış bir yabancı devletin yapısını kendisine örnek almak istemez.

Küresel Bölücülüğün Ortadoğu'daki Adı:
Yeni Osmanlıcılık

Gerçekten de *Osmanlı Düzeni* adıyla Müslüman Türk'e sevimli gösterilerek uygulanması özendirilen düzen, Osmanlı'nın yıkılmasına neden olan düzenden başkası değildi. Türkiye'nin Osmanlı'nın dağılmasına neden olan düzene geçmesi, tıpkı Osmanlı gibi parçalanıp dağılmasından başka bir sonuç veremezdi. Gelgelelim dünyayı yöneten egemen güç odağı, küreselleşme adı altında tam da bunu istiyordu. 1990'ların ortalarında Türkiye'de demeçler verip *"Türkiye ya 10 yıl içinde üniter ulus devleti bırakıp bölgesel federasyona giderek büyüyecek ya da etnik, dinsel ayırımlarla parçalanacak"* diyen Morton Abromowitz'in Ankara'ya iletisi şudur:

> **Küreselleşme ile demokrasi ilişkilerini bağdaştırma** yönündeki adımlarınız, Türkiye'ye kriz sırasında destek olan uluslararası güçler tarafından da kabul görecektir. Ankara, **küreselleşmenin gerekliliğini anlamak ve dünyada geçerli olan kurallara uyum sağlamak zorundadır.** Ankara şunu da anlamalıdır ki, uygun gördüğü kuralları uygulayıp, kendi çıkarlarına uymayanları reddetmesi mümkün değildir... **Küreselleşmenin bir adı da şehirleşme**dir. **Ankara, yerel yönetimlere otonomi vermek ve milli hükümetin fonksiyonlarını yerel düzeyde merkezi olmaktan çıkarmak zorunda**dır. **Dünya**, bütün hükümetlerden bunu istemektedir. Bu memoranduma göstereceğiniz ilgiden dolayı takdirlerimizi sunarız...[403]

Kendisini "dünya" olarak gören küresel güç odağının "eğer dediğimizi yapmazsanız ekonomik krizler çıkartırız," korkutmasıyla dayattığı önerilerin -önceki sayfalarda aktardığımız Abdurrahman Dilipak'ın "İnanç Federasyonu Projesi"nde olduğu gibi- *Osmanlıcılık ve İslam'ın gereği* denilerek adım adım uygulandığı bir Türkiye'nin, kaçınılmaz olarak dağılacağı yönündeki kaygılar yersiz değildir.

81 ile 81 devlet

Türk-İş'in raporunda, **"Yerel Yönetim Reformu adı altında hazırlanan düzenlemeler, Türkiye Cumhuriyeti'nin üniter devlet yapısını büyük ölçüde zayıflatacak, 81 eyalet yaratacaktır. Etnik kimlik ve siyasal görüşlere göre bölgesel yapılanmalar ortaya çıkacaktır"** deniliyordu.

Hazırlanan Yerel Yönetim Reformu Taslağı'nda, 58. Hükümet Programı'na atıfta bulunuluyor ve **"Avrupa Yerel Yönetimler Özerklik Şartı'nda belirtildiği gibi merkezi idarenin görev ve yetkileri tek tek belirlenecek ve bunun dışında kalan tüm görevler yerel yönetimlere bırakılacaktır"** deniliyordu.

TÜRK-İŞ Başkanlar Kurulu'nun 4 Nisan 2003 günlü toplantısında alınan karar da şöyleydi: **"TÜRK-İŞ Başkanlar Kurulu, Mahalli İdareler Reformu adı altında, Türkiye Cumhuriyeti'nin üniter devlet yapısını ve merkezi idareyi ciddi biçimde zayıflatmaya, sosyal devlete büyük darbe indirmeye, birçok bakanlığın taşra teşkilatını ortadan kaldırmaya, çalışanları sözleşmeli personel statüsüne geçirmeye ve Köy Hizmetleri Genel Müdürlüğü'nü ortadan kaldırmaya yönelik olarak hazırlanmış kanun tasarılarının temelden değiştirilmesini talep etmektedir."**

Eyalet Sistemi Hazırlıkları

CHP Genel Başkanı Deniz Baykal, **"İktidarda yörünge kayması var, eyalet sistemi hazırlıkları var"** diye 23 Nisan resepsiyonuna uyarı amacıyla katılmayacağını açıklıyor ve bu tepkiler sonucu sözde reform tasarısı bir süre için askıya alınıyordu.

Abdullah Gül de başbakanlığı sırasında, **mahalli idareler yasasının 2003 Ocak ayı sonunda çıkacağını** söylemişti. Buna göre, İstanbul'un iki yakası, birbirinden bağımsız, iki süper başkan tarafından yönetilecekti. Avrupa yakası için 'Rumeli Başkanı' Anadolu yakası için de 'Anadolu Başkanı' sıfatı düşünülüyordu![404]

81 ile 81 devlet, İstanbul'a özel yönetim, büyük kentlere yerleşimin sayıyla sınırlandırılması, vb. gibi 2000'li yıllara damgasını vuran konuların Genelkurmay'a sunulan 10 Mart

1981 günlü "özel jeostratejik rapor"da yer alması, bu dış dayatmaların çok uzun bir geçmişi olduğunu gösteriyor.

Türkiye Kamu-Sen Genel Başkanı Bircan Akyıldız, 12 Ocak 2004 günü yaptığı açıklamada toplumun dikkatini bölünme üzerine çekerek şöyle diyordu:

Türkiye'yi Bölme Projesi

Kamu Yönetimi Temel Kanun Tasarısının arkasında **ABD ve Avrupa Birliği'nin Türkiye'yi federasyonlaştırmaya dönük hedeflerinin** yattığı anlaşılmaktadır. ABD ve Avrupa yanlısı yayın yapan televizyonlarda bir çırpıda söylenip geçilen iki haber vardı. Bunlardan birincisi; **ABD'nin Almanya'daki 300 bin askerinin önemli bir bölümünü Türkiye'ye yerleştirmek istediğine** dair haber, diğeri ise, **Avrupa Birliği'nin Türkiye'nin 26 bölgesinde oluşturulan 26 projeye 1 milyon Euro yardım yapması** ile ilgili haberdi. Ancak, burada **asıl projenin 26 bölge değil, 16 bölge olduğu ve federe devletlerin adlarının bile belli olduğu anlaşıldı.** Sayın Başbakan'ın sözlerinden **AB'nin hükümetle anlaşarak, 26 bölgeye 1 milyon Euro'luk yardım yapmasının,** AB ile hükümet arasında kararlaştırılan **bir mutabakat** olduğu anlaşılmaktadır.

Türkiye'nin 80 yıllık yönetim yapısının değiştirilmesi için düğmeye basılmıştır. 2003 Nisan ayında çıkan haberlerde **"Adalet, Maliye, Milli Savunma, İçişleri ve Çalışma Bakanlıkları dışındaki tüm bakanlık ve bağlı kuruluşlarının taşra teşkilatları kaldırılacak..."** deniliyordu. Bir başka habere göre ise, **İsviçre Kanton Modeli** ile **İtalyan Birlik Modeli** örnek alınarak hazırlanan Kamu Yönetimi Reform Tasarısı'nda **eğitim, sağlık, din hizmetleri İl Özel İdareleri'ne devrediliyordu...** Devletin taşradaki en üst düzeyde temsilcisi olan **valiler,** mevcut tasarıda İçişleri Bakanlığı'nın elemanı konumuna getiriliyordu. Valilerin birçok yetkisi İl Özel İdareleri ve **belediyelere veriliyor.** Habere göre, **İstanbul için ayrı bir statü** oluşturulurken, **Moskova ve New York kentlerindeki uygulama** esas alınacaktı. Diğer illerde **kapatılan il teşkilatları İl Özel İdaresi'ne bağlanırken İstanbul'da belediyeye devredilecekti.** İstanbul'a taşrası olmaması ve Anadolu-Rumeli yakası olarak iki parçadan oluşması da dikkate alınarak **özel bir statü** verilecekti.

İsviçre Kanton Modeli veya İtalyan Birlik Modeli gibi sözde değişimler, ülkenin gerçeklerinden ve ihtiyaçlarından çok, küresel dayatmaların eseri olarak gündeme getirilmekteydi. Türkiye coğrafyasını; Rio Tinto şirketi ile stratejik işbirliği yaparak paylaşan AMDL adlı şirketin raporunda bu durum açıkça belirtiliyordu. Rio Tinto Şirketi Türkiye'nin bor madenleriyle ilgilenen bir şirkettir. Bu şirketin raporunda "Türkiye Federal Devleti" ifadesi yer almaktadır. Eski BM Genel Sekreteri Butros Gali, İstanbul'daki Habitat Toplantısı'nda, dönemin Cumhurbaşkanı Süleyman Demirel yanı başındayken "Türkiye Federal Cumhuriyeti" gibi, "İstanbul Federe Devleti" gibi ifadeler kullanmıştı. İşte küreselleşmenin ülkemizde uygulatmak istediği Kanton Modeli, Butros Gali'nin o zamanlar "Dünya 200 devletli olmaktan 2000 devletli, hatta 5000 devletli bir yapılanmaya doğru gidiyor" diye dile getirdiği planın ürünüydü. Küresel güçlerle ülkemizde uygulatılmak istenen Kanton Modeli, Sevr Antlaşması'nda Pontus ve Kürdistan olarak çizilen bölgelerde, AMDL şirketine verilen maden ve petrol arama imtiyazının bir sonucudur!

Konuya hangi noktadan nasıl bakacağımıza şaşırdık. "Kültür ve kimlik" sloganları adı altında, çevreciliği ve "Türk evleri"ni de kamuflaj olarak kullanarak Ermeni kültürünü diriltmeye uğraşanları mı anlatalım, yoksa, **Rockefeller parasıyla Osmanlı dönemi azınlık tapularının araştırmasını** yapanları mı? Bir süre önce medyada propagandası yapılan İtalyanlar'ın "Veneto'dan Batı Karadeniz Bölgesi'ne" sloganlı bisiklet gezisinin arkasında, küreselleşmenin **"yerel yönetimlere otonomi vermek ve milli hükümetin fonksiyonlarını yerel düzeyde merkezi olmaktan çıkarmak"** planının çıkmasını mı anlatalım? İşte sadece **Paflagonia** projesinde aynen şöyle deniliyor: **"Amacı ulusal devletlerin iç federasyonunu gerçekleştirmek olan, politik bir fenomen geliştiriliyor. Küreselleşme ve kimliği arama çalışmaları aynı paralelde seyreden iki muhakemeyi birleştiriyor... Orijinin bulunması, kişinin bölgeler ve devletler üstü bir kimlik kazanması olarak yorumlanıyor ve temelinde kişinin birçok ülkenin yurttaşıymış gibi düşünmesi fikrine ulaşılıyor. Sonuçta, en ideal biçimine, çoklu kimlik noktasına dönüşüm sağlanıyor."**

Köşe yazarlarına konu olduğu şekliyle; **"Köklere Dönüş Projesi"** dosyası ile birlikte **dağıtılan haritaya göre, federe devletlerin adları şöyle: Trakya, Bitinya, Misiya, Lidya, Karya, Likya, Pamfilya, Firikya, Kilikya, Kapadokya, Galatya, Paflagonya, Pont, Ermeniya, Antakya, Mezopotamya...** Şimdilerde **Kastamonu'da ve yedi bölgede, bu programın altyapısı hazırlanıyor!** Düşünmek bile istemiyorum ama bir türlü düşüncelerimden silemiyorum; **Rockofeller Vakfı'nın mali desteğiyle Osmanlı dönemi azınlık tapularını araştıranların Milli Eğitim Bakanlığı Talim Terbiye Kurulu'nda Türkiye Cumhuriyeti Devleti'nin ve Türk Milletinin geleceği Türk çocuğunun, eğitilmesi noktasında ders kitaplarının değiştirilmesi yetkisine haiz olması,** oldukça vahim ve bir gafleti sergilemektedir.

60 YILLIK OSMANLICILIĞIN SONU: "HASTA ADAM TÜRKİYE"

Şimdi 2005 yılındayız. Türkiye 1945'ten bugüne son 60 yıldır "Federal Reserve Bank" adlı küresel güç odağının buyruğundaki Amerika ve Avrupa emperyalistlerinin ulus devlete karşı Osmanlı şırıngalarıyla hasta edilmiş bulunuyor. Bu gerçek, 2005 Şubat'ında *The Wall Street Journal* gazetesi editörü Pollock'un bir yazısında şöyle dile getirildi.

Avrupa'nın Yeniden Hasta Adamı

(The Sick Man of Europe Again)

Robert L. Pollock, The Wall Street Journal, 16.02.2005

Atatürk'ün mirasının büyük bölümü kaybedilme riski altında ve bu kez **eski Osmanlı haşmetinden** de geriye kalan hiçbir şey yok. Türkiye kolayca **ikinci sınıf** ülkelerin safında yerini alabilir: **dar kafalı, paranoyak, marjinal** ve (tam da bu yüzden) **Amerika'yla dostluğu bitmiş, Avrupa'da ise sevilmeyen bir ülke.**

Evet, Türkiye Avrupa'nın hasta adamı olarak anılıyor. Türkiye'yi hasta eden 60 yıl boyunca *"Ilımlı İslam"a geç", "Osmanlı'ya dön", "İslam ülkelerinin önderi ol", "Birleşik Ortadoğu Federasyonu'nu kur", "Osmanlı millet düzeni'ne geç", "Osmanlı eyalet sistemine dön", "Türk-Kürt Federasyonu kur", "Türk-Yunan Federasyonu yap", "İstanbul merkezli Yakın Doğu Federasyonu gerçekleştir"* diye başımızın etini yiyen, Türkiye'yi adım adım üniter ulus devlet ve laik demokratik cumhuriyet ilkelerinden uzaklaştıran, Federal Reserve Bank güdümlü Amerika'dan başkası değildir. Hastalığın ilacı vardır, cebimizdedir, ama elimiz kolumuz bağlanmıştır; elimizi cebimize atıp ilacımıza uzanamıyoruz.

Olaylar İkiyüzlü Amerikan Osmanlıcığının Maskesini Düşürüyor

Türk ordusunu eski Osmanlı toprağı olmayan Kore'ye, Somali'ye, Afganistan'a gönderen Amerika, eski Osmanlı toprağı olan Müslüman Türklerin yaşadığı Kıbrıs'ta ve Kerkük'te Türk askeri istememektedir. Amerika Türkiye'yi Osmanlıcı söylemlere yönelterek, Balkanlar'da ve Ortadoğu'da eski Osmanlı topraklarında yaşayan komşularımızın bizden ürkmelerini sağlamış ve Amerikan ordusu bu topraklara üsler kurup işgal ederek doğrudan doğruya kendisi yerleşmiştir.[405] Olaylar, yaşananlar, Amerika'nın Türkiye'yi kendi güdümünde Osmanlı'ya dönüştürme isteğinin bir taşla pek çok kuş vurmak üzere geliştirilmiş bir psikolojik savaş aracı olduğunu kanıtlıyor. Osmanlılaşma ulus devleti ortadan kaldırıp Türkiye'yi eyaletlere bölmek, Küresel faşist odağın isteklerini Müslüman Türklere sevimli gelecek bir ad altında gerçekleştirmek amacıyla kullanılan bir sözdür.

Yeniden Osmanlılaştırma yoluyla uçurumun eşiğine getirilen **"millet"**in, Atatürk'ün düşüncesindeki **"ulus"**a dönmekten başka kurtuluşu yoktur.

YEDİNCİ BÖLÜM

HANGİ OSMANLI?

Birinci Dünya Savaşı'nda Osmanlı'yı yenen devletler, şöyle bir bildiri yayımlamışlardı:

> BAŞLICA MÜTTEFİK DEVLETLER KONSEYİ'NCE
> 23 HAZİRAN 1919'DA UYGUN BULUNAN METİN [406]
> "(...) Tarih boyunca hangi ülke Türklerin eline geçtiyse o ülke maddi ve kültürel geriliğe gömülmüş, hangi ülke Türklerin elinden kurtulduysa maddi ve kültürel bakımdan yükselmiştir. Tarih boyunca Türkler ellerine geçirdikleri ülkeleri geliştirmemiş, yıkmıştır; çünkü Türklerde geliştirme yetisi yoktur, yalnızca yıkmayı savaşmayı bilirler. (Bu nedenle ülkelerini parçalayacak ve Türkleri biz yöneteceğiz) (...) "
>
> İmzalar:
> [İngiltere, Fransa, İtalya, Amerika,
> Yunanistan, Japonya, Sırbistan]

Bu bildirinin altında diğer devletlerin yanısıra Amerika'nın da imzası bulunmaktaydı. Müslüman Türklerde yalnızca *yakıp yıkarak savaşma yeteneği* bulunduğu, bunun dışında *bilim, düşünce, ekonomi, mimarlık, üretimbilimi ve sanat* gibi uygarlık alanlarında hiçbir yeteneği bulunmadığı savına Mustafa Kemal'in 28 Aralık 1919'da verdiği yanıt şu olmuştur. [407]

Atatürk'ün Yanıtı:

"Sözde ulusumuz, yetenekten yoksun bulunduğu için, bayındır bulunan yerlere girmiş ve oralarını yıkıntıya çevirmiş! Bu savlar kesinlikle gerçek değildir. Karaçalmadır. Düşününüz efendiler! Ulusumuz küçük bir aşiretten, anavatanda bağımsız bir devlet kurduktan başka, Batı dünyasına, düşman içine girdi ve orada büyük çabalarla bir İmparatorluk kurdu. Ve bunu, bu İmparatorluğu, 600 yıl büyük bir yetkinlikle sürdürdü. Bunu başaran bir ulus, yüksek bir yöneticilik yeteneğine ve yönetim örgütlenmesine sahiptir. Böyle bir durum **yalnızca kılıç gücüyle** gerçekleştirilemez. Tüm dünya bilir ki, Osmanlı Devleti, ordusunu çok geniş olan topraklarının bir ucundan diğer ucuna olağanüstü bir hızla, tepeden tırnağa donatılmış olarak ulaştırır ve bu orduyu aylarca, belki de yıllarca besler, yedirir, içirir, giydirir ve yönetirdi. Böylesi bir etkinlik, **yalnızca** ordu örgütünün değil, (cephe gerisinde) yönetim birimlerinin de olağanüstü kusursuz ve yetenekli olduğuna kanıttır."

Atatürk'ün Türkiye İktisat Kongresi'ndeki Konuşması'nda Osmanlı Tarihi

Mustafa Kemal, Birinci Dünya Savaşı'nda Osmanlı'yı yenen devletlerin *'Osmanlı'da yalnızca savaşma yeteneği bulunduğu, uygar yeteneklerin bulunmadığı'* savını 1919'da verdiği bu yanıtla çürütmekle yetinmemiş, düşman ülke orduları topraklarımızdan kovulduktan hemen sonra 1923'te İzmir'de topladığı *Türkiye İktisat Kongresi*'nde ilk Osmanlı Tarihi Dersi'ni verirken şöyle demiştir:

Mustafa Kemal İzmir'de yapılan Türkiye İktisat Kongresi'nde Açış konuşmasını yaparken

Efendiler!. Uzun gafletlerle ve derin umursamazlıkla geçen yüzyılların ekonomik yapımızda açtığı yaraları iyileştirmek ve çarelerini aramak, ülkeyi bayındırlaştırmak, ulusu bolluk ve mutluluğa ulaştıracak yolları bulmak için yapacağınız çalışmaların başarıyla sonuçlanmasını dilerim... Tarih, **ulusumuzun yükseliş ve çöküş nedenlerini ararken** bir çok siyasi, askeri, toplumsal nedenler bulmakta ve saymaktadır. Kuşku yok ki bu nedenler toplumsal olaylarda etkilidir. **Bir ulusun doğrudan doğruya yaşamıyla ilgili olan, o ulusun ekonomisidir....** Gerçekte **Türk tarihi araştırılacak olunursa yükselme, çöküş nedenlerinin ekonomik sorunlardan başka bir şey olmadığı anında anlaşılır.... Tarihimizi dolduran başarıların ya da çöküşlerin tümü ekonomik durumumuzla ilgilidir..** Efendiler! Kılıç kullanan kol yorulur; fakat saban kullanan kol her gün daha çok güçlenir ve her gün daha çok güce sahip olur. Eğer vatan kupkuru dağ ve taşlardan, viran köy, kasaba ve şehirlerden ibaret olsaydı, onun zindandan farkı olamazdı.[408]

Atatürk'ün Yazdırdığı Osmanlı Tarihi

Mustafa Kemal, Cumhuriyet döneminde kendi kurduğu Türk Tarihi Tetkik Cemiyeti'nce yazılan ve 1931-1941 arası okullarda okutulan tarih kitabında, Osmanlı'nın Batı'ya *askeri olarak üstün* olduğu yüzyıllar boyunca, aynı zamanda *ekonomik ve bilimsel olarak da üstün* olduğu gerçeğini özellikle vurgulamış; çöküşün askeri alandan *önce* ekonomik, bilimsel ve teknolojik alanlarda başladığı açık ve kesin biçimde ortaya konularak, özetle şunlar öğretilmiştir:

(1299'da kuruluşundan 16 ve 17. yüzyıllara dek Osmanlı'da) "Halkın, hükümetin ve ordunun gereksindiği **her şey ülke içinde hazırlanmakta ve üretilmekte**ydi. Bu yüzden **dış ticaret dengesinde açık yok**tu. Dahası, 19. yüzyılın ortalarına dek Osmanlı ülkesinin **dışsatımı (ihracatı), dışalımından (ithalatından)** çoktu. Dış ticaret dengesindeki açık, bu tarihten sonradır." (...) "Devletin gerileme devrine kadar halkı iyi idare etmiş oldukları görülüyor." (...) "Türkler arazi işinde halkı koruyan bir usul takip ediyor. Balkanlardaki Hıristiyan köylüler, Türk idaresi altında, vasileus ve krallar zamanından çok daha mutlu ve müreffeh bir hayata kavuştular. Asla bağnaz olmayan ve çok iyi idare etmeyi bilen Türkler, köylülerin arazisine dokunmadılar." (...) "İstanbul'un fethi üzerine, Türklerin ünü Avrupa'nın her tarafına yayıldı. Türklerin ellerine geçirdikleri memleketleri **çok adalet ve merhametle idare ettikleri, fukarayı zenginlerin zulüm ve baskısından kurtardıkları** yayılmıştı; Türk tebaası olan kavimlerin rahat ve mutluluğa erdikleri söyleniyordu. Bazı Almanlar, Türklerin Almanya'ya gelip memleketlerinde süregelen haksızlık ve adaletsizliğe engel olacakları ümidine bile düşmüşlerdi. *Nürenbergli Hans Rosenblut* adlı bir yazar, *"Türkler Hakkında"* başlığıyla yazdığı bir tiyatro kitabında *Türklerin adaletini, **aristokratları cezalandırarak halka refah verdiklerini*** gösteriyordu. Hatta Fatih'in hemen çağdaşı olan meşhur siyaset kuramcısı Makyavelli bile, **Türk idaresinin o dönemde varolan idarelerin hepsinden daha iyi olduğunu** yazıyordu." (...) "Sultan Süleyman zamanında Osmanlı devleti servet ve refahça da yüksek bir seviyeye gelmişti. İmparatorluğun tebaası, **o dönemin her tür sanayisine vakıftı.** İhtiyaçlar (yabancı ülkelerden alınmaz) **memleket içinden –yerli üretimle- sağlanırdı..** **16. yüzyılda Doğu'nun sanayi ve ziraati Batı'dan üstündü. İhracat ithalattan fazlaydı.** Süleyman'ın son günlerine kadar genel olarak **bütçe açığı yok**tu. Süleyman'dan sonra genel olarak mali durumun bozulduğu anlaşılıyor." (...) "Süleyman döneminde Alman rahibi Luther bile *"Türkler gelip de Almanya'da adilane idarelerini acaba kurmazlar mı?"* ümidini besliyordu. O zamanların Almanları, İstanbul'un fethi arifesindeki Rumlar gibi, *Alman imparatorunun ve Alman feodal beylerinin zalimce idareleri altında bulunmaktansa, Türklerin yönetimi altına geçmek daha iyidir,* diye düşünüyorlardı." (...) "Kanuni Sultan Süleyman devrinden itibaren **bozulma** başlamıştı." (...) "1683'ten sonra gerileme devri başlar." (...) "Osmanlı toplumunun **iktisadi alanda ilerleyememiş** olduğu, 16. ve 17. yüzyıl başlarında görülen **sanayi alanındaki gelişme derecesinin yükselmeyip aksine düşmesiyle** anlaşılabilir." (...) "Son devirlerde genel olarak memleket idaresindeki olumsuzlukların, Osmanlılarca **bilim, sanayi ve iktisat alanlarında keşif ve yaratı gücü gösterilmeyerek**, Osmanlıların Avrupa kavimlerinden **her açıdan geri kalmış** olmalarının, **Osmanlı kara ve deniz kuvvetlerinin zayıflamasına büyük etkisi olduğu belirtilmiştir. **Uygarlıkça 16. yüzyılda Batı'ya üstün olduklarından, 17.** yüzyıldan itibaren **uygarlıkta üstünlüğün Batı'ya geçtiğini** kabul ve itiraf etmiyorlardı." (...) "Bunun içindir ki III. Selim tahta çıkınca, tebaasından devletin iyileştirilmesi hakkında fikir ve görüş sordu. Din adamlarından, devlet adamlarından ve kumandanlarından bazıları birer layiha sundular. ... O dönemin bilginlerinin **ticaret dengesine, dışarıya satılandan daha çoğunu yurt dışından satın almanın, ithalatın ihracattan çok olmasının zararlı olduğuna, ülkedeki madenlerin işletilmesine, lüks tüketim maddelerinin yurt dışından getirtilmesinin yasaklanmasına,..** ilişkin görüşleri dikkate değerdir. **Bir memlekette ticaret dengesinin memleket zararına bozulması durumunda, maliyenin düzeltilmesinin imkansız olduğunu** ve **maliye düzelmedikçe de ordu ve idarenin düzenlenmesinin mümkün olamayacağını** layiha sahiplerinin çoğu tamamıyla kavramış görünüyorlar. Bu layihaların iktisadi ve mali meseleler hakkındaki görüşlerinden hiç birisi hayata geçmemiş olsa gerekir." (...) "**Buhar gücünün sanayiye uygulanması, buharla işleyen makinelerin çoğalması, az sürede çok mal üreten fabrikaların kurulması,..** fabrikalar eski el tezgahlarına benzemiyordu,.. 1848'den önce küçük sanayi daha çok olmakla birlikte, yavaş yavaş yerini büyük sanayiye bırakıyordu..." (...) "Sanayileşen Fransa, İngiltere, Avusturya, Prusya, **buhardan yararlanmayı bilmeyen ve sanayice geri kalan geniş Osmanlı İmparatorluğu**'nun kendilerine **işlenmemiş ham madde sağlayan ve kendilerinden işlenmiş ürün satın alan bir ticaret alanı, bir sömürü bölgesi** halinde yaşamasını çıkarlarına uygun buluyorlardı." (...) "**Buharın Doğu'da değil Batı'da icad edilip üretim ve ulaşıma uygulanması**, Doğu'nun el sanayisiyle yelkenli ulaşım araçlarına tehlikeli bir **darbe** oldu. Çabuk, kolay ve ucuz üretilen buharlı fabrikaların ürünleri, Osmanlı memleketinin insan eliyle ağır ağır, az miktarda ve daha güç ve pahalıya çıkan ürünleri karşısında başarıyla rekabet ederek, Osmanlı çarşı ve pazarında yerli eşyanın yerini almaya başladı. Osmanlı devletinin gümrükleri istediği gibi düzenleyerek **yerli sanayiyi korumasına kapitülasyonlar engel** oluyordu... Kısacası, **Avrupa zanaat ve sermayesi, yerli zanaat ve sermayeyi yutmaya baş-**

ladı... 19. yüzyılın ortalarından sonra ticaret dengesinde gittikçe büyüyen açık, halkı ve devleti günden güne fakirleştirdi." (...) "1854'te ilk kez **dışarıdan borç** alındı... Bu borçlanmaların Osmanlı İmparatorluğu'nun başına ne büyük bir bela olduğu ileride görülecektir." [409]

Mustafa Kemal döneminde, 1930'larda çocuklara okullarda verilen bu Osmanlı tarihi bilgisi, onların beyinlerine: *"eğer bilim, sanayi ve teknoloji alanında üstünlük kura-mazsak, askeri üstünlük de kuramayız"* yargısını kazımaktaydı.

Mustafa Kemal'in Tarih Kurumu'nun okullarda ders olarak okuttuğu bu Osmanlı Tarihi, bilimseldi. Öyle ki, günümüz araştırmacıları, bu saptamaların tümünü doğrulamaktadır. Sennur Sezer'in 28-29 Haziran 2003'de sunduğu *"Kadınımızın Emek Tarihine Kısa Bir Bakış"* başlıklı bildiride bu gerçekler şöyle dile getirilmiştir:

> Osmanlı İmparatorluğu 14. yüzyıl'da maden çıkarmada, **madeni eşya ve deri endüstrisinde ileri, dokuma endüstrisinde de hızla gelişen** bir ülkeydi. 15. yüzyılda Ege ve Marmara Denizi'nin kıyıları, dokumacılığın geliştiği merkezlerin yoğunlaştığı yerlerdi. Denizli, Bergama, Akhisar ve Tarhala yöreleri pamuklu bez, Gelibolu'da yelkenbezi, Biga Kızılcatuzla'da yeniçeri üniforma astarı olan nimte bezi dokunurdu. Selanik'te ve kuzeyinde çuha, aba, kebe, kilim gibi yün dokumacılığı yaygındı. Bursa, İstanbul, Amasya, Tokat ve Sakız adası ipek dokumanın uzmanlaşıldığı ünlü merkezlerdi: kemha, kadife tafta, vala dokunuyordu. Bu kumaşlar için gereken ipeğin büyük bölümü, özellikle Bursa'ya İran ve Uzak Doğu'dan getiriliyordu. (...) **Dışarıdan hammadde alan Osmanlı endüstrisi dışarıya işlenmiş mal satıyordu.** Lonca örgütlerinin denetiminde olan bu **gelişkin** endüstriler **Batı'daki benzerlerince makineşelemediğinden,** endüstriye para yatırmayı düşünecek toprak sahibi de olmadığından bir süre sonra duralayacaktır. **Batı'daki kapitalist gelişim sonucu 17. Yüzyıl ortalarından başlayarak daha ucuz malların iç ve dış piyasayı kaplaması ile** gerileyecek, **daha önce işlediği hammaddeleri,** örneğin Ankara keçisi yününü ihraç etmeyen **ülke yavaş yavaş bir hammadde ülkesi kimliği kazanacaktır.** (...) 19. Yüzyıl'dan başlayarak Osmanlı İmparatorluğu'-

nun dış satımında ön sırada olan (**işlenmiş**) **dokuma ürünlerinin** yerini **dokuma hammaddesi** alır. Bunun karşılığında dışardan alınan (**işlenmiş**) dokuma ürünlerinin miktarı artar. Bu durum ülkedeki dokumacılığı sarsacaktır. Rumeli'de 1812'de İşkodra'daki 600 tezgah 1821'de 40'a, Tırnova'daki 2000 tezgah 1830'da 200'e inecektir. Anadolu'daki merkezlerde de durum farklı değildir. [410]

Osmanlı 1700'lere Dek Batı'dan Üstündü

Mustafa Kemal'in 1919'da *Osmanlı'yı yalnızca savaşçı yıkıcı güç, Türk'ü savaşmaktan başka bir yeteneği bulunmayan ırk olarak suçlayan* emperyalist devletlere; *savaş başarısı Osmanlı-Türk'ün Batı karşısında toplumsal ekonomik bilimsel siyasi üstünlüğünden kaynaklanmıştır,* biçimindeki yanıtı, usa ve gerçeğe uygun olarak, Türk Tarihi Tetkik Cemiyeti'nce yazılan ilk *Atatürkçü Osmanlı Tarihi* kitaplarında yer almıştı ve bu, Cumhuriyet'i kuranların Osmanlı'nın yükseliş dönemindeki gücünün ve gerileme dönemindeki güç yitiminin nereden kaynaklandığını çok doğru çözümlemiş; böylelikle Osmanlı'yı yıkıma sürükleyen yanlışları yinelemekten kaçınacak bilimsel öngörü ve tarih bilinciyle donanmış olduklarını gösteriyordu.

Luther ve Osmanlı

Peki Cumhuriyet döneminin bu ilk *Atatürkçü Osmanlı Tarihi* yalan mıydı, yanlış mışdı? Hayır. Ne yalandı, ne yanlış. Osmanlı Türkü, Osmanlı'nın yükseliş döneminde gerçekten de *Batı'dan görece üstün* bir bilim ve teknolojiye sahipti. Bugün nasıl insanlar kurtuluşlarını Batı'ya göç etmekte görüyorlarsa, o dönemde de Batılılar kendi kurtuluşlarını Osmanlı'ya göç etmekte buluyor ve Luther bu durumdan şöyle yakınıyordu:

"Bizim halkımız, Almanlar, yabani, vahşi, yarı-şeytan yarıinsan bir halk olduğu için, **pek çok kimse Türklere sığınıyor** ve onlara katılıyor." (...) "Ayrıca duyduğuma göre Alman ülkelerinden Alman hükümdarı ve Alman prenslerine bağlı olmaktansa, **Türklere katılıp onlara sığınmak isteyen çok kişi** var. Bu insanlarla Türklere karşı savaş verilmeli."[411]

Luther'in bu sözlerini aktaran Margred Spohn, o dönemde Batı'lıların öbek öbek Osmanlı'ya katıldığını özgün kaynaklardan aktarırken şöyle diyor:

"Osmanlı İmparatorluğu, (Avrupa'daki) **çiftçilere, zanaatkarlara ve askerlere çok çekiĉi** geliyordu. (Avrupa'daki) çiftçilerin ümitsiz durumları, feodal toplumlarda onlardan acımasızca vergi alınması, 1520 yıllarında, 15. yüzyılda ve 16. yüzyılın başında **pek çok çiftçinin Osmanlı ülkesine göç etmesine** neden oldu. (Bkz: Delumeau, sf. 399) Orada zorunlu çalışma (angarya) yoktu., vergiler açıkça belirlenmişti, ekinler gelip geçen ordular tarafından harap edilmiyordu ve hepsinden önemlisi **sosyal sınıf atlama olanağı** vardı. (Bkz: Pfeffermann 46:12) Bir Paşa şöyle anlatsa: *"Babam (Avrupa'da) bir domuz çobanı, günlük ücretle çalışan bir işçi, bir sığır çobanıydı. Benim erdemim, cesaretim, dürüstlüğüm, çalışkanlığım, aklım beni (Osmanlı'da) böyle şerefli makamlara (Paşalığa) getirdi."* Bu sözler o zamanın bir Alman çiftçisinin kulağına ne kadar hoş gelirdi. 1453 ile 1623 arasında Osmanlı İmparatorluğu'nda esir düşerek veya kendi ordularından kaçarak **kendi dini inançlarını terkedip Müslüman olanların sayısı binlerce**ydi. Sürekli asker kaçağı salgınları (Avrupalı askerlerin kendi birliklerinden kaçıp Osmanlı'ya sığınmaları) subayları endişelendiriyordu... **Osmanlı İmparatorluğu'nun sosyal bakımdan çekiciliği** yalnızca Avrupa topraklarının alınması tehlikesini getirmiyor, aynı zamanda **sosyal feodal düzeni de** tehdit ediyordu."[412]

İşte Türklerin vahşi, barbar, kan içici, yamyam olduğu gibi yalanlar, o dönemde Avrupalı feodal beyler ve din adamlarınca, halkı Türklerden korkutup Osmanlı'ya sığınmaların önüne geçmek amacıyla uydurulmuştu.

Çıkrıklar Durunca

Cumhuriyet Dönemi'nin ilk *Atatürkçü Osmanlı Tarihi*, çocuklara Osmanlı'nın başlangıçta Batı'ya her bakımdan üstün olduğu gerçeğini öğretiyordu. Öyle ki, Osmanlı'nın kuruluşunun üzerinden neredeyse 300 yıl geçmişken İngiltere 1583'te Türk dokumacılığının sırlarını çalmakla görevlendirdiği ajanlar gönderiyordu Osmanlı'ya.. Bu ilginç olayı Sadri Ertem'in Çıkrıklar Durunca adlı kitabının yeni basımına 2001'de yazdığım önsözde şöyle anlatmıştım:

Osmanlı-Türk Dokumacılığının Sırlarını Çalmakla Görevli
İNGİLİZ AJANLARI

(...) Bir gün, evinde Metin Erksan'la konuşurken raflarda sırtında *"Türk-Avrupa Topluluğu İlişkileri - Metin Erksan"* yazılı ince bir kitap takıldı gözüme. Şaşırdım. Kitabı raftan çekip aldım. Evet, bu Erksan'ın yazdığı bir kitaptı; kitapçılarda görmemiştim; baskısı tükenmiş olmalıydı. Okumak üzere ödünç aldım. Okurken bir belge çok dikkatimi çekmişti. Erksan, kitabın bir yerinde: *"26 Şubat 1583 tarihinde* **Sir William Harborne** *tekrar İstanbul'a geldi. Bu kez Kraliçenin korumasında bir ticaret kuruluşunun temsilcisi olarak değil, tam yetkili bir İngiliz Elçisi olarak gelmişti.* **Kraliçe Elisabeth,** *politik faaliyetlerinin yanısıra* **Elçi'nin Türkiye'de bazı ticari ve teknik olguları öğrenmesini ve İngiltere'ye getirmesini** *istiyordu. Bu konular ve işlevler şunlardı...*"[413] diye başlıyor ve Kraliçe'nin bu İngiliz Elçisi'ni Osmanlı topraklarına bir **kumaş, iplik, boyama ve dokuma sanayii casusu** olarak gönderdiğini gösteren buyruklarını sıralıyordu:

1- Türkiye'de kumaşları maviye boyamakta kullanılan çivit otunun tohumu (anile) ve fidanı İngiltere'ye getirilecek.

2- Bunun nasıl hazırlandığı ve karıştırıldığı öğrenilecek.

3- Türkiye'de (kumaş) boyamakta kullanılan bütün otlar bulunup İngiltere'ye getirilecek.

4- Yaprakları, tohumları veya kabukları, yahut odunu boyacılıkta kullanılan bütün ağaçların tohumu veya fidanı İngiltere'ye getirilecek.

5- Bu işte kullanılan bütün bitkiler ve çalılar İngiltere'ye getirilecek.

6- Boyacılıkta kullanılan bütün topraklar, madenler, bunların bulunduğu yerde iyice incelenecek. İngiltere'de bu gibi yerlerin çabucak nasıl tanınacağı öğrenilecek.

7- Boyacılıkta kullanılan maddelerden başka, boyama sanatı da öğrenilecek.

8- Mısır'daki Muhaisira şehrinden İstanbul'a ve oradan da İngiltere'ye susam tohumu getirilecek. (Susam ticareti genellikle İskenderiye ile İstanbul arasında yapılır. Bunun için elde edilmesi kolaydır. Bu tohumdan yağ çıkarılır ve Muhaisire'da birçok fabrikalar bununla işler. Bu tohum İngiltere'de yetiştirilecek olursa kumaş ticaretimize sınırsız yararlar sağlar. Bu kasaba Nil nehri üzerindedir. Venedik'e ve daha bir çok İtalyan şehirlerine, Anvers'e susam oradan gelir.)

9- Türkiye'deki her çeşit kumaş ve bu kumaşların bütün üretim aşamaları incelenecek.

10- İngiltere'nin çıkarı için, başka kumaşlardan çok, **Türkiye'ye İngiliz malı çuha satışının arttırılmasına** çalışılacak.

11- Yabancı boyaları ile boyanan kumaşlarımızdan çok, İngiliz boyalarıyla boyanan kumaşlarımızın satışına önem verilecek.

12- **Cezayir ve Tunus için yapılan şapkalarımız için pazar** aranacak. Çünkü halkımıza büyük kazanç sağlayabilir.

13- Norwich ipliğinden veya diğer ipliklerden dokunan çorapların satılmasına çalışılacak. Bu büyük bir ticaret halini alırsa yoksul halkımıza büyük kazanç sağlar. Bu yolla hem ürün, hem boya satışımız artar. Birçok kimse iş bulur.

14- Yoksul halkımızın yararı için, safran satışı arttırılacak, geniş ölçüde satış bulunursa bir çok kimselere iş çıkar.

Metin Erksan'ın, adı geçen kitabında aktardığı 1583 tarihli bu belge, beni derinden etkilemişti. Batı'nın bin yıl öncesine dek Doğu'nun çok gerisinde olduğunu; Doğu'dan aldıkları, aparttıkları, geliştirdikleriyle ilerlediklerini, kendi araştırmalarımdan biliyordum. Erksan'ın aktardığı bu belgeyse, bu gerçeği tartışılmaz biçimde bir kez daha kanıtlıyordu. Bu belgenin gerçekliğini araştırdım. Erksan, kitabında bu belgeyi Hamit Dereli'nin 1951'de yayımlanan *"Kraliçe Elizabeth Devrinde Türkler Ve İngilizler"* adlı kitabından aktarıyor ve bu bölümü tümüyle yayımlıyordu. Hamit Dereli bu belgeyi doğrudan o yıllarda yayımlanmış bir İngiliz kaynağından –1552 Londra doğumlu İngiliz coğrafyacı **Richard Hakluyd'**un 1589'da yayımlamaya başladığı *"The Principall Navigations, Voiages and Discoveries of the English Nation"* (İngiliz Ulusunun Belli Başlı Deniz Seferleri, Gezileri ve Keşifleri) adlı 8 ciltlik çalışmasından- aktarıyor ve şöyle diyordu:

"*Buna benzer diğer birçok belgelerden anlıyoruz ki, o dönemde Türkiye'de dokumacılık ve boyacılık sanatları pek ilerlemişti. Onaltıncı yüzyılda İngilizlerin bütün çabası kumaşlarını ve boyalarını ıslah etmek, satışlarını arttırmak, kendi sanayi ürünleri için geniş pazarlar bulmak üzerine yoğunlaştırılmıştı. Bunun için Türkiye'nin ünlü yünlü kumaşlarından mostralar alıp İngiltere'ye götürülecek, Diers Hall (Boyacılar Çarşısı)'nda teşhir edilecek, İngiliz boyacılarının kendi becerilerine ilişkin besledikleri yanlış kanılar kafalarından silinecekti. Yine Türkiye'de bulunan İngiliz ticaret temsilcisinden "ipekli ve yünlü kumaşları boyamakta usta iki delikanlı" isteniyordu. Bu ustalar doğal yollardan sağlanamazsa, herhangi bir paşanın yardımı ile, o da olmazsa İstanbul'da oturan Fransız elçisi yardımıyla sağlanacaktı. Bunun için temsilciye İstanbul'a varır varmaz Fransız elçisi ile tanışması ve dost olması öğütleniyor, bu amaca ulaşmak için her şeye başvurmaktan çekinmemesi söyleniyordu. Yine bu belgelerden birinde İngiliz ticaret temsilcisine Cezayir ve Tunus'da* "Bonettos Colorados Rugios" *(kırmızı renkli başlık) adı verilen* **kenarsız bir tür kırmızı iskoç başlığı** *için Türkiye'de pazar bulması buyruğu veriliyordu. Bundan şu soru akla geliyor:* **Acaba fes İngilizler tarafından mı Türk ülkelerine getirilmiştir?** *Fes kelimesinin sözcük kökeni bakımından Kuzey Afrika'daki Fez şehriyle ilgili olması, bunun böyle olduğu olasılığını güçlendirmektedir.*"[414]

Kraliçe'nin Osmanlı'ya (buyruğun İngilizce aslında yer alan adıyla **Turkie**'ye) gönderdiği elçiye verdiği görevler arasında, Türk dokumacılık bilgi ve teknolojisinin çalınmasından başka, iki Türk kumaş boyama ustanın ne pahasına olursa olsun İngiltere'ye getirilmesi vardı... **Demek ki, bugün bilgi ve teknoloji üstünlüğüyle dünya devleri arasında yer alan İngiltere, bundan 400 küsur yıl önce Turkie'den bilgi ve teknoloji apartmaya muhtaç bir durumda bulunuyordu.**

İşte bu İngilizler, Kraliçe'nin 1583'te gönderdiği Elçi'ye verdiği 'Türklere "kenarsız kırmızı bir tür İskoç şapkası" = *Fes giydirme buyruğu*'nu 250 yıl boyunca unutmamışlar, sonunda 1832'de, II. Mahmut döneminde Türklere bunu giydirmeyi başarmışlardı. Yalçın Küçük, bunları bilmediğinden olsa gerek, bu konuda şöyle yazıyor:

"Hüsrev Paşa'nın ... Tunus'tan edindiği bir miktar fesi kalyoncu neferatına giydirerek selamlık resmine çıkarması Sultan Mahmut'un hoşuna gitmiş, bunun üzerine, hükümdar eski başlıkların yerine fesin kullanılmasını uygun görerek emir buyurmuştu." **Ortaya çıkıyor, Türkiye'nin ilk büyük şapka reformunun mebdei, başlangıç yeri Batı değil, Kuzey Afrika'dır. Hıristiyan değil, müslüman bir yöre ve hariç değil, Osmanlı topraklarıdır...** Tanzimat Avrupa'dan gelmedi, Kuzey Afrika'dan ve Mısır'dan geldi.." [415]

Yalçın Küçük, İngiltere Kraliçesinin 1583'te Osmanlı'ya gönderdiği elçisine verdiği buyruklar arasında Fes'i, İngiliz malı **"kenarsız kırmızı iskoç başlığı"** olarak tanımladığını, o tarihlerde **Cezayir'e ve Tunus'a bu başlıkları İngilizlerin satmakta olduklarını,** İngiliz malı feslerin satışının tüm Osmanlı topraklarına yayılmasının Kraliçe tarafından 250 yıl önce İngiliz Elçilerine verilen bir görev olduğunu bilseydi, fes ve Tanzimat konusundaki bütün bu yanlış yorumlarını değiştirirdi...

Metin Erksan'ın kitabını okuduktan sonra, onunla bu konuyu yeniden irdelerken, bana, *"İngilizlerin Türk kumaş dokuma ve boyama sırlarını çalma çabalarının 1583'te başlayıp kesintisizce 300 yıl sürdüğünü, 1800'lerde dünya tiftik yünü tekelini Türklerin elinden almak üzere, Türkiye'den damızlık tiftik keçileri kaçırıp Afrika'da çoğalttıklarını ve bu olayın* **Sadri Etem Ertem'in** 1930 / 31'de yayımlanan **"Çıkrıklar Durunca"**[416] *adlı romanında işlendiğini, kendisinin geçmişte bu romanı filme çekmeyi bile düşündüğünü"* söyledi...

1994'te **"Çıkrıklar Durunca"**yı **Erksan**'ın kitaplığında buldum ve kendisinin izniyle bir fotokopisini çektirip okudum...[417]

1997'de, Marmara Üniversitesi Tekstil Ana Bilim Dalı Başkanı Ozanay Omur tarafından, Tekstil bölümü öğrencilerine bir konuşma yapmak üzere çağrıldığımda, onlara Osmanlı Türk dokumacılığının Batı'dan ileride olduğu yüzyıllara ilişkin yukarıdaki bilgileri aktardım. Öğrenciler ve öğretmenler, bu bilgiler karşısında oldukça şaşırdılar. Tekstil bölümünde görevli bir Alman Profesör dalga geçmeye kalkınca, iki belge daha sundum ve o da bu gerçeği onaylayarak sustu.

Türkiye üniversitelerinde tekstil bölümü öğrencileri, kendi atalarının 600 yıl boyunca 1800'lere dek dünyada tekstilin öncüsü ve doruğu olduğu gerçeğini bilmiyorlardı, çünkü bu gerçekler onlara hiç öğretilmemişti! Öğrenciler, biz bunları hiç duymadık bilmiyoruz, n'olur bunlar hangi kitaplarda yazılıysa söyleyin, okuyalım, dediler. Kitapların adlarını verdim, fakat kitapçılarda bulamayacaklarını da ekledim. Bu kitapların yeni baskılarının yapılmıyor oluşu üzücüydü. Bu tür unutulmuş, unutturulmuş, üstüne ölü toprağı ekilmeye çalışılmış çok önemli kitapların yayımlanabilmesi için bir yayınevi kurmaya karar verdim o gün.[418]

Evet, durum buydu. Cumhuriyet Dönemi'nde okutulan ilk Atatürkçü Osmanlı Tarihi'nde yer alan "Osmanlı Türk sanayisi 1299'dan 1683'lere dek her alanda Avrupa sanayisinden üstündü, Osmanlı'nın Avrupa'ya askeri üstünlüğü bilimsel ve teknolojik üstünlüğünden geliyordu" saptaması, 2000'li yıllarda üniversitelerimizde bile unutulmuş, daha doğrusu 1949'da Milli Eğitim'e egemen olan Amerikalı uzmanlar tarafından unutturulmuştu.

Oysa, daha Selçuklu döneminden başlıyordu Türkün dokuduğu kumaşla Avrupa ekonomisini sarsması. Şerafettin Turan, *"Türkiye-İtalya İlişkileri"* adlı kitabında: *"Selçuklu topraklarında dokunan kumaşlar bütün Ortadoğu ülkeleriyle kimi Avrupa memleketlerinde arandığı gibi, komşu Bizans'ta da büyük rağbet görmekteydi. O döneme ilişkin kaynaklar,* **Türk kumaşlarının Bizanslı** *aileler arasında lüks ve pahalı bir mal olarak kabul edildiğini nakletmektedirler. Greogoras'ın kayıtlarına göre, İznik İmparatoru III. Ioannes Vatatzes, israfa engel olmak amacıyla 1243'te Türk kumaşlarının giyimini sınırlayan bir emirname bile yayınlamıştı.* Bu derece her tarafa ün salan Türk kumaşları, *büyük İtalyan düşünürü Dante Alighieri'nin ölümsüz eseri La Divina Commedia'ya (İlahi Komedya'ya) bile yansımıştı,"*[419] derken, bu gerçeği dile getiriyordu.

Ankara'nın Taşına Bak...

Osmanlı'yı kısa sürede aşiretten devlete ve İmparatorluğa yükselten büyük ekonomik gücün gizemi, Ankara tiftik keçisinin öyküsünde gizliydi. Osmanlı'da tiftik üretimi 1220 yıllarında Moğol Ordularının Kayı boyunu, Süleyman Şah'ı ve halkını Türkmen topraklarından sürüp çıkarması ile başlamıştı. 70 yıl sonra Osmanlı Devleti'ni kuracak olan Osman Bey, tiftik keçisini Anadolu'ya getiren Süleyman Şah'ın torunuydu. Süleyman Şah 1229'da ölünce oğulları Kayseri'den Ankara'ya kadar uzanan bölgede tiftik keçisi sürüleriyle yayılıp yerleştiler ve bu bölgeyi yurt edindiler. O günden başlayarak Ankara ve çevresinde halk tiftikten ipek gibi kumaşlar dokudu. Türklerin dokuduğu tiftik kumaşının ünü Ankara'dan tüm dünyaya yayıldı ve tiftik keçisi dünyada **Ankara Keçisi** (Angora Goat) adıyla anılmaya başladı. *"Öteden beri Ortadoğu'da olduğu kadar* **Avrupa ve İtalya pazarlarında aranan Türk kumaşları, bezleri ve halıları,** *(Selçuklu döneminde) kazanmış oldukları ünü (Osmanlı döneminde de) koruyorlardı. Başta tiftikten dokunan moher (mucaiarri) ya da sof'larla bogası denilen pamuklu dokumalar ve ipekli kadifeler bunlar arasında yer alıyordu.* **15. yüzyılda 'yeniçeri çuhası' diye adlandırılan kumaşlar da dış ülkelerde rağbet görüyordu.** *Bu nedenle kumaş ticaretiyle uğraşan Türkler de artık İtalyan şehirlerine yerleşecek derecede alım satım işlerini genişletmişlerdi,"*[420] diyor Şerafettin Turan.

Tıpkı ipek kumaş gibi, Osmanlı ekonomisinin bel kemiği ve en çok gelir getiren dışsatım ürünüydü tiftik kumaşı. 1554'te bir çift Ankara keçisi bir *"hanedan hediyesi"* olarak Kutsal

Roma İmparatorluğu'na gönderilmişti. Başta İngiltere ve Hollanda olmak üzere Avrupa'ya ve Arap ülkelerine satılan Osmanlı tiftik kumaşına Avrupa'da öyle büyük bir talep vardı ki, gün geldi Anadolu tiftik kumaşı üretimi, Avrupa'nın kumaş talebini karşılayamaz hale geldi. Avrupa, *"bize* **işlenmiş** *tiftik kumaşı satmak yerine* **işlenmemiş** *ham tiftik yünü verin, biz kendimiz dokuyalım ya da bize damızlık Ankara Keçileri satın,"* diyordu. Osmanlı'nın dünyadaki Ankara tiftik keçisi ve tiftik kumaşı tekelini kırmaya yönelik bu çabalar karşısında Sultanlar, **işlenmemiş ham tiftik dışsatımına yasak** koymuşlardı: Avrupa'ya **yalnızca işlenmiş** tiftik ürünleri, tiftik ipliği ve tiftik kumaşı satılacak; damızlık Ankara keçisi ve ham tiftik yünü kesinlikle yabancılara satılmayacaktı. Kalitesiyle rekabet edemediği Osmanlı tiftik kumaşı, Avrupa'lı kumaş üreticilerinin en büyük sorunu olmuş, Avrupalılar Osmanlı topraklarından damızlık Ankara keçisi kaçırma girişimlerine başlamışlardı. Evliya Çelebi 1640'larda Ankara için; *"burası tiftik kumaşı (sof) yeridir... Bu kumaş da Ankara'ya özgüdür. Yeryüzünde başka bir yerde üretme olanağı yoktur. Kadın ve erkek herkesin işi tiftik kumaşı dokumaktır. Fransızlar bu Ankara keçilerinden Fransa'ya götürüp yumuşak iplik eğirip tiftik kumaşı dokumak isterler de dokudukları şey sof olmaz. Hatta Ankara'dan eğrilmiş ipliği alıp, Fransa'ya götürerek tiftik kumaşı yapalım dediler fakat yine olmadı."* der. O tarihlerde başta Ankara olmak üzere; Zir, Çankırı, Beypazarı, Nallıhan ve Kalecik'te 1355 tiftik tezgahının bulunduğu ve **her yıl 20.000 top kumaşın yurt dışına satıldığını** bildiriyordu Tournfort.[421] Avrupa dokumacılıkta kol gücünden makine gücüne geçmeyi yeni yeni deniyor, ama dokumacılar kendilerini işsiz bırakacak bu makinelere karşı ayaklanıp kullanılmasını yasaklatıyorlardı.[422] Osmanlı'da ise böyle dokumacıları işsiz bırakmakla tehdit eden dokuma makinesi icad etme girişimleri görülmüyordu. 1711'de güneybatı Almanya'da Pfalz bölgesinde bir Ankara keçisi çiftliği kurma girişimi keçilerin iklime uyumsuzluğu nedeniyle başarısız olurken, 1740'ta Ankara keçisinin İsveç'e götürülme girişimi önlenmiş ve 1778'de Venedikliler Ankara keçisi besiciliğinde –yine iklim uyumsuzluğu nedeniyle- düş kırıklığına uğramışlardı. Osmanlı dünyanın en pahalı tiftik kumaşı tekelini kıskançlıkla koruyor, yabancıya işlenmemiş, ham madde ve damızlık keçi satmamakta diretiyordu. İngilizler Osmanlı tiftik tekelini kırmak için gizlice kaçırmayı planladıkları damızlık Ankara keçilerinin dünyada uyum sağlayabileceği iklimi araştırmış ve bu keçilerin Ankara'dan başka Güney Afrika'da yaşayabileceklerini saptamışlardı. 1830'larda, içinde 12 teke (erkek keçi) ve 1 anaç (dişi keçi) de bulunan bir kafile başka bir kıtaya, Afrika'ya varmak için açık denizlere yelken açmış, ancak bu 12 tekenin yolculuktan önce *Osmanlılar tarafından kısırlaştırılmış* olduklarının farkına varılamamıştı. Osmanlı çok kötü alay etmişti İngiliz damızlık avcılarıyla.

Ancak, James Watt'ın 1765'te İngiltere'de icad ettiği buhar makinesinin 1785'te Edmond Cartwright ve 1790'da Richard Arkwright tarafından buharlı dokuma tezgahına dönüştürülmesinden sonra, İngiltere'de ip eğirme ve kumaş üretiminde *kol gücünün yerini buharlı makinelerin almaya başlaması*, İngiliz malı ucuz fabrika işi kumaşların gümrük duvarlarına yığılarak *yerli kumaş üretimini tehdit etmesi* sorunuyla karşı karşıya bırakmıştı Osmanlı'yı.[423]

İngilizler, sömürgeleri olan *Hindistan'da Hintli dokumacıların ellerini, parmaklarını keserek el işi ip iğirme ve kumaş üretimine son vermiş*, Hindistan'ın yerli dokumacılığını kanla şiddetle yok etmiş ve İngiliz malı fabrika işi kumaşlarına Asya'da pazar açmışlardı böylece.

"Bulunmaz Hint Kumaşı"
ve İngiliz Emperyalizminin Vahşeti

"*Bulunmaz Hint Kumaşı*" deyimi dilimizde *paha biçilmez değerde olup bulunması çok güç olan* varlıkları anlatmakta kullanılır, "*Kendini bulunmaz hiç kumaşı sanıyor*" demek, kendisini Hint kumaşı kertesinde değerli görüyor, demektir. Bunca değerli Hint kumaşının "*bulunmaz*" olmasıysa 1700'lerde gerçekleşmiştir. Friedrich Engels, "*İngiltere'de İşçi Sınıfının Durumu*" adlı kitabının *'İngilizce Baskıya Önsöz*" bölümünde; "*Hindistan'daki milyonlarca elle çalışan dokuma tezgahı; İngiltere'de Lancashire'da*

543

enerjiyle çalışan dokuma tezgahları tarafından sonunda çökertildi," der. Engels'e göre İngiliz kumaşı makineyle üretildiği için ucuzdur, Hindistan kumaşı ise elle üretildiği için pahalıdır; eh, herkes ucuz olan İngiliz fabrika kumaşını almaya yönelince, pahalı olan Hindistan el dokuması kumaşlar müşteri bulamamış ve böylece Hint kumaşı üretimi de yok olmuştur. Gelgelelim Engels'in bu saptamaları gerçeğe uymamaktadır. Hindistan'da dokumacılık, hiç de öyle Engels'in anlattığı gibi İngiliz fabrika kumaşının *ucuzluğu* nedeniyle *kendiliğinden* batmamıştır. Hindistan'ı sömürgeleştiren İngilizler, orada var bulunan yerli el dokumacılığını yok etmedikleri sürece İngiliz fabrika kumaşlarına pazar açamayacaklarını anlayınca, Hindistan'daki yerli kumaş üretimini yok etmek üzere *Hindistan'lı dokumacıların başparmaklarını keserek* onları Hint kumaşı üretemez duruma düşürmüş ve böylelikle hem dünya pazarlarında Hindistan kumaşını yok edip İngiliz kumaşının egemenliğini sağlamaya yönelmiş, hem de Hindistan'ı İngiliz kumaşlarının tüketicisi, müşterisi durumuna düşürmüştür. Hint dokumacılığını yok eden, Engels'in dediği gibi *İngiliz fabrika kumaşının ucuzluğu* değil, *İngiliz emperyalizminin vahşeti*dir. 'Hıristiyan Sömürgecilik Düzeni' konusunda uzman W. Howitt: *"Hıristiyan denilen bu soyun, dünyanın dörtbir yanında boyundurukları altına alabildikleri halklara karşı gösterdikleri vahşet ve zulmün bir benzerine, hiç bir çağda, ne kadar yabanıl, ne kadar kaba ve ne kadar merhametsiz ve utanmaz olursa olsun, başka hiç bir soyda raslanamaz,"* derken bu ve bu gibi durumları vurgulamaktaydı.[424] İngiliz emperyalistlerin 1760'lı yıllarda gerçekleştirdikleri, dünya durdukça unutulmayacak olan Hintli dokumacıları üremez duruma getirmek için başparmaklarını kesme vahşeti, Komünist Karl Marx tarafından "ilerici bir devrim"(!) olarak alkışlanmış ve Marx 10 Haziran 1853'te yazıp 25 Haziran 1853 günlü New-York Daily Tribune gazetesinin 3804. sayısında yayımlattığı köşe yazısında, bu konuda İngiliz emperyalizminin vahşetine alkış tutarak şöyle demiştir:

> İngiltere'nin Hindistan'da yerine getirmesi gereken ikili bir görevi vardır: biri yıkıcı, öteki yenileyici ... İngilizler, yerli

toplulukları parçalayarak, **yerli sanayiin kökünü kazıyarak ve yerli toplumda büyük ve yüce olan ne varsa yerle ederek bu uygarlığı yıktılar."** (...) **"Sorun, İngilizlerin Hindistan'ı fethetmeye hakları olup olmadığı değil, daha önce Türkler, Persler, Ruslar tarafından fethedilmiş Hindistan'ı, İngilizler tarafından fethedilmiş Hindistan'a yeğleyip yeğlemeyeceğimizdir."** (...) "Bu, İngiliz sömürge yönetiminin ayırıcı özelliği değil, yalnızca Hollanda'nınkinin bir taklididir..." (...) "İngiltere, henüz herhangi bir onarım belirtisi göstermeksizin, Hindistan toplumunun tüm çerçevesini parçalamıştır. Yenisini kazanmaksızın kendi eski dünyasının böylece yitip gitmiş olması, Hindu'nun mevcut sefaletine özel türden bir kasvet getirmekte ve İngiltere tarafından yönetilmekte olan Hindistan'ı bütün eski geleneklerinden ve tüm geçmiş tarihinden ayırmaktadır." (...)"Hintli eğirici ve dokumacının her ikisini birden yok eden İngiliz müdahalesi, bu küçük yarı-barbar, yarı-uygar toplulukların iktisadi temellerini dağıtmış ve **böylece Asya'da o zamana dek görülmüş en büyük ve doğruyu söylemek gerekirse biricik toplumsal devrimi yaratmıştır."**(...)"Suçu ne olursa olsun bu **devrimi** getirmekle İngiltere, tarihin bilinçsiz (bilincinde olmaksızın devrimci bir işlev gören) aleti olmuştur. Öyleyse, eski bir dünyanın çöküşünün yarattığı korkunç manzara bize ne denli acı gelirse gelsin, tarih açısından Goethe ile birlikte şöyle haykırmaya hakkımız vardır: *"Daha büyük haz veriyor diye, Bu acı bizi yiyip bitirmeli midir? Timur yönetimi altında değil midir ki, ruhlar ölçüsüzce telef edilmiştir?"*[425]

1849'da İngiltere'ye yerleşen ve ölene dek İngiltere'de yaşayan komünist önder Karl Marx'ın 1853'te İngiliz gazetelerinde yayımlanmış ve İngiliz kapitalist-emperyalizminin vahşetlerini, *"uygarlaştırıcı, ilerici, devrimci işlev görüyor"* gerekçesiyle onayladığı bu köşe yazısı, günümüzde Amerika'nın Irak işgaline alkış tuttuğu için *döneksolcu-liboş* dediğimiz bir takım köşe yazarlarının aslında *dönmüş* olmayıp, belki de Marx'ın izinden gittiklerini göstermesi bakımından ilginç olduğu gibi, vahşet uygulamasının şu ya da bu amaçla sosyalizm adına hoşgörülebiliyor olduğunu göstermesi bakımından da anlamlıdır. Marx'ın *ilericilik* ve *komünizm* adına onayladığı bu vahşeti,

545

gerici ve *kapitalist* olduğu halde onaylamayan William Bolts, Hindistan'lı dokuma işçilerinin salt el tezgahlarında yerli kumaş üretemesinler de fabrika işi İngiliz kumaşlarına pazar açılsın diye parmaklarının kesilmesine isyan ederek, bu vahşeti yapan İngiliz *Doğu Hindistan Şirketi*'nden ayrılmıştır. Hindistan'da *Doğu Hindistan Şirketi*'nin yönetim kurulu üyeliğini yapan William Bolts,[426] Hintli dokumacılara uygulanan vahşete dayanamayıp şirketten ayrıldıktan sonra, İngilizlerin Hindistan'da yerli dokumacılığı öldürmek için yaptıkları her şeyi ilk basımı 1772'de Londra'da yayımlanan *Considerations on India Affairs* adlı kitabında belgeleriyle anlatmıştır.[427]

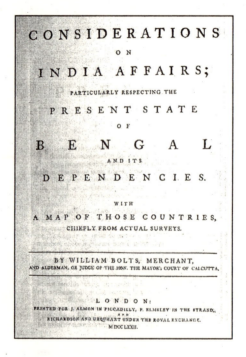

"*İngiliz Emperyalistlerinin fabrika ürünü kumaşları ucuz olduğu için pahalı el üretimi Hint kumaşının yerini almıştır,*" diyen Marxizmin ikinci önderi Engels, kendisi *dokuma fabrikatörü bir İngiliz emperyalist kapitalisti* olduğu için İngilizlerin Hindistan'da yerli kumaş üretimini üreticilerin başparmaklarını keserek yok ettikleri gerçeğini yoksaymıştır. Ne denli William Bolts'un parmak kesme vahşetini anlattığı kitabı 1772, 1773, 1775 yıllarında yayımlandıktan sonra İngiltere Milli Kütüphanesi *British Library*'de bir tane bile bulunmayacak biçimde ortadan kaldırıldıysa da, Marks ve Engels'in yaşadıkları yıllarda, 1832'de Londra'da yayımlanan bir başka kitap, -Simon Ansley Ferrall'in *Amerika Birleşik Devletleri'nde 6000 Millik Gezi (A Ramble Of Six Thousand Miles Through The United States Of Amerika)* adlı kitabı- Bolts'un "yok edilen"[428] o kitabından alıntılar aktarıyor ve İngilizlerin Hindistan'da yerli halka uyguladığı vahşeti, Amerika'da beyazların gerçekleştirdiği karaderili ve kızılderili soykıyımlarıyla ve köle ticaretiyle karşılaştırarak ödeştiriyordu.[429]

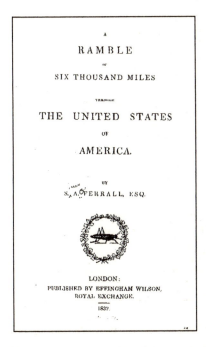

Amerikalıların İngilizleri Bolts'un 1772'de yayımlanan kitabına dayanarak Hindistan'da soykırımcılık ile suçlamalarına karşılık, İngilizler de Ferrall'ın kitabıyla Amerikalıları kızılderili soykırımcılığıyla suçlayarak kendi suçlarının üzerini örtmeye çalışıyordu. Komünizmin iki önderi Marx ve Engels'in, bir yandan İngiliz emperyalizminin Hindistan'daki vahşetini *ilericilik* adına kutsarken, öte yandan Amerikalıların yerli İroquois Kızılderililere ve karaderililere yönelik soykırımını *uygarlık adına* lanetlemelerindeki[430] tutarsızlık; ilginç bir durumdur.

Kapitalist emperyalizmin kendi fabrika ürünlerini el dokumasının yerine koymak için dokumacılarının düğüm atmasını önlemek üzere başparmaklarını kesmeye dek varan vahşeti, eğer Osmanlı İngilizlere gümrük duvarını indirip pazarı sonuna dek açmamış olsaydı, belki Osmanlı'da da gerçekleşecekti.

Osmanlı Dokumacılığının Sonu

1800'lerin başında yerli iplik ve kumaş üretimi tıpkı Hindistan'da olduğu gibi vahşi İngilizlerin fabrika ürünleri tarafından tehdit edilirken, bir de 1789 Fransız Devrimi'nden kaynaklanan etnik ayrılıkçı akımlarla başı derde giriyordu Osmanlı'nın. Birinci Bölüm'de anlattığımız üzere, 1821'de Yunanlıların Mora'da çıkardıkları ayrılıkçı ayaklanmaya koşut olarak Girit'te de yeni bir ayaklanma başlamış, bu ayaklanmalar 1825 yılında bastırılmış; 1827'de Rus-İngiliz ve Fransız donanmaları, Yunanistan'a bağımsızlık verilmesi istemiyle, savaş bile ilan etmeden, ani bir baskınla, Navarin'de Türk donanmasına saldırıp 57 Türk gemisini batırarak 8000 askerimizi şehit etmişler, ardından 8 Mayıs 1828'de Rusya, Osmanlılara savaş ilan etmiş, savaş sonunda 1830 yılında imzalanan *Londra Protokolü* ile İngiltere, Rusya ve Fransa'nın koruması altında bağımsız Yunanistan kurulmuş ve ardından Osmanlı'ya sadık olan Mısır Valisi Mehmet Ali Paşa da çeşitli uyuşmazlıklar nedeniyle Fransızlarla işbirliği yaparak ordusuyla Osmanlı'nın üzerine yürümüş, tüm Mısır, Suriye, Irak ve Anadolu topraklarını ele geçirmiş; İzmit'e dek dayanmıştı.

Osmanlı İmparatorluğu dış kışkırtmalarla örgütlenen iç ayaklanmalarla sarsılmış yıkılma noktasına gelmişken, 1835'lerde Ankara'ya gelen İngiliz gezgin Hamilton burada tiftik kumaşı üreten 1000'den çok tezgahın bulunduğunu yazıyordu.

Osmanlı'nın ayrılıkçı iç ayaklanmalarla ve Mehmet Ali Paşa İsyanı'yla bunaldığı 1837'de, 18 yaşında tahta çıkan İngiltere Kraliçesi Victoria, Fransızlarla işbirliği yapıp İngiliz mallarının Mısır ve Suriye'de satılmasını yasaklayan Mehmet Ali Paşa'ya karşı Osmanlı Padişahı II. Mahmud'la 1838 Balta Limanı Antlaşması imzalayarak, Osmanlı tahtının Mehmet Ali Paşa eline geçmesini önlemek karşılığında,[431] İngiliz mallarına uygulanan gümrüğü kaldırtmış ve böylece bir yandan *Osmanlı pazarını ucuz İngiliz fabrika kumaşlarıyla doldurarak Türk yerli dokuma sanayisini yok etmeye* yönelirken, bir yandan da *ham tiftik ve damızlık tiftik keçisinin yabancılara satışını* önleyen yasakları delmişti.

Osmanlı'nın sanayisini, ticaretini, dirliğini, düzenliğini bir daha hiç düzelmeyecek denli baltalayan 1838 Balta Limanı Antlaşması'ndan sonra, İngiliz Albay Handerson Ankara'dan seçtiği damızlık tiftik keçilerini Güney Afrika'da özel olarak kurulan İngiliz çiftliklerine götürmüş, çoğaltmış ve böylelikle 1856'ya gelindiğinde İngiltere, Osmanlı'nın 1838'e dek kıskançlıkla koruduğu *tiftik kumaşı tekeline* son vermişti.

İşte 2001'de yeniden basımını gerçekleştirdiğim Sadri Ertem'in "Çıkrıklar Durunca" adlı romanı, Ankara, Bolu, Adapazarı çevresinde Ankara tiftik keçisi besiciliği ve tiftik dokumacılığıyla geçimlerini sürdüren Türkmenlerin, padişah fermanıyla İngilizlere damızlık tiftik keçisi verilmesine karşı canlarını ortaya koyarak ayaklanmalarını anlatıyordu. Kendisini Padişah'a Müslüman olmaya çok yakın bir Hıristiyan din adamı olarak tanıtıp, Anadolu'yu dolaşma ve dilediği her şeyi satın alıp yurt dışına çıkartma izni almıştır İngiliz sanayi casusu. Gerçek amacı, bir çift damızlık tiftik keçisi alıp, Güney Afrika'da önceden hazırlanmış İngiliz çiftliğine götürmektir.

"Gavura damızlık vermek uğursuzluktur" İşte böyle der Türkmenler ve direnirler vermemek için. İngiliz Misyoner'in elinde Padişah fermanı vardır. Osmanlı zabitleriyle birlikte zorla almaya kalkar damızlıkları. Türkmenler padişah fermanına ve zabitlere de karşı çıkıp damızlık tiftik keçisi vermemek için silaha sarılırlar. Haber duyulur ve damızlık keçileri İngilizlere vermemek için silahlanan Türkmenlerin sayısı onbinlere varır. Osmanlı İngiliz'e damızlık vermeyen Türkmelerin üzerine ordu gönderir. Üç yıl süren direniş kanla bastırılır ve İngiliz'e istediği damızlık Ankara keçileri verilir. İngiliz, isyancıların dinmeyen öfkesinden korunmak için tiftik keçilerini siyaha boyayarak kaçırır o topraklardan ve limana ulaşıp Güney Afrika'ya doğru yola çıkar.

Ankara Keçisine İngiliz Damgası

Böylece, 1220'lerde Osman Bey'in dedesi Süleyman Şah'ın Türkistan'dan Anadolu'ya getirdiği tiftik keçileriyle, Osmanlı-Türk Tiftik Kumaş tekeli üzerinde yükselen Osmanlı İmparatorluğu, 1838'de bu tekeli İngilizlere kaptırıp elinden kaçırmakla, kendi sonunu da belirlemiş oluyor ve Ankara Keçisi'ne İngiliz damgası vuruluyordu:

Ankara keçisinin bin yıllık öyküsü gösteriyor ki; Osmanlı, savaş alanlarında askeri ve siyasi yenilgilere uğramadan *önce*, bilimsel, teknolojik alanda geri kalarak ekonomik-siyasi çöküntüye ve askeri yenilgilere uğratılmış, üretimde buhar gücünden yararlanamayan Osmanlı sanayisi, ucuz yabancı fabrika ürünlerinin karşısına, el yapımı yerli pahalı ürünlerle dikilemediği içindir ki, yerli çıkrıklar durmuş ve 600 yıl Batı'ya ekonomik olarak da üstün olan Osmanlı çökmüştü.

İlk yayımlanışının üzerinden 70 yıl geçtikten sonra yeni basımını yaptığım "Çıkrıklar Durunca"ya yazdığı sunumda, Attila İlhan da bu gerçeği belirterek şöyle diyordu: **'Batı'nın Deli Gömleği'**nden aktardığım, hayli eski bir söyleşime, şöyle bir göz atar mıydınız? Tesadüf, **'Çıkrıklar Durunca...'**nın üzerinde geliştiği fabrika malı satanlarla dokumacılar arasındaki mücadeleyi irdelemiştim:

"... **Hüseyin Avni Bey** yazıyor. (...) 1800 ve 1820 yıllarında İstanbul'da kumaş esnafının 2.750 ve Kemahçı (havsız kadife) esnafının da 350 tezgahı vardı. Bütün bu tezgahlarda 5.000'den fazla insan çalışıyordu, 1868 yılında yerli sanayiin ıslahı için hazırlanan bir inceleme raporunda, bu kumaş tezgahlarından ancak 25 (evet, yanlış okumadınız beyler hanımlar, **yirmibeş**) tane kaldığı esefle kaydedilmektedir. Bu raporun yazıldığı devrede, Avrupa sanayiinin dokuma eşyası bol bol ve ucuza gümrük kapılarından giriyor ve yerli imalathaneleri tazyik ediyordu. Zamanla imalathaneler kapanıyor, bunların yerine Avrupa malı satan mağazalar açılıyordu..." (Bkz: 'Yarı Müstemleke Oluş Tarihi'.)

"... gerçekte, o dönemde, bu anlamda "asrîlik", düpedüz 'ihanet' idi..."

İşte **'Çıkrıklar Durunca...'** daha 1930'lu yıllarda bu 'yakıcı' gerçeği 'kavramış', sayfalarına dökmüştü: (...) **'Çıkrıklar Durunca...'**nın yeni basımı için yetmiş yıl beklemiş olmamız, ayrı ve havsalanın alamayacağı bir utanç değil mi?

Atilla İlhan, 24 Ocak 2000, Maçka - İstanbul

Meşrutiyet'in ilanından sonra Anadolu'yu dolaşarak her gittiği yerde gördüklerini gazetesine ileten Anadolu'da Tanin gazetesi yazarı Ahmet Şerif, 28 Kasım 1909'da şunları yazıyordu Ankara'dan:

"Tiftik ticaretinin Ankara vilayetinin hayatı demek olduğu bilinen bir şeydir. Bu sırada **hükümet tarafından her nasılsa elli tiftik keçisi ve yavrularının Avusturya'ya götürülmesine izin** verilmesi haberinin yayılması, halka kötü bir etki yapmıştır. Diyorlar ki: *"Evvelce İngiltere bu keçileri Ümit Burnu'na götürdü, gerçi bunlar cinsiyetlerini kaybettilerse de her halde bugün tiftik fiatının düşmesine sebep oldular. Bu meydanda iken yine Avusturya'ya götürülmesine izin verilmesi pek garip oluyor."* Halk haklıdır. Fakat hükümeti bunu kabule sevkeden sebepler bilinmiyor ki. Ben yalnız bunu işaret etmekle yetinebileceğim."[432]

Osmanlı Tarihi'ni çocuklarımıza Amerika'lıların, Batılı emperyalistlerin istediği gibi *meydan muharebeleri tarihi* olarak değil de Atatürk döneminde yapıldığı gibi gerçek yönüyle öğretmeye başladığımız an, kölelik zincirini kırmak Yeni-Osmanlı Tuzağı'ndan kurtulmak için en önemli adımlardan birini atmış olacağız. Çocuklarımız Osmanlı'nın yükseliş dönemindeki bilimsel, siyasal, ekonomik başarılarını bilmeli, yerli üretimi koruyup geliştirmenin önemi kavramalı, *"gavura damızlık vermenin uğursuzluk getireceği"* beyinlerine kazınmalı, Osmanlı'nın çöküş nedenlerini askeri yenilgiler dışında tüm çıplaklığıyla görmelidir ki Türkiye Cumhuriyeti'ni çöküşten koruyabilsinler.

Osmanlı hangi güçler tarafından, neden ve nasıl yıkıldıysa, Türkiye Cumhuriyeti de aynı güçler tarafından, aynı nedenlerle, aynı yöntemlerle ve aynı biçimde yıkılışın eşiğine getirilmiştir.

Umarım ayılmak için çok geç değildir.

SONNOTLAR
1 Türkkaya Ataöv, Amerika Nato ve Türkiye, Aydınlık y. 2. bs. 1969, sf. 156
2 Bkz: A.D. Noviçev, "Osmanlı İmparatorluğu'nun Yarı-Sömürgeleşmesi", Onur y. Çev: Nabi Dinçer, 1. basım, Ekim 1979.
3 Oral Sander, Anka'nın Yükselişi ve Düşüşü, İmge Kitabevi Yayınları, 1993, 2000- [Yaşlının Avrupa'da Gerilemesi, II-Fransız Devrimi'nin Etkileri]: "Devrim, Fransa'nın önemli olmayan bir iç sorunu olarak değerlendirildiğinden, önceleri Osmanlı devletinde pek etkili olmadı. Üst düzey yöneticilerinin yorumlarına göre, bu patlama **Osmanlı devletini hiç ilgilendirmeyen ve Osmanlı topraklarına giremeyecek bir Hıristiyan sorunuydu**. Hatta, **Hıristiyan devletlerin devrim savaşları ile ilgilenmeleri ve bu yüzden Osmanlı devletini rahat bırakmaları, Bab-ı Alî'nin çıkarına** da olmuştu. Bu yüzden, Osmanlı yöneticileri Prusya ile Rusya'nın Fransız devrimine karşı İstanbul'da yürüttükleri propagandaya hiç kulak asmadılar ve devrim savaşlarının dışında kalmayı yeğlediler. Ancak, tam bir Osmanlı ihtiyatıyla, Prusya tarafından tanınıncaya kadar yeni Fransız yönetimini resmen tanımadılar. Dolayısıyla, iki ülke arasındaki ilişkiler dostane olmakta devam etti. Hatta, **III. Selim'in Fransa'daki yeni düzene sempati bile duyduğu** söylenebilir. Ne de olsa, Fransız devrimini gerçekleştiren burjuva sınıfı, Osmanlı ekonomik ve toplumsal yapısının içinde oluşmamıştı. Dolayısıyla, devrimin Osmanlı toplumuna doğrudan bir etkisi düşünülemeyeceğine göre, III. Selim'in tahtı da sallantıda olamazdı. İki ülke arasındaki ticaret de devam etti ve hangi yönetim tarafından gönderildiklerine bakılmaksızın, Fransız askerî uzmanları Osmanlı devletinde iyi kabul gördü. Ancak, iyi ilişkiler uzun süreli olmadı ve **17 Ekim 1797 tarihli Compo Formio antlaşması ile Venedik topraklarının bir bölümünü eline geçiren Fransa ile Osmanlı devleti ilişkilerinde yeni bir dönem açıldı**. Bu antlaşma ile, **İonya adaları ve Yunanistan-Arnavutluk kıyılarındaki bazı bölgeler Fransa'nın eline geçti**. Şimdi, Osmanlı devletinin geleneksel dostu Fransa, aynı zamanda sınır komşusu olmuştu ve dostluk bu ani değişikliğin yarattığı "şoka" dayanamadı. Kısa bir süre içinde, imparatorluğun sınırları içinde özgürlük ve eşitlik haykırışları, **Helen uygarlığının eski şan ve şerefinin iade edilmesi, Mora ile Girit'in Osmanlı devletinden ayrılması gerektiği gibi ürkütücü haberler gelmeye başladı**. Napolyon Rumları merkezi otoriteye karşı kışkır-

553

tıyordu. Komutanlarına verdiği bir emirde çalışmalarının amacını şöyle belirtiyordu: *"Halkı kazanmak için elinizden geleni yapınız. Eğer halkın bağımsızlığa eğilimi varsa bağımsızlık duygusunu körükleyiniz. Yunanistan'da kabarmaya başlayan milliyet taassubu, din taassubundan daha kuvvetli olacaktır"* (Karal, 1970:101). Bu gelişmeler karşısında Fransa'nın İstanbul'u rahatlatma yolundaki girişimleri sonuç doğurmadı.

1798 ilkbaharında Reisülküttap Ahmet Atıf Efendi, Divan tarafından, siyasal durumla ilgili ve müttefiklerin Fransa'ya karşı kurdukları koalisyona Osmanlı devletininde katılması yolundaki davetleri hakkında bir 'rapor hazırlamakla görevlendirildi. Atıf Efendi'ye göre, Fransız devrimi, öteki Hıristiyan Avrupa devletlerini olduğu kadar Osmanlı devletini de tehdit eden bir olaydı. **1 Temmuz 1798'de Fransa'nın Mısır'a saldırması** ve daha sonra Filistin'deki faaliyetleri Atıf Efendi'yi haklı çıkardı. Fransız devriminin Osmanlı devletindeki etkileri konusunda ilginç olan şudur: Fransa'da kralın idam edilmesi ve cumhuriyetin ilanı gibi Avrupa devletlerinin en çok tepkisini çeken gelişmeler, İstanbul'da pek bir etki yapmamıştır. Osmanlı devletinin bu dönemlerinde bir hükümdarın öldürülmesi İstanbul'daki yaşamın olağan bir parçası olduğu gibi, Osmanlılar yüzyıllar boyu Venedik ve Ragusa kent-devletleriyle yakın ilişkileri dolayısıyla cumhuriyetçi kuruluşlara alışıktılar ve yeni bir cumhuriyetin kurulmasının tehdit edici bir tarafı yoktu. **Uzun vadede İstanbul'u asıl rahatsız eden, devrimin laik niteliği oldu. Kilise ile devletin ayrılması, tüm dini doktrinlerin yasaklanması ve aklın yüceltilmesi tehlikeli düşüncelerdi.** Fransızların Hıristiyanlığı reddederek İslam dünyasına yaklaştıkları propagandası, önceleri biraz sempati ile karşılanmışsa da, zamanla Osmanlı yöneticileri bu dostluğun geleneksel İslami düzen ve ilkelere yönelttiği tehdidin farkına vardılar (Lewis, 1953: 123). Fransa Mısır'dan çekildikten sonra siyasal düşünceler yeniden üstün geldi. **1805 yılındaki Napolyon zaferleri ve Avusturya ile Rusya gibi Osmanlı devletinin en büyük düşmanlarının uğradıkları yenilgiler III. Selim'in işine geliyordu; sonunda Napolyon'u imparator olarak tanıdı.** Ancak, Fransız devriminin özgürlük ve eşitlik gibi ilkeleri, kısa vadede önemli bir etkide bulunmamış olsa da, bir kere Osmanlı topraklarına girdikten sonra kök salmaya başladı. Bu düşünceler, 19. ve 20. yüzyıllarda Osmanlı reform hareketlerinin ana teması haline geleceklerdir.

⁴ Tarih-i Cevdet, cilt 5, sf. 49, cilt 6, sf. 394, aktaran: Ahmet Rasim, "Osmanlı'da Batışın Üç Evresi", 3. basım. Evrim Yayınları, Sf. 80

⁵ **Viyana Kongresi:** Napolyon Savaşları sonunda **Fransız Orduları'nın** Koalisyon Orduları tarafından tümüyle yenilgiye uğratılmasının ardından, Avrupa'daki sınırları ve güçler dengesini yeniden belirlemeye yönelik kararlar almak üzere toplanmış olan kongredir. Napolyon Ordularının sürekli yenilgiye uğrayıp geri çekildikleri bir dönemde, 9 Mart 1814 tarihinde, **VI. Koalisyon**'un, aynı zamanda Avrupa'nın en güçlü devletleri olarak **İngiltere, Avusturya, Prusya, Rusya**, Avrupa'da siyasi coğrafyanın ve dolayısıyla güçler dengesinin yeniden düzenlenmesi için aralarına bir ittifak oluşturmuşlardı. Doğal olarak bu ittifak, askeri olmaktan çok, politik bir ittifaktır.

⁶ *The Concert Of Europe* describes the broad cooperation between Europe's great powers after 1815. Its purpose was to maintain the peace settlement concluded at the *Congress of Vienna* following the defeat of Napoleonic France. *The Concert Of Europe* was also known as the *Congress System*, a method of collective security promoted by Klemens Wenzel von Metternich and the Viscount Castlereagh, among others. Specifically, the aim of the *Concert Of Europe* was for the leading nations in Europe - Britain, Austria, Prussia and Russia - to work together to prevent the outbreak of revolution in each nation.

⁷ *Maurus Reinkowski, "Das Osmanische Reich - ein antikoloniales Imperium?": "Das europäische Konzert". Die französische Postkarte vom Vorabend des Ersten Weltkrieges stellt heraus, dass die ehemals konzertierte Politik der europäischen Mächte nun kakophonische Züge trage. Das Deutsche Reich und seine Verbündeten (rechts im Hintergrund) hauen auf die Pauke; Frankreich und seine Verbündeten (links im Hintergrund) versuchen mäßigend zu wirken. Die Balkanstaaten sind als kleine, ungezogene Kinder im Vordergrund zu sehen. Das Osmanische Reich, in der Mitte abgebildet, geht dagegen am Krückstock.*

⁸ Haluk F. Gürsel, "Tarih Boyunca Türk – Rus İlişkileri", Ak y., İst. 1968, Sf.71,

⁹ Haluk F. Gürsel, "Tarih Boyunca Türk – Rus İlişkileri", Ak y., İst. 1968, Sf.74, Raymond Lacoste, La Poussee Sovietique, Paris, 1946, sf. 46

[10] George Finlay, History of the Greek Revolution (Yunan Ayaklanmasının Tarihi), London 1861, s. 172.'den aktaran: Justin McCarty-Ölüm ve Sürgün.

[11] Haluk F. Gürsel, age, sf. 85.

[12] Henri-Guillaume Schlesinger, Versailles, Couleurs de la Corne d'Or, p.267

[13] Edhem Eldem Koleksiyonu, Yaldızlı bronz madalya, Hakkak: Laurent Joseph Hart (1810-1860), Brüksel, 1850, fiili ihdası, 1851. **Médaille de bronze - Régénération de l'Empire d'Osman par Abdul-Medjid - Léopold Ier 1850** ! Détail : Médaille de bronze - Régénération de l'Empire d'Osman par Abdul-Medjid - Léopold Ier 1850 - **2 médailles pour le rapprochement de 2 cultures** "Justice égale pour tous" - "Protection aux faibles" - "La dignité de l'Empire relevée" – "Les droits de l'hospitalité maintenus" - "Les Arts de la paix encouragés" - "L'instruction répandue" histoire : HISTOIRE NUMISMATIQUE DE LA BELGIQUE. - ANNÉE 1850. N° 50. PL..X. - MÉDAILLE. Sur la partie supérieure du tour: Léopold Premier – Roi des Belges A l'exergue : 1850. Au-dessous HART F. BRUXELLES. REVERS. Sur le tour, une riche bordure dans laquelle se trouvent six médaillons portant chacun les inscriptions suivantes : PROTECTION AUX FAIBLES - LA DIGNITÉ DE L'EMPIRE RELEVÉE. - LES DROITS DE L'HOSPITALITÉ MAINTENUS. - LES ARTS DE LA PAIX ENCOURAGÉS. L'INSTRUCTION RÉPANDUE. - JUSTICE ÉGALE POUR TOUS. Dans le champ : riche trophée d'attributs de guerre et de paix, de législation et de commerce, surmonté du nom de l'Empereur en caractères turcs. On y remarque le Tanzimat ou Charte de Gulhané, portant la signature de Reschid-Pacha. A l'exergue: RÉGÉNÉRATION DE L'EMPIRE D'OSMAN PAR ABDUL-MEDJID.

[14] T. G. Djuvara, 'Cent Projets de Partage de la Turquie 1281-1913', Paris 1914, sf. 395-401, akt: Haluk F. Gürsel, age, sf. 106

[15] Xavier Raymond, 'La Syrie et la Question d'Orient', akt: Eugene Morel, 'La Turquie et Ses Reformes' Türkiye ve Reformları, Süreç y. 1.bs, Haziran 1984, sf. 11.

[16] Aivazovsky, Ivan Konstantinovich Art Reproductions The Battle of Sinop, 18 November 1853 Central Naval Museum, St. Petersburg, Russia

[17] Nejat Gülen, "Şanlı Bahriye- Türk Bahriyesinin İkiyüz Yıllık Tarihçesi-1773-1973", Kastaş y. 2. Basım, Ocak 2001,ISNB:975-7639-01-x
[18] Sinan Kuneralp – Edhem Eldem, Osmanlı Bankası Arşiv ve Araştırma Merkezi, "Etkinlikler - Diplomasi ve Batı ile İlişkiler."
[19] National Maritime Museum, London. Medal commemorating the destruction of the Turkish fleet at Sinope, 1853 (MEC0288) Artist/maker: L.J. Hart, Date made: 1853, Place made: Netherlands Materials: bronze Measurements: Overall: 68 mm, Obverse E2513-1: Within a band with pearl ring, bust of the Sultan in a fez, aigrette, robe and orders (front) face (three-quarter left). Legend:'ABDHUL-MEDJID-KHAN EMPEREUR DES OTTOMANS.' Three stars below.
[20] Reverse E2513-2: A draped female figure, staff tipped with crescent and star in left hand, places with right hand a wreath on a bier, covered with a pall embroidered with anchors. An antique prow in front of it. Trophies both sides. Legend: 'EUROPE ILS SONT MORTS POUR TOI.' Exergue: 'SINOPE 1853.'
[21] Marks-Engels, "Doğu Sorunu (Türkiye)", ;sf. 33-34, Çev: Yurdakul Fincancı. I. Baskı, Sol Yay., 1977.
[22] Karl Marx, "Türkiye Üzerine (Şark Meselesi)", çev: Selahattin Hilav, Attila Tokatlı, Gerçek y. 2. basım. Aralık 1974 (1. Basım. Aralık 1966) sf. 81, vd.
[23] Hüseyin Çiçek, age, sf. Sf. 124
[24] Hüseyin Çiçek, age, Sf. 148
[25] Hüseyin Çiçek, age, sf. 64
[26] Hüseyin Çiçek, age, Sf. 68, 69.
[27] Cüneyt ÖLÇER, SULTAN ABDÜLMECİD'E AİT SİLİSTİRE MADALYASI: 1850 M. yılında Brüksel'de yaşayan Hart Fecit adında Belçikalı bir heykeltraş Osmanlı Tanzimat reformu ile ilgili bir Tanzimat Madalyası yapmıştır (Bkz: Nuri Pere, Osmanlılarda Madeni Paralar. 1968, No. 1104.) Bu madalya Sultan Abdülmecid'in takdirlerini kazanmış ve sanatkâr Sultan tarafından mükâfatlandırılmıştır. (Cevriye-İbrahim Artuk, Türkiyemiz Dergisi. Akbank Yayınları.) Sanatkar Hart, bu tarihten 3 yıl sonra, 1853 tarihli bir Sinob Madalyası (Nuri Pere, Aynı eser No. 1103.) yapmış bu madalyada Sultan Abdülmecid'in kabartma bir portresi ilk defa yer almıştır. Bu tarihten sonra Hart tarafından meydana getirilen bir seri madalya padişah tarafından ilgi ve takdir görmüştür. Bu seriden olmak üzere Hattı

Hümayun, Bahri Siyah ve Tuna, Kırım, Kars ve Demiryol (Tevfik Seno Arda, TND Bülten 12. s. 22-24.) madalyaları vardır. Aşağıda fotoğrafını yayınladığım Silistre Madalyası da bu seridendir (Bu madalya, Meydan Larousse Cilt II, s. 337 Silistire madalyası maddesinde tasvir edilmiş fkat fotoğrafı konmamıştır.)

Tunçtan olan madalyanın ön yüzünde üç sıra defne çelengi içersinde Abdülmecid'in portresi ve çevresinde "ABDÜLMEDJİD KHAN-EMPEREUR DES OTTOMANS" (Abdülmecid Han, Osmanlıların Hükümdarı) arka yüzde, kale önünde elinde kama ve üstünde hilal bulunan bir gürzü tutan kadın tasviri, sol yanında, cami tasviri ve bunun kenarında "EUROPE İLS ONT VAINCU POUR TOI" (Avrupa, onlar senin için kazandılar), "SILISTRIE (Silistire) yazısı ve "1854" tarihi ile gravörün adı "HART FECİT" vardır. 63 mm çapında ve 130 gr. ağırlığındadır. Bu madalya ile ilgili yayınladığımız belgeye (Başbakanlık arşivi. Nişan ve Madalyalar dosyası, No. 32.) nazaran Brüksel'de hazırlanan ve Sinob Madalyası ile birlikte Sultan Abdülmecid'e sunulan bu iki madalya padişah tarafından memnuniyetle karşılanmıştır.

....
Ulufetlu efendim hazretleri
SİLİSTİRE ve SİNOB vak'aları muallen olmak üzere Brükselde yapılmış olan madalyalardan üzeri hakipay-ı hümayun-ı cenab-ı şehinşahiye muharrer olarak Brüksel maslahatgüzarı tarafından gönderilmiş olan madalyalar manzur-ı âli-i hazret-i cihandarî buyrulmak için takımıyle arz ve takdim kılınmış olduğu beyaniyle tezkere-i Senaveri terkim kılındı efendim.
Fi 20 Safer Sene 71 M.
....
Ma'ruz-ı Çaker kemineleridirki

Enimle ziyb-i tekrim olan işbu tezkere-i samiye-i âsâfaneleriyle zikrolunan madalyalar meşmul nigâh-ı şevket iktinah-ı hazret-i padişahî buyrulmuş ve mezkûr madalyalar nezd-i mealimevfûr-ı cenab-ı mülükânede tevkif kılınmış olduğu muhatilm-i sami-i âsâfiteri buyuruldukta olbabda emr-ü ferman hazret-i veliyülemrindir.

f i 23 Safer Sene 71

Measurements 64 Date on Object1854 Start Date1854 End Date1854 Reference TND Bulten 16 1985 Region Turkey Person`Abd al-Majid Dynasty Ottoman Artist Hart Subject Person`Abd al-Majid Series Turkey-Medals & Tokens Subject Event the liberation of Silistriefrom the Ottoman Empire in 1854 Subject Place Silistrie, Romania Obverse Legend ABDUL-MEDJID-KHAN EMPEREUR DES OTTOMANS Obverse Type bust of Abdulmecid Reverse Legend EUROPE ILS ONT VAINCU POUR TOI SILISTRIE 1854 Reverse Type woman holding a sword, mosque on the lower left side

[28] 4 Mart 2002, Milliyet gazetesi, Evrim Ergin: "Soros'tan ilginç tespit. "Türkiye'nin en iyi ihracat ürünü ordudur." George Soros önceki gün Sabancı Üniversitesi'nde yaptığı konuşmada, 'Türkiye'nin stratejik konumu nedeniyle en iyi ihracat ürünü ordusudur' dedi. Ünlü para sihirbazı George Soros önceki gün Sabancı Üniversitesi'nde kalabalık bir topluluğa ilginç bir konuşma yaptı. İzleyicilerden biri Soros'tan Türkiye ile Arjantin'i karşılaştırmasını istedi. Soros'un yanıtı şöyle oldu: *'Türkiye'nin Arjantin'den tek farkı stratejik pozisyonudur. Bu stratejik pozisyonuna bağlı olarak, Türkiye'nin en iyi ihracat ürünü de ordudur.'*

[29] Amerikan Yahudi Ulusal Güvenlik Enstitüsü JİNSA nın üstün liderlik ödülü nü verdiği Çevik Bir, emekli olduktan sonra, 29 Kasım 1999 da davetli konuşmacı olarak katıldığı, onursal başkanlığını Ali Şen in yaptığı Rumelili Yönetici ve İşadamları Derneği nin toplantısında, *Batı için güvenlik üretmeyi* önerdi. Bir, bu görüşünü, yazı kurulunda yeraldığı *Ulusal Strateji* dergisinin Mart-Nisan 2000 tarihli sayısında, İsrail'i de katarak ayrıntılan-dırdı: *"Türkiye ve İsrail, bulundukları bölge ve ötesine barış ve istikrar temini gibi pozitif stratejiler üretebilecek konuma sahip iki ülkedir. Güvenlik tüketen değil, güvenlik üreten ülkelerdir. Her iki ülkenin artan stratejik önemleri ve müsbet şekilde gelişen ekonomileri, bu ülkelerin bölgelerine ve ötesine barış ve istikrar temininde müsbet rol oynamaktadır."* (Washingtonhaber)

[30] Allied Troops before Sebastopol, 1855.

[31] Record Number: 000998 Shelfmark: OIOC Photo 183/(13) Description: A portrait of a group of officers from the Turkish contingent Engineers. Title of Work: Photographs From The Crimean War Production: c.1855-1856

[32] Marks-Engels, "Doğu Sorunu (Türkiye)", sf. 701, Çev: Yurdakul Fincancı. I. Baskı, Sol Yay., 1977.

[33] Defense of Kars, 1855. Louis Walton Sipley

[34] Record Number: 21228 Shelfmark: P.P.1931.pch Page Folio Number: opposite 28 Description: Sir William Nathan Wrighte Hewett, V.C. (1834-1888). Portrait. Vice-Admiral. Winner of the Victoria Cross for action at Sebastopol, during the Crimean War, 1854. Title of Work: Men of Mark: a gallery of contemporary portraits of men distinguished in the Senate, the Church, in science, literature and art, the army, navy, law, medicine, etc. Photographed from life by Lock and Whitfield, with brief biographical notices by Thompson Cooper. (Conducted by G. C. Whitfield.) ser. 1-7. Author: Cooper;Thompson Illustrator: Lock; Whitfield Production: Sampson Low, Marston, Searle, & Rivington: London, 1876-1883

[35] Sir William's parting with people of Kars, 1855.

[36] National Maritime Museum, London Medal commemorating the liberation of the Black Sea (MEC0289)) Artist/maker: L.J. Hart Date made: 1854 Place made: Netherlands Materials: bronze Measurements: Overall: 72 mm Credit: National Maritime Museum, London E2514-1, Description: Medal commemorating the liberation of the Black Sea. Obverse: Bust of Sultan Abdul Medjid-Khan in a cap with feather and robe (three-quarter left) within a raised border of shields and tablets with the names of allied commanders. Legend: 'ABDUL MEDJID-KHAN EMPERE-UR DES OTTOMANS.' On shields surrounding edge (From top, clockwise), RIZA-OMER.- CAMBRIDGE – BARAGUEY-DUN-DAS – HAMELIN – REGHID – KEBRESLI -ST. ARNAUD-RAGLAN – REDCLIFFE - NAPOLEON

[37] National Maritime Museum, London-Medal commemorating the Black Sea freed; reverse. Repro ID: E2514-2 Winged Victory, seated, holding a wreath, inscribing a pyramid with the inscription: VICTOIRE. NAPOLEON. 1854. LA MER NOIRE ET LE DANUBE SERONT LIBRAS (Victory of Napoleon 1854. The Black Sea and the Danube Shall be Free); In the background, the dome and minaret of a mosque; in the foreground, a serpent and an olive tree. Around, LA

FRANCE ET L'ANGLETERRE UNIES POUR LA DEFENSE DU DROIT. (France and England United for the Defense of Rights)*Exergue:* DIEU LE VEUT (It is God's Will) *Signed:* HART, FECIT.- CRIMEAN WAR COMMEMORATIVE (Battles of the Danube and Black Sea) HART, Laurent Joseph: Belgium, 1854, Bronze, 72 mm *Ref:* Forrer II, p. 435

38   True Heroes of Balaklava,   illustrated, Crimean War Research Society, yayını, 1996.
A review of the role of the Turkish forces at the Battle of Balaklava. Treated as cowards at the time, and blamed for many of the reverses of the battle, this work re-evaluates the contribution of the Turkish troops and concludes that their stubborn defence of the redoubts along the Causeway Heights, no less than their often-ignored contribution to the Thin Red Line, makes the Turks the true heroes of Balaklava.

Ayrıca bkz: Murat BARDAKÇI: "Ölenlerin tamamı Türk askeriydi ama İngilizler 'kayıplar bizimdi' dediler: Hürriyet gazetesi, 2.11.2003: *"İngiltere'nin bundan 150 yıl önce ortaya attığı bir tarih yalanını, yine bir İngiliz TV'si düzeltti. 1850'lerde dünya gündemini senelerce işgal eden Kırım Savaşı sırasında Balaklava'da meydana gelen çarpışmalarda 600 İngiliz askerinin ölmesi, İngiliz tarihinin kahramanlık destanlarından biri sayılıyordu. Ama İngiliz "Savaş Alanları Detektifleri", ölenlerin İngiliz değil Türk askerleri olduğunu ve İngiltere'nin kamuoyunun desteğini sağlamak için konuyu çarpıttığını ortaya çıkardı ve Beşinci Kanal TV'sinde geçtiğimiz günlerde yayınlanan programda "Soğukta ve sefalet içerisinde*

bekleyen Türk askerleri bizi korumak için ümitsiz bir savunma yapmışlardı" dendi. İNGİLTERE'nin geçtiğimiz haftalarda Beşinci Kanal TV'sinde yayınlanan dört bölümlük bir belgesel, İngilizler tarafından ortaya atılan ve 150 seneden beri devam eden büyük bir askeri tarih yalanını gözler önüne serdi. Uzun araştırmalardan sonra hazırlanan program, 600 İngiliz askerinin canına malolduğu iddia edilen ve İngiliz tarihine bir efsane şeklinde geçen 'Balaklava Savaşı'nda ölenlerin aslında Türk askerleri olduğunu ve İngiltere'nin kamuoyu desteği sağlamak için savaşla ilgili herşeyi çarpıttığını gösterdi.(...)"

[39] Hüseyin Çiçek, age, sf. 153-169
[40] Hüseyin Çiçek, age, sf. 115
[41] Hüseyin Çiçek, age, sf. 116
[42] Hüseyin Çiçek, age, sf. 104, 105
[43] Congress of Paris, 1856. Louis Walton Sipley
[44] Kemal Gözler, Türk Anayasa Hukuku, Bursa Ekin Kitabevi yayınları, 2000, sf. 19-23, "Müttefiklerin yanı sıra Prusya'nın da katıldığı Paris Antlaşması ile (30 Mart 1856) taraflar işgal ettikleri bölgelerden çekilecek, Osmanlıların toprak bütünlüğü ve Boğazların statüsü, Avrupa'nın "kefilliği" altında korunacaktı. Osmanlıların Avrupa Konseyi'ne dahil edilmesi karşılığında ise, sultan yeni bir Islahat Fermanı irat edecekti." Din ve mezhep değiştirmek için kimsenin zorlanmaması ("...tebdil-i din ü mezhep etmek üzere kimse icbar olunmaması..."), İslâm dininden çıkmanın idam ile cezalandırılmayacağı, Yabancılara Osmanlı toprakları üzerinde mülk edinme hakkı ("... ecnebiyyeye dahi tasarruf-ı emlak müsaadesinin itâ olunması...") tanınıyordu.
[45] Bronz madalya ön yüzü. Hakkak: Laurent Joseph Hart, (1810-1860). Sultan Abdülmecid'in şualı altı köşeli yıldız üzerindeki büstü. arka yüzü. Birlik, Barış, Güvenlik ve Gelişme yazıları, ortasında İsa Akbaş Koleksiyonu anudm00094a001 –anudm-00094
[46] Traité de paix et d'amitié entre la France, la Grande-Bretagne, la Russie, la Sardaigne et la Turquie. Page de signatures. Paris, 30 mars 1856. Original sur papier fileté, doré sur tranche, en un cahier de vingt feuillets relié par un ruban de soie bleu foncé, signé et scellé de quatorze cachets de cire rouge réunis par le même ruban de soie bleu, article additionnel, signé et scellé de même, sans ruban. Plénipotentiaires français: Alexandre Walewski; François-Adolphe, baron de Bourquenay. M.A.E. Traités. Multilatéraux 18560010

⁴⁷ Pleins pouvoirs turc accordés à Ali Pacha. Constantinople, février 1856. M.A.E. Traités. Multilatéraux 18560010

⁴⁸ Mehmed Emin Ali Paşa, 1814'de İstanbul'da Mercan'da doğdu. Babası Ali Rıza Efendi, Mısır Çarşısı aktarlarındandı. 1830 yılında bir aile dostunun aracılığıyla Divan-ı Hümayun kalemine girdi ve buradaki adete uygun olarak kendisine, boyunun kısalığından veya güzel tavrı ve kabiliyetinden dolayı Ali mahlası verildi. 1833'de Tercüme Odası'na girdi. 1835'te Avusturya İmparatoru Birinci Ferdinand'ın tahta çıkışını tebrik için Viyana'ya gönderilen heyette, ikinci başkatip olarak bulundu. 1837'de Petersburg'a gönderilen Mehmet Emin Ali Paşa, dönüşünde Divan-ı Hümayun tercümanlığına tayin edildi. 1838'de Londra elçisi, Reşid Paşa'nın Paris'e geçişinden sonra da maslahatgüzarı oldu. Reşid Paşa'nın takdir ve himayesini kazanan Mehmed Emin Ali Paşa, kısa zamanda yükseldi. Devletin çeşitli kademelerinde görevler aldı. Kırım Savaşı sonunda Paris'te toplanan konferansta Osmanlı Devleti'ni temsil etti ve 30 Mart 1856 tarihli Paris Barış Anlaşması'nı imzaladı. Islahat Fermanı ve Paris Antlaşması'ndan dolayı Reşid Paşa'nın ağır eleştirilerine maruz kaldı.

⁴⁹ Ratification du traité par la Turquie. Première de couverture. M.A.E. Traités. Multilatéraux 18560010

⁵⁰ KOCH, Johann Carl, 1806-1900 [Tratado de Paris, 1856 Biblioteca Nacional Cota local: E. 1483 V. - Dim. fol.: 29x42 cm

⁵¹ Tolga Gümüş, Toplumsal Tarih dergisi, Mayıs 2002 sayısı ve Candan Badem, Toplumsal Tarih dergisi, Ocak 2005 sayısı

⁵² Tarihçi Yazar Necdet Sakaoğlu-15 Mart 2002 NTV Radyosu Türkiye Nereye Doğru Gitmeli?

⁵³ 14.06.2004 Hürriyet, "Abdülmecid Arazi Verdi" başlıklı yazı. (Bu konuda Hazinenin 18.5.1990 tarihinde Yargıtay'da açtığı ikinci davada, Yargıtay; *"Osmanlı İmparatorluğu tarafından **yabancı tüzel kişiliklere** 1868 tarihli bir yasayla verilen, **kilise, manastır, okul, hastane, dispanser ve papazevi gibi dini, eğitim ve sosyal amaçlı kurumların inşasına yönelik taşınmaz mal edinme izninin**, sözkonusu taşınmazların **asıl amaçlarına uygun olarak kullanılması koşuluyla** verilmiş olduğu"* na karar vermiştir.

⁵⁴ 1856 Islahat Fermanı'nda, *"kavanîn-i devlet-i âliyeme ve belediye nizamlarına uymak ve asıl yerli ahalinin verdikleri vergileri vermek kaydıyla saltanat-ı seniyyem ile düvel-i ecnebiye arasında yapılacak suver-i*

*tanzimiyeden **sonra** ecnebiye dahi **tasarruf-u emlâk** izninin verileceği"* yazılıdır. (Düstur,I/I 1289, s.12.)

⁵⁵ 1856 Paris Barış Antlaşması'nda Kongre'ye sunulan Islahat Fermanı üzerinde yapılan görüşmelerde, Islahat Fermanı'nda yer alan ***Taşınmazı Tasarruf (Kullanma) Hakkı*** az bulunarak ***Taşınmazı Temellük (Yani Tapulama) Hakkı*** verilmesi istenmiştir. Ebül'ula Mardin, 1947'de yayımlanan "Toprak Hukuku Dersleri" adlı kitabında, 1856 Paris Barış Anlaşması görüşmeleri sırasında, yabancı gerçek kişilere ***taşınmaz kullanım hakkı*** tanıyan Islahat Fermanı'nın da yabancı devletlerce irdelendiğini belirterek; *"ecnebilere gayr-ı menkul **Temellük Hakkı** verileceğine ilişkin vaadde bulunuldu."* demektedir. Burada ***Tasarruf Hakkı*** ile ***Temellük Hakkı*** kavramları önemlidir. 1856 Islahat Fermanı'nda yabancılara ***Taşınmaza Tasarruf Hakkı*** verilmiş, *"hakk-ı tapu"* verilmemiş, gelgelelim Islahat Fermanı'nın irdelendiği 1856 Paris Barış Antlaşması görüşmelerinde yabancı devletler kullanım hakkını az bularak temellük yani tapu hakkı verilmesini dayatınca, Abdülmecid de *Avrupa Devletler Ailesi'ne kabul edilerek Osmanlı'nın toprak bütünlüğünü korumak* amacıyla yabancılara Osmanlı ülkesinde ***Taşınmaz Temellük (tapulama) Hakkı*** verileceğine ilişkin vaadde bulunmuştur. 1856 Pariş Barış Anlaşması'nın 9. Maddesi şöyledir: *"Sürekli uyruklarının mutluluklarını düşünme kaygısı içinde olan Zat-ı Hazret-i Padişahi, din, ırk ayırımı yapmaksızın uyruklarının yazgısını iyileştirmek için bir ferman (Islahat Fermanı) çıkartarak, İmparatorluğundaki Hıristiyan halklara yönelik inayet dolu niyetlerini ortaya koydu ve bu konudaki duygularına yeni bir kanıt olarak kendi iradelerinden doğan bu Islahat Fermanı'nı, bu antlaşmaya imza koyan devletlere bildirmeye karar verdi. Antlaşmaya imza koyan devletler, bu tebliğin yüksek değerinin bilincindedirler."* (Bkz: Bernard Camille Collas, "1864'te Türkiye, Tanzimat Sonrası Düzenlemeler ve Kapitülasyonların Tam Metni", Bileşim y. Çev: Teoman Tunçdoğan, Ekim 2005, sf. 364

⁵⁶ Bkz: Bernard Camille Collas, *"1864'te Türkiye, Tanzimat Sonrası Düzenlemeler ve Kapitülasyonların Tam Metni"*, Bileşim y. Çev: Teoman Tunçdoğan, Ekim 2005, sf. 105-112: "Hattı Hümayun'un 14. ve 17. maddeleri,... yasalara ve yönetmeliklere uymak ve Osmanlı uyruklarıyla aynı yükümlülükleri paylaşmak koşuluyla yabancılara mülk edinme hakkını vermeye çalıştığını kanıtlar. .. Yabancılara verilecek mülkiyet hakkı konusunda hükümet şu eklemeyi yapmıştır: **"Yabancı devletlerle yapılacak düzenlemelerden sonra."** (...) Yabancılar

kendi adlarına taşınmaz mal sahibi olmak istemektedirler. Buna razı olan Bab-ı Ali, bu mülklerin kendi uyruklarına ait mülklerle aynı hükme bağımlı olmaması durumunda, yabancılara bu hakkı veremeyeceği yanıtını verdi haklı olarak. Bu istek çok yerindedir. **Fransa'da mülk sahibi olan yabancı, Fransızların mülklerine uygulananlarla eşit yükümlülükleri paylaşır.** (...) Yabancılar eğer bugüne dek kendi adlarına mülk satın alamadılarsa –ki bu hakkı yabancılara vermeyi bugün (1864) bile kabul etmeyen Avrupa'nın büyük devletlerinin önce kendilerinin bu hakkı tanıyarak Türkiye'ye örnek olmaya başlamaları gerekir- **gerçekte eşlerinin, annelerinin, kızkardeşlerinin ya da Osmanlı uyruğundaki Müslüman üçüncü kişilerin adı altında mal edinebilmektedirler. Osmanlı yasaları uyarınca kadınlar (yabancı uyruğunda olsalar bile Osmanlı toprağında bulundukları sürece) reaya konumunda kabul edildiklerinden (başka bir deyişle Osmanlı İmparatorluğu uyruğu sayıldıklarından) Osmanlı ülkesinde yaşayan yabancı uyruklu kadınların kendi adlarına taşınmaz mallar edinmesi ve kendi adlarına tapuya kaydettirmeleri Osmanlı yasalarına uygundur.** (...) Yabancılar artık yalanı ortadan kaldırarak, mallarını bundan böyle karılarının ya da üçüncü kişilerin adına tapulatmak zorunda kalmak istemiyor,.. ama kapitülasyonların sağladığı yararlardan da vazgeçmek istemiyorlar. (...) Kapitülasyonlara göre, **"Her ulusun üyesi, Osmanlı yasaları dikkate alınmaksızın, kendi büyükelçiliği ya da konsolosluğu tarafından yönetilir."** Bu yorum, yabancıları bütünüyle Osmanlı hükümetinden bağımsız kılmaktadır. **Her konsolosluk ya da konsolosluk görevlisi, -1856 Paris Antlaşmasının 9. maddesini çiğneyerek- devlet içinde devlet oluşturmuş bulunmaktadır.** Kapitülasyonlar yalnızca Türkiye'de yaşayan yabancılara yarar sağlamakla kalmıyor, aynı zamanda bazı ülkelerin koruyuculuğunu para karşılığında kolayca elde edebilen yerliler de Osmanlı devletinin denetiminden kurtularak yabancılara kapitülasyonlarla sağlanan ayrıcalıklara kavuşmakta, böylece vergi vs. yükümlülüklerden kurtulmuş olmaktadır. (...) Uyruğunuz ne olursa olsun, bir İngiliz konsolosunun imzaladığı pasaporta sahip olmak, kapitülasyonlarla sağlanan İngiliz koruyuculuğu hakkından yararlanmaya yetmektedir. (...) **Hiçbir devlet, ülke kamu haklarına ve yasalarına uymayan mülklerin oluşmasına izin vermez** ve Bab-ı Ali de buna izin vermeyi kabul etmemektedir. **Eğer yabancıların istekleri kabul edilmiş olsaydı, -yabancı uyruklu toprak sahibinin** bağlı olduğu bir yabancı devlet olduğuna göre- Türkiye'de toprak sahibi olan yabancı uyrukluların sayısı kadar yabancı devlet toprağı olmuş olacaktı. **1856 Islahat Fermanı Hatt-ı Hümayununda, Osmanlı hükümetini, yabancılarla ilgili mülkiyet hakkı sorununu diğer hükümetlerle yapılması zorunlu öncelikli düzenlemelerle çözmeye iten neden, işte budur.** Bu düzenlemeler, kapitülasyonların gözden geçirilmesini ve bütün hükümetlerin kabul edeceği, hiç değişmeden bütün yabancılara uygulanabilecek bir mevzuatın kapitülasyonların yerini almasını zorunlu kılmaktadır. **1856 Islahat Fermanı Hatt-ı Hümayununda söz verilen ıslahatları yapmamakla suçlanan Osmanlı hükümetine saldırmak için silah gibi kullanılan bu sorunun aslı işte budur. (...) Türkiye, ülke yasalarına uymak ve ortak yükümlülüklerini yerine getirmek koşuluyla yabancılara mal edinme hakkı vermek istemekte, yabancılar ise, hak eşitliğinin zorunlu sonucu olan yükümlülük eşitliğini ve Osmanlı yasalarına uymayı kabul etmemektedirler.** Eğer, 1839 Gülhane Hatt-ı Hümayununda ve 1856 Islahat Fermanı Hatt-ı Hümayununda verilen sözler lafta kalmışsa, bu sözlerin yerine getirilememesinin faturası Osmanlı hükümetine kesilebilir mi?(...) Mülkiyet konusunda 4 Şubat 1863 (Hicri 16 Şaban 1279) fermanıyla oluşturulan 'Bank-ı Osmani-i Şahane'nin kurulmasına temel olan düşüncenin esinlediği şu düzenleme kabul edilmelidir: "Osmanlı hükümeti ile Banka arasındaki imtiyaz anlaşmasının bazı maddelerinin yorumu konusunda görüş ayrılığı doğması durumunda, anlaşmazlık Osmanlı hükümetinin ve imtiyazlı yabancıların birlikte atadıkları hakemlere götürülecektir. (...) Banka ile üçüncü kişiler arasındaki her dava Osmanlı İmparatorluğu'ndaki mahkemelerde görülecektir..." (Madde 22)- İşte, yabancı yasalardan vazgeçen, ticaret alanında Türk yasalarını içtenlikle kabul eden, Avrupa sermayesiyle oluşturulmuş birinci sınıf bir finans kurumu... Hiç kuşkumuz yok ki, verilen bu örnek çok önemli sonuçlar doğuracak, yabancılara tanınan mal edinme hakkı sorununun çözümünde de aynı olumlu katkıyı geniş biçimde yapacağına inanıyoruz."

[57] Bkz: *"Tanzimat 1"*, Milli Eğitim Bakanlığı Yayınları: 3273, Bilim ve Kültür Eserleri Dizizi: 1184, Araştırma İnceleme dizisi: 76, İstanbul 1999, sf. 391-393, Ömer Lütfü Barkan, "Toprak Hukuku Tarihinde Tanzimat ve 1274 (1858) Tarihli Arazi Kanunnamesi", "23 Şevval

1274 (1858) Tarihli Arazi Kanunnamei Hümayunu", "Ecnebilerin Miri Toprakları Tasarruf Edemeyişi" başlıklı bölüm.
[58] Bkz: age, sf. 392, Ömer Lütfü Barkan, agy.
[59] Bkz: Bernard Camille Collas, *"1864'te Türkiye, Tanzimat Sonrası Düzenlemeler ve Kapitülasyonların Tam Metni"*, Bileşim y. Çev: Teoman Tunçdoğan, Ekim 2005, sf. 106.
[60] Orhan Kurmuş, Emperyalizmin Türkiye'ye Girişi, Bilim Yayınları, İstanbul 1977, s. 37, 113, 216, 217.
[61] Orhan Kurmuş, Emperyalizmin Türkiye'ye Girişi, Bilim Yayınları, İstanbul 1977, s. 37, 113, 216, 217)
[62] Ufuk Yeşil, 45. Adli Yargı Hakim ve Savcı Adayı, "Yabancı Gerçek Kişilerin Ülkemizde Taşınmaz Mal Edinmeleri"
[63] Türk Tarih Kurumu'nun Hicri tarihleri Miladi takvime çevirme kılavuzuna göre, Hicri 7 Safer 1283, miladi 10 Haziran 1867'ye denk düşmektedir.
[64] Bkz: Ebül'ula Mardin, "Toprak Hukuku Dersleri", Cumhuriyet matbaası, İst. 1947, sf. 26,27. *"Bu kanun ilk olarak 9 Haziran 1868'de Fransa, 13 Haziran 1868'de İsveç, Norveç; 4 Temmuz 1868'de Belçika; 8 Temmuz 1868'de İngiltere; 5 Kasım 1868'de Avusturya; 10 Mayıs 1869'da Danimarka; 7 Haziran 1869'da Prusya, 5 Ekim 1870'de İspanya; 23 Mart 1873'te İtalya; 6 Ağustos 1873'te Hollanda; 11 Ağustos 1874'te ABD; 29 Ocak 1883'te Portekiz ve 30 Haziran 1883'te İran tarafından imzalandı."*
Ne denli bir dipnot olmaktan çıkıp bir makale boyutuna ulaşacak olsa da, burada -okuyucudan özür dileyerek- bu yasaya ilişkin biraz uzunca açıklamalarda bulunacağım. Yabancıların toprak satın almasına ilişkin *"7 Safer Kanunu"* olarak anılan yasanın tarihi, çeşitli metinlerde 1868 olarak belirtilmesine·karşın doğrusu Hicri 7 Safer 1284, Miladi 10 Haziran 1867'dir. Devlet Denetleme Kurulu dahi -aşağıda görüleceği üzere- bu tarih çevirme yanlışlığını yapabilmektedir:

....
"T.C. CUMHURBAŞKANLIĞI
Devlet Denetleme Kurulu
Sayı: 2006/1
Tarih: 06.02.2006
Yabancı Uyruklu Gerçek Kişiler İle Yabancı Ülkelerde Kurulan Tüzel Kişiliğe Sahip Ticaret Şirketlerinin Türkiye Cumhuriyeti Sınırları İçerisinde Taşınmaz Edinmeleri Uygulamalarına İlişkin İnceleme Raporu

III. İkinci Bölüm
Yabancı Gerçek Kişilerin Türkiye'de Taşınmaz Edinmeleri Ve Yabancı Ülke Uygulamaları
1. Tarihsel Gelişim
A. Osmanlı Dönemi

Osmanlı ülkesinde, bazı fermanlar ayrık tutulursa, 1868 yılına değin yabancı kişiler taşınmaz mal edinememişlerdir. 16.06.1868 günlü **Tebaa-i Ecnebiyenin Emlaka Mutasarrıf Olması Hakkında Geçici Yasa** ile yabancılara Osmanlı ülkesinde taşınmaz edinme hakkı **bazı koşullara bağlı olarak tanınmıştır**. Yasaya göre;

- **Yabancılar, sahip oldukları taşınmazlara ilişkin konularda Osmanlı yargı sistemine tâbi olacaklardır.**
- Yabancılar, Hicaz vilayetinde taşınmaz edinemeyeceklerdir.
- Yabancı bir devletin uyrukluğunu edinmek için Osmanlı uyrukluğundan çıkmış olanlar bu yasadan yararlanamayacaklardır.
- Yasanın ekindeki **protokole katılmamış devletlerin uyrukluğundaki yabancılar, hiçbir şekilde taşınmaz edinemeyecektir.**

Yabancıların, bu yasaya göre edindikleri taşınmazlara ilişkin hakları, Birinci Dünya Savaşına kadar devam etmiştir."

....

Milli Emlak Kontrolörü E. Levent Şahin'in *"Vatandaşlık Hukuku ve Yasancıların Taşınmaz Mal Edinmesi"* başlıklı çalışmasında -aşağıda görüleceği üzere- 7 Safer Kanunu'nun Miladi tarihi doğru olarak verilmiştir:

....

"Vatandaşlık Hukuku ve Yabancıların Taşınmaz Mal Edinmesi
E. Levent ŞAHİN, Milli Emlak Kontrolörü
1. Yabancı Gerçek Kişiler

Ülkemizde yabancıların mülk edinmelerine **ilk defa, 1856 Paris Antlaşması sonrasında** yabancı devletlerin yoğun baskıları sonucu çıkarılan **7 Sefer 1284 (1867)** tarihli **Tebaayı Ecnebiyenin Emlake Mutasarrıf Olmaları Hakkında Kanun** (Safer Kanunu) ile izin verilmiştir. Kanun ile, **ekli protokolü imzalayan ülke vatandaşlarına, Osmanlı Vatandaşları gibi herhangi bir şarta bağlı olmaksızın taşınmaz mal edinme hakkı** tanınmıştır. Ancak kanun yabancıların mülk edinmeleri konusuna **iki yasak** getirmiştir. Bunlardan birincisi **yabancılar Hicaz bölgesinde mülk edinemeyecek**lerdir. İkinci yasak ise **Osmanlı vatandaşı iken izin almadan Osmanlı vatandaşlığından ayrılıp başka bir devlet vatandaşlığına geçenler bu kanundan yararlanamayacaklardır. Bunların gayri menkullerinin durumu ayrı bir kanunla belirlenecektir.

Ancak bu kanunla **yabancıya gayri menkule tasarruf ve temellük hakkı tanındığı halde miras hakkı tanınmamıştır.** Osmanlı tabiiyetinde iken izin almadan başka bir devlet tabiiyetine geçenlerin durumu, 25 Rebiülahir 1300 (1884) tarihli kanunla tayin edilmiştir. Buna göre Osmanlı tabiiyetini izinsiz terk edenler gayrimenkul edinmeye miras hakkından mahrum bırakılmışlardır. Bunların tasarrufunda bulunan miri ve vakıf arazi mirasçısı yokmuş gibi işlem görecektir. Mülk arazileri ise Osmanlı tabiiyetindeki mirasçıları arasında taksim edilecektir."

....

Araştırmam sırasında ulaşabildiğim bir Yargıtay kararında *7 Safer Kanunu*'nun tarihi 10 Haziran 1867 olarak doğru verilmekle birlikte, bu kanunun adı **"Tebaayı Ecnebiyenin Emlâke Mutasarrıf Olmaları Hakkındaki Kanun"** (Yabancı Uyrukluların Taşınmaz Mal *Kullanıcısı Olmaları* Konulu Yasa) olarak değil, "TEBA-İ ECNABİYENİN EMLAK İSTİMLAKİNE DAİR NİZAMNAME" (Yabancı Uyrukluların Taşınmaz Mal *Sahibi* Olmalarına İlişkin Düzenleme" olarak geçmektedir:

....

T.C.YARGITAY 2. Hukuk Dairesi-ESAS:90/6373-KARAR: 90/6410: "7 safer 1284 - 10 Haziran 1867 tarihli "TEBA-İ ECNABİYENİN EMLAK İSTİMLAKİNE DAİR NİZAMNAME"nin l.maddesi uyarınca **yabancı uyrukluların vatandaşlar gibi taşınmaz mal edinmeleri** mümkündür. Ancak eskiden beri Osmanlı Tabiyetinde olup da, sonradan tabiyet değiştirmiş, olanlar bu kuraldan istisna olup onlar hakkında özel kanun hükümleri uygulanır. Miladi **3 Mart 1883** (Hicri 25 Rebiytülahir 1300) günlü kanun uyarınca Devletten izin almadan tabiyet değiştirenler Osmanlı tabiiyetinden iskat edilmişlerse Osmanlı ülkesinde mülk edinme ve tevarüs hakkından mahrum olurlar.

....

Yargıtay'ın ulaşabildiğim bir başka kararında ise söz konusu 7 Safer 1284 günlü yasanın adı bu kez *"Teba-i Ecnabiyenin Emlak İstimlakine Dair Nizamname"* olarak değil, *"Ecanibin Hakkı İstimlaki **Kanunu**"* olarak geçmektedir:

ECANİBİN HAKKI İSTİMLAKİ KANUNUNUN BİRİNCİ MADDESİNDE İSTİSNA OLUNAN EŞHASIN EMLAK VE ARAZİSİNE MAHSUS KANUN
(Bu Kanun; Yargıtay 14. Hukuk Dairesinin 20.9.1990 tarih ve Esas 1991/1666, Karar 1991/4726 Sayılı Kararı ile yürürlükte olduğu doğrultusunda karar verilmesi üzerine külliyata alınmıştır. KANUNLAR, MAYIS 1993 Ek-16)
Kabul Tarihi: Rumi 21 Şubat **1298**; Hicri 25 Rebiülahır **1300** (Miladi- 5 Mart 1883)
Yayımlandığı Takvimi Vakayi : Tarih: - Sayı: -
Yayımlandığı Düstur: Tertip: 1   Cilt:3 (Zeyl) Sayfa: 96
Madde 1 - Anasıl tebaayı Osmaniyeden iken Tabiiyeti Osmaniye Kanununun neşrinden mukaddem tebdili tabiyet etmiş olupta senedatı ahdiye mucibince tarafı Devleti Aliyyeden tabiiyeti ecnebiyeye duhulleri kabul ve tasdik olunmuş olanlar ve kanunu mezkurun neşrinden sonra ahkamına muvafık surette tebdili tabiyet edenler, **Ecanibin istimlakine dair, 7 Safer sene 1284 tarihli kanu**nun vezaifi mahsusa tahtında tayin eylediği kaffei hukuktan müstefit olurlar. Ancak tabiiyetine girdikleri devletin **zikrolunan İstimlak Kanununa merbut mazbatayı imza etmiş olmaları** şarttır.
Madde 2 - Devleti Aliyyeden mezuniyeti resmiye istihsal etmeksizin tebdili tabiyet edipte tarafı Devleti Aliyyeden tabiyeti ıskat olunan eşhas Memaliki Osmaniyede istimlak ve tevarüs hakkından mahrum olurlar.
Madde 3 - Maddei sabıkada gösterildiği üzere **hakkı istimlak** ve tevarüsten mahrum olacak eşhasın akaratı memlükesi tebaayı Devleti Aliyyeden bulunan veresesi beyninde emvali menkule gibi taksim olunur. Ancak **Arazi Kanunu**nun 110 uncu ve 111 inici maddeleri ahkamınca o makulelerin arazii emriye ve mevkufede hakkı tapuları kalmaz. Ve tebdili tabiiyetlerinden mukaddem uhdelerine geçmiş olan arazii emiriye ve mevkufe dahi varislerine intikal etmeyip mahlül olur ve bu muamele icareteynli musakkafat ve müştegalatı vakfiye hakkında da ayniyle caridir.
Madde 4 - Adliye ve Maliye Nezaretleri işbu kanunun icrasına memurdur.

Sonuç olarak, Osmanlı Devleti yabancı uyruklulara toprak satışı yapılmasına ilişkin yasayı Hicri 7 Safer 1284 Miladi 10 Haziran 1867 günü çıkartmıştır. Böylece Abdülmecid'in 1856 Islahat Fermanı'nda yabancı devletlere verdiği ve 1856 Paris Barış Antlaşması'nın metnine yazılan yabancılara taşınmaz mal edinme hakkı tanınacağına ilişkin söz, 1867 yılında Sultan Abdülaziz tarafından yerine getirilmiştir.

[65] Dr. Nazif Öztürk, *"Bitmeyen Oyun Azınlık Vakıfları"*, Müdafaayı Hukuk Dergisi, Mart 2002, Sayı 43; "Islahat Fermanı'nda, "kavanîn-i devlet-i âliyeme ve belediye nizamlarına uymak ve asıl yerli ahalinin verdikleri vergileri vermek kaydıyla saltanat-ı seniyyem ile düvel-i ecnebiye arasında yapılacak suver-i tanzimiyeden sonra ecnebiye dahi tasarruf-u emlâk izninin verileceği" hükmü konulmuştur.(Düstur,I/I 1289, s.12.) Bu döneme kadar, yabancıların Osmanlı ülkesinde gayrimenkul sahibi olmaları mümkün değildi. Ancak bu sınırlamalara rağmen, ülkemizde yaşayan ecnebiler, satın aldıkları emlâk ve arazileri, muvazaa ile Osmanlı tebaasından olan akraba ve yakınlarının üzerine geçiriyorlar ve kendi aralarında senetleşiyorlardı. Hükümetlerce, gayrimüslimlerin çok rağbet ettiği Galata, Beyoğlu ve Boğaziçi'ne dikkat edilmesi (BOA/MM 1264: 593.); hilâf-ı ahitle bu semtlerden ecnebilerin uhdesine emlâk, hane gibi taşınmazların geçirilmemesi kararı alınmasına (BOA/MM 1261: 583.), halen ve istikbalen bir müşkilat vuku' bulmaması için ilgililere gerekli talimatın verilmesine (BOA/MM 1264: 593.) rağmen; bir zamanlar müslümanların elinde bulunan Galata'dan Altıncı daireye hatta Kasımpaşa sırtlarına kadar, İstanbul'un en mutena semtleri, bir plân dahilinde azınlıkların eline geçmiştir (Öztürk Nazif, Türk Yenileşme Tarihi Çerçevesinde Vakıf Müessesesi,). Bu hileli uygulamalar ve uzun tartışmalardan sonra, Islahat Fermanı'nda sözü edilen emlâke tasarruf hakkı, 7 Safer 1284/9 Haziran 1867 tarihli "Tebaayı Ecnebiyenin Emlâke Mutasarrıf Olmaları Hakkındaki Kanun" (Düstur I/I 1289, s.230.)la yerine getirilmiştir. (Adı *Mutasarrıf* değil, *Teba-ı Ecnebiyenin Emlak İstimlakine Dair Nizamname* olmalıdır.-Cengiz Özakıncı) Yabancı devletlerin tazyiki ile kabul edilen bu kanunla (Barkan. Ö. Lütfi, "Türk Toprak Hukuki Tarihinde Tanzimat ve 1274(1858) Tarihli Arazi Kanunnamesi", Tanzimat I, İstanbul 1940, s.392.) taşınmazlara tasarruf hakkı bazı şartlarla yalnız gerçek kişilere tanınmıştır (Güneri, Hasan, "Azınlık Vakıflarının İncelenmesi",VD, Ankara 1971, S.IX, s.87.). Ömer Lütfi Barkan, yabancıların ülkemizde

gayrimenkul edinmelerine getirilen bu sınırlamaları; "ecnebi devletlerin Türkiye'yi tam bir müstemleke haline sokmak için yaptıkları müdahale ve tazyiklere, bu husustaki sinsi ve ısrarlı hulul politikasına karşı, devletin nasıl ümitsizce mücadele ettiğinin bir göstergesi olarak" nitelemektedir (Barkan, Ö. Lütfi, Agm, s.393.).

[66] Orhan Kurmuş, age, s 115, 116

[67] Dr. Şamil Mutlu, "Osmanlı Devleti'nde Misyoner Okulları', Gökkubbe y. 2. basım, İst. 2005. Sf. 19, 21, 99, 100, 119, 125

[68] **Artist Name:** Pierre-Duillemet **Work Date:** 1873 **Current Location:** Topkapi Museum, Istanbul **Current Repository:** Couleurs de la Corne d'Or, p.271 **Materials:** oil on canvas **Dimensions:** 140 x 93 cm

[69] Cumhuriyet Dergi, 31 Ocak 1999. Emre Aracı, 'Londra Crystal Palace'ta Abdülaziz şerefine verilen konser,' Toplumsal Tarih, Ocak 1998, sayı: 49, s. 29-33; 'Luigi Arditi ve Türk Kasidesi'nin çözülen esrarı', Toplumsal Tarih, Eylül 1998, sayı: 57, s. 23-27: "Kraliyet emri ile Majeste Sultan'ın şerefine verilecek olan olağanüstü müzik şöleni ve havai fişek gösterisi: Bu müstesna temsil müthiş bir müzik festivali ve havai fişek gösterisini kapsayan, binanın da aydınlatılacağı eşsiz bir şölen olacaktır. Muazzam bir opera festivali şeklinde gercekleşecek olan geceye Her Majesty's Theatre'in sanatçıları, Crystal Palace orkestrası, askeri bandolar ve bütün Londra'nın koro derneklerinden seçilen koristler katılacaklardır. Gecede Signor Arditi'nin bestelediği ve Zafiraki Efendi'nin sözlerini yazdığı bir Türk kasidesi orijinal dilde söylenecektir" (The Illustrated London News, 13 Temmuz 1867). İlandan da anlaşıldığı gibi İngilizler büyük bir incelik göstererek, İngilizce bilmeyen Abdülaziz şerefine Türkçe dilinde anlayabileceği bir kaside ısmarlamışlar ve bunu da 1600 kişilik bir İngiliz korosuna fonetik dilde öğretmeye karar vermişlerdi. 'Afitabi nevmi dogdou Kimzehi nouri djelil! Zoulli chemsi Kionou lerzane Adjep nedir sebep! adjep nedir sebep! nedir sebep! Techrifi, techrifi, Abdoul Azizhan, Abdoul Azizhan chadoumanedir sebep'.

[70] Cumhuriyet Dergi, 31 Ocak 1999. Emre Aracı, 'Londra Crystal Palace'ta Abdülaziz şerefine verilen konser, Toplumsal Tarih, Ocak 1998, sayı: 49, s. 29-33; 'Luigi Arditi ve Türk Kasidesi'nin çözülen esrarı', Toplumsal Tarih, Eylül 1998, sayı: 57, s. 23-27

[71] Bkz: Doğan Avcıoğlu, "Milli Kurtuluş Tarihi-4" Tekin y. İst. 1994. sf. 1630, 1631

[72] Bkz: Hüseyin Perviz Pur, "Türkiye'nin Borç Prangası", Otopsi y. 2. bs. Mart 2006, sf. 253-254

TABLO I
DIŞ BORÇLAR
ABDÜLMECİD DÖNEMİ (1839-1861)

Yıl	Borç Tutarı 1000 Osmanlı Lirası)	Sağlanan Net Borç (1000 Osmanlı Lirası)	Faiz Oranı (%)	Aracı Kuruluş Yada Banker
1854	3300	574	6	Dent Palmer (Londra) ve Goldscmidt (Paris)
1855	5500	5644	4	Rothshıld (Londra)
1858	5500	3784	6	Dent Palmer (Londra)
1860	2241	1356	6	Mires (Paris)
Toplam	16541	13358		

TABLO II
DIŞ BORÇLAR
I.ABDÜLAZİZ DÖNEMİ (1862-1876)

Yıl	Borç Tutarı (1000 Osmanlı Lirası)	Sağlanan Net Borç (1000 Osmanlı Lirası)	Faiz Oranı (%)	Aracı Kuruluş Yada Banker
1862	8800	5665	6	Deveaux ve Ottoman Bank (Londra)
1863	8800	5480	6	Osmanlı Bankası (Paris ve Londra) ve Credit Mobilier (Paris)
1865	6600	4069	6	Osmanlı Bankası Credit Mobilier ve Societe Generale (Paris)
1865	36200	21720	5	Erlanger (Paris) ve Credit General (Londra)
1869	24444	12711	6	Comptoir d'Escompte (Paris)
1870	34348	10498	3	Baron Hirsch (Brüksel)

1871	6270	4452	6	Credit General Ottoman (İst.) ve Louis Cohen and Sons (Londra)
1872	5302	5116	9	Credit General Ottoman ve Bangue Austro-Ottomane
1873	12612	6939	5	
1873	30556	15889	6	Credit General Ottoman, Credit Mobilier ve İstanbul Bankası
1874	41000	16600	5	Osmanlı Bankası
Toplam	214932	109139		

[73] Şevket Süreyya Aydemir, "Makedonya'dan Ortaasya'ya Enver Paşa", Cilt I, Remzi Kitabevi y., 7. basım, Şubat 2006, sf. 43, 44, 47.
[74] Mahmud Celaleddin Paşa'nın "Mirad-ı Hakikat"inden aktaran: Ersal Yavi, "Bir Ülke Nasıl Batırılır?" I. Kitap, Mart 2001, İzmir. Sf. 242.
[75] Hüseyin Çelik, "İngiliz Dışişler Komiteleri" İnkılap Yayınları, Haziran 1994, sf. 160.
[76] Hüseyin Çelik, "İngiliz Dışişler Komiteleri" İnkılap Yayınları, Haziran 1994, Sf. 196.
[77] Hüseyin Çelik, age, sf. 248, 249.
[78] Hüseyin Çelik, age, sf. 124.
[79] Şevket Süreyya Aydemir, age, sf. 58
[80] Bkz: Hüseyin Çelik, "İngiliz Dışişler Komiteleri" İnkılap Yayınları, Haziran 1994, Sf. 33-35.
[81] Bkz: Hüseyin Çelik, "İngiliz Dışişler Komiteleri" İnkılap Yayınları, Haziran 1994, Sf. 36.
[82] Ayastefanos Antlaşmasına göre: Sınırları Tuna'dan Ege'ye, Trakya'dan Arnavutluk'a uzanacak bir Bulgaristan Prensliği kurulacak, Bosna-Hersek'e iç işlerinde bağımsızlık verilecek; Sırbistan, Karadağ ve Romanya tam bağımsızlık kazanacak **ve sınırları genişletilecek;** Kars, Ardahan, Batum ve Doğu Beyazıt Rusya'ya verilecek. Teselya Yunanistan'a bırakılacak. Girit ve Ermenistan'da ıslahat yapılacak. Osmanlı Devleti Rusya'ya **30 bin ruble savaş tazminatı** ödeyecekti.
[83] Şevket Süreyya Aydemir, age, sf. 82.

[84] Osmanlı İdaresinde Kıbrıs (Nüfusu-Arazi Dağılımı Ve Türk Vakıfları)- T. C. Başbakanlık Devlet Arşivleri Genel Müdürlüğü, Osmanlı Arşivi Daire Başkanlığı, Yayın Nu: 43, Ankara 2000, Haz: Hacı Osman Yıldırım Vahdettin Atik Dr. Murat Cebecioğlu Hasan Çağlar M. Yahya Okutan Mustafa Serin Osman Uslu Fuat Yavuz Numan Yekeler İsmail Yücedağ.

Kıbrıs'ın İngiltere'ye Kiralanması:

Osmanlı Devleti, 1853-1856 tarihleri arasında üç yıl devam eden Kırım Savaşı'nda İngiltere, Fransa ve Piyemonte (İtalya) ile işbirliği yaparak Rusya'ya karşı galip gelmişti. Savaş sonunda 1856 yılında yapılan Paris Anlaşması'yla Osmanlı Devleti, Avrupa Devletler Hukuku kapsamına alınarak bağımsızlığı ve toprak bütünlüğü garanti altına alındı. Böylelikle Osmanlı Devleti, 18. yüzyıldan beri gittikçe artan Rus baskısından kısa bir süre için de olsa kurtulmuş oldu.

19. yüzyılın sonlarında dönemin iki sömürge imparatorluğu olan İngiltere ile Rusya, Ortadoğu'daki menfaatleri bakımından birbirleriyle büyük bir çatışmanın içine girmişlerdi. Rusya nihaî hedefi olan İstanbul'a girmek ve Boğazları almak düşüncesinin yanısıra, Kafkasya üzerinden İskenderun ve Basra Körfezleri'ne inmeyi de tasarlamaktaydı. Rusya'nın bu politikası, Osmanlı Devleti'nin güneyini hayatî bölge olarak gören İngiltere'nin menfaatlerine uygun düşmemekteydi.

1875'de başlayan Hersek İsyanı'nın sonunda Osmanlı Ordusu başarı kazanmasına rağmen Rusya'nın 31 Ekim 1876'da verdiği ültimatom ile mütareke imzalamak zorunda bırakıldı. Bosna-Hersek ve Bulgaristan meselelerinde Rusya, İngiltere, Fransa, Avusturya-Macaristan, Almanya ve İtalya tarafından akdedilen Londra Protokolü'nün (31 Mart 1876) Osmanlı Devleti tarafından reddedilmesi sonucu zaten içte ve dışta büyük sıkıntılar içinde olan Osmanlı Devleti, 1877 yılı başında Avrupa devletlerinin desteğini de tamamen kaybetmiş oldu. Bunun üzerine Rusya, Osmanlı Devleti'ne 24 Nisan 1877'de savaş ilan etti. 1877-78 Osmanlı-Rus Savaşı'nda yenilgiye uğrayan Osmanlı Devleti, büyük toprak kayıplarına sebep olan Ayastefanos Anlaşması'nı imzalamak zorunda kaldı. 3 Mart 1878 tarihinde imzalanan bu anlaşma ile Rusya'nın Slavcılık politikası büyük bir zafer kazanmış, Osmanlı Devleti'nden önemli bir toprak kütlesi koparılarak Balkanlar'da nüfuzunu arttırmıştı.

Ayastefanos Anlaşması ile Rusya'nın elde ettiği askeri ve politik güç, İngiltere'nin Ortadoğu'daki emellerini tehdit etmekte idi. 19. yüzyılın başlarından itibaren Mısır ve Doğu Akdeniz'le yakından ilgilenmeye başlayan ve Kıbrıs üzerinde de hesapları olan İngiltere, harekete geçmek ihtiyacı duydu ve bu günlerde mevcut statükoda Kıbrıs'ın yeri ve adanın kıyı ile bağlantısını sağlayacak İskenderun'un alınması fikri İngiliz kabinesinde tartışıldı. Tartışmada muhalif görüşe sahip olup istifa etmek zorunda bırakılan Hariciye Nazırı Lord Derby'nin yerine Kıbrıs'ın işgalinden yana görüş belirten Lord Salisbury getirildi. Yeni Hariciye Nazırı, Ortadoğu'da artan Rus baskısı üzerine pasif kalma yerine, aktif olarak karşı çıkma eğilimindeydi. İngiltere, anlaşmalarla tespit edilip Avrupa devletleri tarafından garanti edilmiş olan statükonun Rusya tarafından bozulduğunu belirterek Ayastefanos Anlaşması'nın yeniden gözden geçirilmesini öneriyordu. Bu bağlamda, 3 Mayıs 1878'de Rusya'nın Londra Elçisi Kont Shuvalos Dişişleri Bakanlığı'na çağrılarak İngiltere'nin tekliflerini içeren bir nota verildi. İngiltere tarafından Rusya'ya verilen notayla; Ayastefanos Anlaşması'nın şartlarına itiraz edilmekte, Bulgaristan Prensliği'nin küçültülmesi ve Rusya'nın Doğu Anadolu'dan çekilmesi teklif edilmekteydi. Rusya ise; 22 Mayıs 1878 tarihinde İngiliz notasına verdiği cevapta Doğu Anadolu'nun terki dışında İngiltere'nin tekliflerini kabul ettiğini bildirdi.

Hariciye Nazırı Salisbury 16 Mayıs 1878'de İngiltere'nin Kıbrıs'a yerleşmesini sağlayacak şartları araştırmak üzere İstanbul Elçisi Henry Layard'a bir talimat gönderdi ve bu tarihten sonra Londra ile İstanbul arasında gizli bir haberleşme trafiği başladı. Öte yandan, 22 Mayıs 1878'de Rusya'dan aldığı cevapla İngiltere'nin, Ayastefanos Anlaşması'nın ağır olan şartlarının tadili veya Rus emellerinin durdurulması gibi vaatlerle Osmanlı'ya nüfuz imkanı doğmuştu. 25 Mayıs 1878'de Layard, hükûmeti tarafından gönderilen ve Osmanlı Devleti ile İngiltere arasında ittifak teklifini içeren mektubu saraya sundu. Bunu, İngiltere'nin Osmanlı Devleti'ni destekleyebilmesi için Anadolu'ya Malta adasından daha yakın bir üs verilmesi gerektiğini bildiren ikinci mektup ve nihayet bu yakın yerin Kıbrıs olabileceğini belirten üçüncü mektup takip etti. Bu mektuplarla İstanbul'un olaya yeteri derecede ısındırıldığını düşünerek Mabeyn Müşiri Sait Paşa'nın tavassutuyla II. Abdülhamid ile gizli bir görüşme yapan Henry Layard, gelirinin yine Osmanlı Hazinesi'ne verilmesi şartıyla Kıbrıs

adasının geçici olarak İngiltere'ye terkedilmesi konusunda padişahı ikna etti. İngiltere müdahalesini o günkü şartlarda uygun bulan II. Abdülhamid, Sadrazam Sadık Paşa ile Hariciye Nazırı Saffet Paşa'yı İngiliz Elçisi Layard'la görüşmek üzere görevlendirdi. 26 Mayıs tarihinde taraflarca varılan mutabakat üzerine, Osmanlı Devleti adına Hariciye Nazırı Saffet PaşaHariciye Nazırı ;, Büyük Britanya ve İrlanda Birleşik Krallığı adına Elçi Layard iki maddelik anlaşmayı 4 Haziran 1878'de imzaladılar. Anlaşma metni şöyledir:
"Cezîre-i mezkûreye dâ'ir Devlet-i Aliyye ile İngiltere beyninde 6 Receb 295 ve 4 Haziran 1878 târîhinde akdedilmiş olan iki mâddeyi şâmil mukâvelenâmenin Türkçe ve Fransızca sûretleridir.
Birinci mâdde: Rusya Devleti Batum ve Ardahan ve Kars veyâhûd mevâkı-i mezkûreden birini yed-i zabtında tutup da ileride her ne vakit olursa olsun mu'âhede-i kat'ıyye-i sulhiyye ile ta'yîn olunan Asya memâlik-i şâhânesinden bir kısmını daha zabt ve istîlâya tasaddî edecek olursa ol hâlde İngiltere Devleti memâlik-i mezkûreyi silâh ile muhâfaza ve müdâfa'a etmek üzre Saltanat-ı Seniyye ile birleşmeyi ta'ahhüd eder ve buna mukâbil zât-ı hazret-i pâdişâhî dahi Memâlik-i Mahrûse'de bulunan teba'a-i Hıristiyâniyye ve sâ'irenin hüsn-i idâre ve himâyelerine müte'allik ileride devleteyn beyninde kararlaştırılacak olan ıslâhât-ı lâzimeyi icrâ edeceğini İngiltere Devleti'ne va'd ile berâber devlet-i müşârun-ileyhâyı ta'ahhüdât-ı vâkı'asının icrâsınca lâzım gelen vesâ'iti te'mîn edebilecek bir hâle koymak için kendisine Kıbrıs cezîresini tahsîs ve asker ikâmesiyle cezîreyi idâre etmesine muvâfakat eyler.
İkinci mâdde: İşbu mukâvele-nâme tasdîk olunacak ve tasdîk-nâmeleri dahi bir ay zarfında ve mümkün olduğu hâlde daha evvelce te'âtî edilecekdir. Tasdîkan li'l-makâl tarafeyn murahhasları işbu mukâvele-nâmeyi imzâ ve temhîr etmişlerdir."
Anlaşmayla Kıbrıs idaresi İngiltere'ye bırakılmakla beraber Osmanlı Devleti'nin ada üzerindeki mülkiyet hakkı ortadan kalkmıyordu. Ayrıca, 1 Temmuz 1878'de yapılan sekiz maddelik bir ek anlaşmayla Rusya'nın Kars ve Doğu Anadolu'yu terketmesi durumunda İngiltere'nin Kıbrıs'ı tahliye edeceği kayd altına alındı:
"Ek anlaşma:
Kıbrıs Adası'nın idâresine ve asker ikâmesine müte'allik olan şerâ'it-i âtiyeyi İngiltere'nin muvâfakat eylediği tarafeyn-i müte'âkıdeyn beyninde mukarrerdir.

Evvelen: Adada kemâ-kân bir mahkeme-i şer'iyye bulunacak ve bu mahkeme adanın ahâlî-i İslâmiyyesi'ne â'id mesâlihden yalnız mesâlih-i şer'iyyeyi rü'yete devâm eyleyecekdir.

Sâniyen: Cevâmi'-i şerîfe ve İslâm mezârlığı ve mekteble-rine ve adada bulunan sâ'ir te'sîsât-ı dîniyyeye â'id emlâk ve arâzîye İngiltere Hükûmeti tarafından ta'yîn olunacak bir me'mûr ile birlikde idâre etmek üzre Evkâf-ı Hümayûn Nezâreti dahı ahâlî-i İslâmiyye-i cezîreden birini me'mûr ta'yîn eyleyecekdir.

Sâlisen: İngiltere, masârif-i idâre çıkarıldıkdan sonra vâridâtın el-yevm fazla kalan mikdârını sene be sene Bâb-ı Âlî'ye te'diye edecek ve bu fazla geçen beş senenin yirmi iki bin dokuz yüz otuz altı keseye ta'yîn olunan hatt-ı mutavassıt vâridâtı üzerine hesâp ve ta'yîn ve mezkûr fazladan sonra usûlü vechile tahkîk kılınacak ve bunun yekûnundan mezkûr beş senede arâzî-i emîriyye ve evkâf-ı hümayûnun satılmasından veyâ iltizâma verilmesinden hâsıl olan akça hâric tutulacakdır.

Râbi'an: Bâb-ı Âlî Kıbrıs'da bulunan arâzî-i emîriyyeyi ve evkâf-ı hümayûnu serbestce fürûht ederek veyâ iltizâma vererek bunlardan hâsıl olacak akça üçüncü bendde zikrolunan vâridât-ı cezîre dâhilinde tutulmayacakdır.

Hâmisen: İngiltere Devleti, umûr-ı nâfı'a ve sâ'ir fâ'ide-i umûmiyye makâsıdına mebnî lâzım gelen arâzîyi ve arâzî-i gayr-i mezrû'ayı kıymet-i münâsibe ile almak için hakk-ı mübâya'ayı iktizâ eden me'mûrları vâsıtasıyla icrâ edebilecekdir.

Sâdisen: Eger Rusya Kars ve muhârebe-i ahîrede Ermenistan'da zabtetmiş olduğu sâ'ir yerleri Devlet-i Osmâniy-ye'ye reddedecek olursa Kıbrıs Adası İngiltere tarafından tahliye edilecek ve 1878 senesi Hazîranı'nın dördü târîhli mukâvele-nâmenin dahi hükmü olmayacakdır.

1 Temmuz 1878"

Sultan II. Abdülhamid anlaşmayı *"Hukûk-ı şâhâneme halel gelmemek şartıyla mu'âhedeyi tasdîk ederim"* diye tasdik ettiğini belirtti. Sultan II. Abdülhamid anlaşmanın yürürlüğe konulması hususunu 13 Temmuz 1878 tarihinde başlayan Berlin Konferansı sonrasına bırakmayı düşünüyor idiyse de, Salisbury'nin tehditleri üzerine imzalamak zorunda kaldı. Bahr-i Sefîd Valisi Sâdık Paşa ile Kıbrıs Mutasarrıfı Ahmed Paşa'ya durumu bildirir fermanları götürmekle görevli Sami Paşa, Kıbrıs'a İngiliz donanmasına ait bir filonun 4 Temmuz'da

Larnaka Limanı'na varışından sonra ancak 10 Temmuz'da ulaşabildi ve söz konusu ferman 12 Temmuz 1878 tarihinde İngiliz amiralin huzurunda okunarak 308 yıllık Osmanlı idaresi sona ermiş oldu.

Kıbrıs'ın İngiltere'ye devri ile ilgili ferman:
Emr-i Âlî
Efâhım-ı vükelâyı Devlet-i Aliyyem'den Cezâir-i Bahr-i Sefîd Vilâyeti Vâlîsi olup birinci rütbe Mecidî ve Osmânî nişân-ı zî-şânlarını hâ'iz ü hâmil olan Vezîr-i dirâyet-semîrim Sâdık Paşa [dâme] iclâlühûya ve mîr-i mîrân-ı kirâmımdan Kıbrıs Cezîresi Mutasarrıfı ve mezkûr Mecidî nişân-ı zîşânının üçünci rütbesinin hâ'iz ü hâmili Ahmed Paşa dâme ikbâlühûya ve Lefkoşe nâ'ib ve müftîsi zîde ılmühümâya ve a'zâ-yı meclis ve mu'teberân-ı ahâlî zîde mecdühüme hüküm ki: Kıbrıs cezîresinin esbâb-ı ma'lûmeden dolayı sûret-i muvakkatede kendülerine teslîmi İngiltere devlet-i fahîmesi cânibinden arzu vü iltimâs olunmuş ve keyfiyyet Meclis-i Hâss-ı Vükelâ-yı Fihâmım'da lede'l-müzâkere Devlet-i Aliyye ile devlet-i müşârun-ileyhâ beyninde mine'l-kadîm der-kâr olan revâbıt-ı dostî vü musâfât iktizâsınca Devlet-i Aliyyem hakkında olan efkâr u niyyât-ı hayr-hâhânesinin şimdiye kadar pek çok âsârını delâ'il-i fi'liyye ile isbât eylemiş olduğundan bu cihetle devlet-i müşârun-ileyhânın cezîre-i mezkûreyi sûret-i muvakkatede tasarruf eylemesi îcâb-ı hâl ü maslahata muvâfık olacağından ol bâbda tanzîm olunan sened mûcebince adada kemâ-kân bir mahkeme-i şer'iyye bulunmak ve bu mahkeme adanın ahâlî-i İslâmiyyesi'ne â'id ve mesâlih-i şer'iyyeyi ru'yete devâm eylemek ve cevâmi'-i şerîfe ve İslâm mezârlığı ve mekteblere ve adada bulunan sâ'ir te'sîsât-ı dîniyyeye â'id emvâl ü emlâk ü arâzîyi devlet-i müşârun-ileyhâ tarafından ta'yîn olunacak bir me'mûr ile birlikte idâre etmek üzre Evkâf-ı Hümâyûn Nezâret-i Celîlesi tarafından ahâlî-i İslâmiyye-i cezîreden biri me'mûr ta'yîn olunmak ve cezîre-i mezkûrenin el-yevm taraf-ı Devlet-i Aliyyem'e i'tâ etmekde olduğu mürettebât-ı şâhânem yekûnundan masârifât-ı mahalliyye ihrâc kılındıkdan sonra fazla kalacak mikdârı sene be-sene taraf-ı Devlet-i Aliyyem'e te'diye olunmak ve cezîre-i mezkûrede bulunan arâzî-i mîriyye ve vakfiyye serbestce fürûht olunarak veyâ iltizâma verilerek bunlardan hâsıl olacak akça vâridât-ı mezkûre dâhılinde tutulmamak ve devlet-i müşârun-ileyhâ umûr-ı nâfi'a ve sâ'ir fâ'ide-i umûmiyye makâsıdına mebnî lâzım gelen arâzîyi ve arâzî-i gayr-i mezrû'ayı kıymet-i münâsibe ile ve me'mûrları vâsıtasıyla

579

mübâya'aya me'zûn olmak şerâ'itı ile cezîre-i mezkûre idâre-i muvakkatesinin devlet-i müşârun-ileyhâ me'mûrlarına teslîmi bi'ttensîb keyfiyyet taraf-ı eşref-i mülûkâneme arz ile lede'l-istîzân ol vechile icrâsı husûsuna irâde-i seniyye-i mülûkânem müte'allik ve şeref-sudûr olmuş olmağla siz ki vâlî-i müşâr ve mutasarrıf u nâ'ib ve müftî ve sâ'ir-i mûmâ-ileyhimsiz, bâlâda beyân olunduğu üzre cezîre-i mezkûre idâre-i muvakkatesinin devlet-i müşârun-ileyhâya teslîmi husûsuna mübâderet ve bu bâbda hılâf-ı rızâ-yı şâhâneme bir gûne hâl ü hareket vukû'a gelmemesine ihtimâm u dikkat eyleyesiz. Tahrîran fi'l-yevmi's-selâsûn, min-şehri Cumâde'l-âhıra, li-sene hamse ve tis'îne ve mi'eteyn ve elf."

Her ne kadar adanın **mülkiyeti Osmanlı Devleti'nde kalmak şartıyla yönetimi geçici olarak İngiltere'ye** verilmişse de, **bu husus kağıt üzerinde kaldı** ve İngiltere, bir anlaşmayla şartlı olarak girdiği adayı 15-16 Ağustos 1959'da Kıbrıs Cumhuriyeti ilân edilinceye kadar elinde tuttu.

[85] 13 Temmuz 1878 Berlin Antlaşması- Bulgaristan, üç kısma ayrıldı. Bosna-Hersek Osmanlı Devleti'ne ait kabul edilecek **fakat Avusturya tarafından yönetilecekti**. Karadağ, Sırbistan ve Romanya'nın bağımsızlığı devam edecek, fakat **sınırları değiştirilecek**. Kars, Ardahan, Batum, Ruslarda kalacak, fakat **Doğu Beyazıt Osmanlı Devleti'ne** bırakılacak Teselya Bölgesi Yunanistan'a ait olacak. Rumeli'de ve Anadolu'da Ermenilerin oturduğu bölgelerde ıslahatlar yapılacak. Osmanlı Devleti, **Rusya'ya 60 milyon ruble** savaş tazminatı ödeyecekti.

[86] Şevket Süreyya Aydemir, age, sf. 226-229
[87] Bkz: Cemal Kutay, Millet Dergisi, 7 Aralık 1967, "Bir Padişah Dersi"
[88] Bkz: Hüseyin Perviz Pur, "Türkiye'nin Borç Prangası", Otopsi y. 2. bs. Mart 2006, sf. 253-254

TABLO III
DIŞ BORÇLAR
II. ABDÜLHAMİT DÖNEMİ (1876-1909)

Yıl	Borç Tutarı (1000 Osmanlı Lirası)	Faiz Oranı (%)	Aracı Kuruluş
1877	5500	5	Osmanlı Bankası
1879	8725	5	Osmanlı Bankası
1886	6500	5	Osmanlı Bankası
1888	1650	5	Deutsche Bank
1890	1961	4	Osmanlı Bankası
1890	5000	4	Osmanlı Bankası

Yıl	Borç Tutarı	Faiz	Aracı Kuruluş
1891	2663	4	Osmanlı Bankası Rothschild (Londra ve Paris)
1893	1000	4	Bir Grup Banker adına Tömbeki Şirketi
1894	1762	4	Deutsche Bank ve Bangue Internationale
1894	631	3.5	Osmanlı Bankası Rothschild (Londra ve Paris)
1896	3273	5	Osmanlı Bankası
1902	3467	4	Osmanlı Bankası
1903	2376	4	Deutsche Bank ve Anadolu Demiryolu Şirketi
1903	1701	4	Deutsche Bank
1903	2668	4	Osmanlı Bankası
1904	2750	4	Osmanlı Bankası, Comptoir National d'Escompte (Paris)
1905	3630	4	Osmanlı Bankası
1905	2640	4	Deutsche Bank
1906	2751	4	Osmanlı Bankası
1908	9988	4	Deutsche Bank
1908	4711	4	Osmanlı Bankası
1909	7000	4	Osmanlı Bankası
Toplam	82347		

Kaynak: İ. Hakkı Yeniay, **Yeni Osmanlı Borçları Tarihi,** İstanbul Üniversitesi Yayınları, İstanbul 1964'den yararlanılmıştır.

TABLO IV
DIŞ BORÇLAR
V.MEHMET (REŞAT) DÖNEMİ (1909-1918)

Yıl	Borç Tutarı (1000 Osmanlı Lirası)	Faiz Oranı (%)	Aracı Kuruluş
1910	1712	4	İzmir-Bandırma Demiryolu Şirketi
1911	1000	4	Hudeyde-Sana Demiryolu Şirketi
1911	7040	4	Deutsche Bank
1913	819	5	Anadolu Demiryolu Şirketi
1913	1485	5.5	W.G. Armstrong, Whit worths and Co. Ve Vikers müess.
1914	22000	5	Osmanlı Bankası

581

| Toplam | 34056 | - | - |

Kaynak: İ. Hakkı Yeniay, **Yeni Osmanlı Borçları Tarihi,** İstanbul Üniversitesi Yayınları, İstanbul 1964'den yararlanılmıştır.

[89] William Ewart Gladstone: "Let me endeavor, very briefly to sketch, in the rudest outline what the *Turkish race* was and what it is. It is not a question of *Mohammedanism* simply, but of Mohammedanism compounded with the peculiar character of a race. They are not the mild Mohammedans of India, nor the chivalrous *Saladins* of Syria, nor the cultured *Moors* of Spain. They were, upon the whole, from the black day when they first entered Europe, the one great antihuman specimen of *humanity*. Wherever they went a broad line of blood marked the track behind them, and, as far as their dominion reached, *civilization* disappeared from view. They represented everywhere government by force as opposed to government by law.—Yet a government by force can not be maintained without the aid of an intellectual element.— Hence there grew up, what has been rare in the history of the world, a kind of tolerance in the midst of cruelty, tyranny and rapine. Much of *Christian* life was contemptuously left alone and a race of Greeks was attracted to Constantinople which has all along made up, in some degree, the deficiencies of Turkish Islam in the element of mind!" (George Horton, The Blight of Asia, 1926)

[90] Prof. Dr. Mustafa Balcıoğlu, Teşkilat-ı Mahsusadan Cumhuriyete, 2. basım, Hoca Abdürreşid İbrahim ve Teşkilat-ı Mahsusa, sf. 34-42.

[91] :Abdullah frères, photographer.

[92] Lothar Rathmann, "Alman Emperyalizminin Türkiye'ye Girişi", Belge y, 3.bs, 2001, Sf. 55.

[93] Bkz: Burhan Oğuz, Yüzyıllar Boyunca Alman Gerçeği ve Türkler, İst, 1983, resim no: 37.

[94] American Colony (Jerusalem). Photo Dept.
[95] American Colony (Jerusalem). Photo Dept.
[96] American Colony (Jerusalem). Photo Dept.
[97] American Colony (Jerusalem). Photo Dept.
[98] American Colony (Jerusalem). Photo Dept.
[99] American Colony (Jerusalem). Photo Dept.
[100] American Colony (Jerusalem). Photo Dept.
[101] American Colony (Jerusalem). Photo Dept.

[102] American Colony (Jerusalem). Photo Dept.
[103] American Colony (Jerusalem). Photo Dept.
[104] American Colony (Jerusalem). Photo Dept.
[105] American Colony (Jerusalem). Photo Dept.
[106] American Colony (Jerusalem). Photo Dept.
[107] American Colony (Jerusalem). Photo Dept.
[108] American Colony (Jerusalem). Photo Dept.
[109] American Colony (Jerusalem). Photo Dept..
[110] American Colony (Jerusalem). Photo Dept.
[111] American Colony (Jerusalem). Photo Dept.
[112] American Colony (Jerusalem). Photo Dept.
[113] American Colony (Jerusalem). Photo Dept. G. Eric and Edith Matson Photograph Collection
[114] American Colony (Jerusalem). Photo Dept.
[115] American Colony (Jerusalem). Photo Dept.
[116] Bkz: Burhan Oğuz, Yüzyıllar Boyunca Alman Gerçeği ve Türkler, İst, 1983, sf. 146-147
[117] Philip H. Stoddard, Teşkilat-ı Mahsusa, Arma y, 3.bs, 2003, sf. 69
[118] American Colony (Jerusalem). Photo Dept., photographer. At Mosque of Omar [i.e., Dome of the Rock]. G. Eric and Edith Matson Photograph Collection
[119] Lothar Rathmann, age, sf. 87, 88,89
[120] Haftalık İngiliz gülmece dergisi Punch, 1903- Akt: .Andrew Wheatcroft, The Ottomans, Viking, 1993 sf. 242-4, The Indolent Ottoman, Haftalık İngiliz gülmece dergisi Punch, 1903.
[121] Judy dergisi, 1903. Akt: Andrew Wheatcroft, The Ottomans, Viking, 1993 Sayfa 242—4, The Indolent Ottoman.
[122] Prens Sabahattin, Hayatı ve İlmi Müdafaaları, Haz: Nezahet Nurettin Ege, Güneş Neşriyatı, İst.1977, sf. 19-26
[123] Erol Ulubelen, İngiliz Belgelerinde Türkiye", Çağdaş y., Eylül 1982, sf. 61.
[124] Erol Ulubelen, age, sf. 60, 61. Grey'in Jöntürk devrimi Mısır'da ve Hindistan'da İngiliz yönetimine karşı aynı biçimde anayasacı hareketlere örnek olabilir, biçimideki değerlendirmesi, daha önce Alman İmparatoru Kayzer II. Wilhelm tarafından yapılmış bir değerlendirmenin tıpkısıdır.
[125] Bkz: Burhan Oğuz, Yüzyıllar Boyunca Alman Gerçeği ve Türkler", İstanbul 1983, sf. 242.

[126] Jöntürkler'in İngiltere ile Rusya arasında Reval'de imzalanan gizli anlaşmayı öğrendikten sonra II. Abdülhamid'i devirmeye kalkıştıkları ve devrimi izleyen günlerde İngiliz-Fransızlarla anlaşma yolu aradıklarına ilişkin belgeler için, bkz: Halil Ersin Avcı, "İngiliz Gizli Raporu, Türkiye 1908", Emre y. Kasım 2005. sf. 49.

[127] Kendi Mektuplarında Enver Paşa, M. Şükrü Hanioğlu, Der y.

[128] 1911-1912 Osmanlı-İtalyan Harbi ve Kolağası Mustafa Kemal, Haz: Genelkurmay Askeri Tarih ve Stratejik Etüt Başkanlığı ATASE. Kültür ve Turizm Bakanlığı y: 597, Atatürk Dizisi: 20. Haziran 1985. sf. 34, 35.

[129] 1911-1912 Osmanlı-İtalyan Harbi ve Kolağası Mustafa Kemal, age, sf. 34, 35.

[130] Age, sf. 28

[131] Abdullah Muradoğlu, Meşrutiyet Paşaları ve Krizler, Yarın dergisi, Aralık 2006.

[132] Sadrazam ve Harbiye Nazırı Mahmut Şevket Paşa'nın Günlüğü, İstanbul 1988, s.52, 67, 68.

[133] Mustafa Ragıp, İttihat ve Terakki Tarihinde Esrar Perdesi, Örgün y. 2. bs. 2004, Sf. 220

[134] Prof. Dr. Mustafa Balcıoğlu, age, sf. 122

[135] Milli İstihbarat Teşkilatı internet sitesinden alınmıştır.

[136] Prof. Dr. Mustafa Balcıoğlu, age, sf. 198-200.

[137] Burhan Oğuz, Yüzyıllar Boyunca Alman Gerçeği ve Türkler, sf. 277

[138] Paris : Maison d'Edition, [1914] Neumont, Maurice, 1868-1930, artist.Maurice Neumont 1914. Artist's inscription on stone: A mon brave ami Hansi. Library of Congress Prints and Photographs Division Washington, D.C.

[139] Faivre, Abel, 1867-1945, artist.Library of Congress Prints and Photographs Division Washington, D.C.

[140] Photopostkarte - Hofphotograph E. Bieber - Rotophot AG -Berlin, 1914- Tiefdruck - 14,2 x 8,8 cm- DHM, Berlin- 1987/188.38

[141] Hamburg : Knackstedt & Co., [1914] Library of Congress Prints and Photographs Division Washington, D.C.

[142] Prof. Dr. Mustafa Balcıoğlu, "Teşkilat-ı Mahsusadan Cumhuriyet'e", Asil y. 2.bs,. sf. 87-112

[143] Bkz: Büyük Larousse, Dünya Savaşı, sf. 3441

[144] Prof. Dr. Mustafa Balcıoğlu, "Teşkilat-ı Mahsusadan Cumhuriyet'e", Asil y. Genişletilmiş 2. bs. Ankara, Ağustos 2004,, sf. 49.

(Halil Menteşe'nin Hatıraları, Hürriyet Vakfı y. İst. 1986, sf. 208'den aktararak.)

[145] Prof. Dr. Mustafa Balcıoğlu, age, sf. 49, (Birinci Dünya Harbinde Türk Harbi, I. Cilt, Genelkurmay Basımevi, Ank. 1970, sf. 95 ve Nusret Baycan, "Karadeniz Olayı ve Birinci Dünya Harbine Girişimiz", Atatürk Araştırma Merkezi Dergisi, Kasım 1991, Cilt VIII, sayı: 22, sf. 175-182'den aktararak)

[146] Falih Rıfkı Atay, "Çankaya", Sf. 81. [Atatürk'ün gerçek hatıralarını, onun en yakın çalışma arkadaşı ve sırdaşı Falih Rıfkı Atay kaleme almış ve Atatürk'ün izni ile **1926 yılında Hakimiyet-i Milliye Gazetesi'nde** yayınlatmıştır. Falih Rıfkı Atay bu hatıralarla ilgili şunları kaydetmektedir. "Her akşam iki saat o konuşur, ben not tutardım; ertesi gün bu notlara biraz düzen vererek okur, bir itirazı yoksa yayınlardık. Hatıralar üç kısım olacaktı; Dünya Harbi'ne ait olanlar, mütareke sırasında İstanbul'daki faaliyetlere ait olanlar, nihayet Kuvay-ı Milliye devrine ait olanlar. **İlk yazı 1926 Mart'nın 13'ünde çıktı.** 32 parçalık bu seride Mustafa Kemal harp politikası hakkındaki tenkitlerini, gerek Türk gerek Alman Kumandanları ile münakaşalarını, Vahidettin'le beraber, Kayzer'in genel karargahına gidişini hikaye eder."]

[147] Prof. Dr. Mustafa Balcıoğlu, age, sf. 48'de, bu konudaki ilk makalesini 'Tarih ve Toplum Dergisi', Sayı: 114, Haziran 1993'te *"Birinci Dünya Savaşı'na Girişimizle İlgili Tartışmalar ve Yeni Belgeler"* başlığıyla yayımladığını belirtmektedir.

[148] Prof. Dr. Mustafa Balcıoğlu, age, sf. 49-52.

[149] İsmet İnönü, *"İstiklal Savaşı ve Lozan"*, Atatürk Kültür, Dil ve Tarih Yüksek Kurumu Atatürk Araştırma Merkezi yay. 1993.

İnönü bu konuşmasını şöyle sürdürmüştür: "Biliyorsunuz, **Birinci Cihan harbine biz, İttihat ve Terakki hükümeti zamanında girmiştik. Bizim muharebeye girdiğimiz zaman olan 1914'te, Alman büyük askerlerinin planlarında söyledikleri kayıtlara göre harp, Almanya için bile kaybolunmuş sayılmak lazım gelirdi.** Moltke'den sonra, Almanların büyük erkanıharp reisleri olan [kişi], Schlieffen'dir, o şöhret almıştır. Cihan harbinin planlarını da o yapmıştır. Schlieffen, planlarında demiş ki: **"Cihan harbi olacaktır. Bu Cihan harbini kazanmak için, vaktiyle hazırlıkta ve harekata başlayışta düşmanlarımıza takaddüm etmemiz lazımdır, onlardan evvel davranmamız lazımdır"**. Alman askeri literatüründe bir tabir vardır. Erkânıharp reisleri, kumandanlar, daima bir siyasi fikir teklif edecekleri zaman o mukaddemeyi yaparlar: "**Biz askeriz, devletin siyasette ne karar vereceğini bilmeyiz. Selâhiyetimiz de yoktur. Fakat, eğer bir harbe girmek ihtimali var ise, siyasi müzakerenin neticesi bir harbi doğuracaksa, o harpte muzaffer olmak için birtakım hesaplara riayet etmemiz lâzımdır.** Vaktiyle, şu kadar zamanda bize haber vereceksiniz harbe gidiyoruz diye... vs." Schlieffen'e atfolunan sözün bir maddesi şu: "**Eğer harp olacaksa, biz harpte taarruz edeceğiz. Kuvvetimizin çoğunu, büyük kısmını garbe karşı, Fransızlara karşı toplayacağız. Rusya'ya karşı mümkün olduğu kadar az kuvvet bırakacağız. Hareket edebilirler, toprak kaybedebiliriz, fakat birinci mesele, garpte büyük bir üstünlükle harbi bir an evvel kazanmak lâzımdır**". Belçika'ya girmekten bahseder. Oradan girecekler, istihkâmları çevirecekler. Büyük tahkimat var. Fransız sınırında; onları çevirerek Fransa'ya hücum edecekler... Bunu söyledikten sonra adam, şunu da söyler planında: "**Bir an evvel Fransa'nın işini bitirmek lâzımdır garpte. Büyük kuvvet ile Fransa'ya taarruz ederiz ve Fransa'yı amana düşüremezsek, harp dışı edip sulh talebine icbar edemezsek, durmağa mecbur olursak, derhal sulh yapmak lâzımdır. Şartlar ağır olabilir. Fakat harp ne kadar uzarsa, ağır diye tahmin olunan şartlar daha ağırlaşır. Harbin uzamasında hiç bir fayda yoktur!**" Bu plana göre Almanlar, Fransa'ya taarruz etmişlerdir ve Fransa, Almanları durdurmağa muvaffak olmuştur. (Bu durumda Schliffen'in savaş öncesi saptamalarına uyarak Almanya'nın Fransa tarafından durdurulur durdurulmaz barış istemesi gerekirken, Almanya Osmanlı'yı savaşa kendi yanında sokarak yenilgisini 1918'e dek geciktirmiştir- C. Ö.) **Memleket Cihan harbine, kaybolmuş bir harbe girmiştir. Almanya için, Almanya'nın kaybettiği bir harbe girmiştir."**

[150] Bkz: Cumhuriyet gazetesi, 11-12 Ağustos 1996, "Savaşın Bedeli 5 Milyon Altın"

[151] 22 Zilhicce 1332 tarihli Beyannâme-i Hümâyûn, Cerîde-i ilmiyye, Muharrem 1333 tarihli nüsha, Sayi 7, s. 436.

[152] Taken either by the American Colony Photo Department or its successor the Matson Photo Service. G. Eric and Edith Matson Photograph Collection

153 American Colony Photo Department or its successor the Matson Photo Service. G. Eric and Edith Matson Photograph Collection
154 Orduma, donanmama...

Düvel-i muazzama arasında harb ilân edilmesi üzerine her dâim nâgehâni ve haksız tecâvüzlere uğrayan devlet ve memleketimizin hukûk-u mevcûdiyetini fırsatçı düşmanlara karşı icâbında müdâfaa etmek üzere sizleri silâh altına çağırmış idim. Bu suretle **müsellâh bir bitaraflık** içinde yaşamakta iken Karadeniz Boğazı'na torpil koymak üzere yola çıkan **Rus donanması,** tâlim ile meşgûl olan donanmamızın bir kısmı üzerine ansızın ateş açtı. Hukûk-u beynelmilele mugayır olan bu haksız tecâvüzün **Rusya** cânibinden tashîhine intizâr olunurken gerek mezkûr devlet ve gerek müttefikleri İngiltere ve Fransız devletleri sefîrlerini geri çağırmak sûretiyle devletimizin münâsebatı siyâsîlerini kat' ettiler. Müteakkiben **Rusya askeri şark hudûdumuza tecâvüz etti.** Fransa-İngiltere donanmaları müştereken Çanakkale Boğazı'na, İngiliz gemileri Akabe'ye top attılar. Böyle yekdiğerini takîb eden hâinâne düşmanlık âsârı üzerine öteden beri ârzû ettiğimiz sulhü terkederek **Almanya, Avusturya-Macaristan devletleriyle müttefikten** menâfi-i meşrûamızı müdâfaa için silâha sarılmaya mecbûr olduk. **Rusya devleti üç asırdan beri devlet-i âliyyemizi mülken çok zarâra uğratmış, şevket ve kudret-i millîyemizi arttıracak intibâh ve teceddüd âsârını harb ile ve bin türlü hîle ve desâis ile her defâsında mahva çalışmıştır.** Rusya, İngiltere ve Fransa devletleri zâlimâne bir idâre altında inlettikleri milyonlarca ehl-i İslâm'ın diyâneten ve kalben merbût oldukları hilâfet-i muazzamamıza karşı hiç bir vakit sûi fikir beslemekten fâriğ olmamışlar ve bize müteveccih olan her musîbet ve felâkete sebep ve muharrik bulunmuşlardır. İşte bu defâ tevessül ettiğimiz cihâd-ı ekber ile bir taraftan şân-ı hilâfetimize bir taraftan hukûk-u saltanatımıza karşı ika' edilegelmekte olan taarruzlara inşallâhü taâlâ ilelebed nihayet vereceğiz. A'vân ve inâyet-i bâri ve meded-i rûhâniyet peygamberi ile donanmamızın Karadeniz'e cesûr askerlerimin Çanakkale ve Akabe ile Kafkas hudûdunda düşmanlara vurdukları ilk dârbeler hakk yolundaki gazâmızın zaferle tetevvüç edeceği hakkındaki kanaâtimizi tezyîd eylemiştir. Bugün düşmanlarımızın memleket ve ordularının müttefiklerimizin pâyi celâleti altında ezmekte bulunması bu kanaatimizi te'yîd eden ahvâldendir. Kahraman askerlerim...

Dîn-i mübeyyinimize, vatan-ı azîzimize kasteden düşmanları açtığımız bu mübârek gazâ ve cihâd yolunda bir an azîm ve sebâttan, fedakârlıktan ayrılmayınız. Düşmana aslanlar gibi savlet ediniz. Zîrâ hem devletimizin hem **fetvâ-yı şerîfe** ile **cihâd-ı ekbere** dâvet ettiğim **üçyüz milyon ehl-i İslâm**ın hayât-ı bekâsı sizlerin muzafferiyetinize bağlıdır. Mescidlerde kâbetullâhta huzûr-u rabbül âlemine kemâl-ü cedd ve iştiğrâk ile mütevveccih üçyüz milyon masûm ve mazlûm mü'mîn kalbinin duâ ve temenniyâtı sizinle berâberdir.

Asker evlâdlarım...

Bugün uhdenize terettüb eden vazîfe şimdiye kadar dünyada hiç bir orduya nasîb olmamıştır. Bu vazifeyi ifâ ederken bir vakitler dünyayı titretmiş olan Osmanlı ordularının hayr-ül hâlefleri olduğunuzu gösteriniz ki düşman-ı din ve devlet, bir daha mukaddes topraklarımıza ayak atmağa kâbetullah ve merkad-ı münevvere-i nebevîyi ihtivâ eden arâzî-i mübâreke-i Hicâziyye'nin istirâhâtini ihlâle cür'et edemesin. Dînini, vatanını, nâmus-u askeriyyesini silâhı ile müdâfaa etmeyi, Pâdişah uğrunda ölümü istihkar eylemeyi bilir bir Osmanlı ordu ve donanması mevcût olduğunu düşmanlara müessîr bir sûrette gösteriniz...

Hak ve adl bizde, zulüm ve edva' düşmanlarımızda olduğundan düşmanlarımızı kahretmek için cenâb-ı âdl'i mutlakın inâyet-i samedâniyesi ve peygamber zî-şânımızın imdâd-ı mânevîyyesi bize yâr-u yâver olacağında şüphe yoktur. Bu cihâddan mâzîsinin zarârlarını telâfî etmek şanlı ve kavî bir devlet olarak çıkacağımıza eminim. Bugünkü harbde birlikte hareket ettiğimiz dünyanın en cesûr ve muhteşem iki ordusuyla silâh arkadaşlığı ettiğimizi unutmayınız.

Şehîdlerimiz şühedâ-yı sâlifeye müjde-i zafer götürsün. Sağ kalanlarımızın gazâsı mübârek kılıcı keskin olsun...

Mehmed Reşâd

22 Zilhicce 1332 - 29 Teşrînievvel 1330

Kaynak: 22 Zilhicce 1332 tarihli Beyannâme-i Hümâyûn, Cerîde-i ilmiyye, Muharrem 1333 tarihli nüsha, Sayi 7, s. 436.

[155] Padişah V. Mehmet'in Sadrazam Said Halim Paşa'yı Rusya'ya karşı Almanya ile ittifak antlaşması imzalamaya yetkili kıldığına ilişkin 25 Temmuz 1914 günlü buyruğu şöyledir: *"Rus Devletini'nin tecavüzat-ı muhtemelesine karşı Almanya ile tedafüî bir*

ittifak akdine Sadrazam ve Hâriciye Nâzırı Mehmed Said Paşa mezundur."
2 Ağustos 1914'te Said Halim Paşa'nın Yeniköy'deki yalısında Sadrazam Said Halim Paşa ve Alman Büyükelçisi Wangerheim tarafından imzalananan ve Kabine üyelerinden bile gizli tutulan ittifak anlaşmasının metni şöyledir:
1- Taraflar Avusturya -Macaristan ile Sırbistan arasında zuhur eden şimdiki harbe karşı tam bir tarafsızlık taahhüt ederler.
2- Şayet Rusya, Avusturya-Macaristan aleyhine fiili tedbirlerle işe karışır ve böylece Almanya'nın da harbe girmesini gerekli kılarsa, bu durum Türkiye'nin de harbe girmesi için sebep teşkil edecektir.
3- Almanya, Osmanlı toprakları tehdite maruz kalırsa silâhla müdafa etmeyi taahhüt eder.
4- Bu antlaşma **gizli** tutulacak ve her iki tarafın muvafakati ile ilan edilecektir.

[156] Philip H. Stoddard, "Teşkilat-ı Mahsusa, Arma y, 3.bs.,Eylül 2003, Sf. 179
[157] Philip H. Stoddard, age, sf, 173
[158] Philip H. Stoddard, age, sf. 68
[159] Philip H. Stoddard, age, sf. 171
[160] Philip H. Stoddard, age, sf. 61
[161] Philip H. Stoddard, age, sf. 119
[162] 4 Muharrem 1333 (23 Kasım 1914) tarihli Beyannâme, Cerîde-i ilmiyye, Muharrem 1333 tarihli nüsha, Sayi 7, s. 456 ve 457. İslam ülkelerini cihada davet beyannamesi: "Bu beyanname Meclis-i Ali-i ilmî (Yüksek ilim Kurulu) tarafından hazırlanmış ve halife sıfatıyla Sultan Reşad tarafından imzalanmıştır. Beyannamenin altında **en üst seviyeden toplam 34 alimin imzası** da vardır. Bunların arasında üçü eski, birisi görevde olmak üzere dört şeyhülislam ve **Fetva Emini Ali Haydar Efendi** de vardır. Beyannamenin dördüncü paragrafı şu ifadelerle bitmektedir: *"... Dîn-i mübîn-i ilâhîsi namına cihada şitâbân olan müslimîni her bir hususta mazhar-ı fevz ve nusret buyuracağı inâyet ve eltâf-ı celîle-i samâdânîden mev'ûd ve şeriat-ı garrây-ı Ahmediyenin i'lây-ı şânı içün fedây-ı cân ve mal eyleyen ümmet-i nâciyesine zahîr ve destgîr olmak içün ruhâniyet-i mukaddese-i nebeviyye hazır ve mevcuddur."* Beyannâme'nin son paragrafı da şöyledir: *"Ey mücâhidîn-i İslâm Cenab-ı Hakk'ın nusret ve inâyeti ve Nebiyy-i muhteremimizin meded-i ruhâniyetiyle a'dây-ı dîni kahr ve tedmîr ve kulûb-i*

müslimîni sermedî seâdetlerle tesrîr eylemeniz va'd-ı celîl-i ilâhî ile müeyyed ve mübeşşerdir." Bu ifadeleri şu şekilde sadeleştirebiliriz: *"Allah'ın açık dini adına hızla savaşa çıkan Müslümanları her konuda başarılı kılıp yardım edeceğine onun yüce lütuflarıyla söz verilmiştir. Hz. Ahmed'in aydınlık şeriatını yüceltmek için canını ve malını feda eden ümmet-i nâciyesine arka çıkıp elinden tutmak için Hz. Peygamberin muhakaddes ruhu hazır ve mevcuttur..." "... Ey islam mücahitleri! Allah Teâlâ'nın yardımı ve desteği, muhterem Peygamberimizin ruhaniyetinin yardımı ile din düşmanlarını yere serip yok etmeniz ve Müslümanların kalplerini sonsuz mutluluklarla sevindirmeniz Yüce Allah'ın verdiği söz ile teyit edilmiş ve müjdelenmiştir."*

[163] Başbakanlık Osmanlı Arşivi (BOA.) DH:ŞFR, nr. 47/98, 2 Muharrem 1333 ve DH.ŞFR, nr. 48/173, 9 Ramazan 1333; Meclis-i Vükelâ nr. 239/104 ve 195/21.

[164] Bkz: Necmeddin Şahiner, "Bilinmeyen Taraflarıyla Bediüzzaman Said Nursi, Yeni Asya y. 1979. 6.bs. Sf. 148

[165] Bkz: Necmeddin Şahiner, "Bilinmeyen Taraflarıyla Bediüzzaman Said Nursi, Yeni Asya y. 1979. 6.bs. Sf. 155.

[166] Yetkin İşçen, www.gallipoli1915.org

[167] Kazım Karabekir, *"Türkiye'de ve Türk Ordusunda Almanlar"*, Emre y., 1. basım, Haziran 2001, sf. 320-322: "Ağustos'un birinci günü idi. Harbiye Nezareti'nde (Savunma Bakanlığı'nda), göze çarpacak kadar bir faamilet vardı. Alman Büyükelçisi von Wangenheim, Enver Paşa ve Mareşal Liman von Sanders arasında telefonlar durmadan işliyordu. Bütün bu faaliyeti doğuran, gizli tutulan antlaşmaydı. (...) Şimdi Almanya ile Türkiye arasında bir antlaşma imzalanmaktadır. Bu antlaşmanın gereği olarak Alman subayları Türkiye'de kalacak ve görevlerini sürdüreceklerdir. Bu durumda Alman subaylarına ne görevler yüklenmelidir?.. Liman von Sanders Paşa. Kısa bir düşünceden sonra kesin bir sesle görüşünü söyledi: "Alman subayları, savaşın yönetim ve yönlendirilmesinde gerçek etkide bulunacak konumlara yerleştirilmelidir." Büyükelçi Wangenheim, gözlerini Enver Paşa'ya çevirdi. Ola ki kendisinden: "Fakat bu nasıl olur? Bu durumda Türk ordusu Alman subaylarının emir ve komutası altına girmiş oluyor (bunu kabul edemeyiz)" demesini bekliyordu. Fakat Enver Paşa ses çıkartmadı. En küçük bir karşı çıkış dahi göstermedi. Bunun üzerine Alman Büyükelçisi, eline kalemi alarak önündeki antlaşma taslağına Fransızca olarak şu maddeyi ekledi: "Alman su-

bayları, Osmanlı ordusunun genel yönetim ve yönlendirilmesini eylemli olarak etkileyecek görevlere atanacaklardır." Sorun çözülmüş, görüşme sona ermişti. (...) Liman von Sanders ayağa kalkıp gitmek için izin isteyince Enver Paşa da kalkarak: "İsterseniz birlikte gidelim" dedi. Sanders ola ki Enver Paşa'nın yolda bazı şeyler söyleyeceğini sanarak bu teklifi hemen kabul etti. Oysa genç Harbiye Nazırı (Savunma Bakanı) çok dalgın ve düşünceliydi. Liman von Sanders Paşa sabırsızlıkla beklemesine karşın, Enver Paşa uzun süre sessiz kaldıktan sonra birden bire ona dönerek: "Mareşal!" dedi "Türkiye savaşa girerse, ben Başkumandan görevini üstleneceğim. Bu durumda siz benim Genelkurmay Başkanım olmayı kabul eder misiniz?"

[168] Burhan Oğuz, Yüzyıllar Boyunca Alman Gerçeği ve Türkler, Can matbaa, 1983, İst. Resim 86. Altyazı. + sf.226

[169] Burhan Oğuz, age, sf. 261, 306. J. Pomiankowski'den aktararak.

[170] Dr. Mete Soytürk (Kaiserslautern-Almanya 18 Mart 2005); "Bizim Görevimiz Türkiye'yi Savaşa Sokmak! Sizin Göreviniz Arı Kovanına Çomak Sokmak!" Bölüm-3, Süveyş Kanalı Harekatı-1. Özgün Almanca metin şöyledir: Von Generalleutnant a.D. Bronsart von Schellendorf. Von 1914-1917 türkischer Pascha und Chef des Generalstabes des türkischen Heeres ENVER PASCHA, Orientrundschau, 4/1936, Nr:2, Seite18: *"Es ist für mich eine Ehrenpflicht, den in dem Buche "ANKARA" von Norbert von Bischoff enthaltenen, auf offenbar sehr einseitigen Berichten beruhenden Urteilen über den verstorbenen Enver Pascha, ehemaligen türkischen Kriegsminis- · ter und Generalismus des türkischen Heeres, entgegenzutreten.[..] Herr von Bischoff scheint es für richtig zu halten, dass ein neutraler Staat erst dann in den Krieg einzugreifen hat, wenn der Sieg sich sichtbar einer Partei zuneigt. Enver Pascha dachte anders! Denn keine noch "so große Geschicklichkeit" weder vor, noch während noch nach dem Kriege hätte die Türkei vor der längst vor der Entente beschlossenen Aufteilung gerettet- das konnte nur das Schwert! Und das auch nur im Verein mit Deutschland, an dessen Sieg zu glauben doch wohl noch gestattet war! [...]Letzten Endes wurde der Zeitpunkt des Eintrittes der Türkei in den Krieg, wie die Veröffentlichungen des Reichsarchivs klar ergeben, durch die deutsche Heeresleitung maßgebend beeinflusst. Auch der türkische Feldzug gegen Russland wurde auf Wunsch der deutschen Heeresleitung unternommen. Die Türkei war im Weltkriege Nebenkriegsschauplatz; ihr*

fiel die Aufgabe zu, den Hauptkriegsschauplatz zu entlasten, also möglichst viele feindliche Kräfte an ihren Grenzen zu fesseln. Dieser Feldzug gegen Russland war daher keineswegs Envers Hauptkriegsschauplatz". [...] Auch der Vorstoß gegen den Suezkanal fand auf Anfordern der deutschen Heeresleitung statt. Nicht um Ägypten zu erobern; das war mit den geringen durch den langen Wüstenmarsch begrenzten Kräften unmöglich, sondern um die Engländer durch Sperrung des Kanals empfindlich zu schädigen und sie zu zwingen, auch dorthin größere Teile ihrer Armee zu entsenden, was auch geschah.[...]

[171] Osmanlı Ordu-yı Hümâyûnu
Başkumandanlığı Vekâleti
Şube: 2
Numara: 799
Hulâsa: İngilizlerin bombardıman etdikleri Şehzâde Süleyman Paşa Türbesi hakkında
Hariciye Nezâret-i Celîlesi'ne
Ma'rûz-ı çâker-i kemînelerdir

İngilizlerin Agamemnon Zırhlısı tarafından 29 Mart [1]331'de icrâ edilen bombardımanla Bolayır karyesindeki Süleyman Paşa merhumun bir küçük mescid ittisâlinde bulunan türbe-i mübarekeleri tahrib edilmişdir. Âsâr-ı tahribâtın tedkîkinden mahall-i mübâreğin İngiliz zırhlısı tarafından hedef ittihâz edildiğine kanâat-ı kâmile hâsıl olmuşdur. Türbe-i şerîfe hiçbir maksad-ı askerî için kullanılmadığı gibi oradaki karye de taht-ı işgalde olmadığı halde İngiltere Hükûmeti'nin de iştirâk ve ahkâmına vaz'-ı imza eylediği Lahey Sulh Konferansı mukarrerâtına ve ayrıca Harb-i Umumî esnasında Hükûmet-i Osmaniyye ile İngiltere arasında akdedilen mukâvele ahkâmına nazaran ma'âbid ve mukaddesât-ı dîniyenin masûniyeti icab ederken mukarrerât-ı mezkûreye tevfîkan üzerine işaret-i mahsusa vaz' edilmiş bir türbe-i şerîfenin hedef ittihâz edilmesi hükûmet nâmını taşıyan bir hey'et için şi'âr-ı medeniyet ve insaniyetle te'lîf edilmek kâbil değildir. Buranın tahribi düşmanımızın ne derece mütecâviz ve gayr-ı mu'temed olduğunu bir kere daha meydan-ı vuzûha çıkarmakdadır. Balkan Harbi'nde Sırp ordusunun Meşhed-i Hüdavendigâr'ı muhafaza etmesine mukabil düvel-i muazzama meyânında sayılan İngiltere Hükûmeti'nin bu haksız muamelesi, mütecâviz İngiliz donanma ve ordusunun Sırplılardan kat kat yabancı ve aşağı bir tıynette olduğunu isbat eylemekdedir. Türbe-i mübarekenin tarih-i âlem ve bütün Osmanlılarca olan derece-i ehemmiyeti âşikâr olmakla bu hûnhârâne muamelenin şiddetle protesto edilmesi menût-ı re'y-i hidîvâneleridir. Ol bâbda emr u fermân hazret-i veliyyü'l -emrindir.

Fî 7 Nisan sene [1]331 / [20 Nisan 1915]
Başkumandan Vekili nâmına
V. Bronsart
BOA, HR. SYS, 2098/10

[172] Hayrullah Gök, Mesut Uyar, "Bir Arşiv Yağmasının Hikayesi", Toplumsal Tarih Dergisi, Kasım 2000, dipnot: age, s.192-195; Wallach, age, s118-122.

[173] Hayrullah Gök, Mesut Uyar, "Bir Arşiv Yağmasının Hikayesi", Toplumsal Tarih Dergisi, Kasım 2000, dipnot: Liman von Sanders, beraberinde 10 subayla birlikte 14 Aralık 1913 tarihinde İstanbul'a geldi. Daha önce İstanbul'a gelmiş olan subaylarla birlikte heyetin mevcudu 41 oldu. Kendisine verilen yetkiyi kullanan Sanders, Alman subay sayısını 70'e yükseltti. Karatamu, age, s.193-194, 197; Wallach, age, s. 122-123, 148-149.

[174] Hayrullah Gök, Mesut Uyar, "Bir Arşiv Yağmasının Hikayesi", Toplumsal Tarih Dergisi, Kasım 2000, dipnot: Oldukça saygın ve başarılı bir subay olan Bronsart von Schellendorf, 119. Humbaracı Alay Komutanı iken Mirliva rütbesi ile Osmanlı Ordusu'nda görevlendirildi. 1917 yılında Almanya'ya geri çağrıldı. 1920 yılında korgeneral rütbesindeyken emekli oldu. *"Türkiye'de Alman Askeri Misyonu Subaylar-Generaller-Heyetler"*, Belgelerle Türk Tarihi Dergisi, sayı:24, Şubat 1987, s. 60

[175] Hayrullah Gök, Mesut Uyar, "Bir Arşiv Yağmasının Hikayesi", Toplumsal Tarih Dergisi, Kasım 2000, dipnot: Karatamu, age, s.197, dipnot:58

[176] Hayrullah Gök, Mesut Uyar, "Bir Arşiv Yağmasının Hikayesi", Toplumsal Tarih Dergisi, Kasım 2000, dipnot: 1. Şube Müdür Yardımcısı Bnb. Ali İhsan (Sabis), 2. Şube Müdürü (İstihbarat) Bnb. Kazım (Karabekir), 3. Şube Müdür Yardımcısı (Eğitim) Bnb. İsmet (İnönü), 4. Şube Müdür Yardımcısı (Şimendifer-Ulaştırma) Bnb. Refik, Merkez Şube Müdürü Ysb. Kazım (Orbay) bu yetenekli subaylardan bazılarıdır. Age, s.256-257

[177] Hayrullah Gök, Mesut Uyar, "Bir Arşiv Yağmasının Hikayesi", Toplumsal Tarih Dergisi, Kasım 2000, dipnot: Bkz. Bnb. Abdürrauf

Bey imzalı belge. Seferberlik planları ile ilgili ölarak von Schellendorf'un kanaati için bkz. Akdes Nimet Kurat, *Birinci Dünya Savaşı Sırasında Türkiye'de Bulunan Alman Generallerinin Raporları*, (Ankara: TKAE Yayınları, 1966), s.26-27; Karatamu, age, s.287-288. von Kressenstein'ın anılarında Seferberlik planı hazırlanmasına "Alman seferberlik nizamnamelerinin Türkiye'deki hal ve şartlara göre değiştirilmesiyle başlamıştık" demektedir. Kress von Kressenstein, *Türklerle Beraber Süveyş Kanalına*, (çev) M.B. Özalpsan, (İstanbul. Askeri Matbaa, 1943), s.7. von Schellendorf ve von Kressenstein'ın beraber gizlice çalışmalarını Ali İhsan Sabis anılarında şu şekilde ifade etmektedir: "Karargah-ı Umumi Harekat Şubesi'nin Alman şefi olan Albay von Kress bizimle gayet az temas eden bir adam idi. (...) Kendisi ayrı bir odada sade General Bronsart'tan aldığı emirlerin teferruatını hazırlamakla meşgul olurdu. Ne emir alır ve ne düşünür, hazırlardı, hiç haberimiz yok idi..." Ali İhsan sabis, *Harp Hatıralarım: Birinci Cihan Harbi*, c.1, (İstanbul. Nehir Yayınları, 1990), s.256-257.

[178] Hayrullah Gök, Mesut Uyar, "Bir Arşiv Yağmasının Hikayesi", Toplumsal Tarih Dergisi, Kasım 2000, dipnot: Karatamu, age, s.257

[179] Hayrullah Gök, Mesut Uyar, "Bir Arşiv Yağmasının Hikayesi", Toplumsal Tarih Dergisi, Kasım 2000, dipnot: Karatamu, age, s.295; Sabis, age, s.257; Kressenstein, age

[180] Hayrullah Gök, Mesut Uyar, "Bir Arşiv Yağmasının Hikayesi", Toplumsal Tarih Dergisi, Kasım 2000, dipnot: Kazım Karabekir İstihbarat Şubesi'nin zayıflatılma çalışmalarına karşı derhal Enver Paşa'ya giderek tepkisini belirtip kararı değiştirmeye çalışmıştır. Kendi ifadesine göre Enver Paşa'ya, "beni asıl endişeye düşüren Erkan-ı Harbiye Reisi'nin Alman olmasıdır" diyerek düşüncelerini aktarmıştır. Mazım Karabekir, *Birinci Cihan Harbine Nasıl Girdik?*, c.2 (İstanbul, Emre Yayınları, 1994), s.154-159; İsmet İnönü anılarında Almanların kendisi ile Enver Paşa arasındaki yakınlıktan dolayı "gocunduklarını" ve "yanından ayırmak" istediklerini, bu yüzden 2. Ordu'ya tayin edildiğini ifade etmektedir. İsmet İnönü, *Hatıralar*, 1. Kitap, haz. S. Selek, (Ankara. Bilgi Yayınevi, 1985), s. 148

[181] Hayrullah Gök, Mesut Uyar, "Bir Arşiv Yağmasının Hikayesi", Toplumsal Tarih Dergisi, Kasım 2000, dipnot: Başlangıçta 5 şube müdürlüğü varken bu sayı 5 Ağustos 1914'te 7'ye, 9 Eylül 1914'te 10'a, 1917'de ise 27'ye ulaşacaktı. Karatamu, age, s.257-258; Ali İh-

san Sabis anılarında: "(Enver_Almanlar) bizleri de, yani Hafız Hakkı'yı, beni, Kazım Karabekir'i Karargah-ı Umumi'din birer bahaneyle çıkarıp etrafa dağıttı" demektedir. Sabis, age, s.143

[182] Hayrullah Gök, Mesut Uyar, "Bir Arşiv Yağmasının Hikayesi", Toplumsal Tarih Dergisi, Kasım 2000, dipnot: Sabis, age, s.180; Ahmet İzzet, *Feryadım*, c.1, (İstanbul, Nehir Yayınları, 1992), s. 215; İsmet İnönü, anılarında Enver Paşa'nın "Alman ordularının kudret ve kıymetine sarsılmaz bir hayranlık" beslediğini ifade etmektedir. İnönü, age, s.99; Şevket Süreyya Aydemir, *Makedonya'dan Orta Asya'ya Enver Paşa*, c.3, (İstanbul, Remzi Kitabevi, 1985), s.68

[183] Hayrullah Gök, Mesut Uyar, "Bir Arşiv Yağmasının Hikayesi", Toplumsal Tarih Dergisi, Kasım 2000, dipnot: Bu durum İnönü'nün anılarında açıkça görülmektedir: "Enver Paşa'nın Alman Askeri Heyeti'yle münasebetlerinde Almanlar'a tamamıyla tabi olduğu söylenemez. Bilakis Almanlar, ondan daima çekinir ve onu memnun etmeye çalışırlardı. Ancak, kendisi zayıfladıkça, askeri kabiliyetlerinin ve vasıflarının mahdut olduğunu anlamaya, öğrenmeye başladıktan sonra, nihayet Alman sevk ve idaresinin bir vasıtası haline gelmesi zaruri olmuştur" İnönü, age, s.147

[184] Hayrullah Gök, Mesut Uyar, "Bir Arşiv Yağmasının Hikayesi", Toplumsal Tarih Dergisi, Kasım 2000, dipnot: İzzet, age, s.216

[185] Hayrullah Gök, Mesut Uyar, "Bir Arşiv Yağmasının Hikayesi", Toplumsal Tarih Dergisi, Kasım 2000, dipnot: Kurat, age, s.32

[186] Hayrullah Gök, Mesut Uyar, "Bir Arşiv Yağmasının Hikayesi", Toplumsal Tarih Dergisi, Kasım 2000, dipnot: Age,s.53-54

[187] Hayrullah Gök, Mesut Uyar, "Bir Arşiv Yağmasının Hikayesi", Toplumsal Tarih Dergisi, Kasım 2000, dipnot: Von Schellendorf Enver Paşa'nın Alman komutasına inancını şöyle die getirmektedir: "(...) Enver Paşa'nın memleketin içinde maruz kaldığı ağır siyasi muhalefetlere karşı koyarak Alman Erkan-ı Harbiyesi'nin ileriye matuf tedbirlerini gerçekleştirmek hususundaki dur bilmeyen faaliyeti ve gayreti sayesindedir ki Türk ordusunun yıkılmasının şimdiye kadar önü alınmıştır", age, s.28; von Kressenstein da bu konuda aynı fikirdedir: "Enver herkesten evvel merkez devletleri harekat-ı harbiyelerinin idaresinde müttehit bir başkomutanlık lüzumunu çok açık olarak takdir etmiş ve kendi arzusu ile Alman sevk ve idaresinin emri altına girmişti; O, cihan harbi neticesinin Türk harp sahnelerinde değil, fakat Fransa savaş meydanlarında kazanılacağı-

nı takdir ettiğinden Alman Başkomutanlığı'nın arzularını öyle vasi mikyasta yerine getiriyordu ki, bazen Türk harp idaresinin menfaat ve ihtiyaçlarını kafi derecede hesaba katmıyor ve bundan dolayı Türk politikacıları ve subayları muhitinde şiddetli tenkitlere ve ciddi bir muhalefete çığır açmış oluyordu" Kressenstein, age, s.11-12

[188] Hayrullah Gök, Mesut Uyar, "Bir Arşiv Yağmasının Hikayesi", Toplumsal Tarih Dergisi, Kasım 2000, dipnot: Ahmet İzzet Paşa'nın şikayetleri için bkz. İzzet, age, s.193

[189] Hayrullah Gök, Mesut Uyar, "Bir Arşiv Yağmasının Hikayesi", Toplumsal Tarih Dergisi, Kasım 2000, dipnot: Bkz. Bnb.Abdürrauf Bey imzalı belge

[190] Hayrullah Gök, Mesut Uyar, "Bir Arşiv Yağmasının Hikayesi", Toplumsal Tarih Dergisi, Kasım 2000, dipnot: *Atatürk'ün Tamim, Telgraf ve Beyannameleri IV* (Atatürk Kültür, Dil ve Tarih Yüksek Kurumu Atatürk Araştırma Merkezi, 1991), s.6-7; Atatürk'ün Bütün Eserleri, c.2, (İstanbul. Kaynak Yayınları, 1999) s.124; Benzeri bir değerlendirme için bkz. İnönü, age. S.159

[191] Hayrullah Gök, Mesut Uyar, "Bir Arşiv Yağmasının Hikayesi", Toplumsal Tarih Dergisi, Kasım 2000, dipnot: Kurat, age, s.77

[192] Hayrullah Gök, Mesut Uyar, "Bir Arşiv Yağmasının Hikayesi", Toplumsal Tarih Dergisi, Kasım 2000, dipnot: Liman von Sanders, *Türkiye'de 5 Yıl*, çev. M.Z.Yazman, (İstanbul, Burçak Yayınları, 1968) s. 34

[193] Hayrullah Gök, Mesut Uyar, "Bir Arşiv Yağmasının Hikayesi", Toplumsal Tarih Dergisi, Kasım 2000, dipnot: Von Schellendorf'un geri çağırılmasındaki en önemli etken Enver Paşa ile olan yakınlığıdır. Von Schellendorf, bir bakıma Enver Paşa-Liman von Sanders çekişmesine kurban olmuştur. Wallach, age, s.168-176, 225-227

[194] Hayrullah Gök, Mesut Uyar, "Bir Arşiv Yağmasının Hikayesi", Toplumsal Tarih Dergisi, Kasım 2000, dipnot: Hans von Seeckt, 22 Nisan 1866'da doğdu. Prusya ordusuna katıldı. Uzun yıllar çeşitli karargahlarda kurmay subay olarak çalıştı. Dünya savaşından önce Mackensen Ordu Grubu Kurmay Başkanlığı ve sonrasında Avusturya-Macaristan Joseph Ordusu Kurmay Başkanlığı yaptı. 1917-1918 yılları arasında Osmanlı Genelkurmayı Karargahı Kıdemli Başkanlığı (Gnkur. 1. Yarbaşkanlığı) görevini yürüttü. Kasım 1919'da yeni kurulan Alman Savunma Bakanlığı (Reichswehrministerium) Karargah Komutanlığı (Chef des

Truppenamtes) ve müteakiben Alman Kara Kuvvetleri Komutanlığı'na atandı. 2. Dünya Savaşı'nın başarılı Alman Ordusu'nun gerçek kurucusudur. 1927 yılına kadar bu görevini sürdürdü. 1937 yılında vefat etti. "vonSeeckt Hans", *Encyclopedia Britannica*, vol.20
[195] Lothar Rathmann, "Alman Emperyalizminin Türkiye'ye girişi", Belge y, 3. basım, 2001, sf. 13
[196] American Colony (Jerusalem). Photo Dept.
[197] American Colony (Jerusalem). Photo Dept.
[198] American Colony (Jerusalem). Photo Dept.
[199] Uluğ İğdemir, "Atatürk'ün Yaşamı", Cilt 1, 1881-1918, Türk Tarih Kurumu Basımevi-Ankara.2. basım, 1988, sf. 149-155.
[200] Uluğ İğdemir, age, sf. 156-160.
[201] ASAM-ERMENİ ARAŞTIRMALARI, Sayı 4, Aralık 2001 - Ocak-Şubat 2002

Talat Paşa İçin Şahitlik
Emekli Korgeneral Bronsart von Schellendorf.
Türk Ordusu Genelkurmay Eski Başkanı
ve Prusya Ordusu 5. Piyade Tümeni Eski Komutanı.
Deutsche Allgemeine Zeitung gazetesi,
No: 342, 24.07.1921, Sabah sayısı eki.

Tehliriyan davasında, konu üzerinde bilgisi ve yetkisi olmayanlar ile hikayeleri sadece duymuş olan tanıkların ifadeleri alınmıştır. Olayı yaşayan görgü tanıkları davaya çağrılmamışlardır. Neden Ermeni olayları konusunda, bu dava için son derece önemli bir rol oynayan, olayların mekanlarında resmi olarak görev yapmış Alman subaylarının ifadeleri alınmıyor? Bu kişilerin adları mahkemeye sunulmuş ve bazılarının ise mahkeme tarafından görgü tanığı olarak ifade vermeleri için hazırlanmaları talep edilmiştir. Ancak netice itibariyle hiçbiri mahkeme karşısına çıkartılmamışlardır. Böylece, elimde olmayan nedenlerden dolayı kaçırdığım, bu tanıklık görevimi yerine getirip, hakikatlerin su yüzüne çıkarılmasında yardımcı oluyorum. Bunun bu kadar geç gerçekleşmesinin nedeni malzemeyi ancak teker teker toparlayabilmemden kaynaklanmaktadır. Bir suikasta kurban gitmiş ve **baş vezirin üstüne yıkılmış olan sözde Ermeni soykırımını** anlamak için geçmişe dönmek lazım. Ermeni vahşetlerinin kökleri çok eskiye dayanır. Ermeniler ve Kürtler Rusya, Iran ve Türkiye sınır bölgesinde yan yana ve içice bir şekilde yaşamaya başladıklarından beri bölge halkı üzerinde sürekli bir Ermeni baskısı olmuştur. Kürt göçebe ve hayvan sahibi iken Ermeni çiftçi, zanaatçı veya tüccardır. Kürt okul eğitimi almamıştır, paranın kullanımını tam olarak bilmemektedir ayrıca faizin yasak olduğuna inanmaktadır. Ermeni, tüccar olarak Kürt'ün bu deneyimsizliğinden vicdansız bir şekilde yararlanıp avantajlı bir konum elde etmektedir. Kürt aldatıldığını anlayarak Ermeni'ye karşı güveni sarsılır- ve işte size **Ermeni vahşeti!** Dini farklılığın bu olaylarda asla bir neden teşkil etmediklerini özellikle vurgulamak gerekir. Ermeniler, büyük savaş sırasında Türkiye'nin doğu sınır bölgelerinde tehlikeli bir ayaklanma başlattıklarında bu eski anlaşmazlık tekrar alevlenmiştir; bahsi geçen ayaklanma için belli bir neden yoktur zira (Batılı) ``Güçlerin`` Türkiye'den yapmasını istedikleri reformlar işe yaramaya başlamışlardı. Ermeniler parlamentoda koltuk, seçme hakkı ve hatta bir ara Dışişleri Bakanı pozisyonuna sahiptiler. Devletin bütün diğer halkları gibi, onlar da eşit sosyal ve siyasi haklara sahiptiler. **Yaşadıkları coğrafyadaki huzur Fransız Generali Baumann tarafından eğitilmiş jandarma ile sağlanıyordu.** Ermenilerin yaşadığı bütün bölgelerde ele geçirilen basılmış ilânlar, kışkırtıcı broşürler, silahlar, cephane, patlayıcılar v.b. toplamı ayaklanmanın üçüncü bir taraftan hazırlandığını kanıtlamaktaydı; **Rusya'nın bu ayaklanmayı kışkırttığı, desteklediği ve finanse ettiği apaçık ortadaydı.** İstanbul'da, yüksek derecedeki subay ve devlet memurlarına yönelik bir kumpas o dönemde ortaya çıkartılmıştı. Silah altına alınabilinecek Müslümanlar zaten Türk ordusunda oldukları için, **Ermeniler kendilerini savunamayan toplum arasında korkunç bir katliama girişmekte zorlanmadılar.** Çünkü sadece Rusya cephesi ile Doğudaki Türk Ordusunun arkasından ve yanından saldırmakla kalmayıp o bölgelerdeki Müslüman toplulukların da köklerini kurutmuşlardır. **Bir görgü tanığı olarak ben, Ermenilerin yaptıkları vahşetin boyutunun Türklerin sonradan suçlandığı sözde Ermeni vahşetinden kat kat beter olduğunu belirtmek istiyorum.** Cephe arkasındaki bağlantılarının zarar görmemesi için ilk olarak Doğudaki Türk Ordusu olaya müdahale etmiştir. Ama bütün gücünü cephedeki Rus üstünlüğüne saklaması gerektiğinden ve isyan, imparatorluğun uzak köşelerine de yayıldığından, **başkaldırıyı bastırmak için Jandarmaya başvurulmuştur.** Her düzenli devlette olduğu gibi **Jandarma İçişleri Bakanlığına bağlıydı** ve zamanın bakanı Talat olduğundan, gerekli talimatları o vermeliydi.

Ordunun cephe arkasındaki hassas bağlantıları büyük tehdit altında olup, **Müslüman halk Ermeniler'in vahşetleri karşısında umutsuzluğa kapılmıştı** bu yüzden acele hareket edilmeliydi. Bu kritik durumda Bakanlar Kurulu Ermenilerin devlet için bir tehlike arz ettiklerini açıklayıp, onları ilk olarak sınır bölgelerinden uzaklaştırmaya yönelik zor bir karara vardı. Savaştan uzak, nüfus yoğunluğu az ve verimli toprakları olan Kuzey Mezopotamya'ya yerleştirileceklerdi. **İçişleri Bakanlığı ve ona bağlı Fransız General Baumann** tarafından meslekleri için özel olarak yetiştirilmiş Jandarmanın tek görevi bu kararın yerine getirilmesini sağlamaktı. Talat dengesiz ve intikam peşinde olan bir katil değil, uzun vadeli düşünen bir devlet adamıydı. Onun gözünde Anadolu'daki Ermeniler, her ne kadar şimdiki durumlarında Rus ve Rus Ermenilleri tarafından galyana getirilmiş olsalar da, barış zamanlarında son derece yararlı vatandaşlar idi. Rus etkisi ve Kürt anlaşmazlıklarından uzak, bu yeni, verimli ve gelecek vaat eden topraklara, çalışkanlıkları ve zekaları sayesinde yeniden hayat vereceklerini umuyordu. **Talat, ayrıca dış basının Ermenilerin sınır dışı edilişini Türklere karşı sözde bir ``Hıristiyan-Avı`` propagandası için kullanacaklarını önceden görmüştür** ve bundan dolayı her türlü şiddetten uzak durmak istemiştir. Haklıydı! Talat'ın korktuğu başına gelmişti. **Propaganda devreye girdi ve gerçekten de yurtdışında bu aptallığa inanılması sağlandı!** Düşünülmeli ki bu olaylar **Hıristiyan devletleri ile yakın müttefik olan, ordu bünyesinde çok sayıda Hıristiyan subay ve asker barındıran** bir ülkede oluyor güya. Şimdi **tehcir** olayına değinmek istiyorum. Türk imparatorluğunda, büyüklüğünden kaynaklanan ve yetersiz altyapısı yüzünden, vilayetler merkezden bir nevi bağımsızlardır. Örneğin Osmanlı valileri bizim başkanlardan daha fazla yetkiye sahiptirler. Buna dayanarak kendi bölgelerinde gelişen olayları İstanbul'a nazaran daha iyi değerlendirebildiklerini savunurlar. Onun için bazen İçişleri Bakanlığının emirleri istenildiği gibi yerine getirilmiyordu. Binlerce Müslüman mülteci dışında aynı sayıdaki Ermenileri, iskân bölgesine ulaştırıp, onları beslemek, onlara barınak sağlamak gibi alışılmadık ve zor olan bu görevi yerine getirmek, az sayıdaki eğitimsiz memurların güçlerini aşıyordu. İşte burada Talat büyük bir özveri ve her türlü imkanları kullanarak olaya el attı. Onun tarafından valilere ve jandarmaya gönderilen emirler hala mevcut olmalıdır. **İçişleri Bakanlığı'nın Savaş Bakan-**

lığı'na yolladığı birçok yazışmada, ki ben görevim gereği bunların varlığından haberdardım, ordudan acil yardim isteniyordu. Askeri durum elverdikçe bu çağrıya kulak verildi. Ordu, kendisin bile eksikliğini hissettiği gıda, taşıt, barınak, doktor ve tıbbi teçhizatları yardıma sunmuştur. Ne yazık ki bütün çabalara rağmen **binlerce Müslüman göçmen ve tehcir edilen Ermeniler yürüyüşün zorluklarına dayanamayıp ölmüşlerdir.** Burada böyle durumları önceden tahmin edip, tehcire gidilmemesi kararına varılabilir miydi sorusu akla geliyor. **Türk göçmenlerin Ermeni vahşeti karsısındaki haklı korkuları** yüzünden, kendilerinin durdurulmasına izin vermeyecekleri zaten bir gerçekti. Ayrıca **Ermenilerin ayaklandıkları bölgelerde devlet tarafından uzaklaştırılmaları gereğini onaylamak lazım!** Ayrıca bunun da sonuçlarına katlanmak gerekiyordu!

Şimdi, günümüz Almanya'sının durumunu ele alalım. Eğer şu talimatları verebilecek yetkiye sahip bir bakanlık olsaydı ve, "Bütün Polonyalı isyancılar *Oberschlesien*'den uzaklaştırılıp tutsak kamplarına götürülecekler!" Ya da: "Bütün şiddet yanlısı Komünistler gemi yolu ile Sovyet-Rusya kıyılarına bırakılacaklar!" şeklindeki emirler çıkarsaydı, bütün Almanya'dan mutluluk çığlıkları yükselmez miydi?

Belki Tehliriyan davasındaki yargıçlar kendilerine bu soruları iyice sorarlar—İşte o zaman Ermeni isyanındaki sert tedbirlere yeni bir bakış açısından bakabileceklerdir. **Talat, askeri kanat tarafından dile getirilen Akdenizdeki bütün Yunanlıların sınır dışı edilmesini içeren isteğe karşı direnmiştir** çünkü orada "sadece casusluk" yapılıyordu. Ermenistan'daki gibi tehlikeli bir ayaklanma akla yatkın olmasına rağmen gerçekleşmedi. Talat bir devlet adamıydı, bir katil değil!

Şimdi Ermeni Olaylarını Anlatalım

Kürtler ile başlıyorum. Kürtler, bu ender hatta belki de asla yine tekrarlanmayacak fırsatı değerlendirip nefret ettikleri ve Müslümanlara karşı o kadar vahşet olaylarına girişmiş olan Ermenileri, yürüyüşleri sırasında soyup, gerektiğinde de öldürmüşlerdir. Ermenilerin çile yolculuğu birçok gün ve hafta boyunca Kürt yerleşim bölgelerinden geçiyordu!- Mezopotamyaya başka bir yol yoktu! Ermeni topluluklara, bölük halinde eşlik eden Türk Jandarmalarının davranışları hakkındaki duyumlar bir birinden değişiktir. Bazen Ermenileri Kürt çetelere karşı kahramanca savunmuşlardır. Bazen de onları bırakıp kaçtıkları söyleniyor. Ayrıca ya Kürtler ile işbirliği yapıp yada kendi başlarına Ermenileri öldürüp soydukları bir çok kez iddia ediliyor, yüksek mevkilerdeki emirler doğrultusunda böyle hareket ettiklerine dair bir kanıt gösterilememiştir. Talat bu olaylar için sorumlu tutulamaz; bu gelişmeler kendisinden 2000 km uzaklıkta gerçekleşti ve daha önce değinildiği gibi **jandarma savaş başlayana kadar sadece Fransızlar tarafından bir eğitim görmüşlerdir.**

Türk subayların Ermenilerden yararlandıkları da inkar edilemez ama üstler böyle vakalardan haberdar edilince hemen sert cezalara başvurulmuştur. Diyelim **Doğu Ordusunun kumandanı Vehip Paşa bu nedenlerden dolayı iki subayı, askeri bir mahkemede yargıladıktan sonra kurşuna dizdirtmiştir.**

Enver Paşa Ermenilerden yararlanan Halep valisi bir Türk generali anında görevden alarak, uzun bir hapis cezasına çaptırarak cezalandırmıştır. Bu örneklerin **Ermeni olaylarının istenilmediğini kanıtlayacağını** düşünüyorum. Ama savaş vardı ve gelenekler vahşileşmişti. **Fransızların bizim tutsaklara ve yaralılara yaptıkları vahşilikleri anımsatmak isterim.**

Duyduğuma göre öldürülmüş büyük vezir dışında Enver Paşa da Alman mahkemesi tarafından saldırıya uğramış. Enver, anavatanını tüm kalbi ile sevmektedir.

O yetenekli ve çok defalar şahit olduğum örneği görülmemiş cesarete sahip onurlu bir askerdir. Onun sayesinde Türk ordusunun yeniden yapılanması mümkün oldu ve ezici üstün bir güç ile onun ruhunu içinde barındırmıştır - bugün bile hala vatanı için savaşıyor bu ordu.

1914 yılından 1917 yılına dek Türk ordusunun Genelkurmay Başkanı olarak görev yaptığım süre boyunca bu iki adam ile ilişkisi olmuş olan benim dışımdaki hiçbir başka Alman subayı onun ve arkadaşı Talat Paşa hakkında bir karara varmaya yetkili değildir.

Talat Paşa vatan sevgisinin kurbanı olmuştur! Umarım zamanı geldiğinde Enver Paşa vatanını yeni bir güce getirmekte başarılı olur! Bu iki adamın zor zamanlarda bana tüm güvenlerini, diyebilirim ki arkadaşlıklarını, hediye etmeleri benim için onurlu bir anıdır.

Bu metnin Almanca özgün biçimi şöyledir:
Allgemeine Zeitung, Nr. 342, 24.07.1921

Beiblatt, Morgen-Ausgabe
Ein Zeugnis für Talaat Pascha
von Generalleutnant a. D. Bronsart v. Schellendorf
ehemaligen CHEF DES GENERALSTABES DES TÜRKİSHEN FELDHEERES
zuletzt Kommandeur des Königl. preuß. Inf.-Div.

Im Prozeß Teilirian werden Zeugen vernommen, die entweder nichts zur Sache aussagen konnten, oder die die zu bezeugenden Geschichten nur "gehört" haben; Augenzeugen, die die Wahrheit gesehen haben, sind nicht vorgeladen worden. Warum hat man die deutschen Offiziere, die zur Zeit der Armeniergreuel auf dem Schauplatz dieser im Prozeß eine so entscheidende Rolle spielenden Begebenheiten dienstlich tätig waren, nicht vernommen?

Sie waren dem Gericht namhaft gemacht, hatten teilweise schon von Gericht die Aufforderung bekommen, sich als Zeugen bereit zu halten, und sind dann schließlich nicht berufen worden. Ich hole darum auf diesen Wege noch nachträglich die ohne meine Schuld versäumte Zeugenflicht nach, um der Wahrheit zu ihrem Recht zu verhelfen

Daß dies so spät geschieht, liegt daran, daß ich mir das Material erst nach und nach beschaffen konnte.

Um die dem ermordeten Großwesir zur Last gelegten Armeniergreuel zu verstehen, ist es nötig, einen kurzen Rückblick zu tun.

Armeniergreuel sind uralt! Sie geschahen immer wieder, seit Armenier und Kurden im Grenzgebiet Rußlands, Persiens und der Türkei dicht beieinander wohnen.

Der Kurde ist Nomade und Viehbesitzer, der Armenier Ackerbauer, Handwerker oder Händler. Der Kurde hat keine Schulbildung, kennt Geld und Geldeswert nicht genau und weiß, daß Zinsennehmen durch den Koran verboten ist. Der Armenier nutzt als Händler die Unerfahrenheit des Kurden skrupellos aus und übervorteilt ihn. Der Kurde fühlt sich betrogen, rächt sich an dem Wucherer und – die "Armeniergreuel" sind fertig! Es muß ausdrücklich betont werden, daß Gegensätze in der Religion dabei niemals mitspielten.

Der uralte Zwist bekam neue Nahrung, als die Armenier während des großen Krieges einen gefährlichen Aufstand in den östlichen

Grenzprevinzen der Türkei unternahmen; ein besonderer Grund dazu lag nicht vor, den die von den "Mächten" der Türkei auferlegten Reformen begannen gerade zu wirken. Die Armenier hatten Sitz und Stimme in dem neuen Parlament, stellten sogar zeitweise den Minister des Auswärtigen. Sie hatten die gleichen sozialen und politischen Rechte wie die übrigen Völker des Staates. Die Ruhe in ihrem Lande wurde durch die von den französischen General Baumann ausgebildete Gendarmerie aufrecht erhalten. Der Aufstand war von langer Hand vorbereitet, wie die zahlreichen Funde an gedruckten Aufrufen, aufhetzenden Broschüren, Waffen, Munition, Sprengstoffen usw. in allen von Armeniern bewohnten Gegenden beweisen; er war sicher von Rußland angestiftet, unterstützt und bezahlt. Eine armenische Verschwörung in Konstantinopel, die sich gegen hohe Staatsbeamte und Offiziere richtete, wurde rechtzeitig entdeckt.

Da sich alle waffenfähigen Mohammedaner beim türkishen Herren befanden, war es den Armeniern leicht, unter der wehrlosen Bevölkerung eine entsetzliche Metzelei anzurichten, den sie beschränkten sich nicht etwa darauf, rein militärisch gegen die Flanke und gegen den Rücken der in der Front durch die Russen gebundenen türkishen Ostarmee zu wirken, sonder sie rotteten die muselmanische Bevölkerung in jenen Gegenden einfach aus. Sie begingen dabei Grausamkeiten, von denen ich als Augenzeuge wahrheitsgemäß bezeuge, daß sie schlimmer waren, als die den Türken später vorgeworfenen Armeniergreuel.

Zunächst griff die Ostarmee ein, um ihre Verbindungen mit dem Hinterlande aufrecht zu erhalten; da sie aber alle Kräfte in der Front gegen die russische Überlegenheit brauchte, auch der Aufstand immer weiter, sogar in entfernteren Gegenden des türkishen Reiches, um sich griff, wurde die Gendarmerie zur Dämpfung des Aufstandes herangezogen. Sie unterstand, wie in jedem geordneten Staate, dem Ministerium des Inneren. Der Minister des Inneren war Talaat, und er mußte als solcher die nötigen Anweisungen geben. Eile tat not, den die Armee war in ihren sehr empfindlichen rückwärtigen Verbindungen schwer bedroht, und die muselmanische Bevölkerung flüchtete zu Tausenden in Verzweiflung vor den Greueltaten der Armenier. In dieser kritischen Lage faßte das Gesamtministerium den schweren

Entschluß, die Armenier für staatsgefährlich zu erklären und sie zunächst aus den Grenzgebieten zu entfernen. Sie sollten in eine vom Krieg unberührte, dünn besiedelte aber fruchtbare Gegend überführt werden, nach Nord-Mesopotamien. Der Minister des Inneren und die ihm unterstehende, von dem französischen General Baumann für ihren Beruf besonders ausgebildete Gendarmerie hatten lediglich diesen Entschluß auszuführen.

Talaat war kein unzurechnungsfähiger, rachsüchtiger Mörder, sondern ein weitblickender Staatsmann. Er sah in den Armeniern die zwar jetzt von den Russen und den russisch-armenieschen Glaubensgenossen aufgehetzten, aber in ruhiger Zeiten doch sehr nützlichen Mitbürger, und hoffe, daß es ihnen, entfernt von russischen Einflüssen und kurdischen Streitereien, in den neuen fruchtbaren Wohnsitzen gelingen würde, diese zukunftsreiche Gegend durch durch Ihren Feliß und ihre Intelligenz zu höher Blüte zu bringen.

Talaat sah ferner voraus, daß die Ententepresse die Ausweisung der Armenier dazu benutzen würde, eine scheinheilige Propaganda gegen die "Christenverfolgungen" der Türken in Szene zu setzen und hätte schon deshalb gern jede Härte vermieden. Er hat Recht behalten! Die Propaganda setzte ein und hatte tatsächlich den Erfolg, daß überall im Auslande diese unglaubliche Dummheit geglaubt wurde. Christenverfolgung! Man bedenke; just in einem Lande, daß mit christlichen Großmächten eng verbündet, eine große Zahl christlicher Offiziere und Soldaten in seinem Heere als Mitkämpfer hatte.

Ich komme nun zur Ausführung des Planes der armenischen Umsiedelung. In einem Lande von der Ausdehnung des türkishen Reiches, daß aber so mangelhafte Verbindungen hat, befinden sich die Provinzen in einer mehr oder weniger großen Unabhängigkeit von der Zentralstelle. Die Gouverneure (Walis) haben mehr Gerechtsame als z.B. unsere Oberpräsidenten. Hierauf fußend, nehmen sie für sich in Abspruch, die Verhältnisse an Ort und Stelle oft richtiger beurteilen zu können als dies in Konstantinopel möglich war. Befehle des Ministeriums wurden daher gelegentlich anders ausgeführt, wie beabsichtigt. So ging es auf der Beamtenstufenleiter nach unten weiter, wo in vielen Fällen die Einsicht fehlte.

Die ungewöhnlich schwierige Aufgabe, außer vielen Tausenden von muselmanischen Flüchtlingen auch ebenso viele Armenier auf die richtigen Marschstraßen zu leiten, Sie zu ernähren und unterzubringen, überstieg die Kräfte der wenigen vorhandenen und noch dazu ungeschulten Beamten. Hier griff Talaat mit größter Tatkraft und allen Mitteln ein. Die von ihm erlassenen zweckmäßigen Anweisungen an die Walis und an die Gendarmerie müssen noch vorhanden sein. Zahlreiche Schreiben des Ministeriums des Innern an das Kriegsministerium, die mir durch meine Dienststellung bekannt wurden, verlangten dringend Hilfe von der Armee; sie wurde gewährt, soweit die Kriegslage es zuließ: Nahrungs- und Beförderungsmittel, Unterkunftsräume, Ärzte und Arzneimittel wurden zur Verfügung gestellt, obwohl die Armee selbst empfindlichen Mangel litt. Leider sind trotz aller Mühe, ihr los zu erleichtern, Tausende von muselmanischen Flüchtlingen und armenischen Ausgesiedelten den Anstrengungen der Märsche erlegen.

Hier liegt die Frage nahe, ob man solche Zustände nicht hätte voraussehen und die Umsiedelung unterlassen können. Abgesehen davon, daß die türkishen Flüchtlinge in ihrer berechtigten Angst vor den armenischen Schandtaten sich einfach nicht hätten aufhalten lassen, muß auch die Staatsnotwendigkeit der armenischen Abwanderung aus den Aufruhrgebieten bejaht werden! Die Folgen mußte man auf sich nehmen!

Nehmen wir einmal unsere jetzigen Zustände in Deutschland. Wenn ein Ministerium sich fände und die Macht hätte, anzuordnen: "Alle polnischen Aufrührer werden aus Oberschlesien entfernt und in Gefangenenlager gebracht!" oder: "Alle gewalttätigen Kommunisten werden eingeschifft und an den Küsten Sowjet-Rußlands ausgebootet!", würde nicht ein Beifallssturm durch ganz Deutschland brausen? --

Vielleicht legen sich die Richter im Teilirian-Prozeß solche Fragen nachträglich vor. - - - Sie werden dann zu der harten Maßnahme der Armenier-Aussiedelung einen neuen Standpunkt gewinnen!

Talaat hat sich der militärischen Forderung, an der Mittelmeerküste alle Griechen ausweisen zu lassen, widersetzt, denn dort wurde "nur Spionage" getrieben. Ein gefährlicher Aufruhr, wie in

Armenien, erfolgte nicht, obwohl der Gedanke dazu nahe lag. Talaat war ein Staatsmann, aber kein Mörder!
Nun aber die Greuel, die absichtlich an den Armeniern begangen worden sind. Sie sind so vielfach bezeugt, daß an der Tatsache nicht zu zweifeln ist.
Ich beginne mit den Kurden. Selbstverständlich benutzte dieser Volksstamm die seltene, vielleicht nie wiederkehrende Gelegenheit, die verhaßten Armenier, die noch dazu solche Schleußlichkeiten gegen Mohammedaner begangen hatten, bei ihrem Durchmarsch auszuplündern und gegebenenfalls totzuschlagen. Der Leidenszug der Armenier führte viele Tage und Wochen lang durch Kurdistan! Es gab keinen anderen Weg nach Mesopotamien.
Über das Verhalten der den armenischen Scharen Truppenweise beigegebenen türkishen Gendarmen Lauten die Urteile verschieden, An manchen Stellen Haben sie ihre Schützlinge gegen kurdische Banden tapfer verteidigt: an anderen Orten sollen sie geflohen sein. Es wird ihnen auch vorgeworfen, mit den Kurden gemeinsame Sache gemacht, oder auch allein die Armenier ausgeraubt und getötet zu haben; der Beweis, daß sie hierbei auf höheren Befehl gehandelt hätten, ist nicht erbracht worden. Talaat kann nicht dafür verantwortlich gemacht werden; die Ereignisse spielten sich 2000 km von ihm entfernt ab, und die Gendarmerie hatte, wie bereits erwähnt, bis zum Ausbruch des Krieges eine lediglich französische Ausbildung erhalten.
Es kann auch nicht geleugnet werden, daß türkische Offiziere sich an Armeniern bereichert und vergriffen haben, wo aber eine derartige Handlungsweise zur Kenntnis der Vorgesetzten kam, wurde sofort scharf eingegriffen. So ließ Wehib Pascha, Oberbefehlshaber der türkishen Ostarmee, zwei Offiziere aus solchem Grunde kriegsgerichtlich erschießen; Enver Pascha bestrafte den Gouverneur von Aleppo, einen türkishen General, der sich auf Kosten der Armenier bereichert hatte, mit sofortiger Dienstentlassung und langer Freiheitsstrafe. Ich denke, diese Beispiele genügen, um zu beweisen, daß man die Armeniergreuel nicht wollte! Aber es war Krieg, und die Sitten waren verwildert. Ich erinnere an die Grausamkeiten, die Franzosen an unseren Verwundeten und Gefangenen verübt haben. Hat das Ausland endlich diese Schandtaten erfahren?

Außer dem ermordeten Großwesir ist, wie ich gehört habe, auch Enver Pascha vor dem deutschen Gericht angegriffen worden. Enver liebt sein Vaterland glühend; er ist ein ehrenhafter Soldat von großer Begabung und beispielloser Tapferkeit, deren Augenzeuge ich wiederholt war. Seiner Tatkraft allein ist die Neuschaffung des türkishen Feldheeres zu danken, das, von seinem Geist erfühlt, jahrelang gegen eine erdrückende über macht kämpfe und heute noch für die Heimat kämpft! Kein deutscher Offizier ist berufener, über ihn und seinen Freund Talaat Pascha zu urteilen, wie ich, **der ich von 1914 bis Ende 1917 als Chef des Generalstabes des türkishen Feldheeres** in den engsten Beziehungen zu diesen beiden Männern stand.

Talaat Pascha ist ein Opfer seiner Vaterlandsliebe geworden! Möge es Enver Pascha gelingen, wenn seine Zeit gekommen ist, seiner Vaterland zu neuer Größe zu erheben! Daß diese beiden Männer mir in schwerer Zeit ihr volles Vertrauen, ich darf sagen, ihre Freundschaft, geschenkt haben, ist eine stolze Erinnerung für mich.

[202] Burhan Oğuz, age, sf. 330

[203] Açıklamalı Mehmet Akif Külliyatı, Haz. İsmail Hakkı Şengüler, Hak y. 7. bs. 2000, cilt 3. Sf. 120

[204] R.K.Sinha; Mustafa Kemal ve Mahatma Gandi, Milliyet Tarih Dizisi, 1972,s.122

[205] Mekke Emiri Şerif Hüseyin–İngiliz Yüksek Komiseri Mac Mahon Mektuplaşmaları:

1- from Sharif Husayn of Mecca to Sir Henry McMahon, Cairo, July 14, 1915

Whereas the whole of the Arab nation without any exception have decided in these last years to accomplish their freedom, and grasp the reins of their administration both in theory and practice; and whereas they have found and felt that it is in the interest of the Government of Great Britain to support them and aid them in the attainment of their firm and lawful intentions (which are based upon the maintenance of the honour and dignity of their life) without any ulterior motives whatsoever unconnected with this object;

And whereas it is to their (the Arabs') interest also to prefer the assistance of the Government of Great Britain in consideration of their geographic position and economic interests, and also of the attitude of the above-mentioned Government, which is known to both nations and therefore need not be emphasized;

For these reasons the Arab nation sees fit to limit themselves, as time is short, to asking the Government of Great Britain, if it should think fit, for the approval, through her deputy or representative, of the following fundamental propositions, leaving out all things considered secondary in comparison with these, so that it may prepare all means necessary for attaining this noble purpose, until such time as it finds occasion for making the actual negotiations:-

Firstly.- **England will acknowledge the independence of the Arab countries, bounded on the north by Mersina and Adana up to the 37th degree of latitude, on which degree fall Birijik, Urfa, Mardin, Midiat, Jezirat (Ibn 'Umar), Amadia, up to the border of Persia; on the east by the borders of Persia up to the Gulf of Basra; on the south by the Indian Ocean, with the exception of the position of Aden to remain as it is; on the west by the Red Sea, the Mediterranean Sea up to Mersina.** England to approve the **proclamation of an Arab Khalifate of Islam.**

Secondly.- The Arab Government of the Sherif will acknowledge that England shall have the preference in all economic enterprises in the Arab countries whenever conditions of enterprises are otherwise equal.

Thirdly.- **For the security of this Arab independence** and the certainty of such preference of economic enterprises, both high contracting parties will offer mutual assistance, to the best ability of their military and naval forces, to face any foreign Power which may attack either party. Peace not to be decided without agreement of both parties.

Fourthly.- If one of the parties enters into an aggressive conflict, the other party will assume a neutral attitude, and in case of such party wishing the other to join forces, both to meet and discuss the conditions.

Fifthly.- England will acknowledge the abolition of foreign privileges in the Arab countries, and will assist the Government of the Sherif in an International Convention for confirming such abolition.

Sixthly.- Articles 3 and 4 of this treaty will remain in vigour for fifteen years, and, if either wishes it to be renewed, one year's notice before lapse of treaty is to be given.

Consequently, and as the whole of the Arab nation have (praise be to God) agreed and united for the attainment, at all costs and finally, of this noble object, they beg the Government of Great Britain to answer them positively or negatively in a period of thirty days after receiving this intimation; and if this period should lapse before they receive an answer, they reserve to themselves complete freedom of action. Moreover, we (the Sherif's family) will consider ourselves free in work and deed from the bonds of our previous declaration which we made through Ali Effendi.

No. 10 *from McMahon to Husayn, March 10, 1916*

(After customary greetings.)

We have received your letter of the 14th Rabi el Akhar (the 18th February), duly delivered by your trusted messenger.

We are grateful to note the active measures which you propose to take. We consider them the most suitable in the existing circumstances, and they have the approval of His Majesty's Government. I am pleased to be able to inform you that His Majesty's Government have approved of meeting your requests, and that which you asked to be sent with all haste is being despatched with your messenger, who is also the bearer of this letter.

The remainder will be collected as quickly as possible and will be deposited at Port Sudan, where it will remain until we hear from you officially of the beginning of the movement and of the places to which they may be conveyed and the intermediaries who will carry out the orders for receiving them.

The necessary instructions, as set forth in your letter, have been issued to the Governor at Port Sudan, and he will arrange everything in accordance with your wishes.

Your representative who brought your last letter has been duly facilitated in his journey to Jeizan, and every assistance has been given him in his mission, which we trust will be crowned with good results.

We have arranged that, on completion, he will be brought to Port Sudan, whence he will proceed by the safest means to join you and report the results of his work.

We take the opportunity, in sending this letter, to explain to you a matter which might otherwise not have been clear to you, and which might have given rise to misunderstanding. There are various Turkish posts and small garrisons along the coasts of Arabia who are hostile to us, and who are said to be planning injury to our naval interests in the Red Sea. We may, therefore, find it necessary to take hostile measures against these posts and garrisons, but we have issued strict instructions that every care must be taken by our ships to differentiate between the hostile Turkish garrisons and the innocent Arab inhabitants, towards whom we entertain such friendly feelings.

We give you notice of this matter in case distorted and false reports may reach you of the reasons for any action which we may be obliged to take.

We have heard rumours that our mutual enemies are endeavouring to construct boats for the purpose of laying mines in the Red Sea, and of otherwise injuring our interests there, and we beg of you that you will give us early information should you receive any confirmation of such reports.

We have heard that Ibn Rashid has been selling large quantities of camels to the Turks, which are being sent up to Damascus.

We hope that you will be able to use influence with him in order that he may cease from this practice and, if he still persists, that you will be able to arrange for the Arabs who lie between him and Syria to seize the camels as they pass, a procedure which will be to our mutual advantage.

I am glad to be able to inform you that those misguided Arabs under Sayed Ahmed el Senussi, who have fallen victims to the wiles of Turkish and German intriguers, are now beginning to see the error of their ways, and are coming in to us in large numbers, asking for forgiveness and friendship.

We have severely defeated the forces which these intriguers had collected against us, and the eyes of the Arabs are now becoming open to the deceit which has been practiced upon them.

The capture of Erzerum, and the defeats sustained by the Turks in the Caucasus, are having a great effect in our favour, and are greatly helping the cause for which we are both working.

We ask God to prosper your endeavors and to further the work which you have taken in hand.

In conclusion, we beg you to accept our warmest salutations and expressions of friendship.

Jamad Awwal, 1334.

(Signed) A. H. McMAHON

[206] American Colony (Jerusalem). Photo Dept., photographer.

[207] Osmanlı ordusunun Alman komutanlarca yönetildiği dönemde, Mustafa Kemal'e de Demir Haç nişanı verilmiş, o da bu madalyayı, aşağıda Liman von Sanders ile çekilmiş fotoğrafında görüleceği üzere üniformasına takmak zorunda kalmıştı.

Atatürk Cumhuriyet kurulduktan çıkardığı aşağıdaki yasaya Türkler yabancı devlet nişanları taşıyamazlar maddesini koydurarak, Müslüman-Türk askerinin göğsünde Haç taşımasını da önleyecekti.
EFENDİ, BEY, PAŞA GİBİ LAKAP VE UNVANLARIN KALDIRILMASINA DAİR KANUN (1)

Kanun Numarası: 2590
Kabul Tarihi: 26/11/1934
Yayımlandığı R. Gazete: Tarih : 29/11/1934 Sayı : 2867
Yayımlandığı Düstur: Tertip: 3 Cilt: 16 Sayfa: 6
Madde 1 - Ağa, Hacı, Hafız, Hoca, Molla, Efendi, Bey, Beyefendi, Paşa, Hanım, Hanımefendi ve Hazretleri gibi lakap ve unvanlar kaldırılmıştır. Erkek ve kadın vatandaşlar, kanunun karşısında ve resmi belgelerde yalnız adlariyle anılırlar.

Madde 2 - Sivil ve rütbe ve resmi nişanlar ve madalyalar kaldırılmıştır ve bu nişan ve madalyaların kullanılması yasaktır. Harb madalyaları bundan müstesnadır. **Türkler yabancı Devlet nişanları da taşıyamazlar.**

Madde 3 - Askeri rütbelerden adın başına gelmek üzere kara ve havada Müşürlere Mareşal, Birinci Ferik, Ferik ve Livalara General, Denizde Birinci Ferik, Ferik ve Livalara Amiral denilir. Generallerin ve Amirallerin derecelerini gösteren unvanlarla Deniz Müşürleri unvanlarının ve diğer askeri rütbelerin karşılıkları Ali Askeri Şürası kararı ve İcra Vekilleri Heyetinin tasdikı ile konulur.

Madde 4 - Bu kanun neşri tarihinden muteberdir.

Madde 5 - Bu kanunun icrasına İcra Vekilleri Heyeti memurdur.

Bu kanunun, 27/7/1967 tarih ve 926 sayılı Türk Silahlı Kuvvetleri Personel Kanununa aykırı olan hükümleri mezkür Kanunun 208. maddesinin (h) bendi ile yürürlükten kaldırılmıştır.

[208] Murat Bardakçı, Hürriyet, *30. 04. 2004.*
[209] Murat Bardakçı, Hürriyet, *30. 04. 2004.*
[210] Murat Bardakçı, Hürriyet, *30. 04. 2004.*
[211] Cemal Kutay, age, Bediüzzaman Said Nursi, Yeni Asya y, 1981, sf. 84.
[212] Bkz: Cemal Kutay, Bediüzzaman Said Nursi, Yeni Asya y, 1981, sf 85.
[213] Bkz: Necmettin Şahiner, Saidi Nursi, yeni Asya y, 1979, 6. bs., sf. 180, 181
[214] İsmet İnönü, *"İstiklal Savaşı ve Lozan"*, Atatürk Kültür, Dil ve Tarih Yüksek Kurumu Atatürk Araştırma Merkezi yay. 1993.

[215] Burhan Oğuz, age, sf. 277
[216] G. Lewy, *The Catholic Church and Nazi Germany*, NY, 1965, s.310-11

[217] Alan Woods, Marksizm ve Din Londra, 22 Temmuz 2001- Saul Friedhandler, *Pius XII and the Third Reich, A Documentation*, NY, 1958, s.236.
[218] "The Nazi Persecution of the Churches" by J.S. Conway, Pgs. 25, 26 & 162.
[219] Antony C. Sutton, *"Wall Street And The Rise Of Hitler"* - G S G & Associates yayını; tıpkı basım, 1 Haziran 1976, ISBN: 0945001533 : "Henry Ford and the Nazis"- *I would like to outline the importance attached by high [Nazi] officials to respect the desire and maintain the good will of "Ford," and by "Ford" I mean your father, yourself, and the Ford Motor Company, Dearborn.* (Josiah E. Dubois, Jr, *Generals in Grey Suits*, London: The Bodley Head, 1953, p. 250.) Henry Ford is often seen to be something of an enigma among the Wall Street elite. For many years in the 20s and 30s Ford was popularly known as an enemy of the financial establishment. Ford accused Morgan and others of using war and revolution as a road to profit and their influence in social systems as a means of personal advancement. By 1938 Henry Ford, in his public statements, had divided financiers into two classes: those who profited from war and used their influence to bring about war for profit, and the "constructive" financiers. Among the latter group he now included the House of Morgan. During a 1938 *New York Times* interview[1] Ford averred that:
Somebody once said that sixty families have directed the destinies of the nation. It might well be said that if somebody would focus the spotlight on twenty-five persons who handle the nation's finances, the world's real warmakers would be brought into bold relief.
The *Times* reporter asked Ford how he equated this assessment with his long-standing criticism of the House of Morgan, to which Ford replied:
There is a constructive and a destructive Wall Street. The House of Morgan represents the constructive. I have known Mr. Morgan for many years. He backed and supported Thomas Edison, who was also my good friend ....
After expounding on the evils of limited agricultural production — allegedly brought about by Wall Street — Ford continued,

... if these financiers had their way we'd be in a war now. They want war because they make money out of such conflict — out of the human misery that wars bring.

On the other hand, when we probe behind these public statements we find that Henry Ford and son Edsel Ford have been in the forefront of American businessmen who try to walk both sides of every ideological fence in search of profit. Using Ford's own criteria, the Fords are among the "destructive" elements.

It was Henry Ford who in the 1930s built the Soviet Union's first modern automobile plant (located at Gorki) and which in the 50s and 60s produced the trucks used by the North Vietnamese to carry weapons and munitions for use against Americans.[2] At about the same time, Henry Ford was also the most famous of Hitler's foreign backers, and he was rewarded in the 1930s for this long-lasting support with the highest Nazi decoration for foreigners.

This Nazi favor aroused a storm of controversy in the United States and ultimately degenerated into an exchange of diplomatic notes between the German Government and the State Department. While Ford publicly protested that he did not like totalitarian governments, we find in practice that Ford knowingly profited from both sides of World War II — from French and German plants producing vehicles at a profit for the Wehrmacht, and from U.S. plants building vehicles at a profit for the U.S. Army.

Henry Ford's protestations of innocence suggest, as we shall see in this chapter, that he did not approve of Jewish financiers profiting from war (as some have), but if anti-Semitic Morgan[3] and Ford profited from war that was acceptable, moral and "constructive."

Henry Ford: Hitler's First Foreign Backer

On December 20, 1922 the *New York Times* reported[4] that automobile manufacturer Henry Ford was financing Adolph Hitler's nationalist and anti-Semitic movements in Munich. Simultaneously, the Berlin newspaper *Berliner Tageblatt* appealed to the American Ambassador in Berlin to investigate and halt Henry Ford's intervention into German domestic affairs. It was reported that Hitler's foreign backers had furnished a "spacious headquarters" with a "host of highly paid lieutenants and officials." Henry Ford's portrait was prominently displayed on the walls of Hitler's personal office:

The wall behind his desk in Hitler's private office is decorated with a large picture of Henry Ford. In the antechamber there is a large table covered with books, nearly all of which are a translation of a book written and published by Henry Ford.[5]

The same *New York Times* report commented that the previous Sunday Hitler had reviewed, *The so-called Storming Battalion..., 1,000 young men in brand new uniforms and armed with revolvers and blackjacks, while Hitler and his henchmen drove around in two powerful brand-new autos.*

The *Times* made a clear distinction between the German monarchist parties and Hitler's anti-Semitic fascist party. Henry Ford, it was noted, ignored the Hohenzollern monarchists and put his money into the Hitlerite revolutionary movement.

These Ford funds were used by Hitler to foment the Bavarian rebellion. The rebellion failed, and Hitler was captured and subsequently brought to trial. In February 1923 at the trial, vice president Auer of the Bavarian Diet testified:

The Bavarian Diet has long had the information that the **Hitler movement was partly financed by an American anti-Semitic chief, who is Henry Ford.** *Mr. Ford's interest in the Bavarian anti-Semitic movement began a year ago when one of Mr. Ford's agents, seeking to sell tractors, came in contact with Diedrich Eichart, the notorious Pan-German. Shortly after, Herr Eichart asked Mr. Ford's agent for financial aid. The agent returned to America and immediately Mr. Ford's money began coming to Munich.*

Herr Hitler openly boasts of **Mr. Ford's support** *and praises Mr. Ford as a great individualist and a great anti-Semite.* **A photograph of Mr. Ford hangs in Herr Hitler's quarters,** *which is the center of monarchist movement.*[6]

Hitler received a mild and comfortable prison sentence for his Bavarian revolutionary activities. The rest from more active pursuits enabled him to write *Mein Kampf.* **Henry Ford's book,** ***The International Jew,*** **earlier circulated by the Nazis, was translated by them into a dozen languages, and Hitler utilized sections of the book verbatim in writing** *Mein Kampf.*[7]

We shall see later that **Hitler's backing in the late 20s and early 30s came from the chemical, steel, and electrical industry cartels, rather than directly from individual industrialists. In 1928 Henry**

Ford merged his German assets with those of the I.G. Farben chemical cartel. A substantial holding, 40 percent of Ford Motor A.G. of Germany, was transferred to I.G. Farben; Carl Bosch of I.G. Farben became head of Ford A.G. Motor in Germany. Simultaneously, in the United States Edsel Ford joined the board of American I.G. Farben.

Henry Ford Receives a Nazi Medal

A decade later, in August 1938 — after Hitler had achieved power with the aid of the cartels — **Henry Ford received the Grand Cross of the German Eagle**, a Nazi decoration for distinguished foreigners. The *New York Times* reported it was the first time the **Grand Cross** had been awarded in the United States and was to celebrate **Henry Ford's 75th birthday**.[8]

The decoration raised a storm of criticism within Zionist circles in the U.S. Ford backed off to the extent of publicly meeting with Rabbi Leo Franklin of Detroit to express his sympathy for the plight of German Jews:

My acceptance of a medal from the German people [said Ford] does not, as some people seem to think, involve any sympathy on my part with naziism. Those who have known me for many years realize that anything that breeds hate is repulsive to me.[9]

The **Nazi medal** issue was picked up in a **Cleveland speech by Secretary of Interior Harold Ickes**. Ickes criticized both Henry Ford and Colonel Charles A. Lindbergh for **accepting Nazi medals**. The curious part of the Ickes speech, made at a Cleveland Zionist Society banquet, was his criticism of "wealthy Jews" and *their* acquisition and use of wealth:

A mistake made by a non-Jewish millionaire reflects upon him alone, but a false step made by a Jewish man of wealth reflects upon his whole race. This is harsh and unjust, but it is a fact that must be faced.[10]

Perhaps Ickes was tangentially referring to the roles of the Warburgs in the I.G. Farben cartel: Warburgs were on the board of I.G. Farben in the U.S. and Germany. In 1938 the Warburgs were being ejected by the Nazis from Germany. Other German Jews, such as the Oppenheim bankers, made their peace with the Nazis and were granted "honorary Aryan status.

Ford Motor Company Assists the German War Effort

A post-war Congressional subcommittee investigating American support for the Nazi military effort described the manner in which the Nazis succeeded in obtaining U.S. technical and financial assistance as "quite fantastic.[11] Among other evidence the Committee was shown a memorandum prepared in the offices of Ford-Werke A.G. on November 25, 1941, written by Dr. H. F. Albert to R. H. Schmidt, then president of the board of Ford-Werke A.G. The memo cited the advantages of having a majority of the German firm held by Ford Motor Company in Detroit. German Ford had been able to exchange Ford parts for rubber and critical war materials needed in 1938 and 1939 "and they would not have been able to do that if Ford had not been owned by the United States." Further, with a majority American interest German Ford would "more easily be able to step in and dominate the Ford holdings throughout Europe." It was even reported to the Committee that two top German Ford officials had been in a bitter personal feud about who was to control Ford of England, such "that one of them finally got up and left the room in disgust."

According to evidence presented to the Committee, Ford-Werke A.G. was technically transformed in the late 1930s into a German company. All vehicles and their parts were produced in Germany, by German workers using German materials under German direction and exported to European and overseas territories of the United States and Great Britain. Any needed foreign raw materials, rubber and nonferrous metals, were obtained through the American Ford Company. American influence had been more or less converted into a supporting position *(Hilfsstellung)* for the German Ford plants.

At the outbreak of the war Ford-Werke placed itself at the disposal of the Wehrmacht for armament production. It was assumed by the Nazis that as long as Ford-Werke A.G. had an American majority, it would be possible to bring the remaining European Ford companies under German influence — i.e., that of Ford-Werke A.G. — and so execute Nazi "Greater European" policies in the Ford plants in Amsterdam, Antwerp, Paris, Budapest, Bucharest, and Copenhagen:

A majority, even if only a small one, of Americans is essential for the transmittal of the newest American models, as well as American production and sales methods. With the abolition of the American majority, this advantage, as well as the intervention of the Ford Motor Company to obtain raw materials and exports, would be lost, and the German plant would practically only be worth its machine capacity.[12]

And, of course, this kind of strict neutrality, taking an international rather than a national viewpoint, had earlier paid off for Ford Motor Company in the Soviet Union, where Ford was held in high regard as the ultimate of technical and economic efficiency to be achieved by the Stak-hanovites.

In July 1942 word filtered back to Washington from Ford of France about Ford's activities on behalf of the German war effort in Europe. The incriminating information was promptly buried and even today only part of the known documentation can be traced in Washington.

We do know, however, that the U.S. Consul General in Algeria had possession of a letter from Maurice Dollfuss of French Ford — who claimed to be the first Frenchman to go to Berlin after the fall of France — to Edsel Ford about a plan by which Ford Motor could contribute to the Nazi war effort. French Ford was able to produce 20 trucks a day for the Wehrmacht, which [wrote Dollfuss] is better than,

... our less fortunate French competitors are doing. The reason is that our trucks are in very large demand by the German authorities and I believe that as long as the war goes on and at least for some period of time, all that we shall produce will be taken by the German authorities .... I will satisfy myself by telling you that... the attitude you have taken, together with your father, of strict neutrality, has been an invaluable asset for the production of your companies in Europe.[13]

Dollfuss disclosed that profits from this German business were already 1.6 million francs, and net profits for 1941 were no less than 58,000,000 francs — because the Germans paid promptly for Ford's output. On receipt of this news Edsel Ford cabled:

Delighted to hear you are making progress. Your letters most interesting. Fully realize great handicap you are working under. Hope you and family well. Regards.

s/ Edsel Ford[14]

Although there is evidence that European plants owned by Wall Street interests were not bombed by the U.S. Air Force in World

War II, this restriction apparently did not reach the British Bombing Command. In March 1942 the Royal Air Force bombed the Ford plant at Poissy, France. A subsequent letter from Edsel Ford to Ford General Manager Sorenson about this RAF raid commented, "*Photographs* of the plant on fire were published in American newspapers but fortunately no reference was made to the Ford Motor Company.[15] In any event, the Vichy government paid Ford Motor Company 38 million francs as compensation for damage done to the Poissy plant. This was not reported in the U.S. press and would hardly be appreciated by those Americans at war with Naziism. Dubois asserts that these *private* messages from Ford in Europe were passed to Edsel Ford by Assistant Secretary of State Breckenridge Long. This was the same Secretary Long who one year later suppressed *private* messages through the State Department concerning the extermination of Jews in Europe. 16 Disclosure of those messages conceivably could have been used to assist those desperate people.

A U.S. Air Force bombing intelligence report written in 1943 noted that,

Principal wartime activities [of the Ford plant] are probably manufacture of light trucks and of spare parts for all the Ford trucks and cars in service in Axis Europe (including captured Russian Molotovs).[16]

The Russian Molotovs were of course manufactured by the Ford-built works at Gorki, Russia. In France during the war, passenger automobile production was entirely replaced by military vehicles and for this purpose three large additional buildings were added to the Poissy factory. The main building contained about 500 machine tools, "all imported from the United States and including a fair sprinkling of the more complex types, such as Gleason gear cutters, Bullard automatics and Ingersoll borers.[17]

Ford also extended its wartime activities into North Africa. In December 1941 a new Ford Company, Ford-Afrique, was registered in France and granted all the rights of the former Ford Motor Company, Ltd. of England in Algeria, Tunisia, French Morocco, French Equatorial, and French West Africa. North Africa was not accessible to British Ford so this new Ford Company — registered in German-occupied France — was organized to fill the gap. The directors were pro-Nazi and included Maurice Dollfuss (Edsel

Ford's correspondent) and Roger Messis (described by the U.S. Algiers Consul General as "known to this office by repute as unscrupulous, is stated to be a 100 percent pro-German")[18]

The U.S. Consul General also reported that propaganda was common in Algiers about

... *the collaboration of French-German-American capital and the questionable sincerity of the American war effort, [there] is already pointing an accusing finger at a transaction Which has been for long a subject of discussion in commercial circles.*[19]

In brief, there is documentary evidence that Ford Motor Company worked on both sides of World War II. If the Nazi industrialists brought to trial at Nuremburg were guilty of crimes against mankind, then so must be their fellow collaborators in the Ford family, Henry and Edsel Ford. However, the Ford story was concealed by Washington — apparently like almost everything else that could touch upon the name and sustenance of the Wall Street financial elite.

dipnotlar

[1] June 4, 1938, 2:2.

[2] A list of these Gorki vehicles and their model numbers is in Antony G. Sutton, *National Suicide: Military Aid to the Soviet Union*, (New York: Arlington House Publishers, 1973), Table 7-2, p. 125.

[3] The House of Morgan was known for its anti-Semitic views.

[4] Page 2, Column 8.

[5] Ibid.

[6] Jonathan Leonard, *The Tragedy of Henry Ford*, (New York: G.P. Putnam's Sons, 1932), p. 208. Also see U.S. State Department Decimal File, National Archives Microcopy M 336, Roll 80, Document 862.00S/6, "Money sources of Hitler," a report from the U.S. Embassy in Berlin.

[7] On this see Keith Sward, *The Legend of Henry Ford*, (New York: Rinehart & Co, 1948), p. 139.

[8] *New York Times*, August 1, 1938.

[9] Ibid., December 1, 1938, 12:2.

[10] Ibid., December 19, 1938, 5:3.

[11] *Elimination of German Resources*, p. 656.

[12] *Elimination of German Resources*, pp. 657-8.

[13]Josiah E. Dubois, Jr., *Generals in Grey Suits*, (London: The Bodley Head, 1958), p. 248.
[14]Ibid., p. 249.
[15]Ibid., p. 251.
[16]Ibid.
[17]U.S. Army Air Force, *Aiming point report No I.E.2*, May 29, 1943.
[18]U.S. State Department Decimal File, 800/61o.1.
[19]Ibid.

Ford and GM Scrutinized for Alleged Nazi Collaboration
By *Michael Dobbs*-Washington Post Staff Writer-Monday, November 30, 1998.

Three years after Swiss banks became the target of a worldwide furor over their business dealings with Nazi Germany, major American car companies find themselves embroiled in a similar debate.

Like the Swiss banks, the American car companies have vigorously denied that they assisted the Nazi war machine or that they significantly profited from the use of forced labor at their German subsidiaries during World War II. But historians and lawyers researching class-action suits on behalf of former prisoners of war are busy amassing evidence of collaboration by the automakers with the Nazi regime.

The issues at stake for the American automobile corporations go far beyond the relatively modest sums involved in settling any lawsuit. During the war, the car companies established a reputation for themselves as "the arsenal of democracy" by transforming their production lines to make airplanes, tanks and trucks for the armies that defeated Adolf Hitler. They deny that their huge business interests in Nazi Germany led them, wittingly or unwittingly, to also become "the arsenal of fascism."

The Ford Motor Co. has mobilized dozens of historians, lawyers and researchers to fight a civil case brought by lawyers in Washington and New York who specialize in extracting large cash settlements from banks and insurance companies accused of defrauding Holocaust victims. Also, a book scheduled for publication next year will accuse General Motors Corp. of playing a key role in Hitler's invasions of Poland and the Soviet Union.

"General Motors was far more important to the Nazi war machine than Switzerland," said Bradford Snell, who has spent two decades researching a history of the world's largest automaker. "Switzerland was just a repository of looted funds. GM was an integral part of the German war effort. The Nazis could have invaded Poland and Russia without Switzerland. They could not have done so without GM."

Both General Motors and Ford insist that they bear little or no responsibility for the operations of their German subsidiaries, which controlled 70 percent of the German car market at the outbreak of war in 1939 and rapidly retooled themselves to become suppliers of war materiel to the German army.

But documents discovered in German and American archives show a much more complicated picture. In certain instances, American managers of both GM and Ford went along with the conversion of their German plants to military production at a time when U.S. government documents show they were still resisting calls by the Roosevelt administration to step up military production in their plants at home.

After three years of national soul-searching, Switzerland's largest banks agreed last August to make a $1.25 billion settlement to Holocaust survivors, a step they had initially resisted. Far from dying down, however, the controversy over business dealings with the Nazis has given new impetus to long-standing investigations into issues such as looted art, unpaid insurance benefits and the use of forced labor at German factories.

Although some of the allegations against GM and Ford surfaced during 1974 congressional hearings into monopolistic practices in the automobile industry, American corporations have largely succeeded in playing down their connections to Nazi Germany. As with Switzerland, however, their very success in projecting a wholesome, patriotic image of themselves is now being turned against them by their critics.

"When you think of Ford, you think of baseball and apple pie," said Miriam Kleinman, a researcher with the Washington law firm of Cohen, Millstein and Hausfeld, who spent weeks examining records at the National Archives in an attempt to build a slave labor case against the Dearborn-based company. "You don't think of Hitler having a portrait of Henry Ford on his office wall in Munich." Both Ford and General Motors declined requests for access to their wartime archives. Ford spokesman John Spellich defended the company's decision to maintain business ties with Nazi Germany on the grounds that the U.S. government continued to have diplomatic relations with Berlin up until the Japanese attack on Pearl Harbor in December 1941. GM spokesman John F. Mueller said that General Motors lost day-to-day control over its German plants in September 1939 and "did not assist the Nazis in any way during World War II."

For GIs, an Unpleasant Surprise

When American GIs invaded Europe in June 1944, they did so in jeeps, trucks and tanks manufactured by the Big Three motor companies in one of the largest crash militarization programs ever undertaken. It came as an unpleasant surprise to discover that the enemy was also driving trucks manufactured by Ford and Opel -- a 100 percent GM-owned subsidiary -- and flying Opel-built warplanes. (Chrysler's role in the German rearmament effort was much less significant.)

When the U.S. Army liberated the Ford plants in Cologne and Berlin, they found destitute foreign workers confined behind barbed wire and company documents extolling the "genius of the Fuehrer," according to reports filed by soldiers at the scene. A U.S. Army report by investigator Henry Schneider dated Sept. 5, 1945, accused the German branch of Ford of serving as "an arsenal of Nazism, at least for military vehicles" with the "consent" of the parent company in Dearborn.

Ford spokesman Spellich described the Schneider report as "a mischaracterization" of the activities of the American parent company and noted that Dearborn managers had frequently been kept in the dark by their German subordinates over events in Cologne.

The relationship of Ford and GM to the Nazi regime goes back to the 1920s and 1930s, when the American car companies competed against each other for access to the lucrative German market. Hitler was an admirer of American mass production techniques and an avid reader of the antisemitic tracts penned by Henry Ford. "I regard Henry Ford as my inspiration," Hitler told a Detroit News reporter two years before becoming the German chancellor in 1933, explaining why he kept a life-size portrait of the American automaker next to his desk.

Although Ford later renounced his antisemitic writings, he remained an admirer of Nazi Germany and sought to keep America out of the coming war. In July 1938, four months after the German annexation of Austria, he accepted the highest medal that Nazi Germany could bestow on a foreigner, the Grand Cross of the German Eagle. The following month, a senior executive for General Motors, James Mooney, received a similar medal for his "distinguished service to the Reich."

The granting of such awards reflected the vital place that the U.S. automakers had in Germany's increasingly militarized economy. In 1935, GM agreed to build a new plant near Berlin to produce the aptly named "Blitz" truck, which would later be used by the German army for its blitzkreig attacks on Poland, France and the Soviet Union. German Ford was the second-largest producer of trucks for the German army after GM/Opel, according to U.S. Army reports.

The importance of the American automakers went beyond making trucks for the German army. The Schneider report, now available to researchers at the National Archives, states that American Ford agreed to a complicated barter deal that gave the Reich increased access to large quantities of strategic raw materials, notably rubber. Author Snell says that Nazi armaments chief Albert Speer told him in 1977 that Hitler "would never have considered invading Poland" without synthetic fuel technology provided by General Motors.

As war approached, it became increasingly difficult for U.S. corporations like GM and Ford to operate in Germany without cooperating closely with the Nazi rearmament effort. Under intense pressure from Berlin, both companies took pains to make their subsidiaries appear as "German" as possible. In April 1939, for example, German Ford made a personal present to Hitler of 35,000 Reichsmarks in honor of his 50th birthday, according to a captured Nazi document.

Documents show that the parent companies followed a conscious strategy of continuing to do business with the Nazi regime, rather than divest themselves of their German assets. Less than three weeks after the Nazi occupation of Czechoslovakia in March 1939, GM Chairman Alfred P. Sloan defended this strategy as sound business practice, given the fact that the company's German operations were "highly profitable."

The internal politics of Nazi Germany "should not be considered the business of the management of General Motors," Sloan explained in a letter to a concerned shareholder dated April 6, 1939. "We must conduct ourselves [in Germany] as a German organization. . . . We have no right to shut down the plant."

U.S. Firms Became Crucial

After the outbreak of war in September 1939, General Motors and Ford became crucial to the German military, according to contemporaneous German documents and postwar investigations by the U.S. Army. James Mooney, the GM director in charge of overseas operations, had discussions with Hitler in Berlin two weeks after the German invasion of Poland.

Typewritten notes by Mooney show that he was involved in the partial conversion of the principal GM automobile plant at Russelsheim to production of engines and other parts for the Junker "Wunderbomber," a key weapon in the German air force, under a government-brokered contract between Opel and the Junker airplane company. Mooney's notes show that he returned to Germany the following February for further discussions with Luftwaffe commander Hermann Goering and a personal inspection of the Russelsheim plant.

Mooney's involvement in the conversion of the Russelsheim plant undermines claims by General Motors that the American branch of the company had nothing to do with the Nazi rearmament effort. In congressional testimony in 1974, GM maintained that American personnel resigned from all management positions in Opel following the outbreak of war in 1939 "rather than participate in the production of war materials."

However, according to documents of the Reich Commissar for the Treatment of Enemy Property, the American parent company continued to have some say in the operations of Opel after September 1939. The documents show that the company issued a general power of attorney to an American manager, Pete Hoglund,

625

in March 1940. Hoglund did not leave Germany until a year later. At that time, the power of attorney was transferred to a prominent Berlin lawyer named Heinrich Richter.

GM spokesman Mueller declined to answer questions from The Washington Post on the power of attorney granted to Hoglund and Richter or to provide access to the personnel files of Hoglund and other wartime managers. He also declined to comment on an assertion by Snell that Opel used French and Belgian prisoners at its Russelsheim plant in the summer of 1940, at a time when the American Hoglund was still looking after GM interests in Germany. The Nazis had a clear interest in keeping Opel and German Ford under American ownership, despite growing hostility between Washington and Berlin. By the time of Pearl Harbor in December 1941, the American stake in German Ford had declined to 52 percent, but Nazi officials argued against a complete takeover. A memorandum to plant managers dated November 25, 1941, acknowledged that such a step would deprive German Ford of "the excellent sales organization" of the parent company and make it more difficult to bring "the remaining European Ford companies under German influence."

Documents suggest that the principal motivation of both companies during this period was to protect their investments. An FBI report dated July 23, 1941 quoted Mooney as saying that he would refuse to take any action that might "make Hitler mad." In fall 1940, Mooney told the journalist Henry Paynter that he would not return his Nazi medal because such an action might jeopardize GM's $100 million investment in Germany. "Hitler has all the cards," Paynter quoted Mooney as saying.

"Mooney probably thought that the war would be over very quickly, so why should we give our wonderful company away," said German researcher Anita Kugler, who used Nazi archives to trace the company's dealings with Nazi Germany.

Even though GM officials were aware of the conversion of its Russelsheim plant to aircraft engine production, they resisted such conversion efforts in the United States, telling shareholders that their automobile assembly lines in Detroit were "not adaptable to the manufacture of other products" such as planes, according to a company document discovered by Snell.

In June 1940, after the fall of France, Henry Ford personally vetoed a U.S. government-approved plan to produce under license Rolls-Royce engines for British fighter planes, according to published accounts by his associates.

Declaration of War Alters Ties

America's declaration of war on Germany in December 1941 made it illegal for U.S. motor companies to have any contact with their subsidiaries on German-controlled territory.

At GM and Ford plants in Germany, reliance on forced labor increased. The story of Elsa Iwanowa, who brought a class-action suit against Ford last March, is typical. At the age of 16, she was abducted from her home in the southern Russian city of Rostov by German soldiers in October 1942 with hundreds of other young women to work at the Ford plant at Cologne.

"The conditions were terrible. They put us in barracks, on three-tier bunks," she recalled in a telephone interview from Belgium, where she now lives. "It was very cold; they did not pay us at all and scarcely fed us. The only reason that we survived was that we were young and fit."

In a court submission, American Ford acknowledges that Iwanowa and others were "forced to endure a sad and terrible experience" at its Cologne plant but maintains that redressing such "tragedies" should be "a government-to-government concern." Spellich, the Ford spokesman, insists the company did not have management control over its German subsidiary during the period in question.

Ford has backed away from its initial claim that it did not profit in any way from forced labor at its Cologne plant. Spellich said that company historians are still researching this issue but have found documents showing that, after the war, American Ford received dividends from its German subsidiary worth approximately $60,000 for the years 1940-43. He declined a request to interview the historians, saying they were "too busy."

The extent of contacts between American Ford and its German-controlled subsidiary after 1941 is likely to be contested at any trial. Simon Reich, an economic historian at the University of Pittsburgh and an expert on the German car industry, says he has yet to see convincing evidence that American Ford had any control over its Cologne plant after December 1941. He adds, however, that both

"Opel and Ford did absolutely everything they could to ingratiate themselves to the Nazi state."

While there was no direct contact between American Ford and its German subsidiary after December 1941, there appear to have been some indirect contacts. In June 1943, the Nazi custodian of the Cologne plant, Robert Schmidt, traveled to Portugal for talks with Ford managers there. In addition, the Treasury Department investigated Ford after Pearl Harbor for possible illegal contacts with its subsidiary in occupied France, which produced Germany army trucks. The investigation ended without charges being filed.

Even though American Ford now condemns what happened at its Cologne plant during the war, it continued to employ the managers in charge at the time. After the war, Schmidt was briefly arrested by Allied military authorities and barred from working for Ford. But he was reinstated as the company's technical director in 1950 after he wrote to Henry Ford II claiming that he had always "detested" the Nazis and had never been a member of the party. A letter signed by a leading Cologne Nazi in February 1942 describes Schmidt as a trusted party member. Ford maintains that Schmidt's name does not show up on Nazi membership lists.

Mel Weiss, an American attorney for Iwanowa, argues that American Ford received "indirect" profits from forced labor at its Cologne plant because of the overall increase in the value of German operations during the war. He notes that Ford was eager to demand compensation from the U.S. government after the war for "losses" due to bomb damage to its German plants and therefore should also be responsible for any benefits derived from forced labor.

Similar arguments apply to General Motors, which was paid $32 million by the U.S. government for damages sustained to its German plants. Washington attorney Michael Hausfeld, who is involved in the Ford lawsuit, confirms GM also is "on our list" as a possible target.

[221] Yosef Mikhah, *"Ford, General Motors ve III. Reich: Karlı Bir İşbirliği Örneği"*, Fransızca *La Riposte* dergisi, Temmuz 2003 sayısından.

[222] Frank Buchman, A Life, sf. 29.

[223] 'Garth Lean, On the Tail of a Comet: The Life of Frank Buchman, page 240.

[224] Garth Lean, *On the Tail of a Comet: The Life of Frank Buchman*, sf. 233, 236.
[225] *The Mystery of Moral Re-Armament; A Study of Frank Buchman and His Movement*, Tom Driberg, 1965, pages 64-65.
[226] *Buchman -- Surgeon of Souls*, B.W. Smith, Jr., *American Magazine*, 122:26-7 + November 1936, page 147.
[227] *The Mystery of Moral Re-Armament; A Study of Frank Buchman and His Movement*, Tom Driberg, 1965, page 66.
[228] W. H. Auden *"The Group Movement And The Middle Classes"*, sf. 101 + "Oxford and the Groups; The Influence of the Groups", Rev. Geoffrey F. Allen, John Maud, Miss B. E. Gwyer, C. R. Morris, W. H. Auden, R. H. S. Crossman, Dr. L. P. Jacks, Rev. E. R. Micklem, Rev. J. W. C. Wand, Rev. M. C. D'Arcy, S.J., Professor L. W. Grensted. Yayına hazırlayan R. H. S. Crossman. Basil Blackwell, Oxford, 1934.
[229] 26 Ağustos 1936 günlü *The New York World Telegram*'dan aktaran *Hitler and Buchmanism*, Reinhold Niebuhr, *The Christian Century*, 53:1315-6, 7 Ekim 1936, sf. 1315., + *A God-Guided Dictator*, *The Christian Century*, 53:1182-3, 9 Eylül 1936, sf. 1182. + *The Mystery of Moral Re-Armament; A Study of Frank Buchman and His Movement*, Tom Driberg, 1965, sf. 68-69. + Garth Lean, *On the Tail of a Comet: The Life of Frank Buchman*, sf. 239.

Hitler Or Any Fascist Leader Controlled By God Could Cure All Ills Of World, Buchman Believes

By William A. H. Birnie, *World-Telegram Staff Writer*

To Dr Frank Nathan Daniel Buchman, vigorous, outspoken, 58-year-old leader of the revivalist Oxford Group, the Fascist dictatorships of Europe suggest infinite possibilities for remaking the world and putting it under "God Control".

"I thank Heaven for a man like Adolf Hitler, who built a front line of defense against the anti-Christ of Communism," he said today in his book-lined office in the annexe of Calvary Church, Fourth Ave and 21st St.

"My barber in London told me Hitler saved Europe from Communism. That's how he felt. Of course, I don't condone everything the Nazis do. Anti-Semitism? Bad, naturally. I suppose Hitler sees a Karl Marx in every Jew.

"But think what it would mean to the world if Hitler surrendered to the control of God. Or Mussolini. Or any dictator. Through such

a man God could control a nation overnight and solve every last, bewildering problem."

Dr Buchman, who is directing an Oxford house-party tonight at the Lenox, Mass. estate of Mrs Harriet Pullman Schermerhorn, returned from Europe aboard the *Queen Mary*, after attending Oxford meetings in England and the Olympic Games in Berlin.

A small, portly man, who doesn't smoke or drink and listens quietly to *"God's plans"* for a half hour or so every day, usually before breakfast, Dr. Buchman talked easily about world affairs while eight or nine Oxfordites -- good-looking young fellows in tweeds -- sat on the floor and listened.

"The world needs the dictatorship of the living spirit of God," he said and smiled, adjusting his rimless glasses and smoothing the graying hair on the back of his head. *"I like to put it this way. God is a perpetual broadcasting station and all you need to do is tune in. What we need is a supernatural network of live wires across the world to every last man, in every last place, in every last situation...*

"The world won't listen to God but God has a plan for every person, for every nation. Human ingenuity is not enough. That is why the isms are pitted against each other and blood falls.

"Spain has taught us what godless Communism will bring. Who would have dreamed that nuns would be running naked in the streets? Human problems aren't economic. They're moral and they can't be solved by immoral measures. They could be solved within a God-controlled democracy, or perhaps I should say a theocracy, and they could be solved through a God-controlled Fascist dictatorship."

He looked around the room at the eight or nine young men drinking in his words, and straightened the crimson rose in his button hole.

"Suppose we here were all God-controlled and we became the Cabinet," he said. *"You"* -- pointing at the reporter, who seldom ventures off the pavements of Manhattan -- *"You would take over agriculture. You"* -- a Princeton graduate beamed -- *"would be Mr Hull. Eric here, who has been playing around with a prominent Canadian who's Cabinet is material*[1]*, would be something else, and this young lawyer would run the Post Office.*

"Then in a God-controlled nation, capital and labour would discuss their problems peacefully and reach God-controlled solutions. Yes, business would be owned by individuals, not by the State, but the owners would be God-controlled."

The Oxford Group has no official membership lists, no centralised organisation, but Dr Buchman estimated that *"literally millions"* listened in to his recent world broadcast from the meeting in England attended by **15,000 persons. Finances?**

"God runs them," he smiled. "Don't you say every day, Give us this day our daily bread? And don't you receive?"

The group is built on the simple thesis that there is a divine plan for the world and that human beings, with faith and devotion, can receive God-given guidance in a "quiet time" of communion. Most Oxfordites write down their guidance and then check it against the "four absolutes" -- absolute honesty, absolute purity, absolute unselfishness, absolute love.

"*Those are Christ's standards,*" Dr Buchman explained. "*We believe that human nature itself can be changed by them. We believe in answering revolution by more revolution -- but revolution within the individual, and through the individual, revolution in the nation, and, through the nation, revolution in the world. It's as simple as that -- Christian simplicity. And it's fun, too. We call each other by our first names and our meetings are always informal.*

"*I held meetings at the Republican and Democratic conventions. What Washington needs is God-control. Landon talks about divine guidance. Why doesn't he apply it? And the finest thing Roosevelt ever said was this -- 'I doubt if there exists any problem, political or economic, which would not melt before the fire of spiritual awakening'.*

"*Oxford is not a one-way ticket to heaven, although that's a splendid thing and lots of people need it. It's a national ticket, too. That's the ticket we should vote in this coming election -- God's ticket.*"

Dr Buchman is **unmarried**, a graduate of **Muhlenberg College**, which awarded him a doctorate of divinity in **1926**. He said **he was "changed"** -- Oxfordites use the word to mean complete surrender to God control -- by a gradual process.

"I was in England and I began to realise I was a sinner and there was an abyss between Christ and me," he said. *"I was resenting my lost power and I was confessing others' sins when the real problem was mine. Then I went to church.*

"A vision of the Cross. Of Christ on the Cross. An actual vision. I was changed then, but I've been changing ever since. A little even today, I suppose."

"And when was the vision, Dr Buchman?"

"Let's see," he said, and rustled some pamphlets in his hand. *"Let's see -- what year was the vision?"*

He looked around at the faces turned toward him. *"What year was the vision?"* he repeated. One of the young men spoke up. *"1908, wasn't it, Dr Buchman?"*

Dr Buchman smiled at him.

"Of course," he said. *"That was it. 1908."*

The New York World Telegram, August 26, 1936, quoted in The Mystery of Moral Re-Armament; A Study of Frank Buchman and His Movement, Tom Driberg, 1965, pages 68-71.

[230] NY, 1940, Scribners, sf. 160

[231] *Hitler and Buchman*, Reinhold Niebuhr, *The Christian Century*, 53:1315-6, Oct. 7, 1936, page 1315.+ *Courage to Change, An Introduction to the Life and Thought of Reinhold Niebuhr*, June Bingham, page 202.

[232] (Kaynak: Inside Buchmanism; an independent inquiry into the Oxford Group Movement and Moral Re-Armament, Geoffrey Williamson, Philosophical Library, New York, c1954, page 147.)

[233] *Collected Essays, Journalism and Letters*, 1943. sf. 265

[234] Wayne Madsen, *"Christian Mafia"*: "The predecessor of Buchman's Moral Rearmament Group, the Oxford Group, included Moslems, Buddhists, and Hindus. Buchman and Hitler both saw the creation of a **one-world religion** based largely on Teutonic, Aryan, and other pagan traditions mixed with elements of Christianity. **Buchman saw Islam, Buddhism, and Hinduism as being compatible with his brand of Christianity.** Hitler, too, had an affectation for Islam and Buddhism as witnessed by his support **for the Grand Mufti of Jerusalem**, the anti-British Muslim Brotherhood, and Tibetan Buddhists."

[235] Zvi Elpeleg, Hacı Emin el-Hüseyni, İletişim y. 1. bs. 1999, sf. 32

[236] Zvi Elpeleg, age, sf. 59.
[237] Zvi Elpeleg, age, sf. 61
[238] Zvi Elpeleg, age, sf. 103
[239] Kudüs Müftüsü Hüseyni'nin Mayıs 1941'de Cihad ilanına ilişkin Amerikan Time dergisinde yayımlanan makaleyi önemi nedeniyle özgün biçimde aktarıyorum: "Holy Skirmish", Time, May 12, 1941:
"With a terrible, pregnant symbolism, World War II jumped last week from the birthplace of democracy to the birthplace of mankind. Five days after Athens fell, fighting broke out in Iraq, traditional site of the Garden of Eden. In its beginning the new conflict was a minor embarrassment to Britain; in its potentialities it was a threat as serious as any the British Empire had yet suffered.
A few days before Germany's Balkan campaign, a **pro-German Arab nationalist**, **Seyid Rashid Ali El-Gailani**, overthrew five-year-old Monarch Feisal II's pro-British Regent. Because of the threat implicit in this coup, the British sent 1,200 troops to Basra, Iraq's main port, at the head of the Persian Gulf. **El-Gailani** acquiesced in the landing and publicly subscribed to the **1930 Anglo-Iraq Treaty of Alliance** which justified it ("The aid of Iraq in the event of war or the imminent menace of war will consist in use of railways, rivers, ports, aerodromes and means of communication").
But when the British last week notified Iraq of their intention to land reinforcements, **Rashid El-Gailani** objected on the grounds that it would be contrary to the treaty until the first 1,200 had passed through and out of Iraq. The British disagreed, charged that **El-Gailani** himself had violated the treaty by not granting full use of communications and airfields. The British were confined to two fields where they had been established under the treaty for years: Habbania, on the west bank of the Euphrates, 65 miles from Bagdad, a huge airdrome with cantonments for about 5,000 men, but equipped only with small guns and some 50 antique biplanes; and Shaibah, near Basra, basing a bomber squadron and an armored-car section.
El-Gailani's answer to the British was to send a concentration of Iraqi troops to the heights threatening Habbania airport, with an ultimatum to the British to cease all operations there. British Ambassador Sir Kinahan Cornwallis, a six-foot-four, big-boned,

two-fisted runner, boxer and marksman who has had 35 years' experience in the Near East, replied that the continued presence of the Iraqi concentration at Habbania "might lead to an unfortunate incident."

Sir Kinahan and other British diplomats had no idea what an understatement "unfortunate incident" was. **El-Gailani**'s reply to Sir Kinahan's warning was to send more troops to the heights, where they dug trenches, placed artillery and opened fire point-blank on the Habbania field. The British, though badly outnumbered, replied. The Iraqi claimed destroying 26 planes on the ground, but other planes took off and bombed the Iraqi guns. The same day the British in Basra warned the Iraqi troops there to withdraw. They agreed to, but did not. The British seized the Basra airport, dock area and power station. This week the British began a systematic bombing of Iraqi airports, claimed to have destroyed most of the Iraq Air Force.

Adolf in Paradise. The timing of the Iraqi affair had a Germanic neatness. Axis business in the Balkans was newly finished. The technique of provocation was a haunting echo of similar German undertakings elsewhere—the appeal to justice, the air of outrage, the nationalistic frenzy. And there were familiar sounds to be heard, phrases repeated as if by rote. Proclaimed El-Gailani: "**The Iraq nation will not submit to humiliations inflicted by a foreign power. We have not sought the struggle, but now an appeal of country goes out to everyone. We are waging a sacred struggle.**"

The German press and radio talked as if **Germany owned this sacred struggle.** Berlin began yammering about a jihad—holy war. Even if the Germans were not able to land troops on the flank of the British Near Eastern Front, it would sit well with them if the British had to start shooting Moslems.

Germany has been long active in this zone. It was common gossip in Turkey last week that although the British had persuaded Iraq to break off relations with Germany, several German intrigants had recently sneaked into Iraq to negotiate with Iraqi sheiks. Outstanding among these was said to be the former Middle East Chief of Germany's Foreign Office, smooth, Arab-speaking, businesslike Georg Werner Otto von Hentig, a fabulous character who was supposed to have **presented Mercédés-Benz automobiles** to the biggest sheiks, bicycles to the smallest. Britain has no Lawrence of Arabia in this war (one of Lawrence's rivals, Ibn Saud's good friend Harry St. John Bridger Philby, it was learned last week, was released after three months' detention by the British under the Emergency Powers Defense Act).

Fuel and Ships. Although **Iraq has supplied Britain with only 4% of her oil**, she fuels the British Mediterranean Fleet. In spite of her sizable synthetic-oil plants, **Germany needs oil, particularly since the yield of U.S. wells has been largely poured into the British pan of the scales of war. The U.S. controls 63% of world production, while the Axis (counting Rumania and synthetics but not Russia) controls only 4.4%. The fields of the Near East, including Iraq, give 5.7%—which, from the point of view of Eastern Mediterranean strategy, Britain can ill afford to lose, but which will more than double Germany's supply if the Axis can control them.**

Iraq's yield is refined partly in Iraq, partly at the terminus of the 640-mile pipeline to Haifa on the Mediterranean. (The British closed the branch pipeline to Syria after France's fall.) The British Fleet has been oiling at Haifa. Though London claimed last week that the Fleet has built up substantial stores, the week's worst news in the Mediterranean theater grew out of the incident in Iraq: the Iraqi seized the Mosul wells and shut off the pipeline to Haifa.

Fuel for Sheiks.

That Britain's first test in the East should have come in Iraq was ironic. Britain created Iraq. As a reward for Arab assistance against Turkey in World War I, the British amalgamated the Turkish vilayets of Mosul, Bagdad and Basra into the mandate of Iraq, which by successive negotiations was gradually given independence. Britain trained Iraq's soldiers, equipped its Army, nursed its Government through perilous times, bought its oil.

The Arabs resented Britain's splitting them up into small States. The Arabs in Palestine resented Zionism and were sniping at British troops there last week. The Arabs in Iraq's neighbor, Syria, resented being kept a French mandate. Moslems everywhere, even in India, had longstanding grudges. If the Germans could warm over these resentments and arouse the entire Moslem and Arab worlds against Britain, the geographic guts would be knocked out of the Empire.

Berlin, with its talk of jihad, did its best to kindle the Arab sheiks to flame. Newspapers and radio announced loudly that Syrian Arabs were individually telegraphing support and encouragement to Iraq, that the **Grand Mufti of Jerusalem** was urging Palestine Arabs to open battle, that Ibn Saud, tough, single-minded leader of Saudi Arabia, was mobilizing his desert legions.

There is probably nothing Adolf **Hitler would like so much as to be called in to be the savior of Islam.** Last week he got his first bid. According to Rome reports, **Seyid Rashid Ali El-Gailani** asked him, through the mediation of Italian Minister Luigi Gabbrielli, to come and save Iraq. In a desperate effort to stave off the Near East crisis, Turkey offered to mediate the undeclared war, but Turkey was fast being pulled out of its pro-British orientation, and the British, mistrusting Moslem mediation of a Moslem vexation, turned the offer down. If the Iraq Incident was not the beginning of the **Holy War,** at least it was a **Holy Skirmish.**

[240] Zvi Elpeleg, age, sf. 119

[241] Dr. Franz W. Seidler, "Die Kollaboration", Herbig-Verlag, 1995.

[242] Cevat Rıfat Atilhan, "Dünya İhtilalcileri: İsrail", Aykurt Neşriyatı:22, sf. 113.

[243] Cevat Rıfat Atilhan, age, sf. 39, 98.

[244] Cevat Rifat Atilhan'ın "Yahudi Casusu Suzy Liberman" adlı birinci basımı 1935'te yapılan kitabının 1968'de yapılan basımına Atilhan'ın avukatı M. Fazlı Akkaya'nın yazdığı 8.11.1968 Cuma günlü sunum yazısından.

[245] Cevat Rıfat Atilhan *"Türk Oğlu Düşmanını Tanı"* adlı kitabında şöyle diyor: "Halil Nuri Yurdakul'a **1935 yılında, Berlin'de** bir tetkik seyahatinde bulunduğu sırada rastladım. O zaman bazı namussuz müfteriler ve malûm şahsiyetler benim **Hitler'den milyonlar aldığımı** etrafa yaymışlardı. Sırası gelmişken tarihe ifşa edeyim ki İkinci Dünya Savaşı'nda Alman hazinesinden para aldığımı iddia edecek bir yazar varsa meydana çıksın onun elini öperim. Allaha binlerce hamdolsun ki elim şimdiye kadar ne yara, ne de ağyara açılmamıştır."

[246] Bkz: Bryan Mark Rigg, "Hitler'in Yahudi Askerleri- Nazi Irk Yasaları ve Alman Ordusunda Savaşan Yahudi Kökenli Askerlerin Bilinmeyen Tarihi", Profil Yayınları, 1. Basım, Eylül 2006

[247] Chuck Morse, The Nazi Connection to Islamic Terrorism: Adolf Hitler and Haj Amin Al-Husseini, Universe.

[248] Bkz: Amir Taheri, *Holy Terror: Inside the World of Islamic Terrorism,* 1987, Adolf Hitler and the Arab Reich: "The genesis of the cooperation between militant Islam and the extreme right can be traced back to the early years of the Third Reich. During World War II, when much of the Islamic world sympathized with Hitler, members of the Muslim Brotherhood would often say prayers for an Axis victory during their meetings. Moreover, some Muslims went so far as to fantasize over putative Islamic affinities of fascist leaders. For example, rumors abounded that Benito Mussolini was an Egyptian Muslim whose real name was Musa Nili (Moses of the Nile) and that Adolf Hitler too had secretly converted to Islam and bore the name Hayder, or "the brave one." Ayrıca, Bkz: Abdullah Gumi, "Mısır'da Radikal Hareketler", 1986'dan aktaran; Soner Yalçın, Hangi Erbakan, Başak y, 3. Bs, Mayıs 1994, sf. 258.

[249] Paul Longgrear, Raymond McNemar , "The Arab/Muslim Nazi Connection", Middle East Digest, Nisan Mayıs 2000: "Hitler became known as "Abu Ali" (In Egypt his name was "Muhammed Haidar"). Egyptian followers even "found" the house in which Hitler's mother was born in Tanta, Egypt and the place became a pilgrimage site.

[250] Serge Trifkovic, Islam's Nazi Connections. *"No more monsieur, No more mister. In heaven Allah,On earth Hitler"* Hitler himself was even given an Arabic name: Abu Ali." + Youssef H. Aboul-Enein, FAO Journal, *Volume V, Number 3 September 2000, Middle East Reviews:* William Stadiem. *Too Rich: The High Life and Tragic Death of King Farouk,* Carol and Graf Publishers Inc. New York. 409 pages, 1991. "Some Egyptians vehemently opposed to England saw Hitler as their potential liberator, giving the Nazi dictator the name, Muhammed Haidar." + Julian Schvindlerman, "When Hitler became Abu Ali" 7 June 2002: "Pro-German parties and youth movements attuned to the trappings of National-Socialism sprouted in Syria, Morocco, Tunisia and Egypt. Even Nazi slogans were translated into Arabic. A Mideast song popular in the late 1930s crooned: "No more Monsieur, no more Mister. In Heaven Allah, on Earth Hitler" + Martin A. Lee, *The Beast Reawakens,* 1997 [HC]; Little, Brown and Company; ISBN 0-316-51959-6; p. 122.) "Abu Ali" is the Arabic

nickname given to Hitler by the Egyptian fascist movement prior to, and during, World War II."

251 Suat Parlar, "Osmanlı'dan Günümüze Gizli Devlet" sayfa: 180-1939'da Ankara Büyükelçisi olarak göreve başlayan Franz von Papen 1941 yılında ordu içinde *"İhtilal Birlikleri"* adı verilen faşist bir örgütlenmeyi oluşturmayı başardı. Alman faşizmi faaliyetleri yürütmek için oldukça cömert davranıyordu. Ribben-trop, 9 Mart'ta Papen'e yolladığı bir telgrafta basının ve radyo çalışanlarının parayla kandırılması için birkaç milyonun döviz olarak dağıtılmasını bildirmiştir.

252 Bkz: Oral Sander, Türk-Amerikan ilişkileri, s.95
253 Haydar Tunçkanat, "İkili Anlaşmaların İçyüzü", Ekim y. 1. basım, Ekim 1970, Sf. 355
254 Bkz: Mümtaz Faik Fenik, 1939 Harbi: Türkiye-İngiltere İttifakı ve Büyük Biritanya İmparatorluğu, Zerbamat Basımevi, Ankara, Mart 1941
255 Türkiyeyi Savaşa Sokmayan Fevzi Çakmak'tır, İnönüye Kalsaydı, Girmiştik. Ahmet Dinç, 9 şubat 2002, Aksiyon
256 Gül İnanç Barkay, "ABD Diplomasisinde Türkiye 1940-1943", Büke y. 1.bs. Mart 2001,sf. 37
257 Gül İnanç Barkay, age, sf. 38
258 Bkz: Kazım Karabekir, İstiklal Harbimiz, İstanbul, Türkiye y. 1960, s. 21 Aktaran: Türkkaya Ataöv, age, sf. 163
259 Bkz: Joseph C. Grew, "Yeni Türkiye", Amerika'nın İlk Türkiye Büyükelçisi'nin Anıları, Multilingual y, çev: K. M. Orağlı, 1999, sf. 43
260 İsmet İnönü, "İstiklal Savaşı ve Lozan", Atatürk Kültür, Dil ve Tarih Yüksek Kurumu Atatürk Araştırma Merkezi yay. 1993. (İsmet İnönü'nün bu kitapta yer alan 23 Ekim 1973 günü Türk Tarih Kurumu'nda Lozan Antlaşmasının 50. Yılı Etkinlikleri kapsamında yaptığı "İstiklal Savaşı ve Lozan" başlıklı konuşma)
261 Mümtaz Faik Fenik, age,: "İngiltere ile ticaretimiz, 1923 yılından sonra (Atatürk'ün ölümüne dek) adım adım azalmaya başladı... İngiltere'ye ihracatımız 1923'te %17 iken 1938'de %4'e ithalatımız ise 1923'te %18 iken 1938'de %1'e indi. Demek ki İngiltere ile sıkı siyasi münasebete giriştiğimiz (1939) sırada, İngiltere'den ithalatımız, bütün ithalatımızın ancak %4'ünü oluşturuyordu... İngiltere ile imzalanan ticaret antlaşması bize bu geniş imparatorluğun kapılarını açmıştır. (sf. 54) İngiltere, Türkiye'den kendisine gerekli olan ham

maddeleri almakta ve Buna karşılık bize sanayı ürünleri vermektedir. (sf. 53) Bu mücadelede İngiltere'nin mağlup olması adalet ve insanlığın mağlup olması demektir. (sf. 8)" Ayrıca: İngiltere ile Atatürk'ün 1938'de yürüttüğü ilişkilerin nasıl *ulusal bağımsızlığı korumada kıskanç* bir ilişki olduğunu, onun ölümünden sonra İnönü tarafından sürdürülen ilişkilerin nasıl bağımsızlıktan ödünler içerdiğini anlamak için, bkz: Dr. Erdoğan Karakuş; *"İkinci Dünya Savaşı Öncesi İngiliz Belgelerinde Türk-İngiliz İlişkileri, 1938-1939"*, IQ y. 1. bs, Haziran 2006.

[262] İsmet İnönü, "Konuşma, Demeç, Makale, Mesaj ve Söyleşiler 1944-1950", Haz: İlhan Turan, TBMM Kültür, Sanat ve Yayın Kurulu y. No: 99, Ankara 2003, sf. 75.

[263] Dr. A. Haluk Ülman, age, sf. 58.

[264] Karl Marx, bu durumu şöyle anlatır: *"Birbirlerine güveni kalmamış kararsız ve korkak Batılı büyük devletler, önce saldırganlığından ürktükleri Çar'a karşı Sultanı direnmeye teşvit etmekte ama sonradan dünya çapında bir devrime yol açabilir korkusuyla genel bir savaş çıkartmaktan sakındıkları için, aynı Sultanı Ruslar karşısında boyun eğmeye zorlamaktadırlar."* (Bkz: K. Marx, Türkiye Üzerine (Şark Meselesi) Gerçek y. 2. bs, sf. 79.)

[265] Dr. A. Haluk Ülman, age, sf. 59.

[266] Dr. A. Haluk Ülman, *"İkinci Cihan Savaşının Başından Truman Doktrinine Kadar Türk-Amerikan Diplomatik Münasebetleri 1939-1947"*, Ankara Üniversitesi Siyasal Bilgiler Fakültesi Yayınları No: 128-110, Sevinç matbaası, Ankara, 1961, sf. 62: *"ABD Başkanı Truman, Sovyetlerin Türkiye'den toprak isteklerinin yalnız Sdvyetler Birliği ile Türkiye'yi ilgilendiren bir sorun olduğunu söyleyerek bu sorunun iki devlet arasında çözülmesi gerektiğini söylemiştir."*

[267] Dr. A. Haluk Ülman, age, sf. 77.

[268] Dr. A. Haluk Ülman, age, sf. 83, dipnot 39.

[269] Haydar Tunçkanat, age, sf. 26.

[270] Haydar Tunçkanat, age, sf. 40-42

[271] Mahmut Dikerdem, "Ortadoğu'da Devrim Yılları", Cem y. İstanbul 1990: "Amerika, Süveyş Kanalı'ndan kayıtsız şartsız çekilmeleri için İngilizler üzerinde baskı yapmayı üstüne alarak Nasır'a büyük prestij sağlama fırsatını verdi. Amerika'nın bu tutumunda başlıca rolü Kahire'deki Büyükelçisi Jefferson Caffery'nin oynadığına evvelce değinmiştim. Başkan Roosevelt'in yakın dostu olan bu yaşlı

ve tecrübeli diplomatın Nasır'ı desteklemesi, ABD'nin 1950'lerde izlediği dış politika açısından kolay anlaşılır bir durum değildir. Çünkü o dönemde Amerika dömokratik olmayan bütün rejimlere, sağ veya sol diktatoryalara karşı çıkıyordu. Fakat belki de madalyonun öteki yüzünü unutuyorum: O yıllar Amerika'nın Asya, Afrika ve Ortadoğu'da İngiltere imparatorluğunun tasfiyesi sonucunda boşalan ülkelere kendi nüfuzunu yerleştirme peşinde koştuğu yıllardı. Mısır'da henüz zayıf durumda bulunan askeri idarenin fakir Avrupa yerine zengin Amerika'ya daha kolay yöneleceği hesaplanmış olabilir. Bu hesaba bir de Kahire Büyükelçilerinin Mısır'da Nasır'a alternatif olarak komünistlerden başkasının bulunmadığı yolundaki telkinleri eklenirse, Washington'un neden yıllarca Nasır'a bel bağladığının anahtarı belki bulunabilir. Nasır ve arkadaşları da kendileri düşerse aşırı solcuların işbaşına gelmesinin kaçınılmaz olduğu kanısını Amerika hükümetinde yerleştirmek için doğrusu çok iyi çalıştılar. Hele iktidarlarının ilk aylarında Amerikan Büyükelçiliği çevresinde kurdukları ağ, görülmeye değerdi. Büyükelçi Caffery'i baştacı etmişlerdi. Her fırsatta onu pohpohluyorlar, görüşlerinden esinlendiklerini, yeni rejimi Amerika modeli üzerine kurmayı düşündüklerini söylüyorlardı. Mr. Caffery de ihtilal konseyindeki subaylardan bahsederken "My Boys!" (Çocuklarım!) demekten zevk duyuyordu." (sf. 97-98)

272 **Bullitt, William Christian** (1891–1967), American diplomat, b. Philadelphia. A member of the American delegation to the Paris Peace Conference following World War I, he was sent by President Wilson on a secret mission to Russia. When his report favoring recognition of the Communist government was rejected, he resigned and later bitterly attacked the Versailles Treaty before the Senate. After 12 years of private life, he was made special assistant to Cordell Hull and served (1933–36) as first U.S. ambassador to the USSR. Later he was ambassador to France (1936–40), ambassador at large in the Middle East (1941–42), and special assistant to the Secretary of the Navy (1942–43). He served (1944–45) as a major in the Free French army under Charles de Gaulle. See his *The Great Globe Itself* **(1946);** *For the President*, selections from his diplomatic correspondence with President Franklin Delano Roosevelt, ed. by O. H. Bullitt (1972); biography by B. Farnsworth (1967). The Columbia Encyclopedia, Sixth Edition. 2001.

273 Bullitt, William C. (William Christian) *The Great Globe Itself: A Preface To World Affairs* Hardcover, **1946** Publisher: C. Scribner's Sons Place of Pub: New York - **First Edition**

274 Francis P. Sempa'nın American Diplomasi Dergisi'ne yazdığı makale *William C. Bullitt: Diplomat and Prophet* adını taşımaktadır.

275 George Kennan'ın "By X" imzasıyla, "X Article" olarak bilinen ve Soğuk Savaş'ın ilk kuramsal belgesi olarak tanıtılan yazısı, Amerika'da Foreign Affairs dergisinin Temmuz 1947 sayısında "The Sources of Soviet Conducts" başlığıyla yayımlandı. Bullitt'in sözkonusu ettiğimiz kitabıysa bundan bir yıl önce 1946'da yayımlanmıştır.

276 William C. Bullitt, age. Genel özet.

277 Richard Gehlen, "Hitler'in Sığınağından Pentagon'a", İleri y., 1. basım, Ekim 2005.

278 Bkz: Miles Copeland, The Game Player: Confessions of the CIA's Orginal Political Operative (London: Aurum Press, 1989), pp. 176-77.: "Former CIA officer Miles Copeland claims that his CIA colleague Bob Mandlestam made "arrangements" with Scientology and Moral Re-Armament about this time."+ Jim Wilcott, "The CIA and the Media: Some Personal Experiences," Covert Action Information Bulletin, December 1979/January 1980 (No. 7), p. 23. "(Moral Re-Armament is another cult-like organization; Copeland's information on MRA is confirmed by the late **Jim Wilcott**, an accountant with the CIA in Japan in the early 1960s, who wrote that MRA **"was covertly supported and used by the CIA** "[25]) Another well-placed source reports that in the early 1960s a high-level award was given to Hubbard by the prestigious American Ordnance Association. Hubbard, this source says, was "on a friendly basis with top generals and admirals and their military-industrial associates."

279 William C. Bullitt, "Asıl Büyük Dünya", Nebioğlu y., 1947, sf. 123

280 William C. Bullitt, age

281 Bkz: Uğur Yıldırım, "Keşiş Güç", Otopsi y. 2. bs. 2005.

282 "When Pope Paul and I met, instinctively we embraced one another. It was a meeting of love, a brotherly encounter. That, finally, will be **how reunion will be accomplished.**" — The **Orthodox Ecumenical Patriarch** Athenagoras I, head of the **historic Patriarchate of**

Constantinople, in an interview with John Cogley, in *"New York Times,"* November 18, 1966.
[283] İhsan Sabri Çağlayangil, "Anılarım", Yılmaz y. Eklerle genişletilmiş 3. baskı. Ağustos 1990., sf. 340-341.
[284] Bkz: Frank Buchman, A Life
[285] Ahmet Emin Yalman, "Yakın Tarihte Gördüklerim ve Geçirdiklerim", Cilt 4, sf. 24, 25, 26
[286] Çetin Yetkin. "Orhan Veli, İsmet İnönü ve İrtica", Cumhuriyet gazetesi, 18.2.1997:
[287] T.C Başbakanlık Basın Yayın ve Enformasyon Genel Müdürlüğü: 27 Arahk 1949-Ankara: Bugün saat 11'de Dışişleri Bakanlığı'nda **Türkiye Cumhuriyeti Hükümeti ile Amerika Birleşik Devletleri Hükümeti arasında bir Kültür Anlaşması** imzalanmıştır. Kültür Anlaşmasını Türkiye namına Dışişleri Bakanlığı Umumi Kâtibi Büyük Elçi Faik Zihni Akdur, Amerika namına da Büyük Elçi George Wadsworth imzalamışlardır. İmza töreninde. Amerika Büyük Elçiliği Müsteşarı Mr. Marwick Perkins, Başkâtip Mr. William Baxter ve Ataşe Mr. G. Evans, Dışişleri Bakanlığı'ndan Umumi Kâtip İkinci Muavini Orta Elçi Bedri Tahir Şaman, İkinci Daire Başkanı Orta Elçi Nurettin Vergin, Protokol Umum Müdürü Tevfik Kâzım Kemahlı, İkinci Daire Dördüncü Şube Müdürü Orhan Eralp hazır bulunmuşlardır. İmzayı takiben Dışişleri Bakanlığı Umumi Kâtibi Büyük Elçi Faik Zihni Akdur söz alarak şunları söylemiştir: «Türkiye ile Amerika Birleşik Devletleri arasında günden güne mesut bir surette inkişaf etmekte olan dostluk münasebetlerini şu anda imzalamış olduğumuz Kültür Anlaşmasının kuvvetlendireceğine hiç bir şüphe yoktur. Dost ve barışsever olan iki memleketi yekdiğerine yakınlaştırmak için kültür bağlarından daha iyi bir vasıta tasavvur olunamaz. Türk ve Amerikan gençliğini birbirine daha iyi tanıtacak ve Türk ve Amerikan kültürlerinin karşılıklı olarak daha iyi anlaşılmasını mümkün kılacak olan bu anlaşmanın iki memleket münasebetleri üzerinde en hayırlı neticelerini tevlit edeceğine eminim.»
Dışişleri Bakanlığı Umumi Kâtibinden sonra anlaşmanın imzası münasebetiyle Amerika. Büyük Elçisi Ekselans Wadsworth da şu demeci vermiştir: «Türk - Amerikan eğitim, ilmî ve kültürel bağlılığını takviye ve genişletmek hedefini güden bu anlaşmanın akdi 1950 senesi için çok memnuniyet verici bir başlangıçtır. Gerek Türkiye nezdindeki Büyük Elçi, gerek Türkiye'deki Amerikan Yardım

Heyetinin Başkanı sıfatiyle, bu anlaşmanın her iki milletin barış ve güven uğrundaki müşterek gayretinin değerli bir gelişmesi olacağı kanaatindeyim. O gayret ki **1947'den beri** bizzat **yardım programı ile** müşahhas bir ifade bulmuştur. Türklerin ve Amerikalıların işbirliği yapmaları ve birbirlerini anlamaları bugün her zamankinden daha önemlidir ve Türkiye ile Amerika arasındaki dostluk hiç bir zaman bugünkü kadar esaslı olmamıştır. Müşterek bir vazifeyi birlikte başarmağa azmettik ve bunu hür insanlara yakışır bir şekilde, dostça ve gönüllü bir işbirliği esasına müsteniden yapacağız. Amerika ve Türkiye arasında mevcut mübadele alanı geniştir. Fikirlerin teknik teatisi yardım programlarının çerçevesi dâhilinde daimî olarak ilerlemiştir. **Fulbright Anlaşması** fikir ve kültür sahasında daha büyük bir inkişafa imkân verecektir.»

Anlaşma, 27 Şubat 1946'da Kahire'de imzalanan Harp Fazlası Mubayaasına Mütaallik Sözleşme dolayısiyle Amerika'ya borçlu olduğumuz paradan yarım milyon doların döviz olarak Amerika'ya ödenecek yerde memleketimizde alıkonarak bazı kültür gayelerine sarf edilmesini derpiş etmektedir. Bu para ile Türk talebenin Amerikan öğretim müesseselerinde okutulması, kendilerine Amerika'da burs temin edilmiş olan Türk öğrencilerin Amerika'ya seyahatleri, Amerikalı talebenin Türk mektep ve üniversitelerinde öğretim görmeleri ve Amerika'dan memleketimize öğretim, inceleme ve etüd yapmak üzere öğretmen, profesör ve uzman getirilmesi gibi gayeler için lüzumlu masraflar yapılacaktır. Harbten sonra malzeme mubayaası dolayısiyle Amerika'ya borçlu kalan devletlerden alacaklarının bir kısmını bu kabîl kültür anlaşmalarına ayırmak suretiyle Amerika'nın hem o memleketlerin dolar sıkıntılarını hafifletmesi hem de kültürel gayelere hizmet etmiş olması fikrini ileri süren Amerikan Ayan âzasından Fulbright'in ismine İzafeten «Fulbright Anlaşmaları» ismini taşıyan bu tip sözleşmeler şimdiye kadar Amerika ile İngiltere italya, Belçika, Çin, Yunanistan vesair müteaddit memleketler arasında aktedilmiş bulunmaktadır. Hükümetimiz de bu anlaşmayı imzalamakla, hem bunun sağladığı mühim kültürel yardımlardan faydalanmış olacak hem de Amerika ile günden güne artan dostluk bağlarımıza bir tane daha ilâve etmiş bulunacaktır.

[288] Bkz: Yön Dergisi, "Devlet Teşkilâtımızdaki Amerikan Ajanları," 15 Temmuz 1966. Sf. 4: Derginin bu sayısında, Türkiye ve Ortadoğu

Amme İdaresi Enstitüsü tarafından 1963 yılında yayımlanan 'Türkiye Cumhuriyeti Devlet Teşkilatı Rehberi'nde hangi devlet kurumunda Amerikalı 'uzman'ların yuvalandığının listesi ve şeması aktarılmaktadır.

[289] Bkz: Metin Aydoğan'ın **"Bitmeyen Oyun ve Türkiye'yi Bekleyen Tehlikeler"**, Otopsi y. 7. bs. Sf. 65, vd. "(...)Türkiye, **27 Aralık 1949** tarihinde ABD ile; **"Türkiye ve ABD Hükümetleri Arasında Eğitim Komisyonu Kurulması Hakkındaki Anlaşma"** adıyla bir ikili anlaşma daha imzaladı. **İsmet İnönü'nün Cumhurbaşkanı olduğu bir dönemde** imzalanan anlaşmanın en önemli özelliği, Türkiye'de kazanılacak Amerikan yanlısı kadroların eğitilme biçimlerinin saptanması ve bu uğurda yapılacak harcamaların karşılama yöntemlerinin belirlenmesiydi. Anlaşma; Türkiye'den ABD'ne gönderilecek Türk öğrenci, öğretim üyesi ve kamu görevlileri ile ABD'nden Türkiye'ye gönderilecek Amerikalı 'uzman', 'araştırmacı' ve 'eğitimci'nin statülerini belirtiyordu. Anlaşmanın 1. maddesi şöyleydi; **"Türkiye'de, Birleşik Devletler Eğitim Komisyonu adı altında bir komisyon kurulacaktır. Bu komisyon, niteliği bu anlaşmayla belirlenen ve parası T.C. Hükümeti tarafından finanse edilecek olan Eğitim programlarının yönetimini kolaylaştıracak ve Türkiye Cumhuriyeti ile Amerika Birleşik Devletleri tarafından tanınacaktır."** Kurulacak Komisyon'un yetki, İşleyiş ve oluşumu ile ilgili olarak 1.1. ve 2.1. alt maddelerinde şunlar vardır: **"Türkiye'deki okul ve yüksek Öğrenim kurumlarında ABD vatandaşlarının yapacağı** *eğitim*, **araştırma, öğretim gibi** *eğitim* **faaliyetleri ile Birleşik Devletler'deki okul ve yüksek öğrenim kuruluşlarında Türkiye vatandaşlarının yapacağı** *eğitim*, **araştırma, öğrenim gibi faaliyetleri; yolculuk, tahsil ücreti, geçim masrafları ve öğretimle ilgili diğer harcamaların karşılanması da dahil olmak üzere finanse edilecektir...** Komisyon harcamalarını yapacak veznedar veya bu işi yapacak kişinin ataması, ABD Dışişleri tarafından uygun görülecek ve ayrılan paralar, ABD Dışişleri Bakanı tarafından saptanacak bir depoziter ya da depoziterler nezdinde bankaya yatırılacaktır.' Kullanma yer ve miktarına ABD Dışişleri Bakanı'nın karar vereceği harcamaların, nereden sağlanacağı ise Anlaşmanın giriş bölümünde belirtilmektedir; **"T.C. Hükümeti ile ABD Hükümeti arasında 27 Şubat 1946 tarihinde imzalanan Anlaşma'nın birinci bölümünde belirtilen"** kaynakla. Bu kaynak ise,

ABD'nin Türkiye'ye verdiği kredi faizlerinin yatırılacağı T.C. Merkez Bankası'na, Türk Hükümetince Ödenen paralardan oluşan bir kaynaktır. T.C. Hükümeti bu anlaşmayla kendi parasıyla kendini bağımlı hale getiren bir açmaza düşmekteydi. **ABD İle yapılan İkili anlaşmaların tümünde ortak olan bir özellik vardır.** Bu anlaşmalar, planlı bir bütünsellik taşır ve birbirleriyle tamamlayıcı bağlantılar içindedir. Burada görüldüğü gibi. **Eğitimle ilgili Antlaşma**'nın kaynağı, **Borç Verme Anlaşması**'nın bir maddesiyle karşılanır. Anlaşma'nın 5. maddesi en dikkat çekici maddelerden biridir. Bu madde, yukarıda açıklanan işleri yapma yetkisinde olan ve Türkiye'nin bağımsızlığını dolaysız ilgilendiren kararlar alabilen, **Türkiye'de Birleşik Devletler Eğitim Komisyonu**'nun kuruluşunu belirlemektedir. 5. madde şöyleydi: "**Komisyon dördü T.C. vatandaşı ve dördü ABD vatandaşı olmak üzere 8 üyeden oluşacaktır. ABD'nin Türkiye'deki diplomatik misyon şefi komisyonun fahri başkanı olacak ve komisyonda oyların eşit olması halinde kararı, komisyon başkanı verecektir.**" (...) 1949 yılında (27 Aralık) imzalanan "**Türkiye ve ABD Hükümetleri Arasında Eğitim Komisyonu Kurulması Hakkındaki Anlaşma**", (Resmi Gazete No: 7460, 1950) Türk Milli Eğitimi'ni ABD denetimine bırakan süreci başlattı. Yeni Dünya Düzeni politikalarının, azgelişmiş ülkeler için öngördüğü "dinsel *eğitim* " ya da "eğitimin dinselleştirilmesi", bu anlaşmayla büyük boyut kazandı. Eğitimin birliği, "dinsel eğitimde birlik"e kaydı. Milli Eğitim Bakanlığı, milli *eğitim* bakanlarının bile inisiyatif kuramadığı bir kurum haline geldi. Binlerce Türk Amerika'ya "eğitilmek - etkilenmek" için gitti, yüzlerce Amerikalı da Türkiye'ye "eğitmek - etkilemek" için geldi. Amerika'ya gönderilen Türklerin hemen tümü Türkiye'ye döndüklerinde üst düzey görevlere getirildi. Amerika Birleşik Devletleri'nde *eğitim* gören İnsanların büyük bir bölümü Amerikan yanlısı bir tutum izlediler ve yetkilerini, Atatürkçü, yurtsever kadroları etkisizleştirerek tasfiye etme yönünde kullandılar. Amerika'da *eğitim* görmek bürokrasi, siyaset ya da medyada yükselmenin ayrıcalığı haline geldi. Amerikan etkisine girmeyen az sayıda insan ise hak ettikleri ilgiyi göremediler ve cezalandırılırcasına baskı altına alındılar. Bu tür insanlarımızdan biri, yaşamı boyunca bilimsel gerçeklerden ve ülke çıkarlarından ödün vermeyen Prof.Mümtaz Soysal'dır. Mümtaz Soysal'ın, Yön Dergisinde ülke gerçeklerini dile getiren ve Türkiye'nin haklarını savunan bir yazısı çıktığında, **Milli Eğitim Bakanlığında "görev" yapan "uzman" Amerikalılardan biri şunlan söylemişti: "Nasıl olur? Mümtaz Soysal, Ford bursuyla Amerika'da okudu. Böyle şeyleri nasıl yazabilir?"** Mustafa Kemal Atatürk, çok yönlü yoksunluklara ve inanılmaz boyuttaki kadro yetersizliğine karşın, Devlet Personel Polîtikası'nı Cumhuriyet devrimlerini ve tam bağımsızlığı kavramış ulusçu kadrolar üzerine oturtmuştu. Türk gençlerinin eğitilmesi konusunda şunları söylüyordu: "Efendiler, yetişecek çocuklarımıza ve gençlerimize, görecekleri öğrenim sınırı ne olursa olsun, en önce ve her şeyden önce, Türkiye'nin bağımsızlığına, kendi benliğine, ulusal geleneklerine düşman olan bütün unsurlarla mücadele etmenin gereği öğretilmelidir." **Milli Eğitim Bakanlığında bugün çalışmalarını "etkin" bir biçimde sürdüren,** personel politikalarından ders programlarına, imam-hatip okulu açılmasından yüksek islâm enstitülerinin yaygınlaştırılmasına dek pek çok konuda stratejik kararlar "önerebilen"; **"Milli Eğitimi Geliştirme" adlı bir komisyon vardır. 1994 yılında 60 personeli olan bu komisyonda çalışanların üçte ikisi Amerikalıydı.** Komisyonun başında L. Cook adlı bir Amerikalı bulunuyordu. L. Cook'tan ayrı olarak adı Haward Reed, unvanı **"Milli Eğitim Bakanlığı Bağımsız Başdanışmanı"** olan, bir başka "etkin" Amerikalı daha vardı. **Amerikalıların Türk Milli Eğitimine 1949 dan beri süregelen "ilgileri", 50 yıldır hiç eksilmedi.** Köy Enstitüleri'nin kapatılmasından yatılı bölge okullarının işlevsizleştirilmesine, "vakıf üniversitelerinden" yabancı dilde eğitime dek yaratılan kaos ortamında; paralı hale getirilen Türk Milli Eğitimi bugün, altından kalkılması zor bir karmaşa içine girmiştir. İmam ve hatip adayları ait oldukları mesleğe değil, harp okulları dışında kalan hemen tüm üniversite ve yüksek okullara yöneldiler. Ulusçulukla hiçbir İlgisi olmayan **"Mukaddesatçı Gençler" belirli bir program içinde** *eğitim* **enstitülerine dolduruldular ve bunların büyük çoğunluğunun, dört aylık "Hızlandırılmış Kurslar"la "öğretmen" olmaları sağlandı.** 1970'li yılların ikinci yarısındaki bu **uygulamalarla "öğretmen" olanlar bugün Türk Milli Eğitimi'nin kilit noktalarında bulunuyorlar.** Atatürk'ün çok Önem verdiği eğitimin birliği ilkesi, yasanın yürürlükte olmasına ve bu yasayı uygulamakla yükümlü olan "görevliler" ortalıkta dolaşmasına karşın, eylemsel olarak ortadan kaldırıldı. Durumdan rahatsız olan insanlarımız, gelinen noktanın gerçek nedenlerinin; Amerikalıların Türk

Milli Eğitimine elli yıldır duydukları "ilgide" yattığını göremediler. Bunları salt "oy avcısı" siyasetçilerin özgür iradeleriyle verdikleri ödünler sandılar. Türkiye'nin 5. Cumhurbaşkanı Cevdet Sunay 1968 yılında şunları söylüyordu: "**Bugünkü okullarda yetişen gençlere ülke yönetimi teslim edilemez.** Biz, laik okullara karşı imamhatip okullarını bir seçenek olarak düşünüyoruz. **Devletin kilit mevkilerine yerleştireceğimiz kişileri, bu okullarda yetiştireceğiz.**" (...) Mustafa Kemal Atatürk, 2 Şubat 1923 günü İzmir'de halkla konuşurken şunları söylemişti: *"Efendiler, artık yetişir. Bu milletin çektiği felaketler çoktur. Bu millete acımak gerekir. Bu milleti şunun ya da bunun yararlanması için şu, bu yönlere yöneltmek ayıptır, rezalettir, günahtır. Artık bunu yaptırmayacağız."* Milli Eğitim Bakanlığı'nı saran *Amerikalı " eğitim uzmanları"*, Türk Milli Eğitimi'ni Atatürkçü temellerinden kopararak Türkiye'yi, her türlü insan yetiştirilen bir ülke haline getirdiler ama bu tür bir gelişmeye kendi ülkelerinde asla izin vermediler. **ABD Başkanı Bill Clinton**, ikinci kez seçildiğinde Amerikan eğitiminin temel ilkesini şöyle açıklıyordu: *"Her eyaletin farklı bir eğitim anlayışının olması kabul edilemez. Amerika Birleşik Devletleri'nde tek bir eğitim anlayışı olmak zorundadır. Öyle olacaktır!"* Mustafa Kemal Atatürk 1925 yılında, Türk Milli Eğitimi'nin temel anlayışını şöyle dile getiriyordu: "Türk ulusu, evlatlarına vereceği eğitimi mektep ve medrese olarak birbirinden tamamen başka iki kuruma pay etmeğe katlanabilir miydi? Eğitim ve öğretimde birliği sağlamadan, aynı düşüncede, aynı anlayışta bireylerden oluşmuş bir ulus yaratmaya imkan aramak abesle iştigal etmek olmaz mıydı?"

[290] The Turkish Fulbright Commission has a Board of Directors, which oversees it's operations and sets policy. The Board of Directors serves for one calendar year. This term of office is renewable. The 2006 Board comprises of the following American and Turkish members The Honorable Ross Wilson, *U.S. Ambassador, Honorary Chairman* Mr. Daniel Sreebny, *(Chairman) Counselor for Public Affairs, U.S. Embassy, Ankara* Ms. Deborah Jones, *U.S. Consul General, U.S. Consulate, İstanbul* Dr. Bahadır Yıldırım, *Director, American Research Institute in Turkey (ARIT), Ankara* Mr. John Thomas Mc Carthy, *Managing Director, Country Manager, ING Bank, İstanbul* Ms. Elizabeth Mc Kay, *(Treasurer) Cultural Affairs Officer, U.S. Embassy, Ankara* Prof. Dr. Yusuf Ziya Özcan, *(Vice-Chairman) Dept. of*

Sociology, Faculty of Arts and Sciences, Middle East Technical University, Ankara Assoc. Prof. İbrahim Özdemir, Deputy Director General at the Department of External Relations, Ministry of Education, Ankara Assoc. Prof. Fatma Taşkın, Chair of Dept. of Economics, Faculty of Economics, Administrative and Social Sciences, Bilkent University, Ankara Ms. Emine Birgen Keşoğlu Deputy Director General for Bilateral Cultural Affairs, Ministry of Foreign Affairs, Ankara **The Staff of the Commission Ankara Headquarter** Prof. Dr. Ersin Onulduran, Executive Director Mr. Selim Aytaç, Financial and Administrative Officer Ms. Gülesen Odabaşıoğlu, Turkish Programs Officer Ms. Seçil Yazıcıoğlu, American Programs Officer Ms. Lara Meltem Bilikmen, Educational Advisor Ms. Çiğdem Özdemir Evren, Assistant Turkish Programs Officer Ms. Ayşe Sipahioğlu, Assistant American Programs and Financial Officer Ms. Sevgi Akkaş, Secretary Mr. Orhan Ertan, Messenger **İstanbul Branch Office** Mr. Süreyya Ersoy, Director Ms. Ülkü İnal, Educational Advisor Ms. Mevlüde Bakır, Assistant Educational Advisor Mr. Yücel Abay, Messenger

The Turkish Fulbright Commission: The 2004 Board comprises of the following American and Turkish members: **The Honorable Eric S. Edelman**, U.S. Ambassador, Honorary Chairman **Mr. James R. Moore**, (Chairman) Public Affairs Officer, U.S. Embassy, Ankara **Dr. David L. Arnett**, U.S. Consul General, U.S. Consulate, İstanbul**Mr. Tom Miller**, English Teaching Officer, U.S. Embassy, Ankara **Mr. John Thomas McCarthy**, Managing Director, Country Manager, ING Bank, İstanbul **Ms. Damaris A. Kirchhofer**, (Treasurer) Cultural Affairs Officer, U.S. Embassy, Ankara **Prof. Dr. Yusuf Ziya Özcan**, (Vice-Chairman) Dept. of Sociology, Faculty of Arts and Sciences, Middle East Technical University, Ankara **Prof. Dr. Teoman Duralı**, Dept. of Philosophy, Faculty of Letters, İstanbul University, İstanbul **Dr. Şander Gürbüz**, Deputy Director General for Bilateral Cultural Affairs, Ministry of Foreign Affairs, Ankara **Doç. Dr. İbrahim Özdemir**, Deputy Director General at the Department of External Relations, Ministry of Education, Ankara **The Staff of the Commission Ankara Headquarter** Prof. Dr. Ersin Onulduran, Executive Director **Mr. Selim Aytaç**, Financial and Administrative Officer **Ms. Gülesen Odabaşıoğlu**, Turkish Programs Officer **Ms. Seçil Yazıcıoğlu**, American Programs Officer **Ms. Figen Çoruh**, Educational Advisor **Ms. Sevgi Akkaş**, Secretary **Mr. Hüseyin Cançeker**, Messenger **İstanbul Branch Office** Mr. Süreyya Ersoy, Director **Ms. Ülkü İnal**, Educational Advisor **Ms. Mevlüde Bakır**, Assistant Educational Advisor **Mr. Yücel Abay**, Messenger

[291] Bkz: Doğan Avcıoğlu, "Milli Kurtuluş Tarihi" İstanbul Matbaası 1974, 3.cilt sf. 1685

[292] Ömer Fevzi Mardin, "Varidat-ı Süleyman Şerhi", Acun Basımevi, Cilt 2, İstanbul 1951, sf. 226

[293] Ömer Fevzi Mardin, afe, c 3, sf. 565, 566, 567

[294] Enis Behiç Koryürek'in 1913 yılında Budapeşte başkonsolosluğunda görevli iken yazdığı "*Sevgilim ve Kılıçım*" şiiri.

Tuna Kıyısında
Evimden uzakta, annemden uzak;
Kimsesiz kalmışım yad ellerinde.
Bir vefa ararım kalbe dolacak
Gurbetin yabancı güzellerinde.
Tuna'nın üstünde güneş batarken
Sevgili yurdumu andırır bana.
Bir hayal isterim Boğaziçi'nden
Bakarım "İstanbul!" diye her yana.
İstanbul! Ey sedef mehtaplarından
Hülya gözlerime ilk ışık veren!
Buranın ufkunda yanıp tozlanan
En munis renge de biganeyim ben.
Ah, orda renklerin -şark güneşile
Naz eden- sihirbaz ahengi vardır.
Bu akşam yurdumu andırsa bile
Ah, orda akşamın bin rengi vardır.

[295] MİLLİ NEŞİDE / Enis Behiç Koryürek
Biz kimleriz?.. Biz Altay'dan gelen erleriz.
Çamlıbel'de uğuldarız; coşar, gürleriz.
Biz öyle bir milletiz ki ezelden beri,
Hak yolunda, yalın kılıç, hep seferberiz...
"Zafer" bizim şaha kalkmış küheylanımız;
Atıldı mı durduramaz ne dağ, ne deniz...
Felaketler pençemizde oyuncak olur
Yangınlarda bütün cihan alsancak olur.
Tan yerinden yıldırımlar saçan sesimiz
Gün batısı üzerinde şöyle duyulur ;

Fırtınalar yoldaşındır na'ra salan Türk!
Hey koca Türk,Tanrısından kuvvet alan Türk!
Yürüyoruz,başımızda "Ay-yıldız'ımız.
Genç ihtiyar, kadın ,erkek, oğul, kızımız...
Soyumuzda ne kahraman kardeşler vardır:
Türkmen,Oğuz,Başkurt,Tatar ve Kırgızımız...
Demir dağlar delmiş olan "Bozkurt"larız ki
Orhon'da var Gültekin'den kalma yazımız...
Hamlemizden yere geçer kanlı saraylar.
Bizce birdir gedalarla baylar, giraylar...
Medeniyet şimşeğinden gelir hızımız ;
Sorma :Kimdir kanatlanmış bu genç alaylar?
Bunlar bütün nura doğru akın eden Türk !
Hey koca Türk, uzakları yakın eden Türk!

[296] Gazi

Ey sen ki alev saçlı zafer küheylânıyla
Kurtardığın vatanda en yüce şehsüvarsın,
Bir şimşek çağlayanı halinde Türk kanıyla
Aldığı şana lâyık tarihte bir sen varsın.
Erişmez vasfına hiçbir rebabın sesi
Sen yükseksin "ilham"ın yıldızlı göklerinden.
"Deha"dan kanatlanan kılıcının şulesi
Ebediyette olmuş bir murassa kasiden.
Kızıl gökte parlayan ay-yıldızın nurusun;
Sen büyük milletin, Türklüğün gururusun.
Bu yurdun timsalisin bugün bütün cihanda
Gözler, gönüller senin, senin şeref de şan da.
Enis Behiç Koryürek
(Çığır, nr. 8, Kânunıevvel 1933.)
(Şiirin ilk şekli için bk. Güneş, nr.17, Birinciteşrinievvel)

[297] Beş Hececiler: Milli edebiyat döneminde bu dönemin temel ilkelerini benimseyerek o doğrultuda yazan Faruk Nafiz Çamlıbel, Halit Fahri Ozansoy, Orhan Seyfi Orhon, Yusuf Ziya Ortaç ve Enis Behiç Koryürek'in oluşturduğu topluluk.

[298] Enis Behiç Koryürek, 30.06.1945 - 30.01.1946 arası Çalışma Bakanlığında müsteşarlık yapmıştır.

[299] Dr. Tevetoğlu, Enis Behiç Koryürek, Hayatı Ve Eserleri , Güneş Matbaası, 1951

300 Ömer Fevzi Mardin, "Varidat-ı Süleyman Şerhi", İlahiyat Kültür Telifleri Basım ve Yayım Kurumu Neşriyatı, Cilt 1, 1951, sf. 37

301 Ömer Fevzi Mardin, "Varidat-ı Süleyman Şerhi", Cilt 1, İlahiyat Kültür Telifleri Basım ve Yayım Kurumu Neşriyatı, 1951, sf. 3, 4, 5.

302 Ömer Fevzi Mardin, "Varidat-ı Süleyman Şerhi", Cilt 2, İlahiyat Kültür Telifleri Basım ve Yayım Kurumu Neşriyatı, 1951. sf. 212, 213, 214,

303 Ömer Fevzi Mardin, "Varidat-ı Süleyman Şerhi", Cilt 1, İlahiyat Kültür Telifleri Basım ve Yayım Kurumu Neşriyatı, 1951. sf. 9

304 Age, cilt 1, sf. 46

305 Age, cilt 1, sf. 51

306 Enis Behiç Koryürek, Mardin'in Vahy Kitabı olarak nitelediği "Varidat'ı Süleyman" kitabında "Önce şakirdi idin **'Mehmed Ali Ayni'**nin; sonra fanus-i 'Süleyman Çelebi' oldu gönül, dizelerinde bunu açıkça söyler. (Bkz: age, sf. 118)

307 Enis Behiç Koryürek, age, sf. 110, 111

308 Ömer Fevzi Mardin, "Kur'an'ı Kerim – Tasnifli ve fihristli Türkçesi", İlahiyat Kültür Telifleri Basım ve Yayım Derneği y. 2. basım, sf.. 186.

309 Bkz: age, c 3, sf. 546

310 Bkz: age, c 3, sf. 586

311 Age, cilt 3, sf. 816

312 Faruk Arslan, 30. 06. 2004

313 5 Temmuz 1952- İstanbul: "Türkiye Millî Gençlik Komitesi"nin **"Avrupa ve Dünya Federasyonu Fikrini Yayma Cemiyeti"** ile beraberce tertiplediği *"Avrupa Birliği ve Türkiye"* konusundaki toplantı bugün saat 15.00 de Tepebaşı'nda **Casa d'îtalia** salonlarında yapılacaktır. Bu toplantıda eski Bakan ve halen Fransız Parlâmento Azası M. Robert Büron, Ankara Siyasal Bilgiler Fakültesi Sosyal Politika Profesörü Tahsin Bekir Balta ve aynı fakültenin Devletler Hukuku Profesörü Zeki Mes'ut Alsan konuşacaklardır. (AyınTarihi, Temmuz1952.) Bu cemiyetin 1 nolu yayını: Kemal Tosun, "Dünya devleti", Avrupa ve Dünya Federasyonu Fikrini Yayma Cemiyeti, 1952 (İstanbul: Milli Mecmua Basımevi) 242 s. ; 17 cm, Avrupa ve Dünya Federasyonu Fikrini Yayma Cemiyeti Yayınlarından ; No. 1

314 Bkz: Çetin Yetkin, "Karşıdevrim 1945" Otopsi y.

315 Bkz: Necmettin Şahiner, Saidi Nursi, yeni Asya y, 1979, 6. bs., sf. 180, 181

[316] Said-i Nursi, Beyanat ve Tenvirler, Beyazıt Kütüphanesi: 218249
[317] Said-i Nursi, Emirdağ Lahikası, 2:56
[318] Said-i Nursi, Risale-i Nur Külliyatı, Tarihçe-i Hayat'tan
[319] Ahmet Taner Kışlalı, Cumhuriyet, 9.12.1998
[320] Ufuk Güldemir, Çevik Kuvvetin Gölgesinde, Tekin y, 2. basım, Nisan 1987, sf. 37, 38, 39-48, 50, 51, 53.
[321] Ufuk Güldemir, age, sf. 61, 64, 65.
[322] Doğan Duman, Demokrasi Sürecinde Türkiye'de İslamcılık, Dokuz Eylül y.2.bs. sf. 133-135
[323] Age, sf. 29
[324] Age, sf. 30
[325] Bkz: Cemal Kutay, "Çağımızda Bir Asrısaadet Müslümanı: Bediüzzaman Said Nursi", Yeni Asya y. 1981.
[326] Bkz: Kemalizm ve İslam Dünyası, çev: Cüneyt Akalın, otopsi y. Mart 2005.
[327] Bkz: Türkkaya Ataöv, "Amerika Nato ve Türkiye", Aydınlık y. 1969.
[328] Bkz: Ayşegül Sever, "Soğuk Savaş Kuşatmasında Türkiye Ortadoğu ve Batı 1945-1958", Boyut y. 1.bs 1997.
[329] Bkz: Abdurrahman Dilipak, "Bir Başka Açıdan Kemalizm", Beyan y. 3. bs. 1998, sf. 242-243
[330] Bkz: Millet Mecmuası, 1951.
[331] Bkz: Prof. Dr. Fahir Armaoğlu, Belgelerle Türk-Amerikan Münasebetleri, TTK Basımevi, Ank. 1991. Sf. 188, 189.
[332] 1933 yılında Hakimiyet-i Milliye yayınlarından çıkan "Birkaç Hikaye, Birkaç Tahlil" kitabının 73-74. sayfalarından aktaran: Oktay Akbal, "Yobazlığa Karşı Bir Genç Şair", Milliyet, 5 Ağustos 1993.
[333] Necip Fazıl Kısakürek, "Makalelerim 2", BD yayınları, sf. 224
[334] Bkz: Serdengeçti dergisi, Mart 1956. Sayı: 21
[335] Bkz: İsmet Bozdağ, "Değişim Şafağı", Emre y. Eylül 1993. Sf. 110-120
[336] Bkz: Prof. Dr. Fahir Armaoğlu, Belgelerle Türk-Amerikan Münasebetleri, TTK Basımevi, Ank. 1991. Sf. 243
[337] Bkz: Necmeddin Şahiner, age, sf. 394, 395
[338] Ayşegül Sever, Soğuk Savaş Kuşatmasında Türkiye, Batı ve Ortadoğu 1945-1958, Boyut Kitapları 1.bs. Ekim 1998
[339] Philip H. Stoddard, age, sf. 43
[340] Philip H. Stoddard, age, Sf. 46, 47

[341] Haluk Şahin, "Johnson Mektubu", Gendaş y. 1. bs. Mart 2002
[342] M. Emin Değer, "Oltadaki Balık Türkiye", Otopsu y. 8.bs. 2004
[343] Bkz: M. İlhan Erdost, Yeni Dünya Düzenine Zorlanması Odağında Türkiye, Onur y. 1. bs. Ağst 1999. s. 59 – Sadi Koçaş, Atatürk'ten 12 Mart'a Anılar, 4. Cilt, İstanbul 1977, sf. 1917-1918
[344] Aksiyon 9 Şubat 2002, Özgür Politika, 5 Şubat 2002
[345] Bkz: A. Nesin "Merhaba" Adam y. 9. bs. s. 175'ten 189'a
[346] Milli Eğitim Dergisi Sayı 149 Ocak, Şubat, Mart 2001 Öğretmen Yetiştirmede Ankara Yüksek Öğretmen Okulu Uygulaması* Ankara Üniversitesi Sosyal Bilimler Enstitüsünde Prof.Dr.Yahya AKYÜZ'ün danışmanlığında hazırlanan "Öğretmen Yetiştirmede Ankara Yüksek Öğretmen Okulu Uygulaması" adlı doktora tezinin bir bölümünün özetidir: "Ankara Yüksek Öğretmen Okulu için kampüs şeklinde yapılanma düşünülmüş bunun içinde **Amerika Birleşik Devletleri ile okulun yapımı için protokol imzalanarak** kredi desteği sağlanmıştır.(**Millî Eğitim Bakanlığı ve Amerikan Faaliyetler Misyonu, Eğitim Dairesi arasındaki 5 Temmuz 1960 tarih ve CR 44-66-14 numaralı Protokol** metni-Teksir) Okula verilmek istenen modelle ilgili olumsuz düşünceler okulun yeni binalarının yapımına başlayınca da devam etmiştir. Özellikle Gazi Eğitim Enstitüsü öğretim elemanları okul aleyhinde görüş belirtmişler, Yüksek Öğretmen Okulu modelini tasvip etmemişler, **Amerikalı uzmanları** kendi modelleri için ikna etmeye çalışmışlardır. Bu çerçevede Amerikalı Uzmanlar kendi önerdikleri modelin olması için; okulu ziyaret etmişler sonuç alamayınca; **Millî Eğitim Bakanı'nı binalar için yapılacak yardımları kesmekle tehdit etmişler** ancak başarılı olamamışlardır. Millî Eğitim Bakanı bu olayla ilgili olarak, **"Amerika'lılar Türkiye'yi Amerika'nın müstemlekesi mi sanıyorlar, ben Türkiye Cumhuriyetinin bakanıyım, okulun nasıl olacağını ben tayin ederim"** (Sarıçalı, Mustafa; Ankara Yüksek Öğretmen Okulu ile ilgili 8.4.1999 tarih ve saat 14.oo' te İstanbul'da yapılan görüşme.) şeklindeki ifadesi ile tepkisini dile getirmiştir. (...) Ankara Yüksek Öğretmen Okulu'nun kuruluş aşamasında üniversite düzeyinde doktora ve master eğitimi verebilecek bir yüksek öğretim kurumu olarak yapılanması planlanmıştır. **Amerika Birleşik Devletleri ile yapılan AİD projesi; hem yeni binaların yapımını hem de okulun ihtiyacı olan eğitici kadronun yetişmesini** de kapsamıştır. Bu amaçla Amerika Birleşik Devletleri'ne lisansüstü eğitim

için Eğitim Enstitüleri ve Öğretmen Okullarında görevli yirmi öğretmen seçilmiştir. Bu öğretmenler kurs için Ankara'ya çağrılmış ve dokuz ay İngilizce kursu verilmiştir. Ancak kurs sonunda **27 Mayıs 1960 İhtilali olmuş; öğretmenlerin Amerika Birleşik Devletleri'ne gönderilmesinden vazgeçilmiş,** Millî Eğitim Bakanlığı Yüksek Öğretmen Okulu projesini değiştirmiştir.(Binbaşıoğlu, Cavit; Ankara Yüksek Öğretmen Okulu ile ilgili 20.3.1998 tarih ve saat 15 'de Ankara'da yapılan görüşme.)

[347] Prof.Dr. Mahmut ADEM'in "Kamu Yönetimi Temel Kanunu Tasarısı'nın Ulusal ve Uluslararası Boyutları" ana konulu 18-19 Aralık 2003 Kamu Yönetimi 1. Ulusal Kurultayı'nın 2. oturumunda yaptığı konuşmanın tutanaklarından: http://www.inonu.edu.tr/kongre/kamu2004/Oturum2.doc: "Amerikalı ne, neci oluyor Amerikalı? Şimdi bu arkadaşımızın az önce söylediği bu **Müfredat Laboratuvar Okulları, Milli Eğitimi Geliştirme Projesi**, hasbelkader çalıştım, altı ay kadar. Ve o Projede bir şey var, izin verirseniz anlatayım. Projede çalışan **otuz üç tane Amerikalı Uzman** vardı. Onlara **ayda 10 bin dolar** ödüyordu Türkiye ve o Projeden. Apart otellerde kalıyorlardı. Bir tanesi, benim alanla ilgili bir adam, Milli Eğitim Bakanlığı Planlama, Araştırma Koordinasyon Dairesi'nde. Orayı geliştirmek üzere gelmiş. Sonra bana geldiler. İlhan DÜLGER'le. İlhan DÜLGER, Devlet Planlama Teşkilatı'nda çalışıyor. Mehmet DÜLGER'in eşi. Uzun yıllardır orada çalışıyor. Dediler ki işte bu Araştırma, Planlama Koordinasyon Kurulu'nda insanlar eğitim planlamasını bilmiyor. Biz bunlara planlama seminerleri düzenliyoruz. Ben önce o adama, **Amerikalı uzmana sordum: Sizin buraya gelmeden önceki öğreniminiz nedir? Sosyal antropolojide doktoram var, dedi. Sosyal antropolojiden doktoralı birisi, eğitim planlamacısı olarak Türkiye getiriliyor, düşünebiliyor musunuz?** Peki, dedim, bu seminerde siz ne anlatacaksınız? dedim. Efendim, ne anlatayım? dedi. Bunu ben gazetede yazdım. Bilgileri gazeteciye verdim. İki kere de o yazdı; yazar **Mustafa BALBAY.** Sonra o adamın, -iki, üç kişiydi bunlar- bir tanesinin görevine son verdiler. Düşünebiliyor musunuz? Böyle bir hokkabaz. Bu, aşağılık kompleksi. **Ne demek Amerikalı? Bizim Amerikalıya filan ihtiyacımız yok ki eğitimde. Onlar gelsinler bizden öğrensinler. Çocuklarının %95'i uyuşturucu kullanıyor.** Yani biz çözümümüzü kendimiz üretebiliriz. **Türkiye, Amerika'nın sömürgesi**

mi? Yani, hani yabancılaştırma, dedi Birgül Hanım; ben onu sömürgeleştirme olarak alıyorum. Yani, **Dünya Bankası'ndan proje aldıysak Amerikalı uzmanı, konuyu bilmeyen adamı burada beslemek zorunda mıyız?** Böyle bir şey olur mu?

[348] Cahit Kayra, Sevr Dosyası, Boyut y. 1. bs. 1997, sf. 18, 125

[349] Bkz: Marmara Brifingi-Devletin Gözüyle Sol ve Sağ Örgütler, Kaynak y. 1. bs. Nisan 1995 12 Mart askeri darbesinden sonra işbaşına gelen generallerin, başta dönemin Cumhurbaşkanı olmak üzere devletin üst düzey sorumlularına verdiği brifingin belgeleri. "**Devlet Brifingi**". Beş General, iki Kurmay Albay, üç Albay, bir Yarbay ve bir Binbaşı'dan oluşan Orgeneral Turgut Sunalp, Korgeneral Abdurrahman Ergeç, Tümgeneral Recai Engin, Tümgeneral, Memduh Ünlütürk, Tümgeneral Fazıl Polat, Kur. Alb. Fikret Küpeli Brifing Ekibi'nin başı, 12 Eylül darbesinin de tanınmış isimlerinden biri: Orgeneral Turgut Sualp.

[350] Bkz: Bugün gazetesi, 30.3.1969.

[351] Ufuk Güldemir, Çevik Kuvvetin Gölgesinde, Tekin y, 2. b, 1987, sf. 34, 35.

[352] Ufuk Güldemir, age, sf. 23

[353] Ufuk Güldemir, age, sf. 77, 78.

[354] Ufuk Güldemir, age, sf. 145.

[355] Ufuk Güldemir, age, sf. 79, 80.

[356] Uğur Mumcu, Paşa Tasarrufları, um:ag y, 3.bs, 2004, sf 176.

[357] Bkz: Orhan Gökdemir, "Devletin Din Operasyonu: Öteki İslam", Sorun y. Eylül 1998.

[358] Bkz: Soner Yalçın, Hangi Erbakan, Başak y. Sf. 176, 177

[359] Aytunç Altındal, Uyuşturucu Maddeler Sorunu, Hastürk y. 1972'den, "Haşhaş ve Emperyalizm, Havass y. 1.bs. 1979, sf. 177, 179, vd.

[360] Bureau of Narcotics and Dangerous Drugs

[361] Faruk Mercan, "Eroin Trafiği ve Türkiye", Zaman g. 24.06.2000 ve 08.02.2001- Ordunun Yeniyüzyıl Vizyonu 25 Ekim 1999—"1969'da jandarma bünyesinde Narkotik Şube adı altında bir şube oluşturulmuş, 30 ilde de uyuşturucu maddelerle mücadele timleri faaliyete geçirilmiş, bu timler ayrıca üç uçaklı bir hava kontrol ekibi ile desteklenmişti."

[362] Aytunç Altındal, Akşam gazetesi 2 Temmuz 1971, sayfa 2/7- "Haşhaş ve Emperyalizm, Havass y. Temmuz 1979, sf. 144

[363] Aytunç Altındal, Yeni Halkçı 24, 27 Mart 1974, sayfa 2- "Haşhaş ve Emperyalizm, Havass y. Temmuz 1979, sf. 234, 250.
[364] Aytunç Altındal, "Haşhaş ve Emperyalizm", Havass y. 1979, sf. 110, 118
[365] Orhan Gökdemir, Devletin Din Operasyonu Öteki İslam, Sorun y. 2.bs, sf. 49
[366] Bkz: Bozkurt Güvenç, Gencay Şaylan, İlhan Tekeli, Şerafettin Turan, "Türk-İslam Sentezi", Sarmal y, 2. basım, Eylül 1994. Sf. 73.
[367] Nokta dergisi, 22 Şubat 1987, akt: age, sf. 35
[368] Bkz: Katkı Dergisi, Haziran, Temmuz, Ağustos 1991, yıl: 4, sayı: 13 (+37) Sf. 3. Ayrıca Bkz: Orhan Gökdemir, "Devletin Din Operasyonu-Öteki İslam", Sorun y., 2.bs. Eylül 1998, sf. 43.
[369] Bkz, Türk-İslam Sentezi, Sarmal y, age, sf. 151
[370] A Strategy for Israel in the Nineteen Eighties by Oded Yinon- This essay originally appeared in Hebrew in *KIVUNIM (Directions)*, A Journal for Judaism and Zionism; Issue No, 14--Winter, 5742, February 1982, Editor: Yoram Beck. Editorial Committee: Eli Eyal, Yoram Beck, Amnon Hadari, Yohanan Manor, Elieser Schweid. Published by the *Department of Publicity/The World Zionist Organization*, Jerusalem.
[371] Bkz: Muzaffer İlhan Erdost, "Türkiye'nin Kararan Fotoğrafları", Onur y. 1. basım. Kasım 2003, sf. 127-132.
[372] Ufuk Güldemir, Çevik Kuvvetin Gölgesinde, Tekin y, 2. basım, Nisan 1987, sf. 203.
[373] Engin Ardıç, Değinmeler, "Dincilerin Hüzünlü Çelişkisi" başlıklı köşe yazısı
[374] Uğur Mumcu, 7 Şubat 1990, Cumhuriyet, Ufuk Güldemir, 6 Şubat 1990 Cumhuriyet
[375] Uğur Mumcu, 3 Nisan 1990, Cumhuriyet
[376] Uğur Mumcu, 21 Mart 1990, Cumhuriyet
[377] Aktaran: Necati Doğru, "Eldeki kuş, daldaki kuş", Milliyet 9 Ekim 1992
[378] Mihajlo Mesarovi-Eduard Pestel, Roma Kulübüne İkinci Rapor, 1989.
[379] Cumhuriyet, 14. 11. 1992
[380] Hürriyet, 02. 08. 1992
[381] Milliyet, 18. 02. 1994)
[382] 1987 Genel Seçimi

Parti	Oyu	%	MV
ANAP	8.704.335	36.3	292
SHP	5.931.000	24.8	99
DYP	4.587.062	19.1	59
DSP	2.044.576	8.5	-
RP	1.717.425	7.2	-
MÇP	701.538	2.9	-
IDP	196.272	0.8	-
Bağımsızlar	89.421	0.4	-

1991 Genel Seçimi

Parti	Oyu	%	MV
DYP	6.600.644	27.0	178
ANAP	5.862.639	24.0	115
SHP	5.066.546	20.8	88
RP	4.121.292	16.9	62
DSP	2.624.310	10.8	7
SP	108.374	0.4	-
Bağımsızlar	32.721	0.1	-

14 Aralık 1995 Genel Seçimi

Parti	Oyu	%	MV
RP	6.012.450	21.3	158
ANAP	5.527.288	19.6	131
DYP	5.396.009	19.2	135
DSP	4.118.025	14.6	76
CHP	3.011.076	10.7	50
MHP	2.301.343	8.1	-
HADEP	1.171.623	4.1	-
Bağımsızlar	133.895	0.48	-
YDH	133.889	0.48	-
MP	127.630	0.45	-
YDP	95.484	0.34	-
İP	61.428	0.22	-
YP	36.853	0.13	-

[383] 02.11.2004 Yeni asya
[384] Ufuk Güldemir söyleşi, Cumhuriyet, 26 Şubat 1990.

[385] CIA eski ajanı Fuller, Zaman'dan TSK'ya saldırdı", Aydınlık, sayı:567, 31 Mayıs 1998, s.11.

[386] Bkz: Milliyet Gazetesi, 19 Şubat 1993.

[387] Statement by Press Secretary on **Ecumenical Partiarch Bartholomew**
THE WHITE HOUSE
Office of the Press Secretary
For Immediate Release October 22, 1997
STATEMENT BY THE PRESS SECRETARY
Presidential Meeting with **Ecumenical Partiarch Bartholomew**
President Clinton met with **Ecumenical Partiarch Bartholomew** today. They discussed areas of mutual interest, including the importance of religious tolerance, **interfaith cooperation** and protection of the environment.
The First Lady also met with the Partiarch, and then hosted a reception for him. They first met when she visited Istanbul last year.
The Partiarch is the spiritual leader of millions of Orthodox Christians around the world, including an estimated five million adherents in the United States. He is visiting several U.S. cities in celebration of the 75th anniversary of the Greek Orthodox Archdiocese of America.

[388] In Washington, DC, His All Holiness was received by President William Jefferson Clinton at the White House for a private Oval Office meeting. Anticipating his arrival later that afternoon at the White House, President Clinton remarked in a speech on global warming: "Later today, I am going to have the honor of meeting **with the Ecumenical Patriarch Bartholomew I, the spiritual leader of 300 million Orthodox Christians--a man who has always stressed the deep obligations inherent in God's gift to the natural world. He reminds us that the first part of the word "ecology" derives from the Greek word for house. In his words, I order to change the behavior toward the house we all share, we must rediscover spiritual linkages that may have been lost and reassert human values. He is, of course, right."**

[389] Ertuğrul ÖZKÖK 29.8.2003 / Hürriyet

[390] **To crown it all: The Mufti Mukhtar Abdullaev places a skull cap on Prince Charles's head.**
IT WAS a marriage of East and West and the Prince of Wales was appropriate dressed in a traditional wedding gown today. He was

helped into the purple Islamic gown by the Mufti Mukhtar Abdullaev, the religious leader of Uzbekistan who made him a gift of it.

A multi-clolored silk scarf was tied around the Prince's waist and a square skull cap was placed on his head. However, Charles, who is on the final day of a major tour of central Asia, was not going to a wedding.

He was on his way to see the ancient Osman Koran, said to be the world's oldest Islamic holy book at Tashkent's Tellya Sheikh Mosque.

The royal visitor had just had a meeting with the Mufti at the nearby Baraka-Khan Madrassah, a 16th-century Islamic seminary. In a small, white-washed room, the robed Prince was shown the Koran which in 655 was stained by the blood of the murdered Caliph Osman.

It was plundered by the Russians in the 1870's and returned to Tashkent from St Petersburg by the Bolsheviks after the Russian Revolution. The Koran was not given back to the Mufti until 1989. The Prince showed great interest in the Koran which is incomplete - many of the pages having been stolen over the years and put up fro for auction in the West.

"I'm very glad you got it back from St Petersburg," he said. "I'm so thrilled at having a chance to see this great Koran."

The Mufti, flashing a bottom row of gold teeth, entertained the Prince and his entourage with bread - a traditional welcome - and a choice of tea, mineral water, Coca-Cola or fizzy orange.

Putting on the style: Charles in traditional Islamic gown

Last night the Prince met another religious leader, the Patriarch of Russia, who is also visiting the Uzbek capital and told him of a "very considerable" revival in the Russian Orthodox Church.

At the official opening of the new British Embassy in Tashkent, formerly the Mongolian Consulate, the Prince was told by Uzbekistan's Prime Minister Utkur Sultanov, "You are very famous for your sense of humour." Charles replied: "You are very generous. I find it's the only way to avoid a nervous breakdown."

Earlier, entering the spirit of shopping in an Uzbek bazaar, the heir to the throne haggled with shopkeepers and managed to knock down their prices.

He bargained in US dollars for a carpet and reduced the asking price from the equivalent of £400 to £255. He picked up an urn--initial price £ 230 - for £130.

With the help of his equery, Lieutenant Commander John Lavery, hi he did some Christmas shopping, buying colourful Uzbek hats and dressing gowns, and coffee pots.
The Prince returns home tonight.

[391] Türker Alkan, Hüseyin Charles'ın sünneti, 11 Şubat 2001 Radikal
[392] Tayfun Atay, Batı'da Bir Nakşi Cemaati, Şeyh Nazım Kıbrisi Örneği, İletişim y. 1. bs. 1996, sf. 255
[393] İsmail Cem, Türkiye'de Geri Kalmışlığın Tarihi, cem y. 1970, sf. 242
[394] Alev Coşkun, Cumhuriyet, 08. 04. 2004
[395] **6 Eylül 2002 Cuma günü Amerikan Yüksek İslam Konseyi başkanı Şeyh Hişam Kabbani ve heyeti, Beyaz Saray'de Roosevelt salonunda ağırlandılar.** (Washington, DC 09/08/02): On Friday, September 6, the chairman of Islamic Supreme Council of America, Shaykh Muhammad Hisham Kabbani, together with a handful of religious leaders, was honored to join President George W. Bush in an intimate ceremony at the White House Roosevelt Room. The president used the occasion to proclaim that Friday, September 6, through Sunday, September 8, 2002, would be observed for the first time as "National Days of Prayer and Remembrance."
The president shared his personal religious convictions and called upon faith leaders of the nation to join him in observing religious services that honor the victims of September 11th, and to pray for the continued protection and safety of our country.
Expressing his feelings about the meeting, Shaykh Kabbani said, *"While people around the world view President Bush as a great man of conviction and courage, very few get the unique opportunity to observe him as a sensitive, caring, religiously inspired individual. I expressed our community's deep sentiment and support for President Bush, to which he responded with a heartfelt embrace. I am truly blessed by that experience and will share his act of friendship with our millions of supporters around the world."*
ISCA encourages its members, supporters and congregations around the world to join President Bush and people of all faiths in hosting services that commemorate the unspeakable tragedy our nation has endured. Further, we urge Muslims to let this first anniversary pass not only as a day of remembrance, but one of action.

On September 11, 2002, the Council unequivocally calls on all leaders of traditional Islamic communities and Muslims at-large to immediately establish "Community Watch" groups across the nation. While typically such groups are designed to prevent external threats, these community-based groups will protect our mosques, schools and centers from the threat within our ranks, the threat posed by extremist elements who attempt to hijack our peaceful religion. These watch groups will prevent extremists from using our places of worship for illegitimate and illegal purposes. We believe such action will demonstrate that Muslims are sincere, patriotic and upright citizens, committed to upholding the honor of traditional Islam and to preventing the Islamic faith from being manipulated by self-serving criminals.

We pray that our brothers and sisters throughout the Muslim world will see an end to the era of dictators and experience the same freedoms we cherish as citizens of this great nation. We also pray that traditional Muslims throughout the world will one day be liberated from the oppression of extremists who stifle universal human rights and destroy the sanctity of life.

As we approach the anniversary of September 11th, we at the Islamic Supreme Council of America stand united with our fellow Americans. We pray for swift victory in the war against terror and that all people will one day live in a world filled with peace, cooperation, and social justice.

[396] The Islamic Supreme Council of America and its Chairman, Shaykh Muhammad Hisham Kabbani, were privileged to host the Honorable Andrew Natsios, Administrator of the US Agency of International Development (USAID) at ISCA's headquarters in Burton, Michigan this Wednesday, October 27, 2004.

Mr. Natsios met with community members and leaders to discuss the President's broad initiatives which allocate billions of dollars in aid and economic development funds for largely Muslim-populated countries of the Middle East and North Africa. Mr. Natsios described the US assistance efforts in Darfur, which exceeds $300 million dollars and equals half of all aid entering the region from the entire world. He also explained that over 50% of the entire development fund of USAID of $14 billion is allocated to Muslimmajority countries and represents a budget doubled in this Administration.

Shaykh Hisham Kabbani speaking with USAID Administrator **Andrew Natsios** After the meeting of USAID Administrator Andrew Natsios and Shaykh Kabbani members of the community gathered for evening prayers and Tafsir The many community leaders present were **surprised to hear so much money has been allocated to the Muslim world.** Commenting on Mr. Natsios' visit, ISCA chairman Shaykh Kabbani said, **"We are surprised these good works are never brought up in the media. They are helping from Africa, all the way to the Far East, passing through the Middle East and the Sub-Continent. This aid goes to local NGOs, for schools, hospitals, road-building, and in particular educating young girls and assisting them in finding decent work. We can't help but feel relief to see our tax money going for such good causes."**

ISCA applauds USAID's ongoing efforts to assist the underdeveloped world, particularly its efforts in revolutionizing agricultural methods, resulting in the elimination of hunger in many parts of the world.

[397] Aytunç Altındal, Laiklik, Süreç y. 1. Bs. 1986, sf. 99 + Laiklik, Anahtar Kitaplar y. 2. Bs. 1994, sf. 80

[398] Kanun Numarası:2525, Kabul Tarihi:21/6/1934, Yayımlandığı R. Gazete: Tarih: 2/7/1934 Sayı: 2741, Yayımlandığı Düstur:Tertip:3 Cilt:15 Sayfa:506.

[399] SOYADI NİZAMNAMESİ- Bakanlar Kurulu Kararının Tarihi: 24.12.1934, No: 2/1759- Dayandığı Kanunun Tarihi: 21.6.1934, No: 2525- Yayımlandığı R. Gazetenin Tarihi: 27.12.1934, No: 2891- Yayımlandığı Düsturun Tertibi: 3, Cildi: 16, S.353 - BÖLÜM I - Hususi hükümler

[400] Kanun Numarası: 2587, Kabul Tarihi: 24/11/1934, Yayımlandığı R. Gazete: Tarih 27/11/1934, Sayı: 2865, Yayımlandığı Düstur: Tertip: 3, Cilt: 16, Sayfa: 4

[401] Aytunç Altındal, 16 Ağustos 2005 günlü TEMPO dergisinde Ayasofya'nın müzeye dönüştürülmesi kararında yer alan *K. Atatürk* imzasının da sahte olduğunu öne sürerek: *"Kararda yer alan imza, Necmettin Arıkan ve Agop Dilaçar'ın önerisi üzerine İbrahim Çallı tarafından atıldı,"* demiş ve Necmettin Arıkan ile Agop Dilaçar'ın Büyük

Anadolu Mason Locası'nın üyeleri olduğunu söyleyerek ortada masonlarca gerçekleştirilmiş bir imza sahteciliği bulunduğunu savlamıştır. Atatürk'e soyadı verilmesinde Necmettin Arıkan ve Agop Dilaçar'ın değil, Milli Eğitim Saffet Arıkan ile Naim Hazım Onat'ın önerileri söz konusudur. Anıtkabir Eski Komutanı Ali Güler, "Hemşehrimiz Atatürk" adlı kitabının 66-68. sayfalarında[401] Atatürk soyadının kimler tarafından üretilip önerildiğini belgelerle açıklarken şunları anlatmaktadır: *"Bilindiği gibi ,1934 yılında çıkartılan 2525 sayılı kanunla, her Türk'ün bir soyadı taşıması mecburi hale getirildi.Soyadı kanunu,Büyük Millet Meclisi'nce kabul ve Resmi Gazete ile yayınlanıp ilan edildikten sonra, Cumhurbaşkanı Gazi Mustafa Kemal için de bir soyadı almak gerekti. Fakat Gazi Mustafa Kemal'e verilecek soyadı ne olmalıydı? Bu hususta gerek "Atatürk sofrası"nda ve gerek Cumhuriyet Halk Partisi Meclis Grubu'nda ona layık bir soyadı bulmak için, bazı ileri gelen dil ve tarihçilerin de katılmasıyla, toplantılar yapılmış, bazı i- simler tespit edilmiştir. Tespit edilen isimler şunlardı "Etel-Etil, Etealp, Korkut, Araz, Ulaş, Yazır, Emen, Çogaş, Salır, Begit, Ergin, Tokuş, Beşe". Bu isimler Atatürk'e arz edilmiş ve Atatürk'ün, "arkadaşlarla bir kere konuşalım" demesi üzerine ikinci bir görüşmeye bırakılmıştır. Çankaya'da yapılan son toplantıda, CHP Genel Sekreteri (sonradan Milli Eğitim Bakanı) Saffet Arıkan'ın bir yazısında kullandığı söylenilen "Türkata" ,"Türkatası" gibi iki ad da kendisine arz edilmiş fakat Atatürk'ün 'bir de arkadaşlar, ne buyururlar, bakalım" demesi üzerine Konya Milletvekili rahmetli Naim Hazım Onat Bey, "müsaade buyurulur mu paşam?" diye söz istemiş, Atatürk de, "arkadaşlar lütfen hocamızı dinleyelim', diyerek sözü Onat'a bırakmıştır. Naim Hazım Bey, Türk Dil Kurumu'nda da çalışmış Türkçeyi-Osmanlıcayı çok iyi bilen, her iki alanın gramer ve sentaks kurallarını gerçekten kavramış bir sahsiyetti. Naim Bey, bu husustaki düşüncelerini şu şekilde açıklamıştır. "**Türkata, Türkatası** gerek yazılışta, gerek söylenişte bana biraz tuhaf geliyor. Arkadaşlar biliyorsunuz tarihimizde bir 'Atabey' sözü ünvanı vardır. Anlamı da, yine biliyorsunuz: Beyin, emirin, şehzadenin, hatta hükümdarın ilimde, idarede, askerlikte mürebbisi, müşaviri, hocası demektir. Atabey, kullanılmış, tarihe geçmiş bir ünvan-ı resmidir. Bu ünvanı taşıyan bir çok Türk büyüğü vardır. Binaenaleyh biz de Türk'e her alanda atalık etmiş, Türklüğü kurtarmış, istiklaline kavuşturmuş olan büyük Gazimize '**Atatürk**' diyelim, bu soyadını verelim. Bu bana şivemize de daha munis ,daha uygun gibi geliyor. Gazi, Naim Hazım Onat'ın açıklamasını daha yerinde bulmuş, hatta ona teşek-*

kür etmiş, böylece "ATATÜRK" soyadı üzerinde oy birliği ile durulmuştur. Bundan sonra, Türkiye Büyük Millet Meclisi Başkanlığı'na şu üç maddelik kanun teklifi verilmiştir.

"Cumhurreisi Gazi Mustafa Kemal'e "Atatürk" Soyadının verilmesi hakkında Kanun

Madde 1. Kemal öz adlı (öz adı Kemal olan) Cumhurreisimize "ATATÜRK' soyadı verilmiştir.
Madde 2. Bu kanun neşri tarihinden muteberdir.
Madde 3. Bu kanun ,Büyük Millet Meclisi tarafından icra olunur."
Kanun, T.B.M.M.'nin 24 kasım 1934 tarihli toplantısında **oy birliği ile kabul edilmiş** ve 2587 numara ile tespit olunmuştur Bu kanun, usulü gereğince **27 Kasım 1934 tarihli Resmi Gazete ile de** "neşr ve ilan "**edilmiştir.** Mustafa Kemal, "Atatürk" soyadı ile Türk tarihine dayanmaktadır. Soyadına kaynaklık eden "Atabey" ünvanı Selçuklu devri Türk devletlerinde yaygın olarak kullanılan bir ünvan olup, "Atabeylik" de, Türk devlet geleneği ve hayatında yer alan önemli bir Türk kurumudur. Tarihi Türk milli kültürünün derin izlerini taşıyan bu soyadındaki "Türk" adı da onu "milli bir lider" ve Türk milletinin en önemli "ortak paydası" haline getirmektedir.

Mustafa Kemal Paşa'nın Naim Hazım'a "ÜLKÜ ONAT" isim ve Soyisim vermesi.

Atatürk soyadını alan Mustafa Kemal, bir akşam Naim Hazım'a; " Hoca! idealler erişilemeyen şeylerdir. Şu idealin Türkcesini bul." deyince Naim Hazım, "Paşam bizde "Ulku Dağı"vardır. Bu Türkçe'de göz yanılgısıdır. Vardım sanırsınız erişemezsiniz. O Ulku Dağı ulaşılamayan yer olur" deyince Atatürk;
-Şu Ulku dağını ses uyumuna uydur, dedi.
Naim Bey: Ülkü çıkar Paşam!, dedi.
Atatürk Naim Hazım'a: Yahu hoca! Sen dürüst adamsın... Senin soyadın "Onat"olsun deyince Naim Bey: Teveccühünüz"paşam der. Ve Atatürk Naim Bey'e **Ülkü** ismiyle birlikte **"NAİM HAZIM BEY, BAY ÜLKÜ ONAT 8-11-1934 K. Atatürk"** imzalı belgeyi verir ve Naim Bey'in ismi NAİM HAZIM ÜLKÜ ONAT' olur.. [Demek oluyor ki, Gazi Mustafa Kemal, **Atatürk** soyadı **24 Kasım 1934**'te kabul edilip **27 Kasım 1934**'te Resmi Gazete'de yayımlanmadan 15-20 gün önce, -örneğin Naim Hazım Onat'a soyadı verdiği 8 Kasım 1934 günlü el yazısında- imzasını **K. Atatürk** olarak atmaya başlamıştır. C.Ö]

Naim Hazım Ülkü Onat (1889-1953) Dil Bilgini, Naim Hazım Ülkü Onat 1889 yılında Konya'da doğdu. Konya'da medrese öğrenimi gördü. Bir süre Türkçe ve Edebiyat öğretmenliği yaptı. Meşrutiyet döneminde olduğu gibi Milli Mücadele döneminde de cesur kalemleriyle hizmet veren Babalık Gazetesinde yazıları yayınlandı aynı zamanda Konya Müdafaa-i Hukuk Cemiyeti Merkez heyetinde yer aldı. 1936-1938 yılları arasında Ankara DTCF'de Arapça dersleri verdi. Yeni dönemde TBMM'de Konya Milletvekili olarak görev yaptı. Türk Dil Kurumu Derleme Kolu Başkanlığı görevinde bulundu. Konya'da yayınlanan Babalık gazetesinde, Sebil-ür Reşad, Türk Dili Belleten, Ulus dergi ve gazetelerinde şiir ve yazıları yayınlandı. Arap dili ve edebiyatı alanında uzman sayıldı. Türkçe-Arapça Karşılaştırmalar ve Arapça'nın Türk Diliyle Kuruluşu adlı iki yapıtı vardır. Türkçemize bir çok kelime kazandıran ve önemli katkıları olan Naim Hazım Onat zaman zaman Mustafa Kemal Paşa ile sabahlara kadar Türk Dili ile ilgili çalışmalarda bulundu. Divan teşkil edecek kadar şiiri olan Naim Hazım bunların tamamını ölmeden önce Ankara'da Milli Kütüphane'ye bağışladı. Naim Hazım Türkçe'nin Arapça'dan arınmış bir hale gelmesine çok çalışmıştır. Konya Milletvekiliği, Türk Dil Kurumu çalışmaları ve Dil-Tarih-Coğrafya Fakültesi Öğretim görevliliğinden yorgun düşen Profesör Naim Hazım Ülkü Onat;5 Mayıs 1953 de;Karaciğer kanserinden Ankara'da vefat etti. İstanbul Zincirli Kuyu mezarlığına defnedildi. Naim Hazım'ın Biz Türküz adlı şiirinden: Hiç bir düşman bize karşı gelemez, Hücümda süngümüz pek korkuludur. Hürmetle yad eder her millet bizi, Biz Türküz adımız uludur. (Naim Hazım, 30 Nisan 1922 Konya Babalık Gazetesi)"

[402] Falih Rıfkı Atay, Çankaya.
[403] Aktaran: Arslan Bulut, "Eyaletin adı hazır", 20.12.2003, Yeniçağ gazetesi
[404] Arslan Bulut, agy.
[405] Doç. Dr. İlhan Uzel, ABD Hegemonyası Yeniden Kurulurken Balkanlar, Cumhuriyet Strateji eki, 15 Kasım 2004
[406] Bkz: Osman Olcay, "Sevr'e Andlaşmasına Doğru- Çeşitli Konferans ve Toplantıların Tutanakları ve Bunlara İlişkin Belgeler-" AÜSBF y. Ank. 1981, sf. LXXI-LXXIII
[407] Bkz: Nutuk, vesika 220.

[408] A. Gündüz Okçun, Türkiye İktisat Kongresi, İzmir, 1923, Ankara, 1968, s. 246-247.

[409] Bkz: Tarih III- Yakın ve Yeni Zamanlar- T.T.T. Cemiyeti Tarafından Yazılmıştır. Maarif Vekaleti, 1933, Devlet Matbaası, Sf. 243, 5, 36, 40, 53, 62, 115, 123, 154, 189, 192, 234, 235, 241, 243, 244

[410] http://www.emep.org/kadin/oren/sennursezer.html

[411] Bkz: Margret Spohn, "Her Şey Türk İşi: Almanların Türkler Hakkında 500 Yıllık (Ön) Yargıları", Çev: Leyla Serdaroğlu, YK y. 1. bs. Ağustos 1996, sf. 27.

[412] Bkz: Margred Spohn, age, sf. 26, 27.

[413] Bkz: Metin Erksan, "Türkiye Cumhuriyeti Devleti'nin Avrupa Topluluğu Üyesi Olmak Hakkı ve İsteğinin Tarihsel Kaynakları", Hil yayın. 1. Bs. Haziran 1991. Sf. 20.

[414] Bkz: Metin Erksan, "Türkiye Cumhuriyeti Devleti'nin Avrupa Topluluğu Üyesi Olmak Hakkı ve İsteğinin Tarihsel Kaynakları", Hil yayın. 1. Bs. Haziran 1991. Sf. 74-75. Akt: Hamit Dereli, "Kıraliçe Elizabeth Devrinde Türkler ve İngilizler", Ankara Üniversitesi Dil ve Tarih-Coğrafya Fakültesi Yayınları, No: 82, 1951. Kaynak: Richard Hakluyd, "The Principall Navigations of the English Nation", cilt 3, sf. 93: "What you shall do in Turkie, besides the business of your Factorship." – "If you can find out at. Tripoly in Syria or elsewhere a vent for the Cappes called in Barbarie, Bonettos Colorados rugios, which is a red Scottish cap as it were without brims, you should do your country much good." Age, sf. 98.

[415] Bkz: Yalçın Küçük, "Aydın Üzerine Tezler, 1830-1980" Tekin y. 3. Bs. Cilt 1, sf.193-194

[416] Çıkrıklar Durunca, *Yazan: Sadri Etem Ertem,* Roman, Yeni Basım / Temmuz 2001

[417] British Angora Goat Society: The angora goat is a very ancient breed with records of the use of goat hair used for clothing found as early as the 14c BC. Many centuries after that there is a record of goats trekked to Ankara by Suleiman Shah, when fleeing Ghengis Khan. In 1550 a Dutchman discovered the goats and began to generate a demand for their fleece and in 1554 a pair of angora goats **"were presented to the Pope in Rome".** Mohair the name given to the fleece of these goats is derived from the word Muhaya meaning cloth of bright lustrous goat hair. **The Sultan of Turkey placed a ban** on the export of raw fleece and **for several centuries**

the fleece and **goats were incarcerated in Turkey.** (Keçiler türkiye'de hapsedildi) Eventually **in the 19c angora goats were imported from Turkey to Texas and South Africa.** Imports to Australasia occurred during the 20c and the angora goat **did not reach the UK until 1981.** (Çünkü iklim müsait değil)

[418] Parasal sorunlar nedeniyle yayınevi ancak 1999'da kurulabildi. O yıl yayımladığımız kitaplardan birer tane alıp görüşlerini almak üzere Attilâ İlhan'a götürdüğümde, "Başka neler yayımlayacaksınız?" sorusuna "Çıkrıklar Durunca" yanıtını verdiğimde çok sevinmişti. Romanı yıllar önce okumuş, çok iyi biliyordu. Ülkemizin bugün yaşadığı bunalımların bu roman ışığında daha iyi kavranacağını, en kısa sürede yayımlanmasında yarar olduğunu, söyledi. Romanın Attilâ İlhan'ın *sunum* yazısıyla yayımlanması durumunda daha iyi anlaşılabileceğini söyledim. Gerçekten de, Attilâ İlhan'ın bu kitabın başında yer alan 24 Ocak 2000 tarihli "Çıkrıklar Dursa da..." başlıklı *sunum* yazısı, hem romanı edebi yönden irdeleyen, hem de romanda geçen olayların tarihsel kökenlerine ışık tutan niteliğiyle, okuyucuya yol gösterici oldu. Feridun Andaç da Sadri Etem Ertem'in kısa yaşam öyküsünü ve yapıtlarını konu eden 1983 tarihli yazısını kitaba eklememize izin verdi. Görüleceği üzere Çıkrıklar Durunca'nın yeni basımı, Metin Erksan'a, Attila İlhan'a ve Feridun Andaç'a çok şey borçludur, kendilerine teşekkür ediyorum. Yapıtın dilini hiç değiştirmeden yayımlamamız durumunda, okuyucunun sürekli sözlüklere bakması gerekecekti, çünkü bugün artık kullanılmaz olmuş pek çok sözle karşılaşacaktı. Ben, bu gibi sözlerin bir bölümünü günümüz Türkçesine çevirerek okunmasını kolaylaştırmaya çalıştım. *Cengiz Özakıncı 19 Haziran 2001*

[419] Şerafettin Turan, "Türkiye-İtalya İlişkileri-ı, Selçuklular'dan Bizans'ın Sona Erişine", Metis y. 1. bs, 1990, sf. 100

[420] Şerafettin Turan, age, sf. 334, 335.

[421] Tiftik Birlik – Tiftik Ve Yapağı Tarım Satış Kooperatifi yayını.

[422] K. Marks: *Kapital, Kapitalist Üretimin Eleştirel Bir Tahlili,* Birinci Cilt, Sol Yayınları1986 (Birinci Baskı: Temmuz 1975; İkinci Baskı: Mart 1978) sf. 439 vd. : "17. yüzyılda hemen hemen bütün Avrupa'da işçilerin, kurdele ve şerit dokumakta kullanılan ve Almanya'da Bandmühle, Schnurmühle, Mühlenstuhl denilen, kurdele dokuma tezgâhına karşı ayaklandıkları görülmüştür. Bu makineler, Almanya'da icat edilmişlerdi, Abbé Lancellotti, 1579'da yazdığı ve **1636'da**

Venedik'te yayınlanan yapıtında şöyle diyor: "Danzig'li Anthony Müller 50 yıl kadar önce, bu kentte, aynı anda 4-6 parça kumaşı birden dokuyan olağanüstü bir makine görmüştü. Ama bu icadın, birçok işçiyi sokağa dökeceğinden kuşkulanan belediye başkanı, icadı yapanı gizlice boğazlattı ya da boğdurdu." Leyden'de, bu makine, **1629'a** kadar kullanılmadı; kurdele dokumacılarının (sayfa 439) ayaklanması, ensonu, şehir meclisini bu makineyi yasaklamaya zorladı. Bu makinenin Leyden'e getirilişine değinen Boxhorn (Inst. Pol., 1663) şöyle diyor: *"In hac urbe ante hos viginti circiter annos instrumentum quidam invenerunt textorium, quo solus quis plus panni et facilius conficere poterat, quam plures aequali tempore. Hinc turbæ ortæ et querulæ textorum, tandemque usus hujus instrumenti a magistratu prahibitus est."*[6] Bu tezgâha karşı 1632-1639 vb. yıllarında azçok yasaklayıcı çeşitli kararnameler çıkardıktan sonra Hollanda Devlet Meclisi, sonunda, 15 Aralık 1661'de yayınlanan bir kararname ile bunun kullanılmasına belirli koşullar altında izin verdi. İngiltere'de kullanılması işçiler arasında huzursuzluklara yolaçtığı sıralarda, 1676'da, bu tezgâh, Kolonya'da da yasaklandı. 19 Şubat 1685 tarihli bir imparatorluk kararı ile bütün Almanya'da kullanılması yasaklandı. Hamburg'da ise, senatonun emriyle, halkın önünde yakıldı. 9 Şubat 1719'da, İmparator Şarl VI, 1685 tarihli kararı yeniledi ve ancak 1765'te Saksonya seçim bölgesinde kullanılmasına izin verildi. Avrupa'yı temelinden sarsan bu makine, aslında, buharlı iplik ve dokuma tezgâhının, ve 18. Yüzyıl sanayi devriminin öncüsüydü. Bu makinede, hiç deneyimi olmayan bir çocuk, yalnızca bir kolu ilerigeri çekerek bütün makineleri harekete geçirebiliyor ve gelişmiş şekliyle aynı anda 40-50 parçayı birden dokuyabiliyordu. 1630 yıllarında Londra yakınında bir Hollandalı tarafından kurulan bir yel bıçkı değirmeni halkın taşkınlığı sonucu yıkılmıştı. 18. yüzyıl başlarına kadar su ile çalışan bıçkı tezgâhları, Parlamentonun desteği olduğu için, halkın direnişi karşısında güçlükle dayanabilmiştir. Everet, 1758 yılında, ilk kez **su gücüyle çalışan yün kırpma makinesini** yaptığı zaman, işsizliğe itilen 100.000 kişi makineyi ateşe vermişti. Yaşamlarını o zamana kadar yün taramakla kazanan elli bin kişi, Arkwright'ın tarama makinesine karşı, Parlamentoya dilekçe vermişlerdi. Bu yüzyılın ilk 15 yılında, İngiltere'de manüfaktür bölgelerinde görülen ve özellikle buharlı tezgâhların kullanılmasının yolaçtığı, Luddite hareketi diye bilinen, büyük ölçüde makine tahribi olayları, Sidmouth, Castleraagh (sayfa 440) ve benzerlerinin, anti-jakoben hükümetlerine, en gerici ve zorlu önlemleri alma bahanesini sağlamıştır. İşçilerin, makine ile sermayeyi birbirinden ayırdetmeleri ve saldırılarını maddi üretim araçlarına değil, bunların kullanılış tarzına yöneltmeyi öğrenmeleri için, hem zamana, hem de deneyime gereksinmeleri vardı.[112]

[423] Türkiye Büyük Millet Meclisi Tekstil Komisyonu Raporu: 3.1 Değerlendirme: Tekstilin tarihçesi: "Dokumacılıkta elle üretimin yerini makinenin alması ilk defa İngiltere'de gerçekleşmiştir. Watt'ın buharlı makinesinden esinlenerek Cartwright tarafından gerçekleştirilen ilk mekanik dokuma tezgahı ile İngiltere'de başlayan makineleşme Amerika'ya sıçramıştır. Amerika'da pamuklu çırçırlama makinesinin icadı ile pamuk üretiminin ve pamuklu dokuma sanayiinin gelişmesi sağlanmıştır. 1805 yılında Jacquard tarafından icat edilen, kendi adını taşıyan ve karmaşık desenlerin dokunmasını sağlayan mekanik sistem ve 1828 yılında Thorp tarafından icad edilen bilezikli eğirme makinesi ile ilgili makineleşmenin ana adımları atılmıştır."

[424] *Colonization and Christianity: A Popular History of the Treatment of the Natives by the Europeans in all their Colonies*, London 1838, s. 9. Aktaran K. Marx, Kapital, CI, 31. Bölüm. "Sanayici Kapitalistin Doğuşu".

[425] Marks-Engels: *Seçme Yapıtlar, Cilt: I*, s: 590-603, K. Marks, *Hindistan'da İngiliz Egemenliği*, Birinci Baskı, Sol Yayınları, Aralık 1976

[426] 1740-1808 yılları arasında yaşayan Bolts Alman kökenli bir tüccardır, 1759'da Kalküta'ya gelmiştir. İngilizlerin Doğu Hindistan Şirketi'nde çalışmaya başlamıştır. 1764'te Benares'de Konsey üyesi olduktan sonra Doğu Hindistan Şirketi'nin yöneticileriyle çatışmaya başlamıştır. 1768'de şirketten kovulmuştur. Hindistan'da yayımlanan ilk günlük gazeteyi o çıkartmıştır. Hindistan'daki İngiliz yönetiminin vahşi içyüzünü 1772'de yayımlanan kitabında anlatmıştır.

[427] William Bolts, 'Considerations on India Affairs': A collection of papers on the affairs of India particularly respecting tha state of Bengal and its dependencies by **WILLIAM Bolts**, then Judge of the **Mayor's Court of Calcutta**. Published by **J. ALMON, LONDON, 1772**. Two volumes with maps and survey Reports. Language : English. This book contains a very attractive 8-segment fold-out map of Bengal and its Dependencies...The text itself begins with 31 pages of Preface, Advertisement, Glossary of Hindostan Words as

used in Bengal, and Table of Contents. This is followed by 228 pages of the actual report (as described on the title-page). Next is a 165-page Appendix, and this is followed by 100 pages of *'Letters to and from the East-India Company's Servants at Bengal, Fort St. George, and Bombay'.*"

[428] İngiltere Milli Kütüphanesi British Library'de kaydını bulamadığım bu kitabın, Almanya'da Heidelberg Üniversitesi Kütüphanesi'de biri 1772, ikisi 1775 yılı basımı üç kaydına rastladım.

-Bolts, William:Considerations on India Affairs / by William Bolts. - London : Almon, 1Particularly respecting the present state of Bengal and its dependencies; with a map of those countries, chiefly from actual surveys. - London : Almon, 1772. - XXXI, 165 S. : Kt., 231 his 79/1942 rara::1

-Bolts, William:Considerations on India Affairs / by William Bolts. - London : Almon 2,[1]. - London : Almon, 1775. - 287 S. 231 his 79/1942 rara::2,1

-Bolts, William:Considerations on India Affairs / by William Bolts. - London : Almon 2,[2]Appendix on considerations on India affairs. - London : Almon, 1775. - 632 S. 231 his 79/1942 rara:2,2

[429] These are certainly **atrocious acts**; yet when **a British** subject reads such passages as the following, in the **histories of East India government**, he must feel that if they were ten times as infamous and numerous as they are in reality, **it becomes not *him* to censure them**. **Bolts**, who was **a judge of the mayor's court of Calcutta**, says, in his **"Considerations on India Affairs,"** page 194: *"With every species of monopoly, therefore, every kind of oppression to manufacturers of all denominations throughout the whole country has daily increased; insomuch that weavers, for daring to sell their goods, and Dallals and Pykars, for having contributed to, or connived at, such sales, have by the Company's agents, been frequently seized and imprisoned, confined in irons, fined considerable sums of money, flogged, and deprived, in the most ignominious manner, of what they esteem most valuable, their castes. Weavers also, upon their inability to perform such agreements as have been forced from them by the Company's agents, universally known in Bengal by the name of Mutchulcahs, have had their goods seized and sold on the spot, to make good the deficiency: and the winders of raw silk, called Nagaards, have been treated also with such injustice, that **instances have been known of their cutting off their thumbs, to prevent their**

being forced to wind silk. This last kind of workmen were pursued with such rigour, during Lord Clive's late government in Bengal, from a zeal for increasing the Company's investment of raw silk, that the most sacred laws of society were atrociously violated; for it was a common thing for the Company's scapoys to be sent by force of arms to break open the houses of the Armenian merchants established at Sydabad (who have from time immemorial been largely concerned in the silk trade), and forcibly take the Nagaards from their work, and carry them away to the English factory."

[430] Bkz: Friedrich Engels, "Ailenin Özel Mülkiyet'in Devletin Kökeni", Sol y.

[431] Oral Sander, Prof. Dr. Oral Sander, "Anka'nın Yükselişi Ve Düşüşü: Osmanlı Diplomasi Tarihi Üzerine Bir Deneme", İmge y. 1993, Yaşlının Avrupa'da Gerilemesi *IV. Diplomasinin Canlılığı: Mehmet Ali Ve Sonrası 3. Ticaret Sözleşmesi Ve Tanzimat*

[432] Ahmet Şerif, "Anadolu'da Tanin", Kavram y. 1.bs. Haz. 1977, sf. 115

otopsi yayınları
Nuhungemisi Kültür ve Sanat Ürünleri,
Yayıncılık, Reklamcılık, Film San. Tic. Ltd. Şti'nin
Kitap Yayın Markasıdır.
Salkım Söğüt Sok. No: 8, Keskinler İş Mrk. D: 604-605
Cağaloğlu- İstanbul
Tel: (0212) 5196848 Faks: (0212) 5196849